痛悼伟大的人民教育家

陶行知先生千古

毛泽东

毛泽东同志的题词

行知先生千古

萬世師表

宋慶齡

宋庆龄同志的题词

陶行知像

陶行知文集 上

江苏凤凰教育出版社

图书在版编目（CIP）数据

陶行知文集/陶行知著．－修订本．－南京：江苏凤凰
教育出版社，2008.4（2023.11 重印）
ISBN 978-7-5343-8706-7

Ⅰ.陶… Ⅱ.陶… Ⅲ.陶行知（1891～1946）－
文集 Ⅳ.G40-092.6

中国版本图书馆 CIP 数据核字(2008)第 042733 号

书　　名	陶行知文集（修订本）
作　　者	陶行知
选　　编	江苏省陶行知研究会
	南京晓庄学院
责任编辑	沈静明
出版发行	江苏凤凰教育出版社（南京市湖南路 1 号 A 楼　邮编 210009）
苏教网址	http://www.1088.com.cn
照　　排	南京奥能制版有限公司
印　　刷	江苏凤凰通达印刷有限公司(电话 025-57572528)
厂　　址	南京市六合区冶山镇（邮编 211523）
开　　本	850 毫米×1168 毫米　1/32
印　　张	32.125
插　　页	5
字　　数	706 300
版　　次	2008 年 6 月第 1 版
印　　次	2008 年 6 月第 1 次印刷
	2023 年 11 月第 16 次印刷
书　　号	ISBN 978-7-5343-8706-7
定　　价	88.00 元（共二册）
网店地址	http://jsfhjycbs.tmall.com
公 众 号	江苏凤凰教育出版社（微信号：jsfhjy）
邮购电话	025-85406265,025-85400774
盗版举报	025-83658579

苏教版图书若有印装错误可向承印厂调换
提供盗版线索者给予重奖

本书编辑委员会

编 辑 说 明

　　陶行知（1891—1946）是伟大的人民教育家、教育思想家和教育改革实践家，是伟大的爱国主义者、伟大的民主主义战士和共产主义战士。

　　陶行知生长在灾难深重的半殖民地半封建的旧中国，毕生致力于人民教育事业，改革旧教育，创建人民大众的新教育，谋求以教育革命配合政治革命，勇于探索、艰苦奋斗、百折不回，创立了适合中国国情的"生活教育"理论体系，为改革中国教育、培养人才做出了卓越的贡献。陶行知的后十年，积极参加民族民主革命运动，坚定不移地跟着以毛泽东为代表的中国共产党的正确路线走，由一个民主主义战士最终成为共产主义战士。

　　陶行知的一生是战斗的一生，伟大的一生。陶行知逝世后，毛泽东评价他为"伟大的人民教育家"，周恩来称颂他是"一个无保留追随党的党外布尔什维克"，宋庆龄赞誉他是"万世师表"，分别从政治方向、教育思想和师德修养等方面，对他作出了极高的评价。富有革命精神、献身精神、求真精神、创造精神的陶行知，永远是后人学习的光辉榜样。

　　陶行知的教育思想、理论和实践以及他的 600 万字著作，是留给我们的极其宝贵的精神财富。今天我们学习和研究陶行知，对当前发展社会主义教育事业，推动教育现代化，有着重要的借鉴意义。

本书初版于 1981 年，原由江苏省陶行知教育思想研究会和南京晓庄师范陶行知研究室合编，是新中国出版的第一本陶行知著作集，为广大教育工作者和国内外研究陶行知的人士及时提供了一份丰富的珍贵资料，受到普遍的欢迎，后来虽再版多次，仍供不应求。由于当时资料缺乏和编者水平所限，无论在选辑或注释、校对等方面均存在不足之处。为此，我们对旧版《文集》进行了全面的修订。

修订本以原版收集的论著为基础，对照湘版和川版《陶行知全集》，逐篇进行比较研究，确定了增删篇目。修订原则是：着重收录反映陶行知教育思想、教育观点的代表性著作，按年代先后编排，其中对少数论文作了节选，同时对注释也作了补充和修订。对所选论文均对照不同版本进行校勘，力求准确。经过反复斟酌，删去旧版 40 篇约 11 万字；同时删去旧版全部诗歌约 8 万多字，两部分合计 20 万字，约占全书三分之一。增补文章 80 多篇，计 21 万字。因此，增删大致平衡。修订本按四个时期共收录陶行知论著 226 篇计 70 多万字，可以说这册修订本是汇集了陶行知教育论著中最精华的部分，比较全面和集中地反映了陶行知教育思想、教育理论的发展过程。书后还附录陶行知生平年表。我们深信，本书将能更好地满足广大教育工作者和研究陶行知各界人士的需要。

修订本由江苏省陶行知研究会和南京晓庄师范合编，在编辑过程中得到中国陶行知研究会和吴树琴、陶城、李楚材等先生以及各地朋友们的关心和支持，江苏教育出版社的吴为公和徐大文等同志参与和指导了编辑工作，在此一并深表感谢。

限于编者的水平和时间，修订本中仍可能有错漏与不足之处，祈望指正。

编　者

1997 年 2 月

目　录

1913—1926

伪君子篇 ·· 3

共和精义（节录）································· 9

给哥伦比亚大学师范学院院长 J．E. 罗素的一封信

·· 12

师范生应有之观念 ···························· 16

生利主义之职业教育 ······················· 23

试验主义与新教育 ···························· 33

教学合一 ··· 37

第一流的教育家 ······························· 41

新教育 ·· 44

学生自治问题之研究 ······················· 54

教育者之机会与责任 ······················· 64

师范教育之新趋势 ···························· 72

中学教育实验之必要 ······················· 76

我们对于新学制草案应持之态度 ········· 82

评学制草案标准 ······························· 85

新学制与师范教育 ···························· 87

对于参与国际教育运动的意见 ················· 96

大学教育的二大要素 ······················· 99

教育与科学方法 ·························· 103

学问之要素

    ——答程仲沂先生的信 ··············· 109

创造一个四通八达的社会

    ——给文渼的信 ················· 110

社会改造之出发点 ······················· 113

预备钢头碰铁钉

    ——给吴立邦小朋友的信 ············· 115

希望您做一位三千万人的教育厅长

    ——给安徽教育厅长卢绍刘先生的信 ······· 118

五族共和与教育者之责任 ················· 122

半周岁的燕子矶国民学校

    ——一个用钱少的活学校 ············· 126

师生共生活

    ——给姚文采弟的信 ··············· 131

平民教育概论 ·························· 133

南京安徽公学办学旨趣 ··················· 146

学生的精神 ·························· 150

《新教育评论》之使命 ··················· 153

评陈著之《家庭教育》

    ——愿与天下父母共读之 ············· 156

女师大与女大问题之讨论 ················· 160

驳特定学区议 ·························· 163

师范教育下乡运动·····························169
国画也要提倡了·····························171
整个的校长·······························173
学做一个人·······························175
尊重公有财产·····························178
论幼稚园应有之改革及进行方法
　——致陈陶遗　·························182
我之学校观·······························184
天将明之师范学校
　——江宁县立师范学校半日生活记·········188
创设乡村幼稚园宣言书·····················193
南京中等学校训育研究会···················197
幼稚园之新大陆
　——工厂与农村　·····················200
我们的信条·······························202
无锡小学之新生命
　——开原乡立第一小学一日生活记·········204
中华教育改进社改造全国乡村教育宣言书·········215
中国师范教育建设论·······················217
中国乡村教育之根本改造···················225
试验乡村师范学校答客问···················228

1927—1930

教育改进·······························237
教会教育与私立学校

——答同仁中学校杨继宗先生的信 ·················· 244

师范教育之彻底改革

　　——答石民佣等的信 ························ 247

如何引导学生努力求学

　　——给正之先生的信 ························ 249

为中国教育寻觅曙光

　　——致王琳 ····· 251

本校以收录真才为标准

　　——致李增祥 ······ 253

晓庄学校之使命

　　——给全体同志的信 ························ 254

实际生活是我们的指南针

　　——给全体同学的信 ························ 256

行是知之始 ····· 258

从野人生活出发 ····· 261

生活工具主义之教育 ····· 263

如何教农民出头 ····· 266

晓庄试验乡村师范学校创校旨趣 ······· 269

"伪知识"阶级 ····· 271

教学做合一 ····· 284

在劳力上劳心 ····· 287

艺友制师范教育答客问

　　——关于南京六校招收艺友之解释 ·········· 290

以教人者教己 ····· 294

如何使幼稚教育普及? ·········· 296

晓庄试验乡村师范的第一年 …………………… 300

《中国教育改造》自序 …………………… 305

重视生物学

　　——致中国科学社 …………………… 307

介绍一件大事

　　——给大学生的一封信 …………………… 309

湘湖教学做讨论会记 …………………… 313

《破晓》序 …………………… 322

答朱端琰之问 …………………… 326

向儿童瞄准

　　——致叶刚 …………………… 338

地方教育与乡村改造 …………………… 340

第二年的晓庄 …………………… 343

为农人和儿童谋幸福 …………………… 347

《在晓庄》序 …………………… 350

生物学或死物学

　　——致郑先文 …………………… 353

生活即教育 …………………… 354

《乡村教师》宣言 …………………… 363

答操震球三问 …………………… 366

晓庄三岁敬告同志书 …………………… 369

护校宣言 …………………… 380

捧着一颗心来　不带半根草去

　　——致李友梅等 …………………… 384

1931—1935

如何可以不做一个时代落伍者？

    ——答复一位青年教师的信 ·············· 387

儿童用书选择标准·························· 388

师范生的第一变——变个孙悟空·············· 392

师范生的第二变——变个小孩子·············· 397

送科学丛书······························ 401

佛罗棱萨的教授·························· 402

教学做合一下之教科书···················· 404

怎样学爱迪生···························· 421

战时的功课····························· 423

科学的孩子····························· 425

莫轻看徒弟····························· 427

思想的母亲····························· 428

新旧时代之学生·························· 429

小朋友的鸡

    ——给徐君企周的一封信 ·············· 430

一个教师与家长的答复

    ——出头处要自由 ·················· 433

乡村工学团试验初步计划说明书·············· 436

从烧煤炉谈到教育························ 440

儿子教学做之一课························ 442

主人教育······························ 444

关于科学教育

    ——致庄泽宣 ·················· 445

注重养生而不杀生

    ——致郑先文 ·················· 448

培养科学儿童以利创造科学中国之始基

    ——致伍朝枢 ·················· 450

儿童科学教育 ························ 452

以大自然为生物园

    ——致台和中 ·················· 462

仍在不辍研究中的"活的教育" ············· 464

全民族五大训练

    ——致徐笃仁 ·················· 468

国难与教育 ························· 470

从教育上谋国难的出路

    ——手脑并用 ·················· 472

目前中国教育的两条路线

    ——教劳心者劳力，教劳力者劳心 ······ 476

科学训练要从幼稚园开始 ················ 480

手脑相长 ·························· 482

创造的教育 ························· 489

古庙敲钟录（节选） ·················· 500

给国英的信 ························· 519

小孩子有不可思议的力量

    ——致潘一尘 ·················· 521

普及什么教育 ······················ 524

怎样培养普及教育的人才 ················ 526

从守财奴想到守知奴………………………… 529

从救水想到小孩的力量………………………… 532

怎样指导小先生………………………… 533

从今年的儿童节到明年的儿童节………… 538

从学军想到工学军………………………… 541

暑期普及教育运动………………………… 544

杀人的会考与创造的考成………………… 547

行知行………………………………… 550

教育的新生…………………………… 552

贺客与吊客…………………………… 556

读书与用书…………………………… 558

传统教育与生活教育有什么区别………… 563

小先生与民众教育………………………… 565

普及教育运动小史………………………… 571

从穷人教育想到穷国教育………………… 573

经费…………………………………… 575

连环的义务…………………………… 576

山海与萧场之实验………………………… 577

宝山县观澜义务教育急成方案…………… 579

普及现代生活教育之路…………………… 587

中国普及教育方案商讨…………………… 617

新的旅行法

　　——致山海儿童社会………………… 634

强迫教育新义………………………… 636

文化细胞……………………………… 638

跟西桥学·························· 640

通不通？·························· 642

文化网··························· 647

1936—1946

十二月运动与五四运动··············· 651

答复庶谦先生····················· 654

民族解放大学····················· 659

生活教育之特质··················· 662

中国大众教育问题·················· 666

新中国与新教育··················· 709

代拟《杜威宣言》

    ——致甘地················ 722

美国的铁山······················ 724

给甘地的信······················ 726

给泰戈尔的信····················· 728

日本帝国主义必败

    ——致吴树琴·············· 729

十二个字的理论

    ——致吴树琴·············· 731

国际形势与中国抗战

    ——在香港各界欢迎会席上演词 ····· 732

人民教育运动····················· 738

谈战时民众教育··················· 757

纵谈战时各种教育问题··············· 759

关于香港教育问题的谈话（节录）·················· 762

说书 ········· 764

抗战的全面教育 ·················· 765

推行生活教育之又一方式 ·················· 770

生活教育目前的任务 ·················· 773

桂林战时民众教育工作人员须知 ·················· 776

告生活教育社同志书

    ——为生活教育运动十二周年纪念而作 ·················· 782

工合与工学团 ·················· 790

育才学校教育纲要草案 ·················· 796

育才学校创办旨趣 ·················· 806

填鸭教育 ·················· 811

我们的校徽 ·················· 813

我的民众教育观 ·················· 815

谈生活教育

    ——答复一位朋友的信 ·················· 818

游击区教育 ·················· 822

生活教育运动十三周年纪念告同志书 ·················· 825

校歌须表现学校立校方针与根本精神

    ——致西洛 ·················· 830

儿童教育的任务

    ——致业勤 ·················· 831

艺友制是补师范教育之不足

    ——致潘畏三 ·················· 833

教育必须起推动作用

　　——致皎然 ……………………………………… 835

追求真理做真人

　　——致陶晓光 …………………………………… 837

我是欢迎困难的一个人

　　——致陶晓光 …………………………………… 839

奋斗是万物之父

　　——致马侣贤 …………………………………… 841

育才二周岁前夜 ………………………………………… 842

办学如治国，眼光要远

　　——给肖生的信（四封）……………………… 855

每天四问 ………………………………………………… 860

致育才之友书 …………………………………………… 871

育才三方针 ……………………………………………… 876

育才十字诀 ……………………………………………… 877

育才十二要 ……………………………………………… 880

育才二十三常能 ………………………………………… 881

写在《植物小世界》创刊号之后 ……………………… 885

人生最大的目的还是博爱

　　——致陶宏 ……………………………………… 888

创造宣言 ………………………………………………… 891

学习外国文 ……………………………………………… 897

民主的儿童节 …………………………………………… 898

实施民主教育的提纲 …………………………………… 900

从五周年看五十周年 …………………………………… 909

给育才全体同志的信 …………………………………… 914

创造的儿童教育 …………………………………… 917

敲碎儿童的地狱，创造儿童的乐园 ……………… 925

全民教育 …………………………………………… 930

范旭东先生之死 …………………………………… 940

民主 ………………………………………………… 943

民主教育 …………………………………………… 945

民主教育之普及 …………………………………… 948

把武训先生解放出来

    ——为武训先生诞辰一百零七周年纪念而写 ………… 951

我已写好了遗嘱

    ——给吴树琴的两封信 …………………………… 955

领导者再教育 ……………………………………… 957

社会大学运动 ……………………………………… 960

谈社会大学 ………………………………………… 964

募集儿童节礼物信 ………………………………… 968

小学教师与民主运动 ……………………………… 970

生活教育的创立与成长 …………………………… 977

怎样可以得到和平 ………………………………… 980

为新中国之新教育继续奋斗

    ——致育才学校师生 ……………………………… 982

附录

陶行知生平年表 ……………………（刘大康执笔） 984

1913—1926

伪君子篇

伪君子之居乡而假愿者，即孔子所谓之乡愿①。人之为伪，不必居乡，凡率土之滨皆可居。人之行诈，不仅假愿，凡君子之德皆可假。然必假君子之德以行诈，始谓之伪。故总名之曰：伪君子。从广义也。

伪君子曷由乎来？曰：非圣贤皆求名，惟其求名，故避毁邀誉。人之有誉，而己不能行、不敢行或不愿行，又欲邀其誉，则不得不假之。人之所毁而明由之，必损于名；又欲邀毁中之名，而避名中之毁，则不得不掩之。中人以下，莫不趋利，惟其趋利，故避祸邀福。由其道而可得福，而己不能行、不敢行或不愿行，又欲邀其福，则亦不得不假之。明由其道而祸从之，又欲趋祸中之利，避利中之祸，则亦不得不掩之。假人之所誉，掩人之所毁，与夫假其可得福，而掩其可得祸，皆伪也。为伪所以求名趋利也。天下之名，莫美于君子，而非分之利，则舍小人之道莫由趋。世人慕真君子，而真君子之墙数仞，不得其门而入。真小人则亡国败家，身死为天下笑，复凛然可惧。为真君子难，为真小人不易。舍难就易，于是相率而为似君子非君子、似小人非小人之伪君子。是故伪君子非趋利即求名，而趋利求名者，必是伪君子。伪君子之由来，名利为之也。

世衰道微，人欲横流。遇一名正言顺之词说，必群相假之以饰人之耳目，防人之攻击，而逞其心思之所欲。于是伪君子乃杂然应时而兴，随地而起。位高者为伪大，位卑者为伪小；时急则伪烈，时安则伪微。就总纲论之，有言是心非者，有行是心非者。其尤者，则心有杀人之心，行有杀人之行，而惟以语言文字为之涂饰。其险者，则造其近因，而收其远果，沫以小惠而攫以大利。就细目分之，争权则曰平等，逞志则曰自由，好事则曰热心，有求则曰力行，"任情则曰率性"〔丙〕，"矫饰则曰尽伦，拘迫则曰存心，粘缀则曰改过，比拟则曰取善"〔乙〕，"虚见则曰超悟"〔丙〕，"持位保禄则曰老成持重，躲闲避事则曰收敛定静，柔媚谐俗则曰谦和逊顺"〔丁〕，"意气用事则曰独立不惧"〔己〕，漫然苟出则曰如苍生何，逐物意移则曰随事省察，心志不定则曰讼悔迁改，苟贱无耻则饰以忍耐。"随俗袭非则饰以中庸"〔己〕，"不悖时情则饰以忠厚，不分黑白则饰以混融"〔庚〕。"阳为孔颜无上乐，阴则不事检点"〔丙〕；"名为圣人无死地，实则临难苟安"〔己〕。"以破戒为不好名者有之"〔丙〕，以冥顽为不动心者有之。放心不求，姑以恬淡无为为搪塞；枉寻直尺，直以舍身济世为解释。"有利于己，而欲嘱托公事，则称引万物一体之说；有害于己，而欲远怨避嫌，则称引明哲保身之说"〔庚〕。假警惕以说滞，借自然以释荡。直而讦，辩而佞，恭而劳，慎而葸。"自谓宽裕温柔，焉知非优游忽怠，自谓发强刚毅，焉知非躁妄激作"〔甲〕？外似斋庄，中实忿戾；表似密察，里实琐细；貌似正而志在矫，容似和而神在流。仲尼②其面，阳货其心；虞舜其瞳，项羽其行。睚眦必报，则藉口于奋勇；鸡鸣狗盗，则借辞于用智；两毛不撍，则图说于施仁；狡兔三窟，则托称于示惠；逢亲之恶，所以显吾之孝；遂兄之过，所以著吾之悌；成国之暴，所以彰吾之忠；践诺之误，所以明吾之信；嫂溺不援，自谓执礼；率土食人，自称义师；避兄离母，自号操廉；矜己傲物，自谓知耻。众矣哉！伪君子之类。杂矣哉！伪君子之途。

伪君子虽百出而莫穷，然自外言之，其所以为诱者则一。一者何？名利而已。伪君子与世浮沉，随祸福毁誉而变其本色，以博名利。故其出处、去就、进退、取与，不定于义理，而定于毁誉祸福，而义理亡。夫人之出处、去就、进退、取与，贵当其义理耳。出处、去就、进退、取与，而违乎义理，则非人之出处、去就、进退、取与矣。自内言之，人之所以受名利之诱，而演出千百之伪状者亦一。一者何？心伪而已。张甑山曰："为人须为真人，毋为假人。"朱子③曰："是真虎必有风。"真人必有四端之心："心不在焉，视而不见，听而不闻，食而不知其味。"故人而心伪，则耳目口舌俨然人也，而实假人矣。孔子曰："恶乎成名？"谓其无以成真人之名也。

天下非真小人之为患，伪君子之为患耳。真小人，人得而知之，人得而避之，并得而去之。伪君子服尧之服，诵尧之言，而处心积虑，设阱伏机，则桀纣也。桀纣，汤武得而诛之也。桀纣而尧，则虽善实恶，虽恶而难以罪之也；虽是实非，虽非而难以攻之也；真中藏假，虽假而难以察之也。博尧之名，而无尧之艰；享桀纣之利，而无桀纣之祸。无人非，无物议，伪君子以此自鸣，世人以此相隐慕。一家行之而家声伪，一国行之而国风伪，行之既久而世俗伪。嗟夫！真小人之为患，深之不过数世，浅则殃及其身而已；伪君子则直酿成伪家声、伪国风、伪世俗，灾及万世而不可穷。故曰："乡愿，德之贼也！"孔子恶似而非，恶乎此也。综天下而论，伪君子惟吾国为最多；统古今而论，伪君子惟今世为最盛。吾国之贫，贫于此也；吾国之弱，弱于此也；吾国多外患，患于此也；吾国多内乱，乱于此也。读者疑吾言之骇乎？他姑不论，使吾总统之神武大略，国会之济济多才，苟于公诚一端，稍加之意，同心同德，以戮力国事，则中国不其大有为乎？不以公诚使其才与势，此其宵旰忧劳，所以鲜补于国计民生也。诗云："君子如怒，乱庶遄已。"孟子④曰："文王⑤一怒而安天下之民。"吾政府对于年来内乱，亦既赫赫斯怒，然而平乱而乱不平，安民而民不安，毋亦能怒而不能真文王、真君子之怒乎？呜呼！真人不出，如苍生何？

著者曰：吾十八以前，只知恶人之为伪，不知恶己之有时亦为伪，且每以得行其伪为得计。呜呼，误矣！自入本校，渐知自加检点。然初一二年中，致力于文科之学，未暇在受用学问上加功。虽时有道学演说，心不在焉，故诚心终不伪心胜。入大学后，暇时辄取《新约》⑥展阅之，冀得半言片语以益于身心而涤其伪习。读至耶稣责法利赛人徒守旧俗假冒为善一节，恍然自失曰："吾从前所为得毋为法利赛人乎？"触想孔圣亦有"恶似而非"及"乡愿，德之贼也"

之言；又痛自深恨曰："吾从前所为，得毋为贼乎？"自后乃
痛恶己之为伪，视为伪之我如贼，如法利赛人。自呼为真
我，呼为伪之我曰伪我，或曰贼，或曰法利赛人。吾圆颅不
膏为真我与伪我之战场，真我驱伪我不遗余力。伪我虽有时
退却，然我之大病根，在喜誉恶毁。名之所在，心即怦然
动，伪言行即不时因之而起。事后辄痛悔不安，因思不立定
宗旨，徒恃克治，终少进步。龙溪先生⑦曰："自信而是，
断然必行，虽遁世不见，是而无闷；自信而非，断然必不
行，虽行一不义而得天下，不为。"小子不敏，窃愿持此以
为方针。历不破除名利之见，决无不为伪之理。率此行后，
纵未能一时肃清伪魔，然较前颇有进步。孟子自言四十不动
心，王子⑧自言南都以前尚有些乡愿意思。二贤岂欺我哉？
阅历则然耳！夫二贤，一则善养浩然之气，一则善致良知。
其立真去伪，尚且若是其难，何况吾辈小子！然其功夫虽困
难万状，二贤终有成功之日。吾于是乎且喜将来真我之必
胜，而伪我之必可败。其胜其败，是在及早努力，百折不
回，在心中建立真主宰，以防闲伪魔。行出一真是一真，谢
绝一伪是一伪。譬如淘金，期在沙尽金现，顾可因其难而忽
之哉？暑假中，存养省察有得，辑之成篇，意在自勉而兼以
勉人也。

〔原注〕

　　〔甲〕欧阳南野⑨

　　〔乙〕罗念庵⑩

　　〔丙〕王塘南⑪

〔丁〕邹南皋⑫

〔己〕顾泾阳⑬

〔庚〕顾泾凡⑭

〔注释〕

① 乡愿　《论语·阳货》："乡原，德之贼也。"原通愿，乡愿指乡里中言行不一、伪善欺世的人。

② 仲尼　即孔子。春秋时期思想家、政治家、教育家，儒家学派创始人。

③ 朱子　即朱熹。南宋哲学家、教育家。

④ 孟子　即孟轲。战国时期思想家、政治家、教育家，在儒家中其地位仅次于孔子。

⑤ 文王　即周文王。

⑥《新约》　《圣经·新约全书》的简称。

⑦ 龙溪先生　即王畿（1498—1583），明代学者。

⑧ 王子　即王守仁，世称阳明先生，明哲学家、教育家。他主张"知行合一"和知行并进，认为"知是行之始，行是知之成"。他的学识影响颇大。

⑨ 欧阳南野　即欧阳德。

⑩ 罗念庵　即罗洪先。

⑪ 王塘南　即王时槐。

⑫ 邹南皋　即邹元标。

⑬ 顾泾阳　即顾宪成。

⑭ 顾泾凡　即顾允成。

共和精义（节录）

共和与教育①

吾于共和之险象，既已详言之矣。然戒险防险，思所以避之，则可；因畏险而灰心，则大不可也。避之之道唯何？曰：人民贫，非教育莫与富之；人民愚，非教育莫与智之；党见，非教育不除；精忠，非教育不出。教育良，则伪领袖不期消而消，真领袖不期出而出。而多数之横暴，亦消于无形。况自出平等，恃民胞而立，恃正名而明。同心同德，必养成于教育；真义微言，必昌大于教育。爱尔吴②曰："共和之要素有二：一曰教育；二曰生计。"然教育苟良，则人民生计必能渐臻满意。可见教育实建设共和最要之手续，舍教育则共和之险不可避，共和之国不可建，即建亦必终归于劣败。罗比尔曰："吾英人第一责任，即教育为国家主人翁之众庶是已。"故今日当局者第一要务，即视众庶程度，实有不足。但其为可教，施以相当之教育，而养成其为国家主人翁之资格焉。

共和与人文之进化

共和者，人文进化必然之产物也。使宇宙万物无进化，则共和可以无现；使进化论放诸邦国社会而不准，则共和犹可以无视，无如进化非人力所能御也。进化非人力所能御，即共和非人力所能避。

（一）民智日进，自觉心生。于是觉苦思甘，觉劳思逸，觉捆缚思解脱。人不能甘之，逸之，解脱之，则亦惟思所以自助自为而已。不自由毋宁死，实感情必至之现象。人而至于不惜杀身以赴其目的，则何事不可成？况此种现象最易瘴染，一夫作难，和者万人。不徒理想，诚事实也。强有力者，亦未尝不欲施愚民政策，以塞人之自觉、自治之源。无如万国交通，以群策群力，群运群智，然后方可以制胜。若恃一二人之智力，则鲜不受天然之淘汰。故不教育其群者，必受外侮，而臻于亡。况世多慈善之家，苟有不教育人民之国，则又安能阻受教人民之发生自觉心也？自觉心不可逃避，即共和不可逃避。

（二）人民相处日久，互爱心生。他人痛痒，视同切肤。民胞主义，渐以昌明。宗教家、伦理家复从而提倡之，躬行之，以为民表。耶教"天父以下皆兄弟"，孔教"四海之内皆兄弟"之义，不独深印人心，凡奉其教义者，抑且不惜披发缨冠，以趋人之急难也。故民胞主义愈膨胀，则专制荼毒愈衰微，共和主义益不能不应时而遍布于全球矣。此共和为人文进化不可逃避之结果者二。知共和之不可避，则吾人亦

无容施其抵抗共和之拙计，以生建设共和之阻力，而耗国家
之元气也。

〔注释〕

① 本篇节选自陶行知 1914 年在金陵大学的毕业论文《共和精义》，署名陶文濬。全文原载 1914 年 10 月《金陵光》第 6 卷第 5 期及 11 月《金陵光》第 6 卷第 6 期。

② 爱尔吴　通译爱尔威。

给哥伦比亚大学师范学院院长
J．E．罗素的一封信①

亲爱的罗素②院长：

拜复，承蒙 2 月 11 日来信，为向寄赠利文斯顿奖学金③的诸位，简单地谈一下我的经历与未来的抱负，高兴地特此奉复。

我现年 22 岁，生于安徽徽州一个与外界几乎完全隔绝的农村。幼年从父亲及其他师长那里受到中国式的早期教育。直到 14 岁才进了一所由内地会在华开办的学堂④，受教于唐进贤先生（Mr．Gibbs）⑤，他是唯一教西学的老师。两年后，该学堂因唐进贤先生回英国而停办。因我想学医，不得不冒险前往杭州。但由于该医学堂⑥严重歧视非基督教徒学生，甚至反映在学科上，入学三天后我就退学了。失望之余返回徽州，专攻了一年英语。随后考入金陵大学，令人高兴的是那里基督教徒与非基督教徒同样受欢迎。入金陵大学三年后，第一次革命⑦爆发，我回到徽州，任徽州议会秘书。工作半年后又回南京继续学习。并得到同学的支持和大学当局的信任，我开始编辑大学学报中文版⑧。在包文博士⑨（Dr．Bowen）和汉克博士⑩（Dr．Henke）的指导下，又深受詹克教授（Prof．Jenk）讲授的"基督教的社会意义"①深刻的影响，终于在 1913 年我成了一个基督教徒。1914 年 6 月，即入金陵大学第五年末，我获得了第一个学位，在父母和朋友的帮助下，我赴美就读于伊利诺大学，在那里学习一年，除了受到十分宝贵的教育，还获得一个副产品——文科硕士学位。在伊利诺大学学习的第二学期，我担任了学生俱乐部干事。

三年前，我就选定了哥伦比亚大学，作为自己留学美国的最终目标。但由于经济力量不足未能及时来校就读。我终生唯一的目标是通过教育，而非经由军事革命创造一个民主国家。看到我们共和国突然诞生而带来的严重弊端，我深信如果没有真正的公众教育就不可能有真正的共和制的存在。我矢志以教育行政为毕生事业，这是去年夏天在日内瓦湖促成的。当时基督教男青年会②夏季大会，使我受到极大的鼓舞。纵观所有的大学，发现还是哥伦比亚大学师范学院对我最合适。但选择学校是一回事，有无足够财力入学是另一回事。由于我父亲 1915 年 1 月去世，整个家庭的经济重担全部落在我身上。经济状况陷于极大的困境。但幸运的是下决心来师范学院不久，我国政府便授予我"部分奖学金"，再加上其他的资助，我又坚定了信心朝前奋进。但是纽约的生活费用比我预计的还要高。住了半年后，我发觉囊中所有远不足以应付深造。因此，经孟禄博士⑬（Dr. Monroe）介绍，我得以申请利文斯顿奖学金，您又慷慨地授予了我。在此，除了表示本人衷心感谢外，我愿向您以及利文斯顿奖学金捐赠人保证：在斯特雷耶教授⑭（Prof. Strayer）及其他科、系教职员的教导下，再经过两年多的深造，我回国后将与其他教育工作者合作，为我国人民组织一套有效的公共教育体制，以使他们能步美国人民的后尘，发展和保持一真正民主制度。它将是唯一能够实现正义与自由的理想之国。

如果您能提供一些住在本市附近的捐赠人姓名，以便我登门拜访，对我则是一极有意义之事。

谨致良好的祝愿及问候

非常尊敬您的陶文濬

1916 年 2 月 16 日

于哥伦比亚大学哈特莱大楼 1010 号[15]

（原件存美国哥伦比亚大学师范学院，周厚培译，刘大康校订并注释）

（原载《金陵陶研》1996-5）

〔注释〕

①〔日本〕阿部洋：《哥伦比亚大学时期的陶行知（资料调查）》一文，附有陶行知给 J. E. 罗素院长一封信，有英文原信及日本译文。本篇书信由周厚培译自日文，刘大康参考英文原信及上海、安徽陶行知纪念馆，武汉周洪宇及川版《陶行知全集》第 6 卷第 613 页译文以及重庆社会大学李太有、朱淑勤中译文等，作了校订。

② J. E. 罗素，当时任美国哥伦比亚大学师范学院院长，不是英国哲学家伯特兰·罗素（Bertrand Russell），也不是哥大师范学院另一位 W. F. 罗素（W. F. Russell）。

③ 利文斯顿奖学金，是由私人捐赠的奖学金以资助学生学习和研究。

④ 即崇一学堂，全名为"安徽省徽州府崇一私立中学堂"。由基督教内地会开办。

⑤ 唐进贤，英文名叫吉布斯（Gibbs），唐进贤系自取的汉名，通

用至今。但国内外有人译为：唐俊贤、吉布森、吉普斯、吉布、格博、吉布松等。译为唐进贤或吉布斯较通用。

⑥ "该医学堂"即杭州广济医学堂。

⑦ "第一次革命"指 1911 年的辛亥革命。

⑧ 金陵大学学报《金陵光》，创刊于清宣统元年（1909 年 12 月），原为英文学报。1913 年增设中文版，中文编辑：陶行知、徐养秋、刘佩宜、张枝一。

⑨ 包文（Bowen）　时任金陵大学校长。有人译为：波恩、布朗。通用名为包文。

⑩ 亨克（Henke）　时任金陵大学教师。有人译为：庞克、汉克。通用名为亨克。

⑪ 詹克教授此书的原名为《耶稣生活与教导的政治与社会意义》。

⑫ 简称："青年会"。

⑬ 孟禄（Paul Monroe，1869—1947）　美国教育家，曾任哥伦比亚大学师范学院教授、院长。1921 年来华教育调查，提倡"科学教育"。曾任中华教育改进社名誉董事，中华教育文化基金会董事。

⑭ 斯特雷耶（Strayer）　哥伦比亚大学教授、教育行政学专家，陶行知的《中国教育哲学与新教育》博士论文指导教师。

⑮ 哈特莱大楼（Hartley Hall），为哥伦比亚大学学生宿舍。当时陶行知住此楼 10 幢 10 号，即 1010 号。

师范生应有之观念①

鄙人承贵两校之嘱，来与诸君畅谈，不胜快乐。鄙人最喜同学生谈话，因十余年来，无日不做学生；即现在当教员，亦未尝不是做学生，盖不学则不能教。既为学生，则与诸君均为同志，同志相谈，自必非常快乐。诸君均为师范生，所研究者为教育，而鄙人所研究者，亦为教育，尤为同志中之同志，所以更为快乐。诸君平日在校，已受良好之教训，固无庸鄙人多谈。惟是同志相聚，亦不可不有所研究，尚希诸同志加以指正为荷。今日所讲之题，即《师范生应有之观念》。

一　教育乃最有效力之事业

教育能改良个人之天性。人之性情有善有恶，教育能使恶者变善，善者益善。即个人性情中，亦有善分子与恶分子，且善分子中亦含有恶。如爱，乃性情中之善分子也；而爱极生妒，变善为恶矣。恶分子中亦含有善。如怒，乃性情中之恶分子也，然文王一怒而安天下，用恶为善矣。教育乃取恶性中之善分子，去善性中之恶分子。如开矿然，泥内含金，金内亦杂有泥。开矿者取泥内之金，去金内之泥，然后成为贵品。教育亦若是矣。

教育能养成共和之要素。共和国有两大要素：一须有正当领袖，一须有认识正当领袖之国民。盖领袖有正当者，亦有不正当者。正当领袖，能引导国民行正当之事业；不正当领袖，能诱致国民行不正当之事业。故又必须养成能认识正当领袖之国民，领袖正当则从之，领袖不正当则去之。由是，正当领袖之势力日张，而不正当领袖之势力日蹙。所以教育能巩固共和之基础也。

教育能传播非遗传的文化。人之言语非生而知之者，必由渐习而后能。然亦只能说一国之语，如中国人只能说中国语，而不能言德、美、俄、日等国之语。如欲能言德、美、俄、日等国之语，必由专习而后能。推而言之，世界文化无虑千万，皆父母所不能遗传者，而教育能一一灌输之。鄙人谓教育能造文化，则能造人；能造人，则能造国。今人皆云教育能救国，但救国一语，似觉国家已经破坏，从而补救，不如改为造国。造一件得一件，造十件得十件，以至千百万件，莫不皆然。贫者可以造福，弱者可以造强。若云救国，则如补西扯东，医疮剜肉，暂虽得策，终非至计。若云教育造国，则精神中自有趣味生焉，盖教育为乐观的而非悲观的也。

教育为最有可为之事。古今名人莫不由研究教育而出。如达尔文、杜威、威尔诺刻等，皆由研究教育而出者也。但须有决心，有坚志，则成事何难？惟此尚是第二事。我等第一要知：人是人，我是我。天既生我，则必与我以一种为人所无能为之能力。不然，既有他何必有我！天既生孔子，万事皆孔子所能为，则又何必生我而为古人之附属物？由此观之，则我等当自立，当自强，为我之所能为，不随人学步，庶不负天生我之意。教育既然如此，则我师范生当作何种之观念？以鄙人看来，男师范生与女师范生之观念，当有不同。欧战发生后，德法发生一莫大之问题。因其平时男教师比女教师为多，一旦战事发生，国内乏男子担任教育事业，影响于儿童者甚大。中国亦如此。但美国、加拿大则不然，其小学教师皆以女子充当，其男子皆任兵役以卫国家，所以战事发生后，教育依然不受影响。再，女子与儿童有天然亲爱之感情，非若男子之爱护儿童出于勉强也。但高等小学则有不同，因此须养成其进取勇敢之精神，激发其军国民之志气，故须利用男教师。此男女教师不同之点也。然其共同之点，则在以教育为专门职业。地理、历史、哲学、医学、生理学等，虽皆为教育家所利用，而教儿童则非修专门之教育的科学不可。今世界上有四种教育家：一、政客教育家，藉教育以图政治上之活动；二、空想教育家，有空想而未能实行；三、经验教育家，以经验自居，不肯研究理论；四、科学教育家，则实用科学以办教育者。中国现在教育家只有政客、空想、经验三种，但教育以科学教育为最重要，故男女师范生当专心致志，抱定主义，以教育为专门职业，则何人不可几，何事不可为耶？

二　教育乃一种快乐之事业

《论语》曰："有朋自远方来，不亦乐乎？"非当日孔子言教育之快乐耶？孔子一生诲人不倦，至于发愤忘食，乐以忘忧，不知老之将至。现任教育者，无不视当教员为苦途，以其无名无利也。殊不知其在经济上固甚苦，而实有无限之乐含在其中。愚蒙者，我得而智慧之；幼小者，我得而长大之；目视后进骎骎日上，皆我所造就者。其乐为何如耶！故办教育者之快乐，当在手续上，而不在其结果之代价。换言之，即视教育为游戏的作业、作业的游戏也。至于劳碌动作，以求结果之代价者，则宜摈弃于教育界外。

三　各种教育之职业皆须视为平等

现在教员一般心理，每以大、中学校之等级高，高小国民学校之等级低，于是以教大、中学校为荣，而以教高小、国民学校为贱。不知大学要紧，中学要紧，而高等小学、国民小学、幼稚园尤要紧。以鄙人主张，凡大学、中学、小学等教员，国家须有同等之酬劳，社会须有同等之待遇。然常人心理，多不明小学之紧要，师范生亦有不明此理者。由是，他人固不以平等看待，即自视亦觉小学教员不如大学、中学教员之价值。甚至去而不为，放弃其应做之职业。故欲救此弊，先须视各种教育之职业皆为平等，此师范生所当注意者也。

四　教育为给儿童需要之事业

教育者，乃为教养学生而设，全以学生为中心，故开办学校，聘请教师，无一非为学生也。若无学生，焉有学校？既无学校，焉有教师？然则教师与学生，焉可无同情耶？同情谓何？即以学生之乐为乐，以学生之忧为忧；学生之休戚即我之休戚，学生之苦恼即我之苦恼是也。鄙人曾参观一校，终日仅一见教师之笑，不可谓不威严矣！吾人若设身处地为其学生，必须视之为判官、为阎罗，如芒刺之在背矣。此教师不能与学生同情之故也。现中国教师之大弊，即在于此。此又我师范生所当注意者也。

五　教育为制造社会需要之事业

教育为改良社会而设，为教育社会人才而设。故学校非寺院岩穴也，教员非孤僧隐士也。夫既为社会而设，若与社会不相往来，何以知社会之需要？中国前此之弊，即在于此，亦我师范生所宜注意者也。

六　教育为师范生终身之事业

现在为教师者，男则因赋闲无事，遂暂为之；女则因尚未适人，而暂为之。事既得，家既成，则远翔而不顾。视办教育如用雨伞，雨则取以遮盖，晴则置之高阁；视居学校如寓客栈，今日寓此，明日便去，虽有蚊蚤之为害，不过今宿，又何必大事驱除！教育中亦有害虫，教师之责，所宜驱除，岂可以暂为，遂视同秦越而不作整顿之计耶？昔英女皇依里萨伯②终身不嫁，人问之故，辄以英吉利即吾之夫一语以对。意相加富尔终身不娶，人问之故，辄以意大利即吾之妻一语以对。故鄙人今亦有二语告于诸君，即男师范生应以教育为之妻，女师范生应以教育为之夫，有此定力，则赴汤蹈火，在所不辞，鞠躬尽瘁，死而后已。吾身不成，吾子绍之；吾子不成，吾孙绍之；子子孙孙，世世代代，相续无间，海可枯而吾之志不可枯，石可烂而吾之志不可烂。西藏，极西边极穷苦之地也，有须吾办教育者，吾即往西藏而不辞。蒙古，极北边极穷苦之地也，有须吾办教育者，吾即往蒙古而不辞。不要名，不要利，只要教育好；不怕难，不怕死，只怕教育不好。师范生乃负此志者，故与别种学生不同。读书要当作教书读，求学要当作教学求。蚕食桑叶，消化而吐出能为锦绣之丝；师范生求学，亦当融会贯通而吐出有益于人之事业也。

以上所说，皆属泛论。尚有一问题，与诸君商酌，庶上说皆可解决而变为切实。曾子曰："吾日三省吾身。"③诸君亦当自省为何不入他校而入师范学校？岂为师范学校豁免学膳费而来乎？抑为求学之故，无他校可入，不得不入师范学校乎？或迫于父母之命，不得已而入师范学校乎？将负大才能、抱大兴味而后入师范学校乎？假如因免学膳费，因无他校可入，及因父母所迫而入，姑且无论。若因负大才能抱大兴味，其将何以自待？吾见今日师范毕业者，有一部分人不办教育，或办教育而不尽心力者，皆由初未能自省也。然则，以上所说均成空谈矣。鄙人此番之话，方为负大才能抱大兴味而入师范学校者言之，望诸君皆注意焉。如有误谬之处，不妨指出纠正，实甚欣幸。

〔注释〕

① 本篇是 1918 年 5 月陶行知向安徽省立第一师范学校和省立第一女子师范学校师生所作的讲演的记录稿，经陶行知审阅后铅印成册，未在报刊上公开发表。解放初，安庆市图书馆名誉馆长蒋元卿同志，从收购的旧书刊堆中发现此文。本文已对原版本重新标点，并将篇首原有的"陶先生曰"四字删去。

② 依里萨伯　通译伊丽莎白，即伊丽莎白一世，英国都铎王朝女王（1558—1603 年在位）。

③ "吾日三省吾身"　见《论语·学而》。省，反省。

生利主义之职业教育①

自本社②标解决生计问题为进行之方针，一般学者，往往以文害辞，以辞害意，误会提倡者之本旨。推其原因，多于不明生计二字之界说所致。惟其不明乎此，故或广之而训作生活，或狭之而训作衣食；驯至彼一是非，此一是非，议论纷纭，莫衷一是。不徒反对者得所藉口，即办学者也无所适从。其隐为职业教育前途之障碍，良非浅鲜。孔子曰："名不正则言不顺；言不顺则事不成。"故欲职业教育之卓著成效，必自确定一正当之主义始。

夫职业教育之成效既有赖于正当之主义，则问何谓正当之主义，生活乎？衣食乎？抑生活衣食之外别有正当之主义乎？

生活主义包含万状，凡人生一切所需皆属之。其范围之广，实与教育等。有关于职业之生活，即有关于职业之教育；有关于消闲之生活，即有关于消闲之教育；有关于社交之生活，即有关于社交之教育；有关于天然界之生活，即有关于天然界之教育。人之生活四，职业其一；人之教育四，职业教育其一。故生活为全体，职业为部分；教育为全体，职业为部分。以教育全体之生活目的视为职业教育之特别目的，则职业教育之目何以示别于教育全体之目的，又何以示别于他种教育之目的乎？故生活之不能为职业教育独专之主义者，以其泛也。

生活主义固不适于职业教育之采用矣。衣食主义则何如？大凡衣食之来源有四：职业、祖遗、乞丐、盗窃是也。职业教育若以衣食为主义，彼之习赖子、乞丐、盗窃者，不亦同具一主义乎？而彼养成赖子、乞丐、盗窃者，亦得自命为职业教育家乎？此衣食主义之不适于职业教育者一也。不宁惟是，职业教育苟以衣食为主义，则衣食充足者不必他求，可以不受职业教育矣。此衣食主义之不适于职业教育者二也。且以衣食主义为职业教育之正的，则一切计划将趋于温饱之一途。此犹施舍也。夫邑号朝歌，墨翟回车③；里名胜母，曾子不入④。学校以施舍为主旨，则束身自好者行将见而却步矣。此衣食主义之不适于职业教育者三也。凡主义之作用，所以指导进行之方法。若标一主义不能作方法之指针，则奚以贵？故衣食之可否为职业教育之主义，亦视其有无补助于职业方法之规定耳。夫学校必有师资，吾辈选择职业教员，能以衣食为其资格乎？学校必有设备，吾人布置职业教具，能以衣食为其标准乎？又试问职业学校收录学生，可否以衣食为去取？支配课程，可否以衣食为根据？衣食主义之于职业教育方法，实无丝毫之指导性质。有之，则吾不知也。衣食既不能为职业教育方法施行之指导，则其不宜为职业教育之主义，又明矣。此衣食主义不适于职业教育者四也。不特此也，吾人做事之目的，有内外之分。衣食者，事外之目的也；乐业者，事内之目的也。足衣足食而不乐于业，则事外虽无冻馁之虞，事内不免劳碌之患。彼持衣食以为职业教育主义者，是忽乐业之道也。此衣食主义不适于职业教育者五也。且职业教育苟以衣食主义相号召，则教师为衣食教，学生为衣食学，无声无臭之中隐然养成一副自私之精神。美国人士视职业教育与学赚钱（Learning to earn）为一途，有识者如杜威（Dewey）先生辈，咸以其近于自私，尝为辞以辟之。吾国当兹民生穷蹙之际，国人已以衣食为口头禅，兴学者又从而助长其焰，吾深惧国人自私之念，将一发难餍矣。此衣食主义之不适于职业教育者六也。是故衣食主义为众弊之渊薮，欲职业教育之有利无弊，非革除衣食主义不为功。

衣食主义既多弊窦，生活主义又太宽泛，二者皆不适用于职业教育，然则果应以何者为正当之主义乎？曰，职业作用之所在，即职业教育主义之所在。职业以生利为作用，故职业教育应以生利为主义。生利有二种：一曰生有利之物，如农产谷，工制器是；二曰生有利之事，如商通有无，医生治病是。前者以物利群，后者以事利群，生产虽有事物之不同，然其有利于群则一。故凡生利之人，皆谓之职业界中人，不能生利之人，皆不得谓之职业界中人。凡养成生利人物之教育，皆得谓之职业教育；凡不能养成生利人物之教育，皆不得谓之职业教育。生利主义既限于职业之作用，自是职业教育之特别目的，非复如生活主义之宽泛矣，此其一。以生利主义比较衣食主义尤无弊窦之可指，故以生利主义为准绳，则不能生利之赖子、乞丐、盗窃与养成之者，皆摈于职业教育之外矣，此其二。学校既以生利为主义，则足于衣食而不能生利者无所施其遁避，此其三。父母莫不欲其子女之能生利，职业教育苟以生利为主义，自能免于施舍之性质，自好者方将督促子女入学之不暇，又何暇反加阻力乎？此其四。职业既以生利为作用，吾人果采用生利主义以办职业教育，则生利之方法，即可为职业教育方法之指针，此其五。职业教育既以养成生利人物为主义，则其注重之点在生利时之各种手续，势必使人人于生利之时能安乐其业，故无劳碌之弊，此其六。生利主义侧重发舒内力以应群需，所呈现象正与衣食主义相反。生产一事一物时，必自审曰："吾能生产乎？吾所生产之事物于群有利乎？"教师学生于不知不觉中自具一种利群之精神，此其七。不特此也，能生利之人即能得生活上一部分之幸福；而一衣一食亦自能措置裕如。不能生利之人，则虽有安富尊荣亦难长守。故惟患不能生利，不患不得生活之幸福与温饱。然则生利主义既无生活主义之宽泛，复无衣食主义之丛弊，又几兼二者之益而有之，岂非职业教育之正当主义乎？

生利主义之职业师资　职业教育既以养成生利人物为其主要之目的，则其直接教授职业之师资，自必以能生利之人为限。盖己立而后能立人，己达而后能达人，天下未有无生利经验之人而能教人生利者。昔樊迟请学为稼，子曰："吾不如老农。"请学为圃，曰："吾不如老圃。"孔子岂故为拒绝哉？亦以业有专精，事有专习，孔子之不知农圃，亦犹老农老圃之不知六艺耳。由是以推，无治病之经验者，不可以教医；无贸易之经验者，不可以教商。凡百职业，莫不皆然。故职业教师之第一要事，即在生利之经验。无生利之经验，则以书生教书生，虽冒职业教师之名，非吾之所谓职业教师也。

然职业教师不徒负养成生利人物之责，且负有改良所产事物之责。欲求事物之改良，则非于经验之外别具生利之学识不可。无学识以为经验之指导，则势必故步自封，不求进取。吾国农业数千年来所以少改良者，亦以徒有经验而无学识以操纵之耳。故职业教师之第二要事，是为生利之学识。

兼有生利之经验、学识，尚不足以尽职业教师之能事。盖教授生利之法，随业而异。有宜先理想而后实习者，有宜先实习而后理想者，有宜理想、实习同时并进者。为职业教师者自宜熟悉学者之心理、教材之性质，使所教所学皆能浃洽生利之方法，而奏事半功倍之效。故职业教师之第三要事，为生利之教授法。

准如前说，则健全之职业教师，自必以经验、学术、教法三者皆具为标准。三者不可得兼，则宁舍教法学术而取经验。盖无学术、教法而有经验，则教师尚不失为生利之人物，纵无进取良法，然学生自能仪型教师所为，以生产事物。既能生产事物，即不失职业教育之本旨。如无经验，则教授法无由精密，纵学术高尚，断不能教学生之生利。既不能生利，则失职业教育之本旨矣。是故经验、学术、教法三者皆为职业教师所必具之要事，然三者之中，经验尤为根本焉。

职业教师既以生利经验为根本之资格，则养成职业师资自当取材于职业界之杰出者。彼自职业中来，既富有经验，又安于其事，再加以学术教法，当可蔚为良材。概之收录普通学子，为事当较易，收效亦当较良且速也。

职业教师既以生利之经验、学术、教法三者为资格，则如何养成此种教师之方法，亦在吾人必须研究之列。大概养成职业师资之法有三：（一）收录普通学子教以经验学术与教法；（二）收录职业界之杰出人物，教以学术与教法；（三）延聘专门学问家与职业中之有经验者同室试教，使其互相砥砺补益，蔚为职业教师。夫经验所需之多少，随职业而异；其需经验较少之职业，利用第一法。如普通师范学校之教师有二三年之经验者，即可作教授之基础，故收录普通学子而养成之，为事甚易。其次，则商业学校教员，似亦可以利用此法。但农工等职业之教师，性质迥异，非富有经验，不足以教生利。舍难就易，似不如采用第二法，精选职业界之杰出者养成之。彼既从职业中来，自必有相当之经验，再教以实用之学术教法，为事自顺。然此法效力之大小，常视国中教育普及之程度为差。其在欧美教育普及之邦，职业中人，大半受过八年之公共教育，既有普通知能以植其基，则于学术、教法自易领悟。中国则不然，教育未普及，农工多数不识文字；既不识文字，则欲授以学术教法，自有种种困难。然而职业界之杰出者，终不乏粗识文字之人，当事者苟能精选而罗致之，则有用之职业师资，或能济济而出也。此外则有延聘学问家与经验家同室试教一法。当今职业师资缺乏，为其备选者，或有学术而无经验，或有经验而无学术，速成之计，莫如合学问家与经验家于一炉而共冶之；既可使之共同试教，又可使之互相补益，则今日之偏才，经数年磨练之后，或能蔚成相当之师资，岂非一举两得哉？然一班二师，所费实巨，况学术、经验贵能合一，若分附二人之身，终难免于隔膜。故此计虽有优点，不过为过渡时代权宜之策耳。总之，职业教师最重生利之经验，则养成之法，自宜提其要领，因已有之经验而增长之，方能事半功倍也。

生利主义之职业设备 孔子曰："工欲善其事，必先利其器。"无利器而能善其事者，吾未之前闻。职业教育又何独不然？必先有种种设备，以应所攻各业之需求，然后师生乃能从事于生利；否则虽有良师贤弟子，奈巧妇不能为无米之炊何！故无农器不可以教农；无工器不可以教工。医家之教必赖刀圭。画家之教必赖丹青。易言之，有生利之设备，方可以教职业；无生利之设备，则不可以教职业。然职业学校之生利设备可分二种：一自有之设备；二利用职业界之设备。但无论设备之为己有，为利用，学生教师莫不可因以生利。故设备虽有己有利用之分，而同为学生教师生利之资则一。余尝游美之麻撒朱赛州（Massachusetts），视其乡村中学校附设之农业科，多利用学生家中之田园设备，使各生在家实习，命之曰家课（Home Projects），教员则自御汽车，循环视察，当场施教。农隙则令学生来校习通用之学术。故校中自有之设备，除课堂点缀以外，实属寥寥无几；校外则凡学生足迹所至，皆其所利用之设备。论其成效则不特设备之经费可省，而各家之农业皆藉学生而间接改良之。此盖利用他人生利设备以施职业教育之彰明较著者也。

生利主义之职业课程 职业学校之课程，应以一事之始终为一课。例如种豆，则种豆始终一切应行之手续为一课。每课有学理，有实习，二者联络无间，然后完一课即成一事。成一事再学一事，是谓升课。自易至难，从简入繁，所定诸课，皆以次学毕，是谓毕课。定课程者必使每课为一生利单位，俾学生毕一课，即生一利；毕百课则生百利，然后方无愧于职业之课程。职业课程既以生利为主，则不得不按事施教；欲按事施教，则不得不采用小班制。故欧美之职业实习班至多不满十五人，凡以便生利课程之教授也。不特每课为然，即各课之联络，亦莫不以充分生利为枢机。客有学蚕桑者，学成执蚕桑业，终岁生利之期两三月而已，余则闲居坐食，不数年而家计渐困，卒改他业。此能生利而不能充分生利之过也。故职业课程之配置，须以充分生利为标准，事之可附者附教之，事之可兼者兼教之。正业之外，苟能兼附相当之业，则年无废月，月无废日，日无废时矣。此之谓充分之生利。根据此旨以联络各课，是为充分生利之课程。

生利主义之职业学生　有生利之师资、设备、课程，遂足以尽职业教育之能事乎？曰，未也。学生择事不慎，则在校之时，学不能专；出校之后，行非所学。其弊也：学农者不归农；学商者不归商。吾国实业教育之所以鲜成效，固由于师资、设备、课程之不宜于生利，然其学生择业之法之不当，亦其一因也。大凡选择职业科目之标准，不在适与不适，而在最适与非最适。所谓最适者有二：一曰才能；二曰兴味。吾人对于一业，才能、兴味皆最高，则此业为最适；因其最适而选之，则才能足以成事，兴味足以乐业，将见学当其性，用当其学，群与我皆食无穷之益矣。故能选最适之业而学者，生大利不难，岂仅生利已哉！择业不当，则虽居学习生利之名，而究其将来之生利与否，仍未可必。故欲求学业者归业，必先有精选职业之方法。方法维何？曰，职业试习科是也。职业试习科，包含农工商及其他业之要事于一课程，凡学生皆使躬亲历试之。试习时期可随遇伸缩，多至半载，少至数星期皆可。但试习之种种情形，必与真职业无异，始可试验学生之真才能真兴味。一参假面具则试验科之本旨失矣。试习之后，诸生于各业之大概既已备尝，再择其最有才能最有兴味之一科专习之。彼其选择既根本于才能兴味，则学而安焉，行而乐焉，其生利之器量，安有不大者哉？

　　结论　职业学校有生利之师资、设备、课程，则教之事备；学生有最适之生利才能兴味，则学之事备。前者足以教生利，后者足以学生利；教与学咸得其宜，则国家造就一生利人物，即得一生利人物之用，将见国无游民，民无废才，群需可济，个性可舒。然后辅以相当分利之法，则富可均而民自足矣。故职业教育之主义在是，职业教育之责任在是，余之希望于教育家之采择试行者，亦莫不在是。谨贡一得，聊献刍荛，幸垂教焉。

〔注释〕

　　① 本篇在 1918 年 1 月 15 日《教育与职业》第 1 卷第 3 期发表时，有编者按语云："作者所谓'生利'，当作'生产'。再进一步讲，'生产'云者，增加物力之谓。而'生利'当作增加物力之有益于群生者。"并指出："留美硕士陶知行君，为意利诺大学硕士，毕业后入哥伦比亚大学教育学院，得都市总监学位。回国后任南京国立高等师范教育学教授。本社同人以陶君研究职业教育有素，请其言论。陶君

慨允担任义务撰述员，同人感之，并志数语，以为介绍。"

② 本社　指中华职业教育社。1917 年成立于上海，主要负责人为黄炎培。

③ 邑号朝歌，墨翟回车　朝歌是商朝都城，纣王歌舞作乐之地。墨翟非乐，所以一见朝歌就回车。事见《史记·鲁仲连邹阳传》。

④ 里名胜母，曾子不入　胜母是鲁国地名。曾参事母至孝，听说鲁国有个胜母里，他就不到那里去。事见《史记·鲁仲连邹阳传》。

试验主义与新教育①

《说文》："新，取木也。"木有取去复萌之力，故新有层出不已之义。新教育与旧教育之分，其在兹乎？夫教育之真理无穷，能发明之则常新，不能发明之则常旧。有发明之力者虽旧必新；无发明之力者虽新必旧。故新教育之所以新，旧教育之所以旧，亦视其发明能力之如何耳。发明之道奈何？曰，凡天下之物，莫不有赖于其所处之境况。境况不同，则征象有异。故欲致知穷理，必先约束其境况，而号召其象征，然后效用乃见。此试验之精神，近世一切发明所由来也。彼善试验者立假设，择方法，举凡欲格之物，尽纳之于规范之中：远者近之，微者大之，繁者简之，杂者纯之，合者析之，分者通之，多方以试之，屡试以验之，更较其异同，审其消长，观其动静，察其变化，然后因果可明而理可穷也。例如试验甲乙二教授法之优劣，则必将试验时之一切情形，归为一致。盖必先一其教师，一其教材，一其设备，一其时间，一其地方，而所教之学生又须年龄等，男女等，家境等，程度等，然后施以各异之教法，乃可知结果之攸归；屡试而验，然后二法之优劣，乃可得而发明焉。故欲求常新之道，必先有去旧之方。试验者，去旧之方也。盖尝论之，教育之所以旧者五，革而新之，其惟试验。所谓五旧者何？

一曰依赖天工　彼依赖天工者，待天垂象，俟物示征，成败利钝，皆委于气数。究其流弊，则以有限之时间，逐不可必得之因果，是役于物而制于天也，安得不为所困哉？困即无自新之力矣。苟其有之，或出于偶然。即有常矣，或所示者吝，吾又安能穷其极而启其新耶？荀子曰："大天而思之，孰与物畜而制之？从天而颂之，孰与制天命而用之？因物而多之，孰与骋能而化之？思物而物之，孰与理物而勿失之也？"此数语可谓中试验精神之窾要矣。盖善试验者役物而不为物所役；制天而不为天所制。惟其以人力胜天工，故能探其奥蕴，常保其新焉。

二曰沿袭陈法　彼泥古之人，以仍旧贯为能事。行一事，措一词，必求先例。有例可援，虽害不问；无例可援，虽善不行。然今昔时势不同，问题亦异。问题既异，方法当殊。故适于昔者未必适于今。徒执古人之成规，以解决今之问题，则圆枘方凿，不能相容，何能求其进步也？故欲求教育刷新进步，必先有试验，以养成其自得之能力。能自得，始能发明；能发明，则陈法自去，教育自新矣。

三曰率任己意　教育为一种专门事业，必学焉而后成。然从事教育之人，偏欲凭一己一时之意，以定进行之趋向。故思而不学，凭空构想者有之；一知半解，武断从事者有之；甚至昧于解决，以不了了之者亦有之。空想则无新可见；武断则绝自新之路；不了了之，则直无新之希望矣。欲救斯弊，必使所思者皆有所凭，所断者皆有所据；困难之来，必设法求所以解决之，约束之，利用之：凡此皆试验之道也。

四曰仪型他国 今之号称新人物者，辄以仪型外国制度为能事；而一般人士，见有能仪型外人者，亦辄谓为新人物。虽然，彼岂真能新哉？夫一物之发明，先多守秘密。自秘密以迄于公布，须历几时何？自公布以迄于外传，又须历几何时？况吾所仪型者，或出于误会。以误传误，为害非浅。即得其真相，而辗转传述，多需时日。恐吾人之所谓新者，他人已以为旧矣。不特此也。中外情形有同者，有不同者。同者借镜，他山之石，固可攻玉。不同者而效焉，则适于外者未必适于中。试一观今日国中之教育，应有而无、应无而有者，比比皆是。此非仪型外国之过欤？若能实心试验，则特别发明，足以自用。公共原理，足以教人。教育之进步，可操左券矣。

五曰偶尔尝试 当·主义发生之时，必有人焉慕其美名而失其真意。其弊也，弥近似而大乱真。乃时人不察，误认试验为尝试。计划不确，方法无定，新猷未出，已中途而废矣。彼真试验者则不然。必也有计划，有方法，视阻力为当然，失败为难免，具百折不回之气概，再接再厉之精神。成败虽未可必，然世界实由此而进步，教育亦由此而进步。此岂持尝试之见者所可能哉！

既能塞陈旧之道，复能开常新之源，试验之用，岂不大哉！推类至尽，发古人所未发，明今人所未明，皆试验之力量也。吾国数千年来相传不绝之方法，惟有致知在格物一语。然格物之法何在，晦庵②与阳明③各持一说。晦翁以"即物穷理"释之，近矣。然而即物穷理，又当用何法乎？

无法以即物穷理，则物仍不可格，知仍不可致。阳明固尝使用即物穷理者也，其言曰："初年与钱友同论做圣贤，要格天下之物。……因指亭前竹子令去格看，钱子④早夜去穷格竹子的道理，竭其心思，至于三日，便致劳神成疾。当初说他这时精力不足，某因自去穷格，早夜不得其理，到七日亦以劳思致疾。……及在夷中三年，颇见得此意思，乃知天下之物本无可格者；其格物之功，只在身心上做。"类此者，皆坐格物不得其法之弊也。假使阳明更进一步，不责物之无可格，只责格之不得法，竞竞然以改良方法自任，则近世发明史中，吾国人何至迄今无所贡献？然亡羊补牢，未为晚也。全国学者，苟能尽刷其依赖天工、沿袭旧法、仪型外国、率任己意之旧习，一致以试验为主，则施之教育而教育新，施之万事而万事新，未始非新国新民之大计也。不然，若以应时为尽新之能事，则彼所谓旧教育者，当时亦尝为新教育也；而今之新教育，又安知他日之不或旧耶？

〔注释〕

① 本篇原载 1919 年 2 月《新教育》第 1 卷第 1 期，作者收入《中国教育改造》文集时，将其第二大段删去（此段未补用），只保留最后几句，放在第一段的末尾。

② 晦庵　即朱熹（1130—1200）。南宋哲学家、教育家，字元晦，号晦庵。

③ 阳明　即王守仁。

④ 钱子　即钱友同，与王守仁同时的理学家。

教 学 合 一①

现在的人叫在学校里做先生的为教员，叫他所做的事体为教书，叫他所用的法子为教授法，好像先生是专门教学生些书本知识的人。他似乎除了教以外，便没有别的本领，除书之外，便没有别的事教。而在这种学校里的学生除了受教之外，也没有别的功课。先生只管教，学生只管受教，好像是学的事体，都被教的事体打消掉了。论起名字来，居然是学校；讲起实在来，却又像教校。这都是因为重教太过，所以不知不觉的就将他和学分离了。然而教学两者，实在是不能分离的，实在是应当合一的。依我看来，教学要合一，有三个理由：

第一，先生的责任不在教，而在教学，而在教学生学
大凡世界上的先生可分三种：第一种只会教书，只会拿一本书要儿童来读它、记它，把那活泼的小孩子做个书架子、字纸篓。先生好像是书架子字纸篓之制造家，学校好像是书架子字纸篓的制造厂。第二种的先生不是教书，乃是教学生；他所注意的中心点，从书本上移到学生身上来了。不像从前拿学生来配书本，现在他拿书本来配学生了。他不但是要拿书本来配学生，凡是学生需要的，他都拿来给他们。这种办法，果然比第一种好得多，然而学生还是在被动的地位，因为先生不能一生一世跟着学生。热心的先生，固想将他所有的传给学生，然而世界上新理无穷，先生安能尽把天地间的奥妙为学生一齐发明？既然不能与学生一齐发明，那他所能给学生的，也是有限的，其余还是要学生自己去找出来的。况且事事要先生传授，既有先生，何必又要学生呢？所以专拿现成的材料来教学生，总归还是不妥当的。那么，先生究竟应该怎样子才好？我以为好的先生不是教书，不是教学生，乃是教学生学。教学生学有什么意思呢？就是把教和学联络起来：一方面要先生负指导的责任，一方面要学生负学习的责任。对于一个问题，不是要先生拿现成的解决方法来传授学生，乃是要把这个解决方法如何找来的手续程序，安排停当，指导他，使他以最短的时间，经过相类的经验，发生相类的理想，自己将这个方法找出来，并且能够利用这种经验理想来找别的方法，解决别的问题。得了这种经验理想，然后学生才能探知识的本源，求知识的归宿，对于世间一切真理，不难取之无尽，用之无穷了。这就是孟子所说的"自得"，也就是现今教育家所主张的"自动"。所以要想学生自得自动，必先有教学生学的先生。这是教学应该合一的第一个理由。

第二，教的法子必须根据于学的法子　从前的先生，只管照自己的意思去教学生；凡是学生的才能兴味，一概不顾，专门勉强拿学生来凑他的教法，配他的教材。一来先生收效很少，二来学生苦恼太多，这都是教学不合一的流弊。如果让教的法子自然根据学的法子，那时先生就费力少而成功多，学生一方面也就能够乐学了。所以怎样学就须怎样教；学得多教得多，学得少教得少；学得快教得快，学得慢教得慢。这是教学应该合一的第二个理由。

第三，先生不但要拿他教的法子和学生学的法子联络，并须和他自己的学问联络起来 做先生的，应该一面教一面学，并不是贩买些知识来，就可以终身卖不尽的。现在教育界的通病，就是各人拿从前所学的抄袭过来，传给学生。看他书房里书架上所摆设的，无非是从前读过的几本旧教科书；就是这几本书，也还未必去温习的，何况乎研究新的学问，求新的进步呢？先生既没有进步，学生也就难有进步了。这也是教学分离的流弊。那好的先生就不是这样，他必是一方面指导学生，一方面研究学问。如同柏林大学包尔孙②先生（F. Paulsen）说："德国大学的教员就是科学家。科学家就是教员。"德国学术发达，大半靠着这教学相长的精神。因为时常研究学问，就能时常找到新理。这不但是教诲丰富，学生能多得些益处，而且时常有新的材料发表，也是做先生的一件畅快事体。因为教育界无限枯寂的生活，那是因为当事的人，封于故步，不能自新所致。孔子说："学而不厌，诲人不倦。"真是过来人阅历之谈。因为必定要学而不厌，然后才能诲人不倦；否则年年照样画葫芦，我却觉得有十分的枯燥。所以要想得教育英才的快乐，似乎要把教学合而为一。这是教学应该合一的第三个理由。

总之：一，先生的责任在教学生学；二，先生教的法子必须根据学的法子；三，先生须一面教一面学。这是教学合一的三种理由。第一种和第二种理由是说先生的教应该和学生的学联络；第三种理由是说先生的教应该和先生的学联

络。有了这样的联络，然后先生学生都能自得自动，都有机
会方法找那无价的新理了。

〔注释〕

① 本篇系陶行知在《世界教育新思潮》专栏发表的系列论文之
一，原载 1919 年 2 月 24 日《时报·教育周刊·世界教育新思潮》第
1 号。主张教学合一。不久，他进一步提出事怎样做就怎样学，怎样
学就怎样教。后来发展为教学做合一的完整体系。

② 包尔孙　通译包尔生（1846—1908），德国哲学家、伦理学家、
教育学家。著有《伦理学体系》。

第一流的教育家①

我们常见的教育家有三种：一种是政客的教育家，他只会运动②，把持，说官话；一种是书生的教育家，他只会读书，教书，做文章；一种是经验的教育家，他只会盲行，盲动，闷起头来，办……办……办。第一种不必说了，第二、第三两种也都不是最高尚的。依我看来，今日的教育家，必定要在下列两种要素当中得了一种，方才可以算为第一流的人物。

（一）**敢探未发明的新理** 我们在教育界做事的人，胆量太小，对于一切新理，大惊小怪。如同小孩子见生人，怕和他接近。又如同小孩子遇了黑房，怕走进去。究其结果，他的一举一动，不是乞灵古人，就是仿效外国。也如同一个小孩子吃饭、穿衣，都要母亲帮助，走几步路，也要人扶着，真是可怜。我们在教育界任事的人，如果想自立，想进步，就须胆量放大，将试验精神，向那未发明的新理贯射过去；不怕辛苦，不怕疲倦，不怕障碍，不怕失败，一心要把那教育的奥妙新理，一个个的发现出来。这是何等的魄力，教育界有这种魄力的人，不愧受我们崇拜！

（二）**敢入未开化的边疆** 从前的秀才以为"不出门能知天下事"，久而久之，"不出门"就变做"不敢出门"了。

我们现在的学子，还没有解脱这种风气。试将各学校的《同学录》拿来一看，毕业生多半是在本地服务，那在外省服务的，已经不可多得，边疆更不必说了。一般有志办学的人，也专门在有学校的地方凑热闹，把那边疆和内地的教育，都置之度外。推原其故，只有一个病根，这病根就是怕。怕难，怕苦，怕孤，怕死，就好好的埋没了一生。我们还要进一步看，这些地方的教育究竟是谁的责任？我们要晓得国家有一块未开化的土地，有一个未受教育的人民，都是由于我们没尽到责任。责任明白了，就放大胆量，单身匹马，大刀阔斧，做个边疆教育的先锋，把那边疆的门户，一扇一扇的都给它打开。这又是何等的魄力！有这种魄力的人，也不愧受我们崇拜。

敢探未发明的新理，即是创造精神；敢入未开化的边疆，即是开辟精神。创造时，目光要深；开辟时，目光要远。总起来说，创造、开辟都要有胆量。在教育界，有胆量创造的人，即是创造的教育家；有胆量开辟的人，即是开辟的教育家，都是第一流的人物。大丈夫不能舍身试验室，亦当埋骨边疆尘，岂宜随便过去！但是这种人才，究竟要到什么时候才能出现？究竟要由什么学校造就？究竟要用什么方法养成？可算是我们现在最关心的问题。

〔注释〕

① 本篇发表于 1919 年 4 月 21 日的《时报·教育周刊·世界教育新思潮》第 9 号。该专栏主笔蒋梦麟有如下按语："陶先生，你讲的一席话，我读了便觉精神提起来。这种话我久不听见了，可算是教育

界福音。"

　　② 此处所讲"运动"是指旧官僚的奔走竞逐，拉拢上级，谋取职位。

新　教　育①

今天得有机会，与诸同志共聚一堂，研究教育，心中愉快得很。现在把关于新教育上各项要点，略些谈谈。

（一）新教育的需要　我们现在处于二十世纪新世界之中，应该造成一个新国家，这新国家就是富而强的共和国。怎样能够造成这新国家呢？固然要有好的领袖去引导平民，使他们富，使他们强，使他们和衷共济；但是虽有好的领袖，而一般平民不晓得哪个领袖是好的，哪个领袖是不好的，也是枉然。所以现在所需要的，是一种新的国民教育，拿来引导他们，造就他们，使他们晓得怎样才能做成一个共和的国民，适合于现在的世界。举例来说，有一个后母给她的儿子洗澡，所用的水，时而太冷咧，时而太热咧，这就是不能合着他儿子的需要。我们所研究的新教育，不应该犯这个毛病，一定要合于现在所需要的。

（二）新教育的释义　先说"新"字是什么意思？某处人家因为要请客，一切设备家伙，都去向别家借用，用过之后，就去还了。这是客来则新，客去便旧了，不得为根本的新。我们中国的教育，倘若忽而学日本，忽而学德国，忽而学法国、美国，那是终究是无所适从。所以新字的第一个意义要"自新"。今日新的事，到了明日未必新；明日新的事，到了后日又未必新。即如洗澡，一定要天天洗，才能天天干净。这就是日日新的道理。所以新字的第二个意义要"常新"。又我们所讲的新，不单是属于形式的方面，还要有精神上的新。这样才算是内外一致，不偏不倚。所以新字的第三个意义要"全新"。

次说"教育"是什么东西？照杜威先生说，教育是继续经验的改造（Continuous reconstruction of experience）。我们个人受了周围的影响，常常有变化，或是变好，或是变坏。教育的作用，是使人天天改造，天天进步，天天往好的路上走；就是要用新的学理，新的方法，来改造学生的经验。

（三）**新教育的目的** 这目的可分两项来说明：第一对于天然界，要使学生有利用他的能力。例如，我们要使光线入室不需风的时候，就要用玻璃窗。照这样把所有一切光、电、水、空气等，都要被我们操纵指挥。现在中国和外国物质文明的高下，都从这利用天然界能力的强弱上分别出来的。然而其中也有危险的地方，如造出许多杀人的物扰乱世界，是万万不可的。所以第二项目的，是对于群界要讲求共和主义，使人人都能自由守着自己的本份去做各种事业。一方面利用天然界，一方面谋共同幸福。可说一句，新教育的目的，就是要养成这种能力，再概括说起来，就是要养成"自主"、"自立"和"自动"的共和国民。自主的就是要做天然界之主，又要做群界之主。即如选举卖票一事，卖和不卖，到底由自己的主张。果能自主的人，富贵不淫，贫贱不移，威武不屈，人家有什么法子对付他呢？至于自立的人，在天然界群界之中，能够自衣自食，不求靠别人。但是单讲自立，不讲自动，还是没有进步，还是不配做共和国民的资格。要晓得专制国讲服从，共和国也讲服从，不过一是被动的，一是自动的，这就是他们的分别了。

（四）**新教育的方法**　此番我从南京到上海，再从上海到嘉兴，一直到杭州来，有种种的方法，或是走，或是坐船，或是坐火车，或是坐飞艇。在这几种方法之中，哪几种是较好，哪一种是最好，而且哪一种是最快，这便是方法的考究。要考究这个方法，下列的几条，应该注意的：

（甲）符合目的　杀鸡用鸡刀，杀牛有牛刀，这就是适合的道理；教育也要对着目的设法。现在学校里有兵操一门，是为了养成国民有保护国家的能力而设的。但是照这样"立正"、"开步"的练习，经过几年之后，能否达到应战之目的，却须要研究的。

（乙）依据经验　怎样做的事，应当怎样教。譬如游水的事，应当到池沼里去学习，不应当在课堂上教授。倘若只管课堂的教授，不去实习，即使学了好几年，恐怕一到池里，仍不免要沉下去的。各种知识有可以从书上求的，不妨从书上去得来；有不可以从书上求的，那应该从别处去得他了。

（丙）共同生活　在学校中不能共同做事，一到社会也是不能的。所以要国民有共和的精神，先要学生有共和的精神；要学生有共和的精神，先要使他有共同的生活，有互助的力量。

（丁）积极设施　教人勿赌博，勿饮酒，这都是消极的禁止。至于积极的办法，要使他们时常去做好的事情，没有机会去做那坏的事情。在学校之中，常常有正当的游戏运动，兴味很好，自然没有工夫去做别的坏事了。

（戊）注重启发　在学校里并非一面教人，一面受教，就算了事。要使学生的精神意志和能力，渐渐的发育成长。孔子说"不愤不启，不悱不发"。我更要进一步说，使他不得不愤，使他不得不悱。杜威先生也说，教学生的法子，先要使他发生疑问；查出他疑难的地方，使他想种种方法，去解决这个问题；从这些方法之中，选出顶有成效的法子，去试试看对不对；如其不对，就换个法子，如其对了，再去研究一下。照这方法来解释同类的问题和一切的问题。所以现在的时候，那海尔巴脱②的五段教授法等，觉着不大适用了。

（己）鼓励自治　这便是教学生对于学问方面或道德方面，都要使他能够自治自修。

（庚）全部发育　身体和精神要全体顾到，不可偏于一面。譬如在体育上，耳目口鼻手足统要使他健全；在智育上，既要使他自知，又要使他能够利用天然界的事物；在德育上，公德和私德，都不可欠缺的。

（辛）唤起兴味　学生有了兴味，就肯用全副精神去做事体，所以"学"和"乐"是不可分离的。学校里面先生都有笑容，学生也有笑容。有些学校，先生板了脸孔，学生都畏惧他，那是难免有逃学的事了。所以设法引起学生的兴味，是很要紧的。

（壬）责成效率　凡做一事，要用最简便、最省力、最省钱、最省时的法子，去收最大的效果。做这件事，用这个方法，在一小时所收的效果是这样，用别个方法只须十分钟或五分钟，就有这样的效果，那后法就比前法为胜了。照此把时间、精力、金钱和效果的比较选择，可以得出一个最好的法子。

以上所讲，都是新教育上普通的说明。至于新教育对于学校课程等的设施和教员学生应当怎样的情形，休息几分钟再讲。

新学校　学校是小的社会，社会是大的学校。所以要使学校成为一个小共和国，须把社会上一切的事，拣选他主要的，一件一件的举行起来。不要使学生在校内是一个人，在校外又是一个人。要使他造成共和国民的根基，须在此练习。对于身体方面、道德方面、政治方面，凡国民所不可不晓得的，都要使他晓得，那学校便成为具体而微的社会了。我国学校的弊病，不但在与社会相隔绝，而且学校里面，全以教员做主，并不使学生参与。要晓得一社会里的事务，该使大家知道的，就该大家参与；该使少数领袖管理的，就该少数领袖参与。这样不靠一人，也不靠少数人，使每个学生、每个教员晓得这个学校是我的学校，肯与学校同甘苦，那才是共和国社会里的真学校。

新学生　"学"字的意义，是要自己去学，不是坐而受教。先生说什么，学生也说什么，那便如学戏，又如同留声机器一般了。"生"字的意义，是生活或是生存。学生所学的是人生之道。人生之道，有高尚的，有卑下的；有片面的，有全部的；有永久的，有一时的；有精神的，有形式的。我们所求的学，要他天天加增的，是高尚的生活，完全的生活，精神上的生活，永久继续的生活。进一步说，不可学是学，生是生，要学就是生，生就是学。求学的事，是为预备后来的生存呢？还是现在的生存，就是全体生活的一部分呢？既然晓得教育是继续经验的改造，那么对于天然界和群界，自然受他的影响；天天变动，就是天天受教育，差不多从出世到老，与人生为始终的样子。你哪一天生存不是学？你哪一天学不是生存呢？孔子到了七十岁，方才从心所欲不逾矩，他是一步一步上进的。凡改变我们的，都是先生；就是我们自己都是学生。以前只有在学校里的是学生，一到家里就不是学生；现在都做社会的学生，是从根本上讲，来得着实，不至空虚。虽出校门，仍为学生，就是不出于教育的范围。所以每天的一举一动，都要引他到最高尚、最完备、最能永久、最有精神的地位，那方才是好学生。

新教员　新教员不重在教，重在引导学生怎样去学。对于教育，第一，要有信仰心。认定教育是大有可为的事，而且不是一时的，是永久有益于世的。不但大学校高等学校如此，即使小学校也是大有可为的。夫勒培尔③研究小学教育，得称为大教育家。做小学教师的，人人有夫氏的地位，也有他的能力；只须承认，去干就能成功。又如，伯斯塔罗齐④、蒙铁梭利⑤都从研究小学教育得名，即如杜威先生，也是研究小学教育的。这都是实在的事，并非虚为赞扬。我从前看见一个土地庙面前对联上，有一句叫"庙小乾坤大"，很可以来比。况我们学校虽小，里头却是包罗万象。做小学教员的，万勿失此机会，正当做一番事业。而且这里头还有一种快乐——照我们自己想想，小学校里学生小，房子小，薪水少，功课多，辛苦得很，哪有快乐？其实，看小学生天天生长大来，从没有知识，变为有知识，如同一颗种子的由萌芽而生枝叶，而看他开花，看他成熟，这里有极大的快乐。照以上两层——做大事业得大快乐——是为一己的，而况乎要造新国家、新国民、新社会，更非此不行嘛！那不信仰这事的，可以不必在这儿做小学教员。一国之中，并非个个人要做这事的，有的做兵，有的做工，有的做官吏，……各人依了他的信仰，去做他的事。一定要看教育是大事业，有大快乐，那无论做小学教员，做中学教员，或做大学教员，都是一样的。第二，要有责任心。不但是自己家中的小孩和课堂中的小孩，我应当负责任；无论这里那里的小孩，要是国中有一个人不受教育，他就不能算为共和国民。在美国一百个人之中，有九十几个受教育。中国一百个人之中，只有一个人受教育。而且二十四个学生中，只有一个女学生。我们要从这少数的人，成为多数的人，要用多少年的工夫？非得终身从事不行。况且我们除了二十岁以前、六十岁以后，正当有为之时没有多少，即使我们自己一生不成，应当代代做去。切不可当教育事业是住旅馆的样子，住了一夜或几夜之后，不管怎么样，就听他去了。那教育事业，还有发达的希望吗？第三，做新教员的要有共和精神。就是不可摆出做官的态度，事事要和学生同甘苦，要和同学表同情，参与到学生里面去，指导他们。第四，要有开辟精神。时候到了现在，不可专在有教育的地方办教育。要有膨胀的力量，跑到外边去，到乡下地方，或是到蒙古、新疆这些边界的地方，要使中国无地无学生。一定要有单骑匹马勇往无前的气概，有如外国人传教的精神，无论什么都不怕，只怕道理不传出去。要晓得现在中国，门户边界的危险，使那个地方的人，晓得共和国的样子，用文化去灌输他，使他耳目熟习，改换他从来的方向，是很要紧的。第五，要有试验的精神。有些人肯求进步，有些人只晓得自划的，除了几本教科书外，没有别的书籍。——诸君已经毕业之后，还在这儿讨论教育，那是最好的。——他人叫我怎样办，我便怎样办，专听上头的命令。要晓得上头的命令，只不过举其大端，其中详细的情形，必定要我们去试验。用了种种方法，有了结果，再去批评他的好坏，照此屡试屡验，分析综合，方才可下断语。倘使专靠外国，或专靠心中所有，那么，或是以不了了之，或是但凭空想，或是依照古老的法子，或是照外国的法子，统是危险的。从前人说"温故而知新"，但是新的法子从外国传到中国，又传到杭州，我们以为新的时候，他们已经旧了。所以望大家注意，不可不由自己试验得出真理，方不至于落人之后哩！

新课程 这要从社会和个性两方面讲。从社会这面讲来，要问这课程是否合乎世界潮流，是否合乎共和精神。学了这课程之后，能否在中国的浙江，或是浙江的杭州，做一个有力的国民。更从个性的一面讲来，谁的事教谁，小孩子的事教小孩子，农人的事去教农人，方才能够适合。我且拿学代数来做个例，看这课程是否为学生所需要。我有一次对学生发问道："有几多人应用过代数？"那一百人中只有七八个人举手。又问："不曾用过代数的人举手！"就有九十几个。后再查考那七八个人所用的东西，只须一星期，至多不过一月，就可教了。照这样看来，我们应该有变通的办法。是否为了七八个人去牺牲那九十几个人。那七八个人，或为天文学家，或习工业，或学医生，所用代数，不过百分之一罢了。我们不可以为了一个人，去牺牲九十九个人；也不可以为了九十九个人，去牺牲那一个人。总要从社会全体着想，有否其他有用的东西未列在课程里？或是有用不着的东西还列在课程里呢？照这样去取舍才行。

新教材 就教科书一端而论，编书的人，有的做过教员，有的竟没有做过教员。就拿他自己的眼光来做标准，不知道各地方的情形怎么样。用了这种书去教授，哪里能适合呢？所以教科书止可作为参考，否则硬依了他，还是没有的好。又有一种讲义，当看作账簿一般。社会上各种文化风俗，都写在这账簿上。这账簿有没有用处，或是正确不正确，须要仔细考查。譬如富翁，虽然将他所有的财产，写在账簿上，拿来传给他的儿子，若是不去实地指点他，那几处房子或是田地，是我所有，和这账簿对照一下，他的儿子仍然不晓得底细。也许有几处田地房产，已经卖出；也许有几处买进的，还没有登记上去，总要使他儿子完全明了，那账簿方才有效。要拿教科书上的情形引导把学生看，或是已经变迁的情形，指点他明白。几年前的朝鲜和现在不同；俄国已经分做十几国⑥，更不可以拿从前的来讲。总要明白实际的事情，因为账簿是死的，人是活的，要拿账簿来为我所用，不要将活泼泼的人为死书所用。要晓得账簿之外，还有许多文化在那里，单靠教科书是有害的。

新教育的考成 我到店里去要一件东西，他拿了别的东西给我，我就不答应了，怎么我要这件，你偏与我那件呢？教育的事，也是这样。要按照目的去考成，方才不会枉费了精神和财力。譬如从农业、工业或商业学校里毕业出来的学生，有几多人在那里做他应当做的事。若是不问他的结果，一味的办去，正如做母亲的人把她的女儿出嫁，不将她长女出嫁的情形，来加以参考，以致于第二第三个女儿吃着同样的苦头，这是因为不考成的缘故。

再有几层，我在别处已经讲过，暂且不说。总之，大家觉得要教育普及，先要认定目的。做若干事，须得若干的代价，决不是天然能成功的。即就小孩子而论，美国一人需费四元四角五分，中国每人只有六分。试问没有代价的事，能办得好办不好？但这事人人负有责任。我们做教员的，不但教学生，又要想法子使得社会上的人对于教育认为必要。譬如有钱的人，可以教自己的孩子，同时他邻舍的小孩子，因为没得钱受教育，和这小孩子一块儿玩，就把他带坏了。所以单教自己的儿子，还是不中用的。把这种情形使他们觉悟，人非木石，断没有一定不信的。虽然有些困难的地方，我们总可以用自己的力量去战胜他的。

〔注释〕

① 本篇系陶行知 1919 年 7 月 22 日在浙江第一师范学校毕业生讲习会上的讲演。记录者：李宗武、洪銎。原载 1919 年 9 月《教育潮》第 1 卷第 4 期。

② 海尔巴脱　通译赫尔巴特。

③ 夫勒培尔　通译福禄培尔。

④ 伯斯塔罗齐　通译裴斯泰洛齐。

⑤ 蒙铁梭利　通译蒙台梭利。

⑥ 十几国　指苏联的十几个加盟共和国。

学生自治问题之研究

近世所倡的自动主义[①]有三部分：一、智育注重自学；二、体育注重自强；三、德育注重自治。所以，学生自治这个问题，是自动主义贯彻德育的结果，是我们数千年来保育主义、干涉主义、严格主义的反应，是现在教育界一个极重要的问题。这个问题，包含甚广。我们要问学生应否有自治的机会？如果应该自治，我们又要问学生自治究竟应有几多大的范围？学生应该自治的事体，究竟有哪几种？规定学生自治的范围，又应有何种标准？施行学生自治，又应用何种方法？这几个问题，都是我们所要研究的。总起来说，就是学生自治问题。

学生自治是什么 凡是讨论一种问题，必先要明白问题的性质和他的意义。性质和意义不明了，就不免使人误会。这篇所讨论的学生自治，有三个要点：第一，学生指全校的同学，有团体的意思；第二，自治指自己管理自己，有自己立法执法司法的意思；第三，学生自治与别的自治稍有不同，因为学生还在求学时代，就有一种练习自治的意思。把这三点合起来，我们可以下一个定义："学生自治是学生结起团体来，大家学习自己管理自己的手续。"从学校这方面说，就是"为学生预备种种机会，使学生能够大家组织起来，养成他们自己管理自己的能力"。

依这个定义说来，学生自治，不是自由行动，乃是共同治理；不是打消规则，乃是大家立法守法；不是放任，不是和学校宣布独立，乃是练习自治的道理。

学生自治的需要 今日的学生，就是将来的公民，将来所需要的公民，即今日所应当养成的学生。专制国所需要的公民，是要他们有被治的习惯；共和国所需要的公民，是要他们有共同自治的能力。中国既号称共和国，当然要有能够共同自治的公民。想有能够共同自治的公民，必先有能够共同自治的学生。所以从我们国体上看起来，我们学校一定要养成学生共同自治的能力，否则不应算为共和国的学校。这是第一点。

当今平民主义的潮流，来势至为猛烈，受过他的影响的人，都想将一切的束缚尽行解脱。这固然有他的好处；不过也有他的危险。好处在哪里？大家从此可以充分发挥个人的精神，促进人群的进化。危险在哪里？束缚既然解脱，未必人人能够约束自己的欲望，操纵自己的举止，一旦精神能力向那坏处发泄，天下事就不可为了。一国当中，人民情愿被治，尚可以苟安；人民能够自治，就可以太平；那最危险的国家，就是人民既不愿被治，又不能自治。所以当这渴望自由的时候，最需要的是给他们种种机会得些自治的能力，使他们自由的欲望可以自己约束。所以时势所趋，非学校中提倡自治，不足以除自乱的病源。这是第二点。

我们既要能自治的公民，又要能自治的学生，就不得不问问究竟如何可以养成这般公民学生。从学习的原则看起来，事怎样做，就须怎样学。譬如游泳要在水里游，学游泳，就须在水里学。若不下水，只管在岸上读游泳的书籍，做游泳的动作，纵然学了一世，到了下水的时候，还是要沉下去的。所以专制国要有服从的顺民，必须使做百姓的时常练习服从的道理；久而久之，习惯成自然，大家就不知不觉的只会服从了。共和国要有能自治的国民，也必须使做国民的时常练习自治的道理；久而久之，习惯成自然，他们也就能够自治了。所以，养成服从的人民，必须用专制的方法；养成共和的人民，必须用自治的方法。如果用专制的方法，可以养成自治的学生公民，那末，学生自治问题，还可以缓一步说；无奈自治的学生公民，只可拿自治的方法将他们陶熔出来。所以从方法这方面着想，愈觉得学生自治的需要了。这是第三点。

学生自治如果办得妥当有这几种好处：

第一，学生自治可为修身伦理的实验　现今学行并重，不独讲究知识，而且要求所以实验知识的方法。所以学校教课当中，物理有实验，化学有实验，博物有实验，别门功课也有实习，如作文、图画、体操等等，都于学识之外，加以实地练习的机会。他的目的，无非要由实验，实习以求理想与实际的联络，使所做的学问，可以深造。修身伦理一类的学问，最应注意的，在乎实行；但是现今学校中所通行的修身伦理，很少实行的机会；即或有之，亦不过练习仪式而已。所以嘴里讲道德，耳朵听道德，而所行所为却不能合乎道德的标准，无形无影当中，把道德与行为分而为二。若想除去这种弊端，非给学生种种机会，练习道德的行为不可。

共和国民最需要的操练，就是自治。在自治上，他们可以养成几种主要习惯：一是对于公共幸福，可以养成主动的兴味；二是对于公共事业，可以养成担负的能力；三是对于公共是非，可以养成明了的判断。简单些说：自治可以养成我们对于公共事情上的愿力、智力、才力。照这样看来，学习自治若办得妥当，可算是实验的修身，实验的伦理，全校就是修身伦理的实验室。照这样办，才算是真正的修身伦理。

第二，学生自治能适应学生之需要　我们办学的人所定的规则，所办的事体，不免有与学生隔膜的。有的时候，我们为学生做的事体越多，越是害学生。因为为人，随便怎样精细周到，总不如人之自为。我们与学生经验不同，环境不同，所以合乎我们意的，未必合乎学生的意。勉强定下来，那适应学生需要的，或者遗漏掉；那不适应学生需要的，反而包括进去。等到颁布之后，学生不能遵守，教职员又不得不执行，却是左右为难。甚至于学生陷于违法，规则失了效力，教职员失去信用。若是开放出去，划出一部分事体出来，让学生自己治理；大家既然都有切肤的关系，所定的办法，容或更能合乎实在情形了。这就是说，有的时候学生自己共同所立的法，比学校里所立的更加近情，更加易行，而这种法律的力量，也更加深入人心。大凡专制国家的人民，平日不晓得法律是什么，只到了犯法之后，才明白有所谓法律。那么，法律的力量，大都发现于犯法之后，这是很有限的。至于自己共同所立之法就不然，从始到终，心目中都有他在；平日一举一动，都为大家自立的法律所影响。所以自己所立之法的力量，大于他人所立的法；大家共同所立之法的力量，大于一人独断的法。

第三，学生自治能辅助风纪之进步　我们的行为，究竟应该对谁负责？对于少数教职员负责呢，还是要对于全校负责呢？按着旧的方法，学生有过失，都责成少数职员监察纠正。其弊病有两种：第一种是少数教职员在的时候，就规规矩矩，不在的时候，就肆行无忌；第二种是大家学生以为既有职员负责，我们何必多事，纵然看见同学为非，也只好严守中立。这是大多数的学生所抱持的态度。所以一人司法，大家避法。我们要想大家守法，就须使各人的行为，对于大家负责。换句话说，就是要共同自治。

第四，学生自治能促进学生经验之发展　我们培植儿童的时候，若拘束太过，则儿童形容枯槁；如果让他跑，让他跳，让他玩耍，他就能长得活泼有精神。身体如此，道德上的经验又何尝不然。我们德育上的发展，全靠着遇了困难问题的时候，有自己解决的机会。所以遇了一个问题，自己能够想法解决他，就长进了一层判断的经验。问题自决得越多，则经验越丰富。若是别人代我解决问题，纵然暂时结束，经验却也被旁人拿去了。所以在保育主义之下，只能产生缺乏经验的学生，若想经验丰富，必须自负解决问题的责任。

学生自治如果办得不妥当就要发生这几种弊端：

第一，把学生自治当作争权的器具　大凡团体都有一种特别的势力，这种势力比个人的大得多。用得正当，就能为公众尽义务；用得不当，就能驱公众争权利。学生自治是一种团体的组织，所以用得不妥当的时候，也有这种危险。

第二，把学生自治误作治人看　这个危险是随着第一个顺路下来的。有的时候，这也是个自然的趋势。因为有了团体，一不谨慎，就有驾驭别人的趋势。刘伯明先生说："人当为人中人，不可仅为人上人。"这句话，是我们共和国民的指南针。

第三，学生自治与学校立在对峙地位　学生自治会与学校当有一种协助精神，不可立在对峙的地位，但是办得不妥当，这种对峙的情形，也是免不掉的。不过这是一种很不幸的现象，不是师生之间所宜有的。

第四，闹意气　学生有自治的机会，就不得不多发言论，多立主张，多办交涉，一不小心，大家即刻闹出意气；再由闹意气而彼此分门别户，树立党帜，于是政客的手段，就不得不传到学校里来了。

以上所举的，不过是几种重要的弊端；至于小的弊端，一时难以尽举。总之，学生自治如果办理不善，则凡共和国所发现的危险，都能在学校中发现出来。但是我们要注意，这许多弊端都是办理不妥当的过处，并非学生自治本体上的过处。如果厉行自治的时候，大家不愿争权，而愿服务；不愿凌人，而愿治己；不愿对抗，而愿协助；不愿负气，而愿说理，那末，自治之弊便可去，自治之益便可享了。这种利害关头，凡做共和国民的都要练习。我们在学校的时候，有同学的切磋，有教师的辅助，纵因一时不慎，小有失败，究竟容易改良纠正。若在学校里不注意练习，将来到了社会当中，切磋无人，辅导无人，有了错处，只管向那错路上走，小而害己，大而害国。这都是因为做学生的时候，没有练习自治所致的。所以学生自治如果举行，可以收现在之益；纵小有失败，正所以免将来更大的失败。

规定学生自治范围的标准　学生自治的利弊，既如上所说，现在就要问学生自治有什么范围？规定学生自治的范围，应有若何标准？

一、学生自治应以学生应该负责的事体为限。学生愿意负责，又能够负责的事体，均可列入自治范围；那不应该由学生负责的事体，就不应该列入自治范围。因自治与责任有连带关系，别人号令而要我负责，就叫做被治；别人负责而由我号令，就叫做治人；都失了自治的本意。所以学生自治，应以学生负责的事为限。

二、事体之愈要观察周到的，愈宜学生共同负责，愈宜学生共同自治。

三、事体参与的人愈宜普及的，愈宜学生共同负责，愈宜学生共同自治。

四、依据上列三种标准而定学生自治的范围时，还须参考学生的年龄程度经验。

学生自治与学校的关系　学生自治会是学校里面一种团体，自然与学校有密切的关系。这种关系，可以分为两类：一、关于权限的，二、关于学问的。

一、权限上的关系　学生自治会正式成立之后，学校里面的事体，就可分为二部分：一部分仍旧是学校主持，一部分由学生主持。平常的时候，权限固可以分明；不过既在一个机关里面，总有些事体划不清楚的。既然划不清楚，就不能不有一种接洽的机关，使两方面的意思，都可以发表沟通，而收圆满的效果。此外还有临时发生而有关全校的事体，学校与学生都宜与闻，更不得不有一种接洽的机关。人数少的学校，可由校长直接担任；人数多的学校，可由校长指定教职员数人担任。学生自治会职员有事时，即可与他们接洽；而学校有事时，也由这几位和学生接洽。有这种接洽的组织，然后学校与学生声气可通，就没有隔膜的弊病了。

二、学问上的关系 天下不学而能的事情很少，共同自治是共和国立国的根本，非是刻苦研究，断断不能深造。我们举行学生自治的时候，也要把他当作一个学问研究。既要当一个学问研究，那就有两点要注意：一、同学的切磋，二、教员的指导。有人说，现在中国的教职员对于学生自治问题，素未研究，恐怕未必能指导。这句话诚然，但是还有些意思要注意：一、学校里所有的功课都有教员指导，独于立国根本的学生自治一门却没有指导，似乎把他太看轻了。二、若校内没有相当的人，办学的就应当赶紧物色那富有共和思想自治精神的教员，来担任此事。三、师生本无一定的高下，教学也无十分的界限；人只知教师教授，学生学习；不晓得有的时候，教师倒从学生那里得到好多的教训。所以万一找不到相当的人才，就请教职员和学生共同研究也好。总而言之，学生自治这个问题，不但要行，而且还要研究。研究的时候，学校不能不负指导参与的责任。

学生自治与学校既有这两种密切的关系，我们就须打破一切障碍，使师生的感情，可以化为一体，使大家用的力量，都有相成的效果。大家一举一动都接洽，有话好商量，有贡献彼此参与。在这共和的学校当中，无论何人都不应该取那武断的、强迫的、命令的、独行的态度。我们叫人做事的时候，不但要和他说"你做这件事，你应该这样做"，并且要使得他明白"为何做这件事，为何这样做"。彼此明白事之当然，和事之所以然，才能同心同德，透达那共同的目的。

施行学生自治应注意之要点　现在各学校对于学生自治，多愿次第举行，我悉心观察，觉得有几件最要紧的事件，必先预为注意，方能发生美满的效果。

第一，学生自治是学校中一件大事。全体学生都要以大事看待他，认真去做；学校里也须以大事看待他，认真赞助，若以为他是寻常小事，不加注意，没有不失败的。

第二，学生自治如同地方自治。地方自治之权，出于中央；学生自治之权，出自学校。所以学生自治，虽然可以由学生发动，但是学校认可一层，似乎也是应有的手续。

第三，学生自治之有无效力，要看本校对于这个问题是否有相当了解和兴味。如果大家都明白他的真意，都觉得他的需要，那末，行出来必能得大家的赞助。所以未举行学生自治之前，必须利用演讲、辩论、谈话、作文等等养成充分的舆论。

第四，法是为人立的，含糊误事，故宜清楚；繁琐害事，故宜简单。

第五，推测一校学生自治的成败，一看他的领袖就知道。所以要提高学生自治的价值，就须使最好的领袖不得不出来服务。如果好的领袖洁身自好，或有好的领袖而大众不愿推举，都不是自治的好现象。

第六，学校与学生始终宜抱持一种协助贡献的精神。

第七，学校与学生对于学生自治问题，须采取一种试验态度，章程不必详尽，组织不必细密；一面试行，一面改良；虽然中途难免受到挫折，但到底必有胜利。

结论　总之学生自治是共和国学校里一件重要的事情。我们若想得美满的效果，须把他当件大事做，当个学问研究，当个美术去欣赏。当件大事做，方才可以成功；当个学问研究，方才可以进步。这两种还不够。因为自治是一种人生的美术，凡美术都有使人欣赏爱慕的能力；那不能使人欣赏的，爱慕的，便不是真美术，也就不是真的学生自治。所以学生自治，必须办到一个地位，使凡参与和旁观的人，都觉得他宝贵，都不得不欣赏他，爱慕他。办到这个地位，才算是高尚的人生美术，才算是真正的学生自治。

（原载1919年10月《新教育》第2卷第2期）

〔注释〕

① 自动主义　20世纪初盛行于中国的教育新思潮之一。它强调学生自学、自强、自治。以学生自动为主，教师则加以指导。

教育者之机会与责任[①]

今天我讲题是《教育者之机会与责任》，但是今天到会的，除教育者外，又有受教育的学生，提倡教育的办学者。我这题目，和上面种种人有什么关系呢？我想，学生对于教育产生的影响，自己首当其冲，自然要去看看教育者是否已经利用他的机会，尽了他的责任。办学者是督察教育者的人，更有急需了解教育者的机会与责任的必要。所以我这演讲，实在是以上三种人都应当注意的。

先从机会方面讲。教育者应当知道教育是无名无利且没有尊荣的事。教育者所得的机会，纯系服务的机会，贡献的机会，而无丝毫名利尊荣之可言。他的机会，可分四种：

（一）有可教之人；

（二）可教者而未能完全教；

（三）可教者而未能平均教；

（四）已受教而未能教好。

以上四种，都是予教育者以实施教育的机会。且先就第一种讲。

第一种是因为社会上有许多可教之人，所以教育者才能实行他的教育，倘若无人可教，则教育者就失其机会而无用武之地了。孔子曰："生而知之者，上也。"美国某哲学家对于他这句话很有怀疑，他反驳孔子说："生而知之者，下也。"可是他的话确乎也有根据，譬如最下等的动物——细胞，彼从母体脱离后，凡彼母亲会做的事，彼都会做。再推到小牛，彼虽然不似细胞那样快，但是不用隔多时，举凡彼母亲的事，彼也会做了。小猴子却又不同，彼有几个月要在彼母亲的怀里，因为彼又是较高于小牛的动物。人又不然了，人在小孩子的时期，最早要候二三年后，始能行动，后来又慢慢由幼稚园至于大学，去学他的技能，以做他父亲会做的事。总之，幼稚时间长，所以可教；教育者的机会，也是因为有可教的小孩子啊！

第二种是说可教的人没有完全受教。如中国有四万万之众，照现在统计表计算，只有五百四十万个学生。换言之，只有一百分之一点五是学生；一百人之中，能受教育的只有一个半人。这一百分之九十八点五的不能受教育者，都打着我们教育者的门，并且告诉我们说："现在是你们的机会到了，有一个人不入学校，就是你们还没有实行你们的机会。"

第三种是就受教的人说的。中国现在受教育有三桩不平均的地方：（一）女子教育；（二）乡村教育；（三）老人教育。

第一桩，女子教育在中国最不注重。中国全国有一千三百余县没有女子高等小学，又有五百余县没有一个女学生。若照百分法计算起来，男学生占学生中百分之九十五，女子却只占百分之五；以家庭论，一百个家庭，只有五个是男女同受教育——好家庭了。所以为家庭幸福计，男女都应受同等的教育。女子教育的重要有三：

甲、女子同为人类，自应有知识技能，去谋独立生活。譬如四万万根柱子擎着大厦，设若有二万万根是腐朽不能用的木材，则此大厦必将倾倒，这是很明显的例子。所以女子必须受教育，去共同担负社会的责任。

乙、女子富于感化性，能将坏的男子变好，并且可以溶化男子的性情与人格。诸位不信，请看看你们的亲友，定可得着个很显著的证明。所以欲使男子不致堕落，非从女子教育着手不可。

丙、女子受教育，必定十分顾及她子女的教育，不似男子的敷衍疏忽。所以普及女子教育，不但可以收到家庭教育的好果，并且可以巩固子孙的教育哩！

第二桩，不平均是城乡学校的相差，城里学校林立，乡下一个学校都没有。以赋税论，乡下人出钱，比城里人多些；他们的代价，至少也应当和城里平均，才是公允的办法。故乡村教育，应为教育者所注意。

第三桩，是小孩子可以受教育，而老年人则无受教育之机会。一般教育者，也只顾及小孩子的教育，对于老年人很少加以注意，这也是件不平均的事。中国现在内外交困，社会多故，如若候着那班小孩子去改造，非待二三十年后不能奏效。所以欲免除目前的危险，必须兼顾着老幼的教育。

许多女子、乡村人、老年人都打着我们教育者的门，如求雨一般地哀求我们放他们进来。这也是我们的机会到了！

第四种机会，是因为小孩子虽然受教，但是没有教好。如已教好，我们教育者又无机会了。没有教好者，可分四层讲：

甲、人为物质环境中的人，好教育必定可以给学生以能力，使他为物质环境中的主宰，去号召环境。如玻璃窗就是我们对于物质环境发展的使命之一。我们要想拒绝风，欢迎日光，所以就造一个玻璃窗子去施行我们拒风迎光的使命，教讨厌的风出去，可爱的日光进来。又如我们喜欢日光和风，但是想拒绝蚊蝇，所以又造了一种纱窗去行我们的使命。这种使命，并非空谈，因为我们有能力，确可使这些自然的环境听我们调度。故学校应给学生使命环境的能力，去作环境的主宰。以上不过是表明人对付环境的两个例子。

水也是自然环境之一，但是人不能对付彼，常常为彼所戕杀，如去年门罗②博士到苏州参观教育，同行有四位女学士。过桥的时候，女学士的车子忽然翻落桥底；当时船家和兵士都束手无策，等到想法捞起，已经死了一个。我们从这件事得着一个教训，就是"学生、船夫、兵士都不会下水"，以致人为自然环境的"水"所杀。

人在青年时发育最快，身体的发育犹如商人获利一样，可是商人获利是最危险的事，偶一不慎，当悖出如其所入。我们青年生长时，亦有危险，学校讲求体育，应问此种体育是否增加学生的体健，使他们不致有种种不测之事发生？

这种学生的父兄，也带了他瘦且弱的子弟，打我们教育者的门，厉声问我们教的是什么教育？

乙、人不但是物质环境中之一人，也是人中之一人。人有团体，有个人，在这团体和个人中，便发生相对的关系。此种关系，应互相联络，以发展人性之美感。在此阶级制度破产时，我们绝不承认社会上还有什么"人上人"、"人下人"，但是"人中人"我们是逃不掉的。我们既然都是人中之一人，那么，人与人自然会有相互的关系了。这种关系能否高尚优美，尚属疑问。且就现在的选举说吧，被选人手里执着些洋钱，选举人手里执着一张票，他们所发生的关系，是洋钱的关系，选举的关系罢了！这种关系能合乎高尚的条件吗？

再看留学生的选举如何？记得从前中央学会选举时，自称为博士、硕士的留学生，不也是一样的舞弊吗？其他如大学毕业生、中学毕业生以及未毕业的中学生，他们又是怎样？他们为什么拿着清高的人格去结交金钱？去结交政客？作金钱的奴隶？作政客的走狗？这样的学生对得起国家社会吗？对得起父母吗？对得起自己的人格吗？

国家、社会、父母，都带着他的子孙，打我们教育者的门，骂我们为何太不认真以致教出这种子弟！

丙、好教育应当给学生一种技能，使他可以贡献社会。换言之，好教育是养成学生技能的教育，使学生可以独立生活。譬如社会上的农夫、裁缝、商人、工人、教员……他们都有贡献社会的技能，他们各人贡献他们所做的事，可以使社会得着许多便利。倘若有一个人没有能力，则此人必分大家的利，而造成社会的恐慌了！所以教育的成绩，就是"技能"；教育就是"技能教育"。且拿现在的师范生做个譬喻，现在师范毕业的学生只有十分之八可以服务，十分之一可以升学，其余的十分之一，却做了高等游民了。再看中学毕业生，也只有三分之一可以服务，三分之一可以升学，其余三分之一，也就做了游民了！但是他们虽然不能服务，倒不惯受着清闲的日子，反做出许多不正当的事业，实在危险啊！

　　这种游民式学生的父兄，也打着我们教育者的门，问我们何以教出这种不会做正当事的子弟？并且教我们重新改过课程，使毕业的学生皆可独立。

　　丁、人不能没有休息，但休息是人最险之时。人无论怎样忙，都没有损害，倘若休息，则魔鬼立至。我们可以看出社会上许多恶事，都是在休息时候做的。所以学校里有音乐，便是给学生以正当的娱乐，使学生不致在休息时间做出恶事。可是学生回到家里，既无教员同学和他盘桓，又没有经济设置音乐去助他的娱乐，难免不发生其他的事来。所以学校应当使学生在休息时有正当的愉快。

　　这又是我们教育者的机会了！

　　总之，以上皆是我们教育者的机会。平常人对于机会怎样对待呢？大约可以看出四种情形来：

　　（A）**候机会**　有一班教育者天天骂机会不来，好像穷妇人想发财一样，但是机会不是观望的，所以等着机会是极愚拙的事，可以料定永远不会收着成效的。

　　（B）**失机会**　又有一班教育者，他明明看见机会来了，等到用手去捉彼，彼又跑掉了。如此一次，二次，三次……仍旧不能得着机会。因为机会生在转得极快的圆盘子上，倘如没有极敏捷的手去捉彼，总会失败的。

　　（C）**看不见机会**　机会是极微细的东西，有时且要用显微镜和望远镜去找彼。一般近视眼的教育者，若不利用那两种镜子，是很难看见机会的。

　　（D）**空想机会**　还有些教育者，机会没有来，到处自炫，就像得着机会一样。犹如两个近视眼比看匾，在匾没挂起来的时候，都去用手摸了匾。后来共请一位公证人去批评，他们各人述了自己的心得，公证人忍不住笑了，因为这匾还没有挂上，他们都是"未见空言"咧！

这类"未见空言"的教育者，他们一味的空想，结果总没有机会去枉顾他一次。

现在再谈谈好的教育者。我以为好教育者，应当具有灵敏的手去抓机会，并且要带千里镜去找机会，机会找着了，就用手去抓住彼，不断地抓住彼，还要尽力地发展彼。

再说一说教育者的责任。简单一句话，教育者的责任就是"不辜负机会；利用机会；能用千里镜去找机会；会拿灵敏的手去抓机会"。

办学者和学生都应当看看教育者是否利用他的机会；如果没有利用他的机会，便是他没有尽责。尽责的教育者，可以使学生发生"快乐"与"不快乐"两种感想；但是不尽责的教育者，也可以得着这两种情形，这是什么缘故？

因为教育者尽责，可以使学生在物质环境中做好人，教他学习一种技能去主宰环境。这种教育者，学生对于他有合意的，有不合意的。合意者不生问题，不合意的学生只请他认定教育者是否教我们做一个好人。如是，那我们就应当忍耐着成全这教育者的机会。设若教育者不负责，辜负了机会，不使学生求学，我们这时候，应当知道学生有好有坏，教育者也有尽责与不尽责，不尽责的教育者常为坏学生所欢迎，同时也被好学生唾弃。做好学生、好教育者，更应当对于坏教育者、坏学生加以严厉的驱逐，使这学校成为好的学校。

这桩事，无论是教育者、学生、办学者，皆当注意。我们不能辜负这机会与责任，自然要奋斗。攻击坏教育者、坏学生，是我们不可不奋斗的事，尤其是安徽不可不奋斗的事！

〔注释〕

① 本篇系陶行知1921年夏在安庆暑期演讲会上的演讲记录。记录者：程棣昌。载1922年7月7日《民国日报·觉悟》。

② 门罗（1869—1947） 通译孟禄。见本书第15页注⑬。

师范教育之新趋势[①]

教育是立国的根本。不过因为国体的不同，教育的趋势也就不一。共和国立国的要素，在国民有共同的目的、共同的了解，谋共同的利益。但是人们幼时的动机，常偏于自私自利一方面，吾们当怎样利用他，养成互助、团结、同情等好习惯和共同了解的机会，那就全靠教育。有人说："吾国无国民。"这话未免太过。但细想，实际上有国民的资格的确是不多，所以教育在中华民国里更加重要。师范学校负培养改造国民的大责任，国家前途的盛衰，都在他手掌之中。既有这种责任，那得不观察教育的新趋势，谋进步的教育！

要造成适当的国民，须有适当的教员。譬如裁缝制衣，一定要估量身材的长短肥瘦，还要知道人们的心理，然后配以适当的颜色。所以不但和身体有关，和精神亦很有关系。相传明朝有个御史[②]，请裁缝做衣，裁缝问："你是第一年的御史，是第二年的御史，还是第三年的御史？"他为什么要这样问？因为第一年趾高气扬，衣服必定要前长后短，方始合度；第二年稍知事故人情，要前后等长；第三年更进步了，格外虚心静气，背也曲了，所以要后长前短。办师范教育，也当作如是观。换言之，就是要合社会的应用。不过从"用"上面，就有两个问题发生：甲、够用不够用，是讲他的数量；乙、合用不合用，是讲他的性质。

甲、够用不够用的问题 就是议论师范学校究竟要造就多少人才方才够用。这可分两层讲：

（1）假定我国人口是四百兆，有八十兆是学龄儿童，就当有二百万教员（每人教四十个学生）。现在只有十八万五千，不过占十三分之一。缺少的数目很大，就应该怎样去增加呢？

（2）人口依几何级数增加，教员也当增加。还有因病而死的，因他种关系而改业的。如女子出嫁，教员便做不来。这样的变换，教员的数目，也就要减少。据日本人调查，十七个教员中须有一人补他的缺，要达"够"的目的，真是不容易呵！但这不是师范学校单独的责任，社会、国家和教育机关都应负责的。

乙、合用不合用的问题 师范教育的趋势，在能改进不合用的变成合用的；改进合用的，变成更合用的。这种向着合用走的几个趋势，就是新趋势。现在分条来说明。

（1）**乡村教育和城市教育** 乡村教育不发达，可说已达极点。我国人民，乡村占百分之八十五，城市占百分之十五。就是有六千万人居城，三万四千万人居乡。然而乡村的学校只有百分之十。这种城乡不平均的现象，各国都不能免，但是我国的乡村，未免太吃亏了。恐怕也非城市人的福哩；至于教材方面，乡村和城市也大不同。例如电灯、东洋车等，在城市是常见的，但在乡村的学校里要教起这许多材料来，就很困难了。还有放假一层，乡村和城市也不同。什么蚕假、稻假咧，哪里能够把部定章程来束缚他！现在的师范学校都设在城市，连教授方面，也是重城轻乡。此后亟当想法，怎样才可以使乡村的儿童受同等的知识，享同等的待遇，这就是师范教育的一个新趋势。

（2）研究小学教材   现在的师范学校大都是中学校的变形，不过稍加些教育学、教授法罢了。毕业以后，就拿这些教材去教学生，恐怕还是门外汉呢！所以师范生在观察要用怎样的小学教材，就怎样去学。一方面要学"学"，一方面要学"教"。这又是一个新趋势。

（3）培养特长的人才   现在的人以为师范生要件件都能，这却不对。高等科和国民科不同，普通科和特殊科又不同。师范教育，当发展各人的特长，以适应社会上的需要。例如江苏省立第三师范学校的分科研究制，是很好的师范教育。

（4）扩充师范学校   现在师范学校，平均每校二百人左右。教育部规定至多不得过四百人。但是在欧美诸国，大都每校在千人以上。可见"大师范学校"是吾国很需要的。

（5）添加新功课   社会上有新的需要，就当添加新的功课去适合他，指导他。现在社会问题很纷乱，社会学应当增加了。又因为科学的发达，各种学问，注重分析。所以虚泛的、理论的心理学不够用，儿童心理学和心理测验一定要增加了。仅讲些教育史、教育哲学也不够了，教授法、管理法……一类的实际学问，也须重新研究了。总之，社会的新需要没一定，增加的新功课也当随之而异。

（6）师范和附属小学宜格外密接   附属小学不但是实习的地方，简直是试验教育原理的机关。教育原理不是一成不变的，天天去研究，就天天有进步，天天有变革。所以附属小学是"教育学的实验室"，和别的实验室一样的。

（7）师范学校有继续培养的责任　内地有许多师范学校，对于毕业生毫不关心。这是最不好的现象。当知毕业是局部的、暂时的。学生固不可从此不学，教员也不当从此不教。所以学校对于毕业生有继续培养的责任。例如调查、讲演会、巡回指导等事情，更当注意。

（8）培养校长和学务委员等专门人才　一学校的好坏，和校长最有关系。一地方的好坏，和学务委员最有关系。但是现在却不注意到这两层。例如南京有人口四十万，当有学龄儿童七万，教员二千人。对于学务委员，一些人没有相当的重视。物质上的酬报，每年多至四百元！吾们固不当做金钱的奴隶，但事务和代价，当然要求个相值。广州大于南京二倍余，而教育局长的薪水，每月在四百元以上，所以教育也有进步了。像广州这样优待，固然不必效法，但是今后教育界应有一种觉悟。对于一般学务委员当有相当的重视，而师范学校里，也不得不培养特长的专门的人才。这种趋势，在欧美早已现诸事实上了，我们中国的教育岂可忽视了吗？

以上几种趋势，决不是一二年内所能办到的，但是现在不可不向那一方面进行。

〔注释〕

　　① 本篇系演讲记录。记录者：江源岷、张锡昌。原载 1921 年 10 月 22 日《时事新报·学灯》。

　　② 明朝有个御史　这是清人赵吉士所写的一则笑话故事，见《寄园寄所寄》。

中学教育实验之必要①

学理与经验是一套分不开的手续。学理在经验上发现，并制裁他的进行，指示他的方向。经验得此制裁指示，始能胜过所遇的困难，以谋改良。但学理未必有罗盘那样准，那样灵。有时指示了错路，制裁得太过或不及，以致失败。但失败之时之先之后，经验必使人亲自感受失败的影响，并使他不得不把他致败的学理、假设来审查修正。万一有根本的错误，就使他不得不完全取消，再设别的法子。所以不但学理指示经验，经验亦要改造学理。学理与经验相合，必有进步；二者相离，学理就要变成空思幻想，经验或也变成盲行盲动了。

我们试就此点观察中国现代的中学教育，是否犯了这学理、经验分离的毛病。一般办中学的人，或是依旧贯，或是抄袭颁布的规程，或是仪型别国的制度，终日里只管照样画葫芦。一切教学设施是否符合社会与个人的需要？学生在学校里是否学当其才？出学校后是否用当其学？一概漠不关心。那自命为教育理论家的，或与中学从无见面的因缘，或只偶尔参观，只管闭起眼睛来胡思乱想，拿起笔、开起口来高谈阔论，有时或亦言之成理，其实多为隔靴搔痒！

俗语说得好：种瓜得瓜，种豆得豆。下了理想与经验分离的种子，我们就要看看得的是甚么结果。今试一问中国办了若干年的中学，究竟毕业出来的学生能干什么事？喜干什么事？究竟干些什么事？

要想审查现今中学的成绩，必须先将我们希望于中学教育的分析出来，然后方有立论的标准。我觉得中学生毕业之后，若不升学，应有下列之要素：

一、应付社会环境所必需之人格。

二、制裁天然环境所必需之知识技能。

三、生利所必需之知识技能。

四、消闲所必需之知识技能。

请先看中学毕业生应付社会环境的人格。新近毕业的学生，我不敢说，因为他们与社会上恶势力还未十分亲近，故不容易看出来。至于前几年的毕业生，有好多我是不能袒护的。试把近年来参与选举的中学毕业生，就我们所知道的来数一数，究竟有几人未买票？未卖票？未拿金钱代人运动选举呢？单拿选举来做一个例，就证明我们的中学对于培养应付社会环境所必要的人格，还没有可靠的方法！

次看中学毕业生制裁天然环境的能力。我觉得制裁天然环境，首在体力充足。中学学生正当发育时期，上下前后左右一齐滋长，如同暴富的人，得的快，用的快。平日不知储蓄，患难一来，后悔无及。我们青年学生多数不知节省精力，储蓄元气，所以身体强壮的很少。日本大隈伯往往以此警告我们青年，确是实话。不说别的，中学毕业生完全没有眼病的，有几分之几？中学毕业生的目力，有多少是中学校里面弄坏的？我们再问一句，假使一群学生出外参观，中途轮船遇险，有几分之几能游水自救？还有几人能救他的同学呢？此次东南大学入学考试结果，觉得中等学生科学常识甚为缺乏。老实说一句话，我们中学校对于培养制裁天然环境的能力，实是很不充分。

次看他们在生利上所必需之知识技能。换一句话说，中学毕业生如不升学，就须谋一件自利利他的职业。现在中学毕业生，除升学外，还有两种人：一种是做教员的，这可算为职业。但是从未给他学过师范教育，就教他去做教员，也是我们疏略的地方。此外还有一种就是高等游民，在家里闲吃闲坐，此种毕业生通盘算起来，至少要占百分之三十以上。近来中学已经逐渐采纳职业教育之趋势，气象很好。但希望施行之前，加以慎重之考虑。因为办得不妥，什么教育都是徒劳无功，而且怕还有害！

末了，请看中学生毕业后的消闲方法。我们做事不能一天做到晚，一晚做到天亮，中间必定有空闲的时候。人当忙时不会走歧路，一遇空闲，危险就来了。所以古时教育，注重闲时的修养；现今的教育，也注重空闲时的消遣方法。在学校里培养学生种种正当娱乐的良好习惯，使他习与性成，将来离校之后，继续将他空闲时的精神归纳在这种正当娱乐当中，这是很重要的教育。二年前我有一个朋友，专门调查一个都市中等学生的嗜好，他说别事不提，中等学生沾染赌风的人，百人中约有五十人。这话或者太过，但也不是毫无根据。试问学生何乐而为此？直言之，就是他们在学校里没有充分学到正当的消闲方法，学生之沾染这种习惯，他们固须担负责任，但学校实亦不能辞其咎责！

不升学的既如此，那想升学的学生又怎样？人说起来，大都以为中国高等教育机关不够，不足以应济需要。但是，就我所观察，高等教育机关不是取不足额，就要勉强取足。投考的人数逐年增加很快。但是中学生学业上的准备，比中学生的人数增进得慢。这真是我们中学校应当赶快注意的一件大事！

把以上所说的总结起来，就是以前的中学实在不能满足人意，处处都有改良的余地。然则改良的方法究竟何在？

随便要改良什么教育，都离不了实验。若想改良中学教育，亦非从实验着手不可。我们的问题，就是如何审查社会需要，依据学生心理，准备种种适当教学机会，使学生得以发展他应付社会环境的人格，制裁天然环境以及具有生利、消闲的种种知识技能。不遇困难则已，一遇困难必不轻松放过，就要求一个相当的解决，必将解决的方法得到才算了事。如有几个方法解决，必得到那最有效力的解决方法才算了事。一天不得到，就一天继续实验，必使他屡试屡验，至十分觉得真正得到相当解决才能罢休！

实验是探未发明的新理，所以往往是反常的。因为他是反常，所以他往往招舆论的抨击，受法律的限制。这两样事，都能予实验以莫大的阻碍。若想在实验上得到充分的效果，舆论固应予以相当的谅解，法律亦应予以特别的自由。但是，教育的实验和别种实验，例如理化的实验，有一点根本的不同，因为供理化实验的是物，是材料，供教育实验的是人，是学生。学生进学校是要达求学的目的，所以实验教育时，以不妨害学生学业为最要。未行实验之前，第一要有研究的人才，第二要有条理的组织，第三要有缜密的计划。

实验的中学可分两种：一是规模最大，设备最周，人才最好，学生最多，教学最良，而费钱最巨。其一切设置、教学都依那最高的理想进行。一是费用小而成效大的。其校中一切设置、教学，都依那必不可少的计划进行。前一种固然要紧，后一种在中国更是要紧。我们很希望能早些发现，使内地学校可以参考。

凡中学如得其人，并得其法，都可酌量实验。但有几种中学校因所处地位的关系，行使实验最为便利，更不能辞其责。我意就是各处高等师范或大学教育科之附属中学，附属中学比平常的中学责任重些。他除准备学生升学和服务外，还可有下列几种职务。

甲　发现学理　由实验而发现新的学理。

乙　印证学理　由实验而印证他人所发现之学理之确否。

丙　实习学理　即通行之实地教学。

丁　推广学理　即模范之意。

素来中国各处附属中学或只做（丙）项或兼（丙）（丁）两项性质。（甲）和（乙）差不多是从未着手的。但是以地位言，都是教育的机关所附设的学校，对于实验一层，似宜特别注意。因为不但发现新理不宜落后，即他人所主张的学说，亦宜加以印证，是断不能盲从或囫囵吞枣的。如果各处附设的学校，或中学或小学，能注意实验，我国教育界断不致如现今及以前之毫无贡献。

〔注释〕

① 本篇系陶行知任东南大学教育科主任时，针对中等教育之弊端而写。在南京高师与东大附中成立四周年纪念会上，他作了内容相同的长篇演讲，记录人记下了这样的话："我们当时会众听了，对于我国中等教育，发生无穷系念，且觉凡为这个学校的一分子，都负责任不小！"原载 1921 年 12 月《中等教育》第 1 期（南京高师、东大附属中学编）。

我们对于新学制草案应持之态度

第七届全国省教育会联合会①，拟订学制草案，征求全国意见，以为将来修正实施之准备，立意甚好。"壬子学制"②，经十年之试验，弱点发现甚多。近一二年来，教育思潮猛进，该学制几有不可终日之势。故此次所提草案，确是适应时势之需要而来的。我们对于这应时而兴的制度，究竟要存何态度？我以为建设教育，譬如造房屋；学制，譬如房屋之图案。想有适用的房屋，必先有适用的图样。这图样如何画得适用？我以为画这图的人，第一必须精于工程。第二假使所造的是图书馆，他必定要请教图书馆专家；科学馆，必定要请教科学专家；纱厂，必定要请教明白纱厂管理的人；舞台，必定要请教明白管理舞台的人。有这两种人参议，才能斟酌损益，画出最适用之图样。制定学制，也可以应用道理。不过学制包括的范围更广，所应询问的方面更多了。此次全国省教育会联合会，征集各省教育界的意见，就是为了要顾到各方面的情形。所以我觉得凡对于学制有疑问、有反对、有主张的，都应提出充分讨论、研究、实验，使将来修正之后，各方面之教育，都有充分发展之机会。换句话说，虚心讨论研究实验，以构成面面顾到之学制，是我们对于学制草案应有之第一个态度。

建筑最忌抄袭：拿别人的图案来造房屋，断难满意。或与经费不符；或与风景不合；或竟不适用；以后虽悔，损失必多。我国兴学以来，最初仿效泰西，继而学日本，民国四年取法德国，近年特生美国热，都非健全的趋向。学来学去，总是三不像。这次学制草案，颇有独到之处。但是不适国情之抄袭，是否完全没有？要请大家注意。诸先进国，办学久的，几百年；短的，亦数十年。他们的经验，可以给我们参考的，却是不少，而不能采取得益的，亦复很多。今当改革之时，我们对于国外学制的经验，应该明辨择善，决不可舍己从人，轻于吸收。这是我们对于研究新学制草案应有的第二个态度。

为造新房绘图易，为改旧房绘图难。因为改旧房时，须利用旧房以适合改造之需要。然旧房有可利用的；有断不可利用的；有将来要拆而改造时，不得不暂行存留的。这都是绘图的人，应加考虑的事。我们的旧学制，多半应当改革；但因国中特别情形，或亦有宜斟酌保存之处。大凡改制之时，非旧制遭过分之厌恶，即新制得过分之欢迎。这两种趋势，都能使旧制中之优点，处于不利之地位。所以我们欢迎新学制出现的时候，也得回过头来看看掉了东西没有。这是我们对于新学制草案应存的第三个态度。

图案是重要的，但只是建筑房屋的初步。学制是重要的，亦只是建设教育的初步。徒有学制，不能使人乐学；徒有图案，不能使人安居。如何使纸面上的图案变成可以安居之房屋，与如何使纸面上之学制，变成最优良最有效率之教育，是一相仿的事业。不知要费几许金钱、脑力、时间去经

营，才能成就。我们所想成就的，我们切不可存学制一定即
了事的观念。我们更要承认学制以后之事业问题是无穷尽
的。无穷尽的事业，要我们继续不已的去办理他。无穷尽的
问题，要我们继续不已的去解决他。所以学制虽是个重要问
题，但只是前程万里的第一步。他原来是如此，就应如此看
待他。这是我们对于新学制草案应有的第四个态度。

总之，当这学制将改未改之时，我们应当用科学的方
法、态度，考察社会个人之需要能力，和各种生活事业必不
可少之基础准备，修正出一个适用的学制。至于外国的经
验，如有适用的，采取他；如有不适用的，就回避他。本国
以前的经验，如有适用的，就保存他；如不适用，就除掉
他。去与取，只问适不适，不问新和旧。能如此，才能制成
独创的学制——适合国情，适合个性，适合事业学问需求的
学制。

（原载 1922 年 1 月《新教育》第 4 卷第 2 期）

〔注释〕

① 全国省教育会联合会　即全国教育会联合会，由各省教育会
及特别行政区教育会组成，1915 年 5 月成立。1921 年 10 月 26 日至
11 月 7 日，该会第七届年会在广州召开，研究讨论新学制问题，通过
了新学制系统草案。该会共举行过 11 次年会，对旧中国的教育改革
产生了一定的影响。

② 壬子学制　壬子年（1912）9 月，教育部公布了《学制系统方
案》，称壬子学制。继又陆续颁布各种学校法令，次年又综合上述两
方面之内容，发布“壬子、癸丑学制”，通称“壬子学制”。该学制实
行至 1922 年。

评学制草案标准

我们当改造一种制度之时，常受一种或数种原理信念的支配指导。这次学制草案所采用之六种标准，也就是这种原理和信念的表现。论到所表现的是否合宜，我们必须先看学制的功用，才能加以判断。学制的功用何在？

学制是一种普遍的教育的组织。他的功用是要按着各种生活事业之需要，划分各种学问的途径，规定各种学问的分量，使社会与个人都能依据他们的能力，在各种学问上适应他们的需要。照这样看来，学制所应当包含的有三种要素：

（一）**社会之需要与能力**　各种社会对于学问上之需要，有同的，有不同的；他们设学的能力，有大有小。

（二）**个人之需要与能力**　各种学生对于学问上之需要有同的，有不同的；他们求学的能力，有大有小。

（三）**生活事业本体之需要**　各种生活事业在学问上所需之基础有同的，有不同的；他们所需的准备的最低限度有大有小；这种基础与准备之伸缩可能，也有大小之不同。

我们且依据这三种要素来观察这次学制草案之标准。第一条标准——根据共和国体发挥平民教育精神，和第二条标准——适应社会进化的需要，都属于社会共同的需要方面。第五条标准——多留地方伸缩余地，并且顾到各地不同的需要。若第五条与第四条——注意国民经济能力，第六条——使教育易于普及合起来看，我们可以说各地设学的能力的大小也顾到了。第三条——发展青年个性使得选择自由——对于个人的需要已有相当的重视。就这条与第四条合起来看，似乎学生求学能力大小之不同，亦已隐隐的含在里面。再看说明（四）与（五），可以晓得学制草案对于学生求学的能力，是很注意的。

故此次所拟的标准对于社会之需要能力和个人之需要能力两种要素已经顾得周到；但对于生活事业本体上之需要，却无显明之表示。虽有几处，如中等教育段，很能体贴这种意思，但因为未曾明白表示，所以顾此失彼，不能彻底的应用出去。

生活与事业本体之需要是规定学制很重要之标准，我们分段落定分量时，应当受他的制裁和指导。例如社会需要医生也有力开办医学，某生需要学医也有力学医；但是社会应办几年之医科大学，某生应学几年之基本学问才可学医，应学几年之医道方可行医，这都是要由医道本体的要求定的。医学之分量基础宜如此定，准备别种生活事业之分量与基础亦宜如此定。故先依各种生活事业之需要，规定各种学问之分量，再就社会个人的能力所及，酌量变通，以应社会与个人的需要，或是建设学制可以参考之一法。

（原载 1922 年 1 月《新教育》第 4 卷第 2 期）

〔注释〕

①学制草案　指全国教育会联合会 1921 年 11 月在广州议决通过的学制草案，办称"新学制草案"。

新学制与师范教育

新学制草案里所规定之师范教育有六种：一是三年普通科三年师范科的六年师范教育，二是招收初级中学毕业生学习之三年师范教育，三是四年的高等师范，四是大学的师范科，五是相当年期的师范讲习所，六是高级中学职业科里附设的职业教员养成科。高等师范和师范讲习所大概依照旧制。第一和第二两种是依据"三三制"的办法定的；中学校得兼办师范科是适应本年中学校设立师范组的趋势定的；大学师范科是适应近年大学设立教育科的趋势定的；职业教员养成科是适应近年职业教育的需要定的，这几点都可受我们的欢迎。但就全部看起来，新学制草案中之师范教育段很有几个缺点，可以商榷。我先提出几条普通原则和师范教育的现状来讨论，然后再看师范教育段的缺点究竟是哪里几种，并应该如何去修正。

（一）教育界要什么人才就该培养什么人才。教育界所需要的人才可分四种：一是教育行政人员，二是各种指导员，三是各种学校校长和职员，四是各种教员。吾国自办师范教育以来，无论高等师范、初等师范，只顾到第四项，只是以造就教员为目的；对于教育行政人员、指导员、校长和职员的训练都没有相当的注意。虽然师范学校里面有管理法、教育法令一类的功课，但是很不完备。那开通的省区有时也为办学人员开短期的讲习会，但无系统的研究，无相当的材料，无继续的机会，故不能使他们得充分的修养。大家都以为这种种职务可以不学而能，人人会干，无须特别的训练，更无须科学的研究。结果只好把他们交付给土绅士和小政客去办理。中国学务不发达的原因固多，但是教育行政办学指导人员之不得相当培养也是个很重要的原因。所以我主张，凡教育界需要的人才都应当受相当的培养。我们教育界需要什么人才，即须造就什么人才。我们应当有广义的师范教育——虽所培养的人以教员为大多数，但目的方法并不以培养教员为限。

再进一步，就培养师资而论，现在师范教育的功效也是迁就的，片面的。

试看国内的高等师范，他们对于培养中学校和师范学校的教员毫无分别。难道师范学校里所要的各科教员可以和中学校一样的吗？这是高等师范最迁就的一点。

初级师范大多数设在都市里面，毕业生所受的教育既不能应济乡村的特别需要，而他们饱尝都市幸福的滋味，熏染都市生活的习气，非到必不得已时，决不愿到乡下去服务，于是乡村学校的师资最感缺乏了。补救这种缺乏的方法就是所谓之师范讲习所。但是这种师范讲习所，我们既不以正式学校看待他，所以因陋就简，办理不能适当。总之就中国现在所办的师范教育而论，城里的人叨便宜，乡下的人吃大亏。我们要乡村教员就应培养乡村教员，以应济乡村的特别需要。

再进一步，就培养都市教员而论，现在的初级师范教育也有应该斟酌的地方。初级师范毕业生的心理是愿意做高等小学的教员，他们在国民小学里做教员，似乎是不得已的。初级师范对于初等小学和高等小学教员的养成很少分别。目的不分明，所以办法也很笼统；高等小学和初等小学都不免有所迁就。近来师范学校内也有采分组制的，这是为高等小学应济需要的一种办法。山西于民国八年设立大规模的国民师范学校，专以培养国民小学教员为目的。由这两种趋势看来，高等小学教员与初等小学教员的养成似乎应该有些分别。

总之，教育界要什么人才，就该培养什么人才。教员之外，教育界还要什么人才，就应该培养什么人才。教员的种类有因学校等级分的，有因市乡情形分的，也有因学科性质分的。我们要什么教员，就须培养什么教员。

（二）教育界各种人才要什么，就该教他什么，要多少时候教得了，就该教他多少时候。如果因为种种情形一时教不了，就该把那必不可少的先教他，以后再找机会继续的教他；到了困难渐渐的解除之后，就该渐渐地看那必不可少的学识技能之外还缺什么就教他什么，还缺多少就教他多少。时期的长短都依这种情形酌量伸缩。这条很明显，可无须举例。最难的是进一步分析的功夫。究竟一位县教育局长，市教育局长，中学校长，初级师范国文指导员，高级中学理化指导员，小学校长，前四年的小学教员，幼稚园教员应当学的是什么？要多少时候学了？如果一时不能学了，究有什么可以缓学；可以缓学的究须多少时间才能补足。我以为这种分析的手续没有办到之先，若想定各种人员养成的时期总是勉强的。我们最需要这种分析的手续，但不能立刻办到；我姑且提出来做为继续共同研究的起点。

（三）谁在那里教就教谁。若想把教育办有成效，必须依据实际情形。我们试把眼睛打开一看，实际上究竟有哪几种人在那里从事教育。大学堂的毕业生，专门学校的毕业生，高等师范的毕业生，中学校的毕业生，初级师范的毕业生，实业学校的毕业生，甚至从高等小学出来的科举出身的先生都是实际上在那里操教育权。除开高等和初级师范的学生外，其余的几乎是完全没有受过特别训练的。他们既在那里实施教育，自有受训练的必要。论到教师所能受的训练学校出身与科举出身的教师，当然不能一致。

科举出身的教师现在还是很多，恐怕十年之内他们的数目不能大减。南京现有私塾五百六十余所，广州私塾千余所，塾师多由科举出身，在他们势力下的，学生各以万计。我以为既有这许多科举出身之人实际上在那里操纵儿童的教育，我们决不能不设法使他们得些相当的训练。因为谁在那里教，就该教谁；塾师在那里教，就该教塾师。一天有塾师即一天要训练塾师如何改良。

论到未受训练的学校出身的教师，我姑且把那些从专门和实业学校里开来的除开，专论从大学、中学、高等小学出来的教师。

大学校出来的毕业生或学生（包括国立、教会立、私立）除入政界、商界、实业界服务或留学外，多到中等学校里去充当教员。这些人当在大学肄业的时候，有好多已经发现充当教员的动机了。如果学校里乘他们未毕业之前，给他们些关于教育上的训练，必定是很有效力的。

中学校的毕业生除升学的和闲在家里的外，大多数是在那里做教员。我信中学毕业生充当教员的当不下三分之一。这两年来，我曾提议在中学里设师范科。现在已有几处在那里试办。有人说：中学里没有相当的环境、设备和附属小学，若设师范科，恐怕将来出来的毕业生，一定没有师范学校里出来的好。这或者是不错的。但就事实论，我们不能拿师范学校的毕业生来和中学师范科的毕业生比；我们所应该比较的是未受训练的中学毕业生和中学师范科的毕业生。总之，中学毕业生是不是在那里教人？是。受过训练没有？没有。要不要训练？要。好，设师范科。

高等小学出来的学生，有好多在那里做国民小学教员。开通的地方少些，越到内地去越多。我不但主张在中学里设师范科，我并曾主张高等小学末年亦得设师范课程。也有人反对说：现在师范毕业生程度已嫌太低，我们何能教十三岁左右的高等小学毕业生去做教员？我们也请大家只须在事实上着想。第一，实际上高等小学的毕业生要去做教员的并不只十三岁。第二，我们要看实际上有没有高等小学毕业生在那里做教员？如果没有，或是太少，当然无须。如果有的，当然要训练。相当的训练是有益无损的，是断断乎有胜于无的。我再举一例，假使一个人家有两个孩子，大的在高等小学里做学生；小的在家里没有人教，左近也没有国民学校可进。在这种情形之下，我们应当怎样？还是任小孩子失学呢？还是叫大的孩子每天放学回家时教他？当然叫大的孩子教他。大的孩子能不能教？能。如果高等小学里曾经教他怎样教人的法子，这么大的孩子是不是更会教些？当然更加会教。这大的孩子受过训练后，有没有初级师范毕业生教得好？当然没有。那么怎么不请初级师范毕业生来教？请不起，这样经济得多。我并不是主张各个地方都要教高等小学程度的学生去做教员，也不是主张一个地方是永远应该如此的。大概教员的程度应当取渐进主义。本地各种情形进步到什么地位，师范教育的程度亦宜提高到什么地位。时候未到而不肯降低和时候到了而不知提高是一样的错误。

总之，实际上在那里从事教育的人的种类，是师范教育一个很重要的指南针。这些人一来要求办师范教育的人给他们补充学识的机会，二来暗示办师范教育的人说："像我们这一类的人后来陆续出来做教员的还不在少数，你们应该预先去培养他们。"

照上面所提的普通原则看起来，新学制草案之师范教育段，有下列应当注意之点：

一、师范教育段是不敷学制的需要的。师范教育段只有高等师范学校（与大学师范科同）和师范学校（毕业期限与高级中学等）两等；学制上所规定之学校有小学、初级中学、高级中学等级，故师范教育段不敷学制上各学校对于人才之需要。

二、高等师范规定四年，师范学校规定六年毕业，觉得太呆板，并没有逐渐提高的机会。如果把教育界各种人才所需要的学识技能分析之后再来规定年限，我觉得那时规定的年限，决不像这样一致。

三、最低的师范教育要十二年毕业。依中国现在的情形看来，十省有九省够不上这个标准。就是开通的省份，当也有好多区域是够不上这个标准的。若专靠师范讲习所来救济，那末既不以正式学校看待他，结果必不能圆满。所以，我觉得现在的师范教育有低下一格的必要。

四、高等师范入学之资格、毕业之程度既与大学同，似宜以单科大学称呼他。因为这种机关不止培养师资，简直就可称他为教育科大学。那设在综合的大学里面的，就叫它为大学教育科。

五、师范讲习所的目的应该订得清楚。既是辅助义务教育的临时办法，他的宗旨就宜以训练未受学校教育人员充当教员为限。那受过学校教育的人要做教员，就叫依据程度去进相当之师范学校。

六、职业教师之培养专在高级中学职业科里面规定，也觉得呆板。

七、学问是进化不已的，从事教育的人应当有继续研究的机会，故师范补习教育亦应占一位置。

依据上面所说的，我对于学制草案中之师范教育段要提出意见如下：

一、初级师范以培养小学前四年之教员为目的，招收六年的小学毕业同等学力的来校学习，修业年限二年以上①。初级中学能设师范科者听。

二、中级师范以培养六年的小学的后二年与高等小学（如高等小学不完全取消）教师为目的，但同时得培养小学办学人员，招收六年的小学毕业同等学力的来校学习；修业年限四年以上，前期为普通科，后期为师范科。

三、中级师范学校得办完全科或专招初级中学毕业同等学力的学子，教以相当时期之师范教育，高级中学得设中级师范科。

四、兼办初级中级师范的学校，称为初、中两级师范学校。

五、高级师范以培养地方教育行政人员、初级中学同等程度之办学人员、指导员、教员为目的；招收高级中学毕业同等学力的来校学习，修业年限三年以下。

六、教育科大学以培养教育学者、教育行政人员、学校行政人员及高级中学同等程度之指导员、教师为目的。修业年限四年以上（现在高等师范学校最宜改良的是内容和方法。增加年限而不改良内容和方法是无益的。如能改良内容和方法，就不增加年限也无妨，先去改良内容和方法，有余力时，再图增加年限，似是解决这问题的顺序）。

七、大学得设教育科及高级师范。

八、教育研究院修业年限一年以上，招收大学毕业生研究。

九、幼稚师范学校可独立设置，或附设在其他师范学校内。

十、师范讲习所以训练非学校毕业人员充当教师，并继续补充他们的学识技能为目的，期限不定。

十一、各种师范学校得设师范补习学校，以继续补充学校出身之教师之学识技能为目的，期限不定。

十二、为推行职业教育计，大学实科及高级中学之职业科内得附设职业教员养成科。但教育科大学、高级师范和中级师范内能培养职业师资者听。

总之，学制是要依据社会个人的需要能力和生活事业本体的需要定的。师范教育一面是为学制上各种教育准备人才，故要顾到学制上的需要；一面是一种事业，自然又要顾到他自己本体上的需要。上面对于各种师范教育所拟的年限虽是很可活动的，但还是假定的办法。我很希望研究师范教育的同志，早些把教育界各种职务所需之学识、技能，详细分析，再会合起来，看他们究竟要几多时候可以学得会，学得好。如果社会的财力人力和个人的境遇一时不能使我们透达圆满的目的，我们也可依据所分析的结果，拣那可缓的，留到后来陆续补充，以后再随社会个人能力的增进，逐渐的去谋提高和改良。

　　（1922年1月江苏新学制学案讨论会委员会会议录，
　　中国第二历史档案馆保存）

〔注释〕

　　① 本文载1922年3月《新教育》第4卷第3期时，此句为"修业年限一年以上"。

对于参与国际教育运动的意见①

　　今年五月比京②要开第五次家庭教育大会③，吾国已被请出席报告"吾国农业情形"和"农家社会现状"；明年要在美国举行万国教育会议④；万国成人教育会也要在日诺瓦⑤聚集。这三种会议，是我们已经晓得要举行的。以后诸如此类陆续发现的会议，必不在少数。

　　这种会议，如果办理得好，从小的方面看，可使到会各国交换知识；从大的方面看，或可解决国际教育的问题，以谋世界文化的改造。我们若不想在世界文化上占一地位也就罢了，如果想占地位的，那对于这种会议也免不了要参与的。

　　去年八月十一日檀香山开"联太平洋教育会议"，吾国也派代表与会，但因准备不足，虽有好的代表，不能得满意的效果。今年二月四日菲律宾开远东教育会，政府直到一月二十日才开始找人代表，终因政府毫无准备，不能成行。我们以后若再懒惰，不早些从事准备，那世界真要以为中国没有教育了。世界以为中国没有教育犹事小，若中国真无教育可说，那就更可惭愧了。所以准备一层，决不可以单在对外或"广告"上做功夫。那最重要的准备，就是平日的成绩和随时的努力。发表固然要紧，但必先有成绩，然后才说得到发表。所以教育外交的根本的根本，是要全国从事教育的人，分工合作，好好的办教育，把教育好好的办。

近几年来，中国教育确有些不可埋没的地方；那可以告诉人而无愧的，也不在少数。可惜如同孟禄先生所说，这种种优点，都散在各处，没有人将他们会通起来，所以不但外人不得而知，即国内的人也是不相闻问的。所以我觉得一方面要有人办教育，一方面还要有人分门别类的观察调查，研究各种教育之消长和真相，报告国人，使彼此有所参考。一旦有国际的联络发生，荷包里拿出来就是，岂不便当！

自己不办教育和办而没有成绩，当然对于国际教育运动无参与之必要，更无参考之资格。但办教育虽有成绩，而自己不明白，又不能使人明白，那就是参与，也等于不参与。前面说到国际教育的运动，有交换知识、解决问题两种重要目的。若想达到这两种目的，都非自己先有准备不可。

即以交换知识论，必先双方有东西可以换来换去，才可算为交换。自己必先有好的东西，才能和人换到好的东西。因为"给的能力"常和"取的能力"大略相等。能给多少，即能取多少。吾国近几十年来从东西洋得来的文化，多属肤浅，大半是因为我们所出产的，够不上第一流的交易。我敢断定要想在国际的教育上得到第一流位置，我们必须在教育上有第一流的贡献。这种贡献是继续不已的研究，苦心孤诣的实行产出来的。他们要靠着平日的努力，不是凭一时的铺张。

至于解决国际教育的问题，谈何容易，是必先把所要解决的问题，彻底的明了，然后才能谈到解决。若想彻底的明了，第一要自己晓得自己，第二要自己晓得别人，第三要别人晓得自己。自明，明他，他明，是解决二人以上的问题的根本方法；也是解决二国以上的问题的根本方法。若想解决国际的教育问题，也怕跑不出这个范围。

总起来说，国际的教育运动，是一天多似一天的；我们是一定要参与的；我们以前参与这种运动是无准备的；以后的准备，一是要靠着自有的成绩，二是要靠彻底的自明。自己有成绩，才能和人交换，自己明白自己，更是和人共同解决问题的初步。

〔注释〕

① 陶行知在本文中提出参与国际教育运动必须作好准备，载于1922年3月《新教育》第4卷第3期。第二年3月，万国教育会议发起者发来邀请通知，1923年3月《中华教育社》重发此文，在文章前面加了一段话，并登载了一则启事。

② 比京　比利时首都布鲁塞尔。

③ 家庭教育大会　即万国家庭教育大会，以提倡家庭教育，利于儿童成长为宗旨。1905年有24个国家代表参加的第一次大会曾在比利时举行。

④ 万国教育会议　指世界教育联合会的成立大会。美国教育联合会为其发起者，1923年6月底至7月初，大会在美国旧金山召开。中国代表团郭秉文被选举为该会副会长。

⑤ 日诺瓦　通译日内瓦，瑞士名城。

大学教育的二大要素①

大学教育的要素约有二端：

（一）使学生养成用科学方法解决问题的能力

世界上的问题很多，有的活的东西在那里出问题，有的死的东西也在那里出问题，他们却全要我们的回答。但是我们个人所据的眼光不同，所以我们对于答复问题所持的态度也就不同了。不同的态度大概可分以下数种：

1. 研究的态度　有的一般人他们解决问题专本着研究古人解决问题的方法。可是，古时的问题有古时解决的方法，现在的问题有现在解决的方法，即使问题相同，而时间不同，环境不同，也不能拿古时的方法来解决现在的问题，所以这种的态度不能认为可靠。

2. 迷信他国　有的一般人他们解决问题专仿效外国，外国对于这个问题怎么样解决，他们也就怎么样解决。如同我国办教育以先仿效日本，以后又仿效美国。但是日本有日本的问题，他们有他们的解决方法。美国有美国的问题，他们也有他们的解决方法。我国有我国的问题，我们就应当有我们的解决方法。若是完全采取他们的方法，仿效他们的方法，恐怕有的问题就不能解决了。况且各国的科学尚有许多在秘密的时代。如同德国制染料，只有他们自己知道，别人是不得知道的。这样我们要迷信他国，也是不可靠的。

3. 玄想的态度　有的人他们不仿效古人，也不迷信他国，却在那里自己空想。这种态度也不能认为可靠，因为空想是多不能成为事实的。

4. 放任的态度　还有一般人不仿效古人，不迷信他国，也不空想；他们以为世界的问题这样多，真是解决之不胜，于是他们对于解决问题就抱了一种以不了了之的态度。

以上的种种的态度，我们晓得是全不适用的。那么大学的学生对于解决问题，究竟应当采取哪种的方法呢？抱哪种的态度呢？我以为是要用一种科学的方法。什么叫做科学的方法呢？就是用科学的原则设方法来解决问题。

科学的方法大概可分为五步：

1. 觉得问题　例如苹果落地，本来是一桩很平常的事，在平常的人看见，还有什么疑惑呢？牛顿看见了苹果落地，却起了一个怀疑。因为这个怀疑，就引出了一个苹果脱枝为什么不上升而却下落的问题。因为这个问题，就发明了地心吸力的原则。现在虽然有人反对他这个原则，可是他这种原则施行了数百年之久，已经成了科学上的一段故事。

2. 什么是问题　假如我们看见有个人在那里低着头坐着，我们就要设想到或者他是有了什么困难吧？还是生了什么疾病呢？这种设想就叫问题。

3. 设法解决问题　例如我们以上设想那个人他生了疟疾，就得设法去疗治他的疟疾，这就叫设法解决。

4. 选择方法　解决问题的方法很多，我们必须选择最有效力的一个来施用它。

5. 印证　试验有效力的方法，必须一再试验之，如果屡试屡效，那始可认为可信。这就叫做 Refiex thought。

科学方法的手续，大概如此。可是我们对于科学应当据什么样的观念呢？以下三项，即科学根本的观念：

1. 客观　研究科学必得处在一个客观的地位，因为没有客观是不会有科学的。

2. 数量观　有一种质量，必有一种数量。打算晓得数量的多少，是一个很难的问题。要想考查数量，大概可分二步：

① 量。我们要想知道一桩事的数量，头一步就得要量一量。

② 量得正确。我们要想量，必得有一个适当的尺度，始可量得正确。

3. 不可过用科学　科学精神也有　种危险。怎么讲呢？我们知道日常的事体很多，要是事事全拿科学的精神来研究它，恐怕就不胜研究了。

话归本题，大学教育是要使学生用科学方法来解决问题。大学学生人人能用科学方法来解决他们个人的问题，那么久而久之，成绩自然是很大。这样看起来，大学学生应当培养的精神，头一样就是用科学方法解决问题的能力了。

大学教育的第一个要素，讨论完了。那么第二个要素是什么呢？

（二）先生与学生应当养成密切的关系

现在我们国里的大学，虽然不敢一概而论，大约十之八九有一种通病。这种通病是什么呢？就是教师与学生的关系太疏远了。怎么讲呢？在教师一方面，他们到学校来先抱了一个维持饭碗的主义。他们的薪金是按着他们所担任教授的钟点多少来定的，所以他们拿着在教室里讲书好像是出卖他们的话。在学生方面，以为交了学费来上班，就是花几个钱来买教师的话。这样看来，学校简直成一个卖话买话的大市场，教室简直是成了卖话买话的铺店。说什么关系，是提不到的。教师学生既是全抱这样的宗旨，哪里还有什么补助长进可说呢？所以我以为大学的教师与学生彼此应当发生一种优美高尚联密有生气的关系去做他们的学问。这不也是大学教育一桩最要紧的事吗？

总以上所说，大学教育的要素有二：一个是使学生养成用科学方法解决问题的能力。一个是教师与学生应当养成密切的关系。一个是关于思想。一个是关于情操。这两桩事体要是能做得到，那才不辜负说什么大学的教育呢！

〔注释〕

　① 原载 1922 年 12 月 20 日《南开周刊》第 55 期，系作者 11 月 30 日在南开大学修身班的演讲，由李丙炎记录。王铁城、高永惠提供影印稿本。1994 年 3 月 4 日《创业人报》重刊。

教育与科学方法①

今天所要讲的不是教育研究法，是"教育与科学方法"，就是科学方法在教育上的应用。人生到处都遇见困难，到处都充满了问题。有的是天然界给我们出题目，有的是社会上给我们出题目，有的是空气、光线、花草给我们出题目。既然题目有这么多，我们应付这些问题的方法也分好几种。有的人见古人怎样解决，我们也怎样解决。这种解决是不对的，是没进步的。因为古时现象不是与今日现象一样，所以以古就今的办法往往是错的。有的人依外国的方法来解决问题：日本怎样办教育，我们也怎样办教育；德国怎样办，我们也怎样办；美国怎样办，我们也怎样办。这种解决也是不对。因为人家发明之后，未必公开，或不愿公开。从不愿公开到公开，已经若干时间，再从公开到中国，我们刚以为新，不知人家早已为旧了。还有的人是闭门空想，自以为得意的了不得，其实仅自空想也是没用的。因四面八方的问题，不给他磨练也是不行。此外还有一种人，也不依古，也不依外，是以不了了之。像以上种种方法，都不能解决我们的问题。能解决我们的问题的，惟有科学的方法。

什么是科学方法呢？科学方法是有步骤的，是有线索的。第一步要觉得有困难。如牛顿看见苹果落地，别人不知看了几千百次，都没觉得有困难，惟有牛顿觉得有困难，所以他发现地球的吸力。教育方法也是如此。有的人上课看不出有什么问题，学风之坏也不注意，所以就不会有问题。第二步得要晓得困难的所在，就是要找出困难之点来。如一个人坐在那里发脾汗②是觉着有困难了。用什么方法来解决这个困难，这就跳到第三步，从此想出种种方法来解决。有的将画符放在辫子里，有的请巫婆，有的到庙里烧香祷告，有的请医生，有的吃金鸡纳霜③。有了这些法子然后再去选择，这就到了第四步。如：以为老太婆的法子好，就去试一试；不能解决之后，再用其他法子，最后惟有吃金鸡纳霜渐渐地好了。但此刻还不能骤下"金鸡纳霜能治脾汗"的断语，因为焉知不是吃饭时吃了别的东西吃好的呢？所以必须实验一番，这就到第五步了。如在同一情形之下，无论中外、男女、老幼吃了都是灵的，那么，金鸡纳霜能治脾汗就不会错的。

经过这五步功夫，然后才可解决一个问题。这五步方法是科学的方法。无论是化学，是物理，是生物学，都用这个方法以解决困难。但科学方法也有几个要素：

（一）**客观的**　凡事应用客观的考查，有诸内必形诸外。在教育上的观察，就是看你的学说于学生的反应怎样？教员与学生的关系怎样？要考查一校的行政，应看它的建筑、设备怎样，如以秤称桌子，我虽不知此桌的重量，但我晓得所放的秤码是多少。

（二）**数目的观念**　凡有性质的东西都有些数量。如光（light）有性质，一般人都如此说，物理学家也说可以量的。

又如灵魂是有质量的，将来也须用数量去量。如果不能，则灵魂是没有的。数量中又有两个观念：（a）量的观念。有数量就可去量，如布、米、油等。（b）要量得正确。量不正确，也是无用。就是反对量的，他也在那里量，但他们用的法子很粗浅，专用一己的主观。如中国教员看卷子，有时喜怒哀乐都影响到他们定的分数。高下在心，毫不正确，这是中国人的毛病。我想，不但学理化的人对于数目要正确，就是学教育的人也要正确。"差不多"三字是我国人的大毛病。与人约定时间总是迟到（但上火车总是早到）。所以孟禄调查教育时说："中国人对于数目不正确。如要改良中国的教育，非从数目入手不可。"

以上说的是科学步骤与观念，要用这步骤、观念，应用到教育上去。

现在教育问题很多。从前人对于教育问题都是囫囵吞枣，犯了一种浮泛的毛病。各个人都会办教育，各个人都可作教育总长，都是教育专家。究竟教育问题是不是如此简单？还是无人不会呢？我们要知道教育在先进国里是一种专门科学，非专门人才不能去办。中国就不是如此。不过这几年还算进的快就是了。五年前南（京）高师教育和心理都是一人担任。自我到了之后，才将教育与心理分开。一年之后，授教育学者是一人，教育行政者又是一人。这是近五六年来教育的趋势。如各人担任一个活的问题，或一人一个，或数人一个，延长研究下去，这问题总有解决的时候，若真多少年下去还不能解决，那恐非人力所能解决的了。

现时要研究的问题，有教育行政、儿童、工具、课程种种。又如，把科学应用到教育行政上去，课堂上教授是不是好的办法？教员、学生都太劳苦是不是有益的事情？

现在教育有两种：（一）如一个新学生坐在洋车上，叫车夫拉着拼命的跑几十里，结果自然是学生逸，车夫苦。但让学生自己再回来恐怕还是不能。（二）如一去不坐车，不识路就问警察，自然是辛苦一点，但走到回来时，包管还能回来的。兹将教育重要部分略说一说。

（一）**组织**　此时课堂组织最好的有达尔顿实验室④的方法（Dalton Laboratory Plan）。室中有种种杂志、图画，还有导师，任学生自由翻阅，与导师共同讨论，还要每礼拜聚会一次。这种法子到底好不好，可去试验试验。把各个学生试验了，测量了，假设其情形相同，是不是可得同一的结果，然后就知究为班级制好呢，还是达尔顿的方法好？又如，研究习惯为遗传的力量大呢，还是社会环境的力量大？把一对双生的儿童授以同样教育，看他们的差别究竟是哪个大。同时以同胞生的儿童授以不同的教育，再看他们的差异怎样。

（二）**教材**　以上法子也可应用教材上去。如我们所教的字是不是学生需要的？究竟何者为最重要？何者为次要？何者为不需要？我们应来解决。现在有些需要的未有放到教科书里，有些不需要的反倒放入了。我们可以拿几百万字的书来测验，看哪一个字发现次数最多？其最多者为需要，其次多数发现者乃是次要。将发现多的给学生，而次多的暂不授予。还有一点要注意的，就是学生有一年、二年离校的，我们就得将最需要的教他。可是其中有个困难，或者最需要的字比较着难读难写些，但我们可以想法给他避免。有人说中国字难认，所以不识字的人很多，外国人也说将来怕不能与各国的文化竞争。其实不然，试看长沙青年会⑤所编的《千字课》教授男女学生就知道了。他那里边有男生一千二百人，女生六百人，四个月将一千字授毕，每日仅费一点半钟。学生多半是商家学徒，而学生年龄以十二三四五六岁的居多。我觉得这一种办法，给我们一个好大的希望，今天拿来不过举个例罢了。

（三）工具　无斧不能砍木，无剪不能裁衣，无刀不能作厨子，无工具不能作教育的事业。教育工具可以从外国运的，可以从中国找的。从外国运来的第一是统计法。有了统计法我们可以比较，可以把偶然的找出个根本原理来，如同望远镜可帮助我们眼睛看得清楚，在材料中可找出一定的线索。所以统计是不可看轻的。第二就是测验。近来教育改进社要作二十四种测验，因为此种工具是不能从外国运的（就是运来也不适用）。测验是看学生先天的聪明智慧怎样，使学校有个好的标准，由此可晓得某级学生有什么成绩，如治病的听肺器一样，可以看出病来。欲知病之所在，非测量不可。测验也是如此，得要细细的看结果怎样。如办学的成绩都可测验的。但没有统计，也测不出来；没有测验，也统计不出来；二者是互相为用。如甲校一个学生花四十九元，乙校学生仅花四元半；我们就可测量他谁是谁不是。如测验得花四元半的能达到平常的标准，那花四十九元就太费了。反转过来，如花四十九元的刚好，那花四元半的未免太省了。这就是统计与测量互相为用的地方。总之，每人都存用科学方法去办教育的决心，每人都去研究或解决一个小的问题，我敢说，不出三十年中国教育准有好的成效。

〔注释〕

　　① 本篇系陶行知在北京大学教育研究会上的演讲。记录者：黄继文。原载 1923 年 1 月 15 日《民国日报·觉悟》。

　　② 脾汗　俗语，即疟疾。

　　③ 金鸡纳霜　奎宁的俗称，治疟疾的药。

　　④ 达尔顿实验室　又译道尔顿实验室。美国教育家柏克赫司特所创。

　　⑤ 青年会　基督教青年会的简称，基督教新教社会活动机构之一。1885 年由美国传入中国。中国基督教青年会 20 年代前后曾在国内推行平民教育。

学 问 之 要 素

——答程仲沂先生的信

仲沂先生：

……

先生所说做学问有三要素：一体健，二天才，三财力。很有见地。

知行以为体健是人生的一个最要目的，也是学问的一个最要目的。学生是学习人生之道的人。学以厚生则可；学以伤生是断断乎不可的。天才是做学问的根据。有几分天才做几分学问。大概天才有十分之八九之势力，教育的势力只占十分之一二。教育万能之说是教育界自欺欺人的话。但是天才有时很不容易看出来。时机未到，天才隐在里面，专靠主观、武断，以致差之毫厘，失之千里的，是常有的事。

第三点恕我不大表同意。我不承认财力是学问的要素。我以为，只要有志学问或是有志于子女的学问，经济的难关是可以打破的。后代的学问是有社会关系的。自己倘若十分困难就号召社会的力量成全子女入学也是应该的。这是就求学必不可少的经费说的。我还有一点意见，就是：穷苦和学问是好友；富贵和学问是仇敌。那天天轻裘肥马，炫耀于同学之前的，究竟的学问如何？

十二年九月二十日

（原载 1929 年 7 月《知行书信》）

创造一个四通八达的社会

——给文渼的信

渼妹：

前在安庆接到家书，承嘱于修改后奉还，此事拟于到武昌后办理，一二日之内即可寄出。家中所需物品可以带京，请函冬弟^①购办。

知行一点钟内可以抵汉，拟于二十三日回安庆，二十四日赴芜湖。回京日期当在十二月初。

知行近日买了一件棉袄，一双布棉套裤，一顶西瓜皮帽，穿在身上，戴在头顶，觉得完全是个中国人了，并且觉得很与一般人民相近得多。

我本来是个中国的平民。无奈十几年的学校生活渐渐地把我向外国的贵族的方向转移。学校生活对于我的修养固有不可磨灭的益处，但是这种外国的贵族的风尚，却是很大的缺点。好在我的中国性、平民性是很丰富的，我的同事都说我是一个"最中国的"留学生。经过一番觉悟，我就像黄河决了堤，向那中国的平民的路上奔流回来了。

平民教育的宗旨是要叫种种人受平民化。一方面我们要打通层层叠叠的横阶级。如贫富、贵贱、老爷小的、太太丫头等等，素来是不通声气的，我们要把他们沟通。又一方面我们要把深沟坚垒的纵阶级打通。纵阶级的最昭著的是二教九流七十行，江南江北、浙东浙西、男男女女等等都有恶魔把他们分得太严。这种此疆彼界也非打通不可。民国九年，南京高师办第一次暑期学校的时候，胡适之、王伯秋、任鸿隽②、陈衡哲、梅光迪诸先生和我几个人在地方公会园里月亮地上彼此谈论志愿，我说我要用四通八达的教育，来创造一个四通八达的社会。我这几年的事业，如开办暑期学校、提倡教职员学生之互助，提倡男女同学，服务中华教育改进社，都是实行这个目的。但是大规模的实行无过于平民教育。我深信平民教育一来，这个四通八达的社会不久要降临了。

我这一个多月来随便什么地方都去宣传平民教育。四天前，我到南昌监狱里去对四百个犯人演讲，我说人间也有天堂地狱。若存好的念头，心中愉快，那时就在天堂；若存坏的念头，心里难过，那时就在地狱。我说到这里，忽然得到一个意思。这个意思就是天堂地狱也得要把他们打通。后来我想了一句上联送自己："出入天堂地狱。"下联没有想出来，请你给我对起来罢！

这次在轮船上觉得很安逸。记得前年我们到牯岭去，轮船上一夜数惊。我们生在此时，有一定的使命。这使命就是运用我们全副精神，来挽回国家厄运，并创造一个可以安居乐业的社会交与后代。这是我们对于千万年来祖宗先烈的责任，也是我们对于亿万年后子子孙孙的责任。

这时我在汉口南洋宝酒楼。这是个徽州馆。我在这里吃牛肉面，吃得饱得很，只费了一角五分钱。

再过半点钟，我就要渡江到武昌去了。我现在康健快乐。敬祝你和全家康健快乐！

　　　　　　十二年十一月十二夜写起，十三日早晨写了。

　　　　　　　　　　　（原载 1929 年 7 月《知行书信》）

〔注释〕

　　① 冬弟　即曹子云，陶行知的表弟。

　　② 任鸿隽　即任叔永。

社会改造之出发点①

从事社会改造的人，要远处着眼，近处着手。现在中国注重社会改造的人渐渐地增加，是一件很可庆幸的事。但是总觉得肯在近处着手的人还是太少。我们要想做近处着手的功夫，最要紧的是划分范围，确定责任。社会的范围可大可小。大而言之，社会就是全世界；小一点就是一国；再小就是一省、一县、一城；再小就是我们最近的环境，在我们前后左右的邻居。我以为要在我们自己机关以外服务社会，最好是从我们的最近环境着手，逐渐的推广出去。我们最近的环境要待改造的事体也很多。卫生问题、生计问题、道德问题、娱乐问题，以及种种别的问题都待解决，都是从事社会改造者不忍放弃的问题。但是人民不能识字读书也是个待解决的问题，恐怕是一个基本的问题。我们倘能把种种问题用大刀阔斧来同时解决，岂不痛快！世上做这种梦的人确实不少。无如天下事没有这样容易，我们的精力也很有限，要想把一切问题同时解决，结果必定是一个问题也不能解决。倒不如按着自己的能力，看准一件具体的事，聚精会神的来干他一下。如果我们对于一件事肯得专心继续的努力去干，一定有解决的希望。一个人，一个时候在一个地方干一件事，是社会改造的不二法门。本社依据这个原则，就拿羊市大

街②一百二十一号门牌里的读书问题，来做我们改造社会的
出发点。

〔注释〕

　　① 本篇原载 1923 年 12 月 23 日《中华教育改进社第二周年纪念
会会刊》（中国第二历史档案馆保存）。这是作者在中华教育改进社三
周年纪念会及羊市大街平民教育会成立会上报告中华教育改进社社务
时的讲话。该会由董事长熊秉三致开幕词，平民教育总会会长朱其慧
的代表周作民致祝词。

　　② 羊市大街　北京市的一条街，中华教育改进社推行城市平民
教育的一个试点。

预备钢头碰铁钉

——给吴立邦①小朋友的信

立邦小朋友：

接读你的好信，如同吃甘蔗一样，越吃越有味。

世上有十八岁的老翁，八十岁的青年。要想一世到老都有青年的精神，就须时常与青年人往来，所以我很愿意和青年人通信，尤其欢喜和小孩子通信。平时得了小孩子一封信，如得奇宝；看过了即刻就写回信；回了信就把它好好的收藏起来。每逢疲倦的时候，又把它打开一读，精神就立刻加增十倍。小朋友的信啊，你是我精神的泉源！

国家是大家的。爱国是个个人的本份。顾亭林②先生说得好："天下兴亡，匹夫有责。"我觉得凡是脚站中国土地，嘴吃中国五谷，身穿中国衣服的，无论男女老少，都应当爱中国。不过各人所处地位不同，爱国的方法也不能尽同。小孩们用心读书，用力体操，学做好人，就是爱国。今天多做一分学问，多养一分元气，将来就能为国家多做一分事业，多尽一分责任。你说等到年纪长大点也要服务社会，这是很好的志尚。社会的范围很不一定，大而言之就是天下；小一点就是国家；再小就是一省、一县、一村；再小就是我们自己的家庭。大凡服务社会，要"远处着眼，近处着手"。学生在学习服务社会的时候，就可以从自己的家里学起，做起。一面学，一面做；一面做，一面学。我们在家里服务的事也很多，把不识字的家庭化为识字的家庭，就是这许多事当中的一种。府上既住在学校左近，这就是你自己家里试办平民教育的机会。家庭里的平民教育适用连环教学法，你可请教令亲鸣岐先生。家里办好了，再推广到左右邻居，这事就是治国平天下的入手办法。

你信上说到贵处的老太婆们如何顽固，如何不易开通，这也是自然的现象。我们在社会上做事就要预备碰钉子。我在这几个月当中，也碰了四五个钉子。碰钉子的时候有两个法子解决：第一是硬起头皮来碰，假使钉是铁做的，我们的头皮就要硬到钢一样，叫铁钉一碰到钢做头皮上就弯了起来；第二是要把我们的热心架起火来，把钉子烧化掉。我们只怕心不热，不怕钉子厉害，你看如何？

你说隆阜平民学校有个六十九岁的老太太也报名了。这是我们平民教育的大老了。陈鹤琴先生的老太太现在六十五岁，也读《千字课》。安徽教育厅里，夫役读《千字课》的也有二位六十五岁的老翁，我亲自教了他们两课。晏阳初先生说他最老的学生是六十七岁。所以隆阜那位老太太是我们平民教育最老的学生。请你把她的姓名告诉我。我要叫天下人都晓得这件事，好叫那些年富力强的人都发奋起来。再请你代我向这位老太太表示敬意。从前中国有七十岁的老状元，现在有七十岁的老学生，老识字国民，岂不是一件最可庆贺的事吗？如果你能时常的去帮助这位老太太学习，那就更加好了。你说徽州没有好的男学校，所以暂在隆阜读书。歙县第三中学办得不错，教员皆是有学问有经验的，明年叫以试试看。

　　承你的好意，叫我回徽州来帮助大家提倡平民教育。这句话触动了我无限的感慨。我已经离开家乡十三年，恰好和你的年岁相等。每次读渊明公③的《归去来辞》，我想回来一趟，但是总没有工夫。因为来往要一个月，我是个很忙的人，怎样可以做得到呢？今年夏天，南京来了四个飞机，我就想借用一架飞回徽州，半天可以来往。管飞机的人说徽州平地少，不易下来，只好将来再谈。现在休宁金猷澍慰侬先生制造一种浅水艇，如果办得成功，从杭州到屯溪只要十八个钟头。我现在一面学游水，一面等金慰侬先生的计划成功。我想我不久总要回来看看我的亲戚朋友，特别要看的是小朋友。不过小朋友们看见我怕要像下面两句诗所说的景况："儿童相见不相识，笑问客从何处来。"现在已经夜深了，后来再谈。敬祝康健！

十三年一月五日在联和船上写的。

（原载 1923 年 7 月《知行书信》）

〔注释〕

　　① 吴立邦　推行平民教育的积极分子。时年十三岁。

　　② 顾亭林　即顾炎武。

　　③ 渊明公　即陶渊明。

希望您做一位三千万人的教育厅长

——给安徽教育厅长卢绍刘先生的信

绍刘先生：

我们听说先生已就安徽教育厅长职，心中非常快乐。当这安徽教育存亡续绝之交，得公出而主持一切，我们可以放心了。

车上没有事，旧日的联想一个一个的浮出脑际。其中恋恋不舍的有两个联想：一是数年前，先生送我那本《茅亭讲学刍议》；二是去年十月间在沪宁火车上，我们两个人请钱强斋议长用十个字试做一篇课文。从这两种很快乐的联想上，我就对于先生发生了一种希望。我希望，先生不但要做数万学生之教育厅长，简直要做一位三千万人民之教育厅长。换句话说，我希望先生做一位平民教育厅长。

公从江苏来，自知江苏事。江苏教育界现在有一个最有价值的礼物。这礼物就是平民教育。我希望先生把这礼物带来送我们安徽，送我们安徽三千万的人民。当南京开始制造这礼物的时候，知行曾经以厨子的资格参与其事，曾经陪着江苏的军民两长、熊夫人、王伯秋先生和其他之江苏父老，流过两个月的汗。那时知行回看故乡饥民嗷嗷待哺，不忍之情，油然而生，就帮助本省父老在安庆、芜湖两个地方，立了两个平民教育的厨房。各县正在闻风兴起的时候，安徽马少甫将军诬为过激党，暗示停顿。他不念我在江苏的微劳也罢，何故毁我们已成的事业呢？从前一般饥民都是睡着的，虽饥而不觉得饿；现在我们已经把他们唤醒了，更觉得饿了，但是饭吃到嘴边，忽然饭碗又给人夺了去，公看他们苦不苦？我觉得现在对于安徽送些平民教育的礼物，最得时宜。先生以为如何？知行对于安徽平民教育有几条具体的建议，很希望先生主持采择施行。

（一）**消除马少甫之误解** 马少甫，据我所闻，对于平民教育确有误会。请公告诉他："平民教育是平常人民的教育。这种教育是要用最少时间、最少经费，教导年长人民读书识字、爱国做好人。去年，五十二国在旧金山开万国教育会议，各国报告国内读书人数都在百分之九十以上，中国读书人数百人中只有二三十人。相形之下，很伤国家体面。如果我国家家读书，人人明理，外国也要恭敬我们了。如果平民教育是和过激党有关系的，那么齐抚万督军、韩紫石省长、袁观澜先生、熊夫人等也和过激党发生关系了吗？"

（二）**恢复安徽省公署之平民教育** 安徽省公署是全国第一个省公署开办平民教育。办了两班，很有成效。这件事在平民教育史上，要占很重要的位置。如已停顿，请马将军即日恢复。

（三）**恢复安徽教育厅之平民教育** 安徽教育厅是全国第一个教育厅施行公役的平民教育。公役二十一人中有吴干臣、韦明等五人都是很好的助教。年长的人有两位老到六十五岁的都在那里读书。我第二次到安庆的时候，他们已经读了一本多。如果厅长注意公役读书，如中途不停顿，现在该毕业了。这是在公职权之内，当然可以做到的。

（四）视察监狱的平民教育　安徽高等检察厅袁厅长和熊典狱官对于平民教育都很热心。犯人读《千字课》，当推皖狱为开创者。大概不致停顿。不过也很希望先生看看他们办的成绩如何？

（五）恢复平民教育促进会　安庆平民教育促进会以教育厅长为会长。公为当然会长。请召集董事会督促或改选贤能干事继续进行。从前捐款五千余元均未收足，请嘱会计克日收足。教育厅年拨一千元为购书分送各县提倡之用，请维持原议。财政厅年拨经费二千元已由省长定案，请与财政厅订定按期领款办法。芜湖平民教育促进会为皖南之总枢，前曾呈请给予皖南茶厘捐款补助，务请促成，俾能进行。

（六）训令省视学分赴各县提倡平民教育　去年省视学曾开一次会议，决定随带图书分赴各县提倡。查省视学为最有力之宣传指导人员，务请恢复提倡平民教育为他们职务之一种。

（七）训令县知事提倡平民教育　县知事为亲民之官，对于人民享有历史上的特权与信仰。各县人民自动提倡平民教育的有黟县、休宁、歙县、绩溪、巢县、潜山、合肥、郎溪等。但得县知事的登高一呼，进步必能一日千里。务请训令各县将平民教育列入计划与预算，并以此为考成。

（八）训令全省学校兼办平民教育　全省省立、县立、公立、私立学校皆为文化中心，即为平民教育中心。请通令各校担负普及各该校所在地之平民教育之责任。自奉令日起，一个月内至少必须开办平民学校一班，读书处十处。

（九）现在中国最多的教育机关还是私塾 即是一时除他们不掉，就当改良他们。知行深信《千字课》为私塾一种很好课本，请通令私塾一律采用，不听者一律取缔。

（十）召集全省会议 关于平民教育实施事宜，应由教育厅仿照江苏、察哈尔等处办法，召集全省中等学校校长及县教育行政人员、县教育会代表会议取决，以资集思广益。凡平民教育之方针及分期进行办法，均由此会议解决。安徽全省平民教育促进会即在此时成立。知行希望先生于一个半月内召集此会，否则春季怕要耽误了。

以上十条，系就知行个人车上想得到的写将出来，以呈清览，内中难免不妥的地方，还望先生指教。先生还记得民国七年公做主席我一天演讲六小时那件事吗？公如有我来皖必要，我就在一万里外也是可以赶回来的。无论如何，熊夫人和我已经约好，一两个月内必定要到安庆、芜湖及其他长江各埠参观一次，以便领略各地平民教育之特别贡献。相见不远，很为欣慰。

我很希望先生为做一件大事而来，做了一件大事而去。这件大事就是变形的茅亭讲学，就是平民教育，就是三千万人的家家读书，人人明理。到这件事做了的时候，我想顶少也得要两三年，我们一定要在无法报答当中，造个铜像做公万年不朽的纪念！

二月八日

五族共和与教育者之责任

我国号称为五族共和国①，但五族共和是不是真正有了这一回事？我们悬了这五族共和的理想，曾否想过法子实现他？五族共和的招牌挂起来了，我们曾否去干五族共和的事？五色的国旗②明明是代表五族共和的精神，但五族的人是否已经觉得这是他们公共的代表？五族的人，人人都晓得有个中华民国吗？人人都爱护中华民国吗？人人都以中华民国为他们共有、共治、共享的国家吗？人人都承认他是中华民国的国民吗？我们想到这些问题，可以醒了。

我现在要描写五色国旗下的各种民族的活动只有四个字，这四个字就是"各干各的"。五族共和是名，各干各的是实。我们应当觉悟这两件事是有冲突的。我们要有五族共和，就不能各干各的；要各干各的，就不能五族共和。如何从各干各的做到一个和衷共济的地位，是我们国民最应当关心的一个问题。

我们关心五族共和，不是空谈所能收效的。民国初年的时候，国内的人对于这个问题曾经有过一度的讨论，但不进求具体办法，所以结果毫无。五族共和也不是武力所能建设的。徐树铮出兵外蒙的失败，稍习边事的人都能明白。那次汉兵和蒙民所伤的感情，真不晓得要多少时候才能恢复呢！

我们要觉得武力不但不能团结五族的精神，并能发生民族间最大的障碍。拿武力来统一南北或统一五族都是不可能的。倘使可能，他的时期必定是很短的。还有殖边一派也是所谓关心边事的。我们试为边民一想，他们喜欢不喜欢殖边这件事？我敢替他们说，殖边这种名词也是他们所痛恨的。别人正在那里要做他们的解放者，而我们做同胞的人，还说你们那里草绿牛羊肥，让我们来做主人吧。

武力派和殖民派有一个根本的错误，这错误就是他们忘记了中华民国是一个五族共同的国家。他们不把五族通盘打算，只是在那里为一个民族打算。他们都是站在一个民族的角度上着想。凡是只为自己而不为别人打算的，一定走不通；推到极点，不到五族共争不止。

我们要想建设一个真正的五族共和，最要紧的方法有两种：一是建筑四通八达的道路，二是实行四通八达的教育。道路可以沟通物质上的需求和供给；教育可以沟通精神上的贡献和缺乏。这两件事互相为因，互相为果，实在是要同时并进，才能充分达到五族共和的目的。我们一方面希望交通界的同志对于此事加以特殊注意；一方面急于要问问自己对于五族共和的建设，应负何等责任，并宜用何种方法来担负这种责任。

我们五族同在一个国旗之下做国民，必定要有必不可缺少的精神，才能图存。我觉得这种精神，有共同不可少的，有相互不可少的。

说到共同不可少的精神，大家对于中华民国都要有彻底的了解，坚决的爱护；大家都要明白自己是中华民国的国民，有应享的权利，应尽的责任；大家都要觉得五族有共同利害，有存则共存、亡则共亡的关系。这种精神，现在十分薄弱，固无可讳言。我只要举一个例来证明。中华民国四个字译成蒙古文为：

这个字汉音为以勒根，就是"民"字的意思。但几百年来蒙人以"民"看待汉人，所以"汉人"与"民"在蒙文里是分不开的。汉人即民，民即汉人。中华民国这个名词，译了蒙文，就有"中华汉人国"的误会。这种国名，本应译音，不应译意。现因翻译的人不小心，弄出这种不祥的误会，真是可叹。即此一件事，可以晓得五族对于中华民国不能了解之程度。有好多地方实出我们意料之外。我们应当研究如何可以叫五族的人对于中华民国发生一个共同观念。换句话说，就是如何使五族的人同受中华民国化，同受五族共和化。我的意思不是叫一民族去同化别的民族，乃是要满汉蒙回藏同受一个理想精神的支配。满蒙回藏人之应受中华民国化，也是如同江苏人、浙江人、广东人……应受中华民国化。拿教育的精神方法来创造一个五族一心的中华民国，是我们五族教育界同志的责任。

我们五族不但对于中华民国要有共同的精神，并且彼此相待要有一种正当的精神。我们五族好比是一家五个兄弟，彼此应当相知、相爱、相敬。现在的情形是彼此隔膜，彼此仇视，彼此轻慢。这种景况断不能长久，有心人断不忍长久让他如此。拿教育的精神和方法来把五族的同胞都培养到一个相知、相爱、相敬的地位，都培养到一个亲兄弟的地位，也是我们五族教育界同志的责任。

　　总而言之，五族共和不是一跳就到的，中华民国也不是一呼就来的。如同一个婴儿出世一样，仅仅取了一个名字是不够的。要想婴儿成家立业，必定要用尽心血去教他、养他才行。我们教育界的同志对于五族共和的建设，是不能不参与的。这件事听来很迂阔，看来很难做，但国体如此，利害如此，我们是断断乎不能推诿的。

　　（原载 1924 年 3 月 17 日《申报·教育与人生》第 22 期）

〔注释〕

　　① 五族共和国　我国是一个多民族国家，五族共和是指主权归汉、蒙、满、回、藏五族及其他少数民族所共有，实行民族合作与民主平等的政治制度。

　　② 五色的国旗，指民国成立后至 1927 年这一时期使用的国旗。旗面为红、黄、蓝、白、黑五色横列，象征五族共和。

半周岁的燕子矶国民学校

——一个用钱少的活学校

　　燕子矶国民学校的官名叫作北固乡区立第一国民学校，设在南京神策门①外的燕子矶，离神策门约有十三里的路程。这个学校已经开了好多年，但他的新生命的起点是在今年正月。那时丁超调任这校校长，从事改造，为他开一新纪元。我们说他为半周岁，就是为这个新纪元说的。我参观这个学校是和本社乡村教育研究员、东南大学乡村教育教授赵叔愚先生同去的。我们走进这个学校，四面一望，觉得似曾相识。因为我们在这里所看见的都是我们心目中所存的理想，天天求他实现而不可得，不料在这个偏僻的地方遇到，真是喜出望外。现在我要把我们参观所得的，报告出来，公诸同好。

　　校长是一个学校的灵魂，要想评论一个学校，先要评论他的校长。丁校长是陆军小学出身，并经过甲种师范讲习科的训练。未任本校职务之前，曾在尧化门国民学校充任校长八年，著有成绩。我们看他的人，听他的话，察他的设施，觉得他是个天才的校长。他能就事实生理想，凭理想正事实。他有事实化的理想，理想化的事实。他事事以身作则。他是教员的领袖，学生的领袖，渐渐地要做成社会的领袖。

　　这个学校不但教学生读书，并且教学生做事。做什么？

改造学校！改造环境！学生是来读书的，教他做事，自己不情愿，父母不情愿。这是第一个难关。教员是来教书的，要他教学生做事，固不情愿，实在也是不会。这是第二个难关。教学生读书易，教学生做事难。如何打破这两道难关？一要身教，二要毅力。丁校长教学生做事的成功也是在这两点。他起初的时候整天拿在手里的是钉锤和扫帚。所以那时有人讲他是位钉锤校长、扫帚校长。但是久而久之，教员跟他拿钉锤扫帚了，学生也跟他拿钉锤扫帚了。教员变做钉锤扫帚的教员，学生也变做钉锤扫帚的学生了。丁校长于是开始偕同教员学生合力改造学校，改造环境。

校址是在一个关帝庙里。关公神像之外还有痘神、痲神等等。这些神像已经把课堂占去了大半个。丁校长一方面要教课堂适用，一方面要免去地方反对，就定了一个保存关公搬移杂神的计划。他就带领学生为关公开光，把神像神座洗刷得焕然一新，并领学生们向关公恭恭敬敬的行礼。他再同教员把这些杂神的神像移到隔壁的庙里摆着。他们又把那个庙打扫得干干净净，把这些杂神安排得妥妥当当，大家也行个礼。杂神搬出之后，这个课堂又经过了一番洗刷，加了些灰粉，居然变了一个很适用的教室。村里的人看见关公开了光，杂神安排得妥当，又听见学生报告向神行礼的一番话，不但不责备校长，并且称赞校长能干。

校内干好了，进而求环境的改良。燕子矶即在近旁，他就带领学生栽树，从门口栽到燕子矶顶上，风景一变。造林场栽树，十活一二。丁君栽树，栽一棵活一棵，也是他从经验中得来的。燕子矶坡上因有人时倒垃圾，太不洁净，丁校长就领学生们把所有的垃圾扫除一空。村民不知卫生，仍是时常把垃圾倒在此处。但村民一面倒，他就一面扫。村民倒一回，他就扫一回。后来邻居渐渐的出来责备倒垃圾的人，燕子矶头从此清洁了。

教学生做事的第一个影响就是全校无事不举：屋角上、桌缝里都可以看见精神的贯注。第二个影响就是用不着用人做事：打扫，泡茶，及一切常务都是大家分任，所以这个学校没有门房，没有听差，没有斋夫。第三个影响就是学生得了些合乎生活需要的学问：学生在学校里既肯做事，会做事，在家里也肯做事，会做事了；父母因此也很信仰学校了。第四个影响就是省钱：这个学校连校长有四位职员，五级学生共有一百二十四个人，但每年只花费公家六百二十四元钱。平均每个学生只费五元钱。学费是一文不收的。这是何等的省钱啊！省钱不为稀奇；省钱而有这样的成效，却是难能可贵的。

公家经费只有此数，设备一项宜乎因陋就简了。然而照我们所观察，比同等的学校好得多。就图书而论，这个学校里有教员参考书二十余种，学生读物四十余种，可谓选得妥当。

我见学生读物摆得有条有理，就问他买书的钱怎样来的。校长说每逢年节、午节、秋节，学生例送节敬，我们却之不情，就拿来买些书给大家读读。再学生有一种储蓄买书的办法：每天储蓄一两个铜板，我们就把这笔钱拿来代学生买书。这是一种大家买书大家看的办法。每人出几角钱，就可得几十块钱的书读。出校的时候，学生还可把自己的书带回去，这是穷学校阅书最好的办法。

我再举一个例。学生喝茶的茶杯总要每人一个才合卫生之道。平常小学都是用公共茶杯，很不妥当。燕子矶国民学校却是每生一个茶杯。每人从家里带一个茶杯来，放在学校里，自己洗，自己管，自己用。茶水每人每星期出铜板两枚合办。茶水是公共的，茶杯是个人的，都是由学生自备的。

这个学校的教职员是很勤劳的。校长自己也教四堂。校长薪金每月二十元。教员薪金十四元的一人，十二元的一人，六元的一人。他们星期日只放半天学，暑假完全不放，学生在学校里补习各种家常实用的功课。燕子矶多水，父母不放心，所以不大愿意学校放假，学校肯得依从父母有理性的心理，所以很得社会信仰。

平常办学，学校自学校，社会自社会，不要说联络，连了解也说不到。丁校长接事只有半午，对于燕子矶社会情形，了如指掌。他并能得地方公正绅士信仰和帮助。学校因此无形中消除了好多障碍。

这个学校还给了我们一个很重要的暗示：乡村学校最怕的是教职员任职无恒，时常变更。在这种情形之下，研究、设施都不能继长增高，真是可惜。丁先生所以能专心办学，一部分也是因为他的夫人能够和他共同努力。他的夫人也是本校的教员，特别担负女生的责任。她在这里服务是带一半义务性质。他们所组织的俭朴家庭同时是乡村家庭的模范。我想未来的乡村学校最好是夫妻合办。如果男师范生和女师范生结婚之后，共同担负一个小乡村的改造，也是人生一大快事，并是报国的要图。

　　我们再看看这个学校普通的进步：去年校中只有学生七十八人，今年已经加到一百二十四人；去年女学生寥寥无几，今年因丁夫人②之教导，已经有三十余人了；去年本地有私塾四所，现在只有一所了。由此可见这半年进步敏捷之一斑。

　　现在办学的时髦方法：一是要求经费充足。有钱办学不算稀奇，我们要把没有钱的学堂办得有精彩，才算真本领。二是聘请留学生做教授。有西洋留学生更好，西洋留学生中有硕士、博士头衔的更为欢迎。这个偶像是要打破的。像燕子矶这样一个学校，西洋博士能否办得起来还是一个问题；容或办得起来，我却没有看见过。

　　这个学校是有普遍性的。他可以给一般学校做参考。他也有缺点，但只是时间上的问题。我们很希望大家起来试试这种用钱少成绩好的活教育。

　　叔愚先生和我对于这天的参观，觉得快乐极了，也受了无限的感动。回时路上遇了大雨，一身都是水了。只听着叔愚先生连说："值得！值得！值得！"

一九二四年七月

（原载 1924 年 8 月 4 日《申报·教育与人生》第 24 期）

〔注释〕

　　① 神策门　明代洪武年间所建南京城十三门之一，1928 年改称和平门。

　　② 丁夫人　即丁超夫人。

师 生 共 生 活

——给姚文采弟的信

文采吾弟:

安徽公学①用最少的钱办到这样好的成绩,可算是近年来中等教育很有精彩的一个试验,可喜之至。但最危险的时期将要到了!秋期招收新生三班,新生数与旧生数相等,训育②上要起最困难的问题。一不谨慎,校风要受根本的动摇。

按诸天演的原则,世间万事之进化都是逐渐成功的。暴长多暴亡,其机很微,不可不预防之。仲明③弟拟于招考时,亲行口试,观察其言辞举止,以作去取根据之一种,我很赞成。这是一部分的预防,如果鉴别力强可以达到一部分的目的。梁漱溟先生说办学校是和青年做朋友。做朋友之前当然要加一番选择。所以我很赞成仲明的建议。

但最重要的是教职员和学生共甘苦,共生活,共造校风,共守校规。我认为这是改进中学教育和一切学校教育的大关键。所以从学生进校之日起,全校教职员要偕同旧生以身作则,拿全副精神来同化新生。如果只招一班学生,这事体就要简便多了。现在是要拿一百多人来同化一百多人,确是一件最困难的事。我们对于这件事要小心翼翼,如临大敌,才有成功的希望。我希望诸弟现在就要准备开学时一切琐碎的手续，使得时候到了，可以把精神集中在训育方面。凡住校的教职员，一定要和学生共甘苦，共生活，共造校风，共守校规，断不能有一个例外。如有例外，一定失败。我希望你住校一个月，以示表率。在这起初一个月当中，千万要聚精会神对付这个问题。安徽公学的前途都要看这一个月的努力而定。我或者可以帮助你们打头一个礼拜的仗。开学期定了以后，请即告诉我。

　　敬祝康乐！

十三年八月十四日

（原载 1929 年 7 月《知行书信》）

〔注释〕

　　① 安徽公学　安徽旅宁同乡会和同学会为帮助安徽籍子弟学习在南京所设立的中学。创办于 1923 年秋。陶行知兼任校长，姚文采任副校长。现为南京六中。

　　② 训育　指对学生行为、习惯的训练和控制。清末兴办学堂之初称之为"学监"，或称"监学"，五四运动后改为"训育"。

　　③ 仲明　即杨仲明，时为安徽公学训育主任。

平民教育概论

一 平民教育之效能

中国现在所推行的平民教育，是一个平民读书运动。我们要用最短的时间，最少的银钱，去教一般人民读好书，做好人。我们深信读书的能力是各种教育的基础。会读书的人对于人类和国家应尽之责任，应享之权利，可以多明白些。他们读了书，对于自己生计最有关系的职业，也可以从书籍报纸上多得些改进的知识和最新的方法。一般无知识的人对于子女的教育漠不关心，若是自己会读书，就明白读书的重要，再也不肯让自己的儿女失学。所以今日之平民教育，就是将来普及教育的先声。至于顺带学些写信、记账的法子，于个人很有莫大的便利，自然是不消说了。

二 平民教育问题的范围

中国没有正确统计，暂且以传说之四万万人估计，觉得平民教育这个问题之大，实可令人惊讶。照中华教育改进社估计，十二岁以上之粗识字义的人数只有八千万人，再除开十二岁以下的小孩子约计一万万二千万人属于义务教育范围，其余之二万万人都是我们的平民教育应当为他们负责的。这二万万人有一人不会读书看报，就是我们有一份责任未尽。

三 中国平民教育之经过

这个问题二十多年前已经有人注意了。前清的简字运动就想解决这个问题，没有多大成效。注音字母也有一部分人拿来做速成教育的工具，他的命运尚在试验中。五四以后，学生由爱国运动进而从事社会服务，教导人民，自动开设的平民学校遍地都是。虽办法不无流弊，却能引起我们对于平民教育改善的兴味。最后，晏阳初先生用一千字编成课本，在长沙、烟台、嘉兴等处从事试验平民教育，更为省钱省时。在这事之前，有毕来思先生编的《由浅入深》和唐景安先生用六百字编的课本，都能引起一部分人的注意。这都是局部的试验。去年六月，熊秉三夫人参观嘉兴平民学校之后，就偕同晏阳初先生和我们筹备中华平民教育促进会的组织，同时推举朱经农先生和我依据国情及平民需要编辑课本，并推请王伯秋先生在南京主持平民教育之试验。八月，乘中华教育改进社年会在清华学校开会之期，邀集各省区教育厅、教育会代表到会讨论进行方针及计划。中华平民教育促进会总会即于此时成立。十月开始推行，离现在为时不过九个月，已推行到二十省区，读会《平民千字课》的人民已有五十万人。由此可见，全国对于平民教育有极热烈的欢迎和极浓厚的兴趣。

四 平民教育现行系统

中华平民教育促进会总会是个全国的总机关，有董事部总其成。董事有两种：一为省区董事，每省区二人；二为执行董事，一共九人，推举在京之会员担任。董事部聘请总干事担任进行事宜。

总会之下，有省、县、市、乡平民教育促进会分会，管理一省、一县、一市、一乡的平民教育事宜。一市中之各街和一乡中之各村，都要设平民教育委员会，以担负此街、此村之平民教育。现在省区设分会的已有二十省区。省区之下未有确数。一条街的平民教育正在北京之羊市大街和南京之府东大街试办；一个村乡的平民教育正在休宁之隆阜和西村等处试办。

五 教育组织

教育组织最要符合社会情形和人民生活的习惯。因此我们对于平民教育，主张采用三种形式，以适应各种人民的需要：

（一）平民学校 这个采用班次制度。大班一二百人以上用幻灯教；小班三四十人以上用挂图、挂课教。这和通常的班级教学差不多，无须解释。

（二）平民读书处 但是社会里有许多人因职务或别种

关系不能按照钟点来校上课，我们就不得不为他们想个变通的办法。这办法就是平民读书处，以一家、一店、一机关为单位。请家里、店里、机关里识字的人教不识字的人。教的人是内里的，学的人也是里头的。这是内里识字的人同化内里不识字的人的办法。如果主人负责督促，助教每星期受一次训练，并加以定期的指导，平民读书处可以解决一部分的问题。山东第一师范现在以一个学校的同志办一千多人的平民教育，就是采用这个办法。

（三）平民问字处　这是南京平民教育促进会总务董事王伯秋先生发明的。社会上有些人不但不能按时上学，并且家里无人教导，因此平民学校和平民读书处都不能解决。这些人大半属于流动性质，如做小本生意的人或车夫之流。平民问字处就设在有人教字的店铺里、家庭里或机关里。凡承认担任教字的店铺、家庭、机关，随便什么人要问《千字课》里的字，都可以向他们问。比如摆摊的人摆在那个平民问字处门口，就可乘空向他们请教；车夫停在那个平民问字处门口，也可乘无人坐车的时候学几个字。这个法子现在南京试验。

六　教材教具

平民教育重要的工具是课本——《千字课》。这部书的一千多字，是根据陈鹤琴先生调查的《字汇》①选择的。编书的大目标有四：（一）是自主的精神；（二）是互助的精神；（三）是涵养的精神；（四）是改进的精神。全书九十六

课，用九十六天，每天一个钟点就可以教完。我们的方针是
要求其易懂而有趣味，使他们读了第一课就想读第二课，用
他们自然的兴味来维持他们的恒心和努力。现在仍旧照这个
方针在这里修改，总希望愈改愈适用。

辅助教具之最重要的有二：一是幻灯，现由青年会在那
里力求改良，总要他格外价廉合用；二是挂图，比幻灯便宜
些，宜于小班用。

七 考 成

平民学校和平民读书处的学生普通四个月毕业。毕业之
时，用测验方法考一下。及格的发给识字国民文凭（Certif-
icate for Literate Citizenship）；考不及格可以下次再考，考
到及格为止。教师的奖励看及格学生数目而定。凡教了三十
人，经考试及格的可得平民良师的证书（Certificate of
People's Teacher）。其他对于平民教育出力及捐资的人员，
都有相当的奖励，或由本会发给，或请政府发给。各地同志
并不为奖励始肯出力，本会之发给奖励只是对于他们有价值
的工作，加以相当之承认。

八 经费问题

平民教育的经费现在已经节省到最低限度。我们的《千
字课》承商务〔印〕书馆之帮忙，几乎是照本钱出卖。一角
洋钱可以买一部，共四本。如果采用读书处的办法，只须两

角钱就可教一个人。平民学校贵些，每人也不过四五角钱，加用幻灯，每人至多一元钱也就够了。

我们希望省、县的平民教育，都列入正式预算。国家也应将筹定的款辅助各地勇猛进行。这虽是我们应有的计划，但我们并不等候政府筹定的款才去进行。我们要教育普及，尤其要担负普及。我们现在要试行一种"一元捐"的办法，使社会大多数人民，都为平民教育挑一个小小的担子，并使他们各个人都和平民教育发生一点密切的关系。我们深信为公益捐钱，也是一种很有价值的教育。我们要社会学给与，不要他们学受取或看别人给与。我们相信这种"一元捐"推行之后，再加点附加税，就可以够用了。

九　强迫是一种必要手续

社会上有三种人：（一）是自动要读书的；（二）是经劝导后才愿读书的；（三）是非强迫不愿读的。我们就经验上观察，十人中怕有三人或四人非强迫不行；此外还有二人或三人，有了强迫的办法就可赶快去读。所以强迫是必要的。强迫有两种：一是社会自动的强迫。例如改进社等机关对听差的宣言："从今天起，不愿读书的不能在本社服务。""自民国十四年一月一日起，无识字国民文凭的人不能在本社服务。"协和医院对工役的宣言："在一定时期内，没有读了《千字课》不得加薪。"〔这〕一类的办法，都是自动的强迫。至于政府的强迫令，也是重要的。芜湖房道尹②、察哈尔张都统、河南王教育厅长都曾考虑过强迫平民教育的办法，陆续总有地方可以实现。他们所考虑的办法中有四条很值得实行的：（一）是县知事以下以推行平民教育为考成之一；（二）是预行布告人民某年某月某日以后，十二岁以上之人民出入城门应经警察持《千字课》抽验，会读者放行，不会读者罚铜元一枚；（三）"愚民捐"（Ignorance Tax）：在某年某月某日以后，凡机关里、店铺里、家庭里或任何组织里，如有不会读《千字课》之十二岁以上之人，每月纳"愚民捐"洋一角，到会读为止。"愚民捐"由主人及本人各任半数；（四）凡主人有阻碍属下读书行为，一经发觉，得酌量罚款。

十　下乡运动

中国以农立国，十有八九住在乡下。平民教育是到民间去的运动，就是到乡下去的运动。现在有一个方法很有效力。学校里到夏天和冬天都要放假，大多数的学生都要回到自己的村、乡里去。我们劝他们带《千字课》回家宣传平民教育。入手办法有三种：（一）是把村、乡里识字的人找来，给他们一种短期的训练，教他们如何教自己家里的人。（二）把村里不识字中之聪明的招来，每天教他们四课，同时叫他们每人回家教一课。只须一个月，他们就可读会四本书，并教毕一本。他们一面学，一面教，一个月之后都可以做乡村里的教师了。（三）大一点的乡村里总有私塾，可以劝导私塾先生采用《千字课》，并用空闲时间为乡人开班教《千字课》本。

乡村平民教育当推香山慈幼院对于西山附近乡村的规划为最有系统。他以各小学为一中心点，令附近每家来一人上学，学好后回家教别人。读书之外，还教些实用的职业。我们很希望这个计划能成事实。

十一　女子不识字问题

不识字的最大多数就是女子。平民学校因年龄较大又未经学校训练，不便男女同学，更使这个问题难于解决。我们现在采用的办法是：　（一）为女子专办女子平民学校；（二）家庭中多办平民读书处，使自己的人教自己的人；（三）劝女学生寒暑假回乡教乡村里的妇女；（四）极力提倡女子学校教育造就女子领袖，使女子平民教育可以尽量推广。

十二　继续的平民教育

四个月的《千字课》教育，虽然有些实用，但和完备的教育比较起来，真是微乎其微。况且受过这种教育之后，如何去维持，使他们不致忘却并能运用，真是一个最重要的问题。所以我们一面推行，一面就计划继续的办法。（一）我们要和国内最大的日报合作，编辑一个《平民周刊》，一面随报附送，一面单行发卖，使平民毕业学生，可以得到看报的乐趣，又可以得些世事的消息和做人的道理。现请定朱经农先生为总编辑，由《申报》印行，定于六月二十八号出版，每周行销六万份。（二）我们请了专家四十几位分任编辑《平民丛书》数十种，供给平民阅览。对于上列二事，改进社很出力帮忙。为了充分推广起见，我们要在火车上、轮船上甚至于三家村、五家店，都要设法分销，使平民便于购买。又请图书馆专家，规划设立平民阅览室，以便平民可以到适中地点看书看报。中华职业教育社也在编辑《平民职业小丛书》，也是很有益的。（三）有些学生对于四个月③之后，很想继续受职业的训练，求生计上之改善。这是更加要紧的。我们为分工起见，希望中华职业教育社特别加以注意。（四）平民学生当中已经发现有特别聪明的学生，这些学生应当再受国家或社会充分的培植。我们对于他们特别加以注意，并要扶助他们升学。

十三　训练相当人才

这是一个大规模的运动，义务繁，责任重，必须训练多数相当的人才分工合作才能按期收效。第一要训练的就是推行干事。各地对于平民教育既有如许热心，总会最大的责任是派遣有干才的人员，帮助各地组织，指导他们进行，并给各地办理平民教育的人一种相当的训练。总会对于省区，省区对于各县、各市，各县对于各乡，各市对于各街，都应负训练指导之责，才能收一致之效。第二要训练的就是教师。平民学校教师采用讨论会办法，寓训练于讨论之中。平民读书处助教就须用师范班办法加以有规律之训练。第三，省视学、县视学是地方提倡平民教育最可收效之人，宜有短期之讲习会，详细讨论推行平民教育之办法，以利进行，这种讲习会不久就要召集。

十四　官民一致合作之效力

自平民教育开办以来，固然免不了一部分人的怀疑和少数人的阻碍。但因平民教育运动宗旨纯正，国人相信从事者始终以人民幸福为前提，绝无政治、宗教或任何主义之色彩，所以到处备受欢迎。各地推行平民教育的时候，军、政、警、绅、工、商、学、宗教各界无不通力合作，这种一团和气的现象真是少见的。学界对于此事之热心是一件预料得到的事。多数的教员、学生本着他们诲人不倦的精神，担任教学、研究、推广等事，实在可以佩服。商界对于此事也有热心提倡者。都市里提倡平民教育一大半要靠商界。汉口各商团联合会周会长尤其热心，他首创的几个平民学校都很有成绩。听说他还有二十五个学校正在筹备中。汉口商界是可以为全国模范的。工厂主人提倡此事最力的有武昌李紫云先生。我们很希望全国的工厂继起提倡工人的平民教育。南京有五十几位说书人，在说书的时候，把读书的好处，夹在说书当中劝导听者。他们还逢三、六、九的日子，到四城演讲读书的重要。他们还编道情（Folk Lore or Popular Songs）唱给人民听，劝他们读书。这些说书人最明白平民心理，真是最好的平民教师。我们很希望全国的说书人都起来为平民服务。各地政府对于平民教育表同情的很有好多。江苏首先捐助巨款开办南京平民教育的试验，湖北也极力提倡。江西、察哈尔等处都很出力，近来奉天令军队数万人受平民教育，尤为平民教育前途最可庆贺的一件事。民政长官中最先提倡平民教育的为江苏韩紫石省长。安徽前省长吕调元令省公署卫队、公役受《千字课》教育，可惜中途为马联甲掌皖时所停止。湖北省长公署也办了一班，已经毕业，现正在筹备继续。安徽教育厅长江彤侯令全厅公役一律读书，为强迫平民教育之第一幕，中间虽经谢学霖厅长任上之停顿，但新任教育厅长卢绍刘已经恢复，进行顺利。赣、鄂二教育厅也相继举办，为全省树立风气，甚为可喜。芜湖房道尹、察哈尔张都统都很提倡。县公署里办平民教育的也有许多处。警察为推行平民教育最要人员之一。在都市中，警察与商界有同等的力量。南京警官亲自教平民学生，警士帮助劝学非常热心。武昌警察总署及分区共办平民读书处二十九处，不识字之警察、公役一律读书，不愿读书的开除。这是何等的有效力！九江的警察也很提倡。监狱里的犯人除做工外没有别事做，我们正可借此机会教他们读好书，做好人。现在监狱里教《千字课》有安庆、南昌、南京、武昌、汉口各处。还有利用识字犯人教不识字的犯人的，真是可喜。

十五　南北对于平民教育一致提倡之好现象

对于平民教育不但各界合作，而且南北也是合作的。广东、云南、湖南、东三省、四川以及其他各省区都协力进行。这真是所谓人同此心，心同此理。中国政治虽不统一，但教育是统一的。我们深信统一的教育可以促成统一的国家。

十六 结 语

我们的希望是：处处读书，人人明理。如照现在国人对于此事的合作和热度观察，十年之内当有相当的成效。但我们不能以普及四个月一千字的教育为满足，我们应当随国民经济能力之改进，将他们所应受之教育继长增高到能养成健全的人格时，才能安心。这是我们共同的希望，也是我们今后共同努力的方向。

原编者按：

平民教育是我国教育上最有希望的一种运动和事业，详情已见于陶先生文中，可不赘说。但我们要认清平民教育的宗旨，不但是要使平民能认一千字，可以看报、记账、写信，而且要使平民略具民主国家必须的知识而可做个中华民国的国民，爱护中华民国。我们现在还未办完备的国民教育，无妨将四个月的平民教育当做一个速成的国民教育。但是这种教育应绝对不许任何教会拿去做传教的工具，也应绝对不许任何武人拿去做欺人的勾当，更应绝对不许任何政客拿去做盗名的幌子。万一为教徒、武人和流氓政客所利用，不但失了平民教育的主旨，而且妨碍平民教育的进行，无由收得平民教育的实效。某省平民教育运动在当初轰动一时，而近来除几处挂着平民学校或平民读书处几块空招牌外，绝无他物。这就是教徒、武人和政客一时利用平民教育出风头，风头出了就不肯切实进行的缘故。因此，我很希望提倡平民教育的先生们不要急切推行，弄真成假，而要切实推行，始终不懈。

（原载 1924 年 10 月《中华教育界》第 14 卷第 4 期）

〔注释〕

①《字汇》　陈鹤琴著《语体文应用字汇》的初稿，后由商务印书馆于 1928 年出版。

② 房道尹　即房秩五（1877—1966），安徽枞阳人。1903 年与陈独秀等创办《安徽俗话报》。1904 年留学日本。回国后，在芜湖办理速成师范学校，并兼任桐城中学学监、安徽省教育总会干事。后任《东三省日报》主笔。1913 年后，任湖北省宜昌厘金局长、秦皇岛柳江煤矿经理。1921 年任芜湖道尹。1925 年创办浮山小学。1927 年又创办浮山中学，并任校长。中华人民共和国成立后，任安徽省人民政府委员，省政协副主席。

③ 四个月　指读完《平民千字课》所需时间。

南京安徽公学办学旨趣①

南京在前清为两江之都会，和安徽有密切的历史关系；就地理说，又和安徽十分接近。中国兴学以来，南京即为全国教育中心之一。安徽的学者和学生来此传道受业的，素来很多。前清即有上江公学②之设，民国成立后因故停办，殊为憾事。五四以后，安徽学潮屡起，学生不能安心肄业，纷纷投到南京求学的，源源不绝。但南京学校格于种种限制，有志有才的学生不免向隅。安徽旅宁同乡会和旅宁同学会，看此景况，深表同情，就联合起来共谋上江公学之恢复，于十二年秋季开学，改名为南京安徽公学。所以，安徽公学的设立，是迫于一种不能自已的同情心。因为安徽旅宁前一辈的人，对于后一辈的少年，发生了一种学问上的同情心，才有安徽公学的产生。

有了这种同情的基础，所以我们最注重师生接近，最注重以人教人。教职员和学生愿意共生活，共甘苦。要学生做的事，教职员躬亲共做；要学生学的知识，教职员躬亲共学；要学生守的规矩，教职员躬亲共守。我们深信这种共学、共事、共修养的方法，是真正的教育。师生有了共甘苦的生活，就能渐渐的发生相亲相爱的关系。教师对学生，学生对教师，教师对教师，学生对学生，精神都要融洽，都要知无不言，言无不尽。一校之中，人与人的隔阂完全打通，才算是真正的精神交通，才算是真正的人格教育。

在共同生活中，教师必须力求上进。好的学生在学问和修养上，每每欢喜和教师赛跑。后生可畏，正是此意。我们极愿意学生能有一天跑在我们前头，这是我们对于后辈应有之希望。学术的进化在此。但我们确不能懈怠，不能放松，一定要鞭策自己，努力跑在学生前头引导学生，这是我们应有的责任。师道之可敬在此。所以我们要一面教，一面学。我们要虚心，尽量接受选择与本职本科及修养有关系之学术经验来帮助我们研究。要教学生向前进、向上进，非自己努力向前进、向上进不可。

安徽公学是个贫穷的学校。办贫穷的学校如同管贫穷的家务一样，用一文钱，必问："这一文钱该用吗？"费一分光阴，必问："这一分光阴该费吗？"光阴与钱都有限，该用才用，不该用必不用；用必尽其效。爱惜光阴，就是不为无益害有益；将无益的时间腾出，则从事有益的时间有余裕了。然后学生可从容问学，怡然修养，既不匆忙劳碌，那身心也就自然渐渐的有润泽了。节省经费，不是因陋就简，乃是移无用为有用。我们既不甘于简陋，来源又不易开，要想收相当的效果，自非革除浪费不为功。用最少的经费，办理相当的教育，是我们很想彻底努力的一个小试验。

现今办学的人，每存新旧宽严之见。我们只问是非好坏，不问新旧宽严。是的、好的，虽旧必存；非的、坏的、虽新必除。应宽则宽，应严则严，随时、随地、随人而施教育，初无丝毫之成见。我们承认欲望的力量，我们不应放纵他们，也不应闭塞他们。我们不应让他们陷溺，也不应让他们枯槁。欲望有遂达的必要，也有整理的必要。如何可以使学生的欲望在群己相益的径途上行走，是我们最关心的一个问题。总之，必使学生得学之乐而耐学之苦，才是正轨。若一任学生趋乐避苦，这是哄骗小孩的糖果子，决不是造就人才的教育。

最后我们要谈谈我们心中所共悬而藉以引导我们进行的目标。

一，我们都是学生，教师的一部分生活也是学生，就要负学问的责任。做学问最忌的是玄想，武断，尽信书，以差不多自足，以一家言自封。我们要极力地锻炼学生，使他们得到观察，知疑，假设，试验，实证，推想，会通，分析，正确，种种能力和态度，去探求真理的泉源。简单些说，我们研究学问，要有科学的精神。二，我们是物质环境当中的人。我们对于四周的环境，最忌是苟安，同流合污，听天由命，不了了之。有进取性的人，对于环境总想加以改造。但是驱着乌合之众，叫嚣乱斫，何能算得改造呢？我们应该秉着美术的精神，去运用科学发明的结果，来支配环境，使他们现出和谐的气象。我们要有欣赏性的改造，不要有恐怖性鬼脸式的改造。换句话说，我们改造环境，要有美术的精神。三，我们不但是物质环境当中的人，并且是人中人。做人中人的道理很多，最要紧是要有"富贵不能淫，贫贱不能移，威武不能屈"的精神。这种精神，必须有独立的意志，独立的思想，独立的生计，和耐劳的筋骨，耐饿的体肤，耐困乏的身，去做那摇不动的基础。近今国人气节，消磨殆尽，最堪痛心。倘不赶早在本身和后辈身上培植一种不可屈挠的精神，将何以为国呢？至于今日，少数具有刚性的领袖，又因缺少容量，自取失败，并以此斫丧国家的元气，至为可惜。那末推己及人的恕道，和大公无私的容量，也是做人中人的最重要的精神。把这几种精神合起来，我们找不到一个更好的名词，就称他为大丈夫的精神。我们处世应变，要有大丈夫的精神。

科学的精神，美术的精神，大丈夫的精神，都不是凭空所能得来的。我们要在"必有事焉"上下手。我们要以"事"为我们活动的中心。研究学问要以事为中心，改造环境要以事为中心，处世应变也要以事为中心。我们要用科学的精神在事上去求学问，用美术的精神在事上去谋改造，用大丈夫的精神在事上去锻炼应变。我们愿意一同努力朝这三个目标行走。活一天，走一天；活到老，走到老。

（原载 1923 年《十年来之南京安徽中学》）

〔注释〕

① 本篇原载 1924 年 12 月 8 日申报馆《教育与人生》第 60 期，题名《南京安徽公学创学旨趣》。载入《十年来之南京安徽中学》一书时，题为《本校创立旨趣》。作者将此文收入《中国教育改造》专集时，改用现名。

② 上江公学　光绪三十年（1904），安徽人汪菊友、陶寿民、李希白等创办安徽旅宁公学，校址在南京上江考棚内。次年更名为上江公学，1912 年又易名为安徽旅宁公学，后因故停办。

学生的精神①

　　知行此次因全国教育联合会事来湘，今天得与诸君见面，这是很愉快的。知行是世界的学生，诸君是学校的学生，今天是以学生资格对诸君谈话。有些议论也许诸君是不愿听的。但是"忠言逆耳利于行"，诸君或者能够原谅。

　　我现在要讲的题目，就是《学生的精神》。在我未说这题目之先，有点意思对诸君说一说：现在中国许多学生及一般教员，有一个很大的通病，就是容易"自满"。不论研究何种学科，只有相当的了解，即洋洋自得、心满意足。尤其是在过教员生活的，觉得自己处在教师地位，不必再去用功研究了。中国"四书"上有两句话说："学而不厌，诲人不倦。"这真是千古不灭的格言，并且是两句不能分开的话。因为要"学而不厌"，才能够做到"诲人不倦"。例如我们来教一班小学生，倘若自己全不加以研究，只照着别人编的书本，自己抄的老笔记，依样画葫芦的教去，当学生的固然不能受多大的益，当教师的也觉得不胜其烦，没有多大的趣味。如是的粉笔生涯，不能不厌烦了。倘若当教师的，自己天天去研究，有所得的，即随时输之于学生，如此则学生受益较多，即当教师者也觉得有无穷的乐趣。所以学生求学，固然要"学而不厌"，就是当了教员，还是要继续的"学而不厌"。这可说是我现在要讲的"学生精神"的先决问题。

现在开始来讲《学生的精神》了。学生精神大约分为三点：

（一）**学生求学须具有科学的精神**　我们不论研究什么学科，总要看一个明白，想一个透彻，多发些疑问，切不可武断盲从。例如别人要我们信仰国家主义，我们必须明了国家主义的内容是否合于现代社会，才定信仰不信仰的方针。其他，社会主义亦然，无政府主义亦然……尤其我们研究科学之时，碰到一个问题来了，"知之则知之，不知则不知"。因为我们自己知道自己不知的地方，那还有能够知道的一日；倘若不知的而认以为知，那末，不知道的终究没有知道的日子了。这可说是自己斩断自己求学的机能。所以我们学生求学，第一步就要有科学的精神。

（二）**要改造社会必具有委婉的精神**　我们在任何环境里面做事，不可过于急进。譬如园丁栽花木，倘只执一镰斧，乱砍荆棘，我相信花木亦必随之而受伤。务须从旁着想，怎样才能使荆棘去掉，那末，非用委婉的功夫不可。改造社会也是一样。尤其是我们学生，因为是领导民众的中坚分子，倘用乱刀斩麻的手段，必引起一般民众起畏惧之心，怎样还讲得社会改造？所以我们要社会改造，也需要用委婉的精神，走到民众前头，慢慢地领他们向前走，并且还要告示他们向前走的方法。如此才有社会改造的希望。不然，任你如何轰轰烈烈倡社会改造，社会还是不能改造的。

（三）**应付环境必具有坚强人格和百折不回的精神**　我们处在任何环境里面，必抱有坚强人格，不可自由摇动，尤其到了利害生死关头之时，必富有"富贵不能淫，贫贱不能移，威武不能屈"的气概。这才算得一个真正的大丈夫，真正的国民。现在中国一班学生——其实不仅是学生——在普通情形的时候，各人的性格，好像没有多大的区别。但到危急存亡利害相冲的关头，就看得清清楚楚，各人露出自己的本来面目。中国民众的不能团结，这就是一个很大的原因。所以我们处在任何的环境里面，坚强不摇的人格及不屈不挠的精神，决不能少的，尤其在我们学生时代。我现在要举一段历史例子给诸君听，就是明朝的方孝孺先生，当燕王棣②篡位之时，使他草"即位诏"，他大书"燕王篡位"四字，因此被夷十族。当燕王篡位之时，势力胜过现在的任何军阀，但不能压迫方先生一笔锥。可见方先生的人格及不怕死的精神，真令人钦佩而尊敬，亦可证明读书人不可忘掉气节。

学生的精神，大概分为上列三点。我觉得在今日的学生中，是亟宜注意的。因时间仓卒，说得不周到处，请诸君原谅！

〔注释〕

① 本篇是陶行知在湖南的演讲。记录者：谢文熙。原载 1925 年 12 月 1 日《国民日报·觉悟》。

② 燕王棣　即明成祖朱棣。

《新教育评论》之使命①

现在国内各界对于教育的关系，教育界对于国家的需要，都缺少充分的了解。不但如此，即教育界本身，也是隔阂很深，并无充分联络的机会。往往大学不知中学，中学不知小学，小学不知蒙养园；倒转来，亦复如是。而在教育界服务的人，办学的不知教学的；教此一科的不知彼一科的；甚至同在一地，同教一科的人亦复不相闻问。这种闷起头来各干各的情形确有联络之必要。那应当联络中之最应当联络的就是实验学校与一般学校。实验学校是教育上新知识之来源；一般学校是应用此种新知识之场所。如何使这些新知来源和一般学校连串起来，是一种最重要的工作。试拿自来水做个比方：实验学校好比是泉水，一般学校好比是用户；本刊不敏，愿意做座水塔，谁要水用，还愿为他通根水管。

中国教育在万难中奋斗：有的禁不起过分的压迫，归于破裂；有的禁不起世俗的诱惑，归于萎靡；有的愈败愈战，愈见其卓绝之精神。不知者以腐败两字抹杀中国一切教育，那以耳代目之教育行政者亦跟在后面附和，实在有点冤屈。就我所知道的，各地教育成绩可以互供参证的正自不少，所可惜的就是缺少充分沟通的机会。我们很愿意把这个周刊献给大家。如果大家不嫌它太小，肯到这里来交换经验，沟通思想，我们是很欢迎的。我们愿意大家借这个机会把个各干各的教育界渐渐地化为一个通力合作的教育界。倘使本刊出现之后教育界多得一个有机体的联络，使他各部分的生命汇通起来产生一个更圆满、更和谐的新生命，我们也就心满意足了。

我们沟通思想、交换经验的时候，因为种种关系，不免发生不同之见解，不得已而出于辩论。理愈辩而愈明，本刊即当作讲理的地方看也可。现在有些人论列世事，往往党同伐异，逞意气之争，以好恶、毁誉、利害与是非混作一谈。甚至是非可以制造，可以颠倒，可以买卖，把一般的阅者都弄得昏头昏脑，无所适从。至于顺带骂人几句亦为今日言论界的通病。骂人虽可取快一时，但是设身处地一想，叫对方见了气得脸上发青或胀得满脸通红又有什么趣味呢？我们只愿讲理。是的说是，非的说非；是非未明，决不轻下判断。彼此所见不同，必求其所以不同之故。我与对方同是寻求真理的人，谁寻着真理，双方都应当乐意承受。所以讲理的人应当"毋意，毋必，毋固，毋我"②，而"我"关尤宜打破。谩骂和强辩都是把"我"字看得太重的缘故。所以说理的人，必愿尊重他人的意见，反省自己的主张，同时更有服从真理的勇气。本刊旨在说理，凡和我们说理的，我们都很欢迎；倘寻人吵嘴，我们就要敬谢不敏了。我们愿在说理的时候顺带培养点浑厚的态度，减少些刻薄的风气。谅想这也是大家赞成的。

我们少数人的贡献是很有限的。但平日研究，或有一得。此一得之见，或者是各方同志所愿闻的。且因每周出版的督促，同人益加奋勉，而不容稍有懈怠；如是即使无益于人，至少有益于己。倘此有益于己的，兼能有益于人，岂不是更好吗？所以本刊的旨趣乃是寓贡献于研究之中。他的使命就在为教育界通血脉，使大家呼吸些清新温润的空气，并给同志们一个努力切磋的机会。

〔注释〕

①本篇原题为《本刊之使命》，载 1925 年 12 月 4 日《新教育评论》第 1 卷第 1 期。

②"毋意，毋必，毋固，毋我" 见《论语·子罕》，指无私意，无必期，不固执，无私己。

评陈著之《家庭教育》①

——愿与天下父母共读之

　　此书为东南大学教育科丛书之一，系近今中国出版教育专著中最有价值之著作。全书分十二章，立家庭教育原则一百零一条。前两章述儿童心理及普通教导法，为提纲挈领之讨论；后十章都是拿具体的事实来解释各项建议之涵义。在这书里，小孩子从醒到睡，从笑到哭，从吃到撒，从健康到生病，从待人到接物的种种问题，都得了很充分的讨论。这些讨论对于负家庭教育责任的，都有很具体的指导。

　　书中取材的来源不一，但有一个中心：这中心就是陈先生的儿子一鸣②。著者在《自序》中曾声明各项材料之来源，但未指明一鸣就是这本书之中心人物。倘使我们把这本书从头到尾读它一遍，就觉得这是无可怀疑的。一百多条举例当中，在一鸣那儿来的，就占了七十三条之多。其余的事实只可算为陪客。陈先生得了这个实验的中心，于是可以把别人的学说在一鸣身上印证，自己的学说在一鸣身上归纳。据他自己所说，我们晓得《佛戴之教育》（The Education of Karl Witte）一书对于他研究家庭教育这个问题是很有影响的。佛戴小时通五国方言，九岁进大学，十四岁得哲学博士，十六岁得法律博士并任柏林大学教授：都是他的父亲大佛戴的教育理想之实现。一鸣就是陈先生的佛戴，《家庭教育》一书就当作《一鸣之教育》看也是可以的。

郑宗海氏的《序文》上说："我阅过之后，但觉珠玑满幅，美不胜收，有数处神乎其技，已臻乎艺术的范域。"这种称赞并不过分。我现在要举一两个例来证明陈先生的艺术化的家庭教育。当他讨论游戏式的教育法时，他举了下面一个例：

"今天（十三年四月十八日）下午我手里拿着一只照相机，叫我的妻子把我们的女儿秀雅放在摇椅里。预备要替他拍照的时候，一鸣就捷足先登，爬到椅子里去，也要我替他拍照。我再三劝告他，他总不肯。后来，我笑嘻嘻地对他说：'一鸣！你听着！我叫一、二、三；我叫"三"的时候，你就爬出来，爬得愈快愈好。'他看见我同他玩，也很高兴地答应我。歇了一歇，我就一、二、三地叫起来，说到'二'的时候，他一只脚踏在椅子上的坐板上，两只手挨在椅子边上，目光闪闪地朝我看着，等我说到'三'的时候，他就一跃而出，以显出他敏捷的样子。"（《家庭教育》三十五页）

一鸣三岁大的时候，陈先生要一鸣把东西玩好以后，整理好放在原处。一鸣不依，他就想了下面说的一个法子：

"后来我对他说：'我帮助你一同弄。'我就'海荷''海荷'地叫着，替他整理起来；他看见我已经替他整理好，也'海荷''海荷'地叫着，把书籍搬到他的书架上去了。"（《家庭教育》七十六页）

他讨论小孩子为什么怕、为什么哭的时候举了两个例，也可以显出他神乎其技的教育法：

"我同一鸣（一岁零十个月）在草地上游戏的时候，他看见一只大蟾蜍就举起手来向后退，并且喊叫说：'咬！咬！'我走过去，在地上拾了一根棒头轻轻地去刺着那只蟾蜍说：'蟾蜍你好吗？'后来他拿了我的棒头也去刺刺看，但是一触就缩回，仍显出怕的样子，但比当初好得多了。"（《家庭教育》九十五页）

"有一天，我带一鸣（一岁零三个月）到东大附小去看小学生做戏。做戏的小学生们共有三百多人，戏做得很好，观戏的人大家都鼓掌。在这个当儿，小孩子应当发生惧怕，但我一抱一鸣进门，就笑嘻嘻地对他说：'你看这里许多小孩子。'后来看到小孩子要鼓掌的时候，我就对他说：'我们也来拍掌。'他一听见小孩子拍掌，也就欢欢喜喜地鼓起掌来。"（《家庭教育》九十五页）

父母不会教养，小孩子不晓得要冤枉哭多少回。在这种家庭里面，小孩子早上醒了要哭，吃乳要哭，穿衣服要哭，换尿布要哭，洗脸要哭，拭鼻涕要哭，看见生人要哭，喊人抱要哭，讨糖吃要哭，跌了要哭，睡时脱衣服要哭，一天平均总得要哭十几回。估计起来全中国六岁以下的小孩子每年流的眼泪该有两万万斤。如果做父母的肯像陈先生这样细心教导儿童或是采用陈先生的教导方法，我敢说小孩的眼泪是可以省掉百分之九十九的。

陈先生写这本书有一个一贯的主张。这个主张就是做父母的对于子女的教育应有一致的措施。中国家庭教育素主刚柔并济。父亲往往失之过严，母亲往往失之过宽。父母所用的方法是不一致的。虽然有时相成，但流弊未免太大。因为父母所施方法之宽严不同，子女竟至无所适从，不能了解事理之当然。并且方法过严则易失子女之爱心；过宽则易失子女之敬意。这都是父母主张不一致的弊病。陈先生此书所述各种教育方法，或宽或严，都以事体的性质为根据，不以施教育的人为转移。他和他的夫人对于一鸣的教育就是往这条路去走的。我们看他教一鸣，觉得他是个母亲化的父亲，姊姊化的父亲，但他从没有失掉父亲的本色。

这本书出来以后，小孩子可以多发些笑声，父母也可以少受些烦恼了。这本书是儿童幸福的源泉，也是父母幸福的源泉。著者既以科学的头脑、母亲的心肠做成此书，我愿读此书者亦务须用科学的头脑和母亲的心肠去领会此书之意义。我深信此书能解决父母许多疑难问题，就说他是中国做父母的必读之书，也不为过。这本书虽有许多贡献，但还是初步试验的成绩。有志儿童幸福者，倘能拿此书来做个基础，再谋进一步的贡献，那就更是我们所希望的了。

（原载 1925 年 12 月 11 日《新教育评论》第 1 卷第 2 期）

〔注释〕

　①《家庭教育》　陈鹤琴著，1925 年商务印书馆出版。

　② 一鸣　陈鹤琴之子陈一鸣。

女师大与女大问题之讨论①

教育当局前以政治势力和主观意见将女子师范大学②一改而为女子大学③，那时教育界曾请收回成命，奈因事已定局，不易挽回，至为可惜。今女子师范大学果以累月奋斗之精神于十一月三十日取女子大学而改之，此可见凭藉政治势力及主观意见，在教育界开创之局面是最不稳固的。种如是之因，得如是之果，百无一失。此次女子师范大学之改革只是给大家多加一次教训与警告而已。

国人所望于女子师范大学的，不仅在更换校名而在实事求是。女子师范大学学生除修习基础学科外，应具之要项有四：一、信仰国家教育事业为主要生活。二、愿为中学教员者对于中学生之能力需要应有彻底之了解；那愿为师范学校教员者，于中学生外，还须了解小学生的能力与需要。三、对于将来担任之功课有充分的准备，这准备包含中小学所需之教材、教法的研究、实习和参观。四、各人一举一动，一言一行，都要修养到不愧为人师的地步。此次改革好比是拿老题目做文章。诸君即已拿了得意的题目，最要紧的就是要做一篇切题的文章，创造一个名实相符的女子师范大学。

但现在石驸马大街十八号里面，不像从前那样单纯。除女子师范大学学生外，还有新招之女子大学学生。她们是为进大学来的，她们不是为进师范大学来的，她们的求学目的也是不应当轻易变动的。她们的题目是女子大学，她们应当有个机会做篇切题的女子大学的文章。当学生的不应当强人从己，也不应当舍己从人，女子大学是应得设法保存的。

既要保存女子大学，那末女子师范大学将何以自处？现闻女子师范大学当局有根据民国十二年的女子大学原案改组为女子大学之议。如果这样办理，那末女子师范大学同仁这累月的奋战可谓文不对题。他们的题目是女子师范大学，他们应当彻底地去做女子师范大学的文章。

双方目的既不相同，顾此失彼，究欠公允。那末，应该怎样解决呢？我的建议是：组织一个"联邦政府"，挂一块这样的牌子：

国立　女　子　大　学
　　　女子师范大学

渊明诗说："荣衰无定在，彼此更共之。"④ 此理甚明，我愿大家务要特别留意。全校同学从此应当一团和气地携手。你们有共同的目的。这目的就是求实在的学问。对于关系全体的事还要和衷共济的商量，总以"己所不欲，勿施于人"⑤ 为标准。如此则一年来的纠纷，庶可告一结束；而全国女子最高学府的基础，也可渐渐地稳固了。这是我们所恳切期望的。

〔注释〕

① 本篇原载 1925 年 12 月 11 日《新教育评论》第 1 卷第 2 期。这是该刊组织的一次讨论，参加讨论的还有赵廼传、汪懋祖和高

仁山。

②　女子师范大学　即国立北京女子师范大学。

③　女子大学　即北京女子大学，其前身为北京女子师范大学。1925 年夏，因校长杨荫榆依附军阀政府迫害进步学生，掀起学潮，曾一度罢课停办。在广大社会力量声援之下，学生最终取得胜利。教育总长章士钊辞职，杨荫榆被撤，女师大宣告复课。同年 11 月，该校改组为北京女子大学，隶属北平大学。

④　渊明　即陶渊明。"荣衰"二句为陶渊明《饮酒》诗二十首中第一首的开头两句，亦写为"衰荣无定在，彼此共更之"。这首诗主要写人生衰荣无定，应该达观。

⑤　"己所不欲，勿施于人"　见《论语·卫灵公》，意即自己所不要的，不要施加到别人身上。

驳 特 定 学 区 议

孤桐[①]先生拟在关税附加税额之建设经费项下，筹划五百万元在京西颐和园一带，建一中央学区，使北京国立大学教育部容纳于此。这是他做教育当局最后的一个政策，事未实行，人已离职，原无急急辩驳之必要。但此种建议确系代表一部分人之见解，以后或有旧事重提之可能，故乘这个时候讨论一番，也是有益的。我读了他的特定学区的五条理由，虽然发生好多感慨，但根本上不能苟同。他倡议的宗旨，原想矫正今日京中大学教育之弊害。就吾所见，此诸多弊害有不必特定学区即可矫正的，有即特定学区而亦不能立时矫正的，也有因特定学区而转生他种弊害的。

他所举的第一个理由，就是学术中心，宜与政治中心分离。他说："以学术中心，置于政治中心之地，两心相接，非混淆则抵触，无论何出，学均不利。"他以为把北京的大学都移到城外去就可算与政治中心分离了。这是太乐观的看法。自从"五四"以来，学生运动里面多半都有清华学生参与其间。清华学生既可从清华园里进城参与学生运动，中央学区的学生岂不能从颐和园进城参与学生运动吗？如果他真要做到政治中心与学术中心分离的境界，就应该把这个中央学区搬得远远的，搬到西山去，搬到西山之西去。或者有人要说：清华学生是北京学生勾引进城的，倘使北京没有国立八校学生，清华园和颐和园的学生亦没有进城的趣味了。我们要晓得除去清华外，北京有大学专门学生一万三千三百八十八人，国立八校学生只有五千一百三十二人（根据民国十二年调查报告）。国立八校学生虽搬到颐和园去，还有其他大学专门学生八千八百九十人在京里做他们的内应呢！所以把大学搬到颐和园去，就以为学生从此不能干预政治未免过于自信。德国之柏林大学，法国之巴黎大学，日本之东京帝国大学，以及好多别的大学，都是设在政治中心之地，未闻有如吾国之学潮，亦未闻有何不利于学术之表征。政府当局不能贤明，社会领袖麻木不仁，学校教授不能专心学术，这三件事是学潮之根本原因。假使贤者在位，能者在职，政事清明，学生安能无风作浪？假使社会领袖关心国事，能负监督政府之责，则学生自无冲锋之必要。又假使教授能专心从事指导学术之研究，则学生精神有所寄托，更无余暇以从事于无谓的风潮了。这是说学生运动自有来历，特定学区不是解决学潮的办法，也不是提倡学术的根本办法。孤桐先生很称赞英伦大学之政学划分。但政学划分是要跟着时势走的。假使英伦政治变成了中国政治那样腐败，那时我们可以晓得英伦大学学生究竟闹不闹风潮？倒过来说，假使中国政治长久如此腐败，而京中大学的学术已可与英伦大学比骋，那时我们可以知道京中大学学生是否不闹风潮了？学术应当超然于政党之外，自不待言。以政侵学与以学侵政都是不幸的现象，那是应当避免的。我看了孤桐先生称赞泥北淀大学②学生反对该校推举内阁总理爱斯葵为名誉校长的言论，心中非常欢喜。因为这句话出于以总长兼校长者之口，我相信是一种觉悟之表示了。只要学界的人或政界的人肯下此决心，中国教育就有希望了。这是不必特定学区就可以做得到的。倘使当事者不能根本觉悟，那末就把学校搬到千万里之外去，京中何尝不可设驻京办公处呢？只消做到遥领两个字，千万里外之学校里，就免不了掀天之波浪了。何况乎颐和园之近呢？

第二点，孤桐先生不赞成校址与市廛相混。他甚至于有"一出校门即去学万里"之惧怕。这种意见固也包含了些真理，但未免太笼统了。吾不知孤桐先生心目中所谓之大学究竟是什么。我心目中之大学一小部分是要在乡下办的，一大部分是必得要在都市里办的。试拿今日教育部直辖的北京国立学校来讨论。农业大学是应当在城外办的。他现在的位置还过得去，实无搬家的必要。工业大学要依性质在工业中心办的。北京固不相宜，颐和园更不相宜。医科大学如果他不是专门研究瘵病，那末为了实习诊断研究病理起见，是应当在城里办的。两个师范大学如果训练乡村师范教员，自应在农村里开办，颐和园附近却不是理想的地方。至若现办的部分，为着试教参观起见，也是要在户口稠密的地方办的。法政大学设在政治中心正是得其所哉。美术学校是可以搬到城外去的。不过美术完全下乡也是有牺牲的。假使美术学校搬到颐和园去当然能得好多益处，但古物陈列所及随时举行之展览会是不是辜负了呢？自然方面固然增加了接触的机会，人生方面岂不要减少了了解吗？自然美术固可贵，人生美术更可贵，自然化的人生美术，人生化的自然美术尤其可贵。

由此看来，现代美术岂可终身做乡下佬？最后，剩下了一个北京大学和一个女子大学。北京大学是个复杂的机体，我们要分析一下才能明白他的内容。北京大学除心理天文两系还没有独立外，共分三组十六系：第一组为数学、物理、化学、生物、地质五系；第二组为国文、英文、法文、德文、俄文五系；第三组为哲学、教育、历史、政治、法律、经济六系。第一组五系可以在乡下过独立生活。第二组五系设在城里比较好些，但必不得已后四系可以下乡。国文系似乎不宜下乡，倘要下乡，怕非把琉璃厂等等一同带去不可。第三组六系多半是要靠着人生做他的内容的。颐和园左近有什么人生？这六系是断断乎不可下乡的。所以即就北京大学而论，搬到城外也怕要得不偿失。女子大学简单得多，他的现有各系也可以照上述原则解释。

至于学校要有明秀的环境，自不待言。但舍近求远，也可不必，比如先农坛、天坛、清宫、景山、北海、南海一类的地方尽可酌量拨作各种学府之用。拿这些地方来做国立学府总比做别的事用有意思些。近处实在无法可想，再从别处想法也不为迟。

英国宿舍制度为天下冠，这是我们应当取法的。但统一宿舍问题是不必特定学区才能解决的。近如协和医学，远则南开大学的宿舍不是办得很好吗？私立学校能如此，国立学校何尝不可如此？其所以不能如此的缘故，一因办学者无计划，二因教育当局不能为经济上的援助。只要经费有着落，教职员精神贯注，何不可一举而成？岂是要特定学区才能办得到呢？

　　说到剑桥、牛津③二大学之"醇风"，这是他们七八百年的历史的势力养成的。我们要想有剑桥、牛津之学风，断非短少时间内所能勉强造成。物质环境不过是许多历史势力中之一种，即使特定学区是个正当的办法，他对于学风养成也只能有一部分的贡献。

　　孤桐先生末了说："京内各校，鸟衔狗续以成之，应需设备，无一可言，或者如天之福，有款当前，衔焉更衔，续然复续，斯仍为因陋就简之局，不离事倍功半之讥，别起宏规，庶臻完善。"京内各校的校舍，确应根本改造。但必定要在颐和园左近"别起宏规"，把京中国立学校一齐搬了出去，使学术与人生离婚，我是不敢赞成的。"别起宏规"是应当看各校的情形各选合宜地点去办的，不应当囫囵的拿一个特定学区来笼罩一切大学。孤桐先生本想合并八校（结果似有九校产生），消极方面行不通，转过头来倡特定学区之议，简直是一个合并八校的积极方略。所以特定学区与合并八校是一而二、二而一的计划。北京八校一小部分应当合并，我是赞成的；全部的合并，不但是做不到，即使能做到，也是有害的。要用特定学区来合并八校更是有害的。北京八校之由合而分，由分而复，有他历史上不得不然之情形，也有事不必需而可以用精密计划避免之情形。现在再要把分过家的人凑合起来叫他们同居，也得要把他们在历史上演进演退的情形详细考查一番，然后可以知道他们是否还有完全同居之可能。如今这番功夫没有做，凭空创一个囫囵的合并八校论，又凭空创一个囫囵的特定学区议，未免令人发生一种隔靴搔痒的感想。

　　总体来说，我赞成他的请款计划，我赞成他的保款办法，我也赞成他的主张用这笔款来为京中大学别起宏规。我所不能赞成的只是拿一个囫囵的中央学区笼罩京中一切的国立大学教育。大学是造就学者和领袖的地方，不是剃度和尚的地方。我们要大学培养与国计民生有关系的学者领袖，不要大学培养避世的隐士，出世的僧尼，不知世事的书呆子。我们要学生认识人民，人民认识学生。我们要到民间去的学生，不要到天上去的学生。倘使因为环境不好即思迁移，那末，城里不好搬到乡下，中国不好搬到外国，外国不好，再搬到什么地方去呢？学问之道无他，改造环境而已。不能把坏的环境变好，好的环境变得更好，即读百万卷书有何益处？

　　　（原载 1925 年 12 月 18 日《新教育评论》第 1 卷第 3 期）

〔注释〕

　　① 孤桐　即章士钊（1882—1973）。

　　② 泥北淀大学　通译亚伯丁大学，在英国苏格兰，1494 年创办。

　　③ 牛津　英国历史最久的大学，1168 年创办。

师范教育下乡运动

上月十四、十五两日，江苏省立师范分校联合会在黄渡举行第二届常会，他们的附属小学也组织了一个联合会，于十五日举行成立典礼。这两件事是关心乡村教育的人应得注意的。

中国的师范学校多半设在城里，对于农村儿童的需要苦于不能适应。城居的师范生平日娇养惯了，自然是不愿到乡间去的。就是乡下招来的师范生，经过几年的城市化，也不愿回乡服务了。所以师范学校虽多，乡村学校的教员依然缺乏。做教员的大有城里没人请才到乡下去之势。这种教员安能久于其职，又安能胜乡村领袖之重任呢？江苏义务教育期成会袁观澜、顾述之二先生觉得乡村教师需要之急，而培养之法更不能不改善，所以发起每个师范学校在乡间设立分校，以为造就乡村师资之所；每分校并设附属小学一所，以资乡村师范学生之实习。现在一师、二师、三师、四师、五师都设有分校和分校的附属小学。这个师范分校联合会和分校附小联合会就是这些师范学校的分校和分校附小组织成功的。他们的宗旨在联络、研究、共谋各该校教育上之改进及乡村教育之发展。我国师范学校以合作及研究精神图谋乡村教育之发展的，实以此为起点。

　　这次分校联合会共总商议了四十一个案件，内中有好几个案件都是很关重要的。这次会议最出色的一件事，就是各种乡村教育问题之分门研究，如公民科、史地科、国语科、数学科、教育科、农业科、理科、音乐科、图画手工科、体育科、童子军，各门的课程大纲，及农场作业分配，推广农村教育，学业成绩考查法，训育、健康教育、师范生实习等问题，都有委员会负责研究。这种分门的研究总比囫囵的空谈要切实些。

　　我以为，乡村师范学校负有训练乡村教师、改造乡村生活的使命。师范学校在乡村里设分校，在乡村的环境里训练乡村师资，已经是朝着正当的方向进行了。我们的第二步办法，就是要充分运用乡村环境来做这种训练的功夫。我们要想每一个乡村师范毕业生将来能负改造一个乡村之责任，就须当他未毕业以前教他运用各种学识去作改造乡村之实习。这个实习的场所，就是眼面前的乡村，师范所在地的乡村。舍去眼面前的事业不干而高谈将来的事业，舍去实际生活不改而单在书本课程上做功夫，怕是没有多大成效的。我们不要以为把师范学校搬下乡去就算变成了乡村师范学校。不能训练学生改造眼面前的乡村生活，决不是真正的乡村师范学校。

　　江苏师范分校尚属试办性质，他的效果，尚难预测。但他们对于乡村教育那点通力合作、分门研究及实地试验的精神，却是很宝贵而为全国师范学校所应取法的。

（原载 1926 年 1 月《新教育评论》第 1 卷第 6 期）

国画也要提倡了

上月十九日至二十四日为上海美术专门学校举行国画展览会之期。该校校长刘海粟先生做了一篇宣言叫做《倡国画》，我看了，不禁为中国美术前途贺。中国人画中国画，自是当然之事，现在也要提倡了，岂非奇事！仔细想来，这又何足为奇，中国文化哪一样不是弄到这步田地呢？

近年来，我参观学校时最觉得伤心的一件事，就是到处所见的学生图画作品，一百分之九十九是非驴非马的西洋画。五年前我陪杜威夫人参观的时候，她很严重地批评说："放弃固有的艺术去干这种三不像的外国画，断断乎是条走不得的错路。"

学画要想学得好，必得有四种要素：一是自己的天才，民族特长在个人身上之表现；二是名师的指点；三是名画之临摹；四是自然之熏染。在中国学校里学外国画，这四种要素，简直是一无所有，哪能学得好呢？若学国画，则自己的天才本来相近，名师之指点及名画之临摹，机会都比学外国画多得多。至于自然之熏染，则山川美景，触目皆是，更不必说了。在这种情形之下，倘能努力进修不难在艺术上占一地位。我不是反对学外国画，我所反对的是三不像的外国画，是在无外国生命精神之环境里学候补字纸篓的外国画。

看中国人画的西洋画，好像吃中国式的番菜，或美国式的杂碎，很难说得到欣赏。我很希望全国画家抱着"文艺复兴"的宏愿为国画开一新纪元。我更希望全国艺术教员还是自寻路走，不要蒙起头来跟人瞎跑。

（原载 1926 年 1 月 15 日《新教育评论》第 1 卷第 7 期）

整 个 的 校 长

去年我对南开中学学生演讲《学做一个人》，曾经提出五种"非整个的人"，内中有一种就是分心的人。分心的人是个命分式的人，不是个整个的人。整个的人的中心，只放在一桩主要的事上。他的心分散在几处，就是几分之一的人。这类人包括兼差的官吏，跨党的党人，多妻的丈夫。俗语说"心挂两头"就是这类人。这类人是命分式的人，不是整个的人。

做一个学校校长，谈何容易！说得小些，他关系千百人的学业前途；说得大些，他关系国家与学术之兴衰。这种事业之责任不值得一个整个的人去担负吗？现在不然。能力大的人，要干几个校长。能力不够或时间不敷分配的，就要找几个人，合起伙来共干一个校长。

我要很诚恳的进一个忠告：一个人干几个校长，或几个人干一个校长，都不是整个的校长，都是命分式的校长。试问，世界上有几个第一流的学校是命分式的校长创造出来的？国家把个整个的学校交给你，要你用整个的心去做个整个的校长。为个人计，要这样才可以发展专业的精神，增进职务的效率。为学校计，与其做大人名流的附属机关，不如做一个学者的专心事业。具体的说，去年教育部所开的总长兼校长和校长兼校长的例不但不应沿袭，并且应当根本铲除。我希望现在以总长兼校长的诸公都自动地辞去总长或校长，以校长兼校长的诸公都自动地以担任一校校长为限。至于某大学设立会办一层，似有几人合做校长之情形；此种新例，亦不可开。总之，为国家教育计，为个人精力计，一个人只可担任一个学校校长。整个的学校应当有整个的校长，不应当有命分式的校长。

（原载 1926 年 2 月 5 日《新教育评论》第 1 卷第 10 期）

学 做 一 个 人

我要讲的题目是：《学做一个人》。要做一个整个的人，别做一个不完全、命分式的人。中国虽然有四万万人，试问有几个是整个的人？诸君试想一想："我自己是不是一个整个的人？"

《抱朴子》②上有几句话："全生为上；亏生次之；死又次之；不生为下。"

但是何种人算不是整个的人呢？依我看来，约有五种：

（一）残废的——他的身体有了缺欠，他当然不能算是整个的人。

（二）依靠他人的——他的生活不是独立的；他的生活只能算是他人生活的一部分。

（三）为他人当做工具用的——这种人的性命，为他人所支配，没有自己独立的人格。

（四）被他人买卖的——被贩卖人口者所贩卖的人，就是猪仔；或是受金钱的贿赂，卖身的议员就是代表者。

（五）一身兼管数事的——人的一分精神只能专做一件事业，一个人兼了十几个差使，精神难以兼顾，他的事业即难以成功，结果是只拿钱不做事。

我希望诸君至少要做一个人；至多也只做一个人，一个整个的人。做一个整个的人，有三种要素：

（一）要有健康的身体——身体好，我们可以在物质的环境里站个稳固。诸君，要做一个八十岁的青年，可以担负很重的责任，别做一个十八岁的老翁。

（二）要有独立的思想——要能虚心，要思想透彻，有判断是非的能力。

（三）要有独立的职业——要有独立的职业，为的是要生利。生利的人，自然可以得到社会的报酬。

我觉得中学生有一个大问题，即是"择业问题"。我以为择业时要根据个人的才干和兴趣。做事要有快乐，所以我们要根据个人的兴趣来择业。但是我们若要做事成功，我们必要有那样的才干。

我曾作了一首白话诗，说人要有独立的职业：

滴自己的汗；吃自己的饭。

自己的事，自己干。

靠人，靠天，靠祖先，都不算好汉。

现在我们专讲"学"和"做"二个字，要一面学，一面做。"学"和"做"要连起来。英语 Learn by doing③，也就是这个意思。我们要应用学理来指导生活，同时再以生活来印证学理。

将来诸君有的升学，有的就职业，但是为学的方法全要研究。学农的人要有科学的脑筋和农夫的手；学工的人，也要有科学的脑筋和工人的手。这样他才可以学得好。

　　我希望到会的个人，是四万万人中的一个人。诸君还要时常想：

　　中国有几个整个的人？

　　我是不是一个整个的人？

〔**注释**〕

　　① 本篇系陶行知 1925 年底在南开学校的演讲词。原载 1926 年 2 月 28 日《生活周刊》第 1 卷第 19 期。

　　②《抱朴子》　是一部谈"神仙方药"和"养生延年"的书。东晋葛洪著。葛洪（284—364），字稚川，号抱朴子，丹阳句容人。

　　③ Learn by doing　意为"在做中学"。

尊重公有财产

　　凡是公共团体必须有公共财产，方能实现他的公共生活，举办他的公共事业。无论团体大小、生活繁简、事业多少，必须有点财产做他的经济基础。这点财产或是本团体里的人自己出的，或是外面捐来的，但一归本团体所有，即成为大家共同的财产了。例如学生自治会是学生组织的公共团体；学生每人出一元钱和拿钱为本会置办的东西合起来就可算为学生自治会的公有财产。既是学生自治会的公有财产，每个学生对于他就得要十分尊重。保管的人务要把他保管得十分稳妥；支配的人务要把他支配得十分适宜；使用的人务要把他使用得十分当心。我们对于自治会的公有财产应当如此，即对于一校、一村、一市、一县、一省、一国的公有财产也应当如此。

　　凡团体活动要切实，必须有计划；计划要切实，必须有预算；预算要切实，必须有决算。所以尊重公有财产的第一件要事，就是要有预算和决算。没有决算，则预算蹈空；没有预算，则计划蹈空；计划蹈空，则便宜行事，甚至应当用钱的地方或竟不用，不应当用钱的地方或竟浪用。结果既不能量出为入，又不能量入为出，必至一塌糊涂。且我们既属团体中人，对于本团体之资产、负债、收入、支出，都应当明白。管事的人应当把预算决算一齐公开。中国中央政府从民国八年以后就没有预算，更谈不到决算，所以弄到如同天天过三十晚一样。我们从学生自治会做起，自治会的职员都要为我们预备一个公开的预算决算。由此类推，做一件公共的事，必须有一个公开的预算和决算。村政、市政、县政、省政、国政，都要公开的预算决算。太阳光所到的地方必无微生物。要免公有财产的损失，最要紧是要有公开预算决算。到处要求一个公开的预算与决算，是公民的一种重要的责任。

预算既成之后决算未成之前，要有清楚的账目。账目根据预算又为决算所根据。预算决算只是大纲，账目则非详细不可。管理公有财产的人务须收支有据，逢账即录。一日必结一日之总，一月必结一月之总。决不可懈怠，决不可拖延。他要做到随时可以交账的地步，才算无负于公家的付托。如果一天一天的拖延下去，事后记忆必难周到。错出不过赔钱而已，错进就难免侵吞公款的嫌疑，这是万万不可不谨慎的。再，凡是银钱进出，必须经两个人看过后签字。这个办法一则可以免去嫌疑，二则可以预防作弊。经管公款的人务须遵守。最后一切账目及决算，必须有专家的审查，每半年或一年审查一次皆可。没有经过专家审查的决算账目是不能取信于人的。这些工具手续的目的在使账目清楚以免公款之损失。凡属公共团体之一分子，皆负有要求他们实现之责任。

公有财产中之一部分就是公有的物品。这些公物是给人公用的。公物比私物容易损坏，就是因为用的人对于公物不加爱惜。公园的花木随意乱折，图书馆的书随意乱翻；还有人希望流芳百世，到处题名，以至名胜都被糟蹋。学生外出旅行的时候尤其容易犯这个毛病。殊不知这就是损坏公物，不是公民应有的习惯。这种坏习惯如不斩草除根，让他蔓延出来，渐渐的可以盗卖公产，甚至于可以盗卖国权。做公民的一方面要自己爱惜公物，一方面对于损坏公物的人还要一致反对。我们应当爱护公物如己物。

最后，我们每个人有两种资格：一是私人；二是公共团体的一分子。我们应当把这两种资格所包含的任务分得清清楚楚。即就财产一项而论，个人的私产和团体的公产是应当有很分明的界限的。我国人应当痛改的一个习惯就是公私混杂。政界中人，有的连家里用的煤炭、妇女们用的首饰，也要在公家开账。学校中人，有的写私信也要用公家的信纸信封。甚至于有人把公款放在家，记在自己的账上。结果，始而混杂，继而挪移，继而亏空，终于公家破产，个人信誉扫地。公私之间应当划条鸿沟，绝对隔离，不使他有毫厘之交通。私账混入公账，公账混入私账，就是混账。公民不但自己不混账并且要反对一切混账的人。

总体来说，一、公开的预算，二、清楚的账目，三、爱护公有物品，四、划分公私界线，是尊重公有财产的四种主要办法。"苟非吾之所有，虽一毫而莫取"①，做公民的不可无此精神。莫取之义有三：一不愿取，二不可取，三不敢取。使人不敢取是刑法之事，使人不可取是会计严谨之事，公民教育之事乃在使人自得一种不愿取之精神。要晓得一个人爱国不爱国只须看他对于公有财产之态度，只须看他对于公有财产有没有不愿取之精神。

（原载 1926 年 4 月《新教育评论》第 1 卷第 20 期）

〔**注释**〕

①"苟非吾之所有，虽一毫而莫取。" 见苏轼《前赤壁赋》，全句为"且夫天地之间，物各有主，苟非吾之所有，虽一毫而莫取"。

论幼稚园应有之改革及进行方法①

——致陈陶遗

（上略）人格教育②端赖六岁以前之培养。凡人生之态度、习惯、倾向，皆可在幼稚时代立一适当基础。吾国人漠视幼稚时代之重要，学校教育耗费精神，纠正幼稚时代已成之不良态度、习惯、倾向，可谓事倍功半。放任者，听其滋长蔓延，不加纠正，更不堪问矣。有志之士，起而创设幼稚园，以正童蒙，宁非当务之亟。惟遍观国中之幼稚园，其弊有三：取法外国，不适国情，一也；费用太大，不能普及，二也；所收儿童，多属贵族，三也。知行欲矫其弊，而创一适合国情、节省费用、裨益平民之幼稚园蓄志已久，无由实现，殊觉闷闷。今拟合各方之力，共成美举。计划粗定，谨为我公陈之。

（一）该园拟设在燕子矶，已蒙丁校长③许可。

（二）教员业已聘定对于幼稚教育富有研究及经验者二人，来此服务。

（三）三岁至六岁儿童，愿入园者，照丁校长计算，可得三十人以上。

（四）经常费每年二百元左右，可暂由改进社担任，徐图就地筹款。

（五）开办费中建筑约需五百元，设备约需二百元，共七百元，拟请补助费或捐款充之。

由上述计划观之，所缺者惟开办费之七百元，何时筹足，即可于何时开办。窃思中国开办乡村幼稚园，此次实为创举；倘能依据适合国情、节省费用、裨益平民三种方针切实试验，则数年之后，必于幼稚教育有所贡献。我公乐育为怀，素所钦仰，倘蒙设法玉成，则国内儿童拜赐多矣。（下略）

知　行

九月十六日

〔注释〕

① 此信原题为《主任干事陶知行先生致江苏省长函论幼稚园应有之改革及进行办法》。此信和 1926 年 9 月 17 日、10 月 5 日的信，均论及中国幼稚园的改革方向，必须适合国情，强调人才早期教育的意义，是我国近代最早创立乡村幼稚园的理论阐述。

② 人格教育　指道德品质教育。

③ 丁校长　指燕子矶国民学校校长丁超（兆麟）。

我 之 学 校 观①

学校的势力不小。他能教坏的变好，也能教好的变坏。他能叫人做龙，也能叫人做蛇。他能叫人多活几岁，也能叫人早死几年。

学校以生活为中心。一天之内，从早到晚莫非生活，即莫非教育之所在。一人之身，从心到手莫非生活，即莫非教育之所在。一校之内，从厨房到厕所莫非生活，即莫非教育之所在。学校有死的有活的，那以学生全人、全校、全天的生活为中心的，才算是活学校。死学校只专在书本上做功夫。介于二者之间的，可算是不死不活的学校。

学校是师生共同生活的处所。他们必须共甘苦。甘苦共尝才能得到精神的沟通，感情的融洽。国家大事、世界大势，亦必须师生共同关心。学校里师生应当相依为命，不能生隔阂，更不能分阶级。人格要互相感化，习惯要互相锻炼。人只晓得先生感化学生，锻炼学生，而不知学生彼此感化锻炼和感化锻炼先生力量之大。先生与青年相处，不知不觉的，精神要年轻几岁，这是先生受学生的感化。学生质疑问难，先生学业片刻不能懈怠，是先生受学生的锻炼。这是不可避免的，也是好现象。总之，师生共同生活到什么程度，学校生气也发扬到什么地步，这是丝毫不可以假借的。

李白诗说："黄河之水天上来，奔流到海不复回。"这好比是学生的精神。办学如治水，我们必须以导河的办法把学生的精神宣导出去，使他们能在有益人生的事上去活动。倘不能因势利导，反而强事压制，那末决堤泛滥之祸不能幸免了。

康健是生活的出发点，亦就是学校教育的出发点。学问、道德应当有一个活泼稳固的基础，这基础就是康健。俗说话"百病从口入"，同志们务必注意，办学校是要从厨房、饭厅办起的。

生活之发荣滋长须有吸收滋养料的容量。学校教职员必须虚心，学而不厌。我以为不但教师要学而不厌，就是职员也要学而不厌，因为既以生活为学校的中心，那末各种事务都要含有教育的意义。从校长起一直到厨司、校工，各有各的职务，即各有各的学问要增进。增进之法有二：一是各有应读之书必须读；二是各有应联之专家同志必须联。一个学校要想有美满的生活，必须和知识的泉源通根水管，使得新知识可以源源而来。

学校生活只是社会生活一部分。学校不是道士观、和尚庙，必须与社会生活息息相通。要有化社会的能力，先要情愿社会化。

学校生活是社会生活的起点。远处着眼，近处着手，改造社会环境要从改造学校环境做起。全校师生应当以美术的精神共同改造学校环境。凡应当改造的，一丝一毫都不肯轻松放过，才能表现真精神。师生不能共同改造学校环境而侈谈社会改造，未免自欺欺人。

高尚的生活精神不用钱买，不靠钱振作，也不能以没有钱推诿。用钱可以买来的东西，没有钱自然买不来；用钱买不来的东西，没有钱也是可以得到的。高尚的精神如同山间明月、江上清风一样，是取之无尽，用之无穷的。没有钱是一事，没有精神又是一事。有钱而无精神和无钱而有精神的学校，我都见识过。精神是不靠钱买的。精神是在我们身上，我们肯放几分精神，就有几分精神。不关有没有钱，只问我肯不肯把精神放出来。

我们要学校生活长得敏捷圆满，就得要把他放在光天化日之下。太阳光底下可以滋长，黑暗里面免不掉微生物。所以我主张学校要给人看。做父母的、管学务的，以及纳教育税的人，都要看学校。要学校改良，做校长的、做教员的，都要欢迎人参观批评，以补自己之不足。学校放在太阳光里必能生长，必能继续不断的生长。

我对于学校悬格并不高，只希望大家把学校办到一个地步——情愿送亲子弟入校求学，就算好了。前清往往有办学的人不令子弟入学，时论以为不恕。现今主持省县教育者，亦颇有以子弟无好学校进为虑，甚至送入外人设立学校肄业，真正令人不解。我要有一句话奉劝办学同志，这句话就是："待学生如亲子弟。"

十五、九、二十

〔注释〕

① 本篇原载 1926 年 11 月 5 日《徽音》月刊第 29、30 期合刊。文后有程本海的编者按："陶先生这篇文字，是一个活学校的宣言书。在共和国家里面，无论什么地方，都可适用，尤其是我们徽州的学

校，应当特别注意。我希望家乡学校读了这篇文字之后，要自己问问：'我这个学校是死的，还是活的？'如果是死的，就要叫他复活；如果是活的，就是叫他更加活，叫他长生不老。我们一致的要求是：徽州从今以后只有活学校，没有死学校。我们还要进一步要求活的学校去共同造一个活的徽州。"

天将明之师范学校

——江宁县立师范学校半日生活记

　　我是天将明的时候动身去参观江宁县立师范学校的，我亲眼看见这个学校天将明的生活，觉得这个学校要天明了，也觉得中国的真正师范教育要天明了。中国的师范教育过了二十多年的黑夜生活，到了现在居然要天明了，要看见阳光了，要吸收朝气了，真是爽快啊！

　　这个学校设在南京南门①外，我由丁兆麟②先生介绍，于十月五日偕本社乡村教育研究员赵叔愚、邵德馨二先生前去参观。到了学校门口，看见学生在那儿买柴。有一个学生和一个卖柴的人抬着，又一个学生在那看秤上的戥码。好一幅学生买柴图！走进门口，找不着号房。本来号房是城里学校装门面的，乡下要他做甚！恰好有个学生在那儿，我就把名片交给他，请他送去递与校长。校长徐卓夫先生即刻出来接见谈了十分钟，其中最感动人的一段话就是："我有了改革本校的决心，就去聘请尧化门小学校长宋鼎先生来任本校训育主任及学生活动指导员。第一次不答应，第二次再去请；第二次不答应，第三次又去请。这次走到尧化门，凑得不巧，宋先生到了燕子矶去了。我就在大风大雨之下走到燕子矶去找宋先生，弄得像在泥里打滚出来的一样。宋先生看这情形也就答应了。"徐校长叙述这段话的时候，眼眶里泪汪汪的，显出很悲壮的样子。此时一面谈，一面走，到院子里一看，宋先生正领着十来个学生在那儿整理校景。宋先生看见我来了，非常喜欢的说："先生从前在江苏省教育会所说的乡村标准校长的三层资格，我们就拿到这里来实行了，我们每天天没有亮就起来过这农夫的生活，大家都快乐得了不得。"是的，我看他们很像活神仙。写到这里，大家似乎愿意要晓得我所讲的乡村标准校长。九月中旬，江苏省教育会邀集研究乡村教育及办理乡村学校的人在南京贡院开会讨论标准乡村学校。我发表了一点意见说："乡村标准学校最需要的就是标准校长。乡村标准校长应当有三层资格：一、他要有农夫的身手；二、他要有教师的头脑③；三、他要有社会改造家的精神。"宋先生那天也曾列席会议，他竟拿这话来实地训练学生，这种见义勇为的精神，真令人钦佩不已。我看学生们在各处搬石头、挑瓦片、栽花除草，几疑学生就是农夫，农夫就是学生了。大家抖起精神来做得津津有味，丝毫没有假借。徐先生和我说："我请了宋先生之后，还有些人说冷话，质问我'为何找宋先生来，他有什么资格'。我回答他们说：'他的资格就是尧化门小学。如果我的学生个个能把学校办成尧化门的样子，我也心满意足了。'社会里办事很难，现在还有这种冷酷的论调呢。"我劝他认定主张去做，人家好意的批评固然要虚心考虑，但成败、利害、毁誉可以置之度外。干了几年之后，闲话自然没有了。停了一会大家同到饭厅上去吃早饭。这里也是师生共食，和我们的南京安徽公学一样，所以我是很习惯的。八点钟应当上第一堂课，徐校长及宋先生一定要我们演讲，我们只得遵命，赵、邵二先生都有演词。我一上讲台，眼见这些可爱的学生——未来的乡村校长、教员——心里就想到中国农民生活如何困苦，一般师范学校如何走入迷途，裨益农民子女之乡村学校如何稀少，徐校长之三顾茅庐，宋先生之以身作则，和正统派教育家对他们的冷笑态度，以致没有说两句话眼泪就滚了下来，全堂肃静无声，数分钟后才能发言。这是我第一次在讲坛上流眼泪，当时痛恨自己，不能制止，事后一想，为农民及乡村教育流几点眼泪也是应该的。

演讲后，即参观上国文课。这天学的是柳宗元的《捕蛇者说》。秦教员讲解得很有精神，很有趣味，所发之问也能启迪学生的思想。次一课为《中国农业历史》，也是秦先生教。乡村师范教历史固不宜以农业史为限，但这是属于课程问题。秦先生教这门功课也能引学生入胜。教毕，已经是十一时了。这是学习烹饪的时间。教练的是位钟先生，就是本校的事务员，从燕子矶小学过来帮忙的。我们到厨房里去参观他们的工作，只见钟先生和轮值的学生都穿了围裙在厨房做茶煮饭。只有一个校工在那儿帮助挑水、烧水。全校只有两个工人，还有一个是在农场上做粗工的。学生们看待烧饭做菜如同上课，也如同游戏，大家做得有滋有味的。徐校长说："今年有个姓程的学生，到了乡村里去做教员，饿了两天，就是吃了不会煮饭的苦楚。以后的学生大致没有这种困难了。"从前科举时代虽然考的是八股文章，但因为考举要在考场里好多日子，自己不会煮饭就要饿肚皮就要挨饿；并因为要在路上旅行很长久的时间，对于好多别的技能如骑马、打拳、舞剑、缝纫等等都要在家里学会，父母才放心给他们出去。所以科举时代，秀才们所会的不但是八股，并且还有些日常生活的本领。现今学堂里的学生简直只学得一点洋八股，连这些日用的常识常能都不会了，岂是国家办学的真意吗？这个学校冒大不韪，辞退了厨司，要教员同学们穿着围裙做厨子，这是何等的勇气！正午饭菜做好了，就由学生送到饭厅上去，大家吃个快乐。我们不客气，也在这里同乐了一遭。每桌三大碗菜：一碗红烧肉，一碗炒白菜，一碗青豆煮豆腐。该校每星期吃两次荤，今日适逢荤期。这餐饭滋味很合口，材料很丰富，大家饱吃一顿。听说每月每人只费四块洋钱。学生说从前厨子做饭，既不好吃，又吃不饱。相形之下，想到昔日之苦，更觉得今日之乐了。我吃了这餐饭，要向全国县立师范学校建议一两句口号。这口号就是："不会种菜，不算学生"；"不会煮饭，不得毕业"。

我参观之后觉得有三种感触：一是该校有贫而乐的精神，从校长以及教员、学生都有这贫而乐的精神。全校四十人每月只有经费二百元，已有两个月没有发了，这不是用钱很少吗？社会待他们虽然冷淡，但是他们并不因此灰心，他们只是勇往直前的奋斗。二是该校有学小学的虚心。我曾说过，"办中学要多学小学，少学大学"。办师范更应学小学。师范学校的职务是要采取优良小学的办法训练学生，以广流传。该校聘请尧化门、燕子矶两校教员帮助训练学生，不久必生绝大的效力。他们放弃了一般师范学校的空架子宁可虚心受小学之指导，这种不耻下问的态度实是一切进步之母。三是该校有远大的前途，影响所及，可以为中国师范教育辟一新纪元。他们有了灵魂，以后的发展只是时间问题，只是使此灵魂继长增高的活动出去。他们有许多事业可以做。他们自从改革以来只有二个月的工夫，外面当然不能有惊人的成绩。但是照这样精神做下去半年必有半年的功效，做下去一年一定有一年的功效，做下去多少时候一定就有多少时候的功效。乡下教员要做的事，他们就拿来教学生学。凡事会做则乐，不会做则苦。寻常师范生以下乡为苦，多半因为他们不会做乡下教员要做的事。我深信这个学校继续照样办了三年，凡乡村教师应做的事，学生是可以无不会做，无不乐做的了。他们的学生当能在乡村里安居乐业负担乡村生活改造的任务。如果这种精神可以普遍全国的县立师范学校，我们全国乡村生活的改造事业就有希望了。天将明的中国师范教育！天将明的中国乡村生活改造！我晓得你们都要渐渐的随着天将明的江宁县立师范学校——出现了。

（原载 1926 年 10 月 22 日《新教育评论》第 2 卷第 21 期）

〔注释〕

① 南门　即聚宝门，明朝南京十三门之一，即今中华门。

② 丁兆麟　即丁超。曾与陶行知、赵叔愚、邵德馨三人于 1926 年 11 月 21 日代表中华教育改进社发起组织特约乡校教师研究会。编写中华教育改进社丛刊 3 种。著作有《燕子矶小学》，陶行知曾为作序。1928 年 10 月，商务印书馆出版。

③ "教师的头脑"　这是陶行知最初的提法，后来改称"科学的头脑"。

创设乡村幼稚园宣言书

从福禄伯①发明幼稚园以来，世人渐渐的觉得幼儿教育之重要；从蒙梯梭利②毕生研究幼儿教育以来，世人渐渐的觉得幼稚园之效力；从小学校注意比较家庭送来与幼稚园升来的学生性质，世人乃渐渐的觉得幼儿教育实为人生之基础，不可不趁早给他建立得稳。儿童学者告诉我们，凡人生所需之重要习惯、倾向、态度，多半可以在六岁以前培养成功。换句话说，六岁以前是人格陶冶最重要的时期。这个时期培养得好，以后只须顺着他继长增高的培养上去，自然成为社会优良的分子；倘使培养得不好，那么，习惯成了不易改，倾向定了不易移，态度决了不易变。这些儿童升到学校里来，教师需费尽九牛二虎之力去纠正他们已成的坏习惯、坏倾向、坏态度。真可算为事倍功半。至于不负责的教师，哪里顾得到这些。他们只一味的放任，偶然亲自看见学生做坏事，也不过给儿童一个消极的处分。于是坏习惯、坏倾向、坏态度蓬蓬勃勃的长，不到自害害人不止。这是必然的趋势。

有志儿童幸福的人和有志改良社会的人看此情形，就大呼特呼的提倡广设幼稚园。但提倡的力竭声嘶，而响应的寥若晨星。都市之中尚有几个点缀门面，乡村当中简直找不到他们的踪迹。这也难怪，照现在的情形看来，幼稚园倘不经根本的改革，不但是乡村里推不进去，就是都市里面也容不了多少。

依我看来，现在国内的幼稚园害了三种大病：一是外国病。试一参观今日所谓之幼稚园，耳目所接，那样不是外国货？他们弹的是外国钢琴，唱的是外国歌，讲的是外国故事，玩的是外国玩具，甚至于吃的是外国点心。中国的幼稚园几乎成了外国货的贩卖场，先生做了外国货的贩子，可怜的儿童居然做了外国货的主顾。二是花钱病。国内幼稚园花钱太多，有时超过小学好几倍。这固然难怪，外国货哪有便宜的。既然样样仰给于外国，自然费钱很多；费钱既多，自然不易推广。三是富贵病。幼稚园既是多花钱，就得多弄钱。学费于是不得不高，学费高，只有富贵子弟可以享受他的幸福。所以幼稚园只是富贵人家的专用品，平民是没有份的。

我们现在所要创办的乡村幼稚园，就要改革这三种弊病。我们下了决心，要把外国的幼稚园化成中国的幼稚园，把费钱的幼稚园化成省钱的幼稚园，把富贵的幼稚园化成平民的幼稚园。

一、建设中国的幼稚园　我们在这里要力谋幼儿教育之适合国情，不采取狭义的国家主义。我们要充分运用眼面前的音乐、诗歌、故事、玩具及自然界陶冶儿童，外国材料之具有普遍性、永久性的亦当选粹使用；但必以家园所出的为中心。

二、建设省钱的幼稚园　打破外国偶像是省钱的第一个办法。我们第二个办法就是训练本乡师资教导本乡儿童。一村之中必有一二天资聪敏、同情富厚之妇女。我们就希望她们经过相当训练之后，出来担任乡村幼稚园的教师。她们既可得一新职业之出路，又可使幼稚园之薪金不致超过寻常小学额数。岂不是一举两得？这些妇女中最可有贡献而应最先训练的，无过于乡村校长教员之夫人姊妹及年长的女学生。她们受过训练之后，只要有人加以提倡，幼稚园就可一举而成。第三个办法就是运用本村小学手工科及本村工匠仿制玩具，如此办来，一个钱可以抵数钱之用。三个办法同时并进，可以实现省钱的幼稚园。

三、建设平民的幼稚园　幼稚园花钱既省，取费自廉，平民的儿童当能享受机会均等。教师取之乡间，与村儿生活气味相投，自易亲近。这两件事都可以叫幼稚园向平民方面行走。但一个制度是否真能平民化，要看他是否应济平民的需要。就我们所观察，乡村幼稚园确是农民普遍的永久的需要。试一看乡村生活，当农忙之时，主妇更是要忙得天昏地黑。她要多烧茶水，多弄饭菜，多洗衣服，有时还要她在田园里工作，那里还有空去管小孩子。那做哥哥做姊姊的也是送饭、挑水、看牛、打草鞋，忙个不了，谁也没有功夫陪小弟弟、小妹妹玩。所以农忙之时，村中幼儿不是跟前跟后，就是没人照应，真好像是个大累。倘使乡村幼稚园办的得当，他们就可以送来照料。一方面父母又可以免去拖累，一方面儿童又能快快乐乐的玩耍，岂不是"得其所哉"！小学儿童年龄较大，可以做事，农忙时颇能助父母一臂之力，要他上学，不啻减少农民谋生能力，所以有如登天之难。幼稚园则不然。他所招收的儿童，正是农民要解脱的负担，要他们进来，正是给农民一种便利。倘使办理得当，乡村幼稚园可以先小学而普及。幼稚园既是应济平民的需要，自有彻底平民化之可能。我们只须扫除当路的障碍，使他早日实现就是了。

　　建设一个中国的、省钱的、平民的乡村幼稚园，不是一说就可以成功的。我们必须用科学方法去试验，必须用科学方法去建设。我们对于幼稚园之种种理论设施都要问他一个究竟，问他一个彻底。我们要幼稚园里样样活动都要站得住。我们要运用科学的方法来建设一个省钱的、平民的、适合国情的乡村幼稚园。将来全国同志起而提倡，使个个乡村都有这样一个幼稚园，使个个幼儿都能享受幼稚园的幸福，那更是我们所朝夕祷祝的了。

　　（原载 1926 年 10 月 29 日《新教育评论》第 2 卷第 22 期）

〔注释〕

　　① 福禄伯　通译福禄培尔。
　　② 蒙梯梭利　通译蒙台梭利。

南京中等学校训育研究会

　　南京中等学校近来组织了一个训育研究会，于本月九日开成立会，并于二十一日开第一次常会。这个研究会是由国立、省立、私立中等学校担任训育的职员组织而成的，可算是一个地方训育人员第一次对于训育问题之大协作。历来办学的人谈到学生品行问题就联想到宽严的观念。其实从前学校一味盲目的压制，近年学校一味盲目的放任，都是不应该走的错路。训育问题不是笼统的宽严问题。究竟什么事应当严？什么事应当宽？应当严的如何严法？应当宽的如何宽法？什么叫做严？什么叫做宽？我怕专在笼统的宽严问题上做功夫总寻不出什么条理来。所以希望担任训育的人，第一要打破宽严的观念，要在宽严以外去谋解决。真正的训育是品格修养之指导。我们要在"事"上去指导学生修养他们的品格。事应当怎样做，学生就应当怎样修养，先生就应当怎样指导。各种事有各种做法，指导修养之法也跟了它不同。同是一事，处不同之地，当不同之时，遇不同之人，那做的方法及指导修养的方法也就不能尽同了。怎么可以拿一个笼统的宽严观念来制裁他们呢？

　　训育上的第二个不幸的事体就是担任训育人员的消极作用。他们惯用种种方法去找学生错处。学生是犯过的，他们是记过的，他们和学生是两个阶级，在两个世界里活着，他们对于学生的问题困难漠不关心。我们希望今后办训育的人要打破侦探的技术，丢开判官的面具。他们应该与学生共生活，共甘苦，做他们的朋友，帮助学生在积极活动上行走。他们也不应当忘记同学互相感化的影响，最好还要运用同学去感化同学，运用朋友去感化朋友。

训育上还有个最不幸的事体，这事就是教育与训育分家，把教育看作知识范围以内的事，训育看作品行范围以内的事，以为学习知识与修养品行是受不同的原理支配的，甚至于一校之中管教务与训育者不相接洽，或背道而驰。殊不知学习知识与修养品行是受同一学习心理定律之支配的，我们如果强为分家，必至自相矛盾，必至教知识的不管品行，管品行的不学无术。所以我们希望担任训育的人要打破知识、品行分家的二元论，而在知识品行合一上研究些办法出来。

训育难办，中等学校的训育更难办，当今中国之中等学校训育尤其难办。然而难处即是有兴味处。他所以难是因为他问题繁多而复杂；他所以有兴味是因为他给我们研究的机会极丰富而不可限量。品行养成之要素是在一举一动前所下的判断。我们问题中之最大问题是如何引导学生于一举一动前能下最明白的判断。这样一来，即刻牵涉到善恶、是非、曲直、公私、义利之分。这样一来，即刻牵涉到个人所处的地位、时会，及发生关系的人。这样一来，问题可就多了，可就难了，可就真有兴味了。知道这里的难处，欣赏这里的兴味，才可以干训育的事。任训育者不是查房间，管请假，记过，发奖品就算了事。他的最大责任是引导学生参与现代人生切要的生活，于一举一动前能下最明白的判断。全体教职员都有这个责任，即全体教职员都负有一部分训育上之任务，不过任训育者总其成罢了。

南京训育研究会的成立，就是一件很有价值的事。从此各人可以把实际的具体问题提出交换意见，共谋改进。最好是活动些，大家可以伸缩自如；不可勉强规定一致的办法，以致造成机械的、呆板的训育系统。这种会的贡献就在唤起各人之主动思想，倘使每人提出经验上发生的问题，叫参与讨论的人都不得不慎重考虑，去谋适当的解决，便是很有价值了。像这样的训育研究会才值得推广哩。

（原载 1926 年 11 月 5 日《新教育评论》第 2 卷第 23 期）

幼稚园之新大陆

——工厂与农村

最需要幼稚园的地方是什么？最欢迎幼稚园的地方是什么？幼稚园应当到而没有到的是什么地方？幼稚园还有些什么新的大陆可以发现？

（一）**女工区域是需要幼稚园的** 妇女上工厂做工，小孩子留在家里，无人照应，最感痛苦。若带在身边，那末工厂里的特殊紧张之环境，便要阻碍儿童的发育。倘使工厂附近有相当之幼稚园，必能增进儿童之幸福而减少为母者精神上之痛苦。同时女工既不是心挂两头，手边又无拖累，则做工效率自然也要增加好多。所以为儿童教育计，为女工精神计，为工业出产效率计，这种工厂附近必须开办幼稚园。这是幼稚园的第一个新大陆，我希望幼稚园同志快来探获。

（二）**农村也是需要幼稚园的** 农忙的时候，田家妇女们忙个不了，小孩子跟前跟后，真是麻烦。哥哥姐姐也要帮忙操作，无暇陪伴弟妹玩耍，所以农忙一到，乡村小孩子就要缺乏照料。倘使农村里有了幼稚园，就能给这些孩子一种相当的教育，并能给农民一种最切要的帮助。幼稚园的同志们！诸君可曾想到这个新大陆？我深信诸君如果愿意下乡，采桑娘子必定是诚意地欢迎诸君的。

幼稚园的下乡运动和进工厂运动必须开始，实无疑义。

但现在的幼稚园必须经过一番根本变化，方能到乡村和工厂里去。他第一要打破外国的面具，第二要把贵族的架子放开，第三要省钱，不当用的不必用。这里要整天整年的幼稚园。半天的幼稚园只能解决一半的困难。幼稚园放假也只能跟着女工农妇空闲的时候为转移。现在幼稚园还有一件事没有注意到，这就是儿童的健康。儿童的健康比什么事还要紧。幼稚园教师倘没有受过严谨的卫生训练，则幼稚园恐怕要变成传染疾病的中心。我有一个朋友全家害过猩红热，又一个朋友的小孩子都染着百日咳，还有好几家朋友的小孩子染着沙眼病及天花，都是因为幼稚园里不注意卫生所致。我希望大家把儿童健康当做幼稚园里面第一重要的事情。幼稚园教师应当做康健之神。工厂和农村是幼稚园可以发现的新大陆。他们只欢迎爱护康健的幼稚园，不欢迎传染疾病之幼稚园。

（原载 1926 年 11 月 12 日《新教育评论》第 2 卷第 24 期）

我 们 的 信 条 ①

《我们的信条》虽是我用笔写的，但不是我创的。我参观诸位先生在学校里实际的工作，心里不由人起了好多印象，积起来共有十八项，我就依着次序编成这套信条。所以这是诸位先生自己原来的信条，早已接受实行，今日只是大家共同温习一遍，并下定决心，终身奉行，始终如一。

我们从事乡村教育的同志，要把我们整个的心献给我们三万万四千万的农民。我们要向着农民"烧心香"。我们心里要充满那农民的甘苦。我们要常常念着农民的痛苦，常常念着他们所想得的幸福，我们必须有一个"农民甘苦化的心"才配为农民服务，才配担负改造乡村生活的新使命。倘使个个乡村教师的心都经过了"农民甘苦化"，我深信他们必定能够叫中国个个乡村变做天堂，变做乐园，变做中华民国的健全的自治单位。这是我们绝大的机会，也就是我们绝大的责任。

我们深信教育是国家万年根本大计。

我们深信生活是教育的中心。

我们深信健康是生活的出发点，也就是教育的出发点。

我们深信教育应当培植生活力，使学生向上长。

我们深信教育应当把环境的阻力化为助力。

我们深信教法学法做法合一。

我们深信师生共生活、共甘苦，为最好的教育。

我们深信教师应当以身作则。

我们深信教师必须学而不厌，才能诲人不倦。

我们深信教师应当运用困难，以发展思想及奋斗精神。

我们深信教师应当做人民的朋友。

我们深信乡村学校应当做改造乡村生活的中心。

我们深信乡村教师应当做改造乡村生活的灵魂。

我们深信乡村教师必须有农夫的身手，科学的头脑，改造社会的精神。

我们深信乡村教师应当用科学的方法去征服自然，美术的观念去改造社会。

我们深信乡村教师要用最少的经费办理最好的教育。

我们深信最高尚的精神是人生无价之宝，非金钱所能买得来，就不必靠金钱而后振作，尤不可因钱少而推诿。

我们深信如果全国教师对于儿童教育都有"鞠躬尽瘁，死而后已"的决心，必能为我们民族创造一个伟大的新生命。

〔注释〕

① 民国十五年（1926）十一月二十一日中华教育改进社特约乡村学校——江宁县教育局管辖燕子矶小学、尧化门小学、笆斗山小学、江苏省立明陵小学——教职员在明陵小学开第一次联合研究会，陶先生草拟了乡村教师十八条信条，由全体会员通过。本篇为陶行知在这次会上所作的报告。原载 1926 年 12 月 10 日《新教育评论》第 3 卷第 2 期。

无锡小学之新生命

——开原乡立第一小学一日生活记

　　今年九月，本社①聘请丁兆麟先生考察沪宁一带之乡村学校，以为改进乡村教育之根据。丁先生考察无锡小学二十余所之后，到昆山安亭和我会面，告诉我说："无锡开原乡有个小学叫做开原小学，办得很有精神。校长潘一尘先生听说你在无锡第三师范分校演讲一个费钱少的活学校，内中拿我们燕子矶小学来引证，就自己筹旅费到燕子矶来参观，后来又乘童子军会操的机会，带了学生来作第二次的参观。潘校长这种精神是最可钦佩的。我看他学校里一切设施，有的学东南大学②的附属小学，有的学无锡第三师范附属小学或其他学校，原原本本都有根据，都足以代表校长虚心采纳的精神。但开原小学不但是效法他人的成法，并且有他独创的方法，独到的境界。"丁先生说了并劝我去参观。听了这番话，不消劝也要去参观了。这是我发愿去看开原小学的动机。

　　我于十月九日早晨六时半从无锡城里向开原乡出发，在西门外换车，车夫告诉我，开原乡有好几个学校，问我要到哪个学校去。这一下却把我问倒了，因为丁先生并没有告诉我这个学校是在哪个村庄。我想好的学校，参观的人必多，我就对车夫说："拉我到你常拉到的那个学校去罢。"车夫说："我拉先生到河埒口去看看。"

车夫使劲跑了四十分钟，就到了河埒口，歇在一个学校门口。一看挂的校牌是"开原乡立第一小学"，向里一望，气象不凡，料想就是这里无疑。走进门一问，果然不错。随手拿了一张名片，托位学生代我递与潘校长。这个学校也没有门房听差了。我在应接室里坐着，一个学生送了一杯茶来，很有礼貌的说："请先生用茶。"过了一分钟光景，潘校长就出来接见。他曾在东吴大学③肄业二年，没有进过师范学校。他的教员都没有进过师范学校。他是凭他的天才和虚心研究态度在这里办学，他们没有好些师范生的成见，也没有好些师范生的空架子。我请他把他办学的经过历史、现在状况、未来计划详详细细的指示了一番。他最后说："可惜今天没有功课。明天双十节全县学校开联合庆祝大会；今日开原乡学校就提前先开全乡学校联合庆祝大会。幸而地点就在本校，请先生在这里看看我们学生及全乡学生的活动。"我说："这就是功课，怕比正式的功课还要有意思，有价值些。"

过了一刻钟，创办人蒋仲怀先生也来了。这个学校是蒋先生在光绪三十年创办的。蒋先生家就住在本村。他现任无锡县教育局长。他有个决心，要把他自己村里这个学校办好，使得全县学校可以得个标准。所以他对于这个学校的发展是很努力扶助指导的。

我看了校里筹备开会一定很忙，就请蒋、潘二先生让我一人自由参观。得了他们允许，我就在应接室考察各种表册。开原小学所备的表册，很有系统，很有意义，并且是应用尽用的，不像好多学校，只是把他们挂在那儿当作装饰品罢了。其中最令人注意的有几种：一是儿童所好教科之统计。这是俞子夷先生近年创办的调查。该校竟已效行，真是敏捷之至。二是儿童志向之统计。别的学校只是概括的分类，该校所调查之志向非常具体。例如愿做教员、习商、当兵、航海、外交、花行、航空、铁行、电灯厂、洋布厂、面粉厂、木匠、米行、银行、成衣匠、丝厂、钱庄、报关行、印刷业、猪行和大总统的学生都有。这种具体的调查很能给施教者一种重要参考。三是毕业生状况之统计。该校对于毕业生之状况调查得非常明晰。毕业生对于母校感情也非常浓厚。将来后期小学之发展大半要出于毕业生之赞助。就我所亲见的小学校中论，与毕业生之联络怕要以该校为最密切，得毕业生的帮助也怕要以该校为独厚了。四是学生之课外自治事业之各种图表簿册。该校之学生课外自治事业有一个组织总其成。这个组织叫做新民村。新民村的组织有村民大会、村务会议、村政厅、村议会、裁判所，以村长村佐总其成。村长就是校长。村中举办事业有原一商社、储蓄银行、新民旬刊社、童子军、博物馆、公园、农场、体育场、巡察团、卫生局、音乐会。这些事业每件都有一本簿子记录进行之状况。我一人在那里翻阅，把全村的生活都印入我的心中，好像照相一样，真是有味得很，其中最引我注意的可以略举几样说说。（甲）在《裁判所日记簿》上最令人受感触的就是犯事的处分。学生裁判学生，往往处分比教员还严。该校常有的处分是："关夜课"，这和迟放学的意思差不多。受这处分的学生，卜午四全五时须关在学校里不许出去。

（乙）《巡察团规程》里面最切实的是第八条巡察员的任务。

第八条　巡察员任务如下：

1. 禁止村民违禁行为，有违禁的随时拉了他，或抄他的姓名，报告团长办理。

2. 维护下列各行的秩序：

ㄅ　休息运动时的秩序；

ㄆ　整队出校时的程序；

ㄇ　周会或其他集会时的秩序；

ㄈ　雨天取雨具时的秩序；

ㄉ　维持避灾练习时的秩序；

ㄊ　注意纠正村民行路时靠左走；

ㄋ　禁止村民休息时在课堂故意逗留胡闹；

ㄌ　其他。

3. 注意村民的行为，如有下面的情形，随时加以护导，比较重大的，报告当值监护教师处理；

ㄅ　忽然患病的；

ㄆ　受了伤的；

ㄇ　幼年同学号哭的；

ㄈ　一时失误的（如饮水弄湿衣服，无心损坏东西等）；

ㄉ　年幼同学的困难（如不明禁令，不能自着衣服等）；

ㄊ　收受遗失品送交团长管理；

ㄋ　执行其他各教员特别委托的。

（丙）在村民大会的《日记簿》上，看见一段最有趣的记录。

这记录就是说，九月二十九日写信请燕子矶小学加入双十节之联合庆祝大会。我看了这条记录就找该校关于这件事的来往信件。看了该校与燕子矶小学来往的信札，觉得这种小学生通信最足以促进学校间之合作，并给学生一种最有价值的发表及精神社交之机会。开原小学的信是周金耕、周映耕两个学生起稿的，承严颂虞给我抄来的，披露于下：

诸位老师学长：

　　我们早已知道贵校的名字并且和诸位精神上已有一种结合了；可是没有机会和诸位见面。日前你们丁老师到敝校来参观，我们得到他不少的指教，不知道丁老师平安抵校否？极念。

　　光阴如箭，不久又是国庆日了。敝校定于十月九日下午二时至五时，七时至九时，联络本地附近各校开庆祝大会。听丁老师说，贵校亦愿加入表演。倘蒙惠临加入，不但增光敝校，且可使敝县各校大大地兴奋一下。尚请预先通知，以便编入节目。仰着脖子等你们的回音。专此。

　　敬祝

学业进步

　　　　　　　　　　　　无锡开原一校全体敬启
　　　　　　　　　　　　　　九月二十九日

　　燕子矶小学接了这封信就于十月四日回了一封信，承周映耕当时给我抄了一封，也在下面披露：

诸位师长同学：

　　我们接到贵校的来信，所得的教训有两种：一种是帮助自省能力；一种是增加勉励精神。因为贵校的组织设施和各方面活动事业，都是向新的精神和节省经济这两点目标上走，这是办活的经济教育，真堪佩服。而同时又不得不自己自省一下，因自省而得的益处，确实不在少处啊！这是所得的教训一种。第二种呢，是增加勉励精神。因为既知道贵校真精神的所在，同时又不得不自己勉励勉励，所以我们十二分的情愿步贵校的后尘。至于贵校此次庆祝大会，以敝校的能力看起来，实在是不配加入和先进的贵县学校同时表演。这也不是敝校的客套话，是在实际上有些做不到的。此后敝校的师生，有相当的机会，要到贵校瞻仰一下。将来在精神方面，作大规模的合作运动，这实在是敝校的荣幸了。专此。

　　敬祝
学业进步

北固一校新农村村政厅启
十月四日

　　表册翻完之后，我就到校内各部参观。一切布置都很有条理，也很清洁。学生进出都是很有秩序的，靠左靠右都有一定办法。我看见一块蓝色的牌子，后面是红色的，不晓得什么意思。校长就把红色一面翻过来，院子里的学生看见红色，即刻就从院里跑了出去；后来校长又把蓝色一面翻过来，学生又纷纷进到院子来了。我才知道红色、蓝色不过是发号令的记号：蓝色是可以在院里的记号；红色是即刻出院，好像有危险来了的记号。院子里还有点表现科学原理的办法。他们用洋铁管就着屋檐水做成喷水泉。到下雨的时候听说这个喷泉是很好看的，所费只有十二个铜元。这样办法很有苏州第二女子师范附属小学科学环境的趣味。图书馆有学生用书二十九种，共计二八六六册；教员用书四十五种，共计二六四九册。学生用书分十八个阶段，这是采取东南大学附属小学的办法。图书馆是由学生管理，分七股办事，即借书股、装订股、报章股、格言股、棋枰股、悬赏股、巡回文库股，很是井井有条。乡村小学图书馆就我所看过的，怕要以此为最好了。该校公园约有九八〇方尺，体操场约有四一四〇方尺，农场约有七八〇方尺。我走到农场的时候，有两位学生向我一鞠躬，递了一封信给我，表示代表欢迎我的意思。我打开信一看，上面写的是：

陶先生：

我们在上午九时开一个欢迎会，为先生拂尘。

请先生到会指导指导，幸勿推却。敬请

旅安

开原一校村政厅敬上

十月九日启

原来半点钟前，学生就在那里开会筹备欢迎。他们拟了秩序单，派定各人的职务，并推了两个学生起稿写这封信给我。同时也写了一封信给蒋仲怀先生，请他训话。过了十分钟光景，又有两个学生来，说是已经预备好了，要我们去指教。我就和蒋先生、潘先生一同去赴会。学生主席致欢迎词，唱歌，讲故事，然后由我演说。该校每周有周训。本星期的周训挂在那里，是"知行合一"四个字，这是我的老本行，我就拿"知难行易"和"知易行难"的道理引证具体活动比较讨论一番。蒋先生又把"知是必行"、"知非必去"八个字勉励他们，然后散会。这种小学生自己筹备、自己主持的欢迎会，真是我平生第一次最可纪念的经验。

会散之后，潘校长领我到一个邻村的学校去参观。参观毕，就到蒋先生家里去吃午饭。蒋先生送了我一张开原乡全图。这个图是今年六月测量的，就图上看来，一共有二十四个学校。全区学龄儿童五千零七十八人，入学男生有一千六百二十八人，未入学男生有一千七百九十四人；入学女生有三百八十人，未入学女生有一千二百七十八人。蒋先生说："我想把这个学校办好，使得全乡的学校有所取法。"这是与我们"以学校化学校"的政策不约而合。

下午两时回到学校来赴庆祝会。这是个联合庆祝会。这天到的有八个学校的学生，都有教职员率领来的。个个学堂教职员学生都有主动的参与。现在把这个联合国庆大会的节目单披露于后，俾能明白这些学校协作精神之一斑：

国庆大会节目单　民国十五年十月十日

开会

锣鼓　开一④（学校名）

国歌

开会辞

演讲

国语歌　开一

叠罗汉　双十节　公三（学校名）

国技　公一（学校名）

丝竹　公一、开一

人山　开一

双簧　绩成（学校名）

国耻小曲　公一

叠罗汉国之纪念塔　公三

国庆问答　开六（学校名）

京剧　化子拾金　绩成

可怜的秋香　唐氏（学校名）

表情　双十节

叠罗汉　庆祝国庆　公三

国乐　县四（学校名）

渔樵耕读　开一

寒衣曲　公一

休息

尽力中华　开一

麻雀和小孩　唐氏

木兰从军　公一

春天的快乐　歌剧　开一

葡萄仙子　歌剧　唐氏、公一、开一

滑稽舞

欢呼　开一

散会

我这天虽没有看见该校上课，但该校的生活我是看得充分，怕比看正式上课还要亲切些。从文字及谈话上，我晓得该校对于课业上一切设施是最用心的。他已经采用新学制。学级制只存其适应需要的部分，其余的都打破了。于是国语主分阶段，数学主分团。设计教学⑤及道尔顿制都酌量采用。他们要兼取各种方法之优点，不受一种方式之拘束。他们有一个决心，要使乡村小学的教学适应于教育新思潮。品行方面以《好儿童》为标准，借以发展儿童天赋之才能，使他们向着能作能为的大路行走。从这天的生活上看来，我推想该校教课训育各方面有相类的切实。该校还有一个志愿，这志愿就是要以少量的经费教育多数儿童。该校现有初级学生八十五人，经常费每年七百三十八元，平均每生教育费为八元七角；高级小学二十二人，经常费五百元，平均每生教育费为二十二元。我因为无锡生活程度不熟悉，不能判断该校所费之高下，但该校仍旧还是向经济的方面进行。

依我看来，西洋文化能补充东方文化的地方有两点：一是运用科学改造天然环境；二是运用社会组织以谋充分之协作。开原第一小学的最大特长就是有最敏捷、最切实的方法引导学生组织积极的活动。据说这里的教员也是同心协力的。中国的通病就是没有组织力，人数越多，越散漫。俗语说："一个和尚挑水吃，两个和尚抬水吃，三个和尚买水吃。"就是描写这种不能协作之景况。当这外患濒临的时候，国民没有伟大的组织便不能有伟大的抵抗，便不能有伟大的成就。我看了开原学校的团体活动，不禁为中国前途增加了好些希望。我希望个个学校都能得到这种精神，好为中国造就能组织、能团结、能为共同幸福从事共同活动之新国民。倘使这些学校既能培养团体生活，又能运用科学知识以改造天然环境，征服天然势力，那末，他们岂不成为更切需要、更合理想的学校吗？

（原载 1926 年 11 月 26 日《新教育评论》第 2 卷第 26 期）

〔注释〕

① 本社　指中华教育改进社。

② 东南大学　1921 年成立，地址在南京高等师范学校内，校长郭秉文。1923 年以后多次更名，1987 年恢复原名。

③ 东吴大学　1881 年美国监理公会设中西书院于上海，1897 年又设中西书院于苏州，1901 年合称东吴大学，校址在上海、苏州两地。

④ 开一　无锡开原乡立第一小学的简称。以下"公三"、"绩成"等均为其他小学的简称。

⑤ 设计教学　即设计教学法，美国克伯屈等人所创。

中 华 教 育 改 进 社
改造全国乡村教育宣言书①

　　本社②的乡村教育政策是要乡村学校做改造乡村生活的中心，乡村教师做改造乡村生活的灵魂。我们主张由乡村实际生活产生乡村中心学校，由乡村中心学校产生乡村师范。乡村师范之主旨在造就有农夫身手、科学头脑、改造社会精神的教师。这种教师必能用最少的金钱，办最好的学校，培植最有生活力的农民。我们深信他们能依据教学做合一的原则，领导学生去学习那征服自然改造社会的本领。但要想这种教育普遍实现，必须有试验、研究、调查、推广、指导之人才、组织、计划、经费及百折不回的精神，方能成功。本社的事业范围很宽，但今后主要使命之一即在厉行乡村教育政策，为我们三万万四千万农民③服务。我们已经下了决心，要筹募一百万元基金，征集一百万位同志，提倡一百万所学校，改造一百万个乡村。这是一件伟大的建设事业，个个国民对他都负有绝大的责任。我们以至诚之意欢迎大家加入这个运动，赞助他发展，指导他进行，一心一德的为中国乡村开创一个新生命。

〔注释〕

　　① 本篇是陶行知代表中华教育改进社写的。原载 1926 年 12 月 3

日《新教育评论》第3卷第1期。

②　本社　中华教育改进社，1921年底由实际教育调查社、新教育共进社、新教育杂志社合并组成。熊希龄、蔡元培、黄炎培、范源濂、郭秉文、张伯苓等为董事，陶行知为主任干事。

③　当时一般估计中国人口有四万万，百分之八十五为农民，所以说有农民三万万四千万。

中国师范教育建设论

　　教什么？怎样教？教谁？谁教？这是师范学校的几个基本问题。要想把师范学校办得好，必须把这些问题先弄明白。

　　师范学校首先要问的是"教什么"？这是教材问题。施教的人不能无中生有，他必得要运用环境所已有的事物去引起学生之活动。所以遇了"教什么"这个问题，我们暂时可以下一句答语：有什么，学什么；学什么，教什么；教什么，就拿什么来训练教师。但是世界上有的东西，无计其数；所有的未必是所需要的。因此，我们姑且又要加上一句答语：要什么，学什么；学什么，教什么；教什么，就拿什么来训练教师。

　　所有和所要都知道了，我们立刻发生教法问题。我们要接着问一问：怎样教？教的法子要根据学的法子；学的法子要根据做的法子。教法、学法、做法是应当合一的。我们对于这个问题所建议的答语是：事怎样做就怎样学；怎样学就怎样教；怎样教就怎样训练教师。

　　教什么和怎样教，决不是凌空可以规定的。它们都包含"人"的问题。这问题就是："教谁？"人不同，则教的东西、教的方法、教的分量、教的次序都跟着不同了。我们要晓得受教的人在生长历程中之能力需要，然后才能晓得要教他什么和怎样教他；晓得了要教他什么和怎样教他，然后才能晓得如何去训练那教他的先生。

预备要做先生的是哪种人？他对于教师职业的兴味、才能如何？他充当某种教师是否可以胜任愉快？现在实际在那儿当教师的是谁？师范学校所期望于他所训练的人才有多少能做适当的教师？这也是师范学校要考虑的问题。我们的建议是：谁在那儿教，谁欢喜教，谁能教得好，就应当训练谁。

就上面所说的，总起来看，我们知道，师范学校是要运用环境所有所需的事物，归纳于他所要传布的那种学校里面，依据做学教合一原则，实地训练有特殊兴味才干的人，使他们可以按着学生能力需要，指导学生享受环境之所有并应济环境之所需。这个定义包含三大部分：一是师范学校本身的工作，二是中心学校的工作，三是环境里的幼年人生活。这三大部分应当发生有机体的关系，使得他们的血脉可以流通，精神可以一贯。他们中间不当有丝毫的隔膜。一看这个定义，我们立刻晓得师范学校的出发点就是他所要传布的中心学校；中心学校的出发点就是环境里的幼年人生活，由此我们也就可以明白建设师范教育之历程。

环境里的幼年人生活既是中心学校的中心，我们首先就要把他弄个明白。我们要晓得幼年人在生长历程中有什么能力，有什么需要。我们虽不能完全知道，但是学者已经研究出来的，我们必须充分明了。幼年人不是孤立的，他是环境当中的一个人。环境对于幼年人的生活有两种大的力量。一是助力。自然界的光线、空气、食物、饮料，在常态之下，都是扶助人类生长的东西。社会里的语言文字、真知灼见，以及别人的互相提携，也都有扶助我们生长的作用。二是阻力。例如狂风、暴雨、水患、旱灾、虫害种种，都是自然界与人为难的东西。社会方面的贪官、污吏、劣绅、土棍、盗贼，以及一切不良的制度风俗，也是我们生长的挡路物。可是阻力倘不太大，可以化为助力。逆境令人奋斗，生长历程中发生了困难才能触动思想，引起进步。人的脑袋就是这样长大的，文明也是这样进化的。我们应当运用自然界和社会界的助力、阻力去培植幼年人的生活力，使他可以做个健全分子去征服自然，改造社会。因此，我们又要问自然界与社会界对于幼年人的生长有什么助力，有什么阻力？他们对于幼年人生长的贡献是什么？他们有什么缺憾要人力补天工之不足？一个环境对于幼年人生长之助力、阻力、贡献、缺憾，要具体的分析开来才能指导教育的实施。倘使囫囵吞枣，似乎没有多大用处。分析出来的具体事实必定是整千整万，学校自然不能完全采纳进去。所以进一步的工作就是估量每件事实的价值，价值估量之后再作选择的功夫，把价值最低的除开，需要可缓的除开，学校不必教不能教的除开，留下来的容纳到学校里去，编成教材，制为课程，佐以相当设备，配以相当程序，使教师指导学生脚踏实地的去做去学。这样一来，中心学校就可以办成了。这种学校是有根的；他的根安在环境里，吸收环境的肥料、阳光，化作自己的生命，所以他能长大、抽条、发叶、开花、结果。这种学校是与自然生活、社会生活联为一气的。他能适应环境的生活，也能改造环境的生活。他是本地的土壤里产生出来的，它自能在相类的环境里传布。我们可以祝他说："恭喜你多福，多寿，多儿子，儿子又生孙，孙又生儿子，子子孙孙生到无穷期，个个都像你，个个胜过你。"中心学校有了办法，再办师范学校。师范学校的使命，是要运用中心学校之精神及方法去培养师资。他与中心学校的关系也是有机体的，也是要一贯的。中心学校是它的中心而不是它的附属品。中心学校也不应以附属品看待自己。正名定义，附属学校这个名字要不得。实习学校的名字好得多，但是这个名字包含了"思想与实习分家"的意味，也不是最好的。师范学校的各门功课都有专业的中心目的，大部分都应当与中心学校联串起来。例如教育学、心理学等等功课若是附加的性质，决不能发生很大的效力。这种功课应当与实地教学熔为一炉，大部分应当采取理科实验指南的体裁以谋教学做三者之合一。我们进行时对于师范生本身之能力与需要，当然要同时顾到。因为师范生将来出去办学的环境与中心学校的环境必定不能一模一样；要想师范生对于新环境有所贡献，必得要同时给他们一种因地制宜的本领。

师范毕业生得了中心学校的有效办法和因地制宜的本领，就能到别的环境里去办一个学校。这个学校的精神与中心学校是一贯的，但不是刻印板的，不是照样画葫芦的。他要适应他的特殊环境，也要改造他的特殊环境。

这个学校对于学生所要培植的也是生活力。它的目的是要造就有生活力的学生，使得个个人的生活力更加润泽、丰富、强健，更能抵御病痛，胜过困难，解决问题，担当责任。学校必须给学生一种生活力，使他们可以单独或共同去征服自然，改造社会。

我们这里所建议的步骤是一气呵成的：自然社会里的生活产生活的中心学校，活的中心学校产生活的师范学校，活的师范学校产生活的教师，活的教师产生有生活力的国民。

这个建设历程，从头到尾，都是息息相通的，倘使发现不衔接、不联络、不适应的地方，到处可以互相参考纠正，随改随进。所以中心学校随着自然社会生活继续不断的改进，师范学校随着中心学校继续不断的改造，地方学校随着师范学校继续不断的改进，自然、社会生活又随着地方学校继续不断的改进。

上述师范教育的建设历程，倘用下图表示，更能一目了然。

说明：

自然、社会里的幼年生活是中心学校之中心。

中心学校是师范学校之中心。

一、二、三、四、五是师范毕业生办的学校。

生活力代表师范毕业生所办学校培养之学生。

训练初级师范教员之高等师范或师范大学，可于师范学校外加一圈，并类推。

师范学校既以中心学校为中心，那末，有哪一种的中心学校就有哪一种的师范学校：有幼稚园为中心学校，就可以办幼稚师范；有小学为中心学校，就可以办初级师范；有中学或师范为中心学校，就可以办高等师范或师范大学；有各种职业机关或学校做中心学校，就可以办各种职业师范。

中国师范教育建设图①

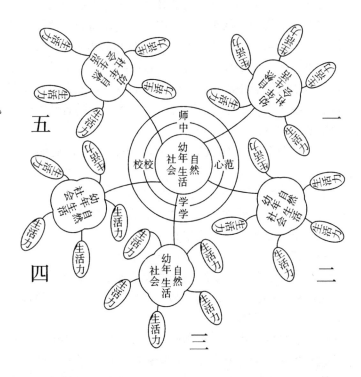

师范学校既以中心学校为中心，就得跟着中心学校跑。凡有好的中心学校的地方，都可以办个师范；凡是没有好的中心学校的地方都可以取消师范的招牌。否则就应当根本改造中心学校和各方面的关系，使它名实相符。师范学校人数也可不拘，看中心学校的容量而定。他能容几个人就是几个人，不必勉强。一个师范可以有几个中心学校；一个中心学校也可以做几个师范学校的公共中心。例如，一个乡村师范可以有几个单级学校、几个复式学校、几个单式学校做他的中心学校。又例如，一个好的中心小学里可以容纳初级中学、高级中学，甚至于大学程度的师范生在这里学习。初级中学程度的人在这里学习之后可以去当初小的教师，高级中学程度的人在这里学习之后可以去当高小的教师，大学程度的学生在这里学习之后可以去办初级师范或县立师范。

中心学校的成立有两种方式都可以行：一是另起炉灶来创设；二是找那虚心研究、热心任事、成绩昭著并富有普遍性之学校特约改造，立为中心学校。这两种方式可以按照情形酌量采择施行。

有了中心学校，就可以在中心学校左近建筑或租借房屋开办师范班或师范学校。收录师范生可有两种办法。一是本校招收新生始终其事，予以完全训练。这种办法规模较大，需用人才、设备、经费也较多。二是招收他校将毕业而有志充当教师之学生或有相当程度之在职之教员，加以相当时期之训练。照这种办法，师范部只须准备宿舍、图书、讨论室、指导人才及所需之其他设备，就可开办。这是比较轻而易举的。毕业后发给修业证书，俟办成有生活力之学校始发给正式毕业证书。原肄业学校如因本校没有师范训练，亦得依照规定手续保送相当学生来此学习。毕业证书可由两校合发。这种种办法各级师范都可适用。

上面所说的是建设中国师范教育的根本原理与实施概要。中国师范教育前清办理失策，以致师范学校与附属学校隔阂，附属学校与实际生活隔阂。我们所以有这种隔阂，是因为我们的师范教育或是从主观的头脑里空想出来的，或是间接从外国运输进来的，不是从自己的亲切经验里长出来的。这种师范教育倘不根本改造，直接可以造成不死不活的教师，间接可以造成不死不活的国民。有生活力的国民，是要靠着有生活力的教师培养的；有生活力的教师，又是要靠着有生活力的师范学校训练的。中国今日教育最急切的问题，是旧师范教育之如何改造，新师范教育之如何建设。国家所托命之师范教育，是决不容我们轻松放过的。我们很希望全国同志聚精会神的来对付这个问题。

（原载 1926 年 12 月《新教育评论》第 3 卷第 1 期）

〔注释〕

① 在《新教育评论》上发表时，编者曾将此图略去，作者在编《中国教育改造》文集时又将此图恢复。据戴伯韬回忆：在晓庄时，陶行知曾用一块大白布画了一幅乡村师范建设图。图中央是一个圆圈，中写"活师范"，周围连接若干圆圈，中写"活中心学校"，每个中心学校又伸出许多触角，上书"实际生活"，使人一目了然。

中国乡村教育之根本改造①

中国乡村教育走错了路！他教人离开乡下向城里跑，他教人吃饭不种稻，穿衣不种棉，做房子不造林；他教人羡慕奢华，看不起务农；他教人分利不生利；他教农夫子弟变成书呆子；他教富的变穷，穷的变得格外穷；他教强的变弱，弱的变得格外弱。前面是万丈悬崖，同志们务须把马勒住，另找生路！

生路是什么？就是建设适合乡村实际生活的活教育。我们要从乡村实际生活产生活的中心学校；从活的中心学校产生活的乡村师范；从活的乡村师范产生活的教师，从活的教师产生活的学生、活的国民。活的乡村教育要有活的乡村教师。活的乡村教师要有农夫的身手，科学的头脑，改造社会的精神。活的乡村教育要有活的方法；活的方法就是教学做合一：教的法子根据学的法子，学的法子根据做的法子；事怎样做就怎样学，怎样学就怎样做。活的乡村教育要用活的环境，不用死的书本。他要运用环境里的活势力，去发展学生的活本领——征服自然改造社会的活本领。他其实要叫学生在征服自然改造社会上去运用环境的活势力，以培植他自己的活本领。活的乡村教育，要教人生利。他要叫荒山成林，叫瘠地长五谷。他要教农民自立、自治、自卫。他要叫乡村变为西天乐园，村民都变为快乐的活神仙。以后看学校的标准，不是校舍如何，设备如何，乃是学生生活力丰富不丰富。村中荒地都开垦了吗？荒山都造了林吗？村道已四通八达了吗？村中人人都能自食其力吗？村政已经成了村民自有、自治、自享的活动吗？这种活的教育，不是教育界或任何团体单独办得成功的，我们要有一个大规模联合，才能希望成功。那应当联合中之最应当联合的，就是教育与农业携手。中国乡村教育之所以没有实效，是因为教育与农业都是各干各的，不相闻问。教育没有农业，便成为空洞的教育，分利的教育，消耗的教育。农业没有教育，就失了促进的媒介。倘有好的乡村学校深知选种、调肥、预防虫害之种种科学农业，做个中心机关，农业推广就有了根据地、大本营。一切进行，必有一日千里之势。所以第一要教育与农业携手。那最应当携手的虽是教育与农业，但要求其充分有效，教育更须与别的伟大势力携手。教育与银行充分联络，就可推翻重利；教育与科学机关充分联络，就可破除迷信；教育与卫生机关充分联络，就可预防疾病；教育与道路工程机关充分联络，就可改良路政。总之，乡村学校是今日中国改造乡村生活之唯一可能的中心！他对于改造乡村生活力量大小，要看他对于各方面势力联络的范围多少而定。乡村教育关系三万万四千万人民之幸福！办得好，能叫农民上天堂；办得不好，能叫农民下地狱。我们教育界同志，应当有一个总反省，总忏悔，总自新。我们的新使命，是要征集一百万个同志，创设一百万所学校，改造一百万个乡村。我们以至诚之意，欢迎全国同胞一齐出来，加入这个运动，赞助他发展，督促他进行，一心一德的来为中国一百万个乡村创造一个新生命。叫中国一个个的乡村都有充分的新生命，合起来造成中华民国的伟大的新生命。

一九二六年十二月

〔注释〕

① 本篇是陶行知 1926 年 12 月 12 日邀集上海的中华教育改进社社员举行的乡村教育讨论会上的演讲词。原载 1928 年 4 月《中国教育改造》。

试验乡村师范学校答客问

乡村师范学校是什么？

乡村师范学校是根据乡村实际生活，造就乡村学校教师、校长、辅导员的地方。

为什么要加上试验两个字？

中国乡村教育走错了路，现在已经到了山穷水尽，不得不另找生路。试验就是用科学的方法去采新的生路。我们在前面已经看着一线光明，不能说是十分有把握，但深愿"试他一试"。

这个学校是谁办的？

这个学校是中华教育改进社结合少数乡村教育同志办的。

中华教育改进社为什么要发这种宏愿？

中华教育改进社三年以来对于乡村教育素所注意，近来更觉得这件事是立国的根本大计。估计起来，中国有一百万个乡村，就须有一百万所学校，最少就须有一百万位教师。个个乡村里都应当有学校，更应当有好学校。要有好的学校，先要有好的教师。好的教师有生成的，有学成的。生成的好教师如同凤毛麟角，不可多得，恐怕一百万位乡村教师当中，九十九万九千九百位是要用特殊的训练把他们培养成功的。这是一件伟大的事业，要全国同志运用心力财力才能办到。本社不忍放弃国家一分子的责任，所以很情愿在万难中设立这个小小的试验乡村师范，为的是要造就好的乡村教师去办理好的乡村学校。

乡村教师要怎样才算好？

好的乡村教师，第一有农夫的身手，第二有科学的头脑，第三有改造社会的精神。他足迹所到的地方，一年能使学校气象生动，二年能使社会信仰教育，三年能使科学农业著效，四年能使村自治告成，五年能使活的教育普及，十年能使荒山成林，废人生利。这种教师就是改造乡村生活的灵魂。

乡村学校要怎样才算好？

有了这样好的教师，就算是好的乡村学校；好的乡村学校，就是改造乡村生活的中心。

现在中国有没有这种学校？

现在中国有少数乡村学校确是朝着这条路走。他们的精神确系要令人起敬。如同燕子矶小学、尧化门小学、开原小学，都是著有成绩的乡村学校。最近改造的江宁县立师范学校、明陵小学、笆斗山小学，成绩也有可观。别的地方一定也有这种学校，因为不晓得清楚，不能列举。这几个学校假使再给他们五年或十年的时间，当能使这些乡村得到一种新生命，开创一个新纪元。

这些学校为什么办得这样好？

因为他们的教职员有办理乡村教育的天才，并且有虚心研究学问的精神。

这些学校与试验乡村师范要发生什么关系？

因为地点接近燕子矶小学和尧化门小学，已经特约为试验乡村师范学校的中心小学，其他学校就辅助分工研究关于乡村小学的种种问题。

何谓中心小学？

中心小学以乡村实际生活为中心，同时又为试验乡村师范的中心。平常师范学校的小学叫做附属小学，我们要打破附属品的观念，所以称他为中心小学。中心小学是师范学校的主脑，不是师范学校的附属品。中心小学是师范学校的母亲，不是师范学校的儿子。中心小学是太阳，师范学校是行星。师范学校的使命是要传播中心学校的精神、方法和因地制宜的本领。

试验乡村师范学校依据中心小学办理，已经听得明白，但究竟采用什么方法使他实现呢？

我们的一条鞭①的方法就是教学做合一。

什么是教学做合一？

教学做合一是：教的法子根据学的法子，学的法子根据做的法子。事怎样做就怎样学，怎样学就怎样教。比如种田这件事要在田里做，就要在田里学，也就要在田里教。教学做有一个共同的中心，这个中心就是"事"，就是实际生活；教学做都要在"必有事焉"上用功。

试验乡村师范的课程与平常学校有什么不同的地方？

试验乡村师范的全部课程就是全部生活，我们没有课外的生活也没有生活外的课。约略分起来，共有五门：一，中心小学生活教学做；二，中心小学行政教学做；三，师范学校第一院院务教学做；四，征服天然环境教学做；五，改造社会环境教学做。

什么是第一院？

我们的师范学校将来要分两院：第一院是招收他校末一年半学生及相等程度之在职人员，加以一年半的训练；第二院是完全师范制，一切训练，都由本校始终其事。因为第一种办法较为轻而易举，所以先办第一院。

什么是院务教学做？

我们第一院里面种种事务都是要学生分任去做的；什么文牍、会计、庶务、烧饭、种菜，都是要学生轮流学习的。全校只用一个校工担任挑水一类的事，其余一切操作，都列为正课，由学生躬亲从事。

师范生要学习烧饭种菜，这是什么道理？

乡村里当教师，不会烹饪，就要吃苦，我们晓得师范生初到乡间去充当教师，有的时候，不免饿得肚皮叫，就是因为他们不会炊事。从前科举时代文人因过考需要，大多数都会烹饪。现在讲究洋八股反把这些实用的本领挥之门外，简直比科举还坏。所以我们这里的口号是："不会种菜，不算学生"，"不会烧饭，不得毕业"。

教师处于什么地位？

本校各科教师都称为指导员，不称为教员。他们指导学生教学做，他们与学生共教、共学、共做、共生活。不但如此，高级程度学生对于低级程度学生也要负指导之责。

什么资格的学生可以进来呢？

初级中等学校、高级中等学校、专门大学校末了一年半的学生和在职教职员有相等程度的都可以投考。但是他们必须有农事或土木工经验方才有考取的把握。这是顶重要的资格，这两个条件完全没有的人，不必来考。凡是小名士、书呆子、文凭迷的都最好不来。如果有人想办乡村小学，为预储师资起见，保送合格学生来学，学成就去办学，这是我们最欢迎的。

考些什么功课？

我们所要考的有五样东西：一、农事或土木工操作；二、智慧测验；三、常识测验；四、作国文一篇；五、三分钟演说。

收录多少学生呢？

我们现在暂定为二十名。倘使我们在这两个月当中经费可以多筹些，如果合格学生很多，我们也可以多收几名。倘使合格学生很少，我们就少取几名；只要有一个合格学生，我们都是要开办的。我们教一个学生和教一千个学生一样的起劲，因为如果这个学生是个人才，他对于乡村教育必有相当的贡献。一个人是千万人的出发点。倘使我们这次招生只能得到一个真学生，我们也就心满意足了。

毕业年限怎样？

我们的修业年限暂订为一年半，但不是一定不移的，可以按照实在情形酌量伸缩。不过修业后必须服务半年，经本校派员考查，确有精神表现，才发给各种毕业证书。

费用要多少呢？

本校学费一概不收，收膳费每月暂以五元为最高额，由师生共同经营。杂费依最节省限度另订。学生种田，照佃户租田公允办法，每年赚钱多少，看自己运用心力的勤惰巧拙，统归本人所用，账目完全公开。

试验乡村师范学校设在何处？

这个学校设在南京神策门外迈皋桥，离燕子矶、尧化门都很近。我们准备了田园二百亩，供师生耕种；荒山数座，供师生造林；最少数经费，供师生自造茅草屋居住。

茅草屋怎样布置？

每个茅草屋住十一个人：十位学生，一位指导员。里面有阅书室、会客室、饭厅和盥洗室、厕所。屋外后面附一个小厨房，厨房之后有一个小菜园。

茅草屋没有造成住在何处？

住在帐篷里，谁的茅草屋没有造好，谁就要住在帐篷里。十一个人都要受茅草屋指导员的指导，按照图样建造一个优美的、卫生的、坚固的、合用的、省钱的茅草屋。个个人都要参加，都要动手。教师不但是教书，学生不但是读书，他们是到这里来共同创造一个学校。从院长起以及到学生，谁不造成茅草屋，谁就永久住在帐篷里。

宿舍之外还有什么？

本校一切建筑都是茅草屋。除宿舍外，我们要有图书馆、科学馆、教室、娱乐室、操室、温室、陈列所、医院、动物园。指导员家属住宅都要逐渐使他们成立，但总依据茅草屋的形式建筑。

简括些说起来，试验乡村师范的精神究竟何在？

本校的精神可以拿本校校旗之意义来代表。旗之中心有一个小圆圈，里面有个"活"字代表所要培养之生活力。圈

外有个等边三角，代表教学做三者合一。三角上面有一个
"心"放在当中，表示关心农民甘苦之意。左边有一支笔，
右边有一把锄头。三角之外有一大圆圈放射光芒，好比是太
阳光。四面有一百个金色星布满全旗，代表一百万个学校，
改造一百万个乡村，使个个乡村都得到光，合起来造成中华
民国的伟大的光。

民国十五年十二月二十八日黎明

（原载 1928 年 4 月《中国教育改造》）

〔注释〕

① 一条鞭　明代政治改革家张居正所推行的一项经济政策，他
把各项赋役合并为一，按亩征收。这里借用其名，以喻"教学做
合一"。

1927—1930

教 育 改 进①

　　吾人不但须教育，而且须好教育。改进之意即在使坏者变好，好者变为更好。社会是动的，教育亦要动。吾人须使之继续不断的改，继续不断的进。

　　教育改进包含两方面：有关于教育方针之改进，亦有关于教育方法之改进。教育方针随思潮为转移：有因个人兴致而偶然变更者，亦有因社会大势所趋而不得不变更者。教育方法受方针之指挥约束，必须与方针联为一气。方针未定得准，方法不与方针一致，均与吾人以改进之机会。比如航海，必须先定准方向。方向不定准，无论方法如何敏捷，如何洽意，只是行错路，究不能达目的地。但空悬一方针，船身能否抵制风浪，水手是否干练勇敢，食料与燃料敷用几时，均未打算清楚，则虽有方针，亦难达到目的地。故方针不准，应当改进；方法不与方针一致，亦应改进。航海如此，办学亦应如此。

　　论到中国教育方针，自办新学②以来已经改变五六次。最初要吸收科学而又不忍置所谓国粹者于不顾，所以有"中学为体，西学为用"③之主张，此种主张即是当时一种教育方针。光绪二十七年明定教育宗旨为忠君、尊孔、尚公、尚实、尚武。此种教育宗旨即表明其时之教育方针。民国元年，国体变更，教育方针因改为重在道德而以实利教育、军国民教育辅之，更以美感教育完成其道德。民国四年，申明教育宗旨，又改进为"注重道德、实利、尚武，并运之以实用"。民国八年，教育部组织教育调查会，该会建议"以养成健全人格，发展共和精神为教育宗旨"。所谓健全人格须包含："一、私德为立身之本，公德为服务社会国家之本。二、人生所必需之知识技能。三、强健活泼之体格。四、优美和乐之感情。"共和精神包含："一、发挥平民主义，俾人人知民治为立国之本。二、养成公民自治习惯，俾人人能负国家社会之责任。"民国十一年第八届全国教育会联合会④建议学制系统标准，即是关于教育方针之修正。嗣经教育部公布标准七条："一、适应社会进化之需要。二、发挥平民教育精神。三、谋个性之发展。四、注意国民经济力。五、注意生活教育。六、使教育易于普及。七、多留地方伸缩余地。"此二十余年中，吾国教育方针每隔四五年即修改一次，颇不稳定，论者辄讥为无方针之教育。其实中国方在过渡时代，又当各种思潮同时交流而至，方针不易固定。即以现在而论，吾人尚在歧路上考虑。吾意不出数年，中国教育方针必须再经一次变更，此次变更后或可较为稳定。中国教育方针已经走过几层歧路，以吾观之，尚有两层最为重要之歧路：第一层，国家主义与国际主义。第二层，物质文明、精神文明，与吸收物质文明而保存精神自由，并免去机械的人生观。改革固须改革，究竟如何改革方能进步，实属根本问题。

至于教育方法之改进，所包括之方面更多。学制、组织、行政、教师之训练，教材之选择与编辑，教学法之研究，校舍教具之设备，经费之筹措等种种问题，悉包括在内。如须一一详述其近年改进之途径，非本文篇幅所许。就教育方法论，却有极显著之进步。如由主观的逐渐移至客观的，由盲从的移至批评的，由少数人参与的移至多数人参与的，由一时兴会所至的移至慎重考虑的，由普通人议论出来的移至专门家屡试屡验的，不由人要喜形于色。但此种趋势只属于起点而已。盖今日中国之教育方法亦有两个缺点：一是方法不与方针一致，造就一人不能得一人之用；二是从外国贩来整套之理想与制度不能适合国情，不能消化，不能在人民生活上发现健全之效力。此均为吾人应绞脑筋、运身手、谋改进之急务。

以上论教育方针与方法均须改进，兹进论如何改进之道。

一、办教育者必须承认所办教育尚未尽善尽美，确有改进之可能。彼应持虚心的态度，彼应破一切成见、武断、知足。脑中积有痞块，决无改进希望。彼又应承认有问题必有解决，有困难必可胜过，只须自己努力，无一不可以改进。若听天由命，不了了之之人，决不能望其改进。彼或是被人改进，但如无人乐意为之改进，则彼之存在只属幸运而已。

二、改进教育者必须明白自己之问题，又必须明白他人解决同类问题之方法。于是调查，参观，实为改进教育之入手办法。国内调查参观之发生效力者可以择要述之：民国三年黄炎培之本国教育考察，民国十年孟禄等六人之实际教育调查，民国十二年中华教育改进社之全国教育统计调查，均为多区域、多问题之调查，影响亦甚普遍。又地方教育之调查，如民国七年南京高等师范学校之南京教育调查，民国十二年中华教育改进社之北京学校调查，只是地方教育调查之初步工作。一级教育之调查，如民国十二年中华教育改进社之小学教育调查，十四年俞子夷之调查儿童对于各科好恶，于小学教育均有相当贡献。一门教育之调查，如民国八年、九年中华职业教育社调查甲乙种实业学校⑤之得失，十一年至十三年中华教育改进社之调查十省科学教育及十四年之中国图书馆调查，十三年江苏义务教育期成会及改进社之乡村小学考察，十五年江苏教育厅之乡村小学视察，均于教育改进影响甚大。国外教育考察，最早者为光绪二十八年吴汝纶之日本教育考察。其《东游丛录》呈上管学大臣后，对于《钦定学堂章程》自有相当影响。嗣后派遣提学使⑥赴日考察教育，使我国教育之日本化更进一步。美国教育考察，始于民国三年。是时黄炎培为江苏教育司长，派郭秉文、陈容⑦、俞子夷三人考察欧美教育，归国后乃有南京高等师范之产生。四年黄炎培游美，其所带之感想，可于彼所著《东西两大陆教育不同之根本谈》中见其大略。六年考察菲律宾教育，南北各三人，直接即产生中国之职业教育。其后袁希涛⑧组织欧美教育考察团，回国后极力介绍欧美教育方法与理想。新学制之成立直接间接接受此种调查参观之影响不少。调查参观确已表现"改"之能力，但究竟属改进属改退，则一时颇不易定。

三、教育界共同之问题应同心协力共谋解决与改进。故教育会议乃必不可少之事，吾人要求精神之一致、经验之沟通，非有会议不可。前清之中央教育会，民国元年之临时教育会议，民国四年以来之全国省教育联合会以及中华职业教育社、中华教育改进社、中华平民教育促进会等之年会，以及去年大学院之全国教育会议，均与形成全国教育思潮、方针及进行方案有密切之关系。现在国内省有省教育会，县有县教育会，市乡之组织完备者有市教育会及乡区教育会。学校与学校合组之各会议，影响较大者有中等教育协会、附属小学联合会。彼等于各自范围内所经营之事业，各有善良之效验。一门教育之会议，如民国十三年五月之乡村小学组织及课程讨论会，颇能引起乡村教育之兴味。一校之中，各科教员倘有讨论之组织，亦于改进各该科教育有所裨益。不但国内教育同志应有讨论之机会，国际教育同志亦应有交换意见之机会。十二年世界教育会议在旧金山举行，我国派代表出席，即思运用教育方法，以培养国际之谅解，增进国际之同情，并提倡国际之公道。吾人相信如依此慎重作去，此种会议于改进全世界之教育当有裨益。

四、调查参观仅为取别人之所知以益己之所不知，会议仅为会合各人之所知以成公众之所共知，吾人决不能藉此种方法以发现新理。不能发现新知，决不是在源头上谋改进。改进教育之原动力及发现新理之泉源，乃属试验学校之功能。我国现在足以当试验学校之名者其少。以前东南大学附属小学及附属中学曾作道尔顿制及设计教学法之试验工作。最近北京艺文中学亦正在试验道尔顿制，鼓楼幼稚园之设乃欲试验幼稚教育者。中华教育改进社以试验学校为一切教育改进之大本，特于十四年十二月定一进行方针："本社会后对于教育之努力，应向适合本国国情及生活需要之方向进行。其入手方法为选择宗旨相同，并著有成绩之中学、小学、幼稚园，与之特约试验。合研究者之学术与实行者之经验为一体，务使用费少而收效宏；并将试验结果随时介绍全国，俾多数学校，可以共向此途进展。"依此方针进行，该社已与燕子矶小学、尧化门小学、鼓楼幼稚园、南京安徽公学、北京艺文中学特约进行试验。该社于特约学校外尚须特设一试验乡村幼稚园及一试验乡村师范，不久可以实现。改进教育最有效力之方法无过于以学校化学校。

五、调查必须有工具，方能明白问题之所在；试验亦必须有工具，方能考核方法为实效。此种工具名曰测验。比如医病，教育心理测验仿佛是听肺机、寒暑表、爱克斯光线，较之通常之听闻为可靠。民国十一年至十二年中华教育改进社聘麦柯①博士来华，偕同北京师大、东南大学教育科及其他大学教授二十余人编造测验二十余种，可算是第一次之尝试。此种测验当然未能谓为已十分完备、十分可靠。但吾人亦不能因此谓无用。吾人应精益求精，使之渐达尽善尽美之境地。而教育事业之改进，亦可以由此而获得相当之助力。

六、教育之学术，非可独立存在。彼立于哲学、心理学、生物学、生理学、社会学、经济学等各种学术之基础之上。故谋此种种学术之进步即所以谋教育学术之改进。教育之事业亦非可独立存在者。彼与一国政制、风俗、职业以及天然环境均有息息相关之道。故谋政制、风俗、农、工、商、交通、水利等等之进步亦即所以谋教育之改进。吾人不能专在教育上谋改进，即以为可以完全达到吾人之目的。吾人当改进教育之时，务须注意教育以外尚有许多别种事情须同时改进也。

〔注释〕

① 本篇是陶行知为《教育大辞书》（朱经农主编，商务印书馆1930年7月版）写的辞条，载第1021—1023页。陶为该辞书的特约编辑之一。

② 新学　五四以前由西方传入的资产阶级新文化。此处指中国近代效法欧美教育制度所创办的各级各类新式学堂。

③ 中学为体，西学为用　清末洋务派所提出的一种教育主张。中学，又称旧学，主要指维护三纲五常的经史之学；西学，又称新学，主要指由西方传入的资产阶级新文化。

④ 全国教育会联合会　1915年由各省及特别行政区教育会推派代表组成，是"五四"前后有影响的教育社团，对1922年学制改革曾起很大作用。1926年停止活动。

⑤ 甲乙种实业学校　根据《壬子·癸丑学制》，实业学校分为甲乙两种。甲种实业学校相当于现在的中等专业学校，乙种实业学校相当于现在的技校。

⑥ 提学使　清代学官名，主管教育。

⑦ 郭秉文　曾任南京高师和东南大学校长。

陈容　曾任南京高师学监，代理校务。

⑧ 袁希涛（1866—1930）　字观澜，曾任北洋政府教育部次长，江苏省教育会会长，中华教育改进社董事等职。

⑨ 麦柯　通译麦柯尔，美国教育心理学家，美国哥伦比亚大学统计及心理学教授。

教会教育与私立学校

——答同仁中学校杨继宗先生的信

杨继宗先生：

……接读来信，知道贵校已经照章立案，至为钦佩。

贵校改用"非正式的宗教教育①"，于信仰自由及办学原则都很符合，确系全国教会学校②应当共采之途径。教会学校之经费，多半是从外国信徒那里捐来的，现在既要废止《圣经》③科目及宗教仪式，自然要减少外国信徒对于教会学校之兴味，即不免要减少他们对于此种学校之捐款。贵校情形，既如来函所述，或亦难免受此困难。承以解决办法及步骤垂询，甚愿贡其一得之见，以资参考。

我以为人世幸福是要用代价换来的。享一分权利必须出一分代价。出代价而不享受权利固可谓清高；若享权利而不出代价心岂能安？中国现在之教会学校里出代价的是外国信徒，享权利的是中国子弟，纵使施者源源接济，受者能不惭愧吗？所以自筹经费是办学者之天经地义，初不容有丝毫之推诿。

教会学校是私立学校之一种；私立学校在三种情形之下，可以开办。一、公立学校太少，私人依照国家教育宗旨及学制，得设立学校，以免儿童失学。二、公立学校办理不善，私人依照国家教育宗旨及学制，得设立学校以便儿童受更良之教育。三、私人有科学教育之训练及发现教学新理之抱负，依照国家教育宗旨，得设立学校以资试验，即与学制有所出入亦当容许。

贵校既已放弃宣传宗教作用，则今后贵校办学之立足地，当不外上述三点之一。经费来源亦可以此为开发之方针。第一步，创学同志对于经费，应负筹划及捐输之责。贵校既是公理会④所创设，则公理会之中国信徒，自应负大部分之经济责任，为学校谋经济之独立。倘立时不能办到，至少应当下此决心，力图实现。第二步，俟学校办有成绩，渐得家长社会信仰，可以私立学校资格向社会同志募捐或向政府陈请补助。

总之，教育中国子女之学校经费，必须中国人负担；中国教会学校经费，必须中国信徒负担。这是我对中国人说的话。至于外国朋友以己达达人之精神、人类一体的目光，赞助中国教育之发展而无其他作用的，我们应当感谢他们的盛意，断不可一概抹煞。这是我们既负责任之后所应表示之大国民气概。

关于中学的"四二"、"三三"⑤问题，学制上原有伸缩余地。办学者尽可根据地方情形、学生需要及经费能力，酌量变通办理。倘使上述各项适用四年制中学，那末在第三、第四年酌设职业选修科目，使毕业生中不能升学者可谋相当职业，用意甚好，可以一试。但究以何种职业为最相宜，及如何训练之法，正须慎重考虑，方可收效。

1927 年 1 月

〔注释〕

① 宗教教育　以宗教教义、教规为内容的教育。"世俗学校"的对称。

② 教会学校　天主教或基督教（新教）设立和控制的学校。中国的教会学校，是鸦片战争后英美等国通过教会在中国设立的大、中、小学。中华人民共和国成立后，于 1951 年接管了外资津贴的学校。

③《圣经》　基督教经典，包括《旧约全书》和《新约全书》。

④ 公理会　基督教（新教）主要宗派之一。主张每一教堂独立自主，由教徒公众管理。19 世纪初传入中国。

⑤ "四二"、"三三"　指学制中的中学教育分段。"四二"即初中四年，高中二年；"三三"即初、高中各三年。

师范教育之彻底改革

——答石民佣等的信

民佣、锡胤、峻宪、小山、仁寿①诸先生：

接读诸位先生十二月二十六日之油印信，晓得诸位先生对于我的言论有些不能苟同的地方。这封信给了我一个反省的机会，我是非常感激的。但经过此番反省之后，我并不能作根本修正。实在是抱歉之至。我的言论是根据自己直接的观察，不敢武断，也没有一概抹煞。我尊重诸位先生的态度；但是仁者见仁，智者见智，遇到不能苟同时，当然不必苟同。

师范学校为事造人，造一人必得一人之用。现在倒要借教育行政之力为师范生谋出路，即此一端，已经给了我们办师范教育的人一个绝大的警告。我应当郑重的说：倘使师范学校里造的是真人才，他的出路断非区区一句话所能塞得住；倘若不然，天大的本领也开不通出路，何况现在一般的教育行政！

来函又以我的言论致疑于我对于师范教育的态度。我从前曾经为师范教育努力，现在正是为师范教育努力，以后仍是继续为师范教育努力。但是师范教育可以兴邦，也可以促国之亡。好些师范学校只是在那儿教洋八股，制造书呆子。这些大书呆子分布到小学里去，又以几何的加速率制造小书

呆子。倘使再刮一阵义务教育的大风，可以把书呆子的种子
布满全国，叫全国的国民都变成书呆子！中华民国简直可以
变成中华书呆国。老实说：二十世纪的舞台上，没有书呆子
的地位，称他为国，是不忍不如此称呼啊！想到这里，真要
令人毛骨悚然。为今之计，我们要从四方面进行：一、愿师
范学校从今以后再不制造书呆子；二、愿师范生从今以后再
不受书呆子的训练；三、愿社会从今以后再不把活泼的儿女
受书呆子的同化；四、愿凡是已经成了书呆子的，从今以后
要把自己放在生活的炉里重新锻炼出一个新生命来。我们爱
师范教育，我们更应爱全国的儿童和民族的前途。惟独为全
国儿童和民族前途打算的师范教育才能受我们的爱戴。中国
师范教育之所以办到这个地步，原因也很复杂；大家都在那
儿摸黑路，谁也不能怪谁。但是此路不通，过去且有危险。
我们今后的责任是群策群力，摸出一条生路来。我所说的
话，好像是责人，其实是责己。我也是师范教育罪案中之一
人，纵有孙悟空的本领也是脱不掉的。如今只有戴罪立功。
同志们，我们一同来干罢！我在《无锡小学之新生命》里所
说的那段话是指我自己一般观察而言，毫无影射第三师范之
意。贵校是我平日最钦佩的学校之一，我很希望贵校同志挺
身出来，作一个师范教育彻底改革的先导。

十六年二月三日

（原载 1929 年 7 月《知行书信》）

〔**注释**〕

　　① 石民佣等，皆为当时江苏第二师范（无锡师范的前身）教师。

如何引导学生努力求学

——给正之先生的信

正之先生：

……大凡生而好学为上，熏染而学次之，督促而学又次之，最下者虽督促不学。生而好学与督促不学的人究属少数，大多数得到相当熏染、督促就肯学了。现今青年人所以不肯努力求学的缘故，实由于学校里缺少学问上熏染和督促的力量。熏染和督促两种力量比较起来，尤以熏染为更重要。好学是传染的，一人好学，可以染起许多人好学。就地位论，好学的教师最为重要。想有好学的学生，须有好学的先生。换句话说，要想学生好学，必须先生好学。惟有学而不厌的先生，才能教出学而不厌的学生。同学也互相感化。好学的同学能引起别的同学好学。有时，教员尸位素餐，还要靠着这些好学的同学们为学问暂延气息。所以，在学校里提倡学问的根本方法就是要多找好学的教员，鼓励好学的学生，使不好学的教员、学生逐渐受自然的熏染或归于淘汰。好学的教员与好学的学生是学校里的活势力，至于校外的学者，如能使教员学生常有接触的机会，也是很有益处的。

人的问题解决了，就须改善扩充学问的工具。要做哪种学问，就须用哪种学问必需的工具。单靠纲目式的讲义和展览用的标本，决不能引起和维持学生的兴味。图书仪器及其他设备必须应有尽有，应用尽用。

　　这些条件都达到了，然后加以督促。定期及无定期的考试，如果办法相当，确能辅助大多数学生上进、前进。倘不谋根本解决而单在考试上做功夫那就没有意思了。

　　总起来说：一、好学的教师同学，二、可学的工具，三、必学的督促，是我认为引导学生努力求学的要件。三者俱备，多数学生当不致骛外了……

1927 年 2 月

为中国教育寻觅曙光

——致王琳

王琳①先生：

前星期接到你一月二十八日的信，可算是这次过年最好的礼物，我读这封信比小孩子吃年糕还快乐。不久曹先生②从真如来信为你介绍，他的信和你的信一样的感动人，真是令人喜而不寐，我本想写一封长信给你，因此就耽误了好多天。谅想你现在必定急待回信，所以只好缩短笔阵，先给你一个简短的回答。你对于《农业全书》、《养鸡全书》、《养羊全书》的批评，真是一针见血。纸上谈教育或农业，原来与纸上谈兵一样，何能发生效力？你说"洋八股"依旧是一个"国粹"老八股，离开整个生活，以干禄为目的，也是千真万真的。我们现在要打倒的就是这八股教育、干禄教育③。我们决定再不制造书呆子和官僚绅士们。你愿意舍身从事适合于农村生活的教育，我们是十二分的欢迎，我们可以共同为中国教育寻觅曙光，为中国教育探获生路。章程详《乡教丛讯》，已于接信时寄奉，谅已收到了。

敬祝康乐！

陶知行上

十六、二、二十一

〔注释〕

① 王琳（1904—1991） 浙江浦江人，晓庄师范第一期学生。

② 曹先生 指曹聚仁，浙江浦江人，现代文学家。

③ 干禄教育 指读书只为做官以求得丰厚的待遇。

本校以收录真才为标准

——致李增祥

增祥先生：

接读二月十日大札，知道先生赞成本院培养乡村教师办法，并拟选派学生一二人来校肄业，以备学成后回县从事创办乡村学校。这种彻底的步骤，实在令人钦佩。本校既以造就适合乡村生活之教师为职志，必愿尽力所及，助公进行。名额虽定为二十人，但本校以收录真才为标准。果系真才，必定不致以额满见遗。现今乡村教育方在萌芽，欲求实效，首在得人。知行前致宿县邵局长信中，论到人选标准，曾请以农事经验、国文学识、创业干才三者兼具者为上选。进行之初，倘能得到这样人才一二人，三年之内，必能使全县学校闻风兴起，乡校前途，亦不可限量了。倘所选非人，则不但不能改进，倒要受他阻碍。此事之重要，当已在洞察之中，谅必乐于赞同。

本校进行不因时局变更，三月十日考试，十五日开学。投考生到下关，可径至燕子矶小学住宿候试。敬祝贵县乡村教育猛进！

陶知行拜启

十六、二、二十六

晓庄学校之使命

——给全体同志的信

乡村师范全体同志：

知行于卅一夜到沪，已十一时，四面电网密布，只有邮路一条可通，遍觅住宿地点，无收容者。最后至一老虎灶，与吴夷则、张协南二君同进投宿，幸蒙接待，但经半小时之说情，已是舌敝唇干了。此处有长桌一条，方桌两张，三个人即拼铺同睡，仰面望着"三星茶园"四字。我说："今晚福禄寿三星降临，这个茶园一定要兴旺了。"

昨今两天接洽结果，安徽公学已有解决可能，乡村师范计划且可望充分实现。深望诸同志努力合作，训练真农民使生产力与武力合而为一。我们第一步要谋中国三万万四千万农民之解放，第二步要助东亚各国农民之解放，第三步要助全世界农民之解放。这个学校不但要做中国教育革命之出发点，并且要做世界教育革命之中心。这是我们全体同志的学校，不是一个人的学校。深望大家不要因为我个人受了偶然的打击而灰心。将来的打击比这次十倍百倍厉害的还多着呢。本校既已参加农民协会，当为乡村组织教学做之实例，就是已经开始与土豪劣绅、伪农民短兵相接了。我们必须有百折不回的精神，才能达到我们的目标。

上海杀机四伏，倘使外国炮火把我顺便轰死了，这封信

就算作我的遗嘱。倘诸事办理就绪，仍得生还，必当穿草鞋
与诸君共同耕种，并从事增进农民之生产力与自卫力，以为
全世界农民解放之准备。

　　敬祝康健！

十六年四月二日

（原载 1929 年 7 月《知行书信》）

〔注释〕

　　① 指蒋介石"四一二"政变前的上海形势。

实际生活是我们的指南针

——给全体同学的信

试验乡村师范全体同学：

　　我今天回到上海，接读四月九日手书，至为欣慰。你们植树节所做工作，正是我所希望做的。纵然我在南京，也是无以复加，怕只能减少大家的主动力。不过我这次失去参加共同种树的乐趣，委实有点可惜。

　　来信说自我到沪后，你们觉得生活的大船上少了一根指南针。我虽觉得我自己有好多地方可以帮助诸位，但指南针确是有些不敢当。我和诸位同是在乡村里摸路的人。我们的真正指南针只是实际生活。实际生活向我们供给无穷的问题，要求不断的解决。我们朝着实际生活走，大致不至于迷路。在实际生活里问津的人必定要破除成见，避免抄袭。我们要运用虚心的态度、精密的观察、证实的试验，才能做出创造的工作。这种工作必以实际生活为指南针。你们能以实际生活为指南针，而不以我为指南针，方能有第一流的建树。我只是你们当中的一个同志，最多不过是一个年长的同志。

　　一个多月来，我不能和诸位同在炮火中奋斗，心中委实不安。但是诸位知道，试验乡村师范是赤手空拳开办起来的，经济基础很不稳固。我动身的时候，董事会只有两千五百元存款，初步工程还未结束，预算到本月只有一千元了。未雨绸缪，不得不早为之计。我这个月的主要工作，就是要为本校立一较为稳固的经济基础。此刻十成已经做到六七成，其余的要在上海进行。这个不能十分满足的好消息，谅想是诸位愿听的。现在觉得，非多设免费或贷学金学额不足以使同学安心求学，所以还要留沪几天，接洽此事。日内或须到杭州一行。

本海①弟之中山装当派人送来。王琳弟的信已另复。楚材②弟的信已从京中回答，收到了吗？

我近来无大变化，不过脸上比从前白些，前额的阴阳圈渐次褪尽，身上多长了几斤肥肉，惭愧得很！

敬祝平安康健！

十六年五月十五日

全校指导员及小学生处，均请代为问候。

（原载 1929 年 7 月《知行书信》）

〔注释〕

① 本海　即程本海。晓庄师范学校第一届学生。

② 楚材　即李楚材。晓庄师范学校第一届学生。

行 是 知 之 始①

阳明先生说:"知是行之始,行是知之成。"我以为不对。应该是"行是知之始,知是行之成"。我们先从小孩子说起,他起初必定是烫了手才知道火是热的,冰了手才知道雪是冷的,吃过糖才知道糖是甜的,碰过石头才知道石头是硬的。太阳地里晒过几回,厨房里烧饭时去过几回,夏天的生活尝过几回,才知道抽象的热。雪菩萨做过几次,霜风吹过几次,冰淇淋吃过几杯,才知道抽象的冷。白糖、红糖、芝麻糖、甘蔗、甘草吃过几回,才知道抽象的甜。碰着铁,碰着铜,碰着木头,经过好几回,才知道抽象的硬。才烫了手又冰了脸,那末,冷与热更能知道明白了。尝过甘草接着吃了黄连,那末甜与苦更能知道明白了。碰着石头之后就去拍棉花球,那末,硬与软更能知道明白了。凡此种种,我们都看得清楚"行是知之始,知是行之成"。佛兰克林②放了风筝才知道电气可以由一根线从天空引到地下。瓦特烧水,看见蒸汽推动壶盖便知道蒸汽也能推动机器。加利里翁在毕撒斜塔③上将轻重不同的球落下,便知道不同轻重之球是同时落地的。在这些科学发明上,我们又可以看得出"行是知之始,知是行之成"。

"墨辩"④提出三种知识:一是亲知,二是闻知,三是说知。亲知是亲身得来的，就是从"行"中得来的。闻知是从旁人那儿得来的，或由师友口传，或由书本传达，都可以归为这一类。说知是推想出来的知识。现在一般学校里所注重的知识，只是闻知，几乎以闻知概括一切知识，亲知是几乎完全被挥于门外。说知也被忽略，最多也不过是些从闻知里推想出来的罢了。我们拿"行是知之始"来说明知识之来源，并不是否认闻知和说知，乃是承认亲知为一切知识之根本。闻知与说知必须安根于亲知里面方能发生效力。

试取演讲"三八主义"[⑤]来做个例子。我们对一群毫无机器工厂劳动经验的青年演讲八小时工作的道理，无异耳边风。没有亲知做基础，闻知实在接不上去。假使内中有一位青年曾在上海纱厂做过几天工作或一整天工作，他对于这八小时工作的运动的意义，必有亲切的了解。有人说："为了要明白八小时工作就要这样费力的去求经验，未免小题大做，太不经济。"我以为天下最经济的事无过这种亲知之取得。近代的政治经济问题便是集中在这种生活上。从过这种生活上得来的亲知，无异于取得近代政治经济问题的钥匙。

"亲知"为了解"闻知"之必要条件已如上述，现再举一例，证明"说知"也是要安根在"亲知"里面的。

白鼻福尔摩斯[⑥]里面有一个奇怪的案子。一位放高利贷的被人打死后，他的房里白墙上有一个血手印，大得奇怪，从手腕到中指尖有二尺八寸长。白鼻福尔摩斯一看这个奇怪手印便断定凶手是没有手掌的，并且与手套铺是有关系的。他依据这个推想，果然找出住在一个手套铺楼上的科尔斯人就是这案的凶手，所用的凶器便是挂在门口做招牌的大铁手。他的推想力不能算小，但是假使他没有铁手招牌的亲知，又如何推想得出来呢？

这可见闻知、说知都是安根在亲知里面，便可见"行是知之始，知是行之成"。

十六年六月三日

〔注释〕

① 本篇是 1927 年 6 月 3 日在晓庄学校寅会上的演讲词，第一段原载 1928 年 1 月 15 日《乡教丛讯》第 2 卷第 1 期，题为《行是知之始，知是行之终》。开头和结尾均引用王阳明的话，原为"知是行之始，行是知之终"。1929 年 7 月 30 日《乡教丛讯》第 3 卷第 12 期全文刊载。

② 佛兰克林　通译富兰克林（1706—1790），美国科学家，避雷针的发明者。

③ 加利里　通译伽利略（1564—1642），意大利物理学家、天文学家。毕撒，通译比萨，意大利西部古城，著名的比萨斜塔坐落于此。

④ 墨辩　书名，指《墨子》中的《经》上下和《经说》上下四篇。

⑤ 三八主义　即"三八制"。美国无产阶级为反对资产阶级残酷剥削，1886 年 5 月 1 日，芝加哥 20 万工人举行大罢工，提出每天工作八小时，学习八小时，休息八小时的要求，通称"三八制"。

⑥ 福尔摩斯　指英国作家柯南道尔（1859—1930）所著侦探小说《福尔摩斯探案》，福尔摩斯为书中的主要人物。

从野人生活出发

　　无锡开原小学校长潘一尘来帮助我们创办第三中心小学，和我们同住了六天。临去那一晚，我问他对于试验乡村师范的生活有什么感想。他说："你们这里简直是原始生活，不是农民生活。"我说："原始生活虽说不到，但是一部分确实是野人生活。我们这里的教育是从野人生活出发，向极乐世界探寻。"这段谈话，虽是寥寥数语，却能表示晓庄教育之真相。封建制度下之农民生活是最不进步的。他们一天一天的过去，好像人生毫无问题。乡村教育虽是为农民谋幸福，但从农民生活出发，能否达到目的是很可怀疑的。所以我们鼓起勇气把乡村教育的摆子使劲摆到野人生活上去。野人生活是最富于问题的。生活上的实际问题一个一个的来到我们面前，命令我们思想，要求我们解决。这些问题来势急于星火，不容我们苟且偷安。倘使我们不振作精神，当机立断，必定有不堪言状的痛苦，甚而至于只有死路一条。山上出狼，我们必得学习打猎。地上有蛇，我们必得学习治毒。聚蚊成雷，我们必得学习根本铲除蚊子的方法。衣、食、住、行各种问题，我们在尝试野人生活的时候得到了极亲切的了解。没有到晓庄以前，没有住在晓庄以前，我们对于这些生活需要简直是一知半解，嘴里虽能说得头头是道，其实心中哪里觉得到啊！我们从野人生活里感觉到人的身体是不足以应付环境的。我们觉得人类要想征服天然势力，必须发明、制造、运用身体以外的工具。我们自从尝了野人生活，对于工具觉得万分重要，没有生活工具，简直不必空谈生活教育。可是朋友们不要误会，我们不是要做羲皇上人①，我们的黄金时代是在未来。我们从野人生活出发，不是没有出息，开倒车，不是要想长长久久的做野人。出发的号令已下，我们要向极乐世界去探寻了。

（原载 1927 年 7 月 1 日《乡教丛讯》第 1 卷第 13 期）

〔注释〕

①　羲皇上人　太古的人。羲皇，指伏羲氏。古人想象伏羲以前的人虽原始落后，但无忧无虑，生活闲适。

生活工具主义之教育①

"教育以生活为中心"，这句话已经成为今日学校里的口头禅。但是细考实际，教育自教育，生活自生活，依然渺不相关。这是因为什么缘故？我们先前以"老八股"不适用，所以废科举，兴学堂；但是新学办了三十年，依然换汤不换药，卖尽气力，不过把"老八股"变成"洋八股"罢了。"老八股"与民众生活无关，"洋八股"依然与民众生活无关。但是新学校何以变成"洋八股"，何以与民众生活无关？这其中必有道理。

人的生活，必须有相当工具，才能表现出来。工具充分，才有充分的表现；工具优美，才有优美的表现；工具伟大，才有伟大的表现。"老八股"与"洋八股"虽有新旧之不同，但都是靠着片面的工具来表现的，这片面的工具就是文字与书本。文字与书本只是人生工具之一种，"老八股"与"洋八股"教育拿他当作人生的唯一工具看待，把整个的生活都从这个小孔里表现出去，岂不要把生活剥削得皮黄骨瘦吗？文字、书本，倘能用的得当，还不失为人生工具之一；但是"老八股"与"洋八股"的学生们却不用他们来学"生"，偏偏要用他们来学"死"。中国教育所以弄到山穷水尽，没得路走，是因为大家专靠文字、书本做独一无二的工具，并且把文字、书本这个工具用错了。我们要想纠正中国教育，使他适应于中国国民全部生活之需要，第一就须承认文字、书本只是人生工具的一种，此外还有许多工具要运用来透达人生之欲望；第二就须承认我们从前运用文字、书本的方法是错的，以后要把他们用的更加得当些。

现在有一班人，开口就说：西方的物质文明比东方好，东方的精神文明比西方高。这句话初听似乎有理，我实在是百索不得其解。精神与物质接触必定要靠着工具。工具愈巧则精神愈能向着物质发挥。工具能达到什么地方即精神能达到什么地方。动物以四肢、百体为工具，所以他的精神活动亦以四肢、百体的力量所能达到的地方为限。人的特别本领就是不专靠自己的身体为工具。人能发明非身体的工具，制造非身体的工具，应用非身体的工具。文明人与野蛮人的最大分别就是文明人能把这些非身体的工具发明得格外多，制造得格外精巧，运用得格外普遍。有了望远镜，人的精神就能到火星里去游览；有了显微镜，人的精神就能认识那叫人生痨病的不是痨病鬼乃是痨病虫。今年五月七日，第一次飞渡大西洋的飞行家林白从德国柏林通电话到美国和他的老母谈话，是精神交通破天荒的成功，也是物质文明破天荒的成功。精神文明与物质文明是合而为一的。这合而为一的媒介就是工具。教育是什么？教育是教人发明工具，制造工具，运用工具。生活教育教人发明生活工具，制造生活工具，运用生活工具。空谈生活教育是没有用的。真正的生活教育必以生活工具为出发点。没有工具则精神不能发挥，生活无由表现。观察一个国家或一个学校的教育是否合乎实际生活，只须看他有无生活工具；倘使有了，再进一步看他是否充分运用所有的生活工具。教育有无创造力，也只须看他能否发明人生新工具或新人生工具。中国教育已到绝境，千万不要空谈教育，千万不要空谈生活；只有发明工具，制造工具，运用工具才是真教育，才是真生活。

（原载 1927 年 7 月 1 日《乡教丛讯》第 1 卷第 12 期）

〔注释〕

① 本篇原题《工具教育》，后作者将此文收入《中国教育改造》时改用现题。

如何教农民出头①

上次我和杨先生②讨论到怎样把国家建设在农业上，如何教农业文明过渡到工业文明，如何使农民得执工商业之牛耳等等问题。现在把我个人近来关于这些问题的心得，约略说一下：

如何教农民出头？我们可举种棉花来做个比方。农民辛辛苦苦，把棉花收获下来之后，对于棉花就不能自主了。棉花要出头到纱厂里去，纱厂里要他的出头费。纱厂以逸待劳，价格随意而定。农民为经济所迫，不得不低价出售。再进而至于由纺纱厂到织布厂，由织布厂到市场，没有一个关口不是有人要收很重的出头费。到布出卖的时候，农民买进来穿是很贵的棉布衣。棉花出售时是何等的便宜，穿布时却是大大的昂贵起来了。我们现在要想个法子，把纺纱厂、织布厂以及市场打成一贯，使农民能执工商业之牛耳，则棉花可以出头，种棉花的人也跟着棉花出头了。依我想来，这是可以做得到的。比方：以江苏省来说，江苏一省有二千五百万的农民，以五个农民为一家来计算，统共有五百万个农家。如果每家出一元，可以得到五百万元之数。有这五百万元，便可以兴办农民纺纱厂，农民自己做股东，把农民自己所产的棉花，送到农民自办的工厂里去。再每家出一元来办织布厂和商店。如此，二千五百万的农民，不但可以省去出头费，也还可以赚得赢利不少。

从农业国进到工业文明的过程中，必然有多数人要受淘汰而失业。因为机器发达，人工省去。这种现象，是确然不可免的。我们现在既然要把农业、工业打成一片，在农业上因机器而遭失业的人，就可以调进纺纱厂、织布厂、商店去做工度日。这个农民失业的危险，如果是农民执工商业的牛耳，就可以避去一大部分。

孙中山先生的实业大计划，也包括上述的事业。他主张利用国家资本与外资来发展国内实业。如果他的计划实行，要想教农民执工业上之牛耳，就得教农民实行把民权操在手中，运用国家权力来出头。国家资本，倘使分别缓急，必定要用来先筑千万里的铁路，因为这是农民出头必由之路。如果工厂里的货物运不出去，则生产过剩，价格低落，实业必归失败，所以筑路是发展实业的第一步。假如国家资本只能先顾筑路，创办纱厂一时不能并举，那末我们运用农民自己的资本与劳力，慢慢儿来开办起来，也是必要的政策。因为政府与农民共同努力，出头当然可以快些。

但如何可以从农民的荷包里掏出一元钱来做股东，以及如何可以使农民执有民权？这两件事须靠我们从事乡村教育诸同志的努力。农民对于这种大规模举动的不明了，与不知民权为何物，固然要靠舆论来鼓吹与启迪，但最要紧的还是重在培植小农民的乡村教师。假如每村有农户百家，五百万家就有五万个农村。假使这五万个乡村教师都受有特殊训练，那末五万个教师联合起来，不啻就是五万个村庄联合起来，也就是农民资本聚集的媒介。这样积少成多，就可以开办纺纱厂、织布厂等等。如此，棉花可以出头无阻，农民也就可以出头无阻了。至于如何训练农民执民权，如何教他们运用选举权、罢官权、创制权、复决权，也要靠乡村教师为之教导。这是我一月来对于这些问题考虑的一斑。上月我曾种山芋一次，知道山芋必定要底下可以安根，上面可以出头，才可以活。我们要想中国活起来，就得要在农业上安根，在工商业上出头。这个问题很大，希望诸位注意这问题，细细加以研究。

（原载 1927 年 8 月 15 日《乡教丛讯》第 1 卷第 16 期）

〔注释〕

　①　本篇是陶行知在晓庄试验乡村师范学校的演讲词，记录者：戴邦杰（戴伯韬）。

　②　杨先生　指杨效春，当时是晓庄师范指导员，负责教务工作。

晓庄试验乡村师范学校创校旨趣①

　　我们中国现在正是国民革命的势力高涨之秋。惟既有国民政治上的革命，同时还须有教育上的革命。政治与教育原是不能分离的，二者能同时并进，同时革新，国民革命才有基础和成功的希望。

　　本校是于本年三月开学，当时宁地战事②风云正急，三路交通，俱已断绝。而各同学冒危险，自上海、镇江、安徽、浙江、江西相继前来，本校遂得于枪林弹雨中如期开学。自开校迄今，屡经战事及其他变故，故现在设备及其他一切，俱觉不很完备。

　　本校的办法，是主张在劳力上劳心。本校全部生活，是"教学做"。教的法子根据学的法子，学的法子根据做的法子。我们的实际生活，就是我们全部的课程；我们的课程，就是我们的实际生活。我们每天早晨五时有一个十分钟至十五分钟的寅会③，筹划每天应进行的工作，是取一日之计在于寅的意义。寅会毕，即武术④。本校无体操课，即以武术代。上午大部分时间阅书。所阅之书，一为学校规定者；一为随各个人自己性之所好者。下午工作有农事及简单仪器制造、到民间去等。晚上有平民夜校及做笔记、日记等。这是本校全部大概的生活。

　　现在有一点我们应当注意的，就是以前的教育都是像拉东洋车一样。自各国回来的留学生，都把他们在外国学来的教育制度拉到中国来，不问适合国情与否，只以为这是文明国里的时髦物品，都装在东洋车里拉过来，再硬灌在天真烂漫的儿童的心坎里。这样，儿童们都给他弄得不死不活了，中国也就给他做得奄奄一息了！我从前也是把外国教育制度拉到中国来的东洋车夫之一，不过我现在觉到这是害国害民的事，是万万做不得的。我们现在要在中国实际生活上面找问题，在此问题上，一面实行工作，一面极力谋改进和解决。本校全体指导员及同学，都是抱有这样一个目标，所以毅然决然的跑到这个荒僻的乡下来。我们认定必须这样，将来中国的新教育才能产生呢！

　　以上是报告本校大概情况。敝校创办伊始，有许多不对的地方，现在请各位来宾先生们详细的批评和指导。

　　　　　　（原载 1927 年 9 月 1 日《乡教丛讯》第 1 卷第 17 期）

〔注释〕

　　① 本篇是陶行知 1927 年 8 月 14 日在晓庄试验乡村师范的演讲，记录者：葛尚德。摘自《南京市教育局长及各校长参观本校记》。

　　② 宁地战事　指当时北伐革命军分三路向盘踞南京之军阀实行总攻击。

　　③ 寅会　我国古代记时的方法采用"地支"，又称"十二支"，以此作为十二时辰的符号，寅时相当于早晨的五时。晓庄试验乡村师范学校规定每天早晨五时为寅会。取"一日之计在于寅"之意。寅会由师生轮流主持。

　　④ 武术　我国武术是　种具有民族风格的传统体育项目。

"伪知识"阶级

自从俄国革命以来，"知识阶级"（Intelligentsia）①这个名词忽然引起了世人之注意。在打倒知识阶级呼声之下，我们不得不问一问：什么是知识阶级？知识阶级是怎样造成的？应当不应当把他打倒？这些问题曾经盘旋于我们心中，继续不断的要求我们解答。近来的方向又转过来了，打倒知识阶级的呼声一变而为拥护知识阶级的呼声。我们又不得不问一问：什么是知识阶级？知识阶级是怎样造成的？应当不应当将他拥护？在这两种相反的呼声里面，我都曾平心静气的把这些问题研究了一番，我所得的答案是一致的。我现在要把我一年来对于这些问题考虑的结果写出来，与有同样兴趣的朋友们交换意见。

我们要想把知识阶级研究得明白，首先便须分别"知识"与"智慧"。智慧是生成的，知识是学来的。孟子说："由射于百步之外也：其至，尔力也；其中，非尔力也。"会射箭的人能百步穿杨。射到一百步的力量是生成的限度；到了一百步还能穿过杨树的一片叶子，那便是学来的技巧了。这就是智慧与知识的分别。又比如言语：说话的能力是生成的，属于智慧；说中国话、日本话、柏林话、拉萨话，便是学成的，属于知识。人的禀赋各不相同，生成的智慧至为不齐。有的是最聪明的，有的是最愚笨的。但从最愚笨的人到最聪明的人，种种差别都是渐渐的推上去的。假使我们把一千个人按着聪明的大小排列成行，我们就晓得最聪明的是少数，最愚笨的也是少数，而各人和靠近的人比起来都差不了几多。我们只觉得各个不同，并找不出聪明人和愚笨人中间有什么鸿沟。我们可以用一个最浅近的比方把这个道理说出来。人的长矮也是生成的。我们可以把一千个人依着他们的长矮顺序排列：从长子看到矮子，只见各人渐渐的一个比一个矮；从矮子看到长子，只见各人也是渐渐的一个比一个长。在寻常状态之下，我们找不出一大群的长子，叫做长子阶级；也找不出一大群的矮子，叫做矮子阶级。我们在上海的大马路上或是在燕子矶关帝庙会里仔细一望，就可以明白这个道理。从人之长矮推论到人之智愚，我们更可明白生成之智慧只有渐渐的差别，没有对垒的阶级。智慧既无阶级，自然谈不到打倒、拥护的问题。

其次，我们要考察知识的本身。知识有真有伪。思想与行为结合而产生的知识是真知识，真知识的根是安在经验里的。从经验里发芽抽条开花结果的是真知灼见，真知灼见是跟着智慧走的。同处一个环境，同等的智慧可得同等的真知灼见。智慧是渐渐的相差，所以真知灼见也是渐渐相差。智慧既无阶级，真知识也就没有阶级。俗语说："三百六十行，行行出状元。"真知识只有直行的类别，没有横截的阶级。各行的人有绝顶聪明的，也有绝不中用的；但在他们中间的人，智力上的差别和运用智力取得之真知识的差别都是渐渐的，都是没有阶级可言。倘使要把三百六十行的"上智"联合起来，称为知识阶级，再把三百六十行的"下愚"联合起来，称为无知识阶级，那就是一件很勉强很不自然的事了。

照这样说来，世界上不是没有知识阶级了吗？不，伪知识能成阶级！什么是伪知识？不是从经验里生发出来的知识便是伪知识。比如知道冰是冷的，火是热的是知识。小孩儿用手摸着冰便觉得冷，从摸着冰而得到"冰是冷的"的知识是真知识。小孩儿单用耳听见妈妈说冰是冷的而得到"冰是冷的"的知识是伪知识。小孩儿用身靠近火便觉得热，从靠近火而得到"火是热的"的知识是真知识。小孩子单用耳听妈妈说火是热的而得到"火是热的"的知识是伪知识。有人在这里便起疑问："如果样样知识都要从自己经验里得来，岂不是麻烦得很？人生经验有限，若以经验范围知识，那末所谓知识岂不是也很有限了吗？没有到过热带的人，就不能了解热带是热的吗？没有到过北冰洋的人，就不能了解北冰洋是冷的吗？"这些疑问是很重要的，我们必须把他们解答清楚，方能明了真知识与伪知识的分别。我只说真知识的根是要安在经验里，没有说样样知识都要从自己的经验上得来。假使我们抹煞别人经验里所发生的知识而不去运用，那真可算是世界第一个大呆子。我们的问题是要如何运用别人经验里所发生的知识使他成为我们的真知识，而不要成为我们的伪知识。比如接树：一种树枝可以接到别一种树枝上去使它格外发荣滋长，开更美丽之花，结更好吃之果。如果把别人从经验发生之知识接到我们从自己经验发生之知识之上去，那末，我们的知识必可格外扩充，生活必可格外丰富。我们要有自己的经验做根，以这经验所发生的知识做枝，然后别人的知识方才可以接得上去，别人的知识方才成为我们知识的一个有机体部分。这样一来，别人的知识在我们的经验里活着，我们的经验也就生长到别人知识里去开花结果。至此，别人的知识便成了我们的真知识；其实，他已经不是别人的知识而是自己的知识了。倘若对于某种知识，自己的经验上无根可找，那末无论如何勉强，也是接不活的。比如在厨房里烧过火的人，或是在火炉边烤过火的人，或是把手给火烫过的人，便可以懂得热带是热的；在冰房里去过的人，或是在冰窖里走过的人，或是做过雪罗汉的人，便可以懂得北冰洋是冷的。对于这些人，"热带是热的，北冰洋是冷的"，虽从书本上看来，或别人演讲时听来，也是真知识。倘自己对于冷热的经验丝毫没有，那末，这些知识虽是学而时习之，背得熟透了，也是于他无关的伪知识。

知识的一部分是藏在文字里，我们的问题又成为："什么文字是真知识？什么文字是伪知识？"经验比如准备金，文字比如钞票。钞票是准备金的代表，好一比文字是经验的代表。银行要想正经生意必须根据准备金去发行钞票。钞票是不可滥发的。学者不愿自欺欺人，必须根据经验去发表文字。文字是不可滥写的。滥发钞票，钞票便不值钱；滥写文字，文字也不值钱。欧战后，德国马克一落千丈，当时有句笑话，说是："请得一席客，汽车载马克。"这句话的意思是马克纸币价格跌的太低，寻常请一席酒要用汽车装马克去付账。这是德国不根据准备金而滥发纸币之过。滥发钞票，则虽名为钞票，几是假钞票。吾国文人写出了汗牛充栋的文字，青年学于把他们的脑袋子里都装满了，拿出来，换不得一肚饱。这些文字和德国纸马克是一样的不值钱，因为他们是在经验以外滥发的文字，是不值钱的伪知识。

我国先秦诸子如老子、孔子、孟子、庄子、墨子、杨子、荀子等都能凭着自己的经验发表文字，故有独到的议论。他们好比是根据自己的准备金发可靠的钞票。孔子很谦虚，只说"述而不作，信而好古"，自居为根据古人的准备金为古人清理钞票；他只承认删诗书，定礼乐，为取缔滥发钞票的工作。孟子虽是孔家的忠实行员，但心眼稍窄，只许孔家一家银行存在，拼命的要打倒杨家、墨家的钞票。汉朝以后，学者多数靠着孔子的信用，继续不断的滥发钞票，甚至于又以所滥发的钞票做准备库，滥上加滥的发个不已，以至于汗牛充栋。韩文公②的脾气有些像孟子，他眼看佛家银行渐渐的兴旺，气愤不过，恨不得要拼命将它封闭，把佛家银行的行员杀得干干净净。他至今享了"文起八代之衰"的盛名。但据我看来，所谓"文起八代之衰"只是把孔家银行历代经理所滥发的钞票换些新票而已，他又乘换印新票的时候顺带滥发了些新钞票。程、朱、陆、王③纵有许多贡献及不同的地方，但是他们四个人大部分的工作还是根据孔、孟合办银行的招牌和从前滥发的钞票去滥发钞票。他们此时正与佛家银行做点汇兑，所以又根据佛家银行的钞票，去滥发了些钞票。颜习斋④看不过眼，谨慎的守着孔家银行的准备库，一方面大声疾呼的要严格按着准备金额发行钞票，一方面要感化佛家银行行员使他无形解体。他是孔家银行里一位最忠实的行员，可是他所谨守的金库里面有许多金子已经上锈了。等到八股⑤发达到极点，朱注的"四书"⑥被拥护上天的时候，全国的人乃是以朱子所发的钞票当为准备金而大滥特滥的去发钞票了。至此中国的知识真正濒于破产了。吴稚晖先生劝胡适之先生不要迷信整理国故，自有道理。但我觉得整理国故如同清理银行账目一样，是有他的位置的。我们希望整理国故的先生们经过很缜密的工作之后，能够给我们一本报告，使我们知道国故银行究有几多准备金，究能发行多少钞票，哪些钞票是滥发的。不过他们要谨慎些，千万不可一踏进银行门，也去滥发钞票。如果这样，那这笔账更要糊涂了。总括一句：只有从经验里发生出来的文字才是真的文字知识，凡不是从经验里发生出来的文字都是伪的文字知识。伪的文字知识比没有准备金的钞票还要害人，还要不值钱。

伪的知识、伪的文字知识既是害人又不值钱，那末，他如何能够存在呢？产生伪知识的人，应当连饭都弄不到吃，他们又如何能成阶级呢？伪知识和伪钞票一样必须得到特殊势力之保障拥护才能存在。"伪知识"阶级是特殊势力造成的，这特殊势力在中国便是皇帝。

创业的皇帝大都是天才。天才忌天才是很自然的一件事。天下最厉害的无过于天才得了真知识。如果政治的天才从经验上得了关于政治的真知灼见，谁的江山也坐不稳。做皇帝的人，特别是创业之主，是十分明了此中关系的，并且是一百分的不愿意把江山给人夺去。他要把江山当作子孙万世之业，必得要收拾这些天才。收拾的法子是使天才离开真知识去取伪知识。天才如何就他的范围，进他的圈套呢？说来倒很简单。皇帝引诱天才进伪知识的圈套有几个法子。

一、照他的意旨在伪知识上用功，便有吃好饭的希望。俗话说："只有穷秀才，没有穷举人。"伪知识的功夫做得愈高愈深，便愈能解决吃饭问题。二、照他的意旨在伪知识上用功，便有做大官的希望。世上之安富尊荣，尽他享受。中了状元还可以做驸马爷，娶皇帝的女儿为妻。穿破布、烂棉花去赴朝考的人，个个都有衣锦回乡的可能。三、照他的意旨在伪知识上用功，便有荣宗耀祖的希望。这样一来，全家全族的人都在那儿拿着鞭子代皇帝使劲赶他进圈套了。倘使他没有旅费，亲族必定要为他凑个会，或是借钱给他去应试。倘使他不去，又必定要用"不长进"一类的话来羞辱他，使他觉得不去应试是可耻的。全家、全族的力量都做皇帝的后盾，把天才的儿孙像赶驴子样一个个的赶进皇帝的圈套，天下的天才乃没有能幸免的了。

　　"伪知识"阶级不是少数人可以组织成功的。有了皇帝做大批的收买，全社会做这大批生意的买办，个人为名利权位所诱而不能抵抗出卖，"伪知识"阶级乃完全告成。依皇帝的目光看来，这便是"天下英雄，尽入我彀中"。雄才大略的帝王个个有此野心，不过唐太宗口快，无意中把他说破罢了。最可叹的是皇帝手段太辣：一方面是积极的推重伪知识，所谓"满朝朱紫贵，尽是读书人"一类的话，连小孩都背熟了；一方面是消极的贱视伪知识以外的人，所谓"万般皆下品，唯有读书高"，又是从娘胎里就受迷的。所以不但政治天才入了彀，七十二行，行行的天才都入了他的圈套了。天才是遗传的，有其父必有其子。老子进了圈套，儿子、孙子都不得不进圈套，只要"书香之家"四个大字便可把全家世世代代的天才圈入"伪知识"阶级。等到八股取士的制度开始，"伪知识"阶级的形成乃更进一步。以前帝王所收买的知识还夹了几分真，等到八股发明以后，全国士人三更灯火五更鸡去钻取的知识乃是彻底不值钱的伪知识了。这种知识除了帝王别有用意之外，再也没有一人肯用钱买的了；就是帝王买去也是丝毫无用，也是一堆一堆的烧去不要的。帝王是醉翁之意不在酒，他哪里是收买伪知识；他只是用名利、权位的手段引诱全国天才进入"伪知识"的圈套，成为废人，不能与他的儿孙争雄罢了。

这些废人只是为"惜字炉"继续不断的制造燃料，他们对于知识的全体是毫无贡献的。从大的方面看，他们是居于必败之地。但从他们个人方面看，却也有幸而成的与不幸而败的之分别。他们成则为达官贵人，败则为土豪、劣绅、讼棍、刀笔吏、教书先生。最可痛心的，就是这些废人应考不中，只有做土豪、劣绅、讼棍、刀笔吏、教书先生的几条出路。他们没有真本领赚饭吃，只得拿假知识去抢饭吃、骗饭吃。土豪、劣绅、讼棍、刀笔吏之害人，我们是容易知道的；教书先生之害人更广、更深、更切，我们是不知道的。教书先生直接为父兄教子弟，间接就是代帝王训练"伪知识"阶级。他们的知识，出卖给别人吧，嫌他太假；出卖给皇帝吧，又嫌他假得不彻底；不得已只好拿来哄骗小孩子。这样一来，非同小可，大书呆子教小书呆子，几乎把全国中才以上的人都变成书呆子了，都勾引进伪知识阶级了。伪知识阶级的势力于是乎雄厚，于是乎牢不可破，于是乎继长增高，层出无穷。

　　皇帝与民争，用伪知识来消磨民间的天才，确是一个很妙的计策。等到民间的天才消磨已尽，忽然发生了国与国争，以伪知识的国与真知识的国抗衡，好一比是拿鸡蛋碰石头，哪有不破碎的道理！鸦片之战、英法联军之战、甲午之战，没有一次幸免，皇帝及大臣才明白伪知识靠不住，于是废八股，兴学堂。这未始不是一个转机。但是政权都操在"伪知识"阶级手中，他们哪会培养真知识？他们走不得几步路，就把狐狸尾巴拖出来了。他们自作聪明的把外国的教育制度整个的抄了一个来。他们曾用眼睛、耳朵、笔从外国贩来了些与国情接不上的伪知识。他们把书院变成学堂，把 山长改为堂长⑦。"四书"用不着了，一律换为各种科学的教科书。标本、仪器很好看，姑且拣那最好看的买他一套，在玻璃柜里陈列着，可以给客人参观参观。射箭很不时髦，要讲尚武精神，自须学习兵操。好，他们很信他们的木头枪真能捍国卫民咧！这就算是变法！这就算是维新！这就算是自强！一般社会对于这些换汤不换药的学堂却是大惊小怪，称他们为洋学堂，又称学堂里的学生为洋学生。办学的苦于得不到学生，于是除供饭食发零用外，还是依旧的按着学堂等级给功名：小学堂毕业给秀才，中学堂毕业给贡生，高等学堂毕业给举人，大学堂学生给进士，外国留学回来的，赴朝考及第给翰林点状元。社会就称他们为洋秀才、洋贡生、洋举人、洋进士、洋翰林、洋状元。后来废除功名，改称学士、硕士、博士等名目，社会莫名其妙了。得到这些头衔的人还是仍旧用旧功名翻译新功名，说是学士等于秀才，硕士等于举人，博士等于翰林，第一名的博士便是从前的状元。

说的人自以为得意，听的人由羡慕而称道不止，其实这还不是穿洋装的老八股吗？穿洋装的老八股就是洋八股。老八股好比是根据本国钞票发行的钞票；洋八股好比是根据外国钞票去发行的钞票。他们都是没有准备金的假钞票。洋八股老八股虽有新旧之不同，但同不是从经验里发生的真知识，同是不值钱的伪知识。从中国现在的情形看来，科学与玄学⑧之争，只可说是洋八股与老八股之争。书本的科学，陈列的实验，岂能当科学实验之名。他和老八股是同样无用的东西。请看三十年来的科学，发明在哪里？制造在哪里？科学家倒遇见不少，真正的科学家在哪里？青年的学子：书本的科学是洋版的八股，在讲堂上高谈阔论的科学家，与蒙童馆里的冬烘先生⑨是同胞兄弟，别给他们骗走了啊！

所以中国是有"伪知识"阶级。构成中国之伪知识阶级有两种成分：一是老八股派，二是洋八股派。这个阶级既靠伪知识骗饭吃，不靠真本领赚饭吃，便没有存在的理由。

这个阶级在中国现状之下已经是山穷水尽了。收买伪知识的帝王已经消灭，再也找不出第二个特殊势力能养这许多无聊的人。但因为惰性关系，青年们还是整千整万的向着这条死路出发，他们的亲友仍旧是拿着鞭儿在后面使劲的赶。可怜得很，这些青年个个弄得焦头烂额，等到觉悟回来，不能抢饭的便须讨饭。伪知识阶级的末路已经是很明显了，还用得着打倒吗？又值得拥护吗？

但是一班狡猾的"伪知识"者找着一个护身符，这护身符便是"读书"两个字。他们向我们反驳说："书也不应当读了吗？"社会不明白他们葫芦里卖的是什么药，也就随声附和地说："是啊！书何能不读呢！"于是"读书不忘救国，救国不忘读书"，便成了保障伪知识阶级的盾牌。所以不把读书这两个字说破，伪知识阶级的微生物便能在里面苟延残喘。我们应当明白，书只是一种工具，和锯子、锄头是一样的性质，都是给人用的。我们与其说"读书"不如说"用书"。书里有真知识和伪知识，读它一辈子，不能辨别它的真伪；可是用它一下，书的本来面目便显了出来，真的便用得出去，伪的便用不出去，也如同真的锯子才能锯木头，真的锄头才能锄泥土，假的锯子、锄头一用到木头泥土上去就知道它不行了。所以提到书便应说"用书"，不应说"读书"，那"伪知识"阶级便没得地方躲了。与"读书"联成一气的有"读书人"一个名词。这个名词，更要不得。假使书是应当读的，便应使人人有书读；决不能单使一部分的人有书读，叫做读书人，又一部分的人无书读，叫做不读书人。比如饭是应当吃的，应使人人有饭吃；决不能使一部分的人有饭吃，叫做吃饭的人；又一部分的人无饭吃，叫做不吃饭的人。从另一方面看，只知道吃饭，不成饭桶了吗？只知道读书，不成为有脚可以走路的活书架子了吗？我们为避免堕入伪知识阶级的诡计起见，主张用书不主张读书。农人要用书，工人要用书，商人要用书，兵士要用书，医生要用书，律师要用书，画家要用书，教师要用书，音乐家要用书，戏剧家要用书，三百六十行，行行都要用书。行行都成了用书的人，真知识才愈益普及，愈能发现了。书是三百六十行的公物，不是读书人所能据为私有的。等到三百六十行都是用书人，读书的专利营业便完全打破，读书人除非改行，便不能混饭吃了。这个日子已经来到，大家还不觉悟，只有死路一条。凡受过中国新旧教育的人，都免不了有些"伪知识"的成分和倾向。为今之计，我们应当痛下四个决心：

一、从今以后，我们应当放弃一切固有的伪知识；

二、从今以后，我们应当拒绝承受一切新来的伪知识；

三、从今以后，我们应当制止自己不要再把伪知识传与后辈；

四、从今以后，我们应当陪着后起的青年共同努力去探真知识的泉源。

最后，我要郑重的说：二十世纪以后的世界属于努力探获真知识的民族。凡是崇拜伪知识的民族，都要渐就衰弱以至于灭亡。三百六十行中决没有教书匠、读书人的地位，东西两半球上面也没有中华书呆国的立足点。我们个人与民族的生存都要以真知识为基础。伪知识是流沙，千万不可在他上面流连忘返。早一点觉悟，便是早一点离开死路，也就是早一点走向生路。这种生死关头，十分显明，绝无徘徊迟疑之余地。起个取真去伪的念头，是走向生路的第一步。明白伪知识的买主已经死了，永不复生并且绝了种，是走向生路的第二步。以做"读书"人或"读书"先生为最可耻，是走向生路的第三步。凡事手到心到——在劳力上劳心，便是骑着千里驹在生路上飞跑了。

（原载 1928 年 4 月《中国教育改造》）

〔注释〕

① 知识阶级（Intelligetsia） 即知识界或知识分子的总称。把知识分子称为"知识阶级"是五四运动时期的说法。

② 韩文公 即韩愈，唐代文学家、哲学家。

③ 程朱陆王 程，即程颐与程颢兄弟，合称"二程"，同为北宋理学的奠基者。朱，即朱熹。陆，即陆九渊，南宋哲学家、教育家。王，即王守仁（王阳明）。

④ 颜习斋（1635—1704） 即颜元，清初思想家、教育家，提倡恢复"周孔正学"，批判程朱理学。

⑤ 八股 明清科举考试制度所规定的文体。全篇由破题、承题、起讲、入手、起股、中股、后股、束股八部分组成。"入手"后的四部分才是正式议论。这后四部分中各有两段对偶文字，共八股，所以叫"八股文"。其题材内容，限于四书五经，不许作者自由发挥，字数也有严格规定。这种形式死板、内容陈腐的八股文体是束缚人们思想、维护封建统治的工具。

⑥ 指朱熹所注的《四书章句集注》。"四书"是《大学》、《中庸》、《论语》、《孟子》的合称。朱熹在书中按其唯心主义理学的观点，对"四书"作了系统的注释。宋以后被历代封建统治者规定为必读的教科书。

⑦ 山长 元代书院设山长，讲学之外，并总理院务。清乾隆时改名院长，清末仍名山长。堂长，清末创设各级各类学堂后，设堂长总理校务、教务。

⑧ 玄学 指魏晋时期一种哲学思潮，它以宣传《老子》的"玄而又玄，众妙之门"而得名。它主张"以无为本"，认为世界的本原是"无"，万事万物都是"无"所派生的，宣扬"无为而治"。

⑨ 冬烘先生 指思想迂腐、学识浅陋的教师。

教 学 做 合 一①

教学做合一是本校的校训，我们学校的基础就是立在这五个字上，再也没有一件事比明了这五个字还重要了。说来倒很奇怪，我在本校从来没有演讲过这个题目，同志们也从没有一个人对这五个字发生过疑问，大家都好像觉得这是我们晓庄的家常便饭，用不着多嘴饶舌了。可是我近来遇了两件事，使我觉得同志中实在还有不明了校训的意义的。一是看见一位指导员的教学做草案里面把活动分成三方面，叫做教的方面，学的方面，做的方面。这是教学做分家，不是教学做合一。二是看见一位同学在《乡教丛讯》②上发表一篇关于晓庄小学的文章。在这篇文章里，他说："晓庄小学的课外作业就是农事教学做。"在教学做合一的学校的辞典里并没有"课外作业"。课外作业是生活与课程离婚的宣言，也就是教学做离婚的宣言。今年春天洪深先生创办电影演员养成所，招生广告上有采用"教""学""做"办法字样，当时我一见这张广告，就觉得洪先生没有十分了解教学做合一。倘使他真正了解，他必定要写"教学做"办法，决不会写作"教""学""做"办法。他的误解和我上述的两个误解是相类的。我接连受了两次刺激，觉得非彻底的、原原本本的和大家讨论明白，怕要闹出绝大的误解。思想上发生误解则实行上必定要引起矛盾。所以把这个题目来演讲一次是万不可少的。我自回国以后，看见国内学校里先生只管教，学生只管受教的情形，就认定有改革之必要。这种情形以大学为最坏。导师叫做教授，大家以被称教授为荣。他的方法叫做教授法，他好像拿知识来赈济人的。我当时主张以教学法来代替教授法，在南京高等师范学校校务会议席上辩论二小时，不能通过，我也因此不接受教育专修科主任名义。八年，③应《时报·教育新思潮》④主干蒋梦麟先生之征，撰《教学合一》一文，主张教的方法要根据学的方法。此时苏州师范学校首先赞成采用教学法。继而"五·四"事起，南京高等师范同事无暇坚持，我就把全部课程中之教授法一律改为教学法。这是实现教学合一的起源，后来新学制⑤颁布，我进一步主张：事怎样做就怎样学，怎样学就怎样教；教的法子要根据学的法子，学的法子要根据做的法子。这是民国十一年的事，教学做合一的理论已经成立了，但是教学做合一之名尚未出现。前年在南开大学演讲时，我仍用教学合一之题，张伯苓先生拟改为学做合一，我于是豁然贯通，直称为教学做合一。去年我撰《中国师范教育建设论》时，即将教学做合一之原理作有系统之叙述。我现在要把最近的思想组织起来作进一步之叙述。教学做是一件事，不是三件事。我们要在做上教，在做上学。在做上教的是先生；在做上学的是学生。从先生对学生的关系说：做便是教；从学生对先生的关系说：做便是学。先生拿做来教，乃是真教；学生拿做来学，方是实学。不在做上用功夫，教固不成为教，学也不成为学。从广义的教育观点看，先生与学生并没有严格的分别。实际上，如果破除成见，六十岁的老翁可以跟六岁的儿童学好些事情。会的教人，不会的跟人学，是我们不知不觉中天天有的现象。因此教学做是合一的。因为一个活动对事说是做，对己说是学，对人说是教。比如种田这件事是要在田里做的，便须在田里学，在田里教。游泳也是如此，游水是在水里做的事，便须在水里学，在水里教。再进一步说，关于种稻的讲解，不是为讲解而讲解，乃是为种稻而讲解；关于种稻的看书，不是为看书而看书，乃是为种稻而看书；想把种稻教得好，要讲什么话就讲什么话，要看什么书就看什么书。我们不能说种稻是做，看书是学，讲解是教。为种稻而讲解，讲解也是做，为种稻而看书，看书也是做。这是种稻的教学做合一。一切生活的教学做都要如此，方为一贯。否则教自教，学自学，连做也不是真做了。所以做是学的中心，也就是教的中心。"做"既占如此重要的位置，宝山县立师范学校竟把教学做合一改为做学教合一，这是格外有意思的。

十一月二日

（原载 1928 年 1 月 15 日《乡教丛讯》第 2 卷第 1 期）

〔注释〕

① 本篇是陶行知 1927 年 11 月 2 日在晓庄师范寅会上的演讲词。

②《乡教丛讯》半月刊，中华教育改进社乡村教育同志会会刊，后与晓庄师范合办。

③ 八年　指民国八年，即 1919 年。

④《时报·教育新思潮》　即《时报》副刊《世界教育新思潮》专栏，由蒋梦麟主编，陶行知为专栏主要撰搞人之一。

⑤ 新学制　指 1922 年北洋政府颁布的学制，又称壬戌学制。

在劳力上劳心

　　昨天我讲《教学做合一》的时候，曾经提及"做"是学之中心，可见做之重要。那末我们必须明白"做"是什么，才能明白教学做合一。盲行盲动是做吗？不是。胡思乱想是做吗？不是。只有手到心到才是真正的做。世界上有四种人：一种是劳心的人；一种是劳力的人；一种是劳心兼劳力的人；一种是在劳力上劳心的人。二元论的哲学把劳力的和劳心的人分成两个阶级：劳心的专门在心上做功夫，劳力的专门在苦力上讨生活。劳力的人只管闷起头来干，劳心的人只管闭起眼睛来想。劳力的人便成了无所用心，受人制裁；劳心的人便成了高等游民，愚弄无知，以致弄成"劳心者治人，劳力者治于人"的现象。不但如此，劳力而不劳心，则一切动作都是囿于故常，不能开创新的途径；劳心而不劳力，则一切思想难免玄之又玄，不能印证于经验。劳力与劳心分家，则一切进步发明都是不可能了。所以单单劳力，单单劳心，都不能算是真正之做。真正之做须是在劳力上劳心。在劳力上劳心是真的一元论。在这里我们应当连带讨论那似是而非的伪一元论。一次我和一位朋友讨论本校主张在劳力上劳心，我的朋友说：你们是劳力与劳心并重吗？我说：我们是主张在劳力上劳心，不是主张劳力与劳心并重。

劳心与劳力并重虽似一元论，实在是以一人之身而分为两段：一段是劳心生活，一段是劳力生活，这种人的心与力都是劳而没有意识的。这种人的劳心或劳力都不能算是真正之做。真正之做只是在劳力上劳心，用心以制力。这样做的人要用心思去指挥力量，使能轻重得宜，以明对象变化的道理。这种人能以人力胜天工，世界上一切发明都是从他那里来的。他能改造世界，叫世界变色。我们中国所讲的科学原理，古时有"致知在格物"一语，朱子②用"在即物而穷其理"来解释，似乎是没有毛病的了。但是王阳明跟着朱子的话进行便走入歧途。他叫钱友同格竹，格了三天，病了。他老先生便自告奋勇，亲自出马去格竹——即竹而穷竹理，格了七天，格不出什么道理来，也就病了。他不怪他自己格得不对，反而说天下之物本无可格，所能格的，只有自己的身心。他于是从格物跳到格心，中国的科学兴趣的嫩芽便因此枯萎了。假使他老先生起初不是迷信朱子的呆板的即物穷理，而是运用心思指挥力量以求物之变化，那便不致于堕入迷途。在劳力上劳心，是一切发明之母。事事在劳力上劳心，便可得事物之真理。人人在劳力上劳心，便可无废人，便可无阶级。征服天然势力，创造大同社会，是立在同一的哲学基础上的，这个哲学的基础便是"在劳力上劳心"。我们必须把人间的劳心者、劳力者、劳心兼劳力者一齐化为在劳力上劳心的人，然后万物之真理都可一一探获，人间之阶级都可一一化除，而我们理想之极乐世界乃有实现之可能。这个担子是要教师挑的。惟独贯彻在劳力上劳心的教育，才能造就在劳力上劳心的人类；也惟独在劳力上劳心的人类，才能征服自然势力，创造大同社会。最后，我想打一个预防针，以免误解，一次有一位朋友告诉我说："你们在劳心上劳力的主张，我极端的赞成。"我说："如果是在劳心上劳力，我便极端不赞成了。我们的主张是'在劳力上劳心'，不是'在劳心上劳力'。"

十一月三日

（原载 1928 年 1 月 31 日《乡教丛讯》第 2 卷第 2 期）

〔**注释**〕

① 本篇是陶行知 1927 年 11 月 3 日在晓庄师范寅会上的演讲词。

② 朱子　即朱熹。

艺友制师范教育答客问

——关于南京六校①招收艺友之解释

艺友制是什么？

艺是艺术，也可作手艺解。友就是朋友。凡用朋友之道教人学做艺术或手艺便是艺友制。

艺友制如何可以应用到师范教育上来？

师范教育的功用是培养教师。教师的生活是艺术生活。教师的职务也是一种手艺，应当亲自动手去干的。那些高谈阔论，妄自尊大，不屑与三百六十行为伍的都不是真教师。学做教师有两种途径：一是从师，二是访友。跟朋友操练比从师来得格外自然，格外有效力。所以要想做好教师，最好是和好教师做朋友。凡用朋友之道教人学做教师，便是艺友制师范教育。

艺友制是如何发现的？

发现艺友制之起因有二：一是由于感觉现行师范教育之缺憾，二是由于感觉各种行业施行艺徒制之实效。现行师范教育将学理与实习分为二事，简直是以大书呆子教小书呆子，所出的人才和普通中学不相上下。国内少数优良小学全凭天才做台柱，至于师范教育的贡献还是微乎其微。大多数受过师范训练的人，至今办不出一个可以令人佩服的学校，岂不是大可叹息的事吗？我们再看看木匠徒弟所做的桌椅，裁缝徒弟所做的衣服，漆匠徒弟所做的牌匾，不由人要觉得十分惭愧了。艺友制便是这种叹息惭愧的土壤里面生发出来的一根嫩苗。现在中国职业界有一个不好的趋势，这趋势便是以仿效学校为荣。所以有汽车学校、理发学校、洗衣学校，这种学校那种学校，不一而足。谁知道一染上学校气，便是失败之母。我可以断定黎锦晖、黎明晖办的中华歌舞团，比他们办的中华歌舞学校效力要大得多。三百六十行虽然不可跟学堂学，但是学堂实在应当跟着三百六十行学才好。我们这艺友制，便是要跟三百六十行学点乖，好去培植些真人才。

那末，艺友制是否要起而代替师范学校？

不是的。师范学校应当根本改造，不应当废除。现在各省归并师范的潮流，是欠深谋远虑的。不过我们主张的艺友制是要和师范学校相辅而行的，不是拿来替代师范学校的。

徒弟制既行之有效，何不爽爽快快的就称他为艺徒制的师范教育？

艺徒制虽是有效力，但也有缺点。徒是步行的意思，倘若师傅引着徒弟一同步行，当然是很好的。但是有些师傅坐着汽车要徒弟跟着跑，那就不好了。平常工匠待艺徒如奴仆，秘诀心得又不肯轻传，以致事业不能进步，光阴多耗于没有价值之工作。所以艺徒的名词，最好不再沿用。换一个友字，则艺徒的好处一概吸收，坏处一概避免了。

艺友制究竟是使用什么方法？

艺友制的根本方法是教学做合一。事怎样做便怎样学，怎样学便怎样教。教的法子根据学的法子，学的法子根据做的法子。先行先知的在做上教，后行后知的在做上学。大家共教共学共做才是真正的艺友制，惟独艺友制才是彻底的教学做合一。

什么地方能行艺友制？

凡学校有一艺之长的教师便可招收艺友。从幼稚园以及到研究所，只要这个条件符合，都可试行艺友制。假使中国现有之二十万学校个个有把握，便个个可收艺友，个个可做训练教师之中心。每年训练一位，只要五年便可解决普及四年小学教育所要之师资问题。但是一百个学校当中至少有九十个是没有把握的，我们的责任是要使没有把握的学校变为有把握的学校，使有把握的学校个个都变做训练教师的一个小小的中心。

艺友制的理论，看来似乎是站得住，但是有没有地方实行过，结果好不好？

我们考察乡村学校后，觉得燕子矶小学、尧化门小学、开原小学的办法很可为他校取法，便于前年与这几个学校约设铺位，使远道来校参观的人可以留校作较长时期之研究。这便是艺友制之发端。后来江问渔②先生要在板浦创办小学，便派了他的侄儿江君希彭到燕子矶小学过了三个月的生活，很得实益，这是第一个具体的例子。去年秋季燕子矶幼稚园成立，丁夫人③和两位女毕业生随着张、徐④二指导学办乡村幼稚园，进步也很快。至此我们对于这种办法发生了极大的希望。我们深信这种办法不但是最有效力之教师培植法，并且是解除乡村教师寂寞和推广普及教育师资之重要途径。这时我们还找不到一个更适当的名词，只好迁就称他为徒弟制；但是总觉得徒弟制这个名词不能完全表出我们的真意，所以迟迟的不愿发表。今年一月五日早晨忽然想出艺友制三字来代表这种办法，大家都欢喜得很。现在南京六校已经联合开始招收艺友，市教育局陈鹤琴课长并拟在市立实验小学及幼稚园中试行。就已往结果观察，我们敢说只要有人负责指导，艺友制是值得一试的。

十七，一，八

（原载 1928 年 1 月 9 日、11 日《民国日报》）

〔注释〕

① 六校　指晓庄试验乡村师范学校、市立实验小学、鼓楼幼稚园、燕子矶小学、尧化门小学和燕子矶幼稚园。

② 江问渔（1885—1961）　即江恒源，字问渔。当时江苏省教育厅长。

③ 丁夫人　燕子矶小学校长丁超的夫人。

④ 张、徐　指晓庄试验乡村师范学校幼稚教育指导员张宗麟、徐世璧。

以教人者教己①

"以教人者教己"是本校根本方法之一，我们也必须说得很明白，方知他效用之大。昨天邵先生②教纳税计算法，就是"以教人者教己"的例证。邵先生因为要教大家计算纳税，所以就去搜集种种材料，并把这些材料融会贯通起来，然后和盘托出，教大家计算。他因为要教大家，所以先教自己。他是用教大家的材料教自己。他年年纳税，但是总没有明白其中的内幕，今年为什么就弄得这样彻底明白呢？因为要教你们，所以他自己便不得不格外明白了。他从教纳税上学得的益处怕比学生要多得多哩。近来韩先生③教武术，不是要一位同学发口令吗？这便是以教人者教己。这位同学发口令时便是以同学教同学。因为要他发口令，所以他对于这套武术的步法就格外明了。他在发口令上学，便是以教人者教己。第三中心小学潘先生④是素来没有学过园艺的。但是第三中心小学有园艺一门功课，他必得教。既然要教园艺，他对于园艺便要格外学得清楚些。他拿园艺教小学生的时候便是拿园艺来教自己。我们从昨天起开始交际教学做。第一次轮到的便是孙从贞女士，今天有客来，便须由她招待。来宾到校必定要问许多问题，孙女士必须一一答复。但她是一位新学生，对于学校的经过历史、现在状况，及未来计划达没有充分明了。因为要答复来宾的问题，她必须预先把这些事情弄得十分明白，才不致给来宾问倒。她答复来宾的问题时，从广义的教育看来，她便是在那儿教，来宾便是在那儿学。为了要答复来宾的问题，她自己就不得不先去弄得十分明白，这便是以教人者教己。我们平常看报，多半是随随便便的。假使我们要教小学生回家报告国家大事，那末，我们看报的时候，便不得不聚精会神了。我们这样看报，比起寻常的效率不知道要大得几多倍哩！这便是借着小孩讲国家大事来教自己明了国家大事。这便是以教人者教己。又比如锄头舞的歌词是我做的，对于这套歌词，诸位总以为我做了之后便是十分明了了，其实不然，我拿这歌词教燕子矶小学生时，方把他弄得十分明白。以前或可以说只有七八分明白，没有十分明白。自己做的歌词还要等到教人之后才能十分明白，由此可见"以教人者教己"的效力之宏。从这些例证上，我们可以归纳出一条最重要的学理，这学理就是"为学而学"不如"为教而学"之亲切。"为教而学"必须设身处地，努力使人明白；既要努力使人明白，自己便自然而然的格外明白了。

十一月三日

（原载 1928 年 2 月 12 日《乡教丛讯》第 2 卷第 3 期）

〔注释〕

① 本篇是陶行知在晓庄师范寅会上的演讲词。

② 邵先生　即邵仲香，又名邵德馨（1892—1991），晓庄师范农事指导员。

③ 韩先生　即韩凌森，晓庄师范拳术指导员。

④ 潘先生　即潘一尘，无锡开原第一小学校长兼晓庄小学指导员。

如何使幼稚教育普及？

教人要从小教起。幼儿比如幼苗，必须培养得宜，方能发荣滋长；否则幼年受了损伤，即不夭折，也难成材。所以小学教育是建国之根本，幼稚教育尤为根本之根本。小学教育应当普及，幼稚教育也应当普及。如何使幼稚教育普及，是我们最关心的一个问题。依我看来，进行幼稚教育之普及要有三个步骤。

（一）**改变我们的态度**　一般人的态度总以小孩子的教育不关重要；早学一两年，或迟学一两年，没有多大关系。我们很漠视小孩子的需要、能力、兴味、情感。因此，便不知不觉的漠视了他们的教育，把他们付托给老妈子，付托给街上的伙伴。在这种心理之下，幼稚园是不会发达的。我们要想提倡幼稚园，必须根本化除这种漠视小孩子的态度。我们必须唤醒国人明白幼年的生活是最重要的生活，幼年的教育是最重要的教育。

关心幼儿的父母，明白幼稚教育之重要，并且愿意送子女进幼稚园。但是他们有一种牢不可破的成见也是要不得的。这成见就是不愿他们的子女与贫苦人家的子女为伍。他们以为自己的子女是好的，贫苦人家的子女是不好的。他们以为贫苦人家的子女进了幼稚园便要把他们的子女带坏了。

因此，幼稚园便成了富贵人家和伪知识阶级的专利品。我们应当知道民国只有人中人，没有人上人，也就没有人下人。人中人是要从孩中孩造就出来的。教育者的使命是要运用好孩子化坏孩子，不应当把好孩子和坏孩子分开，更不应当以为富贵人家的孩子是好孩子，贫苦人家的孩子是坏孩子；尤其不可迁就富贵人家的意见排斥贫苦人家的儿女。富贵人家及伪知识阶级的父母倘不愿把亲生子女做新中国被打倒之候补者，就应当把自己的子女和不幸的人家的子女放在一个幼稚园里去受陶冶。办理幼稚园的先生倘若不愿把幼稚园当作富贵太太们打麻将时用之临时托儿所，便应当把整个的幼稚园献给社会的儿童。可是这样一来，幼稚园教师便须明白他们的使命：不是随随便便的放任，乃是要运用好孩子化坏孩子，运用坏孩子的好处化好孩子的坏处。

承认幼年生活教育之重要，是普及幼稚园之出发点；承认幼稚园为全社会幼儿的教育场所，是普及正当幼稚园的出发点。我们必须得到这两种态度，幼稚园才有普及的希望。

（二）改变幼稚园的办法 幼稚园的办法是费钱的，不想法节省，必不容易普及。最需要幼稚园的地方是乡村与女工区。女工区的幼稚园，还可由工厂担负经费，纵使用费太多，尚易筹措。乡间是民穷财尽，费钱较少之小学尚且不易普及，何况费钱加倍的幼稚园呢？所以在乡间推行幼稚园好比是牵只骆驼穿针眼。我们必须向着省钱的方针去谋根本改造，幼稚园才有下乡的希望，才有普及的希望。

（三）改变训练教师的制度 普及教育的最大难关是教师的训练。我们要想普及幼稚教育至少需要教师一百五十万人，这是一个最难的问题。因为不但是经费浩大，并且训练不得其法，受了办理幼稚园的训练，不一定去办幼稚园，或者是去办出一个不合国情的幼稚园，那就糟了。幼稚师范是要办的，但幼稚师范必须根本改造，才能培养新幼稚园之师资。纵然如此，我们也不能专靠正式幼稚师范去培养全部的师资。我们现在探得一条新途径，很能使我们乐观。试验乡村师范学校的幼稚师范院在燕子矶设了一所乡村幼稚园，叫做第二中心幼稚园。开办之初便收了三位徒弟，跟着幼稚教师徐先生学办幼稚园，张宗麟先生任指导。前天他和我谈起，幼稚园的徒弟制似可推行到小学里去，并且可以解除乡村小学教员的一个大问题——生活寂寞。我说："这是的的确确的。徒弟制不但能解除生活寂寞，并且能促进普及教育之进行。"普及小学教育及幼稚教育非行徒弟制不可。倘以优良幼稚园为中心，每所每年训练两三位徒弟，那末，多办一所幼稚园，即是多加一所训练师资的地方，这是再好没有的办法。我看三百六十行，行行有徒弟，行行都普及。木匠到处都有，他是怎样办到这个地步的？徒弟制。裁缝匠、泥水匠、石匠、铁匠和三万万四千万种田匠，那一行不是这样普及的呢？老实说，教学做合一主义便是沥清过的徒弟制。徒弟制的流弊是：劳力而不劳心，师傅不肯完全传授，对于徒弟之虐待。假使我们能采徒弟制之精华而除去他的流弊，必定是很有效的。若把这种办法应用到幼稚园里来，我是深信他能帮助幼稚教育普及的。我和陈鹤琴先生近来有一次很畅快的谈话，他主张拿鼓楼幼稚园来试一试。鼓楼幼稚园是最富研究性的，现在发了宏愿，要招收徒弟来做推广幼稚师资之试验，是再好没有的了。

　　以上所说的普及幼稚教育的三个步骤，不过是我个人所见到的，一定有许多遗漏的地方。关心幼儿幸福的同志，倘以别的好方法见教，那就感激不尽了。

　　　　　（原载 1928 年 2 月 29 日《乡教丛讯》第 2 卷第 4 期）

〔注释〕

　　① 徐先生　指晓庄师范幼稚园教育指导员徐世璧，女，安徽南陵人。

晓庄试验乡村师范的第一年①

"南洋有个财主，带了五十万两银子来，要在晓庄开洋学堂咧。""学生也肯打赤脚种田，这倒奇怪!""他们自己扫地，抹桌，烧饭，洗碗，还不是和我们一样的苦吃苦做。""晓庄的先生们就要到我们那里去办学堂了，刮刮叫，我们要用锣鼓炮竹去欢迎他们咧。"这些话是我在这一年当中亲耳听来的。晓庄学校在农民心目中曾经过这几度的变化。

但是山左的松树营，山后的三元庵，到现在还是怀疑我们。不能怪他们深闭固拒，只怪我们没有充分努力。我们应当用爱与诚来感化他们。我们今后要以这两处地方的反应来测量我们的爱与诚。

去年今日我们在这里开学，房子一无所有。本来只要有先生和学生便是一个学校，学校是不限定要有房子的。那些有四十二套桌椅一个大讲台的场所，未必是真学校。但是有房子总比较要便利些。从没有房子的去年到有五六座房子的今年，物质上的进步总算是可以自慰的。但是我们必须自问："我们对于无房可住的同胞的同情心，还有去年那样的热度吗?"我们能保持去年那样的同情心，才算不辜负这些房子。我们切不可给安乐把我们软化掉。倘使因为有了这些房子而减少了我们奋斗的精神，那末有房子还是不如没有房子好。这样说来，进步倒可成为退步。倘是我们不留意，这是可能的。

我们这个学校是师生共创共有的学校，不是一个人所创所有的学校。因为有了这个条件，所以军阀压不坏，炮火轰不散，土豪劣绅推不倒。没有校长、院长，也可以渡过存亡关头。倘若不是同志的结合，那末，不毁于枪炮也要毁于陷害，早已夭折了。我们今日之所以有一周纪念固靠这一点，将来是否能有百周纪念、千周纪念、万周纪念，也都要靠着这一点。

共同生活在安徽公学已经实行了几年，再经晓庄这一年的试验，我们对于这个原则的信念便益加坚固了。本校不但是师生共生活，连校工也是和大家共生活的。在不实行共同生活的学校里，教师自教师，学生自学生，校工自校工，一校之内分成三个阶级。既有阶级，便免不了风潮。不但坏教员能引起风潮，教员虽好，不与学生共生活，也就不知道学生的问题，不知道随时帮助他们解决，积久成多，一旦爆裂起来，也是不可收拾。我们大家共生活，自无阶级之可言，那因阶级隔阂而发生的问题也就消灭于无形了。校内一发生问题便立刻知道，立刻解决，那末，积久爆裂的危险也就可以预防掉了。积极方面，与学生共生活，日久便成为学生的朋友；与校工共生活，日久便成为校工的朋友。大家由相亲而达到相知相爱，自然可以造成和乐的境界。但是有形式的共同生活，有真正的共同生活。形式的共同生活难免同床异梦。真正的共同生活必须大家把人格拿出来互相摩擦，各人肯以灵魂相见才算是真正的共同生活。否则虽是日出共作，日入共息，中间却是隔了一个太平洋。我们共同生活之有无价值，全看这种意义之存在与否以为断。

教学做合一是我们的根本主张。经过这一年的试验，我们知道他是一个最有效力的方法。从冯玉祥练兵以及到绑票匪教徒弟都是不知不觉的采用教学做合一的办法，所以最有效力。中国一般学校教育为善不足，为恶也不足，都是因为教学做分家的缘故。所以用一般学校的形式来训练人才，决不会发生很大的效力，也决不能彻底的采用教学做合一的办法。一面要实现教学做合一，一面又要顾到一般学校的形式，实属绝对不可能。数月前我们得了一个方法叫做艺友制，简括说来，他是用朋友之道来训练同志学做教师或别种艺术。这才是真正的教学做合一。

中心小学也是我们的一种主张。但是挂了一个中心小学的牌子，未必就是真正的中心小学。真正的中心小学是师范学校训练小学教师的中心，同时以实际生活为他自己的中心。建设中心小学是本校一年来最困难的问题。我们试验的成败全在这一个问题上。全国乡村里的学校以单级为最多，这问题又可缩小为单级中心小学问题。倘使我们不能建设一个活的单级中心小学去培养乡村单级小学教师，我们便不会成功。一年来我们改变了好多办法。都没有满意的结果。最近似乎找到一条光明之路。指导会议②议决：请五位指导员各人指导一位学生，单枪匹马、因地制宜，用最少的经费去创办一个单级小学。现已成立二所，其余三所③定于本月内完全成立。这件事我认为是乡村师范教育最有关系的一着。一，师范学校指导员既负责去指导创办小学，他的兴趣方法必定是要受小学同化。师范学校指导员受了小学化才能与小学打成一片，否则师范自师范，小学自小学，真正的中心小学是跑不出来的。二，师范生既是单独去负责创办单级小学，那末单级小学活动教学做便是真的去干了。真的去干才能得到真本领，这是一定不移的道理。

我们的院务教学做，简单说来便是用学生学做职员。教务、文牍、会计、庶务等等都由学生担任。我们起初纯粹采取轮流办法，又因时局关系，指导员不能一贯指导，所以缺少衔接。本学期改为个人继续负责，大家轮流学习，推行以来，很是有效。本校现在事务方面之进步，多由于这个改革。只要有指导员指导，个人继续负责，学生分任事务是可以行的。

乡村幼稚园在这一年中已由理想而成为事实。燕子矶幼稚园由十数人加至三十余人。晓庄幼稚园虽在散村之中开办，亦即有十余人，可见乡村对于幼稚园有一种自然的需要。我们所最引为憾事的就是：幼稚师范院招考而应者寥寥。我现在要奉告从事妇女运动的太太小姐说："乡村妇女占全国妇女百分之八十五。世界上最需要你们的帮助的便是这些人。你们最能帮助她们的方法便是做幼稚园教师，代她们教小孩子。代她们教小孩子便可进一步去做她们的朋友和导师。二千六百万乡村幼儿在那儿呼喊，可听见了没有？八千五百万乡村妇女在那儿用手相招，可看见了没有？我们这里并不像你们心里想的那样苦。为何不来试他一试？"

我们虽是注重儿童教育，但从来没有忘记了成人。我们开始就立了一个信念：要想化农民，须受农民化。我们大家都抱着一个跟农民学的态度。起初有一种功课，叫做到民间去。后来大家觉悟到这个名词不妥当，便改为会朋友去。恰巧创办了一个中心茶园，我们便可以随时约几位农友来喝喝茶谈谈心，这才是结交朋友最自然的方法。中心茶园开幕之后，邻村未染嗜好之青年农友都到这里听书下棋了。老太太们以为这是防避儿孙赌博豪饮的好法子，个个都为中心茶园捧场。这是出于我们意料之外的成功。

最近我感觉到以上所述都是属于次要的。乡村教育之能否改造，最要紧的是要问我们肯不肯把整个的心献给乡村儿童。《毛毛雨》歌词依我们听来，不是情人的要求，乃是乡村儿童对着小学教师的呼喊。倘使我们肯把整个的心捧出来献给乡村儿童，那末，无论如何困难，必有达到目的之一日。否则天天背诵教学做合一，也是空的。我今天要代表乡村儿童向全国乡村小学教师及师范生上一个总请愿："不要你的金，不要你的银，只要你的心。"

（原载1928年3月15日《乡教丛讯》第2卷第5期）

〔注释〕

① 本篇是1928年3月15日陶行知在晓庄师范建校一周年纪念会上的演讲词。

② 指导会议　晓庄试验乡村师范学校的教师称为指导员，指导会议即指导员会议。

③ 已成立的二所指吉祥庵小学和万寿庵小学。其余三所，指三元庵、神策门和黑墨营小学。

《中国教育改造》自序①

　　这部书代表我在中国教育里摸黑路所见着的几线光明。从"教授"写到"教学"，从"教学"写到"教学做"，人家怕要疑我前后思想矛盾。其实我的矛盾处，便是我的长进处。当选择旧稿时，我曾下了一个决心，凡是外国教育制度拉东洋车的文字一概删除不留，所留的都是我所体验出来的。所以我所写的便是我所信的，也就是我所行的。

　　当吾母六十寿辰，我立志要将吾父母传给我最好的精神在中国教育上充分表现出来，作为我献与她的寿礼。她所最欢喜的是她的四个孙儿，她常呼他们为她的蟠桃。因此我便想到最好的寿礼，无过于把她爱蟠桃的心推广出去，使全国的蟠桃都得到他们所应得的爱护。自从这天以后，我便深刻的注意到小朋友们受的教育。我踏进蟠桃园去看了一看，知道这蟠桃园已由玉皇大帝交给专好"升赏"的猴王看管了。玉皇大帝所以叫他看管的意思，只是怕他"后来闲中生事，不若与他一件事管了，庶免别生事端"。谁知他不当一件事做，往往在园里"耍了一会，吃了几个桃子，变做二寸长的一个人儿，在大树梢头浓叶之下睡着了"。再抬头看看，只有小桃、中桃，后树上的大桃，"只有几个毛蒂青皮的，原来熟的都是猴王吃了"。这不是中国儿童教育的缩影吗！我们要想彻底改造蟠桃园，不但是要请出如来法掌去收服猴王，还要"瑶池王母自栽培"，才能使他"夭夭灼灼花盈树，颗颗株株果压枝"咧。纸上的教育改造能有多大效力！大家愿把整个的心捧出来献给小孩子，才能实现真正的改造。这部书最多不过是画了几条路线罢了。倘使遇不着有心改造的人，便与废纸何异？

陶知行

十七年清明日

〔注释〕

①《中国教育改造》是陶行知在晓庄试验乡村师范创校周年之际自编的一本论文集，收入 1918 到 1928 年所写的论著 32 篇并作序，约 9 万字。本书于 1928 年 4 月由上海亚东图书馆出版，到 1934 年 4 月，发行已达 7 版之多。

重视生物学

——致中国科学社

敬启者：敝校宗旨，在依据乡村实际生活，培养有农人身手、科学头脑、艺术兴趣、改造社会精神之教师，以为农民服务。本年进行计划，首重科学之发展，而科学中尤特别注意生物学。其理由有四：乡村环境中，生物最为丰富，用之无尽，取之无穷，此其一；生物设备较理化各科省费，轻而易举，此其二；儿童本身实一生物，教师必须明了生物原则，方能尽其天职，此其三；儿童最喜接近生物，以生物为中心教材，必能引起学生兴趣，使其有求知之乐，而耐求知之苦，此其四。有此四因，故不实行生活教育则已，如欲实行生活教育，必自提倡生物学始。敝校师范部及各中心小学，自加入生物教材，精神顿觉生动，惟开创伊始，体验太少，暗路摸索，端赖先导。自蒙贵社生物研究所秉农山①先生，悉心指示方针，张形汉、方炳文两先生，时加襄助，获益实多！敝校在此短时间内，能将生物学输入乡村小学，以润泽村儿枯涩之生活，并保护其固有之科学兴趣，皆贵社诸先生不倦教诲之力也！今为促进乡村科学化起见，深愿与贵社发生更密切之关系，以收合作之效。如蒙赞同，不胜盼切！至如何合作方式为最适当而有效力，亦望不吝指教。窃尝思之，科学化运动，比如大江之流，贵社为不竭大源，敝校不敏，愿引此水灌溉两岸，使石田尽化膏腴，以为民福。谨举所见，恭候卓裁，示复。

　　此致
中国科学社

　　　　　　　　　　　　晓庄学校校长　陶知行启
　　　　　　　　　　　　　　　十七年八月一日

〔注释〕

　　① 秉农山　即秉志（1886—1965），动物学家，河南开封人，曾任南京高等师范学校和东南大学、中央大学、厦门大学、复旦大学教授，并与胡先骕一起创办中国科学社生物研究所。

介绍一件大事

——给大学生的一封信

我最敬爱的同学：

　　人生为一大事来，做一大事去。我现在愿向诸位介绍一件大事。本来事业并无大小：大事小做，大事变成小事；小事大做，则小事变成大事。小人居高位如在厅里挂画像，挂得愈高，愈见其小。我们试把一部二十四史^①从头数，便知道有多少人是把大事小做了。巴士德^②当初研究那人眼不见的微生物，便好像是一件很小的事情。但是等到痨病虫发现以后，因他得救的人足足可以装满一个南京城。这是小事大做的效果。

　　我所要介绍给诸位的也是一件小事，不过诸位要将他大做起来，也就可以变成一件大事。请看，三家村，五家店，当中办了一个小学校，在这个小学校里当一个教员，初看起来是何等一件小事。有许多人简直当他为一件不得已而为之的职业。但是一个小学校，少则有一二十位学生，多则一二百。老百姓送他们进学校，便是不知不觉地把整个的家运交付给小学教员。小学教员教得好，则这一二十、一二百家的小孩子可以成家立业。否则，变成败家子，永远没有希望了。所以小而言之，一个小学生之好坏关系全村之兴衰。国家设立小学是要造就国民以谋全民幸福。因此，全民族的民运都操在小学教员手里。德国战胜法兰西，归功于小学教师，这是人所知道的。中国之所以受不平等条约的束缚和帝国主义之宰割，追到根源，也要算教书先生为罪魁。这也是我们所不能否认的。所以小学教师之好坏，简直可以影响到国家的存亡和世运之治乱。我记得一个土地庙前写着一副对联说："庙小乾坤大；天高日月长。"小学校便有如此气魄。

这都是说小学虽小，是应当小题大做的。但是为何想到诸位头上来？说穿也很简单。要想小学办得好，先要造就好教师；要想造就好教师，先要造就好师范学校，造就教师的教师。中国以农立国，住在乡村的人民占全人数百分之八十五，约计有三万万四千万。乡下学龄儿童以四年教育计算，约有三千四百万。每位教师教四十个小学生，全国便要一百万小学教师，其中乡村教师就要占八十万人。用九年功夫训练这些乡村教师，便要二万八千位乡村师范指导员；用三年功夫训练他们，便要八万五千位乡村师范指导员。晓庄学校已经决定，自本年秋季开始乡村师范指导员之训练。我们很希望抱着兴味的大学生看清国家未来的需要，早日下乡来和我们共同挑起这个担子。晓庄学校对于诸位没有多大贡献，但在下列四件事情上，情愿尽心竭力帮助大家进修：

（一）**生活农民化** 我们做乡村工作的人，必先农民化，才能化农民。我们与农民共生活同甘苦，才能了解他们的困难，帮助他们解决。这是《大学》③"新民"的道理，我们可以引导大家实行的。

（二）**学术儿童化** 乡村师范的职务，是训练小学教师；故他的指导员和普通中学的教师不同，必须明白儿童生活才能胜任。诸位所学的高深学问，必须向儿童需要折腰。儿童是诸位的总指导，我们只是儿童的助手。

（三）**团体行动纪律化**　我们民族最大的病根，是数千年传下来的无政府脾气！那凿井而饮、耕田而食的农民，连团体里都充满了这种脾气。要想铲除这个病根，非有严明的纪律，则一盘散沙之民族断难幸存，我们可以帮助大家，放弃个人的自由，以谋公共的幸福。

（四）**建设工作下层化**　种树栽花，要下面可以安根，上面可以出头，才有活的可能。人生如此，立国也如此。但有好些人只顾向上出头，忘了向下安根，所以枯死。我们应当明白，最下层的工作是最重要的工作。这种工作，又须彻底去干。一次，工人为我们凿井，没有挖到泉下就中止了。临行，要我写字送他，我就送他八个字："下层工作，务须彻底。"我们愿意同大家一齐下井，挖到活泉为止。

我们中国已经堕入老八股和洋八股的深渊里。抱着伪知识当宝贝的人，譬如在水里向着反光跑，愈跑愈近死路。惟有放弃虚光，才是走向生路。诸位如愿加入我们的团体，和我们共找生路，我们的诚恳请求是："出空脑袋里的伪知识。"我们又要报告我们并没有什么真知识奉送诸位。真知识是要自得的。但必须出空伪知识，才有获得真知识的可能。这是我们欢迎大家下乡时所要特别说明的。

十七年八月十五日

〔注释〕

①　二十四史　清乾隆时，《明史》定稿，诏刊出二十二史，又诏

增《新唐书》，并从《永乐大典》中辑出薛居正的《旧五代史》，合称
二十四史。

② 巴士德（1822—1895） 法国微生物学家，亦译作巴士特、巴
士笃。

③《大学》 儒家经典之一。为《礼记》的一篇，约为秦汉之际
儒家作品，与《论语》、《孟子》、《中庸》合称为"四书"。

湘湖教学做讨论会记①

问："道尔顿制"②与教学做合一之异同如何？——唐文粹

答：按"道尔顿制"，学生有一个时间的预算，依着进程表工作，不过它太看重了书本！它每门功课，都有实验室，其实只是图书室。在里面，学生根据先生做好的问题，各人按照各人程度去找答案。它的好处，便是能够按照各人的程度工作——聪明一点的可以做得快些，愚笨一点的可以做得慢些。所以在这制度下的学生比较旧式学校要自由得多。可惜它太看重了书本，而且须初中以上的程度才能行。

"教学做合一"是以生活为中心——怎样做，就怎样学；怎样学，就怎样教。所有的问题，都是从生活中发生出来的。从生活中发生出来的困难和疑问，才是实际的问题；用这种实际的问题来解决才是实际的学问。它的实验室是大自然和大社会，不像"道尔顿制"那样专在书本上做功夫了，虽然书中也有一部分可以解决生活问题，不过书仅能用为生活的工具罢了。

问：什么是"教学做合一"？——叶纶恕

答：教学做合一有两种涵义：一是方法，二是生活的说明。

在方法方面，它主张教的法子根据学的法子，学的法子根据做的法子。不然，便要学非所用，用非所学了。

在又一方面，它是生活的说明，在做上教的是先生，在做上学的是学生。从先生对学生的关系说，做便是教；从学生对先生的关系说，做便是学。先生拿做来教，乃是真教；学生拿做来学，乃是实学。不在做上用功夫，教不成教，学也不成学。一个活动对事说是做，对己说是学，对人说是教。我们不能说种稻是做，看书是学，讲解是教。为种稻而讲解，讲解也是做，为种稻而看书，看书也是做。

例如烧饭是做，烧了一次饭得到一种经验而进步便是学；你的进步影响到别人，使得别人也进步，便是教。

又例如孙中山先生革命，也是教学做合一的。先生领导同志革命是做；愈革命愈进步，像组织兴中会③，改组同盟会④，民国成立，改组国民党，后又改为中华革命党，以至于十三年改组的中国国民党，这便是学；他一面革命，一面人家受了他的影响，也同起而参加革命，这不是教吗？

西洋教育最好的是"研究所"和小学，其余的中、大学都不大好。我有一次在美国参观一所研究所，觉得它的办法的确是教学做合一。一个六七十岁的老先生，带着几位助理，就是徒弟，在那儿共同研究。他自己研究蚊虫——看它是怎样产生，什么方法才能灭它，这便是做。他愈研究愈进步便是学。徒弟在旁边有研究蛇的，也有研究苍蝇的，都受他的影响而进步，便是教了。

连上海的绑匪，也是教学做合一。不然，一定利市没有发，包管被人捉了！冯玉祥练兵也是教学做合一的。他的军队之好连张作霖也承认。所以最好的教育，要想它有效，须是教学做合一；最坏的训练，要想它有效，也要教学做合一。教学做合一，是最有效力的法子。不过教学做合一，有死的教学做，有活的教学做。比方从前用嘴舌为教，用耳目为学，用手为做，那便是机械了，把教学做三个字都看死了。我们的耳、目、口、舌，四肢百体，统统是脑筋发号施令的器官。做一事，用得着什么器官，便用什么器官，这才是把做字看活呢！

有有意义的做与无意义的做。

人家怎样做，我也怎样做，而不求其所以然，便是无意义的做。在劳力上劳心，手到心到才是有意义的做。比方烧饭，便要用心想："如何使饭烧得好？""如何用烧饭的书，用别人烧饭的经验，使自己所烧的饭，既合口味，又合卫生？"这样烧饭才算是有意义的。

做有意义，即学有意义，教有意义。

做什么事，便看什么书，问什么人，用什么工具，那末才做得好，学得好，教得好。不然，"饱食终日，无所用心，难矣哉！"

问：教学做的目的是什么？——翁衍桢

答：教育的目的要先看所教的是什么人。各校有各校特殊的目的。像我们乡村师范学校，总目标是：培养乡村人民儿童所敬爱的导师。从总目标又析为五个分目标，如下表：

$$
\text{培养乡村人民儿童所敬爱的导师}
\begin{cases}
\text{康健的体魄} \\
\text{农人的身手} \\
\text{科学的头脑} \\
\text{艺术的兴味} \\
\text{改造社会的精神}
\end{cases}
$$

问：社会改造教学做宜如何去干？——翁衍桢

答：我们是培养小学教员，便以小学教员对于社会改造来做例子。大凡小学教员，没有改造社会的精神，便是很枯燥无味的。乡村教师与未来的乡村教师，心里都应当有一个"理想的社会"。比方这里定山已是一个社会，我们要把这个原有社会的恶习惯、坏事情，统统革除，把我们心中理想的新社会实现出来。虽然时间不许我们立刻完全成功，但是我们干一段去了，可以把未完工作交给第二届同学，以至于第三届第四届第十届……同学去干。不过这里建设好了，对于你们将来出去做教员有什么关系呢？因为"以一知万"或"一隅三反"——定山会改造了，别处也就可以推想了。

教员的天职是变化，自化化人。虽然不容易学孙悟空的七十二变，但是至少要看重变化。普通许多做教员的，都是不得已而为之，这种心思我们应该着实革除！无论什么人，一说到当教员，必得有个理想的社会悬在心中。国民党员做教员的时候自然抱着三民主义的理想社会，去努力做下层建设的工作。假使他是个无政府党员，他便以一种无政府社会理想做根据，想以教育的力量来替代政府。我们对于自然的环境和人为的环境，都该要有理想的安排。教育是实现理想社会的历程，假使理想社会里有不好的东西，我们就要运用教育力量去变化它。至于优良的，虽在这社会之外，也要把它吸进来。

问：小学教员一个人单枪匹马，哪里有闲工夫去干社会工作？——项采林

答：小学教员是不是一个人？学校中许多小学生都是我们的小同志；而且来往的成人，个个都能受我们的同化。比方叫孙中山先生来做小学教员，那他一定把许多小学生都变成小革命党了。小学生中大的能教小的，智的能教愚的。成人的朋友们也可一面感化一面协力去干的。穷乡僻壤的小学教师，决不是唱独角戏。

问：赵叔愚先生对于农民的训练：（一）基本的训练，（二）生产的训练，（三）政治的训练，应否同时并进，或哪一步先干？——徐耀士

答：这个问题要看社会的情形而转移：或先干基本训练，或先干政治或生产，或同时并进都可。总之要看地方情形，哪一种容易着手，就先干那一种。

我们干民众训练，一时不能达到，万不可性急！性急了，非但精神上感觉很大的痛苦，而且事实上要发生障碍。要把我们理想的社会，慢慢一步步地进行。赵叔愚先生的农民训练，是整个的；要想训练整个的国民，就非整个的训练不可！（方与严补充）

问：照先生的《"伪知识"阶级》一篇看，或许是不要文章了？其于发表理论何？——罗谦

答：要发表理论，便要文章来做工具。你们的日记，便是学做文章的一个最好方法！日记是我们一天心灵的写真。

每天不同的生活，要我们写出来，我们要应付这种要求，便自然的产生出活的文章。我们做小学教员的人，将来是要做些儿童文学给儿童看，做些民众文学给民众看，都是要此时练习成功的。所以每天日记，要把亲目所见、亲耳所听、亲手所做的发表出来。每天的生活不同，就能够使每天的文字不同。要有活的日记，就要有活的文字记载。进步一定比以前死的"作文"当然好得多。

问："书本"是人生工具的一种，我们生活在世上，就随时随地要用工具。我们要工作就要有工具的准备。要有好的工作，就要有好的工具，所谓"工欲善其事，必先利其器"。那末书是准备做的利器，何等重要啦！为什么又有人说读书的人叫"书呆子"？这样势必使人都不读书而后快。到底如何？请陶先生释疑。——徐耀士

答：书呆子就是读书没有目的的人。我平时尽力劝人不要做书呆子。书是一种工具，只能用，不可读。比如筷子是吃饭的工具，假使我们对于筷子，不晓得拿来用，却对着它"筷子，筷子"的念，那不是筷呆子了吗？从前有二句诗说：

"万般皆下品，唯有读书高。"

又说：

"满朝朱紫贵，尽是读书人。"

假使书是应当读的，便应使人人有书读；决不能单使一部分的人有书读，叫做"读书人"，又一部分的人无书读，叫做"不读书人"。比如饭是应当吃的，便应使人人有饭吃；决不能使一部分的人有饭吃，叫做"吃饭的人"，又一部分的人无饭吃，叫做"不吃饭的人"。只知读书不会做别的事，

便是书呆子，书呆子和只会吃饭的饭桶一个样子。

问：何谓真知识，何谓伪知识？——黄上青

答：真知识是思想与行为结合而产生的知识，真知识是安根在经验里的。从经验里发芽长叶、开花结实的是真知灼见。

伪知识可分二种：

一、根本上错误的，不符事实。

二、强不知以为知，实在不知。人家告诉他，可是他自己一点经验没有，对于别人所说的话并不了解，这也是虚伪的知识。

可是真知识还有可以同接树枝一样接上的。人家的真知识，接在我们素有的经验上，也可变为自己的真知识。若自己一些经验没有，就是他人有真的知识也接不上去。

书本上的知识有一部分是真的，有一部分是伪的。文字好像是钞票，没有经验而发表的文字，好比是没有准备金的钞票。伪钞票不值一文钱。从前的八股文百分之九十九是伪的，现代的"洋八股"也是伪的！

问：教学做合一与设计教学法⑤之异同如何？——毛守诚

答：设计教学法比"道尔顿制"好些。就精神说，它与教学做合一的道理也很相近。但既称为教学，往往把做字忘掉，便与教学做合一不符。行这个方法的学校，往往从先生脑袋里设出计划来，也有时与学生的生活渺不相关。教学做合一乃是生活法。有意义的生活自必有计划。但是，教的计划是根据学的计划，学的计划是根据做的计划。设计是为生活。设计教学做是生活法的一部分。

问：为什么天天要自己干扫地、抹桌、烧饭等工作？——黄上青

答：烧饭是一种美术的生活。做一桩事情，画幅图画，写一张字，如能自慰慰人就叫做美。一餐饭烧得好，能使自家吃得愉快舒服，也能够使人家愉快舒服，岂不是一种艺术吗？今夏冯玉祥氏，曾来我们晓庄学校参观，他看了我们那校里烧饭都是同学和指导员自己一起烧的，他马上打电报给总司令部：官兵一律自己烧饭，不用伙夫。后来他说："第二集团军从此每月可省好多万元，而于战斗力也无损失！"

扫地抹桌，是养成扫除肮脏的习惯。我们还可以把扫地抹桌的魄力，推出去扫除全国的、全世界上的一切的肮脏东西！我们要能随时随地，见肮脏就除，见污秽就扫，必使家庭无肮脏，社会无肮脏，国家无肮脏，世界无肮脏而后已。

问：教学做合一，是要做什么事，才去看什么书，请教什么人。似此，则事实与时间上往往发生因应付不能裕如的困境，而绝端犯了"临渴掘井""临时抱佛脚"的弊病！未稔何以教之？——徐德春

答："临时抱佛脚"是可耻的；临渴而能掘井，才算那人还不致去讨水或偷水喝，尚不无创造的精神！但是我们凡做一事，须要立定先后缓急的计划，准备充分可用的工具，才能应付裕如。倘使我们按照需要的生活历程去预定计划，自然没有"临渴掘井"的弊病了。

〔注释〕

① 1928 年 11 月 10 日、11 日，陶行知参加浙江湘湖师范全体师生举行的教学做讨论会，并在会上回答了大家提出的问题。本篇是罗谦整理的答问记录。

② 道尔顿制　一种教学的组织形式和方法。1920 年，由美国教育家柏克赫斯特在马萨诸塞州道尔顿中学所创行。该方法强调发展儿童个性，培养学生独立工作的能力。它不采用传统的班级授课制，而是在教师指导下，每个学生的学习内容、时间和进度由学生各自掌握，以适应其能力、兴趣和需要。这种方法过分强调个性差异，忽视班级集体的作用，往往造成放任自流。

③ 兴中会　孙中山 1894 年 11 月在檀香山创立的中国最早的资产阶级革命团体，次年设总会于香港。

④ 同盟会　即中国革命同盟会，中国资产阶级革命政党，由孙中山于 1905 年 8 月在日本东京创立。以孙中山领导的兴中会为基础，与华兴会、光复会等团体联合组成。

⑤ 设计教学法　美国教育家克伯屈于 1918 年所创。主张打破班级授课制和学科界限，由学生自己决定学习目的，自己设计方案和自己实行，在单元活动中获得有关的知识和解决问题的能力。20—30年代，设计教学法曾在中国一些小学中流行。1932 年，陶行知写了一首题为《两位先生的对话》的诗，否定了克伯屈的这个教学法。

《破　晓》序

　　《破晓》是楚材①在晓庄摸黑路之自述。他编著成功后，要我替他做篇序，我从头到尾读了一遍，觉得好像是看活动影片，有趣得很！最有趣的，是我自己也是这套活动影片中的一个角色。看自己和朋友所演的活动影片，当然是一桩最有趣味的事。是的，《破晓》是楚材和他的伙伴在晓庄所过生活之写真。——晓庄化之楚材写真，也是楚材化之晓庄写真。

　　说得确切些，《破晓》不是写真而是传神。我读的时候，感觉到楚材的心灵和晓庄的精神在纸上活跃。

　　《破晓》虽有三十多篇小品文字，但在这里面你可以看出一个一贯的人生观。这个人生观是什么？不是别的，是诗。充满晓庄的只是诗——诗的神，诗的人，诗的事，诗的物。晓庄是一部永远不会完稿的诗集。他不是个学校，若拿个学校的名目来找晓庄，一定要迷路，失望，如果硬要派他算个学校，他最多只能承认是个诗的学校。可是要拿五言、七言，古诗、律诗、白话诗这些名目去找晓庄，又要迷路失望了。他所有的是"诗生活""生活诗"。除了这种诗以外，他别无长物。只有诗能说明晓庄生活的一切。

　　楚材写入学垦荒考试说：

"白粉线一方方的划好，各人手里都拿着山锄，号笛一响，大家向荒芜的山上垦去。汗从额角上背上渐渐渗出，于是把棉衣脱去；依旧不息地垦掘，流着热汗，汗发出水蒸气，像白雾般在眼前。喘着气，呼呼地在喉间作响。不一会，锄柄上有红色粘着，心里非常害怕。这是什么咧？原来，是从薄脆的手皮里所浸出的鲜血呀！血！不管。要做一件事，要使一件事做得好，总要流汗，总要流血。"

这是我们对于流血的态度。"血！不管。"没有诗的人生观，能说得这样有力吗？

在陆家②避难的时候，遇了大雨，楚材写屋漏说：

"晚上，冷冰冰的水点，从茅草的破坏处滴到脸上，往往惊醒，喔！有趣!"

只这"喔！有趣!"三字已把寻常被人讨厌的屋漏通身诗化了。

一次将要绝粮，全校只剩一元钱，大家处之泰然，他说：

"不！我们倘然饿死，也是为乡村教育而死，我们预备着牺牲；即使这时不饿死，别的时候也会饿死的。时时会使我们饿死，处处会使我们饿死。以前从事乡村教育的死者很多了；我们虽然死，我们的事业和精神是不会死的，永久的遗留在世上。"

同学们这次所受的困苦比我十八岁流落在苏州的时候，我和我的表兄把衣服当得三百文过一日还要难些；但他们会拿一个不朽论去自慰慰人，立时便把"饿死"这件事彻骨的诗化了。他们甚至于深信他们饿死了之后不是变为饿鬼，必定是无疑的变成饿神。

楚材写养羊的故事说：

"在一个冬天，小羊从母羊肚里诞生，一共是两个，软绵绵的非常可爱，引动了同学的好奇，聚着围观。但是这个可喜的消息，却造成了悲哀的结局，不知怎的引动了豺狼的胃口，在另一个晚上，只听得惨痛的号叫，把两个白嫩的小羊劫去了，第二个晚上，连母羊也夺了去，只剩那可怜的公羊，在夕阳西坠的时候，号着鼓盆之歌，动那西河之痛，非常凄惨的。"

这是人对物的同情也只有诗意可以说明。我们觉得自己煮的生饭是有特别香味的。我们以为土匪来了便是土匪自动上学。晓庄的粪也似乎失了本来的真味而许人亲近。这些除了诗的态度以外，又有什么可以说明呢？

楚材写高大哥③最为精彩，在诗人的目光里，高大哥浑身都是诗。倘我们用佛眼来看他，他何尝不是位弥陀佛呢？毕竟佛眼不常开；诗神也大意了些，高大哥乃不能容于晓庄，于今不知流落到何方去了!? 也许他已投到比晓庄更有诗意的地方而被引为上宾；也许到处遇着俗人，终身被人侮弄。总之，高大哥之去，非但是高大哥之不幸，也是晓庄的大不幸啊！诗的晓庄而不能给诗的高大哥一回旋之地，实为我们终身之大遗憾。

虽然缺了一大块，但晓庄毕竟还是个诗境，不是个别的东西。在晓庄一切诗化：困难诗化，所以有趣；痛苦诗化，所以可乐；危险诗化，所以心安；生死关头诗化，所以无畏。这是建设的达观主义也可以说是创造的乐天主义。我很愿意介绍楚材的《破晓》，因为在这里面大家可以看见这主义已经起身，正在梳妆台前照着镜子欣赏他自己的美丽咧。

（1928 年 11 月 24 日）

（原载 1929 年 1 月 30 日《乡教丛刊》第 3 卷第 2 期）

〔注释〕

① 楚材　即李楚材（1906—1998），晓庄师范第一届学生。著《破晓》，1929 年 1 月在无锡印刷出版。

② 晓庄学校于 1927 年 3 月建校时，无校舍，师生暂借燕子矶小学住宿。后因北伐革命军进军南京，在战火中，师生散居周围农友家中。陆家，指农友陆健祥家。

③ 高大哥　即高祥发，是当时晓庄师范唯一的工友。

答朱端琰之问①

端琰先生：第二次手书，业已拜读，只因晓庄冬防吃紧，无暇执笔，以致迟迟未复，实在是十分抱歉。

一 什么是做？

先生垂问的几个问题都是很有意思的。我把这些问题仔细看了一下，觉得先生的疑问都是集中在一个"做"字上面。这是当然的，因为教学做合一的理论也是集中在"做"之一字。所以必先要把"做"字彻底的说明一番，然后其余的问题，便可迎刃而解了。

"做"字在晓庄有个特别定义。这定义便是在劳力上劳心。单纯的劳力，只是蛮干，不能算做；单纯的劳心，只是空想，也不能算做；真正的做只是在劳力上劳心。我们做一件事便要想如何可以把这件事做好，如何运用书本，如何运用别人的经验，如何改造用得着的一切工具，使这件事做得最好。我们还要想到这事和别事的关系，想到这事和别事的相互影响。我们要从具体想到抽象，从我相想到共相，从片段想到系统。这都是在劳力上劳心的功夫。不如此，便不是在劳力上劳心，便不是做。

做必须用器官。做什么事便用什么器官。耳、目、口、鼻，四肢百体都是要活用的。所以有的事要用耳做，有的事要用眼做，有的事要用嘴做，有的事要用脚做，有的事要用手做，有的事用它们合起来做。中国教育的一个普遍的误解是以为：用嘴讲便是教，用耳听便是学，用手干便是做。这样不但是误解了做，也误解了学与教了。我们主张教学做是一件事的三方面：对事说是做，对自己之进步说是学，对别人的影响说是教。做要用手，即学要用手，教要用手；做要用耳，即学要用耳，教要用耳；做要用眼，即学要用眼，教要用眼。做要用什么器官，即学要用什么器官，教要用什么器官。

做不但要用身上的器官，并且要用身外的工具。我们的主张是：做什么事便用什么工具。望远镜、显微镜、锄头、斧头、笔杆、枪杆、书本子都是工具，也都是要活用的。中国教育的第二个普遍的误解，便是一提到教育就联想到笔杆和书本，以为教育便是读书、写字，除了读书、写字之外，便不是教育。我们既以做为中心，那末，做要用锄头，即学要用锄头，教要用锄头；做要用斧头，即学要用斧头，教要用斧头；做要用书本，即学要用书本，教要用书本。吃面要用筷子，喝汤要用匙子，这是谁也知道的。倘使有人用筷子喝汤，用匙子吃面，大家必定要说他是个大呆子。我们现在的教育，何尝不是普遍的犯了这个错用工具的毛病。中国的教员、学生实在太迷信书本了。他们以为书本可以耕田、织布、治国、平天下；他们以为要想耕田、织布、治国、平天下只要读读书就会了。书本是个重要的工具，但书本以外的工具还多着呢。因为学校专重书本，所以讲书便成为教，读书便成为学，而那用锄头、斧头的便算为做了。这是教学做分家。他们忘记了书本也是"做"事所用的工具，与锄头、斧头是一类的东西。做一件事要想做得好，须用锄头便用锄头，须用斧头便用斧头，须用书本便用书本，须合用数样、数十样工具，便合用数样、数十样工具。我们不排斥书本，但决不许书本做狄克推多②，更不许它与"做"脱离关系，而成为所谓"教学"之神秘物。

有了上面补充的总说明，再去解答先生的疑问似乎容易得多。我现在就顺着先生质问的次序逐一答复，然后再归纳起来，答复先生总结的三问题。

二 以实际生活为中心的教育是否能够顾到人生的全部？

教学做有一个公共的中心，这"中心"就是事，就是实际生活。实际生活，说得明白些便是日常生活。积日为年，积年为终身，实际生活便是人生的一切。分析开来，战胜实际的困难，解决实际的问题，生实际的利，格实际的物，爱实际的人，求实际的衣、食、住、行，回溯实际的既往，改造实际的现在，探测实际的未来：这些事总结起来，虽不敢概括全部人生，但人生除了这些事还有什么？在做这些事上去学、去教，虽不敢说有十分收成，但是教成的与学得的必是真本领。实行这种教育的社会，虽不敢必其进步一日千里，但是脚踏实地的帮助人类天演历程向上向前运行而无一步落空，那是可以断言的。

三　教学做合一是否能够传递全社会的经验？

"教育是传递社会的经验"，这句话不能概括一切教育。倘若教育是仅仅把社会的经验传递下去，那就缺少进步的动力。所以与其说"教育是社会经验之传递"，不如说"教育是社会经验之改造"。教育上之所谓经验原有两种意思：一种是个人的；一种是人类全体的。但是经验无论属于个人或人类全体，决无超时间空间的可能。我们最多只可说有些社会经验是不限于一时代一地域的。经验又有直接间接的分别。这当然是不可否认的。我在《"伪知识"阶级》里面，曾经说明"接知如接枝"的道理。我们必须有从自己经验里发生出来的知识做根，然后别人的相类的经验才能接得上去。倘使自己对于某事毫无经验，我们决不能了解或运用别人关于此事之经验。人类全体的经验虽和个人经验有些分别，但是我们必须有个人经验做基础，然后才能了解或运用人类全体的经验。

我们必须以个人的经验来吸收人类全体的经验。孔子说："举一隅，不以三隅反，则不复也。"荀子说："以一知万。"无论他是一隅三反，或是以一知万，那个"一"必定是安根在自己的经验里。自己经验里的"一"是一切知识的起点。有了这个"一"，才能收"三反"、"知万"之效。"墨辩"分知识为闻、说、亲三种。"说曰：'知：传受之，闻也；方不瘴，说也；身观焉，亲也。'"闻知是别人传授进来的；说知是自己推想出来的；亲知是自己经验出来的。依教学做合一的理论说来，亲知是一切知识的基础。没有亲知做基础，闻知和说知皆为不可能。看了下面的图，便可格外明白：

四　如何可以了解哥仑布探获新大陆的故事？

现在可以具体的答复哥仑布发现新大陆一事了。如果我们要正确的知道哥仑布发现新大陆的经过，恐怕系要请国民政府效法西班牙王拨下一只大帆船横渡大西洋才行。即使这样办，我们也不能得到完全与哥仑布相同的经验，因为现在的情形和我们的同伴决不能与他的一样。我们何尝要这样正确的知道他发现新大陆的经过？即使是探险家也不须复演这种经验，他们有更好的海船和工具，决不致发呆气去模仿哥仑布。教学做合一的理论，并不曾主张普通人去模仿特殊人物之特殊事业，也不曾主张现代人去复演前代人物之过去事业。那末，我们所要知道的是哥仑布发现新大陆的大概情形和影响。可是使人知道这件事上，便有两种根本不同的办法。一种是迷信书本演讲，及所有代表经验的储藏库，以为只要读哥仑布的书，听讲哥仑布的事，便能十分明白，再也用不着任何直接经验了。一种是确信直接经验为了解一切事实的基础，所以要想大略了解哥仑布之发现新大陆，也必得要些个人的直接经验做基础，才能了解别人所写、所讲的哥仑布故事，才能推想哥仑布当年航海的情形，想象发现新大陆以后之影响。他运用书籍、演讲不亚于第一派；但他要进一步审查那用以了解书本上、演讲中之哥仑布之个人直接经验是否充分。如不充分，他便认为他的第一责任是使学生在做上补充这种经验，然后再去看书、听讲、推论。否则，他认为是耳边风，或是走马看花，无论说得天花乱坠，或是写得满纸锦绣，都是不能接受进去的。

用以了解哥仑布发现新大陆所需的直接经验是什么？这可不能一一数出，只好提要列举数种：坐过海帆船，渡过海，在海里遇过大风暴雨，受过同事阴谋加害，看过野人，在大陆上住过……诸如此类都是了解哥仑布故事的直接经验。如果没有渡过海，不得已而求其次也要渡过湖，再其次也要渡过江，再其次也要渡过河，万不得已也要看过池塘。倘使没有坐过海帆船，不得已而求其次也要坐过鄱阳湖里的民船，再其次也要坐过秦淮河里的花船，再其次也要看过下雨时堂前积水上之竹头木屑。倘使这些经验毫无，我不知道他如何能懂哥仑布之探险。

五　要明白火星是否要到火星里去？

火星里的生活，必须到火星里面去过才能知道清楚，至少也必须有人到火星里去过，回来把火星里的生活告诉我，我又有足以了解这生活之基本经验，才能间接知道清楚。但是如今还没有人到过火星，那末，火星里的生活是决没有人知道清楚的。关于火星的事，现在知道最正确的，也不过是用望远镜所能看得到、用数学所能推得出的。最大的天文学家也只能承认他对于火星只知道一点皮毛。虽然只知道这点皮毛，但教学做合一的天文学者，必定要在天文台上用望远镜及高等数学在做上去求得关于火星的知识。万一得不到望远镜，他至少要用肉眼对着火星去考究。关于火星的书，他是要看的；关于火星的演讲，他是要听的；但他必定要得到最好的望远镜看他一看，才算甘心。不，他一有办法，必定要到火星里去，与火星人共同生活，才能满足他的求知欲。

六　分子运动等如何可以明白？

分子运动，原子运动，电子运动，都是科学家从研究物质上推想出来的理论，以解释种种物质的现象。我们要想真正了解这些理论，必须从研究物质的现象入手。在研究物质现象上教学做，是了解这些理论最有效力的方法。倘使真要拿分子运动里的生活来说明教学做合一，我们便可举空气为例。分子运动速率增加，便觉热；速率减少，便觉冷。我们要想明白分子运动的速率，这气候的冷热却是一个眼面前最显明的例子。

七　如何可以得到飞机、无线电的知识？

飞机和无线电的知识，可分为两级。第一级是制造的知识。制造飞机与无线电的知识，都要从制造上得来，方为有效。他要在造上学，在造上教，才能一举而成。若单在书上学，在书上教，等到造的时候势必重新学过，则以前所学的等于耗费了。第二级是了解的知识。这级知识可从别人那里或书本上得来，但学的人必须有些基本的直接知识，才能接得上去。这些基本的直接知识，都是从"做"上得来。倘使没有从"做"上得来的基本的直接知识，那末，书上所写的飞机、嘴里所讲的无线电，都与学的人漠不相关。

八 做不完的就不要学不要教了吗？

有了上面的解释，我们可以说，教一切、学一切都要以"做"为基础。事实上当然做不完、学不完、教不完的。我们遇此困难只有估量价值，拣那对于人生最有贡献的事，最合乎自己之才能需要的去做、去学、去教。那不能参加的，只好不参加；不能做的，只好不做。除此以外，还有什么办法呢？

九 科学家的发明、哲学家的理论、宗教家的 教义都是从"做"上得来的吗？

牛顿看见一个苹果落下便发了一问："为什么苹果不向上飞呢？"从苹果下坠推到一切，于是想出万有引力的理论以解释这些现象。牛顿看见苹果下坠，便是用眼做；他从苹果下坠，推到一切以至想出万有引力的理论，乃是用脑做了。

阳明先生虽倡知行合一，但是不知不觉中仍旧脱不了传统的知识论的影响，又误于良知之说，所以一再发表"知是行之始，行是知之成"的言论。我现在愈研究愈觉得这种见解不对。一年前我写了一篇文字证明："行是知之始，知是行之成。"恰与阳明先生相反。古今中外所发现第一流的真知灼见，就我所知，无一不是从做中得来。哲学家之发明学说，宗教家之创立教义，何尝有一例外？我姑举一二人作为例证，以资说明。孔子少贱，故多能鄙事。他入太庙，每事问。晨门称他是知其不可而为之者。多能鄙"事"，每"事"问，知其不可而"为"之，便是孔子发明他的哲学的根源。达尔文和瓦雷士之天择学说，不是从天上凭空掉下来的，也不是从书本里抄下来的，也不是从脑筋里空想出来的，乃是在动植物中经年累月的一面干，一面想，干透了，想通了，然后才有这样惊人的发现。耶稣基督、释迦牟尼之创立教义也不是凭空冥想出来的。试把佛教经典及基督教新约翻开一看，便知道他们所阐明的教义并不是整套的同时宣布出来。他们是在众生中随行随明，随明随传的。哲学起于怀疑，宗教起于信仰。怀疑与信仰都是应生活需要而来的。

十　小孩子也是教学做合一吗？

初生的小孩子便是教学做合一。做的意义，比平常用法要广得多，这是对的。但是，"学也是做"、"教也是做"、"教育就是做"的三句结论，殊有语病。我们可以说："做是学的中心，也是教的中心。"我们也可以说："教学做合一便是生活。"倘若我们赞成"生活即教育"的主张，那末，生活教育必是教学做合一的；生活教育内之教与学，必是以做为中心。

十一　教学做合一不忽视了精神活动吗？

我们既以在劳力上劳心算为"做"的定义，当然不能承认身体与精神分家。自动的涵义便同时具有力与心之作用，即同时要求身体与精神之合作。

十二　贴标语游行可算是革命的教学做吗？

教学做合一既是人生之说明，所以人人都在做，都在学，都在教。但是做错了，学与教都跟着错。怎样会做错呢？错用目的，错用器官，错用工具，错用方法，错用路线，错用力量，都会叫人做错，即会叫人学错教错。教学做合一的要求是：事怎样做便怎样学，怎样学便怎样教。革命这件事要怎样做才能成功？这是我们首先要考察的。比如分析起来，觉得要想革命成功，须有种种条件：（一）适应现代中国需要之主义；（二）忠勇廉洁爱民的领袖；（三）纪律严明、器械精良之武力；（四）独立发明之学术；（五）开源节流之财政；（六）训练自立爱国民众之教育；（七）联合世界上以平等待我之民族；（八）贴标语；（九）游行……假使革命要满足这些条件才能成功，那末革命教学做，便是整个的在这些事上做，在这些事上学，在这些事上教。倘若把头几项撇开，只以贴标语游行为能事，做虽是做，却是做错了，至少也是没有效力的做了。

十三 晓庄因实行教学做合一
不就忽略了看书吗？

晓庄看书的时间是有规定的，所看的书也是有指定的。但比别的学校是自由得多。我们对于书籍有一条方针：做什么事用什么书。我们很反对为读书而读书。我们从去年就想依据生活历编辑一个最低限度的用书目录，现在还未编成，将来编成之后，就容易上轨道了。只要谨守"在劳力上劳心"的原则，自然会从具体归向理论，从片段走向系统。但是造诣深浅，有属于禀赋的，我们固难以为力；有属于勤惰的，生活部实负有考核勉励指导之责。

十四 教学做合一不太偏重技能
而忽略知识吗？

技能与知识是分不开的。把大家教成铁匠、木匠一样，实未足以尽教育之能事。一因为中国的一般铁匠、木匠实在是有一部分教错了。因为他们劳力而不劳心，所以技能与知识都不能充分发达。二因为他们除了呆板的职业训练以外，其余关于人生需要的教育都被漠视了。假使中国的铁匠、木匠都做的不错，学的不错，教的不错，在劳力上劳心，各方面生活需要都顾到，那末，铁匠、木匠所应受的教育，便是人人应受的教育了。王木匠要有技能和知识，也如同达尔文要有技能与知识。达尔文没有辨别物种变异的技能便不能发现天择的学说。王木匠若没有尤克雷地③的几何知识，便要做出七斜八歪的桌子来。可是达尔文与王木匠有个不同之点：王木匠把知识化成技能，达尔文则用技能产生知识。不过，王木匠倘使能用知识所变成的技能进一步去产生新知识，那末，王木匠亦成为达尔文一流的人物了。倘使达尔文停止在观察生物的技能上，而不能用它去发现天择学说，那末，终达尔文之身，也不过是王木匠的兄弟罢了。

十五　教学做合一究竟是什么？
它的效用如何？

现在归纳起来总答如下：

（一）要想获得人类全体的经验必须教学做合一方为最有效力；

（二）生活教育就是教学做合一；

（三）教学做合一不但不忽视精神上的自动，而且因为有了在劳力上劳心、脚踏实地的"做"为它的中心，精神便随"做"而愈加奋发。

（原载 1929 年 1 月《乡教丛刊》第 3 卷第 1 期）

〔注释〕

① 本文是 1929 年 1 月 15 日就朱端琰来信所提关于教学做合一的 15 点疑问所给予的解答。作者收入《教学做合一讨论集》时改用现题。

② 狄克推多　即独裁官，罗马共和国中握有非常时期权利的官吏。执政官和其他官吏必须听从独裁官的命令。

③ 尤克雷地　通译欧几里得。

向儿童瞄准

——致叶刚①

叶刚吾弟：

接到你本月十七日的信，知道你在服务上能反省母校的办法，把母校的设施重新估量一番，这是何等宝贵的贡献啊！母校之进步，大半要靠最前方同志关于作战时所发生之疑问、困难之报告。我们接到这种亲切的报告，必定要审慎考察、分析，然后加以改革，以谋进步。这次接到你的报告，我便集中精神反省了一小时，现在要把结果回报给你，还要请你和河埒口②同志指教。本校分组工作之目的，在各个人按着才能兴趣实地研究，俟研究有得，然后公诸全体，俾大家都能得益。这种办法如果彻底的干下去，则每一个人可有一艺之长，而普遍学识亦可在水平线以上。我反省之后，觉得这个制度的本身尚无错误，你所发生的怀疑，实因"不彻底"所致。倘使彻底的干去，则每个人可以一人所得贡献于大家，大家所得贡献于各人，何致有畸形发展之弊。我们所以不彻底的缘故约有五种，可以分述于下：（一）研究工具不够；（二）印刷工具未备；（三）有几组的指导没有充分；（四）交换心得的机会太少；（五）对儿童瞄准的同志不多。前四项须由学校行政负责，后一项可非个人努力不可。倘使在晓庄的时候，不用全副目光、精神向着小学或幼稚园儿童瞄准，出发之后，自必要遇着绝大的困难。这困难多半是由于"生手"所致。假使天天是对着儿童的需要、能力用功，那么，无论遇着什么儿童，一瞄就准，又有什么胜不过的困难呢？你看错不错？你说本校汉文进步很快。我想本校对于汉文的主张是很有效力，但是也没有彻底。文学是从生活里压迫出来的。我们至今还不能产生第一流的儿童文学，可见同志们还没有十分感觉儿童生活的压迫。你说生物学有的学校用不着。容或如此，但是乡村学校必得注重生物学。生物学是乡村学校培养科学头脑最简便、最省钱、最有趣味的学科。不注重生物，便不成为乡村学校，便在改革打倒之列。不过学生物的同志们也要多向儿童瞄准，方为有效。最后，你提及了两件事——厨师侍候添饭和晚间为导师送洗脚水——证明河埒口与晓庄生活不同。这真令人吃一大惊！我想你们决不受这种待遇。你们是全权办理河埒口小学的，革除这种老爷架子，应当是你们上台所放的第一炮。这炮声，晓庄全体同志正在倾耳等着。祝你和楚材、剑雄、雪云③成功。

知　行

十八年一月三十日

〔注释〕

① 叶刚（1908—1930）　晓庄师范学生，中共地下党员，1930年晓庄师范封闭后被捕，在南京雨花台英勇就义，著《红叶童话集》。

② 河埒口　地名，属江苏省无锡县开原乡，当时叶刚在此地任教。

③ 指李楚材、刘季平、季雪云，皆晓庄师范学生。

地方教育与乡村改造

教育就是生活的改造。我们一提及教育便含了改造的意义。教育好比是火，火到的地方，必使这地方感受他们的热，热到极点，便要起火。"一星之火，可以燎原"，教育有这样的力量。教育又好比是冰，冰到的地方，必使这地方感受他的冷，冷到极点，便要结冰。教育有力量可以使人"冷到心头冰到魂"。或是变热，或是变冷，都是变化。变化到极点，不是起火便是结冰。所以教育是教人化人。化人者也为人所化，教育总是互相感化的。互相感化，便是互相改造。

社会是个人结合所成的。改造了个人便改造了社会，改造了社会便也改造了个人。寻常人以为办学是一事，改造社会又是一事，他们说："办学已经够忙了，还有余力去改造社会吗？"他们不知道学校办的得法便是改造社会，没有工夫改造社会便是没有工夫办学，办学和改造社会是一件事，不是两件事。改造社会而不从办学入手，便不能改造人的内心；不能改造人的内心，便不是彻骨的改造社会。反过来说，办学而不包含社会改造的使命，便是没有目的、没有意义、没有生气。所以教育就是社会改造，教师就是社会改造的领导者。在教师的手里操着幼年人的命运，便操着民族和人类的命运。

寻常人又以为改造社会是要多数人干，决不是少数教师所能胜任的。尤其在穷乡僻壤中的小学有时只有一位教师，更觉得单枪匹马不能有所作为。他们说："教师岂能唱独角戏？"说这话的人忘记了他的四周都可以找着同志。孔子说："十室之邑，必有忠信。"又说："德不孤，必有邻。"这是孔子的经验谈。乡村虽小，必定可以找得着几位黄泥腿的领袖和我们合作。只须找着一两位，进行起来便能事半功倍。不但如此，同志便在眼前，一个个学生都可以成为活龙活虎的小同志。只要教师们放下孤高的架子，改造乡村的忠实同志正多着咧。

寻常人又以为改造社会是劝人家干或替人家干。这两种方式都是表面的工作。劝人戒烟、戒赌，或是劝人爱人、爱国，都是自己用嘴说说，便要人家负实行的责任，当然是没有多大效验的。有些人见他没有多大效验，便改变方针，替人家干。这样一来，受替代的人便难免发生惭愧，如不惭愧，便要发生依赖。自己居于高尚的地位，而令人惭愧；或自己处于赈济的地位，而令人依赖，都不是好法子。替人家干还含有一个不稳固的因子，就是到了终局，难免人存政举，人亡政息。那末，社会改造究竟要采取什么方式？依我看来只有团结同志，共同去干，方能发生宏大久远的效力。真团体是要从扫除公敌、图谋公益、发挥公意上创造出来的。

寻常人最后还有一个误解，就是误认读书为教育，只要提到教育，便联想到读书认字。他们以为一切教育都从读书认字出发。他们只管劝人家识字读书，不顾到别的生活需要。识字读书是人生教育的一部分，谁也不能否认。但是样样教育都硬要从教书入手，走不得几步便走不通了。乡村里面十岁以上大多数的儿童教育，大多数的成人教育，都要从经济及娱乐两方面下功夫，读书认字只好附带在这里面去干。倘使一定要从读书认字出发，怕是多数人不能接受，那末，对于改造社会的影响，便是很有限了。

上面所说的几点，都证明地方教育及乡村改造的成败，是靠着人才为转移。所以培养乡村师资是地方教育之先决问题，也就是改造乡村的先决问题。不在培养人才上做工夫，一切都是空谈。现今各县对于乡村教育及乡村改造已有浓厚的兴趣。但是对一县的乡村师范，每年只肯花数千元。固然也有多花的，但是寥若晨星。我们要达到运用教育改造乡村的目的，必须出代价去培养教师，去培养教师的教师。江苏加征亩捐是个最好的机会，我以为在这义务教育萌芽时期，这笔钱应当多用于培养教师，少用在开办新校。教师得人，则学校活；学校活，则社会活。倘使有活的教师，各办一所活的小学，作为改造各个乡村的中心，再以师范学校总其成，继续不断的领导各校各村前进，不出十年，必著成效。依我的愚见看来，这是地方教育根本之谋，也是改造乡村根本之谋。

（原载 1929 年 2 月《地方教育》第 1 期）

第二年的晓庄①

晓庄学校头一年摸黑路的经过，已经在一周纪念刊②上发表过。现在我要从同志们在第二年所探获的结果里，拣那含有普遍性的报告出来，以供大家参考，并求指教。

（一）**二亲原则** 我们自从跳进实际生活中去工作，便觉得真正的教育，必须使学者和人民万物亲近。与人民亲近是"做人"的第一步，与万物亲近是"格物"③的大门口。专在书本上学"做人"、"格物"的道理，究嫌隔膜。所以我们要把汗牛充栋的书本移在两旁，做我们生活的助手，不可使他们立在中央，把我们和人民、万物的关系离间掉。

（二）**教学做合一** 我们时常听见这样的批评："教学做合一，好是很好，怕初级中学以下的学生不容易行。"我们现在可以答复："教学做合一不但初级中学能行，小学也能行，就是幼稚园也无不可行。"本来，教学做合一只是生活法。既是生活法，那末，凡是活人都是能行的。只须看看晓庄幼稚园小朋友所种的菜，这种问题是不必辩论了。教学做合一的制度最需要考核。在这一年之终，我们已经找到了具体办法去考核成绩，以后进行自可比从前更有把握。

（三）**集团的中心** 我们开始便主张以乡村小学做改造乡村社会的中心。倘使单凭一个光棍的小学去改造社会，力量当然薄弱，收效也是很慢。不过倘使小学教师转个念头，把好村民以及小学生都当为合力作战的同志，力量也就不孤了。如果进一步，把一县或一区的中心小学团结联络起来，而以一乡村师范总其成，那末，力量既然集中，收效自可加速。这种集团的中心，本校正在试验着。

（四）乡村幼稚园　幼稚园为乡村最需要的一种教育，已由理论而得到实际的证明。这一年中，晓庄幼稚园、尧化门幼稚园、万寿庵幼稚园、和平门幼稚园，继燕子矶幼稚园而起，不久便可以普及到中心小学所在之村庄。这是乡村儿童教育的基础，乡村妇女教育的大关键，应当切实推广的。

（五）生活教育的五目标　生活教育的目标，分析开来，在乡村小学里，应当包含五种：一、康健的体魄；二、农人的身手；三、科学的头脑；四、艺术的兴趣；五、改造社会的精神。我主张以国术来培养康健的体魄，以园艺来培养农人的身手，以生物学来培养科学的头脑，以戏剧来培养艺术的兴趣，以团体自治来培养改造社会的精神。园艺、生物、团体自治已稍有成效可睹，国术与戏剧尚待试行。

（六）大家一同干　民众活动有三种方式：一是劝民众干，二是替民众干，三是和民众一同干。晓庄取第三种方式，和民众一同干。我们觉得劝民众干是自己处于旁观地位；替民众干是令民众处于旁观地位，更有人存政举、人亡政息之弊。惟独加入民众当中做一分子和他们一同起劲的干，才是最有效的民众活动。

（七）经济中心的乡村妇女教育　乡村妇女教育若从文字入手，往往失败。晓庄开办乡村妇女教育失败过三次，引起不少人的灰心。但是抱着屡败屡战的精神，我们便决定改变方法，以生利训练为中心，而以文字和别种训练为副。现在试验期短，尚不能有具体成效，但似乎是一条比较可以走得通的路。

（八）**民众的武力** 从前晓庄五里以内有烟馆二十六所，新年赌博遍地皆是，匪警也是常有的。但是自从联村自卫团组织以来，民众的武力造成，公安局及驻军联盟缔结，四十里周围之烟赌匪患便一扫而空。试以赌博为例，茶馆一有赌博，小学生便潜去参观。学校一年教不好的孩子，赌场一天可以把他教坏。那末，造成民众武力以扫除那毁坏教育工作之恶势力，怕也是我们应当注意的一件事吧。

（九）**戏剧力量的伟大** 南国社④同志第一次到晓庄来的那一天是最可纪念的。那天晚上我们看见革命的艺术初次下乡与革命的教育携手。不久，我们便成立了晓庄剧社，把农民生活捧上舞台。阴历正月从元旦起演了五天。连赌场烟馆的民众，都被我们吸收来了，这是多么痛快的事啊！而且受着公演的压迫，演员对于音乐、文学、国语、应对以及种种人生艺术，都可借以一日千里的前进。我们深信戏剧有唤醒农民的力量。从心头滴下来的眼泪是能感动人的。

（十）**想到而没有做到的** 我们还有几件想到而没有做到的事情，写出来请乡村教育同志注意。一是县知事训练的重要。县长为亲民之官，在历史上享有特别重要地位。现在以县为自治单位，这个位置是要格外显得重要了。有了好的县长，乡村教育同志一年可以干出十年的成绩；没有好的县长，十年做不出一年的事业。培养两千位好县长，中国乡村教育，不，中国的建设，可算是干成一大半了。二是农暇副业的重要。中国农人全年约有五个月空闲没得事做，假使能乘这个机会训练他们些副业，那末，他们的生计立刻可以好些。三是如何训练农民享受工业文明的利益而不致被他淘汰。中国虽是以农立国，但趋势是向着工业文明前进的。如何叫机器为农人做工而不致把农民吞掉，是乡村教育一个顶大的问题。

最后，我还要说去年所说过的一句话：要想完成乡村教育的使命，属于什么计划方法都是次要的，那超过一切的条件是同志们肯不肯把整个的心献给乡村人民和儿童。真教育是心心相印的活动。唯独从心里发出来的，才能打到心的深处。

（原载 1929 年 3 月 15 日《乡教丛讯》第 3 卷
第 3 期第 1 号晓庄学校《二周纪念特刊》）

〔注释〕

① 本篇是为纪念晓庄师范建校二周年而写，原题为《这一年》，后在《地方教育》发表时改为现题。

② 一周纪念刊　指 1928 年《乡教丛讯》为晓庄学校建校一周年而出的专刊。

③ 格物　推究事物的道理。出自《礼记·大学》："致知在格物，格物而后知至。"

④ 南国社　戏剧家田汉于 1925 年创建的进步话剧团体，时称"南国剧社"。1930 年因参加左翼戏剧活动被国民党当局查封。

为农人和儿童谋幸福①

　　若果你要在南方请教师到江北去办学校吗？则每月的薪水，至少至少，没有三十元，人家是不愿意去的！而一个学校，至少也要三个教师才够用！那么，教师的薪水，一年就要花去一千多元！你还有多少经费可以作别的用途呢？这都不说，若果教师是好的，那也不要紧。不过，你倘若请了一个传统的教师去，办一个传统的学校，仍然在那里去培植一般双料少爷和双料小姐，对于地方不惟无益，而且有害！那么，你把这一千多元的租息和房屋来开办学校，本来是件好事，但结果不是反而弄成坏事了吗！我这里的学校，是以培植一般乡村农人和儿童所敬爱的教师为目的。我这里所培植出来的教师，能努力办事，能吃苦耐劳，能和农人和儿童做成好朋友。而且，所办的学校是新学校，不是旧学校。他们是为劳苦大众谋幸福，不是为资产阶级做奴隶；他们是把学生培植成为能够生产的劳动者，不是把学生培植成为只知消费而且加倍消费的双料小姐与双料少爷；他们一定能够把这件事办得合你的意，不会把这件事弄坏了来遗害地方的。我就在我的学校征求三个人去帮你的忙吧。他们去的时候，对于待遇方面，每月只拿八元钱的伙食费，此外没有什么薪水。你老先生以为如何？

　　　※　　　　　※　　　　　※

　　你们此次到淮安去，是一支远征的军队。你们是到那里去创造，不是到那里去享受。你们是去为农人和儿童谋幸福，你们三人要能够和衷共济，凡事都以农人和儿童的利益为前提。这是我所希望于你们的第一点。

　　我们是树起新教育的旗帜，和旧的传统教育奋斗。我们是要在教育上革命，进而办一种革命的教育。你们若果到那里去仍然办一种传统的学校，那你们就不必多此一举，而晓庄也就不必需要这种远征的军力。你们要抱着我们的主张到那里去开疆拓土，到那里去作一种新教育的试验。将来，我们的主张能够在那荒凉的江北去发芽，抽条，开花，那你们三人便是第一次最荣幸的使者。这是我所希望于你们的第二点。

　　你们到那里去，是为那里的农人和儿童办学校，这个学校开办起来，马上就是那里的全体农人和儿童的共有物，不要把它看成你们三人或者此外的任何一人的私有品。你们要和当地的农人联合起来，共同设法，以谋学校之进展。你们要训练当地的农人能够起来自己保护自己的学校，又要培植你们的学生能够起来办理他们自己的学校，然后这种新教育的力量才能永远推动，永远产生新的效力。这是我所希望于你们的第三点。

〔注释〕

　　① 这是 1929 年春陶行知的两次谈话，由孙铭勋记录。第一次是对淮安河下镇莲花街新安（徽州的另名）会馆吴俊卿讲的；第二次是

寅会后对自告奋勇出征的吴廷荣、蓝九盛、李友梅三位同学讲的。淮安新安小学因此于 1929 年 6 月 6 日诞生。

《在晓庄》序①

晓庄以十三位同志开校，本海是最先来和我商议加入乡村教育战线的。他和我本来是好朋友，我到上海，时常与他会面。十五年之末，试验乡村师范的计划草成，我带到上海来筹备，于是我们有长期间的接谈。因此他对于乡村教育之改革运动，有最深切之了解与信仰。他的家累，他的经济压迫，朋友的冷淡态度，都阻止他前进；但他深信乡村教育，为救亡大计，所以毅然决然排除一切困难，加入我们的战线。他给陆费伯鸿②先生的信说：

"近有一重大发展，方放射其光芒于吾国教育界中，足以使吾国奄奄垂毙之教育，立获一勃勃之生机。以晚辈之浅识测之，吾国此后之教育方针，行将依此潮流而一变其历来之趋向。"

这是何等坚强之信念！引他参加乡村教育运动便是这种信念，将来能使他对于乡村教育有所贡献的也靠着这信念之发扬光辉。

十六年八月在全国学生会中，他提出了一个议案："要完成国民革命须厉行乡村教育。"霹雳一声，把"你不好，打倒你，我来做"，而忘了第九字③的朋友们的注意，都吸收到乡村教育上来了。他主张扩大乡村教育革命联合战线。

他说：

"乡村教育问题至为繁剧，且与土豪劣绅处处短兵相接，非有农人身手、菩萨心肠、科学头脑、哲人目光及大无畏精神之青年男女踊跃加入，万难成功。所以希望全国学生界忠实同志们，依据才能兴趣正式或随时加入乡村教育革命战线，齐心奋斗，以竟全功。"

他在晓庄头一年的精神完全献与这件事。他唤醒了不少的青年，增加了不少的生力军。

著者为人和蔼，不但同志爱他，农人也爱他，最爱他的是小朋友。他在农人和小孩子当中结交的朋友特多，这是他在晓庄最有精彩的生活，也是他最有意义的生活。我们在这本书中所得到的最大的安慰，便是他和农友、小朋友的谈心。

他是一位勇于任事的人，在出发前，他有一首自勉的诗：

> 战鼓响了！
>
> 血钟鸣了！
>
> 振作你的精神，
>
> 准备你的身手，
>
> 充实你的子弹，
>
> 奋勇的，
>
> 忠实的，
>
> 出发前方去干！
>
> 干！干！！干！！！

他拼命的干。现在病了，还是要干。我很希望他此后恢复康健之后，要把一生的事，匀在三十年里从容的干，不要把一生的事，挤在三年当中急急的干。有时，不干的干比干的干还要重要的多啦。

陶知行 十八、四、二十八、西湖。

〔注释〕

① 本篇是为晓庄师范第一期学生程本海所著《在晓庄》一书写的序，该书于 1930 年 1 月由中华书局出版。

② 陆费伯鸿 即陆费逵，字伯鸿，中华书局创始人。

③ 指忘了"你不好，打倒你，我来做"这句话中第九个字——"做"。

生物学或死物学

——致郑先文

先文吾弟：

我现在想和你讨论发展晓庄生物学之方针。一般学校研究生物学之方法，除了读死书之外，如果有实验，便是杀生。教师变成屠户，生物馆不啻为死尸陈列所。晓庄生物学应该注重养生。我们的责任在指导孩子和生物做朋友，认识它，爱护它，研究它，等它死了再把它陈列出来，作为永久之纪念。我希望你把十分之九的经费用在养生上，造成一个生气勃勃的生物园。这是小学生物学之康庄大道，你照这样进行，是决没有错的。祝你康健，祝小朋友快乐，祝众生各得其所。

陶知行

1929 年 5 月

生活即教育①

今天我要讲的是"生活即教育"。中国从前有一个很流行的名词，我们也用得很多而且很熟的，就是"教育即生活"（Education of life），"教育即生活"这句话，是从杜威先生那里来的，我们过去是常常用它，但是，从来没有问过这里边有什么用意。现在，我把它翻了半个筋斗，改为"生活即教育"。在这里，我们就要问："什么是生活?"有生命的东西，在一个环境里生生不已的就是生活。譬如一粒种子一样，它能在不见不闻的地方发芽、开花。从动的方面看起来，好像晓庄剧社②在舞台演戏一样。"生活即教育"这个演讲，从前我已经讲了两套，现在重提我们的老套。

第一套就是：

是生活就是教育；

是好生活就是好教育，是坏生活就是坏教育；

是认真的生活，就是认真的教育，是马虎的生活，就是马虎的教育；

是合理的生活，就是合理的教育，是不合理的生活，就是不合理的教育；

不是生活就不是教育；

所谓之"生活"，未必是生活，就未必是教育。

第二套是第二次讲的时候包括进去的，是按着我们此地的五个目标加进去的，那是：

是康健的生活，就是康健的教育，是不康健的生活，就是不康健的教育；

是劳动的生活，就是劳动的教育，是不劳动的生活，就是不劳动的教育；

是科学的生活，就是科学的教育，是不科学的生活，就是不科学的教育；

是艺术的生活，就是艺术的教育，是不艺术的生活，就是不艺术的教育；

是改造社会的生活，就是改造社会的教育，是不改造社会的生活，就是不改造社会的教育。

近来，我们有一个主张，是每一个机关、每一个人在十九年度里都要有一个计划。这样，在十九年度里我们所过的生活，就是有计划的生活，也就是有计划的教育。于是，又加了这么一套：

是有计划的生活，就是有计划的教育，是没有计划的生活，就是没有计划的教育。

我今天所要说的，就是我们此地的教育，是生活教育，是供给人生需要的教育，不是作假的教育。人生需要什么，我们就教什么。人生需要面包，我们就得过面包生活，受面包的教育；人生需要恋爱，我们就得过恋爱生活，也受恋爱的教育。准此类推，照加上去：是那样的生活，就是那样的教育。

与"生活即教育"有联带关系的就是"社会即学校"。

"学校即社会"也就是跟着"教育即生活"而来的，现在我也把它翻了半个筋斗，变成"社会即学校"。整个的社会活动，就是我们教育的范围，不消谈什么联络，而他的血脉是自然流通的。不要说"学校社会化"。譬如说现在要某人革命化，就是某人本来是不革命的；假使某人本来是革命的，还要他"化"什么呢？讲"学校社会化"，也是犯同样的毛病。"学校即社会"，我们的学校就是社会，还要什么社会化呢？现在我还有一个比方：学校即社会，就好像把一只活泼泼的小鸟从天空里捉来关在笼里一样。它要以一个小的学校去把社会上所有的一切东西都吸收进来，所以容易弄假。社会即学校则不然，它是要把笼中的小鸟放到天空中，使他能任意翱翔，是要把学校的一切伸张到大自然里去。要先能做到"社会即学校"，然后才能讲"学校即社会"；要先能做到"生活即教育"，然后才能讲到"教育即生活"。要这样的学校才是学校，这样的教育才是教育。

杜威先生在美国为什么要主张教育即生活呢？我最近见到他的著作，他从俄国回来，他的主张又变了，已经不是教育即生活了。美国是一个资本主义的国家，他们是零零碎碎的实验，有好多教育家想达到的目的不能达到，想实现的不能实现。然而在俄国已经有人达到了，实现了。假使杜威先生是在晓庄，我想他也必主张"生活即教育"的。

杜威先生是没有到过晓庄来的，克伯屈先生是到过晓庄来的。克伯屈先生离了俄国而来中国，他说："离莫斯科不远的地方，有一个人名叫夏弗斯基③的，他在那里办了一所学校，主张有许多与晓庄相同的地方。"我见了杜威先生的书，他说现在俄国的教育，很受这个地方的影响，很注重这个地方。他们也主张生活即教育，社会即学校。克伯屈先生问我们在文字上通过消息没有？我说没有。我又问他："夏弗斯基这个人是不是共产党？"他说不是。我又问他："他不是共产党，又怎么能在共产党政府之下办教育呢？"他说："因为他是要实现一种教育的理想，要想用教育的力量来解决民生问题，所以俄政府许可他试验，他在俄政府之下也能生存。"我又对他说："这一点倒又和我相合，我在国民党政府之下办教育，而我也不是一个国民党党员。"这是克伯屈先生参观晓庄后与我所谈的话。

现在我们这里的主张，终于已经到了实现的时期了，问题是在怎样实现。这一点可以分作三个时期：

第一个时期，是生活是生活，教育是教育，两者是分离而没有关系的。

第二个时期，是教育即生活，两者沟通了，而学校社会化的议论也产生了。

第三个时期，是生活即教育，就是社会即学校了。这一期也可以说是开倒车，而且一直开到最古时代去。因为太古的时代，社会就是学校，是无所谓社会自社会、学校自学校的。这一期，也就是教育进步到最高度的时期。

其次，要讲生活即教育与社会即学校，有几方面是要开仗的，而且是不痛快的，是很烦恼的，而与我们有极大的冲突的。

第一，在这个时期，是各种思潮在中国谋实现的时期，中国几千年来传统教育所支配的许多传统思想都要在此时期谋取得它的地位。第二，是外来的各种文化，如德国的文化中心的教育，英国的绅士的教育，美国的拜金教育。第三，是外国的都在中国倾销，从各国回来的留学生便是推销外国文化的买办。

现在先说中国遗留下来的旧文化与我们的生活即教育是有冲突的。中国从前的旧文化，是上了脚镣手铐的。分析起来，就是天理与人欲，以天理压迫人欲，做的事无论怎样，总要以天理为第一要件。

他是以天理为一件事，人欲为一件事。人欲是不对的，是没有地位的。在生活即教育的原则之下，人欲是有地位的，我们不主张以天理来压迫人欲的。这里，我们还得与戴东原④先生的哲学打一打通。他说，理不是欲外之理，不是高高地挂在天空的，欲并不是很坏的东西，而是要有条有理的。我们这里主张生活即教育，就是要用教育的力量，来达民之情，遂民之欲，把天理与人欲打成一片，并且要和戴东原先生的哲学联合起来。

与此有联带关系的就是"礼教"。现在有许多人唱"礼教吃人"的论调，的确，礼教吃的人，骨可以堆成一个泰山，血可以合成一个鄱阳湖。我们晓得，礼是什么？以前有人说，礼是养生的，那是与生活即教育相通的。这种礼，我们不惟不打倒，并且表示欢迎。假若是害生之礼，那就是要把人加上脚镣手铐，那是与我们有冲突的，我们非打倒不可。因为生活即教育是要解放人类的。

再次，中国从前有一个很不好的观念，就是看不起小孩子。把小孩子看成小大人，以为大人能做的事小孩也能做，所以五六岁的小孩，就要他读《大学》、《中庸》。换句话说，就是小孩子没有地位。我们主张生活即教育，要是儿童的生活才是儿童的教育，要从成人的残酷里把儿童解放出来。

还有一点要补充进去的，就是书本教育。从前的书本教育，就是以书本为教育，学生只是读书，教师只是教书。在生活即教育的原则之下，书是有地位的，过什么生活就用什么书。书不过是一种工具罢了。书是不可以死读的，但是不能不用。从前有许多像这样的东西，非推翻不可的，否则不能实现生活即教育。

现在外国传进来的思潮，也有许多与我们是冲突的。以文化做一个例吧，以文化做中心的教育，他的结果是造成洋八股。文化是人类创造出来的，固然是非常的宝贵，但他也不过是一种工具而已，不能拿做我们教育的中心。人为什么要用文化？是要满足我们人生的欲望，满足我们生活的需要。电灯是文化，我们用了它，可以把一切看得更明白。无线电是文化，我们用了它，可以更便利。千里镜是文化，我们用了它，可以钻进土星、木星里去。……所以文化是生活的工具，它是有它的地位的。我们不惟不反对，而且表示欢迎。欢迎它来做什么呢？就是满足我们生活的需要。有些人把它弄错了，认它做一种送人的礼物，这是不对的。文化要以参加做基础，有了这参加的最低限度的基础，才能了解，才能加上去。生活即教育与文化为中心的教育不同，就是如此。

还有训育⑤与生活即教育的理论怎么样？生活即教育与训育把训与教分家的关系怎么样？生活即教育与社会即学校

如何实现？小学里如何把它实现出来？假使诸位以为是行得通的，最好是每一个人拟一个方案来交我，哪一部分可以实现，我们就拿那个地方当一个社会实现出来。

现在我举一个例说：去年因为天干，和平学园因为急于要水吃，就开了一个井。井是学校开的，但是献给全村公用，不久就发现了两大问题：

（一）每天出水二百担，不敷全村之用。于是大家都起早取水，后到的取不到水。明天又比别人早，甚至于一夜到天亮，都有取夜水的。到天亮时，井里的水已将干了。群聚在井边候水，一勺一勺的取，费尽了力气才打出一桶水。

（二）大家围着取水，争先恐后，有时甚至用武力解决。

这种现象，假使是学校即社会，就可以用学校的权力来解决，由学校出个命令，叫大家照着执行。社会即学校的办法就不然，他觉得这是与全村人的生活有关系的，要全村的人来设法解决，于是就开了一个村民大会，一共到了六七十个人，共同来做一个吃水问题的教学做。到会的人，有老太婆，也有十二三岁的小孩子，公推了一位十几岁的小学生做主席。我和许多师范生，就组织了一个诸葛亮团，插在群众当中，保护这位阿斗皇帝。老太婆说的话顶多，但同时有许多人说话，大家听不清楚，而阿斗皇帝又对付不过来。这回，诸葛亮用得着了，他就起来指导。结果，共同议决了几件事：

（1）水井每天休息十小时，下午七时至上午五时不许取水。违者罚洋一元，充修井之用。

（2）每天取水，先到先取，后到后取。违者罚小洋六角，充修井之用。

（3）公推刘君世厚为监察员，负执行处分之责。

（4）公推雷老先生⑥为开井委员长，筹款加开一井，茶馆、豆腐店应多出款，富户劝其多出，于最短期内，由村民团结的力量，将井开成。

这几个议案是由村民大会通过的。这就是社会即学校的办法。由此，我有几个感触：

（一）民众运动，要以对于民众有切身关系的问题为中心，否则不能召集。

（二）社会运动，非以社会即学校，则不能彻底实行。而社会即学校，是有实现的可能的。

（三）不要以为老太婆、小孩不可训练，只要有法子，只要能从他们迫切的问题着手。

（四）公众的力量比学校发生的大，假使由学校发命令解决，则社会上了解的人少，而且感情将由此分离。

（五）民众没有指导是不行的，和平门饮水问题，倘无相当指导，可以再过四五十年也不会解决。

（六）做民众运动是要陪着民众干，不是替民众干。要想培养中华国民，非此不可。

这就是以小学所在地做学校的一个例，其余的例很多，不必多举。社会即学校要如何的实现，请大家一样一样的做个方案，二次开会的时候再谈。

这是证明"生活即教育"与"社会即学校"是相联的，是一个学理。

关于"生活即教育"，我现在再来补充一套。我们是现代的人，要过现代的生活，就是要受现代的教育。不要过从前的生活，也不要过未来的生活。若是过从前的生活，就是落伍；若要过未来的生活，就要与人群隔离。以前有一部书叫《明日之学校》，大家以为很时髦的，讲得很熟的。我希望乡村教师，要办今日之学校，不要办明日之学校。办今日之学校，使小学生过今日之生活，受今日之教育。

（原载 1930 年 3 月《乡村教师》第 9 期）

〔注释〕

① 1930 年 1 月 16 日全国乡村教师讨论会在南京晓庄举行，本篇是陶行知在会上的演讲，记录者：戴自俺、孙铭勋。

② 晓庄剧社　晓庄师范师生组织的戏剧团体，成立于 1929 年初，陶行知任社长，是中国最早的话剧团体之一，与南国剧社、复旦剧社齐名。

③ 夏弗斯基　通译沙茨基，苏联教育家。20 至 30 年代，他曾主持俄罗斯国民教育第一个试验站的工作。此试验站是一个教育科研机构、幼稚园、学校、儿童校外机构和成人教育的综合体。这里研究并实际上检验了组织共产主义教育的许多问题，对如何把学校与生产劳动结合起来、教学活动的合理化、集体的形成，以及与周围环境联系等问题，给予了高度的重视。论著有《生活教育论》、《沙茨基教育文集》等。

④ 戴东原（1723—1777）　即戴震，清代思想家、教育家。

⑤ 训育　德国赫尔巴特把教育工作分为管理、教育和训育三个部分。训育，一般指对学生行为、习惯的训练与控制。中国自清末举办学堂以来，传统教育所实施的训育，是强化以统治阶级的思想意识来影响学生，对学生的思想行为，从精神上进行严格的控制。

⑥ 雷老先生　即雷万民，南京晓庄村有名望的士绅。

《乡村教师》宣言①

"生长三家村，苦守五家店。知己遍天下，终身不相见。"这不是我们乡村教师所共感的烦闷吗?《乡村教师》周刊的志愿就是要消灭这种烦闷。他要打破空间，使不能相见的朋友可以谈心。我们的警语——"小的村庄愿与大的世界沟通"，是永远不可忘记的。周刊便要负起这个使命。世界的沟通，在人的沟通;人的沟通，在心灵的沟通。全世界乡村教师有了谈心的机会，然后小的村庄与大的世界乃有沟通的希望。有人问:"小的村庄为什么要与大的世界沟通?"世界是一个大剧场，人生便是演戏。个人的活动无论如何独立，只是历史剧中之一幕。没有沟通，则布景、化装不能和谐，悲欢歌舞不能中节。我们必定要深刻的知道自己和配角所演的剧情，才能做出好戏来。乡村教育运动只是一出历史剧，全世界的乡村教师都同是这一出戏中的演员。这周刊里有我们的剧本，有我们的导演。这里可以找得出艺术生活的过程。这里可以找得出那愿意我们艺术更进一步的批评。这里可以找得出演员心头滴下来的泪痕，也可以找得出装哭者涂在眼睛上的残唾。总说一句:这个周刊便是我们乡村教育运动的一出永远不会闭幕的历史剧的写真。这出戏是"心的力"的表现。没有"心的力"，不但是演不出好戏，根本就没有这出戏的可能。周刊的使命是要从笔头里透出心头的力量，来完成这部永远不会脱稿的杰作。穆罕默德②说："假使你有两块面包，你得用一块去换一朵水仙花；因为面包是身体粮食，水仙花是灵魂的粮食。"这是再好也没有的人生观。可是看一看我们这出戏里面的主角——中国的农人和乡村教师——只有一块面包！换了水仙花，肚皮就得挨饿；不换水仙花，精神又要枯萎。倒不知穆罕默德如何指示我们才好？朋友们！眼前摆着水仙花，嘴里有面包吃，这是再好也没有的生活。我们可有这种福气？先要问：我们可有这种力量？力量是有的，藏在每一个人的心里。散开来，如同一点点的小雨，连渴也不能止；合起来，便如耐亚嘎拉瀑布③，能产生一千六百万匹马力，推得动世界上所未能发明的伟大的机器。我们再也不要把力量藏到小己的荷包里。《乡村教师》周刊是我们的耐亚嘎拉，我们应当把各人心灵里的力量流到这里来，构成乡村教育的大瀑布。从这瀑布里所发出来的力量，可以教我们有面包吃又有水仙花看。这力量可以教农人自己从时代的车轮底下爬起来。这力量可以教农人做机器的主人，不做机器的奴隶。这力量可以扫除伪知识，推动教育革命的法轮。这力量可以打破人间的隔阂，创造一个四通八达的大同世界。这力量是一出历史剧的原动力，可以推着历史向前转动。这力量可以变成不可思议的大，也可以变成不可思议的小。假使我们各人仍旧把他收藏在一己的打算上，那末，只有一个雨点的力量，连一粒芥子也推不动。他只好闭着眼睛吃饭，或是饿着肚皮看水仙花罢！

〔注释〕

　　① 本篇是为 1930 年 2 月 1 日创刊的《乡村教师》周刊写的发刊词，原题为《本刊宣言》。1930 年 4 月晓庄师范被封闭后，《乡村教师》出至 11 期亦随之停刊。

　　② 穆罕默德　伊斯兰教创始人。

　　③ 耐亚嘎拉瀑布　通译尼亚加拉瀑布，在北美洲尼亚加拉河上，宽 1420 米，落差约 50 米，是世界著名瀑布之一。

答操震球三问①

教学做合一

问：小孩子在"做"上，我只见他学，却不见他教，此处怕只有学做合一，没有教学做合一，对不对？

答：这孩子如果是鲁滨孙枯路梭②，那便只有学做合一，没有教学做合一。实际上却没有这样的孩子。他是个孩中孩，他的一举一动都免不了要影响别的小孩子。关心儿童教育的父母往往对子女说："你不要和那个孩子玩，别给他带坏了。"这就是小孩教小孩。小孩是怎样教别的小孩呢？他在做上教。他一面做，一面学，一面教。他的教育力量有时比教师大得多。所以好父母、好教师都要为儿童择友，运用小孩教小孩。不但如此，小孩也能教成人。小孩的一举一动也影响到成人。成人无论"石化"到如何程度，除非是进了棺材，都是免不了要受儿童的影响的。最能感受儿童影响的是老年人。老年人常与小孩接近，便要成为"老有童心"。六十岁的小孩，便是这样造成的。小孩不但教小孩，并且可以教成人。不愿拜小孩子做先生的人，不配做小孩子的先生。所以小孩子也是教学做合一。教学做合一是全人类教育历程之真相，无论男女老幼，丝毫没有例外。只有飘流荒岛的鲁滨孙可以跳出教学做合一的法掌。

生活即教育

问：为什么要主张"生活即教育"，反对"教育即生活"？

答：教育可说是书本的，与生活隔绝的，其力量极小。拿全部生活去做教育的对象，然后教育的力量才能伟大，方不致于偏狭。我们要拿好的生活去改造不好的生活，拿整个的生活去解放偏狭的生活。

"教育即生活"是拿教育做生活，好教育固然是好生活，八股的教育也就造成八股的生活。"生活即教育"根本上可以免除这种毛病，虽然它的流弊也有拿坏生活作教育的，但就教育立场说，其效力仍是极大的。

"生活即教育"，教育极其广阔自由，如同一个鸟放在林子里面的；"教育即生活"，将教育和生活关在学校大门里，如同一个鸟关在笼子里的。

"生活即教育"，是承认一切非正式的东西都在教育范围以内，这是极有力量的。譬如与农民做朋友，是极好的教育，平常都被摈弃在课程以外。其他有效力的东西，也是如此，当然，生活中一部分是有目的的，就是有目的的教育；一部分是合理的，就是合理的教育。

"生活即教育"是叫教育从书本的到人生的，从狭隘的到广阔的，从字面的到手脑相长的，从耳目的到身心全顾的。

社会即学校

问：为什么要主张"社会即学校"，反对"学校即社会"？

答：我们主张"社会即学校"，是因为在"学校即社会"的主张下，学校里面的东西太少，不如反过来主张"社会即学校"，教育的材料、教育的方法、教育的工具、教育的环境，都可以大大增加，学生、先生可以更多起来。因为在这样办法下，不论校内校外的人，都可以做师生的。"学校即社会"，一切都减少，校外有经验的农夫，就没有人愿去领教；校内有价值的活动，外人也不得受益。

问：如上所言，坏的社会也可以做学校吗？

答：坏的社会，我们也要认识，也要有所准备，才能生出抵抗力，否则一入社会，便现出手慌足乱的情状来。

〔注释〕

① 题目为编者所加。《教学做合一》原收入 1928 年 4 月《中国教育改造》一书。《生活即教育》、《社会即学校》两篇原载 1930 年 2 月 1 日《乡村教育》创刊号，署名"操震球问，陶知行答"。

② 鲁滨孙枯路梭通译作鲁滨孙，英国作家笛福著的长篇小说《鲁滨孙飘流记》一书中的主人公。

晓庄三岁敬告同志书

今日是何日？
当念三年前。
愿从今日起，
更结万年缘。

三年前的今日，老山下的小庄出了一桩奇事。他们是来扫墓吗？香烛在哪儿？强盗来分赃吗？如何这样客气？他们是开学的哟。开学？学堂在哪儿？连燕子都不肯飞来的地方，忽然这样热闹，奇怪得很！

不错，我们是来开学。说得更确切些，我们是来开工。还不如说，我们是来这儿开始生活。"从野人生活出发，向极乐世界探寻"是我们今天所立的宏愿。学堂是有的，不过和别的学堂不同。他头上顶着青天，脚上踏着大地，东南西北是他的围墙，大千世界是他的课室，万物变化是他的教科书，太阳月亮照耀他工作，一切人，老的、壮的、少的、幼的、男的、女的都是他的先生，也都是他的学生。晓庄生来就是这样的一副气骨。

到了今天，已经是三周年了。说到可以看见的成绩，真是微乎其微。他所有的茅草屋，稍微有点财力的人，只要两个月就可以造得成功。一阵野火，半天便可以把他们烧得干干净净。至于每个同志之所有，除了一颗血红的心和一些破布烂棉花的行李之外，还有什么可说？然而晓庄毕竟有那野火烧不尽的东西。这些东西的价值，也许只等于穷人家在天寒地冻时之破布烂棉花，也许就是因为这些破布烂棉花的力量，那血红的心才能继续不断的跳动，那怀抱着这血红的心的生命便能生生不已。我现在所高兴说的就是这些东西。

晓庄是从爱里产生出来的。没有爱便没有晓庄。因为他爱人类，所以他爱人类中最多数而最不幸之中华民族；因为他爱中华民族，所以他爱中华民族中最多数而最不幸之农人。他爱农人只是从农人出发，从最多数最不幸的出发，他的目光，没有一刻不注意到中华民族和人类的全体。在吉祥学园②里写了两句话："捧着一颗心来；不带半根草去。"晓庄是从这样的爱心里出来的。晓庄可毁，爱不可灭。晓庄一天有这爱，则晓庄一天不可毁。倘使这爱没有了，则虽称为晓庄，其实不是晓庄。爱之所在即晓庄之所在。一个乡村小学里的教师有了这爱，便是一个晓庄；一百万个乡村小学里的教师有了这爱，便是一百万个晓庄。虽是名字不叫晓庄，实在是真正的晓庄了。

晓庄三年来的历史，就是这颗爱心之历史——这颗爱心要求实现之历史。有了爱便不得不去找路线，寻方法，造工具，使这爱可以流露出去完成他的使命。流露的时候，遇着阻力便不得不奋斗——与土豪劣绅奋斗，与外力压迫奋斗，与传统教育奋斗，与农人封建思想奋斗，与自己带来之伪知识奋斗。这奋斗之历史，也就是这颗爱心之历史。晓庄没有爱便不能奋斗，不能破坏，不能建设，不能创造。今人没有爱，便没有意义，即使在晓庄，也不见得有贡献。所以晓庄和各个同志的总贡献——破坏与创造——如果有的话，都是从爱里流露出来的。晓庄生于爱，亦惟有凭着爱的力量才能生生不已咧。

我们最初拿到晓庄来试验的要算是教学做合一的理论了。当初的方式很简单。他的系统也就是在晓庄一面试验一面建设起来的。这个理论包括三方面：一是事怎样做便怎样学，怎样学便怎样教；二是对事说是做，对己说是学，对人说是教；三是教育不是教人，不是教人学，乃是教人学做事。无论哪方面，"做"成了学的中心即成了教的中心。要想教得好，学得好，就须做得好。要想做得好，就须"在劳力上劳心"，以收手脑相长之效。这样一来，我们便与两种传统思想短兵相接了。一是孟子的"劳心者治人，劳力者治于人"的二元论。这种二元论在中国的力量是很大的。他在教育上的影响是：教劳心者不劳力；不教劳力者劳心。结果把中华民族划成两个阶级，并使科学的种子长不出来。二是先知后行的谬论。阳明虽倡知行合一之说，无意中也流露出"知是行之始"之意见。东原更进一步的主张"重行必先重知"。这种主张在中国教育上的影响极深。"知是行之始"一变而为"读书是行之始"，再变而为"听讲是行之始"。"重行必先重知"也有同样的流弊。请看今日学校里的现象，哪一处不是这种谬论所形成？不入虎穴，焉得虎子。知识是要自己像开矿样去取来的。取便是行。中国学子被先知后行的学说所麻醉，习惯成了自然，平日不肯行，不敢行，终于不能行，也就一无所知。如果有所知，也不过是知人之所知，不是我之所谓知。教学做合一既以做为中心，便自然而然地把阳明、东原的见解颠倒过来，成为"行是知之始"，"重知必先重行"。我很诚恳地敬告全国的同志："有行的勇气，才有知的收获。"先知后行的学说的土壤里，长不出科学的树，开不出科学的花，结不出科学的果。

　　教学做合一的理论最初是应用在培养师资上面的。我们主张培养小学教师要在小学里做、小学里学、小学里教。这小学是培养小学教师的中心，也就是师范学校的中心，不是它的附属品，故不称他为附属小学而称他为中心小学。培养幼稚园教师的幼稚园，和培养中学教师的中学，都是中心学校而不是附属学校。现在实行的学园制即是艺友制，每学园有导师、艺友及中心学校，更进一步求教学做合一的主张之贯彻。现今师范教育之传统观念是先理论而后实习，把一件事分作两截，好一比早上烧饭晚上请客。除非让客人吃冷饭，便须把饭重新烧过。教学做合一的中心学校就是要把理论与实习合为一炉而冶之。

　　教学做合一不是别的，是生活法，是实现生活教育之方法。当初，生活教育戴着一顶"教育即生活"的帽子，自从教学做合一的理论试行以后，渐渐的觉得"教育即生活"的理论行不通了。一年前我们便提出一个"生活即教育"的理论来替代。从此生活教育的内容方法便脉脉贯通了。

　　"生活即教育"怎样讲？是生活即是教育。是好生活即是好教育，是坏生活即是坏教育；有目的的生活即是有目的的教育，无目的的生活即是无目的的教育；有计划的生活即是有计划的教育，无计划的生活即是无计划的教育；合理的生活即是合理的教育，不合理的生活即是不合理的教育；日常的生活即是日常的教育；进步的生活即是进步的教育。依照生活教育的五大目标说来：康健的生活即是康健的教育；劳动的生活即是劳动的教育；科学的生活即是科学的教育；艺术的生活即是艺术的教育；改造社会的生活即是改造社会的教育。反过来说，嘴里念的是劳动教育的书，耳朵听的是劳动教育的演讲，而平日所过的是双料少爷的生活，在传统教育的看法不妨算他是受劳动教育，但在生活教育的看法则断断乎不能算他是受劳动教育。生活教育是运用生活的力量来改造生活，他要运用有目的有计划的生活改造无目的无计划的生活。

　　生活教育既以生活做中心，立刻就与几种传统思想冲突。第一种传统思想与生活教育冲突的是文化教育，他以文化为中心，德国战前之教育即是以文化为中心。中国主张此说的也不少。依生活教育的见解，一切文化只是生活的工具。文化既是生活的工具，哪能喧宾夺主而做教育的中心？第二种传统思想与生活教育冲突的是教、训分家。在现代中国学校里教、训分家是普遍的现象。教育好像是教人读书，训育好像是训练人做人或是做事；教育好像是培养知识，训育好像是训练品行；教育又好像是指所谓之课内活动，训育则好像是指所谓之课外活动。所以普通学校里，有一位教务主任专管教育；又有一位训育主任专管训育。某行政机关拟以智仁勇为训育方针，那末，教育方针又是什么呢？生活教育的要求是：整个的生活要有整个的教育。每个活动都要有目标，有计划，有方法，有工具，有指导，有考核。知识与品行分不开，思想与行为分不开，课内与课外分不开，做人做事与读书分不开，即教育与训育分不开。生活教育之下只有纵的分任，决无横的割裂。某人指导团体自治，某人指导康健是可以的。这是纵的分任。若是团体自治的知识是功课以内归教务主任管，团体自治的行为是功课以外归训育主任管，这就是生活的横的割裂，决说不过去。第三种传统思想与生活教育冲突的是教育等于读书。生活教育指示我们说：过什么生活用什么工具。书只是生活工具之一种，是要拿来活用的，不是拿来死读的。书既是用的，那末，过什么生活便用什么书。第四种传统思想与生活教育冲突的是学校自学校、社会自社会。从前学校门前挂着闲人莫入的虎头牌③以自绝于社会，不必说了，就是现在高谈学校社会化，或是社会学校化的地方，也往往漠不相关。生活即教育的理论一来，他立刻要求拆墙，拆去学校与社会中间之围墙，使我们可以达到亲民亲物的境界。不但如此，他要求把整个的社会或整个的乡村当作学校。与"生活即教育"蝉联而来的就是"社会即学校"。第五种传统思想与生活教育冲突的就是漠视切身的政治经济问题。我们既承认"社会即学校"，那末，社会的中心问题便成了学校的中心问题。这中心问题就是政治经济问题。我们最初定教育目标时对于政治经济即特别重视。赵院长④后来又作有力的宣言说："生活教育是教人做工求知管政治。"江问渔先生近著《富教合一》和《政教合一》两篇文字，使生活教育之内容更为明显。我也作《富教合一后论》、《政教合一后论》、《政富合一论》以尽量发挥三

者之关系，终于构成政富教合一理论之系统。晓庄所办之自
卫团、妇女工学处，现在向省政府建议设置之试验乡以及十
九年度计划中之生产事业，都是想把政治、经济、教育打成
一片，做个政富教合一的小试验。政富教合一的根本观念是
要将政富教三件事合而为一。如何使他们合起来？要叫他们
在"遂民之欲达民之情"上合起来。现在这三件事的中间有
很大的鸿沟。他的根本原因不外三种：一是富人拿政治与教
育作工具以遂富人之欲而达富人之情；二是政客拿富人之力
与教育作工具以遂政客之欲而达政客之情；三是不肯拿教育
给富人和政客做工具的教师们存了超然的态度，不知教人民
运用富力和政治力以遂民之欲达民之情。我们要知道等到富
力成为民的富力，政治力成为民的政治力，然后生活才算是
民的生活，教育才算是民的教育。在教育的立场上说，我们
所负的使命：（一）是教民造富；（二）是教民均富；（三）是
教民用富；（四）是教民知富；（五）是教民拿民权以遂民生
而保民族。我们要教人知道，不做工的不配吃饭，更不配坐
汽车。我们要教人知道"朱门酒肉臭，路有冻死骨"是最大
的罪孽。我们要教人知道富力如同肥料，堆得太多了要把花
草的生命烧死。我们要教人民造富的社会，不造富的个人。
从农业文明进到工业文明，我们要教农民做机器的主人，不
做机器的奴隶。这种主张，不消说，不但和"先富后教"、
教育不管政治一类的传统思想冲突，凡是凭着特殊势力以压
迫人民，致使民之欲不得遂、民之情不得达的，都是我们的
公敌。

　　最后，晓庄是同志的结合，我不要忘记了叙述。晓庄的

茅草屋一把野火可以烧得掉；晓庄的同志饿不散，冻不散，枪炮惊不散。我们是为了一个共同的使命来的。这使命便是教导乡下阿斗做中华民国的主人。要想负得起这个使命，便不能没有特殊的修养。这是我们自己勉励的几条方针：

（一）自立与互助

"滴自己的汗，吃自己的饭，自己的事自己干。靠人靠天靠祖上，不算是好汉。"这首《自立歌》，晓庄的人是没有不会唱的了。我们所求的自立，便是这首歌所指示的。但是自立不是孤高，不是自扫门前雪。我们不但是一个人，并且是一个人中人。人与人的关系是建筑在互助的友谊上。凡是同志，都是朋友，便当互助。倘不互助，就不是朋友，便不是同志。我们唱一首互助歌罢："小小的村庄，小小的学堂，小小的学生，个个是好汉。好汉！好汉！帮人家的忙。"

（二）平等与责任

在晓庄，凡是同志一律平等。共同立法的时候，师生工友都只有一权。违法时处分也不因人而异。我们以为，在同一的团体里要人共同守法，必须共同立法。但同志的法律地位虽平等，而责任则因职务而不同。职务按行政系统分配，各有各的职务，即各有各的责任。责任在指挥，当行指挥之权；责任在受指挥，应负受指挥之义务。

（三）自由与纪律

晓庄团体行动有一致遵守的纪律，五十岁以上及对本校学术有特殊贡献的人，得由本校赠与晓庄自由章，不受共同纪律之限制。但这些纪律的目的，无非也是增进团体生活的幸福，防止个人自由之冲突。晓庄毕竟不但是个"平等之乡"，而且是个"自由之园"。晓庄以同志的志愿为志愿，以同志的计划为计划，以同志的贡献为贡献。晓庄虽然希望每个同志对于共同的志愿、计划是要有些贡献，但是乡村教育的范围广漠无边。除非是身在乡下心在城里的人，总可以找出一两样符合自己的才能兴味。大部分的生活都是供大家自由的选择。学园的成立是由于园长选同志，同志选园长，格外合乎自由的意义。试验自由是各学园的础石。晓庄所要求于个人的只是每个人都有计划，要按着自己的计划进行。至于什么计划，如何实现，都是个人的自由。在理想的社会里，凡是人的问题都可以自由的想，自由的谈，自由的试验。晓庄虽然没有达到这种境界，但愿意努力创造这样的一个社会。这里含蓄着进步的泉源，这里蕴藏着人生的乐趣。乡下人的面包已经给人家夺去一半了，剩下这点不自由的自由是多么的尊贵哟！

（四）大同与大不同

这又是一对似乎矛盾而实相成的名词。我们试到一个花园里面去看一看：万紫千红，各有它的美丽；那构成花园的伟观的成分正是各种花草的大不同处。将这些大不同的花草分别栽种，使他们各得其所，及时发荣滋长，现出一种和谐的气象，令人一进门便感觉到生命的节奏：这便是大同之效。晓庄不是别的，只是一个"人园"，和花园有相类似的意义。我们愿意在这里面的人都能各得其所，现出各人本来之美，以构成晓庄之美。如果要找一个人中模范教一切人都学成和他一样，无异于教桃花、榴花拜荷花做模范。我们当教师的实在需要园丁的智慧。晓庄不但是不要把个个学生造成一模一样，并且也不愿他们出去照样画葫芦。晓庄同志无论到什么地方去，如果只能办成晓庄一样的学校，便算本领没有学到家，便算失败。没有两个环境是相同的，怎能同样的办？晓庄同志要创造和晓庄大不同的学校才算是和晓庄同，才算是第一流的贡献，才算是有些成功。

同志们！记牢我们的使命是教导乡下阿斗做中华民国的主人。乡下阿斗没有出头之先，我们休想出头；乡下阿斗没有享福之先，我们休想享福。我们若是赶在农人前面去出头享福，只此一念便是变相的土豪劣绅。与农人同甘苦，共休戚，才能得到光明，探出生路。我们大家唱首《劳山歌》，为中华民国的主人努力吧！

　　老山劳，

　　小庄晓：

　　咱锄头，

　　起来了。

　　老山劳，

　　小庄晓：

　　新时代，

　　推动了。

　　　　　　　　　（原载 1930 年 3 月 15 日《乡村教师》第 7 期）

〔注释〕

　　① 陶行知于 1927 年 3 月 15 日，在南京老山小庄创办试验乡村师范，后将老山改名为"劳山"，小庄改名为"晓庄"。陶行知在《劳山

歌》中表达了他更名的思想。

②吉祥学园　原名晓庄师范吉祥庵中心小学，创办于 1928 年春，1930 年初改名为学园，意为培养人才幼苗之园地。

③虎头牌　清末民初的学校，曾仿效衙门悬挂画着虎头的牌子，上书"学校重地，闲人莫入"之类字样。

④赵院长　即赵叔愚（1889—1928），曾任晓庄师范第一院院长。

护校宣言①

晓庄学校，被当局勒令停办了，被当局越过教育部而直接勒令停办了，被当局以秘密开会莫须有之罪名而勒令停办了。乡村教育之发祥地停办在乡村教育没有普及之前，是何等的痛心啊！中华民国的忠仆能以自己的生命换取中华民国之生命，又是何等的光荣啊！革命的教育摧残于所谓"革命政府"之手，是何等的令人难解，而又是何等的令人失望啊！但是晓庄的忧患的命运是自己造成的，无悔于心，更无怨于人。假使他所办的是假的教育，死的教育，残废的教育，奴隶的教育，我们可以担保他永远不会停办。就是中华民族亡了，他还是可以存在。无奈他要办真的教育，活的教育，健全的教育，主人的教育，那末随时随地都免不了要遭忌。三年三个月以来，我们孤军直入与张宗昌、褚玉璞②奋斗，与土豪劣绅、贪官污吏奋斗，与乡下人之封建思想奋斗，与教育界之传统理论奋斗，与投机分子奋斗，与自己带来之伪知识奋斗，好多次都有全军覆没的危险。现在大难当头，朋友们很为我们忧虑，但在我们看来，这只是我们奋斗史剧中之一幕，而还不是最后的。这次当局断然以迅雷不及掩耳的手段停办晓庄学校，远因近因虽多，归总起来只是因为我们不肯拿人民的公器，做少数人的工具，不肯做文刽子手，去摧残现代青年之革命性。我们认清了教师之职务是教人学做主人。怎样才算是教人学做主人呢？过主人的生活，就是主人的教育。倘若嘴里读的是做主人的书，耳朵听的是做主人的话，而所过的是奴隶的生活，在传统目光看来，或可算是主人的教育；但依生活教育的观点看来，则断断乎要称他为奴隶的教育，或是假的主人教育。因为我们要教人学做主人，所以对于侵犯这主人地位的势力，都要问个明白，和他一决胜负。

同是中华民国的主人，而在铁路上的反映，说得好听些，是有超等主人、头等主人、二等主人、三等主人、四等主人的分别；说得不好听些，中华民国的铁路仍旧是满清的遗制，坐花车的主人，坐头等车的奴隶，坐二等车的奴隶的奴隶，还有奴隶的奴隶的奴隶，只好如同牲口一样，拥挤在三四等车里。这种人为的等级在革命政府之下，应当不应当存在？我们在三月三十一日曾经这样问过③。和记洋行④是英帝国主义在首都施行经济侵略的机关，最近以高压手段打伤失业工人，并且两人因此失踪。这种惨无人道的情形，在革命政府之下，应当不应当纠正？中山先生遗嘱，是要我们废除不平等条约，但当局是一面喊着革命外交的口号，一面交换礼炮，允许日本舰队登岸，让侮辱中华民国的敌人去敬礼中山先生的陵墓。并且还让他们驶入长江上游，如入无主人之国。中山先生有灵，该是如何痛心啊？这种侮辱主权的行为，在革命政府之下，应该不应该忍受？我们在四月五日⑤曾经这样问过。可是我们立刻被人反问了："你们晓庄的人，为什么不安心在乡下办教育，而要跑几十里路来干这种运动?"他们好像是说我们是有所为而来的,是有色彩的。那些不跑路,不说话,才是真正中华民国的主人咧。这个反问,便结果了晓庄。七日纪念周⑥,闻当局很严厉的说,国家的事有政府管,学生好管闲事,便是捣乱后方,便是反革命,教员不能制止,也是反革命。这样学校,非封不可。封闭几个学校不算什么事。晓庄便是这个态度之下第一个牺牲者。不过晓庄这个学校能不能封掉,确是一个疑问:

(一)晓庄是同志的结合,不是少数几个人的私有品。拘捕几个人,不能叫他根本摇动。

(二)晓庄的门可封,他的嘴不可封,他的笔不可封,他的爱人类和中华民族的心不可封。

(三)晓庄以社会为学校,小而言之,他是和平门外四十里周围的乡村。大而言之,便是整个的世界。他本来没有门,封条贴在哪里?倘使社会可封,则晓庄可封。

(四)封闭晓庄的可能时期,怕是已经过了。在褚玉璞时代,晓庄是可以消灭的。过此以后,种子已遍撒全社会,在人所不到的地方,已经有了晓庄的生命。我们想不到人间有什么势力,可以把他们连根拔掉。

(五)我们要用和平奋斗的精神来创造自由平等的世界,捣乱后方、反动暴动种种恶名加到我们身上来,是不伦不类的。我们尊重人类的理性,我们承认凡是人类都是可以教的,就是以武力来压迫我们,我们还是一样的教他们去济弱扶倾。我们奋斗的工具是爱力不是武力,爱力如同镭之第三种射线,不是任何射线、不是刀剑所能阻碍住的。照这样说来,那末就没有方法可以克服晓庄吗?有,有,有。晓庄所干的是顺着时代革命的革命教育，真自由可以消灭我们不自由之呼声，真平等可以化除我们不平等之要求，更大的爱可以包含我们的爱，站在时代革命更前线的是我们的导师。

晓庄的同志，晓庄的朋友，大家一致起来爱护晓庄，爱护人权，爱护百折不回的和平奋斗，爱护教人做主人的革命教育，爱护向前向上进之时代革命，爱护自由平等的中华民国之创造，爱护人人有工做、人人有饭吃、人人有水仙花看的理想社会之实现。

（原载 1930 年 5 月 17 日《京报》）

〔注释〕

① 1930 年 4 月 7 日，国民政府勒令晓庄师范停办，陶行知当即草拟《护校宣言》，由晓庄全体师生 11 日赴教育部请愿时广为散发。5 月 17 日北京《京报》发表了宣言全文，并载有晓庄代表答记者问。

② 张宗昌、褚玉璞　北洋军阀。1927 年晓庄师范创办时，他们盘踞南京，妄图阻挡北伐军北上。

③ 1930 年 3 月底，晓庄中心小学组织小学生到郊区栖霞山去春游，采集标本。因农民子女无钱购票，要求免票乘车，他们就此散发宣言。陶行知对小朋友这一行动表示支持，并曾赋诗鼓励。

④ 和记洋行　英国资本家在南京下关开设的蛋厂。

⑤ 1930 年 4 月 5 日，晓庄学校师生参加南京学生反帝爱国示威游行，支援和记洋行工人罢工斗争，并到下关江边抗议日本军舰驶入长江侵犯我国主权。

⑥ 七日纪念周　指 1930 年 4 月 7 日国民政府所举行的"纪念周"。当时规定各机关、团体、学校每周举行一次仪式，背诵孙中山遗嘱，称为"纪念周"。

捧着一颗心来　不带半根草去[①]

——致李友梅等

友梅、九盛、和中、达之：

　　接到你们四月二十四日所写的信，知道你们用两件大衣跑了三十里路当不得两元钱，又饿着肚子跑回学校。这件事是你们在长江北岸为乡村教育史写成悲壮的一页，亦即光荣的一页。我们是何等的安慰而又是何等的敬佩你们啊！在前一个礼拜，我们接到文采先生转来的信，即汇了三十元经常费给你们，可惜竹因不慎，给扒手拿去了。我只希望这人需要此款比你们还切，那么我们总算对于他有些贡献了。但是想念着你们的困难，急的了不得，立刻又凑了一笔款寄去，谅现在已经收到了吧！请你们放心，你们要我们做的事，我们是已经做了，我们是决不会忘记你们的。"捧着一颗心来，不带半根草去。"你们抱着这种精神去教导小朋友，总是不会错的。

何日平[②]

十九年四月三十日

〔注释〕

　　① 此信是陶行知为正处于极端困难条件下仍然坚持办学的新安小学师生写的。

　　② 何日平　陶行知的笔名之一。

1931—1935

如何可以不做一个时代落伍者？

——答复一位青年教师的信

　　接读你的信，知道你有努力上进之志，我是何等的欣慰啊！我们要不愿做时代的落伍者，必须专攻一门自然科学。自然科学是开向理想世界去的特别快车，你坐在上面，不要下来，决不致落伍。我现在也打算用我后半生之精力来专攻一门科学。我们同坐这部车儿去吧！从农业文明渡到工业文明，自然科学是唯一的桥梁。小学教师必须拿着科学的火把引导儿童过渡。不懂科学的人，不久便不能做教师了。但是有一件事你得留心：科学已被屠户用做杀人的利器。我们应当从屠户的手里把科学夺过来。我们要教学生用科学渡人不用科学阻人过渡。我们要拿科学来抑强扶弱。科学的使命是要造富的社会不造富的个人。自然科学没有成为国货以前，我们要取得自然科学上最新的知识与方法，还得精通一种外国文。这都是你要认清而必须准备的。你来，我们详说吧……

　　　　　　　　　　　（原载 1931 年 1 月 24 日《申报·自由谈》）

儿童用书选择标准①

书有两种：一种是吃的书；一种是用的书。

吃的书当中，有的好比是白米饭，有的好比是点心，有的好比是零食，有的好比是药，有的好比是鸦片。

中国是吃的书多，用的书少。吃的书中是鸦片的书多，白米饭的书少。

我从前写了四句三字经，警告了一般不劳而获的人："不做事，要吃饭。什么人，是混蛋！"

吃饭不做事，尚且不可，何况吃鸦片而不做事！

一个过合理生活的人，三餐饭当然是要吃的，可是也不能忘记那八小时的工作。要想工作做得好，必须有用的书。用的书没有，如何去做？一个学校要想培养双手万能的学生，自然要多备用的书，少备吃的书，而吃的书中尤须肃清一切乌烟瘴气的书。

可是，现在中国学校里的情形，适得其反：只有吃的书，没有用的书，而吃的书中，多是一些缺少滋养料的零食与富有麻醉性的鸦片。在这些书里讨生活的学生们，自然愈吃愈瘦，愈吃愈穷，愈吃愈不像人。

我们要少选吃的书，多选用的书。我们对于书的态度之变更，是由于我们对于儿童的态度之变更。我们在《儿童生活》杂志上发表对于儿童的根本态度是：

儿童是新时代之创造者，不是旧时代之继承者。儿童是创造产业的人，不是继承遗产的人。儿童生活是创造、建设、生产，不是继承、享福、做少爷。新时代的儿童是小工人。这工人，是广义的工人，不是狭义的工人。在劳力上劳心便是做工。这样做工的人都叫做工人。新时代的儿童，必须在劳力上劳心，又因他年纪小一些，所以称他为小工人。小工人必是生产的小工人，建设的小工人，实验的小工人，创造的小工人，改革的小工人。儿童的生活便是小工人生活，小生产生活，小建设生活，小实验生活，小创造生活，小改革生活。

儿童用书便是小工人生活之写实与指导。这里面所要包含的是一些小生产、小建设、小实验、小创造、小改革、小工人的人生观。

无论他是生产也好，建设也好，实验也好，创造也好，改革也好，他必须做工，他必须在劳力上劳心，他必须在用手时用脑。

这里所画的画，是小工人做工之画；所唱的歌，是小工人做工之歌；这里所问的问，是小工人做工之问；这里所答的答，是小工人做工之答；这里所用的数，是小工人做工之数；这里所写之文字，是小工人做工之文字；这里所介绍的工具，是小工人做工之工具；这里所说的故事，是小工人做工之故事；这里所讲的笑话，是小工人做工之笑话；这里所主张的人生观，是小工人认真做工之人生观。

儿童用书既是以指导儿童做工为主要目的，那么，一本书之好坏，可以拿下列三种标准判断它：（一）我们要看这本书有没有引导人动作的力量，有没有引导人干了一个动作又干一个动作的力量。（二）我们要看这本书有没有引导人思想的力量，有没有引导人想了又想的力量。（三）我们要看这本书有没有引导人产生新价值的力量，有没有引导人产生新益求新的新价值的力量。

怎样叫产生新价值？鲁滨孙在失望之岛上需要一个缸子装水，愁着造不起来。一天，他看见锅灶前有一块碎土，拿起来觉得坚如石头。他想这或许是泥土见火变成的；继而他又想，碎土既能烧成石头，倘使把这种土做成一只缸儿，也或者可以烧成坚如石头的水缸。他于是动手做了三只小缸，架起火来烧了几十个钟头，渐渐地让它们冷下来，破了一只，其余两只居然是点水不漏。这里有动作，有思想，有新价值之产生——泥土的价值变为水缸的价值。

让我再举一个物质未变而价值变了的例子。贾母在大观园里请客游船。她和刘姥姥以及长一辈的坐了一只船向前走，后面宝玉、宝钗、黛玉姊妹们另外坐了一只跟着。宝玉说："这些破荷叶可恶！叫人来把他砍掉。"黛玉说："李义山的书我素不喜读，只喜他一句：'留得残荷听雨声。'"宝玉说："果然好句，以后再别叫人把荷叶砍掉。"宝玉要砍荷叶便是动作之始，黛玉想了一下，将她所想的结果，说给宝玉听，宝玉想了一想引起态度上一个根本的变化，破荷叶没有变而它的价值变了——可憎恶的破荷叶变成了天然的乐器。这叫做新价值之产生。

上述之三种标准是选择用书标准。这在用书众多的社会里固可以任您挑选，而在用的书少吃的书多之中国，这些标准实不啻虚设。但依此标准以编可用之书，也是有志造福儿童者之一件大事。暂时，如果用的书可选者很少，不妨在各书中选择可用的材料，沙里淘金，劳而后获。这些标准也似乎有它们的用处。

〔注释〕

① 原载 1931 年 4 月 15 日《儿童教育》第 3 卷第 8 期。署名：吴健人。这是新发现的作者笔名。是李楚材从方与严著《给青年朋友的信》书中发现的。王淑芳、邹青提供上海图书馆徐家汇藏书楼的复印稿本。文中讲的"写了四句三字经"是 1929 年写的《该骂不?》中的第一首。见《陶行知全集》川版第 7 卷第 344 页。后来收入 1935 年出版的《行知诗歌续集》时，将"不做事"，改为"不做工"，并注明"不"是不肯的意思。

全文倒数第三自然段之前的部分，曾以《怎样选书》为题刊登在 1932 年 4 月作者编者的《儿童科学指导》一书中，见《陶行知全集》川版第 5 卷第 757—759 页。

1933 年作者在上海大夏大学演讲时，又用这篇文章倒数第三自然段和第二自然段，用以说明"创造"一词的意义，见《陶行知全集》川版第 3 卷第 524—525 页。

1995 年 3 月 17 日《创业人报》第 39 期重刊。（胡晓风注疏）

师范生的第一变——变个孙悟空

　　教育是什么？教人变！教人变好的是好教育。教人变坏的是坏教育。活教育教人变活。死教育教人变死。不教人变、教人不变的不是教育。

　　师范教育是什么？教学生变成先生。先生是什么？自己会变而又会教人变的是先生。师范生不是别的，是一个学变先生的学生。

　　自古到今，从东到西，我找来找去，只找着一位差不多可以比得上这学变先生的学生。你猜是谁？是那保唐僧上西天取经的孙悟空！

　　你们别瞧不起老孙。他那大闹天宫的天界革命功劳我且不提，只说几桩与你们最有关系的事迹。

　　第一件，他有目的，有远虑，有理想。他做了美猴王，还是烦恼。众猴对他说："大王好不知足！我等日日欢会，在仙山福地，古洞神洲，不伏麒麟辖，不伏凤凰管，又不伏人王拘束，自由自在，乃无量之福，为何远虑而忧也？"他说："今日虽不归人王法律，不惧禽兽威服，将来年老血衰，暗中有阎王老子管着，一旦身亡，可不枉生世界之中，不得久住天人之内？"所以他存心要"学一个不老长生，躲过阎君之难"。这是他所抱的目的。师范生的目的何在？我想美猴王如果做了师范生，他必定也是烦恼。如有人问他为何烦恼？他一定是这样回答了："今日虽为双料少爷，事事有听差服侍，先生照应，只管教学，可以不做，将来双手无能，误人子弟，暗中有帝国主义老子管着，一旦教人做奴隶的，自己也做了奴隶，可不枉生世界之中，不得久住主人之内？"

第二件，他抱着目的去访师。他所住的水帘洞是在东胜神洲傲来国花果山。为着要"躲过轮回，不生不灭，与天地山川齐寿"，他便飘洋求师，飘到南瞻部洲，又渡西洋大海，才到西牛贺洲，因樵夫指引，找到灵台方寸山中的斜月三星洞，遇着须菩提祖师，算起来已是花了十几年光阴了。无论哪个现代留学生也没有像他这样诚恳了。教师多于过江鲫，谁能教人达目的？如果美猴王做了师范生，他必定要找一位能达他的目的的老师，不能达他的目的的老师，他是不要的。空口说白话，能教不能做的老师他也是不要的。他又是一位大公无私的好汉。他飘洋求师，不是为着他一个人的长生不老，他所求的是猴类大家的幸福。你看他在生死簿上把猴属之类但有名者，一概勾之；得了瑶池之玉液琼浆也是拿回洞来大家吃。他的目的是：老孙、二孙、三孙、细孙、小孙——一家孙、一国孙、一窝孙，一个个长生不老。如果他是师范生，他决不访那教人做奴隶的老师，也决不访那教少数人做主人多数人做奴隶的老师；他所要访的是教一家人、一国人、一世界人，个个做主人的老师。

第三件，他抱着目的求学。孙悟空在斜月三星洞住了好久，一日，须菩提祖师登坛讲道，问他说："你今要从我学些甚么道？"悟空道："只要有些道儿气，弟子便就学了。"

祖师道："道字门中有三百六十旁门，旁门皆有正果，不知你学哪一门哩？……我教你个术字门中之道，如何？"悟空道："术门之道怎么说？"祖师道："术字门中，乃是些请仙扶鸾，问卜揲蓍，能知趋吉避凶之理。"悟空道："似这般可得长生么？"祖师道："不能！不能！"悟空道："不学！不学！"祖师又拿"流字门"、"静字门"、"动字门"中之道问他学不学，他总是反问道："似这般可得长生么？"祖师道："不能！不能！"他便说："不学！不学！"祖师闻言，咄的一声，跳下高台，手持戒尺，指定悟空道："你这猢狲，这般不学，那般不学，却待怎么？"走上前，将悟空头上打了三下，倒背着手，走入里面，将中门关了，撇下大众而去。悟空心中明白，这是祖师暗示叫他三更时分从后门进去传道。悟空当夜依着暗示进去，果然得着长生之道，还学了七十二套地煞变，和一翻十万八千里的筋斗云。

由此可见，孙悟空不是一个糊涂的学生。他抱着一个"长生不老"的目的而来，必定要得到一个"长生不老"的道理才去。凡是不合这个目的的东西，他一概不学。学做先生的道门中有几多旁门，我可不知道，可是现在通行的一个，便是"讲"字门，大家好像都以为这讲字门中有正果可找。假使孙悟空做了师范生，教员问他说："我教你个讲字门中之道，如何？"悟空必定问："讲门之道怎么说？"教员说："讲字门中，乃是些上堂下课，高谈阔论，好比一部留声机器。"悟空必定要追问到底，如果不能达到他的大目的，他的断语必定是："不学！不学！"

我们做学生的当中有多少是像孙悟空这样认真的啊？

变吧！变吧！

变个孙悟空，

飘洋过海访师宗。

三百六十旁门都不学，

一心要学长生不老翁。

七十二般变化般般会，

翻个筋斗十万八千里儿路路通。

学得本领何处用？

揭起革命旗儿闹天宫。

失败英雄君莫笑，

保个唐僧过难亦威风。

降妖伏怪无敌手，

不到西天誓不东。

请看今日座上战斗佛，

岂不是当年人人嘴里的雷公？

　　师范生要变做孙悟空的道理是说明白了。但是既有孙悟空，便有唐三藏。师范生变了孙悟空，那唐僧推谁去做呢？师范生的唐僧是小朋友。师范生应该拜小朋友做师傅，也如同孙行者的本领比唐僧大倒要做唐僧的徒弟。小朋友是我们的总指导。不愿受小朋友指导的人不配指导小朋友。唐僧向西天取经，经过了八十一难，若不是孙悟空保驾，也不知死了几十次，哪能得到正果？小孩子学着做人，一身遇着的病魔、恶父母、坏朋友、假教员，个个都是吃人的妖怪，差不多也好比是唐僧的八十一难，若没有孙悟空的心术和本领的师范生保驾，不死于病，必死于亲；不死于亲，必死于友；不死于友，必死于老师之手了。还能望他成人为民族人类谋幸福吗？

老孙！老孙！

校长招你来，

当个师范生。

西天保谁去取经？

小朋友是你的唐僧。

（原载 1931 年 4 月 15 日《师范生》月刊创刊号）

〔注释〕

①《师范生》月刊由小朋友书店出版，两期后就停刊。陶行知先生为《师范生》月刊写过几篇诗文，发表时用的笔名有"时雨"、"梧影"、"自由诗人"等，本文署名"时雨"。

师范生的第二变——变个小孩子

"小孩子懂得什么?"

在这个态度下,牛顿是被认为笨伯,瓦特是被认为凡庸,爱迪生是被认为坏蛋。

你若想在笨伯中体会出真牛顿,在凡庸中体会出真瓦特,在坏蛋中体会出真的爱迪生,你必得把自己变成一个小孩子。

你若不愿变小孩子,便难免要被下面两首诗说着了:

(一)

你这糊涂的先生!
你的学堂成了害人坑!
你的墨水笔下有冤魂!
你说瓦特庸,
你说牛顿笨,
你说像个鸡蛋坏了的爱迪生。
若信你的话,
哪儿来火轮?
哪儿来电灯?

哪儿来的微积分?

(二)

你这糊涂的先生!
你的教鞭下有瓦特,
你的冷眼里有牛顿,
你的讥笑中有爱迪生。
你别忙着把他们赶跑。
你可要等到
坐火轮,
点电灯,
学微积分,
才认他们是你当年的小学生?

倘使被这首两诗说中,那是多么可悔恨的一件事啊!

"小孩子懂得什么?"

小孩子是再大无比的一个发明家。生下地一团漆黑,过不了几年,如果没有受过母亲、先生和老妈子的愚惑,便把一个世界看得水晶样的透明。他能把您问倒。这有什么羞耻? 倘使您能完全回答小孩子的问题,便取得一百个博士的头衔也不为多。

您不可轻视小孩子的情感!

他给您一块糖吃,是有汽车大王捐助一万万元的慷慨。他做了一个纸鸢飞不上去,是有齐柏林飞船①造不成功一样的踌躇。他失手打破了一个泥娃娃，是有一个寡妇死了独生子那么悲哀。他没有打着他所讨厌的人，便好像是罗斯福讨不着机会带兵去打德国一般的怄气。他受了你盛怒下的鞭挞，连在梦里也觉得有法国革命模样的恐怖。他写字想得双圈没有得着，仿佛是候选总统落了选一样的失意。他想您抱他一会儿而您偏去抱了别的孩子，好比是一个爱人被人夺了去一般的伤心。

> 人人都说小孩子，
> 谁知人小心不小。
> 您若小看小孩子，
> 便比小孩还要小！

未来的先生们！忘了你们的年纪，变个十足的小孩子，加入在小孩子的队伍里去吧！您若变成小孩子，便有惊人的奇迹出现：师生立刻成为朋友，学校立刻成为乐园；您立刻觉得是和小孩子一般儿大，一块儿玩，一处儿做工，谁也不觉得您是先生，您便成了真正的先生。您立刻会发现小孩子的能力大得很：他能做许多您不能做的事，也能做许多您以为他不能做的事。等到您重新生为一个小孩子，您会发现别的小孩子是和从前所想的小孩子不同了。

我们必得会变小孩子，才配做小孩子的先生。师范学校的同学们！小孩子变得成功便算毕业；变不成功，休想拿文凭！

我们却要审查一番，这第二变的小孩子与那第一变的孙悟空有无重复。师范生既然会变孙悟空，那么凡是孙悟空所会变的，师范生都能变了。现在留下的问题是："孙悟空可会变小孩子?"我们调查他的生平,他只能变一个表面的小孩子,而不能变一个内外如一的小孩子。他在狮驼洞曾经变过一个小钻风,被一个妖怪察觉,"揭起衣裳看时,足足是个弼马温。原来行者有七十二般变化,若是变飞禽、走兽、花木、器皿、昆虫之类,却就连身子滚去了。但变人物,却只是头脸变了,身子变不过来,果然一身黄毛,两块红股,一条尾巴"。所以:

> 儿童园里无老翁;
>
> 老翁个个变儿童。
>
> 变儿童,
>
> 莫学孙悟空!
>
> 他在狮驼洞,
>
> 也曾变过小钻风。
>
> 小钻风,
>
> 脸儿模样般般像,
>
> 拖着一条尾巴儿两股红!

(原载 1931 年 5 月 15 日《师范生》第 2 期)

〔注释〕

① 齐柏林飞船　齐柏林公司制造的硬式飞艇。第一艘这种飞船由德国退役军官齐柏林伯爵设计,1900 年 7 月 2 日首次飞行。

送 科 学 丛 书

新安小学出世之日即文渼先生去世之日①。我于今把二周祭要买祭品的钱买了这部书，来送给新安小学作为开校二周纪念的礼物。这里面有许多小小的实验！俗语说："百闻不如一见。"说得更确切些是："百见不如一做。"科学实验要从小做起。每天找些小小实验教小朋友们去做吧！倘使不照书上所说而能独出心裁地指导小朋友在做上追求真知，那就格外的好了。文渼先生有灵，看见一个个小朋友都成了小小科学家、实验家，她该是多么的快乐啊！倘使这部书只藏而不看，看而不讲，讲而不做，那便等于金银香纸烧成一缕黑烟，飘入天空终于不知所止，岂不可叹！我深信新安小学的老师、小朋友必能善用这微小的礼物去造成伟大的前途。那么将来的伽利略（Calileo）、巴士笃（Pasteur）、法拉第（Faraday）也许就是你们的同学咧。

（原载 1932 年 3 月上海儿童书局《儿童科学指导》）

〔注释〕

① 陶行知胞妹陶文渼于 1929 年 6 月 6 日病逝，同时淮安新安小学开学。本文写于 1931 年 6 月 6 日。

佛罗棱萨①的教授

伽利略发现木星的四个月亮②之后，便写了一篇文字于一六一〇年一月二十四日在星座报告 Nuneius Siderius 里面发表出来。

这篇破天荒的文字出版之后，照现在看来，该是多么的宝贵，佛罗棱萨（Florence）的大学教授们却看它不起。

法赫在伽利略传中说帕雕亚（Padua）③的哲学主任、教授用尽力量使大公爵不要相信木星四个月亮之存在，他说："动物头上有七窍，通气于周身，使它明，使它暖，使它滋长。这小宇宙之七窍是什么？两个鼻孔，两个眼睛，两个耳朵，一张嘴。同时，在诸天之大宇宙中有两颗吉星，两颗凶星，两颗发光的星，一颗超然未决的水星。这种类似之外，数不胜数，比如七金，即为一例。因此我们断定行星之数必为七颗无疑。何况木星的月亮不是人眼睛所能看见，所以在地上不能发生影响，所以无用，所以不存在。而且犹太人，古代民族以及近代之欧罗巴人已定七天为一星期，并将七行星之名字称呼它们，如果我们将行星增加起来，岂不是把这美丽的系统整个的推翻了吗？"

伽利略自己说：

"我想请佛罗棱萨的教授们来看木星的四卫星，他们不但不愿意看星，连我的望远镜也不愿看。他们相信，在自然里没有真理可找。真理只在书本里。"

　　中国的教授，有哪几位不是从佛罗棱萨来的呀？国产的老夫子说："真理只在古书里。"留洋的洋翰林说："真理只在洋书里。"懒得看书的讲师说："真理只在嘴巴里。"青年学生若信这些教授们的话，也就可算是佛罗棱萨人籍的学生了。谁能自造仪器向大自然瞄准？如果有这人，我是愿意拿着扫帚做他的斋夫④了。

　　　　　　　　　　　（原载 1931 年 9 月 18 日《申报·自由谈》）

〔注释〕

　　① 佛罗棱萨　今译佛罗伦萨，意大利的城市。

　　② 指伽利略发现了木星的四个卫星。

　　③ 帕雕亚　通译帕多瓦，意大利的北部城市。这里指包括伽利略在内的科学家、人文主义者担任教授的欧洲当时主要大学之一的帕多瓦大学。

　　④ 斋夫　工友。

教学做合一下之教科书

教学做合一是生活教育之方法之理论。这理论同时叙述生活教育之现象与过程。所以要想讨论这个理论对于教科书之要求，先须说明什么是生活教育，什么是教学做合一。

什么是生活教育　生活教育是以生活为中心之教育。它不是要求教育与生活联络。一提到联络，便含有彼此相处的意思。倘使我们主张教育与生活联络，便不啻承认教育与生活是两个个体，好像一个是张三，一个是李四，平日不相识，现在要互递名片结为朋友。联络的本意原想使教育与生活发生更密切的关系，不知道一把它们看作两个个体，便使它们格外疏远了。生活与教育是一个东西，不是两个东西。在生活教育的观点看来，它们是一个现象的两个名称，好比一个人的小名与学名。先生用学名喊他，妈妈用小名喊他，毕竟他是他，不是她。生活即教育，是生活便是教育；不是生活便不是教育。分开来说，过什么生活便是受什么教育：过康健的生活便是受康健的教育；过科学的生活便是受科学的教育；过劳动的生活便是受劳动的教育；过艺术的生活便是受艺术的教育；过社会革命的生活便是受社会革命的教育。以此类推，我们可以说：好生活是好教育；坏生活是坏教育；高尚的生活是高尚的教育；下流的生活是下流的教育；合理的生活是合理的教育；不合理的生活是不合理的教育；有目的的生活是有目的的教育；无目的的生活是无目的的教育。反过来说，平日过的是少爷小姐的生活，便念尽了汗牛充栋的劳动书，也不算是劳动教育；平日过的是奴隶牛马的生活，便把《民权初步》念得透熟，熟得倒过来背，也算不了民权教育。没有生活做中心的教育是死教育，没有生活做中心的学校是死学校，没有生活做中心的书本是死书本。在死教育、死学校、死书本里鬼混的人是死人——先生是先死，学生是学死！先死与学死所造成的国是死国，所造成的世界是死世界。

什么是教学做合一　教学做合一是生活现象之说明，即是教育现象之说明。在生活里，对事说是做，对己之长进说是学，对人之影响说是教。教学做只是一种生活之三方面，而不是三个各不相谋的过程。同时，教学做合一是生活法，也就是教育法。它的涵义是：教的方法根据学的方法；学的方法根据做的方法。事怎样做便怎样学，怎样学便怎样教。教与学都以做为中心。在做上教的是先生，在做上学的是学生。在这个定义下，先生与学生失去了通常的严格的区别，在做上相教相学倒成了人生普遍的现象。做既成了教学之中心，便有特殊说明之必要。我们怕人用"做"当招牌而安于盲行盲动，所以下了一个定义："做"是在劳力上劳心。因此，"做"含有下列三种特征：

（一）行动；

（二）思想；

（三）新价值之产生。

一面行，一面想，必然产生新价值。鲁滨孙在失望之岛上缺少一个放水的小缸。一天烧饭，他看见一块泥土被火烧得像石头样的硬。他想，一块碎土既有如此变化，那么用这土造成一个东西，或者也能如此变化。他要试试看。他动手用土造成三个小缸的样子，架起火来把它们烧得通红，渐渐的冷下去，便成了三只坚固而不漏水的小缸。这里有行动，有思想，有新价值之产生——泥土变成水缸。这是做。这是教学做合一之做。

做是发明，是创造，是实验，是建设，是生产，是破坏，是奋斗，是探寻出路。

是活人必定做。活一天，做一天；活到老，做到老。如果我们承认小孩子也是活人，便须让他们做。小孩子的做是小发明，小创造，小实验，小建设，小生产，小破坏，小奋斗，探寻小出路。小孩子的做是小做，不是假做。"假做"不是生活教育所能允许的。

我也不是主张狭义的"做"，抹煞一切文艺。迎春姊妹和宝玉在荇叶渚上了船，跟着贾母的船撑向花溆去玩。宝玉说："这些破荷叶可恨！怎么还不叫人来拔去？……"黛玉说："我最不喜欢李义山的诗，只喜欢他这一句：'留得残荷听雨声。'偏你们又不留着残荷了。"宝玉说："果然好句！以后咱们别叫拔去了！"这里也有行动，有思想，有新价值之产生——破荷叶变成天然的乐器！领悟得这一点，才不至于误会教学做合一之根本意义。

既是这样，那么我们可以说：不做无学；不做无教；不能引导人做之教育，是假教育；不能引导人做之学校，是假学校；不能引导人做之书本，是假书本。在假教育、假学校、假书本里自骗骗人的人，是假人——先生是假先生，学生是假学生。假先生和假学生所造成的国是假国，所造成的世界是假世界。

生活教育与教学做合一对于书之根本态度 生活教育指示我们说：过什么生活用什么书。教学做合一指示我们说：做什么事用什么书。这两句话只是一句话的两样说法。我们对于书的根本态度是：书是一种工具，一种生活的工具，一种"做"的工具。工具是给人用的；书也是给人用的。我们对一本书的见面问，是：您有什么用处（当然是广义的用处）？为读书而读书，为讲书而讲书，为听书而听书，为看书而看书，再不应该夺取我们宝贵的光阴。用书必有目的。遇到一本书我们必须问：您能帮助我把这件事做得好些吗？您能帮助我过一过更丰富的生活吗？我们用书，有时要读，有时要讲，有时要听，有时要看；但是读、讲、听、看都有一贯的目的，这目的便是它们对于"用"的贡献。在《诗的学校》里有一首诗描写我们对于书的总态度：

> 用书如用刀，
> 不快便须磨。
> 呆磨不切菜，
> 何以见婆婆？

中国教科书之总批评 我们试把光绪年间出版的教科书和现在出版的教科书比较一下，可以看出一件惊人的事实，这事实便是三十年来，中国的教科书在枝节上虽有好些进步，但是在根本上是一点儿变化也没有。三十年前中国的教

科书是以文字做中心，到现在，中国的教科书还是以文字做
中心。进步的地方：从前是一个一个字的认，现在是一句一
句的认；从前是用文言文，现在是小学用白话文，中学参用
白话文与文言文；从前所写的文字是依着忠君、尊孔、尚
公、尚武、尚实的宗旨，现在所写的文字是依着三民主义的
宗旨。但是教科书的根本意义毫未改变，现在和从前一样，
教科书是认字的书、读文的书罢了。从农业文明渡到工业文
明最重要的知识技能，无过于自然科学。没有真正可以驾驭
自然势力的科学，则农业文明必然破产，工业文明建不起
来，那是多么危险的事啊！但是把通行的小学常识与初中自
然教科书拿来审查一番，您立刻发现它们只是科学的识字
书，只是科学的论文书。这些书使您觉得读到胡子白也不能
叫您得着丝毫驾驭自然的力量。这些教科书不教您在利用自
然上认识自然。它们不教您试验，不教您创造。它们只能把
您造成一个自然科学的书呆子。国民党以党义治国；党义，
从国民党的观点看来，又是何等重大的一门功课呀！固然，
党军既到南京之后，没有一家书店不赶着编辑党义教科书。
党政府看了这些教科书也以为教育从此可以党化，小孩子个
个都可以成为"三民主义"的信徒了。但是把这些书仔细看
一看，不由您又要惊讶了，您立刻发现它们只是党义识字
书，只是党义论文书。它们教您识民权的字，不教您拿民
权；教您读民主的书，不教您干民主的事。在这些书里您又
可以看出编辑人引您开倒车，开到义和团时代以前。他们不
教小朋友在家里、校里、村里、市里去干一点小建设、小生
产以立建国之基础，却教小孩子去治国平天下，这不是像从

前蒙童馆里的冬烘先生拿《大学》、《中庸》把小朋友当小鸭子硬填吗？照这样干法，我可以断定，小孩子决不会成为三民主义有力量的信徒，至多，他们可以成为三民主义的书呆子。

中国的教科书虽然以文字做中心，但是所用的文字不是第一流的文字。山德孙先生在昂多学校里就不用教科书。他批评英国的教科书为最坏的书。中国初中以下的教科书不比英国的好。我读了中国出版的教科书之后，我的感想和山德孙先生差不多。我不能恭维中国初中以下的教科书是小孩子值得读的书。在我的《中国自然科学教科书之解剖》一篇论文中，我将毫不避讳地罗列各家教科书之病菌，放在显微镜下，请大家自己去看。我现在只想举一个普通的例子来做个证明。诸位读了下面三节教科书作何感想？

甲家书馆	乙家书馆	丙家书馆
大狗叫，	小小猫，	小小猫，
小狗跳。	快快跑。	小小猫。
叫一叫，	小小猫，	快快跑，
跳两跳。	快快跑。	快快跑。

若不是因为每个小学生必得有一本教科书，每本教科书必得有书馆编好由教育部审定，谁愿意买这种有字有音而没有意义的东西呀？请诸位再看刘姥姥赴贾母宴会在席上低着头引得大家哄堂大笑的几句话：

老刘，老刘，

食量大如牛，

吃个老母猪，

不抬头。

这样现成的好文学在以文字为中心的教科书中竟找不着一个地位，而"大狗叫，小狗跳"的无意义的文字，居然几百万部的推销出去。所以中国教科书虽以文字为中心，却没有把最好的文字收进去。这是编书人之过，不是文字中心之过。

中国的教科书，不但用不好的文字做中心，并且用零碎的文字做中心，每课教几个字，传授一点零碎的知识。学生读了一课，便以为完了，再也没有进一步追求之引导。我们读《水浒》、《红楼梦》、《鲁滨孙飘流记》一类小说的时候，读了第一节便想读第二节，甚至于从早晨读到夜晚，从夜晚读到天亮，要把它一口气读完了才觉得痛快。中国的教科书是以零碎文字做中心，没有这种力量。有人说，中国文人是蛀书虫。可是教科书连培养蛀书虫的力量也没有。蛀书虫为什么蛀书？因为书中有好吃的东西，使它吃了又要吃。吃教科书如同吃蜡，吃了一回，再不想吃第二回，连蛀书虫也养不成！可是，这也是编书人不会运用文字之过，不是文字中心之过。

文字中心之过在以文字当教育，以为文字之外别无教育。以文字做中心之教科书，实便于先生讲解，学生静听。于是讲书、听书、读书便等于正式教育而占领了几乎全部之时间。它使人坐而言，不使人起而行。教育好比是菜蔬，文字好比是纤维，生活好比是各种维他命（Vitamin）。以文字为中心而忽略生活的教科书，好比是有纤维而无维他命之菜蔬，吃了不能滋养体力。中国的教科书，是没有维他命的书。它是上海上等白米，吃了叫人害脚气病，寸步难行。它是中国小孩子的手铐，害得他们双手无能。它是死的、假的、静止的；它没有生命的力量。它是创造、建设、生产的最大的障碍物。它叫中国站在那儿望着农业文明破产而跳不到工业文明的对岸去。请看中国火车行了几十年而第一个火车头今年才造起来，这是中国科学八股无能之铁证！而这位制造中国第一个火车头之工程师，十分之九没有吃过上海白米式的科学教科书。或者也吃过，后来又吃了些糠秕，才把脚气病医好，造了这部特别难产的火车头。以文字做中心的教科书，在二十世纪里是产生不出力量，最多，如果用好的文字好好地编，也不过能够产生一些小小书呆子、小小蛀书虫。

假使再来一个秦始皇，把一切的教科书烧掉，世界上会失去什么？

大书呆子没有书教，小书呆子没有书读，书呆头儿出个条子："本校找不到教科书，暂时停课。"

于是，有的出去飘洋游历，也许会成达尔文；有的在火车上去卖报做化学实验，也许会成爱迪生；有的带着小朋友们上山游玩，也许会成柯斯兹；有的回去放牛、砍柴、捞鱼、种田、缫丝，多赚几口饭儿吃。少几个吃饭不做事的书呆子，多几个生产者、建设者、创造者、发明者，大概是这位秦始皇第二的贡献吧。

生活教育与教学做合一之总要求　我们要活的书，不要死的书；要真的书，不要假的书；要动的书，不要静的书；要用的书，不要读的书。总体来说，我们要以生活为中心的教学做指导,不要以文字为中心的教科书。我要声明在先,我并不拘泥于文字之改变。倘使真的拿生活为中心使文字退到工具的地位,从死的、假的、静的、读的,一变而为活的、真的、动的、用的,那末就称它为教科书,我也不反对;倘使名字改为生活用书或教学做指导,还是以文字为中心,便利先生讲解,学生静听,而不引人去做,我也不能赞成。但是,如果能够做到名实相符,那就格外的好了。

生活用书或教学做指导,是怎样编法呢?最先须将一个现代社会的生活或该有力量,一样一样的列举,归类组成一个整个的生活系统,即组成一个用书系统。例如:

要培养的生活力	要用的书
一,防备霍乱	一,防备霍乱指导
二,防备伤寒	二,防备伤寒指导
三,防备天花	三,防备天花指导
四,防备感冒	四,防备感冒指导
五,防备肺痨	四,防备肺痨指导
六,防备梅毒	六,防备梅毒指导
七,打篮球	七,打篮球指导
八,踢球	八,踢球指导
九,选择食物	九,选择食物指导
一〇,选择衣料	一〇,选择衣料指导
一一,种菜	一一,种菜指导
一二,种麦	一二,种麦指导
一三,种树	一三,种树指导
一四,养蚕	一四,养蚕指导

一五，养鸡　　　　　　一五，养鸡指导

一六，养鱼　　　　　　一六，养鱼指导

一七，养鸟　　　　　　一七，养鸟指导

一八，纺纱　　　　　　一八，纺纱指导

一九，织布　　　　　　一九，织布指导

二〇，扫地　　　　　　二〇，扫地指导

二一，调换新鲜空气　　二一，调换新鲜空气指导

二二，用风车水　　　　二二，用风车水指导

二三，制造抽气唧筒　　二三，制造抽气唧筒指导

二四，制造气压表　　　二四，制造气压表指导

二五，用空气压力钻钢　二五，用空气压力钻钢指导

二六，用氮气做肥料　　二六，用氮气做肥料指导

二七，用太阳光烧饭　　二七，用太阳光烧饭指导

二八，用太阳光杀菌　　二八，用太阳光杀菌指导

二九，用太阳光照相　　二九，用太阳光照相指导

三〇，用水推磨　　　　三〇，用水推磨指导

三一，用水发电　　　　三一，用水发电指导

三二，用水化铁　　　　三二，用水化铁指导

三三，用磁石发电　　　三三，用磁石发电指导

三四，造罗盘　　　　　三四，造罗盘指导

三五，用电池举钢铁　　三五，用电池举钢铁指导

三六，用煤黑油取原料　三六，用煤黑油取原料指导

三七，造汽车　　　　　三七，造汽车指导

三八，造蒸汽机　　　　三八，造蒸汽机指导

三九，用电发光　　　　三九，用电发光指导

四〇，用电推车　　　　四〇，用电推车指导

四一，用电谈话　　　　四一，用电谈话指导

四二，用电相见　　　　四二，用电相见指导

四三，用泥造瓷器　　　四三，用泥造瓷器指导

四四，造屋　　　　　　四四，造屋指导

四五，造桥　　　　　　四五，造桥指导

四六，造船　　　　　　四六，造船指导

四七，造纸　　　　　　四七，造纸指导

四八，造飞机　　　　　四八，造飞机指导

四九，用显微镜看细菌　四九，用显微镜看细菌指导

五〇，用望远镜看天象　五〇，用望远镜看天象指导

五一，编剧　　　　　　五一，编剧指导

五二，演戏　　　　　　五二，演戏指导

五三，布景　　　　　　五三，布景指导

五四，唱歌　　　　　　五四，唱歌指导

五五，画水彩画　　　　五五，画水彩画指导

五六，画油画　　　　　五六，画油画指导

五七，写诗文　　　　　五七，写诗文指导

五八，雕刻　　　　　　五八，雕刻指导

五九，弹琴　　　　　　五九，弹琴指导

六〇，说话　　　　　　六〇，说话指导

六一，恋爱　　　　　　六一，恋爱指导

六二，治家　　　　　　六二，治家指导

六三，生育　　　　　　六三，生育指导

六四，限制教育　　　　六四，限制教育指导

六五，团体自治	六五，团体自治指导
六六，掌民权	六六，掌民权指导
六七，师生创校	六七，师生创校指导
六八，创造富的社会	六八，创造富的社会指导
六九，人类互助	六九，人类互助指导
七〇，创造五生世界①	七〇，创造五生世界指导

以上七十种生活力和教学做指导，不过是我个人随手所举的例子。把他们归起类来（一）至（一〇）属于康健生活；（一一）至（二〇）属于劳动生活；（二一）至（五〇）属于科学生活；（五一）至（六〇）属于艺术生活；（六一）至（七〇）属于社会改造生活。我想这些例子不过是全部生活力之少数，内中之概括的还应该细分，如养鱼便可分为养金鱼，养青鱼，制造相生水族池等等，统统算起来重要的总在三千种以上。我们姑且可以普通的说，我们有三千种生活力要培养，即有三千种教学做指导要编辑。这些生活力，有些是很小的小孩子便应当有，有些是很成熟的人才可以得；有些是学了就可以变换，有些是要继续不断地干；有些是一人能做，有些非多人合作不办，有些是现代人共同所需，有些是各有所好，听人选择。专家依性质、学力把他们一一编起来，并编一些建在具体经验上面融合贯通的理论，便造成整个的用书的系统，帮助着实现那丰富的现代生活。我们还要随着学术进步，继续修改扩充，使用书继长增高地进步，帮助着生活继长增高地向前向上进。

照这样看来，教学做合一的理论不是不要书；它要用的书的数目之大，比现在的教科书要多得多。它只是不要纯粹以文字来做中心的教科书，因为这些书是木头刀切不下菜来。过什么生活用什么书。做什么事用什么书。不用书，或用书而用得不够，用得不当，都非教学做合一的理论所允许的。

教学做指导编得对不对，好不好，可以下列三种标准判断它。

（一）看它有没有引导人动作的力量，看它有没有引导人干了一个动作又要干一个动作的力量。中国人的手中了旧文化的毒已经瘫了，看它能否给他打一针，使一双废手变成一双开天辟地的手。我们要看它能否把双料少爷的长指甲剪掉，能否把双料小姐的手镯戒指脱掉，能否把活活泼泼的小孩们的传统的几十斤重的手铐卸掉，使八万万只无能的手都变成万能的手。

（二）看它有没有引导人思想的力量，看它有没有引导人想了又想的力量。中国文人的头脑做了几千年的字纸篓；中国农人女人的头脑做了几千年的真空管。我们现在要请大家的头脑出来做双手的司令官，我们要头脑出来监工。我们不但是要做，并且要做得好。如何可以做得好，做得比昨天好，这是头脑的天职。我们遇了一本书便要问它是否给人的头脑全权指导一切要做的事。

（三）看它有没有引导人产生新价值的力量，看它有没有引导人产生新益求新的新价值的力量。我在《乡村教师》上曾经写过十几首诗，描写一位乡村教师的生活，内中有一首是：

　　人生两个宝，

双手与大脑。

宁做鲁滨孙，

单刀辟荒岛。

中国教育之通病是教用脑的人不用手，不教用手的人用脑，所以一无所能。中国教育革命的对策是使手脑联盟，结果是手与脑的力量都可以大到不可思议。手脑联盟，则污秽的垃圾可以用来点灯烧饭，窒人的氮气可以用来做养人的肥田粉，煤黑油里可以取出几十种的颜料，一粒种子可以长成几百粒谷，无饭大家饿的穷国可以变成有饭大家吃的富社会。只要头脑子命令双手拿起锄头、锯子、玻璃管、电动机去生产、建设、试验、创造，自然是别有天地了。

生活用书的体裁内容也不可一律，大致说起来，我有下列的建议：

（一）做的目标。

（二）做的材料。

（三）做的方法。

（四）做的工具。

（五）做的理论。

（六）从做这事引导人想到做那事。

（七）如做的事与时令有关便要有做的时令。

（八）如做的事与经济有关便要有做的预算。

（九）如做的事须有途径之指示便要有做的图。

（十）如做的事须多人合作便要有做的人的组织。

（十一）如做的事须多方参考便要有做的参考书籍。

（十二）如做的事与别的事有多方的关系便要有做的种

种关系上的说明。

（十三）在做上学的人可引导他记载做的过程，做的结果，做上发生的问题与心得。

（十四）在做上教的人可引导他指示进行考核成绩。

这十四条不是像从前五段教授样要人家刻印板的遵守的。如果您能把它们一齐打破，天衣无缝的写成一本可用的书也未为不可，或者竟是更为可贵。《鲁滨孙飘流记》是一部小说，也是一部探险与开创的教学做指导。歌德失恋，写《少年维特之烦恼》，创造一个维特去替死，那末歌德的恋爱史与《少年维特之烦恼》，当作一部恋爱指导用也很合宜。同样《水浒》是一部打抱不平之指导。自然科学教学做指导，能写到法布尔的几部顶好著作那样好，减少一些闲话，增加一点小孩子自己做的机会也就很好了。最要紧的是著书人独出心裁，若求一律，反而呆板了。

初进学校的学生，要他自用教学做指导，当然是不可能。但是他虽然认不得字，话语听得懂，先生不能教他吗？年长的同学不能助他吗？初年级的学生，多数的生活力不能从文字上去取得。若受文字的限制，生活便枯燥无味。故初年级的教学做指导，除说话（即国语）一门外，都可编为先生用书，先生在做上教时所用的书，那末，这个困难便没有了。即就说话一门说，也不必太拘于生字之多少。只要是小孩子爱说的话，便多几个字也不要紧。若是头一课只限于四五个字，编不成好听的话，那末，比十几个字还难认。认字与写字也不必同时兼顾，若认的字一定要写，那末，又只好限于几个字，而流于枯燥了。

我想要使这个用书的计划实现，必须有下列六种条件：

（一）各门专家中须有几位去接近小孩子，或竟毅然去当几年中小学教员，一面实验，一面编辑几部教学做指导。

（二）现在接近小孩子的中小学教师，须有许多位，各人开始研究一门科学，待研究有得，可以编辑几部教学做指导。

（三）现在教科书的编辑者有志编辑生活用书，如缺少某种准备、专科学术或儿童经验，亦宜设法补足，然后动手编辑。

（四）现在商务印书馆、中华书局、世界书局每年大部分收入是从小朋友那里来的，应该多下点本钱，搜罗各国儿童、成人用书（不是教科书）和工具，聘请上列三种人才，为小朋友多编几部可用的好书。

（五）教育行政当局，从中央以下直到校长，该给教员们以试验，或选择书本之自由。现在行政方面之趋势是太一律，太呆板，若不改弦更张，实无创造之可能。

（六）全民族对于中国现代的无能的教育，该有觉悟，对于教学做合一之理论，该使之普遍实现，若再因循苟且，则可以救国之教育，将变成亡国之催命符。到了那时，虽悔也来不及了。如果大家从此下一个决心，在头脑指挥之下，把双手从长袖里伸出来，左手拿着科学，右手开着机器生产、建设、创造，必定能开辟出一个新天地来。荣枯、安危、存亡之故，只在念头之一转和双手之一动，用不着到远处去求啊！

（原载 1931 年 8 月《中华教育界》第 19 卷第 4 期）

〔**注释**〕

① 五生世界　即少生、好生、贵生、厚生、共生之世界。（作者注）

怎样学爱迪生

未来的世界是一个电化的世界；未来的中国也必定要造成一个电化的中国，这是没有疑义的。我们的近邻日本和俄国都已经大规模的进行他们的电化全国的计划，我们决不可因循懈怠。电化中国最需要的是电学人才。青年学生中性情相近的是应该负起责任来研究这种学术。我们面前最好的一位老师便是爱迪生。学爱迪生决不是读读《爱迪生传》和他的发明报告就算完事。我们必得像他一样在电气实验上亲自动手去做，用脑去想，才不愧为他的学生。这还不够，我们必得天天做，天天想，一年到头，一世到老都在这上面下工夫才能希望有所成就。尝一尝，试一试，就放下手来，那是不会有什么大不了的贡献的。

据布赖恩（Brayan）说，他许多的发明中，只有留声机是偶然领悟到的，其余都是从有计划的苦功中得来。为着要求得一种最有效之电灯用的金属灯丝，他曾经用矿物做了一千六百次的试验。他检查过六千种的植物，为的要看哪一种植物最合乎制造炭丝之用。他所发明的镍铁蓄电池是五万次试验之结果。

爱迪生有一句名言："天才是劳动而有恒心。"他所说的劳动实含有劳力与劳心两方面。如果你要知道你在电学或任何学问上有无一些天才，只须问一问自己在这件事上是否肯动手用心去做，做得不肯歇手？

（原载 1931 年 10 月 27 日《申报·自由谈》）

战 时 的 功 课

这几天来，学生要罢课，校长不要罢课。这种矛盾怕是出于误会吧？依我看来，学校有平时之课，有战时之课；校长与学生应该好商好量的定出一个合理而有实效的办法来。我想那合理而有实效的办法是：

"罢平时之课，上战时之课。"

虎狼已经进了房子吃人，做先生的不教孩子们拿真本领去援救亲姊妹，却要他们照旧诗云、子曰的读死书，那就算是不知时务了。做孩子的不满意于先生之镇静，赤手空拳，东奔西走，瞎喊救命，嘴儿喊干的时候，家人已经死得精光，自己也不免要饱虎狼的口腹了：这也算不长进。那末如何是好？平时的功课虽要罢，战时的功课必须上。而且要上这战时的功课的人，不但是学生，凡是国民，都应当立刻上起战时之功课。战时的功课不是喊几句口号的爱国八股，也不是使个木头枪儿学一些立正开步走的武八股。我们必须上战时之真功课以学得应战之真本领。

战时的功课是什么？

（一）男子用真武器武装起来学紧急战；（二）女子用真武器武装起来学看护；（三）宣传并实行对日经济绝交；（四）研究中日贸易；（五）振兴替代日货之实业；（六）研究日本；

（七）研究东三省；（八）研究国际大势；（九）专攻自然科学以立造产与国防之基础；（十）厉行民众识字运动，使知中华民国是四万万人共有共治共享共保之国家；（十一）厉行小学之科学教育，造就科学的儿童以建设二十年后之科学的中国，使中国永远立于不败之地；（十二）恢复水灾土地，俾能及时下种以足民食。

这十二门功课必须按着各人的性质分工合作的干起来。从今日起我们便须自己问自己：

"如果今天晚上日本强盗来到，我们如何将他打败？"

这个问题不是出于幻想。沈阳便是如此失落的。日本军队既能如此来占沈阳，也能如此来占租界外的上海，来占中国公学，来占恒丰纱厂，来占真茹村，来占徐公桥，我们还是效法张学良之避免冲突，还是效法史可法之背城一战，您该立刻决定。

到了今日，政府必须信民众，信民众有救国的力量。政府必须排除一切疑虑，帮助民众武装起来，造成只御外侮不参内战的伟大的义勇自卫军。如果还要梦想拿一个无武装民众作后盾之政府与铁血主义之日本相抗衡，那是必无幸存之理。生死关头，近在眼前，不必多话，武装起来，干。

（原载 1931 年 10 月 1 日《申报·自由谈》）

科 学 的 孩 子

问真、探真①两位小宝宝：

　　你们知道现在是一个科学的世界。科学的世界里应该有一个科学的中国，科学的中国要谁去创造呢？要小孩子去创造！等到中国的孩子都成了科学的孩子，那时候，我们的中国便自然而然的变为科学的中国了。

　　我希望你们俩从今天起，立刻变为科学的孩子。你们或者要问："这科学的孩子是怎样的变法呀？"

　　你们要攀上科学树去摘几个科学果子，一吃，便会变成两个可爱的科学的孩子。我现在送你们两种书：一是小朋友书店出版的《儿童生活》；一是儿童书局出版的《儿童科学丛书》。这些书会教你们怎样攀上科学树，怎样去摘科学果子，怎样变个科学的孩子。

　　这些书不是给你们看的，乃是引导你们玩科学的把戏，做科学的实验。如果你们藏而不看，看而不做，那就算是辜负我的好意了。

　　现在差不多要到冬天了，你们怕就要戴上手套吧？科学的孩子的手是一天忙到晚，用不着手套。你们向妈妈禀告说："今年我们都是科学的孩子，不再戴手套了，请您把买头绳的钱给我们买实验的材料吧。"

　　我寄给你们的东西，你们放心吃！从前买可可糖送你们，我必先吃一块，看看里面坏了没有。这次送你们的科学果子，我都尝过，你们放心吃吧！

　　这些科学果子里，有几个是我亲自摘的，放在花篮里，一起送给你们。这样，我送给你们的果子，同时可以送给全国的小朋友一同尝。新时代的孩子一定赞成这个一举数得的办法。

　　你们吃了这些果子，我不希望别的报酬，只希望你们每星期写一封信，告诉我玩了几个科学小把戏，做了几个科学小实验，使我知道你们是的确变了科学的孩子，抱着决心去创造一个科学的中国，我就心满意足了。

　　祝你们努力向科学树上攀，攀得高高的，把那肥大的果子摘下来给全世界的人吃，不要只顾自己吃得一肚饱，忘了树底下的民众。

你们的爸爸也是你们的朋友

（原载 1931 年 11 月 6 日《申报·自由谈》）

〔注释〕

　　① 问真、探真　作者次子陶晓光和三子陶刚。

莫 轻 看 徒 弟

一百六十二年前发明蒸汽机之瓦特（James Watt）曾经做过徒弟。一百年前发明发电机之法拉第（Michael Faraday）曾经做过徒弟。产业革命和电化文明是徒弟们在知识之最前线领导着。

中国的希望，向来是放在学生身上。最初大家的目光都对着留学生。到了对留学生失了信仰，大家又转移目光对着大学生。到了对大学生失了信仰，大家又转移目光对着中学生，现在是渐渐的转移到小学生身上去了。如果先生和学生们没有根本觉悟，则中学生、小学生是同样的要令人失望。

文明是人类用头脑和双手造成的。只会劳心而不会劳力和只会劳力而不会劳心的人都是没有希望，何况爱用空嘴说白话的人，那是更不可救药了。如果肯得用手去做，用心去想，那末，留学生、大学生也有希望。否则两只手儿拢在袖里读死书，死读书，读书死，那末，连中学生、小学生也有一天要叫人失望咧。我对于科学的青年的建议是：

一、做过学生的要做几年徒弟；

二、做过徒弟的要做几年学生。

（原载 1931 年 11 月 12 日《申报·自由谈》）

思想的母亲

行动是思想的母亲，科学是从把戏中玩出来的。

杜威先生分析反省的思想之过程，列举了如下的步骤：（一）困难之感觉；（二）审定困难之所在；（三）设法解决；（四）在许多方法中选一最有效的试试看；（五）屡试屡验之后再下断语。这反省的思想之过程便是科学思想之过程。

我拿杜威先生的道理体验了十几年，觉得他所叙述的过程好比是一个单极的电路，通不出电流。他没有提及那思想的母亲。这位母亲便是行动。路走不通，才觉有困难。走不通而不觉得困难，这是庸人。连脚都没有动而心里却虚造出万千困难，这是妄人。走不通而发现困难，便想出种种法子来解决困难，不到解决不止，这是科学家。所以我要提出的修正是在困难之前加一行动之步骤。于是整个科学的生活之过程便成了：行动生困难；困难生疑问；疑问生假设；假设生试验；试验生断语；断语又生了行动，如此演进于无穷。懒得动手去做，哪里会有正确的思想产生，又何能算是科学生活？

（原载 1931 年 11 月 11 日《申报·自由谈》）

新旧时代之学生

旧时代之学生之生长的过程有三个阶段：

一是读死书；

二是死读书；

三是读书死。

新时代之学生也离不了书，所不同的，他是：

用活书，

活用书，

用书活。

什么是活书？活书是活的知识之宝库。花草是活书，树木是活书，飞禽走兽小虫微生物是活书，山川湖海、风云雨雪、天体运行都是活书。活的人，活的问题，活的文化，活的武功，活的世界，活的宇宙，活的变化，都是活的知识之宝库，便都是活的书。

活的书只可以活用而不可以死读。新时代的学生要用活书去生产，用活书去实验，用活书去建设，用活书去革命，用活书去树立一个比现在可爱可敬的社会。在活的社会里，众生都能各得其所，何况这个小小的我，当然也是跟着大众一块儿欣欣向荣的活起来了。

（原载 1931 年 11 月 26 日《申报·自由谈》）

小朋友的鸡

——给徐君企周的一封信

我最近很欢喜研究自然科学，所以接到《师范生》月刊第二期，翻到您写的《小朋友的鸡》一篇文字，便从头到尾一口气把它看完，觉得实在是好极了。您用这个初看很小的题目，竟能引起小朋友一个个的把问题像珍珠样滚下去，这是多么美丽的一种艺术呀！您抱着那"知之为知之，不知为不知"的态度来应付这些问题，也是恰到好处，钦佩得很。

我一面看这篇文字，一面觉得我自己好像也变了一位小朋友，在您班上参加讨论。我设身处地一想，假使我是您班上的一位小朋友，在这些问答之外，我还有什么请教的地方？我仔仔细细的想了一番，预备要提出两个请求：

（一）请求大家到了适当的时令，便动手在学校里或家里孵鸡；

（二）请求用科学的方法，探求孵鸡的道理。

教育法的演进大概可以分为四个阶段：

第一个阶段　凭先生教授，不许学生发问；

第二个阶段　师生共同讨论，彼此质疑问难；

第三个阶段　师生共同在做上学，在做上教，在做上讨论，在做上质疑问难；

第四个阶段　师生运用科学方法在做上追求做之所以

然，并发现比现在可以做得好一些的道理。

您自己在家里养过鸡，可算是已经达到了第三个阶段。您的教育法在这一课上所表现的只可算是达到了第二阶段。我看您是一位很有希望的教师，最好不要在这第二个阶段上流连。您得立刻鼓起勇气向第三和第四个阶段进攻。

我猜度您或者是已经想到了后期的进展，怕是因环境的阻碍，所以不得已停止在第二个阶段上。这，我们当然有相当的原谅。范静生①先生告诉过我，从前京师大学因为日本教习在讲堂上教学生解剖了一只羊，引起西太后②震怒，管学大臣张百熙③急得入朝叩头自请处分。这和您的孵鸡大同小异。不过在文明的上海，像"学校重地，毋许孵鸡"一类事，大概不致发生吧？因此，我劝您鼓起勇气，干他一下。

第一个阶段的教育连花也不会开，何况果子！第二个阶段的教育只会开花，不会结果。到了第三个阶段才会结果，但未必有美味。要想有美味而硕大的果子必得跳上第四个阶段。第四个阶段是教学做合一之极，则它在此处已与科学打成一片了。

试拿小朋友的鸡做个例子。孵鸡是必不可少的活动。若是养鸡两群：一群有公鸡，一群无公鸡，将两群鸡所生的鸡蛋各做一记号，孵起来，看哪群鸡蛋孵得出小鸡来，那就更好了。再进一步，把孵了五天、九天……的蛋，看看起了什么变化，做起一套从鸡蛋发育到小鸡的标本来，岂不是更有意思吗？再进一步，试验各种鸡生蛋力及遗传之比较，在小学里并不是不可以逐渐推行的。当然，小学还有别的功课，不是孵鸡研究所，哪能尽量的干？可是孵几只鸡，做几套标本，总不能算是奢望。您是有经验的小学教师，您看我所陈述的这些意思对不对呢？希望您不吝指教。祝您领导小朋友们向大自然进攻……

（原载 1931 年 12 月 14 日《申报·自由谈》）

〔注释〕

　　① 范静生　即范源廉（1876—1927）。曾任北京师范大学校长、中华教育文化基金委员会董事长、南开大学董事等职。

　　② 即慈禧太后。慈禧生于乙未年，1835 年即羊年，故对"宰羊"十分忌讳。

　　③ 张百熙（1847—1907）　当时任管学大臣，主持京师大学堂（北京大学前身）。

一个教师与家长的答复

——出头处要自由

南京八日专电，载有戴传贤①于本月七日给全国教育家及学生家长的一封公开信，上面写的是：

> 培植出一根树苗，要他长成端正的大树，要费几根大木头，四面撑住他。培植一个好青年，要牺牲几个成年人，四面去扶植他。树苗自由，不能成长；青年自由，不能成人。全国的教育家醒来，全国学生的父母兄弟姊妹醒来！救国先救国家命根的青年！救国先救教导青年的学校！

我虽然当不起教育家这个名词，但是一个当过十几年教师的人，总该跟着诸位教育家共听戴君之教益。我并且是几个小孩子的父亲，更该负起责任来发表我的见解。在戴君大声疾呼之下，我是醒了，想睡也睡不着了。我于是先把戴君的信介绍给孩子们看，然后对他们发表我的意见，谁是谁非，让他们自己判断吧。我对他们所说的话是：

"你们要知道种树吗？底下可以安根，上面可以出头，幼苗才能种得活。有水分、肥料、空气、阳光，而无虫害，幼苗才能长成大树。园丁的责任在灌溉、施肥、除害虫而不没收它的自由的空气与阳光，则幼苗自能欣欣向荣了。花园里给人玩赏的树木四面是有死木头撑住，并有绳子把它们扎成种种曲线美。这些是树少爷，因为有树听差服侍它们；有的是树小姐，因为它们裹脚束腰，和人间不自尊的姑娘大同小异。树少爷，树小姐，只是人的玩物，这中间找不出栋梁材。栋梁材是长在森林里。兴安岭的幼树可有树听差服侍？谁见过它们裹过脚束过腰？如果你想叫幼苗端端正正的长起来，也难也容易。小树生在大树中间，若大树端正，则小树须向上吸收阳光，自必端正，这不是很容易呀？若大树惯于折腰，罩在小树上，小树得不着阳光，想它端正便是万难。所以'出头处要自由！'树苗要伸出头来呼吸自由的空气，感受自由的阳光，才能活，才能长，才能端正。假使我们在幼苗的出头处加以压力，那末除非是幼苗肯像乌龟样把头缩进壳里去，它的自然的生长力是会把压力冲破，如同小鸡啄破蛋壳出世一样的不可制止。

"戴君认定你们青年是国家的命根，我也有此认识。你们也不可把自己小看了。不可做树少爷！不可做树小姐！不可给折腰的大树把你们笼罩住！与害虫奋斗！伸出头来向水分、肥料、空气、阳光进取！这样，你们才能把自己造成中国之栋梁之材，才可算是国家命根的青年。

"我既主张出头处要自由，那末'自由'的涵义是什么也得说明。自由是以自己的意志指挥自己的行动。个人自由是以个人自己的意志指挥个人自己的行动。团体自由是以团体自己的意志指挥团体自己的行动。自由这个名词是含有自主、自决、自动、自得种种意义，扩而大之，是要各得其所。自由人是奉头脑做总司令；他的反面是奴隶。他自己不愿做奴隶，也不要人做他的奴隶。放荡不是自由；因为放荡的人是做了私欲嗜好的奴隶而不能自拔。一个人若做了私欲嗜好的奴隶便失掉自由。青年放荡固然不能成人；成年人放荡也只算是成年，不能算是成人。成年人、青年、小孩子都该在一个道德标准下生活。双层标准、三层标准只是恕道不足的结果。青年不可以假借自由之美名去过放荡的生活；教师家长也不可假借放荡之罪名去剥削青年小孩子生长所必需之自由。根据以上所说，我所得的断语，适与戴君相反。我的断语是：'失掉自由，不能成人。'"

（原载 1931 年 12 月 11—12 日《申报·自由谈》）

〔**注释**〕

① 戴传贤（1891—1949） 即戴季陶。国民政府成立后，任政府委员、考试院院长。长期充当蒋介石的谋士。

乡村工学团试验初步计划说明书①

乡村工学团是一个小工场，一个小学校，一个小社会。在这里面包含着生产的意义，长进的意义，平等互助自卫卫人的意义。它是将工场、学校、社会，打成一片，产生了一个改造乡村的富有生活力的新细胞。

乡村工学团由儿童组成的，称为乡村儿童工学团；由青年组成的，称为乡村青年工学团。青年的定义，不根据年龄而根据求学的态度。老年人而有青年求学精神者，得入乡村青年工学团。

中华民族已经到了生死关头，我们要想起死回生整个的民族，须以最敏捷的手段，实施下列六大训练：

（一）普遍的军事训练；

（二）普遍的生产训练；

（三）普遍的科学训练；

（四）普遍的识字训练；

（五）普遍的运用民权训练；

（六）普遍的节制生育训练。

乡村工学团要将上列六大训练，具体而微的在自己乡村里尽量推进，把自己的乡村，造成中华民国的健全分子，并与全国一百万乡村联合起来，推进这六大训练，以造成一个伟大的、令人敬爱的中华民国。乡村工学团所采取的方法，与传统的方法根本不同。现撮要列举如下：

（一）传统的方法，是学校与社会隔离；乡村工学团主张以社会为学校。

（二）传统的方法，是生活与教育分家；乡村工学团主张生活即教育。

（三）传统的方法，把师生的界限分得太严；乡村工学团主张会的教人，不会的跟人学。我们跟农人学种田，农人跟我们学科学，这是相师相学的意思。我们还可以教大徒弟去教小徒弟，七十二行都有资格做先生，都有资格做太上先生。先生既多，学问自广。

（四）传统的方法，是先生教而不做，学生学而不做；乡村工学团主张先生在做上教，学生在做上学。教与学都以做为中心，这便是教学做合一之要义。

（五）传统的方法，是教劳心者不劳力，不教劳力者劳心；乡村工学团主张在劳力上劳心，才算真正的做，否则便是瞎做瞎学瞎教了。

（六）传统的方法，教人先费几年，把知识装满了再去行；乡村工学团，主张"行是知之始"，我们要在行动上去追求真知识，有行的勇敢，才有知的收获。

（七）传统的方法，是教少数人升官发财；乡村工学团主张与大众共甘苦，同休戚，以取得整个中华民族之出路。

乡村工学团之主体，是本村的真农人。所谓真农人，是靠自己动手种地吃饭的人。我们所以要有这一个条件，是防备这件重要事业，落在坏人的手里，作为个人利益的工具。

村外同志，只处于推动、赞助、辅导的地位。这种村外的推动、赞助、辅导，只适合本村需要的时期为限。推动的宗旨，在求本村的自动；赞助的宗旨，在求本村的自助；辅导的宗旨，在求本村的自导。乡村改造运动者，最忌代替农人做；因为代替农人做得太多太久，农人仍旧不会自己做。农人不会自己做，终是无补于大局。我们要想农人自动、自助、自导的来改造他们的村庄，必须在发动的时候有此认识。从村外同志之发动，到本村完成主体健全之组织，其移转之步骤如下：

第一步骤：创办时，发起人组织乡村改造社，掌管筹款、用人、指导事宜，同时认识本村真正农人。

第二步骤：由真正农人产生董事会接受改造社助款，聘任总指导，再由总指导聘任指导员。

第三步骤：本村工学团经济独立，改造社得以此款创办他村的工学团。

乡村工学团以充分运用本村固有的力量为原则。凡新时代生活所必需而为本村所无的，才运用外来力量，例如房屋，则以租借公共建筑物为原则，非到不得已时必不建造新房；实验农场，则特约开通农友自办，不必买地。运动场之类，则租用荒地开辟。自卫武器，亦从集合本村原有武器，徐图扩充。甚至于小孩们坐的桌凳，亦可先由家中搬来使用，以待自造新的家具；虽一时外观不甚整齐，但唯有肯下如此决心，才能打破装饰品的教育。这样开办费必可减到极少，使得腾出余款从事生产一类的重要活动。

乡村工学团，可从事指导员之培养。其培养方法，则采艺友制。所谓艺友制，即是在一种艺术上做朋友的意思。我们可以欢迎有志青年下乡，在办工学团上学办工学团。

一九三二年夏写

〔注释〕

① 本篇原载 1932 年 11 月 14 日《光华半月刊》第 3 期，原题为《对于乡村教育的一个新建议——乡村工学团之试验》。后在收入方与严编的《陶行知教育论文选辑》时，补上了七项"一个乡村工学团第一年最低限度的概算"（本文选入时略去），并改为现题。

从烧煤炉谈到教育

我小时候餐餐吃的是母亲弄的现成饭,有时也到厨房里去看看,好像现在流行的毕业参观一般,从来没有动过一次手,所以虚度了三十多年,简直不知道烧锅是怎么一回事。我看妈妈烧得很容易,便自以为真的很容易,一看就会,何必费事把拉的动手去干呢?

始于以为一看就会,而终于半生不会,这奇事我是在三十五岁的时候察觉了。那年有一位穷朋友预备自己烧菜请我吃午饭,我自告奋勇去替他烧锅,这次我是惨败了。他把菜儿洗好切好,我的火还没有烧着,只好自避贤路,让他一手包办。他一忽儿就烧着了。我问他的秘诀,他说:"烧锅要用烧锅的炭作火引。"我听这话忽然悟到里面含有重要的原理。从此运用先进学生去引导新进学生,便成了我这些年来的一种重要法门。

民国十六年,我开始烧过几次火。那时我们用的是茅草,茅草容易点着容易熄,它一点着,轰出一团火,便化成灰。我把茅草一把一把的送进锅灶里去,一忽儿也不能走开;走开,火就熄了。你得接二连三地把茅草送进去才能维持它的火焰,烧茅草火是多么浪费精神的一件事啊!

然而茅草火却有它的用处。我今年学会了烧煤炉。先用些茅草或纸团放在炉底，上面盖一撮浮炭。浮炭是烧过的松木炭。次把茅草点着。茅草变灰时，浮炭正是烧得通红。次将烟煤放在浮炭上。浮炭变灰时，烟煤正是放出烈焰。最后将无烟煤盖上。烟煤变灰时，无烟煤已是洋洋大火了。以后只须陆续将无烟煤加上，将煤灰取下，这满炉的烈火，便可烧他一辈子也不致消灭。

这燃煤的过程便好比是教育的过程：茅草烧浮炭；浮炭烧烟煤；烟煤烧无烟煤。这顺序不可弄乱，弄乱了便是违背自然，劳而无功。专靠茅草烧火固然不可；即用茅草直接去烧无烟煤也不行，茅草烧成灰也不能把无烟煤烧着。

中国有三种人：一种人是专用茅草放火；一种人是爱在茅草火上浇水；一种人是用茅草急急的去烧无烟煤。因此，中华民族的生命至今没有烧出不熄的火焰，至今没有放出太阳般的光明。

教育的使命是什么？不是放茅草火！不是灭茅草火！是要依着烧煤的过程点着生命之火焰，放出生命之光明。中国教育的使命，是要依着烧煤的过程点着中华民族生命之火焰，放出中华民族生命之光明。世界教育之使命，也是要依着烧煤的过程，点着全人类生命之火焰，放出全人类生命之光明。

（原载 1932 年 1 月 9—10 日《申报·自由谈》）

儿子教学做之一课

民国十七年，我用上等宣纸装订了一本美丽的大簿子放在办公桌上，以备学生们质疑问难。这本簿子的封面贴了一条泥金的标签，上面由我自己写了"人生问题"四个字。簿子旁边放了一张通告，欢迎大家将各人心窝里的问题写出来，使我可以预先考虑，再行答复。在美的簿子上写心中事是多么有诗意的一回事啊！不消说得，鸡脚字是不好意思写在上面。我的目的是达到了：同学们每人来写问题之先，必将问题里面的一些字练习好多次，才愿下笔。所以我这本簿子不但是网罗了如珠似玉的问题川流不息的来到，而且写问题的字无形中也就艺术化了。

一天，我把人生问题簿翻开一看，发现了这样一个问题：

"夫子的儿子教学做，可得而闻乎？"

这问题的涵义是丰富极了，给了我一个很深刻的载刺。从此以后我便时常自己问自己说："儿子教学做这门功课该如何去上？"现在把最近上的一课发表出来，以供有儿子的人们参考。

儿子要在做上学，在做上教，这是没有疑义的。我希望每个儿子做成一个什么样的儿子，我得把我自己先做成那样一个儿子。我要教儿子自立立人，我自己就得自立立人。我要教儿子自助助人，我自己就得自助助人。最近我和小孩们商议出一个自立立人、自助助人的教学做过程，内分四个阶段：

第一个阶段　　三餐喂得饱，个个喊宝宝；

第二个阶段　　小事认真干，零用自己赚；

第三个阶段　　全部衣食住，不靠别人助；

第四个阶段　　自活有余力，帮助人自立。

我现在第四个孩子，六岁，尚在第一个阶段。第三个孩子，十岁，在乡下时，已到第二阶段，现在进城来又回到第一阶段。第二个孩子十三岁是在第二个阶段。第一个孩子十七岁是上了第三个阶段。同时大家还在求学，一起向了第四个阶段努力前进。

中国社会对于小孩的教育普遍只有两个阶段：一是全然依赖；二是忽然自立。这中间缺少渐进的桥梁。倘若成人突遇变故，小孩失其所依，这是多么难受的痛苦啊！

（原载 1932 年 1 月 23—24 日《申报·自由谈》）

主 人 教 育

人民是民国的主人，小孩子是民国的小主人。主人与小主人不该当作奴隶教。中华民国，顾名思义，所需要的教育是主人教育。主人教育的目的是教民众联合起来做主人：

　　做自己的主人，
　　做政府的主人，
　　做机器的主人，
　　做大自然的主人。

（原载 1932 年 1 月 11 日《申报·自由谈》）

关于科学教育

——致庄泽宣

泽宣^①吾兄：

久不晤教，至为想念。

晓庄是一个试验学校。晓庄本部虽已被封两年，但是他的试验工作，仍是不断的进行着。几年以来，我们觉得要救中华民族，必须民族具备科学的本领，成为科学的民族，才能适应现代生活，而生存于现代世界。科学要从小教起。我们要造成一个科学的民族，必须要在民族的嫩芽——儿童——上去加工夫培植。有了科学的儿童，自然会产生科学的中国和科学的中华民族。这一年来，我们预先编成《儿童科学丛书》百种，在今年暑假以前可以出齐。恰好政府已下令准备将晓庄交还我们^②。我们在这次国难当中察出，愈觉科学教育之重要，所以我们今后教育方针，准备瞄准向着这条路线上前进，为中华民族去找新生命。所以我们对于接收晓庄，感觉得无限兴奋与希望。

我们接收晓庄的计划，分成三个步骤：

第一步，先恢复晓庄周围四十里的六所小学和六所幼稚园。即以此作四十里周围最经济的普及教育的实验。

第二步，在本年暑期中（七月十五日至八月十五日）开办一大规模的暑期学校，专门研究儿童自然科学。定额一千人，招收大学毕业生、各师范科学教师、市县督学、各小学教师，分别研究。招收大学毕业生和师范科学教师、市县督学，是预备他们回去，到了明年，各处都有这样几个专门研究儿童自然科学的暑期学校出现，使一年之后，儿童自然科学的主张即可推行到全国，科学的儿童早日造成，科学的中国和科学的中华民族早日实现。

暑期学校的生活课程，分为下列十门：

一、儿童的生物；

二、儿童的物理；

三、儿童的化学；

四、儿童的天文；

五、儿童的地球；

六、儿童的几何；

七、儿童的农艺；

八、儿童的工艺；

九、儿童的生理卫生；

十、儿童的科学指导。

现时晓庄小学已经开学了。一面顾到儿童教育，一面即负责担任筹备暑期学校。一切进行，如小学、幼稚园之经常费，暑期学校自然科学之实验工具、材料，在在需有相当经费，才能推行顺利。明知国难当头，经费来源不易。惟因国难当头，愈益觉得立国根本之教育，更有从速举办的必要。我兄谋国心长，救种虑远，定能赞同是举。对于经费一层，务希酌量帮助，遇有青年教师富有研究儿童自然科学兴趣，而且有志救国大计者，务请劝导保送来学，襄此盛举。章程随即寄奉。

第三步，恢复师范。就原定之初中、高中、大学各部，逐渐恢复，充实内容，并拟添设研究所，加以高深的研究，使他能成为乡村教育及儿童自然科学之泉源。详细办法，容后奉闻。一切均请随时指导，俾生活教育得以发生效力。是所至盼。

敬祝

康健！

弟知行启

一九三二年三月廿二日

〔注释〕

① 庄泽宣　时任广州中山大学教育系主任、教授。庄泽宣复陶行知的信，见川版《陶行知全集》第 8 卷第 307—309 页。

② 1932 年 2 月 22 日，当时的国民政府内政部宣布取消对陶行知的通缉令，并决定发还晓庄师范的校产。后并未执行。

注重养生而不杀生

——致郑先文

先文吾弟：

　　前天路上遇着秉农山先生，便约他到一位朋友家中谈了一点多钟。我将小学生物学注重养生而不杀生的意见请他指教。他对于我们的主张十分赞同。他说达尔文晚年屡次上书政府，请求保护生物。英国现在生物研究所要捉一只虾蟆，也要有护照才行。农山先生自己的孩子，有一次弄了一只乌龟在家里玩，他怕这乌龟的老命要送在孩子手里，便乘孩子出去的时候，把乌龟放到塘里去。科学社的生物学助手，讨白老鼠到家里给人家玩，总是被他拒绝。他甚至于主张未来的科学要发展人造肉，绝对禁止杀生。我们在这一点上完全同意。

　　从前晓庄小学特别注重生物学，这是大家知道的，但是有几步路是走错了。我这里举一个例子和大家谈谈，以免再蹈覆辙。一次，小学生捉了一串一串挂珠似的虾蟆子，我想，总有几千粒。老师们教学生养在一个六尺长、三尺宽、一尺深的铁池里（这白铁池是我定做来煮铺板灭臭虫的，大规模的肃清臭虫还以这法子为最有效。臭虫、蚊子、苍蝇在没有停止侵略以前，不能以我们的养生主义做护身符）。过不了几天，池中便是一片漆黑，是虾蟆子都变成蝌蚪，人山人海在池里乱冲着。大家看了都以为好玩。我独觉到那些蝌蚪是在尝着中国的滋味，他们是有人满之患，找不着出路。但是我那时科学兴趣没有现在浓厚，又忙得很，不能及时为这些小虫找条生路。果然，他们是大难临头。一天，我看到池里是空空如也，问老师们蝌蚪都到哪里去了？他们告诉我是自己死了，死得精光，一个活的也没有，所以摔掉了。作孽罢！我现在回想到这回事，他在我脑筋中的印象是留得太深刻了。假使中国教育已经普及，而所普及的是我们当时的那种教育，怕不要多年，虾蟆是要绝种了。这件事从此便成了我考虑儿童生物学的出发点。假使我是一位小学教师，带着小朋友在大自然里观察，看见塘里有一串虾蟆子，我一定教小朋友留心观察。宇宙是我们的学校，这个池塘里便是我们的虾蟆池。我们要看虾蟆子变蝌蚪，蝌蚪变虾蟆，虾蟆又生子，就时常到那里来观察好了。从远的池塘移到近的池塘来未为不可，但是要如抱着我们自己初生的孩子一样小心，决不能把整串的虾蟆子捉到课堂里来养。如果要在课堂里或试验室里养几粒，那必定是以养几粒为限。这几粒的生长条件，必定为他们准备齐全，可以使他们由子长到蝌蚪，由蝌蚪长到虾蟆，一代一代的传下去。我们有什么权利可以牺牲虾蟆的生命来给我们玩把戏？你们觉得这些意见如何？

　　祝你们

康健！

陶知行

一九三二年四月十一日

培养科学儿童以利创造
科学中国之始基

——致伍朝枢

梯云①先生大鉴：

　　顷吴涵真②先生持大札来谈，敬悉先生抱开辟的精神出治琼崖，深为岛民庆贺。民国十四年弟与任叔永③先生再度游粤，在广州备领教益，具见关心人民福利，克继秩公遗风，谛听之下不胜钦佩。今本此宗旨，集中人才从事琼崖之建设，不但关系一岛之兴隆，其影响所及，全国当于斯取法，瞻望南天，曷胜欣幸。承嘱来琼襄办乡村教育，曾考虑至再，弟以晓庄已经政府下令发还，正拟重新建造，责有专属，无法分身，精神赞助义不容辞。涵真先生有下乡决心，又无教育界传统观念之束缚，实为开创乡村学校不可多得之才，尚望加以便利，助其成功。俟教师物色齐备，学生已经到校，弟当来琼一游，贡其愚见，藉领教益。至于计划，尽可通信讨论，如有垂询，无不献其一得，以供采择。弟两年以来，鉴于中国科学不振，固由于中学以上之科学教育偏重书本，亦由于小学抹煞自然科学，不能教导小孩用手与脑在大自然里去追求真知识，故约集同志数人躬亲实验，并将实验结果编成《儿童科学丛书》一百种，今夏出齐。现已出版四十种，志在引导家长及小学教师培养科学的儿童，以立创造科学中国之始基。现托涵真先生带上一部，尚希指教。外附《中华教育界》二册，登载《中华民族之出路与中国教育之出路》及《教学做合一下之教科书问题》二文，皆为弟最近之主张，务望不吝赐教。专此奉复。

敬祝

康健！

弟陶知行启
二一年四月廿五日

〔注释〕

①　梯云　即伍朝枢（1887—1934）。当时任广东省政府主席兼琼崖（今海南岛）特区长官。伍朝枢给陶行知的两封信，见川版《陶行知全集》第 8 卷，第 313—314 页。

②　吴涵真　当时在广东、香港从事儿童教育与儿童福利工作，创办儿童书店及儿童书院。

③　任叔永　即任鸿隽，当时任四川大学校长。

④　秩公　指伍廷芳（1842—1922）字文爵，号秩庸，伍朝枢的父亲。

儿童科学教育①

在二十世纪科学昌明的时代，应当有一个科学的中国。然而科学的中国，谁来负起造就的责任？就是一班小学教师。造成科学的中国，责任大得很啦。小学教师们一定要说："我们负不起这种重大的责任。"别怕。我想，造成科学的中国，也只有小学教师可以负责。因为要建设科学的中国，第一步是要使得中国人个个都知道科学，要使个个人对于科学上发生兴趣。年龄稍大的成人们，对于科学引不起他们的兴趣来。只有在小孩子身上，施以一种科学教育，培养他们科学的兴趣，发展他们科学上的天才。只要在孩子们中培养出像爱迪生那样的几个科学杰出人才，便不难使中国立刻科学化。所以我说要造成科学的中国，责任是在小学教师。但是谈到科学教育，在施行上大家都觉有些难色，因为科学是一种很高深很精微的学问，小学教师的本身，对于科学尚未登堂入室，而要负起科学教育的责任，谈何容易。殊不知科学并不是很难的东西，高深的科学，固然很难研究，但是浅显的科学，我们日常玩着的，人人都会做。我们用科学的教育训练小孩子，譬如教小孩子爬树。你教人爬树，如果从小教起，到了长大，便会爬到树顶。如果教成年人爬树，势必爬到皮破血流，非特爬不到顶，并且于他的手足伤害甚多。所以我们必先造就了科学的小孩子，方才有科学的中国。

造成科学的小孩子，向来教师是不注意的。检查过去的事实，父亲母亲倒或有一些帮助。如今我要讲两个故事，一是讲述一个造就科学小孩子的父亲，一是讲述一个造就科学小孩子的母亲。我们不是大家都知道一位大科学家富兰克林（Franklin）吗？富氏是证明天空的电，和我们人工摩擦出来的电是一样的东西。天空的电，可以打死人，富氏于是制成避电针。他是在科学上一位很有贡献的学者。他的父亲是做肥皂和洋烛的，他自己能教小孩子。富氏入校读书不久，便去学手艺。他的父亲任凭他东去看看，西去做做，随意的、自由的去工作，去参观。他愿意做什么，便让他做什么，所以使他对于工厂中的化学和工作很有兴趣。富氏自传中谈起他四十岁然后从事于科学，然而富氏对于科学的兴趣，在很小时候，东看西玩的已经培养成了，这是他父亲的功绩。所以小学教师也须得率领儿童时常到工厂、农场和其他相当的地方去玩玩。

去世不久的爱迪生氏，举世都承认他是一位大科学家。他关于电气上的发明，数目真可惊人。他有一个很好的母亲。他不过进了三个月的学校。在校时，校中的教师，都当他是一个十分顽劣的小孩，所以入校三个月，便把他开除了。爱迪生从此以后也再没有进过学校。他的母亲知道自己的小孩子并非坏东西，反怪校中教师只会教历史、地理，不能适合自己孩子的需要。因为那个时候的爱迪生，十分爱玩科学的把戏，在学校的时候，也只爱玩这一套而不留心学业，所以遭受教师的厌恶。西洋人的家里，都有一个贮藏杂物的地窖，爱迪生即在他家中的地窖里玩他科学的把戏。他在地窖中藏着许多玻璃瓶，瓶里都是藏着化学品，有的药品而且是毒性猛烈的。爱迪生的母亲，起初亦不愿孩子玩那些毒药，要想加以制止，但是不可能，于是也任他去玩了。玩化学上的把戏，须要用钱买药品，爱氏在替他母亲出外买东西时，必定要揩一些油，藏几个钱来，去买药品。后来他做了报贩，在火车上卖报，他卖报赚下来的钱，大部分是去买化学药品的。他并且在火车上堆货包的车棚里，贮藏他的玩意儿，报纸卖完，便躲在车棚里玩他的把戏。有一回，车棚坏了，把他化学的瓶子打破，于是烈火熊熊，把破坏的车棚烧了起来。车上的警士跑来一看，知道是爱迪生出的岔子，于是猛力的向爱氏一个耳刮，把爱氏的耳朵打聋了。后来据他自己说，耳朵聋了以后，反而使他专心科学。

我希望中国的父亲，都学做富兰克林的父亲；中国的母亲，都学做爱迪生的母亲。任凭自己的小孩子去玩把戏，或许在其中可以走出一个爱迪生来。我更希望中国的男教师学做富兰克林的父亲，女教师学做爱迪生的母亲。所以说出这两个故事，作为我提倡科学教育的楔子。

再说我们提倡科学教育该怎样的来干呢？我们的教育向来有许多错误，小时读书便成了小书呆子，做教师时便成了大书呆子。因此我们中国没有什么科学，没有什么爱迪生的产生。不但是中等教育完全是洋八股，就是小学也成了小书呆子的制造场。我们提倡科学，就是要提倡玩把戏，提倡玩科学的把戏。科学的小孩子是从玩科学的把戏中产生出来的。我们要小孩子玩科学的把戏，先要自己将把戏玩给他看。任小孩子自由的去玩，不能加以禁止，不能说玩把戏的孩子是坏蛋。

西晋时，江苏宜兴有一位叫周处②的，他有些无赖的行为。当时宜兴的父老，称说地方有三害，一是南山猛虎，一是长桥蛟龙，一就是指周处。周处听到了这话，他便杀了猛虎，刺死蛟龙，自己亦改过自新，替地方上除掉三害。我们从事教育的人，也要学做周处，须得自己悔悟，改过自新，再不要教成书呆的小孩子，而要造就科学的小孩子。然则取怎样的态度呢？我可以略为申述我的意见：

（1）每个教师都变成小孩子，加入小孩子队里玩把戏。所谓把戏，并不是上海"大世界"游艺场所玩的把戏。像教师这样的尊严，说加入孩子队中玩把戏，似乎不妥当。然而科学把戏，和别的把戏不同。把戏上面加着科学二字，冠冕得多。教师应当和小孩子一起玩，而且应当引导小孩子一同玩。大世界的把戏是秘密的，科学的把戏是公开的。知道的就告诉学生，能做的就做给学生看，总须热忱的去干。

（2）我们对于科学的把戏，既是愿意和小孩子一起玩了，但是没有玩的本领那怎么办呢？不要紧，有法儿可想，我们可以找教师，请他教去。我以前曾经写了一首白话诗，诗的第一句说："宇宙为学校。"此话怎讲？就是想把我们的学校除墙去壁，拆掉藩篱，把学校和社会、和自然联合一起。这样一来，学校的范围广而且大。第二句："自然是吾师。"大自然便是我们的先生。第三、第四句说："众生皆同学，书呆不在兹。"这样一来，我们研究切磋的同学很多，学问也因此很广，先生亦复不少。怎样把我们书呆的壳子脱掉？在我个人，中了书呆子的毒很深，要返老还童的再去学习，固然困难，然而我极力还想剥去书呆的一层壳。如今我报告我的几桩经过的事情。有一回，我买了一只表送我的母亲，这表忽然坏了，便送到修钟表匠那里去修理。修表的人说："要一元六角修费。"我说："可以，不过我有一个条件，在拆开的时候，我要带领我的小孩子来看你拆。"他于是答应了。修钟表匠约定在明天下午一时。到了那个时候，我带领了四五个人同去，看他修理，看他装。完结的时候，我向修钟表匠说，你们的工具和药水是到什么地方去买的？他以为我们也去开什么修理钟表店，未免抢了他的生意经，所以秘而不宣，随随便便回答我们说是外国来的。我想物件当然是外国来，但是中国店家，当然也有卖处。上海的钟表店，最大的有"亨达利"。我且到亨达利去问声，究竟有否出卖。谁知亨达利的楼上，多是卖修钟表器械和药水的场所，我便买了几样回来。当晚就到小押当里面去买到了一只表，花钱七角。拿回动手开拆，拆时不费多久，一下便拆开了，但是装可装不上去。直到晚上十二点钟，方才成功。于是大家欢天喜地，不亦乐乎。第二、第三天，大家学着做修表拆表的工作，学不多时，好而且快。有一位董先生，他是擅长绘画的，于是叫他拆一部画一部，经此一番工作，而装钟拆钟，全部告成。我们在这一桩事实中，可以说，社会各处都可求获一种技能。钟表店是我们的教室，钟表匠是我们的教师，一元六角便是我们所纳的学费；而我们同去学的儿子、父亲、朋友，都成了同学。回家学习，学习会的，便算对于这一课已经及格。在同道中间，只有我尚不及格，因为我小时手没有训练，书吃得太多，书呆程度太深了。如果我小时候的先生，他用这种方法教我，我不致如此啊！但是我们自己只要肯干，我们的先生很多，不要自己顾虑的。

我如今再举一个例子。南京的晓庄学校，自从停顿以后，校具都没有了。如今晓庄又开学了，几个小学校都已恢复，幼稚园的儿童已有八十多人。我写封信对主办的人说："你们此刻的工作对象，譬如一张白纸，白纸可以随意作画。我希望你们不要乱画。第一笔切须谨慎。"从前孔夫子的讲学，讲堂里没有凳子及桌子；苏格拉底③率领弟子在树下讲学，把树根当作椅子。我说这两位先生，有些书呆气，既然没有椅子坐，为什么不自己制作起来呢？如今晓庄学校没有凳子，我们可以请一个木匠来做太先生，教教师和小孩子做凳，而且给以相当的工钱。做一工，或做一张椅子，便给他多少钱。这种工作十二三岁的小孩很会做。所以自己不会教，可以请太先生。有一天我在上海，走过静安寺路，看见一个女人，手提一花络，上面插着许多棕树叶做的好玩东西。这种东西，在小孩子眼光中看来，着实比洋囝囝好看。于是我便把她请到家里，做我们的教师，教了两小时，结果给我都学会了。做几个虾儿，几只蚱蜢，真是孩子们的好玩意儿。这样看起来，七十二行，行行都可做我们的教师。

自己愿意学了，先生有了，但是学校没有钱便怎样办呢？原来大家误会得很，以为施行科学的教育，一定要大大的花一笔钱；不知有些科学不十分花钱，有些科学简直一钱都不要花。我们在无钱的时候，可以做些无钱的科学，玩些不花钱的科学把戏。譬如教小孩子看天文，教小孩子看星宿。天文是一种科学，这种科学，你如果说要花钱，便千百万块钱也可花，因为造一个天文台，置些天文镜及其他仪器，那么百万千万块钱，用去也不嫌其多。说要不花钱的话，我们也可以研究天文，推求时刻和节气。我们两只眼睛，便是一对天文镜；用两根棒，便可做窥视星宿的器具。从前小孩子问他的老师说："先生，这是什么星？"老师只摇着头说道："不知。"如今教师懂得一些科学，知道一些天文，将天空的星宿指点给小孩子看，小孩子一定兴趣浓郁。所以教科学，有钱便做有钱的布置，无钱便做无钱的事业。还有我们可以利用现成的东西，玩我们科学的把戏，譬如一只杯子、一个面盆、一根玻璃管、一张白纸，可以玩二十套科学把戏。其他校中所有的仪器，可以充分利用，火柴废纸都可做玩科学把戏的工具。我们没有玻璃管，便可用芦柴管通个孔来替代。内地如果买不到软木塞，可以用湿棉花来做瓶塞，破布烂纸，都可利用。从不花钱的地方干去，这是很有兴趣的。如果推而广之，学校之外，也可给你去干，那是兴趣更浓了。所以我们没有钱，便拣着没有钱的先干。

我如今再可以举一个例子。上海有一个外国人，他专门研究上海所有的鸟，共历五年之久，如今他著成一本书，就署称《上海的鸟》。此书价格要四块美金。另有一外国人，研究中国南部的鸟，也著了一部书，买起来要花十二三元中国钱。居住在上海的中国人，以为上海人烟稠密，哪里有什么鸟。这是他们不留心研究的缘故。据这位外国人的研究，认为上海有四十九种鸟。我们别说上海了，就是内地的乡村，以为除了雀儿、燕子、老鹰、喜鹊四五种鸟之外，没有其他的鸟。这种见地狭窄得很。如果以宇宙为学校，则我们不必在教室中求知识，四处都可以找知识，四处都有相当的材料。要研究鸟类，真不必到什么博物院、动物园中去观察，随时随地都可研究。这位外国先生，他研究鸟的方法，就是在住宅旁边多种些树，树一长大，许多鸟儿便自己送来给他观察。到了冬天，他在树上筑几个窠，留鸟儿们来住宿，庭园里撒些谷类，留过往的鸟类吃点心。夏天置几个水盆，供给鸟儿洗澡。这些研究法，不必花钱，而所得者，都是很真切的知识。

惟在研究科学教育时，有一点要注意，要预防。小学中的教师，捉到一只蝶儿、蚱蜢，便用针一根，活活的钉在一块板上，把它处死，说是做标本。这我以为不对，因为我们观察生物，是要观察活的生物，要观察生物的自然活动。如今将活的生物剥制成死的标本，致将生物学成了死物学，生物陈列所变成僵尸陈列所。我近来曾写信和研究生物学的朋友讨论及此。我以为生物不应当把它处死做标本，只可待它死了以后，再用防腐剂保护它，看作朋友死亡了，保存遗躯留个纪念。把活的东西弄死，太嫌残忍，增长儿童残酷的心理，这是不行的。这种意见，我常与研究生物的朋友讨论，他们都说对，他们和我讨论的时候态度很诚恳，想不至于奚落我罢！上海科学社中养有白鼠，工人要拿几只回去，我不许，恐怕他拿了回去要弄死。我们教小孩子能仁慈，知道爱惜生物，这点是很紧要。达尔文研究生物学，他也不轻易杀害生物。中国老年人多爱惜生物，放生戒杀，虽近迷信，也是仁者胸怀。中国的蛙，向来由政府禁止捕捉的，但是在英国，别说普通人的捕捉，便是生物实验室中想要解剖一只蛙，也要向政府去纳护照。这是很正当的。所以我们要教小孩子养生，不当教小孩子杀生。生物学是一种有兴味的科学，研究起来，也要有许多材料，但是少杀生是要注意的。

我还可以申述我得到的感触。我们知道蛙是从蝌蚪变成的，蝌蚪是粒状，像灵隐的念佛珠般大小。有一天，一个孩子从河边，淘到一群蝌蚪，移殖到天井中的一个小小池潭里，过了几天，蝌蚪生尾了，再过几天，蝌蚪生足了，小孩子观察得很快活。再过几天，蝌蚪挤得一片墨黑。但是不久，一个都没有了，这并不是成了蛙跳走了的，原来都死光了。这是因为蝌蚪长大了，还是蹲在小潭里，生活条件不适合，所以非死不可。如果我们抱着宇宙即学校的观念，那么野外的池塘，便是我们蛙的实验所，我们要看蝌蚪的变化，我们就时常到那个池塘里去看，为什么要把蝌蚪捉到家中来呢？我们任凭生物在大自然安居乐业，过它们的生活。要观察便率领小孩到自然界去观察。我们须把我们学校的范围扩展，海阔天空便是一个整个的学校。这样一来，所观察的也就比较正确可靠，生物学也不致成为死物学。不然，要讲蛙时，便捞取许多蝌蚪，养育在学校中所备的缸或瓶里，结果死得精光。我希望这样的科学教育不能提倡，否则科学教育提倡得愈厉害，杀死的生物愈多，恐怕蝌蚪死尽，中国的蛙便绝迹了。

所以提倡科学教育，有一点很要注意。欧洲大战，人家都说是科学教育的结果。科学教育之提倡，徒使人类互相残杀。中国无科学，真是中国的长处。这是不信任科学、怀疑科学那一部分人的话。还有一部分人迷信科学，自己终日埋头的研究科学，然而忘了人类，所以拼命在科学上创造些杀人的利器。这实在错误之极。我们须知科学是一种工具，犹如一柄锋利的刀，刀可杀人，也可切菜；我们不能因为刀可杀人废弃不用，也不能专用刀去杀人，须要用刀来作切菜之用，做其有益人类的工作。科学是要谋大众幸福，解除大众苦痛。我们教小孩子科学，不要叫小孩子做少数富人的奴隶，要做大众的天使。不是徒供少数人的利用和享受，当使社会普遍的民众多受其实惠。应当用科学来养生，不当用科学来杀生。这是提倡科学教育最紧要的一点。

〔注释〕

① 本篇系陶行知 1932 年 5 月 13 日在杭州师范学校的演讲记录。演讲后，陶行知当即要他的次子陶晓光等分四桌现场演示科学实验。原载杭州师范学校编《师范教育学术讲座讲演集》（第一辑），1932 年6 月 20 日版。

② 周处（？—297） 字子隐，西晋将军。

③ 苏格拉底（公元前 469—前 399） 古希腊哲学家。

以大自然为生物园

——致台和中

和中[①]：

您的信收到了，我在这里看出无限的前途。每人抱着一门学问终身研究，不令间断，总不致没有贡献。不过您的研究方法要有一些修正。您必须以大自然为您的生物园，才有丰富的收获。比如研究昆虫，最好是预备一块地方，让它长些野草，昆虫自然要来游玩。世界最著名的昆虫学家法布尔[②]（Fabre）便是这样研究。比如养鸟，与其把它们关在笼里，不如多栽树木，引鸟飞来做客。冬天设巢供食，夏天设盆洗澡，都是招待鸟客的好办法。威钦笙（Wilkinson）研究上海鸟，便是运用这些秘诀。蛙的研究最好是在塘里、田里举行。你可以从蛙子看到它变成蝌蚪，蝌蚪变成虾蟆。若捉在瓶里，百分之九九变不成虾蟆就要死光了。鱼也是要在塘里养，河里养，海里养。兔子养大给人剥皮吃肉，它又不害人，如何这样残忍的待它？最少，学校不该提倡。养鸡生蛋，养鸽生蛋，是不是能行？我自己是吃蛋不吃鸡，但也不彻底。生物园的问题多着咧，我们都得考虑又考虑。你至少要把生物园的栅栏大开而特开。你至少要把三五里半径以内之池塘、田园、草场、树林、河流、山洞、天空都包括在您的范围里。如此，您便能取之无尽，用之无穷。私人的花园以及家庭中之生物小生产营业，都不能划在化外。您学校里可以一无所有，而实在是无所不有。这种种做到以后，再把那路远而具有代表性之动植物，选择几样培养在学校里，那是可以做的，而且是不可少的。但是培养这些生物，一定是要把一切供应合乎它们各个的生活条件。养一个小猴子必得当自己的小宝宝养，否则生物学便会变成死物学。三周纪念③，自然学园有些小款寄来。其他同志也有一些寄来。我看您那生物园的梦总是做得成功的。因此我要把我所知道的一些意见贡献给您。您说学校里工作忙，不能常出去，不能常到大自然里去。我有些不懂。真教育是在大自然与大社会里办，不能常到大自然里去，还能算是生活教育吗？祝你们领导小朋友冲锋到大自然里去追求真知识。

梧　影④

二一年五月三十日

〔注释〕

① 台和中　当时在新安小学工作。

② 法布尔（1823—1915）　法国昆虫学家，著《昆虫记》。

③ 指新安小学成立三周年纪念，即 1932 年 6 月 6 日。

④ 梧影　陶行知的笔名。

仍在不辍研究中的"活的教育"

诸位同工：我的尊称诸位为同工，因为这"同工"二字很含意义，与我向来所研究的教育很相符。我国的教育历来只是教员教书，学生读书，刻板式的自古迄今不稍变易，就是读死书、死读书、读书死，因此弄成整个死的教育！惟有工作的教育才是活的。

我们与同工，同为新中国的创造者，工作大同小异，殊途同归。所以称为同工，是很有意思的。

晓庄停办已三年了，在这停办的时期中，我们仍然不辍的研究，满望这活的教育在中国得以实现。

晓庄是在国民革命军未到南京之前的旬日就开幕了，那日是三月十五日吧。开学时，只有四个帐幕，在天空的底下张搭；头上顶着青天，足下立着地球。东西南北的四极，就是我们的围墙；宇宙中的形形色色，就是我们的书本。我们无课室，社会就是课室；我们无学校，天地就是学校。谁都可以来入学！无形式范围的限制，所以不枯燥不困穷，亦不致于读死书。

我们晓庄教育的原则，是生活即教育。要先使有好的生活，才能得到好的教育；如社会上的生活，无条理、无目的的乱七八糟，那便要以教育去改造它。例如关坐在课室里，念改良劳动生活的课本，而不身临其境，做个实地的试验者，终是不能明白了解的。

还有教学做合一，亦是晓庄的基本原则。就是会者教，不会者学；如何做，则如何教，亦如何学。曾有一首小诗说："人生两个宝，双手与大脑。"旧时代可以动手不用脑，新时代则非脑手并用不可。光学而不做，或是光教而不做。都不是彻底的教育。王阳明说："知为行之始，行为知之成。"我说："行为知之始，知为行之成。"譬如骑脚踏车，不骑上脚踏车，不知车轮的如何转动；待骑上了车，始知道骑脚踏车的学识。骑大国的车亦是如此。训政须于运动上训练，民权须由实行做起，须得使四万万人都实行为主人翁，将民权交与人民之手，而加以训练才是。若一辈子不敢以民权交与人民，则人民将一辈子不知民权，谁都不会实行民权了。

本人不是单提倡实践，而轻看书本者。不过我们要用活书、活用书、用书活，以书本为工具，将书本置于两旁，而最要者还是做。拿书本与社会相对照，非为读书而读书，亦非因科学而科学。我还有一首小诗，形容读书说："用书如用刀，不快便须磨；呆磨不切菜，何以见婆婆？"整日大磨其刀，连婆婆都饿死了，磨刀又有何用？

晓庄的出发点是为爱心，爱人类，爱民族，爱三万万的村农。城市并不是不需要教育，惟城市的人民不如村农之多，故应先为多数者求出路。

晓庄教育的实施，第一点是侧重于自然的训练，亦可以说就是自然的科学。我们仿照罗马征服全欧的政策。罗马军到处首倡的两件事：就是第一掘井，第二筑路。我们校中掘有泉井一处，这井非但供给校内的饮喝，同时亦是公开的给村民取用。井小人多，井水时常不敷应用，而争来打水的人，几乎夜以继昼。我们因此请各村众，每家派出代表一人，以解决这困难的问题，号为"孔明团"。恰巧那天推举的主席，是一个十三岁的小孩，然而他倒很称职。第一幕就是代表中的一位太太发表意见，她说："我们人每日要休息，井亦应该有休息，日夜打水不有停止的时候，如何叫井生出水来？"此外相继发表意见者不少，都很自然。第二幕结果就是表决了四条决议案：第一，人要睡，井亦要多的"睡"，从下午七时起至次日早晨五时止，是井睡的时间，不能打水，违者罚洋一元。第二，先来先打，后来后打，不能争夺，违者罚洋半元。第三，派检察员一位，监视一切。第四，另凿新井一处，以相调剂，费用由大家公认，又将罚下来的钱，做凿井之用。从此以后，井水就永无枯涸之时。在这里，我们至少可得到下列四点结论：（一）社会即学校，能集中之，其力甚伟。（二）不可轻视乡下的老少，他们的头脑很清明而简单。（三）须要良好的领导者（孔明团之中须有诸葛亮）。（四）民权要实际拿在手内，才可能说训练。

第二点是生活即教育。一次，我们到了一只修理钟表店，将表一只给与修理，而同时带了几位学生在旁看那表匠的装拆，回家以后，我们就着手学那表匠的动作，试拆试装。起初虽然很难，然而历数小时以后亦就完事了，并且同去的几个学生都统统学会。所不会者，只有我一个人，大概是因为吃书缘故，否则就是因为年纪大了，不肯细心劳神，亦说不定。

　　第三点是教学做合一。会的教，不会的学，七十二行，行行都有先生。即如上所提的钟表店就是学校，表匠就是先生。忆得晓庄中因无绘画教员，但是我们因为要编印课本，其中必须有许多图画才行，不得已我们均自己动手。开头当然涂鸦般不像样子，可是久而久之，便成老手，并且咸能熟中生巧，很能惟妙惟肖。我们总计前后所学的，不下五百余种。滑稽的说：就是五百余套的科学把戏，由科学的实验，而得到实验的结果。这是教学做合一。

（原载 1932 年 6 月 20 日《消息》）

全民族五大训练

——致徐笃仁

笃仁先生大鉴：

您的六月廿三日的信，给了我们许多鼓励。丁柱中[①]先生和我们创办儿童科学通讯学校的宗旨，是要把我们自己教导小孩子的知能，同时贡献给全国的教师、家长、小朋友。一方面是将愚者一得之见公诸同好，另一方面是如同小学生写了一篇文章，希望大家指教。中华民族要想不灭，必须全国一致举行五大训练：（一）普遍的军事训练，使人人有卫国的武力；（二）普遍的生产训练，使人人有造富的技术；（三）普遍的科学训练，使人人有格物的头脑；（四）普遍的识字训练，使人人有沟通精神的工具；（五）普遍的民权训练，使人人知道中华民国是四万万人的国家，老实不客气的做起国家的主人，以造成名实相符之中华民国。这五种训练，缺乏一种，都不能造成健全之民族，以适应于二十世纪的世界。儿童科学通讯学校，是普遍下层科学训练之发端，我们十几个人是下了决心，要把它开出一条路来。但是要想完成整个民族之普遍科学训练，必得由全国的教师、家长、儿童、青年、民众一起起来，把自己造成一个个手脑双全的科学工人，前途才能放出光明。先生垂询儿童将来的幸福，具见远虑，不胜钦佩。鄙意儿童将来的幸福，要建立在当前的生活中。当前的生活是最重要的生活，不可一天放过，不知高明以为如何？

　　敬祝

康健！

　　　　　　　　　　　　　　　　陶知行启

　　　　　　　　　　　　　　　二一年六月廿四日

〔注释〕

　　① 丁柱中　当时同陶行知一起创办自然学园和儿童科学通讯学校。

国 难 与 教 育 ①

我们知道，教育的目的，在于解决问题，所以不能解决问题的，不是真教育。不能解决国难问题的，尤其不是真教育。我们一定有了真教育，才能对付国难。教育是什么？教育就是力的表现、力的变化。实则整个宇宙，也就是一个力的表现、力的变化的过程。我们现在要解除困难，先要有力量，因为我们力量不充分，所以才不能对付国难。因此，我们要对付国难，就须以教育为手段，使我们的力量起了变化，把不能对付国难的力量，变成能够对付国难的力量，这才能达到目的。

力量发生了变化，其大小之比较，可分别如下：就是少数人的力，比不上多数人的力；空谈的力，比不上行动的力；散漫的力，比不上组织的力；被动的力，比不上自动的力；头脑的力，比不上手脑并用的力。

我国的传统教育和现行的教育，只能造成少数人的力，空谈的力，散漫的力，被动的力，头脑的力。我们从此要改造教育，使教育普及于大众；使受教育者都能实践力行，从行动上去求得真知识；并使大众组织起来，自动去做他们的事；而仅用脑的知识分子，要使他们变成兼用手的工人，仅用手的工人、农人等都变成兼用脑的知识分子。这才能把少数人的力，变成多数人的力；空谈的力，变成行动的力；散漫的力，变成组织的力；被动的力，变成自动的力；仅用脑和仅用手的力，变成脑手并用的力；于是我们就可以造成极伟大的民族力量，来解除一切国难。

〔注释〕

① 本篇是 1932 年 8 月 30 日陶行知在上海沪江大学的演讲记要。记录者：持大。摘自《陶行知与新中国教育》一文。记录者在文中说：陶行知的全篇演讲如详细记录下来，至少有五六千字，"只举出他的纲领，并没记录他的解释"。本文原载《南华评论》，转引自孙铭勋、戴自俺编《晓庄批判》，1933 年 3 月上海儿童书局版。

从教育上谋国难的出路

——手脑并用

教育是解决问题的，如教育而不能解决问题，那就不算教育。那末教育究竟是什么呢？简单一句话，教育就是力的表现或变化。世界是力创造的，所以解决困难也必须拿力来才行。用力有以下几个定律：

1. 小的力敌不住大的力——以往传统的教育，因为专在少数人身上施行培养的功夫，所以产生不出力量。

2. 散漫的力敌不过有组织的力量——散漫完全是由封建教育造成的，不过谈到组织要小心，切勿走上乡绅之路。所以第一要紧的，是直接认识自食其力的真农人，惟有如此才能使组织生出力量。

真农人真工人和假农人假工人的区分，可以从下面的两个人看得出。

陶侃①每天把砖由屋内搬出，然后再搬进去。他虽在工作，却不是真工人，因为他不靠做工吃饭，乃靠做官吃饭。

《儒林外史》上的王冕是真农人，因为他虽读书，却不靠读书吃饭。

3. 行动强于空谈——谈后继以行动，那就不算空谈。书本上得不到什么力量，惟有从行动上得来的真知识，才是真的力量。

　　王阳明的话我可以把他翻半个——180度的筋斗，意思就是把他的话来个倒栽葱。他说"知是行之始，行是知之成"，我的倒转法就是"行是知之始，知是行之成"。爱迪生是由试验才把电灯发明成功。婴儿明白火烫手，也是从实际经验得来。所以教育应培养行动，应当培养知识。

　　4. 被动敌不过自动——中国现在的教育完全是被动的，所以产生一种坏的现象，就是有的说而不动，有的简直不敢动。例如有人到乡间去开学办医院，这是替他们做事，所以不会生出力量。这好比小宝宝，由老祖母得到的抚摸一样。所以最要改的，是深入民间与他们同工。例如你同十人同工，走后还有九人能继下去，不然工作要停顿。所以惟有加入他们的队伍，才能把地狱变成合理的人间。

　　5. 用头脑不及手脑并用的力量大——读书人只能想出许多解决困难的方法，但却生不出力量。

　　传统教育的矛盾，可由孔老先生来作总代表。他是地主，所以他说："君子谋道不谋食。"他骂劳农是小人，然而他却说"非小人莫养君子"，这是多么的无赖。他又是好吃懒做的人，所以一个农人对子路骂他是"四体不勤，五谷不分"。"割不正"②一段话，很可代表他的好吃。"民可使由之不可使知之"，这是他所主张的教育。中国从这位老先生以来，可说完全造成了一个书呆国家。

　　总之，人所以比禽兽厉害，就因为他有手，手能打仗，能生产，能建设，也能创造。所以如是大家想应付困难，就当竭力把知识分子变成工人，把工人变成知识分子。小孩要注意并指导他竭力运用手的活动。

一个母亲把弄坏一只表的小儿痛打一顿，这与小儿无关，倒把一个小的爱迪生打死了。

歌：

第一歌

我是小工人，
我有双手万能。
我要造富的社会，
不造富的个人。

第二歌

我是小盘古，
我不怕吃苦。
我要开辟新天地，
看我手中双斧。

第三歌

人生两个宝，
双手与大脑。
用脑不用手，
快要被打倒。
用手不用脑，
饭也吃不饱。
手脑都会用，
才算是开天辟地的大好佬。

所以四万万人，若都能用脑来指挥手，手来变化脑，那么组织起来，必能生惊人的力量，那时应付日本，一定不难。

（原载 1932 年 9 月 20 日《消息》）

〔注释〕

　① 陶侃（259—334）　东晋名臣，广州刺史，为人节俭尚劳，为世人称道。

　② 割不正　语出《论语·乡党篇第十》。孔子对食物有一大套讲究，说"食不厌精，脍不厌细"。如食物不新鲜，颜色、气味、烹调不好都不吃，并且"割不正，不食"，即肉切得不方正也不吃。

目前中国教育的两条路线[①]

——教劳心者劳力，教劳力者劳心

中国有四千余年的历史，二千余年的文化，照理讲来应该站在时代的最前线。为什么现在不但不能和欧美各国并驾齐驱，而且还处处跟人不上？这个原因固很复杂，但是过去教育政策的失败，可以算是主因。

从前的教育是传统政策，单教劳心者，不教劳力者。《孟子》上说："劳心者治人，劳力者治于人。"从这里就可以看得很透彻了。

一般的知识阶级，他们是劳心而不劳力，读书而不做工，所以形成了"书呆子"。教书的人是"教死书"，"死教书"，"教书死"；读书的人是"读死书"，"死读书"，"读书死"。充其量只是做一个活书橱，贩卖知识而已。除此之外，他们的一双手总是不肯拿来使用。我们常常可以看见一般老先生们的手，老是叉在袖内，现在的新学辈却因洋衣袖太狭叉不进去，所以换个方式叉在裤袋里。这可以十足地表现出来中国的知识阶级是不肯用他们的贵手来与农工合作的。现在有一段故事把它引来说说，更可以明白些：二千年前孔老夫子有一次跑到乡间，有个农家儿子要请教老夫子学农圃的事。老夫子答应得好，你要学农圃的事，可以跟老农去学好了；我是教人读书的，不晓得农圃的事。由此可见一斑了。

农工阶级呢？他们是劳力而不劳心，做工而不读书，所以形成了"田呆子"。他们只知道"做死工"，"死做工"，"做工死"。除此之外，什么事情都可以不管，就使天翻地覆了，他们也只以为半天下雨，不知来由。他们受尽了剥削，还不知道什么道理，只是听天由命，叹几声命运的舛蹇而已。从前山东在张宗昌②为督军时，连年饥馑，而张宗昌又极搜刮之能事，人民困厄，莫可言宣。但是当时的人民，反不知道这个原因究在哪里，只是晓得叩天求神来消除灾苦。试问哪里可以得到安慰？言之可悲而又可怜！

中国因为有了"书呆子"和"田呆子"，所以形成了一 个"呆子"国家。读书的人除劳心以外，不去劳力，除读书以外，不去做工，以致不能生产。他们寄生在社会上，只是衣架饭囊，为社会国家蟊蠹。中国目前的坏，坏在哪里？可以说完全是坏在这一班人身上。作工的人除劳力以外，不去劳心，除做工以外，不去读书，以致不能自保其利益，而受他人的横搜直刮。要他们做国家的主人翁，那更是在做梦。

中国现在危机四伏，存亡一缕。做成这个的原因，就是这山穷水尽的传统教育。我们要挽回国家的危亡，必须打破传统的教育而寻生路。我觉得目前中国的教育只有两条路线可以走得通：

（1）教劳心者劳力——教读书的人做工；

（2）教劳力者劳心——教做工的人读书。

站在现在的时代前，劳心不劳力的固然不行，劳力不劳心的也是不行。中国比不上外国，原因即乎此。现在英美法意日俄的教育都注意到教劳心的人劳力，教劳力的人劳心，尤以俄国为显现。中国的教育自然也应该走这两条路线——教读书的人做工，教作工的人读书。

中国读书的人不去生利，是一个极不好的现象。现在的教育者要把他们的头脑灌输成科学化，使他们为自己创造，为社会创造，为国家创造，为民族创造。更要把他们的一双手解放开来，使他们为自己生利，为社会生利，为国家生利，为民族生利，这才是对的。南通中学现在应了这个要求，招了六十个学生，先行试试脑手同训练。他们一星期上课，一星期作工，每日工作六小时，所做的工作为金工、土工、木工、竹工，甚至磨豆腐、包面包都来。实行了半年之后，考查他们的学业，程度和其他学生相等，不过教学差些。这六十个学生，既然能够作工，并且能赶得上他们的学业，这是他们已经把两手解放了。我希望他们学校当局推广之，都实行这种工读的设计，同时更希望全国学校都采用，尤其是对于高等教育更为必要。

中国作工的人，不去求知，这也是一个极大的缺憾。无论哪一个国家的工人比中国的工人程度总要胜过一筹，这是事实，无须我们置辩的。因此我国的工人也就只配作被支配的阶级，做被剥削的民众。若要拿"主人翁"的一等金交椅给他们坐，他们是无所措其手足。所以教作工的人读书，是最重要的，而且是刻不容缓的。

现在已经把用脑的人要用手，用手的人要用脑的理由说过了。希望我们负有教育责任的人，都要注意注意。现在还有一首诗拿来劝劝大家手脑并用：

人生两个宝，

双手与大脑。

用脑不用手，

快要被打倒；

用手不用脑，

饭也吃不饱；

手脑都会用，

才算是开天辟地的大好佬。

〔注释〕

　　① 本篇系陶行知在国立暨南大学教育学系的演讲记录，记录者：严格。原载 1932 年 11 月 28 日福建教育厅《教育周刊》第 137 期。

　　② 张宗昌（1881—1932）　奉系军阀，1924 年占据山东。

科学训练要从幼稚园开始①

幼稚园要开辟新路径，要创造新材料。现有的故事、游戏、歌曲等，都得重新改造。公主、王子的童话，时代已经过去了。叫小孩趴在地上做猫捉老鼠的游戏，是要有极干净的地板才好做的。"狼来了！狼来了！快些跑！快些跑！"这一类的歌曲，简直把小羊的两支角砍掉了。用极精致的纸印刷极美丽的图来给小孩子认字，这是不适宜于大多数的一般的幼稚园。福氏和蒙氏的恩物②从前我们在晓庄时是没有，因为那时以为要花一百多块钱才可以到美国去买来。但是，现在我已经在徐家角③自己制造出来了。这两套恩物，我们虽然不同，但我们不能不知道它的用法。科学的训练是很重要，但是现在的一般幼稚园里是很少的。

〔注释〕

① 本篇是 1932 年 12 月陶行知与孙铭勋的谈话，由孙铭勋记录。原载孙铭勋、戴自俺等编著《晓庄幼稚教育》，1934 年上海儿童书局版。

② 福氏和蒙氏的恩物　指德国学前教育家福禄培尔（1782—1852）于 1837 年创制的具有教育意义的儿童活动玩具和意大利幼儿教育家蒙台梭利（1870—1952）为使儿童的各种感官得到训练而创制

的一套教具。"恩物"系福禄培尔对他创制的儿童活动玩具的称谓。

　　③ 徐家角　指上海徐家角乔民山庄。该山庄为陶行知所租用，专供从事于研究普及大众教育事业的人员之用。

手脑相长①

近来我在报纸上发表了卖艺的广告。过后不久就接得中社②一封信：请我于民国二十二年元旦正午的时候来演讲。我很高兴，不过社会上有许多人或尚对我怀疑。有一位朋友做了一首小诗，替我卖艺取一个名字叫做"水门汀③文艺"。这位朋友告诉我的意思是很深的。譬如有人在新世界门口水门汀上写了一大篇文字，说因为没有路费回家，求人解囊相助。我觉得这个名字很好，非常欢迎。这是对于我卖艺的解释。其次，刚才李先生问我：卖艺的生意好不好？我不敢说不好，因我说不好，人家不相信。有人要问我：为什么你要卖艺？今天我也要报告一下。在我的卖艺广告里有一句说："乡下先生难度日。"要晓得乡下先生有许许多多人难度日，不只我一个乡下先生难度日。中国现在有许多人不得日子过。我的卖艺广告是等于一个报告，使人家都知道乡下先生都难度日，就如那陶知行也在卖艺了。我有一首诗描写乡下先生的苦况，现在可来背一下：

　　生长三家村，去来五里店。知己遍天下，终身不相见。雪花飞满天，身上犹无棉。一天吃两顿，有油没有盐；有油没有盐，饿肚看水仙。试问甜后苦，何如苦后甜。进城来索薪，轮流候茶园；薪水领不着，大家凑茶钱。爸爸长叹气，妈妈也埋怨。已经三十岁，还没有家眷。

现在乡下先生只有三条路好走：（一）要么饿死，（二）要么革命，（三）要么去投河。在这种情形之下有十几万人没有把他们的出路问题解决。不过他们本身的问题不能在他们本身上解决。农民生活的问题没有解决，乡村教师的生活问题就不会解决。

我本来无产阶级出身，后来出洋回来渐渐变成了中产阶级中人。现在却由中产阶级渐渐地流落到无产阶级了。所以我对于中产阶级与无产阶级的情形都知道一点。我有一种信仰和决心：不要从中产阶级爬上去，而要爬下来。其实爬下来就是爬上去。要爬上去就要落下来。我为什么要走这一条路？可把我的一段历史来简单说一说：我在中产阶级登峰造极的时候，就是当中华文化教育基金委员会的干事，每月有四百元薪水、一百元公费。当时我家里的几个小孩子一起变成了少爷，没有小姐，因为我没有女孩子。他们添饭有人，铺床折被也有人。我小时候尚做些事，而他们现在一些事不做，将来大的时候不得了。慢慢享福惯了害我自己是小事，害这些小孩子是不得了的。因老妈子和佣人把我们小孩子的手都变坏了，成了无用的手；把我的小孩子的脚也变坏了，成了无用的脚。小时候不能动手用脚，大的时候当然一切事要别人做；小的时候做惯少爷，大的时候当然做老爷。我以为世界上最有贡献的人只有一种，就是头脑能指挥手指挥行动的人。中国都是用头脑的人不用手，用手的人不用头脑。年成虽好，农民生计仍很苦，这因为他们的头脑不会去想。一般人读书都是读死书，死读书，读书死。日本人打进来了，我们只会喊口号。可是我们干了几十年，到现在所用的电灯，所坐的汽车，都是外国人做的。我们自己不会造出来，这是什么缘故？这为了书呆子不去干科学的事业，因他不用手去试验，不用手去创造。一定要四万万人用手推动机器，才能把中华民国创造起来。头脑帮手生长，手帮头脑生长。

中国有两种病。一种是"软手软脚病"，一种是"笨头笨脑病"。害"软手软脚病"的人，便是读书人，他的头脑一定靠不住。是呆头呆脑的。而一般工人农民都是害的"笨头笨脑病"，所以都是粗手粗脚。一个人要有贡献于社会，一定要手与脑缔结大同盟。然后，可以创造，可以发明，可以建设国家，可以把东三省拿回来！要东三省拿回来，没有这么容易，必须要用手去拿回来！

老妈子和佣人天天替代我的小孩子的手，使他们的手都变成无用的手，故我决心把五百元一月的干事职位不要了，去当一百元一月的校长。④我们学校里没有一个听差，没有一个斋夫，各事都是学生自己干。我写了两首歌，一首是勉励学生的，一首是戒人不要做双料少爷的。

第一首："滴自己的汗，吃自己的饭；自己的事自己干。靠人靠天靠祖上，不算是好汉！"

第二首："自从家父做老爷，人人呼我阔少爷。谁知我还是自倒洗脸水，远不如进个学堂儿。上课看情书，下课拜小姐；不高兴闹个风潮儿，直要教员怕我如同儿子怕爹爹！请看今日卖国贼，哪一个不是当年的双料少爷！"

上面两首歌，一首是建设论，一首是破坏论。我们学校里没有听差，结果很好。男学生挑水烧饭，女学生倒马桶。饭是很好吃，为什么马桶不好倒？当那女学生初来投考我们的学校，我先要问她一声，愿意不愿意倒马桶？愿意倒马桶的来学。虽然倒马桶不能救国，但是它的进一步的意思很深。能倒马桶，小姐的架子打破了！她的一双手拿出来了，将来会玩出比外国更好的电灯出来，会玩出比外国更好的汽车出来，会玩出比外国更好的飞机出来。

至于各种人的手，如穿马褂子的人的一双手都缩拢在袖管里面；穿西装的人的双手都插在裤袋里；老先生的一双手指甲留得长长，成一种曲线美，双手镶在袖管里；女学生的一双手都用手套子套了起来。因一双可以创造的手，套起来了，故把中华民国一起都套进去了，不能出头！

现在再讲脚。脚也要动动。从前女子绕小脚，用布包包，现在学外国新法绕小脚，应用几何学原理，高跟鞋就是一种几何三角形的道理。穿了这种皮鞋，脚不易走动了，弄得不好，就要跌跤。这样的女国民，能与日本去奋斗吗？多一个人穿高跟皮鞋，就是少一个人去奋斗。要解放脚，非打倒高跟皮鞋不可。要解放手，非打倒手套不可。新近我写了一首歌，知道的人已很多了。现在再来背一下：

人生两个宝，双手与大脑。用脑不用手，快要被打倒。用手不用脑，饭都吃不饱。手脑都会用，方是开天辟地的大好佬。

这大好佬，人人都会做！只要两只手拿出来用就行。中华民国不是几千个人几万个人所能做得好的。一定要四万万人都来推动机器，才可创造成功！这非用手不可。

脑与手没有力量，因血脉不相联通。我下了两帖药，叫它们的血脉联通起来。第一帖药名叫"脑化手"，使人人都有脑筋变化过的手。还有一帖要给无产阶级的农人和工人吃的，药的名字叫"手化脑"，就是一面用手，一面要有思想。倘然就把用脑不用手的人的呆头呆脑拿来装过去却是不配的。几百年来，瞎子教育的成绩证明我们的一双手可以变化我们的脑筋。手做了工，脑筋就变化了。一经变化之后，手与脑筋互相长进。怎样变化的法子，我可举一个例子来说明。我在上海办过一个小小的试验。就大场⑤地方租了一间房子，里面的凳子都是从乡下人那边借来用一下。我们要自己学来做，请了一个木匠师傅来。不当他小工，当他一位太上先生，由我这大书呆子带了一班小书呆子跟他学。我对他说："我们工钱不少你的，工钱照你的工作分配，所有四十只凳子一齐由你做好，我们一钱不给你。你能教会了一个书呆子做凳子，就有一个凳子的工钱。你教会了两个书呆子做凳子，就有两个凳子的工钱。"现在凳子都已做起来了，这样各人的手一用过后，自己买了一样科学仪器，自己就能仿造了。对这件事我已写了一首小诗：

他是木匠，我是先生。先生学木匠，木匠学先生。学学学，我变了木匠，他变了木匠先生。

脑筋与手联合起来，才可产生力量，把"弱"与"愚"都可去掉。手与脑联起来，既有力量了，力量要在哪一方面表现出来？我以为力量要从两方面表现出来：

（一）要叫力量武装起来 全国的国民，武装了才有力量。这种力量才能广大。不说别的，就拿广西来说罢。据广

西的民政厅长雷殷与新近从广西考察还沪的杜重远⑥先生等
讲，都很清楚，他们广西那边只有八个字："寓兵于团，寓
将于学。"过去的一年，已经练成三十六万民团。预计五年
可练二百万民团。不是个人来当民团，是个个人背了枪来
干。各地的县长就是武装的团长。全省正式军队只有两师
（即五万人）。他们把省下来的钱培养人民武力。老实说，日
本人未来上海之前，他们早已在训练民团，整个的省份武装
起来了。现在已经有成效。民众团体化、纪律化、武装起
来，才能做中华民国的主人翁，才能消灭内战，才能打破外
来的帝国主义侵略。几时日本兵要到北平？我们不知道。不
过谁敢说日本兵不来？所以我们应该有这种准备！

（二）力量不只在武力上表现，还要在生产上表现　要
有计划有组织的生产。一般年纪大的人，再要学起来很难，
可是我们不要忘记我们的小孩子。有几个小孩子的，总得让
他们多受一些科学的训练与生产的训练，从小的时候教起
来。我们自己做一些粗工，不要老妈子和佣人去做，小孩子
见了，也会跟着大人做了。我有几首儿童歌，是包含使儿童
有创造的意思，现在背出来：

我是小盘古，我不怕吃苦。我要开辟新天地，看我手中
双斧！（《小盘古》）

我是小牛顿，让人说我笨。我要用我的脑筋，向大自然
追问。（《小牛顿》）

我是小孙文，我有革命精神。我要打倒帝国主义，像个
球儿打滚。（《小孙文》）

我是小工人，我的双手万能。我要造富的社会，不是造

富的个人。(《小工人》)

　　今天所讲的可归纳为三点:(一)脑与手联合起来才能产生力量;(二)力量要在自卫政策上表现出来;(三)科学生产上头才把这力量表现出来。西洋人的耳朵只听得进的一个字,就是"力"字。你有力,他们听你;你没有力,他们不听你。

　　现在,我还有四句话要说,就是:

　　"不愿做工的,不配吃饭;不愿抵抗的,不算好汉。"

　　今天是我卖讲的头一回,也可说今天是我的处女讲。

〔注释〕

　　① 本篇是陶行知 1933 年 1 月在上海中社的演讲。记录者:张书庚。原载 1933 年 1 月 16 日《新社会》半月刊第 4 卷第 2 号。

　　② 中社　即上海威海卫路 656 号(公寓)。1934—1936 年秋,中国普及教育助成会筹备会曾设在此处。陶行知常来此主持工作,并作演讲。

　　③ 水门汀　又称士敏土,即水泥。

　　④ 指任晓庄试验乡村师范学校校长。

　　⑤ 大场　地名。今属上海市宝山区,山海工学团所在地。

　　⑥ 杜重远(1897—1943)　辽宁开原人。1935 年因其主编的《新生》周刊发表《闲话皇帝》一文被判刑。后到新疆,任新疆学院院长,被军阀盛世才杀害。

创 造 的 教 育 ①

诸位同学：

我今天的讲题是《创造的教育》。

什么是创造的教育？先说明"创造"两个字的意义。我举两个例子来说吧。鲁滨孙漂流到荒岛上去，口渴了，白天他走到海边用手去捧水喝，到黑夜里就没有办法了。他偶尔在灶的旁边，看见经火烧过的泥土，硬得如石子一样。他想到软的土经火烧了，就成坚固且硬的东西，于是他把土做成三个瓶子，放入火中去烧，烧碎了一个，其余的两个可以满满的盛着水。于是他口渴的问题完全解决了。我们把这件事分析起来，可以发现三点：他把手捧水喝，到黑夜发生了困难，是他的行动；发现泥土经过火烧变成坚固且硬的东西，也是他的行动；把泥土塑成了瓶，希望同烧过的土一样的坚固，是他的思想。结果，他瓶子盛水的计划成功了，是新价值的产生。由行动而发生思想，由思想产生新价值，这就是创造的过程。这个例子是"物质的创造"。再如《红楼梦》上刘姥姥游大观园，贾母请客，后来唤了二只船来，贾母同媳妇人等在前船先行，宝玉同姊妹们在后船后行。河内余满着破残荷叶，宝玉的船划不快，追不上前船。宝玉心里非常愤怒，马上要铲光破荷叶。薛宝钗说："现在仆人们很忙碌，等他们空了，再叫他们铲除吧！"林黛玉说："我平生最不喜欢李义山的诗，只有一句还可以。"宝玉问她究竟是哪一句呢？黛玉说，"留得残荷听雨声"一句。宝玉一想，觉得破荷叶很有用处，就不再要铲荷叶了。这个例子中，船行到荷叶中去，是行动；破荷叶妨碍行船，是行动；林黛玉提出李义山的诗句，是思想；宝玉心中厌恶的破荷叶，一变而为可爱的天然乐器，是产生了新的价值。这种新观念的成立，是"心理的创造"。

我现在再讲行动，关于教育上的行动。中国现在的教育是关门来干的，只有思想，没行动的。教员们教死书，死教书，教书死；学生们读死书，死读书，读书死。所以那种教育是死的教育，不是行动的教育。我们知道王阳明先生是提倡"知行合一"说的，他说"知是行之始，行是知之成"。他的意思是先要脑袋里装满了学问，方才可以行动。所以大家都认为学校是求知的地方，社会是行动的地方，好像学校与社会是漠不相关的，以致造成一班只知而不行的书呆子。所以阳明先生的两句话，很可以代表中国数千年的传统教育的思想。现在我要把他的话翻半个筋斗。如果翻一个筋斗，岂非仍是还原吗，所以叫他翻半个筋斗，就是说："行是知之始，知是行之成。"例如爱迪生发明电灯，不是从前的人告诉他的，是玩把戏而偶然发现的。小孩子不敢碰洋灯泡，是他弄火烫痛的经验；至于妈妈告诉他火是烫人的，不过使小孩子格外清楚一些。所以要有知识，是要从行动中去求来，不行动而求到的知识，是靠不住的。有人告诉你这是白的，那是黑的，你不行动，就不能知道哪个是真，哪个是假。有行动的勇敢，才有真知识的收获。书本子的东西，不过告诉你别人得来的知识。有许多人著书，东抄西袭，这种抄袭成章的知识，不是自己知识的贡献。你能行动，行动产生困难，想法解决了困难，才是真知识的获得。我现在介绍杜威先生思想的反省（Reflectria of Thinking）中的五个步骤：（一）感觉困难；（二）审查困难所在；（三）设法去解决；（四）择一去尝试；（五）屡试屡验，得到结论。我的意思，要在"感觉困难"上边添一步："行动"。因为惟其行动，到行不通的时候，方才觉得困难，困难而求解决，于是有新价值的产生。所以我说行动是老子，思想是儿子，创造是孙子。你要有孙子，非先有老子、儿子不可，这是一贯下来的。但是我们知道，单独的行动，也是不能创造的，如中国农夫耕种的方法，几千年来，间有小小的改良外，其余的都是墨守成规，毫无创造。还有许多书呆子，书尽管读得多，也不能创造。所以要创造，非你在用脑的时候，同时用手去实验；用手的时候，同时用脑去想不可。手和脑在一块儿干，是创造教育的开始；手脑双全，是创造教育的目的。孟子说："劳心者治人，劳力者治于人。"这是孟子当时的教育思想。时至今日，这种传统的思想已经起了一个极大的地震，渐渐地在那里崩溃了。我最近读了世界许多有名科学家的传记，觉得有发明的人，都是以头脑指挥他的行动，以行动的经验来充实他的头脑。中国的所谓学者，他们擅长的是高谈阔论，作空文章；而做劳工的人，又不读书，不肯用脑。所以一辈子在这种传统习尚下过生活，大科学家、大发明家哪里会产生？现在我们知道了，劳工教育啦，平民教育啦，都是时见时闻的。但是情势一变，"反动"、"嫌疑"等等名目都加上来，你就陷于四面碰壁的绝境。有许多教育界很有声望的、无阻无碍的人，他们又不愿去干，以致这种教育至今尚在萌芽时代。

行动的教育，要从小的时候就干起。要解放小孩的自由，让他做有意思的活动，开展他们的天才。至于我们一辈，从小是受传统教育的熏陶，到现在觉悟起来，成为一个半路出家的和尚。和尚是半路出家，他往往会想起他的家来。例如不吃鸦片的人，一见鸦片就生厌恶，但吃过鸦片的人，虽然戒了，至少对它有相当的感情。我们小的时候，有天赋的行动本能，不过一切工作都被仆人们代做去了，被慈善的妈妈代做去了。稍长一些，我们到小学校去读书，有阎罗王般的教师坐在上面，不许我们动一动。中学和大学的课程是呆呆的订死在那里，你要动亦不得动。到现在始费尽九牛二虎之力，挣扎着改变久受束缚的人生，还不能回复自然的行动本能。但是我们不要灰心，时机也并不算晚，富兰克林四十几岁才发明了电呢！不过行动的教育，应当从小就要干起，因为小孩子还没有斫丧他行动的本能，小小的孩子，就是将来小小的科学家。假使我们给小孩子自由行动，我相信千百孩子之中，一定有一个小孩是天才，是一个创造者、发明者。爱迪生小时候，是个很喜欢行动的小孩子。当时美国的教育，也同中国一样，小学教员是禁止小孩子活动的。爱迪生违反了教师的训条，就蒙到"坏蛋"的声名，不到三个月，爱迪生被"坏蛋"的空气逼走了。爱迪生的母亲不服气，她以为她的儿子并不是"坏蛋"，"蛋"并没有

"坏"，她就教他先在地窖里研究化学，后来研究物理，结果成了一个闻名的科学家。所以爱迪生的成功，幸而有他的妈妈，否则老早就把他的天才牺牲了。牛顿生下来的时候，小到像小老鼠一只，体重只有三磅。看护妇去请医生的时候，很不高兴地说："这样小老鼠一般大的东西，等到医生来，早已一命归天了。"岂料小老鼠一般的东西，就是以后闻名的科学家，还活到八十多岁呢。据说牛顿小的时候，并不聪明。可见小孩子的时代，很难看得出哪一个是天才的儿童。

四月四号是世界儿童节，中华慈幼协会②请我编了四支儿童歌：

（一）小盘古

我是小盘古，
我不怕吃苦。
我要开辟新天地，
看我手中双斧。

（二）小孙文

我是小孙文，
我有革命精神。
我要打倒帝国主义，
像个球儿打滚。

（三）小牛顿

我是小牛顿，
让人说我笨。
我要用我的脑筋，
向大自然追问。

（四）小工人

我是小工人，
我的双手万能。
我要造富的社会，
不造富的个人。

　　我们要打倒传统的教育，同时要提倡创造的教育。他的办法是怎样呢？我们知道，传统的教育，他们一个教室容纳四五十人，试问教师的力量有多么大，能够完全去推动全级学生？所以就发生了教育方法上的错误。我们现在的办法是教师教大徒弟，大徒弟再去教小徒弟，先生在上了几堂课以后，鉴别了几个较有天才、聪明的大徒弟。以后教师就专门去教大徒弟，所以他的精神容易去推动他们，学问也容易灌输到他们头脑中去。大徒弟再把他所得到的，分别的去教那些小徒弟。学生们很活动的去找寻知识，解释困难，贡献他所求得的知识，先生不过站在旁边的地位略加指点而已。我们认为这种教育，是行动的教育。有行动才能得到知识，有知识才能创造，有创造才有热烈的兴趣。所以我们主张"行动"是中国教育的开始，"创造"是中国教育的完成。我曾经参观过一个学校，这个学校是小孩子办的。我问他们说："你们是大小孩子教小小孩子吗？"有一个小孩子回答说："是的，不过有许多时候小小孩子也教大小孩子呢。"我说："你的话是对的，是真理，比我的意见更进一层。"现在中国传统教育下的知识阶级，根本就看不起小孩子，看不起农人、工人。但是试问他们的力量有多么大？倭奴侵占我们的东三省，你有力量赶走他吗？不可能！我们要启发小孩子，启发农人、工人，运用大多数人的力量，才能够去创造，才能救国雪耻。我来举一个例子，证明农人的力量并不弱。从前我办一个学校，在校的旁边凿了一口井，专门供给学校用水的。有一年大旱，乡村中旁的井水都汲干了，所以乡民都集中到校旁井内来汲。后来这口井也涸竭了，于是我们校里，因为水的恐慌开了一个会。当时有人主张，把井收回自用。我不以为然。我说："我们的学校，是以社会作学校的，不应该把社会圈出于学校之外。假如这样，我们将来推广农事和民众教育就不容易办了。用水既是大众的事，还不如请大众共同来解决。"于是请各村庄每家派一个代表，男的、女的、小孩子在十三岁以上的都可以，没有多少时候，礼堂上已挤满了代表。我们教员们，自觉居于孔明的地位，三个臭皮匠合做一个诸葛亮的地位，所以黄龙宝座的主席，推了一个十三岁的小孩子。我们略略讲了几条会场规则之后，就正式开会。那一天的会，非常有精彩，有力量，当时发言最多且最好者，要推老太婆！好！我们来听有一个老太婆的宏论。她说人是要睡觉的，井也是要睡觉呢；井不让它睡觉，一辈子就没有水吃。所以当时一致议决井要睡觉。自下午七时起至翌晨五时止，不得唤醒井，违者罚大洋一元，作修井之用。当这个老太婆发言未完，另有一个老太婆，也想立起来发言，就有第三个老太婆牵牵她的衣襟，制止她的发言，说："不是方才先生说过的吗？"你想他们非但能够自治，而且还能管理他人，所以当时会场发言的人非常多，秩序还是一丝不乱的。他们讨论了好久，还制成几条议案：第二条就是汲水的程序，先到者先汲，后到者后汲，违者罚大洋五角，作修井之用；第三条就是再开凿一井，把太平天国时留下淤塞的废井加以开凿，经费富者多捐，贫者少捐，茶店、豆腐店也多捐一些；其四，推举奉天刘君世厚为监察委员，掌理罚款，调解纠纷。结果，一个大钱都没有罚到，因为这是出于农人自动的议决，所以大家能遵守。你看农人的力量是多么大，他们的话多么的公正和有效，这种问题来的时候，岂是少数人所能干得了吗？不过他们的旁边，还是需有孔明在那里指示，否则恐怕到如今，井还没有开凿成功。所以创造的教育应该启发农人、工人、学生……使他们得真的知识，才是真的创造。

其次我要讲的：现在中国的教育组织，是不能创造的。我们可以分两种来说：第一种是，学校是学校，社会是社会。他们认为学校是求知的地方，社会是行动的地方；他们说读书不忘救国，救国不忘读书。日本人的炮弹已经飞到他们面前，还是子曰子曰读他的书，这种教育是亡了中国还不够的。第二种，他们已经觉得学校是离不开社会的，所以他们主张"学校社会化"。他们想把社会的一切，都请到学校里来，所以学校里什么都有：公安局啦，卫生局啦，市政厅啦，什么都有。但是他们所做的与社会依旧是隔膜的。况且学校有多么大，能够包罗万象？他们的学校好像大的鸟笼，把鸟儿捉到笼里来养；又好像一只大缸，把鱼儿捉到缸里来养。结果鸟儿过不来鸟笼的生活，死了；鱼儿过不来鱼缸的生活，死了。所以这种似是而非的教育是不自然的、虚伪的和无力量的，也不是创造的教育。创造的教育是怎样呢？就是"以社会为学校"、"学校和社会打成一片"，彼此之间，很难识别的。社会含有学校的意味，学校含有社会的意味。我们要把学校的围墙拆去，那么才可与社会沟通。这种围墙不是真围墙，是各人心中的心墙。各人把他的感情、态度从以前传统教育那边改变过来，解放起来。实则这种教育，只要有决心去干，是很容易办到的。例如大夏大学的附近有许多村庄，庄上的人，都是散漫的，无教育的。假使我们把学校与村庄沟通，大学生都负责去创造新村，村上的人，都接受到知识，形成活泼的有力量有生命的村庄，再把全中国所有的村庄联合起来，构成一个有大生命的中国，民众的力量可以集中，国难也可共赴。这样做去，要普及教育，一年就可以成功。我们自近而后远，先小而后大，着手办去，把小孩子、农人、工人都培养起来，这才是创造教育的目的。中国现在的教育不是平等发展的，是畸形发展的，一方面有博士、硕士，一方面有一大群无知识的民众，迟滞的表示不出多大贡献。

现在我再要讲，创造的教育是以生活为教育，就是生活中才可求到教育。教育是从生活中得来的，虽然书也是求知之一种工具，但生活中随处是工具，都是教育。况且一个人有整个的生活，才可得整个的教育。举个例来说吧，有一个儿子，他是喜欢赌博的，他的母亲训斥他。不过他的母亲却悄悄地到邻舍去赌博了，他在窗内看见他的母亲赌博，于是也到别处去赌博了。这个孩子过的是赌博生活，受的是赌博教育，不期而然而成赌博的人生。某学校反对我"生活即教育"的主张，我去参观他们学校，适逢吃饭的时候。他们的饭菜是有等级的，厨子巴结先生，先生的菜特别好，学生的菜，简直坏之不堪。他们请我在先生一桌吃饭，我愿意同学生一块儿吃。学生的饭菜坏到怎样呢？他们名为一碗肉，肉仅在碗面上有几小块，学生在未下箸的时候，目光炯炯地早已看准那最大的一块，一下箸，一碗饭还没有吃完，而菜已吃得精光了。这种饕餮的状态，无形中在饭堂里更造成了许多小军阀。这个学校，是不把吃饭问题归入教育范围之内的。有许多学校对于男女学生的恋爱，他们是讳莫如深，但恋爱问题往往闹遍在学校里。现在生活的教育是怎样呢？我们知道恋爱、吃饭等问题都是非常重要的，所以，恋爱先生我怕你，请你进来；吃饭先生我怕你，请你进来，我们一块儿干吧！我们的教育非但要教，并且要学要做。教而不学，学而不做，叫做"忘三"。我们要能够做，做的最高境界就是创造。我们要能够学，学从生活中去学，只知学而不知做，就不是真的学。我们要能够教，教要教得其所，要有整个的教育，平等的行动的教育，不要像现在畸形的教育。有人说我的创造教育，不成其为学校，我做了一首诗："谁说非学校，就算非学校。依样画葫芦，简直太无聊。"

〔**注释**〕

① 本篇系陶行知在上海大夏大学的演讲记录。记录者：华炜生。原载 1933 年 3 月《教育建设》第 5 辑。

② 中华慈幼协会　以完善幼儿保育为宗旨的慈善团体，为朱其慧筹创。

古庙敲钟录[①]（节选）

二十六

　　"我们到外面去看看吧。庙里不大行。"朱先生一面说，一面向大门外走。我说："庙外再也找不出一个更合式的地方。村庄里只是一些茅草棚，怎么做学堂？张胡子的家里虽是石库门，也比古庙小得多，决不合用。"朱先生说："我们出去看看，总不碍事。钟儿你不要拘执成见，也许还有更好的地方在那儿等着我们去找咧。"我于是领导朱先生穿村庄里经过。好热闹呀！连姑娘、小姐、少奶奶都跑到家门口来看，一个个的爆蚕豆样说："那就是先生！"小孩们是三五成群的像尾巴样在后面跟着。

　　我们走到铁匠铺，李铁匠放下那通红的铁，出来与我们招呼。朱先生笑嘻嘻的对我说："这个铺子就是一个顶好的课堂，李司务便是我们的先生。我们以后要向他请教咧。"李司务很客气的说："朱先生不要见笑。我这个粗人，懂得什么？一定要先生指教我才对。"

　　我们别了李司务，远远的看见老许在那儿砌墙，朱先生说："那个砌墙的地方也是我们的一个课堂，砖匠司务也是

我们的老师。那司务叫什么名字?""那是砖匠老许，反对办
学堂就是他。"我便把他的历史一五一十地告诉了朱先生。朱
先生说:"尽管他反对，我们要学砌墙的道理，总得请教他。"

再走过去，是一个很大的菜园，赵小二哥正在那儿浇粪
水。小二哥种菜是顶有名的，菜儿长得又大又嫩。村庄里是
没有人比得上他。朱先生说:"赵家菜园也是我们的一个课
堂。小老二便是教我们种菜的先生。"

离菜园半里路是一座山，遍山是松树，叫做万松岭。万
松岭上有一棵老松树，老松树上有一只老鹰在那儿做巢。朱
先生问:"这棵老松树是什么? 那老鹰又是谁?"我毫不迟疑
的而且十分自信的回答说:"这棵老松树是我们的一个课堂。
那老鹰便是我们的先生。"朱先生说:"聪明的钟儿! 飞鸟是
很好的建筑工程师，传说古人造房屋子便是跟鸟儿学的。我
还想问你一句，这里是我们的课堂，那里又是我们的课堂，
那么我们的学堂究竟在什么地方?"我说:"朱先生! 我的学
堂完全被你打破了。我现在知道你心中的学堂是什么。你的
学堂是以青天为顶，大地为底，二十八宿为门墙，万物都是
你的先生，都是你的同学，都是你的学生。我完全懂了，你
打破了我的鸟笼式的小学校而给了我一个森林似的大学校。
我们在这海阔天空中过生活，那是多么的快乐呀!"朱先生
说:"聪明的钟儿，你是知道了一半!"

二 十 七

我想在海阔天空中过生活，便是在海阔天空中受教育，

必定是皆大欢喜，各得其所，还有什么缺憾呢？我自以为得到了朱先生的法宝，那里料到他说我只知道了一半。这个我必得追问下去："请教那一半是什么？"朱先生说："人生有三种境界，教育也有三种境界。你所说的是第一种境界。海里的鲸鱼、空中的仙鹤、森林里的狮子是多么的自由，又是多么的幸福啊！人生得到自由也是一样的幸福。教育办到这种境界，学堂是造成天堂，小孩们是变为活神仙了。但明明是空中的一只鸟，有人偏偏要把它捉进笼里去；明明是海里的一条鱼，有人偏偏要把它捉进盆里去；明明是森林里一只野兽，有人偏偏要把它捉进棚栏里去。假使你是这只不幸的鸟，假使你是这条不幸的鱼，假使你是这只不幸的野兽，你该怎么办？""我不愿意到笼里去，我不愿意到盆里去，我不愿意到棚栏去。""他不管你愿意不愿意，简直一味横蛮的把你捉了进去，你又怎么办？""我要用我的小小生命的力量，我要联合一切小小生命的力量和这人奋斗。我要啄破鸟笼，冲破鱼盆，咬破棚栏向那海阔天空投奔而去！""又比如你是森林里一只自由自在的睡狮，突然来了一只老虎向你侵略，你又该怎样？""我当与老虎决一死斗！"朱先生说："好，生命遇着对敌，必起而奋斗，这是第二种境界。"我说："对！我要自由！我要奋斗！"朱先生说："你再看一粒种子！它在那天寒地冻的时候是被压在泥土里。你说它被泥土压着不自由便把泥土拨开。你说它被壳儿包着还不自由便把壳儿剥掉。好，一粒赤裸裸的种子暴露在自由之土地上，一只肚子饿了半天的雀子从枯枝上飞来，一啄就把它整个的吞了下去！钟儿，这粒种子要想发芽，抽条，开花，结果，你必得让它用一些时间深藏在壳里，潜伏在地中慢慢去吸收水分、肥料、空气、阳光，以发挥它的生命。这是第三种境界。"

我欢喜极了，便笑对朱先生说："先生是算错了账。我所知道的是三分之一而不是一半。"

二 十 八

从万松岭回来，我一路把朱先生所说的话放在我的脑海里漂了几漂。朱先生是胸有成竹，我要从许多破碎的观念中建设出一个活跃的学校的小影。古庙学校必是一个有生命的学校。在这个学校里是有生命的潜伏，有生命的自由，而且是有生命的奋斗。我三番五次的考虑之后，把我们所要办的古庙学校，画了下面一幅简笔画：

　　静默如地下的种子。
　　自由如空中的鸽子。
　　猛勇如斗虎的狮子。

我写好了，拿给朱先生看并请他指教。他欢喜极了，立刻拿起笔来，说，我也写上几句：

　　行动是老子。　知识是儿子。　创造是孙子。

二 十 九

朱先生写的这几句话，可就把我弄糊涂了。依我从前的意思看来，是先有知识而后有行动。现在朱先生以行动为老子，知识为儿子，创造为孙子，恰恰与我的意思相反。如果我是对的，他必定是错了。假使他是对的，我必定是错了。我思来想去，不能说我一定对，也不能说他一定错，我是在一个圆圈里打转，找不着出路。我自己不能自圆其说，终于问朱先生要证据来说明他的主张。

朱先生问我："你知道骑牛吗？"我说："知道。""你这骑牛的知识是如何得来的？""在牛背上骑了几回就会了。""好。骑牛是行动，会骑是知识，那末知识是行动里产生出来的，不是吗？""对！"

朱先生又问："你知道游水吗？"我说："知道。""你再想想那游水的知识是如何得来的？""在水里游了几回就会了。""好，游水是行动，会游是知识，又可见知识是从行动里产生出来的，不是吗？""对！"

我想了一忽儿，反问朱先生："我们知道火是烫人的，遇了火便缩手。知火烫人是知识，遇火缩手是行动。这不是先知而后行吗？"朱先生说："火是什么？烫人又是什么？你是生来就知道的吗？""我想不是生来就知道的。说不定是人家告诉我的。""人家可以告诉你火是烫人的也可以告诉你火是冰人的，谁真谁假，你如何判断，如何分别，如何知道？你怎么知道火一定是烫人的，火一定不是冰人的？你怎么知道那告诉你火是烫人的是说真话？又怎么知道那告诉你火是冰人的是说假话？""我想拿手在火上试一试便知道了。""对！你在你妈妈怀抱里的时候有一次伸手玩火，被火烫了，便知道火是个厉害的东西，所以以后见着火就把手缩去。伸手玩火是行动，知道火烫人手是知识。这不是证明先行而后知吗？"

三　十

朱先生说到这里，我是有几分明白了。但是行动产生知识的理论究竟对于我们的学校要发生什么影响，我还不能推定，便打破砂锅纹（问）到底的向朱先生请教。朱先生说："我们这个学校是根本与传统的学校不同了。传统的学校是一个鲍鱼罐头公司。学生好比是一个一个的罐头。先生好比是装罐工人。伪知识便是装在罐头里的臭鱼，没有煮熟，没有消毒，令人看了好看，吃了呕心泻肚送老命。何能怪人连罐头一起摔掉呀！可是这个罐头公司是个老店，挂的是历代圣贤亲笔所写的招牌。我不要说别人只拿那主张'知行合一'的王阳明的理论来谈一谈，你便知道传统学校的根是安得很深了。他说：'知是行之始，行是知之成。'这两句话是代表了传统学校的教育方法。我们在学校里用十年五年光阴把'知'的功夫做好了再到学校外去'行'。依传统的方法你要学游水是在课堂里听游水的演讲，在图书馆里看游水的书，到大考的时候，写一篇《游水论》得七十分就算及格，得一百分就算是个游水大王。谁能否认你呢？你的学校是有先知后行的哲学根据，你的考卷是有博士们的双圈，你的文凭是有教育部盖的印子。谁能否认你呀？可是你得留神，海龙王只认本领不认文凭。大达轮船失了火，如果你也是船上的一个搭客，那时可真是过游水的大考咧。好，传统学校是必得拆掉。王阳明的'知是行之始'得翻半个筋斗。怎么叫做半个筋斗呢？孙悟空一个筋斗十万八千里。他是站在如来佛的手掌上翻筋斗，翻好了一个，他还是站着。翻一个筋斗是画三百六十度，半个筋斗是画了一百八十度，恰是颠倒了过来。我们的理论应该是这样：

　　　行是知之始，知是行之成。

　　我们是要在行动中追求真知识。行动遇着困难便不能不思想，思想贯通便取得了真知识，运用真知识的行动，便走上了创造之路。今日之学校是行以求知的地方。有行动的勇气，才有真知之收获，才有创造之可能。"

六 十 九

　　古庙学校是已经轰轰烈烈的办了一个多月，门前连一块牌子也没有。它不但是校牌没有，而且校名也没有定好。有的人喊它为古庙学校，有的人喊它为古庙学堂，有的人喊它为古庙小学，有的人简直就光头光脑的把它喊做古庙。它好比是一个可爱的小孩子没有取名字，和尚尼姑随人欢喜喊。我心里想，古庙既是一个学校，总得要挂一块牌子；有了牌子，校名自然会统一了。我终于向朱先生要求把校牌写起来，让我拿去雕刻油漆。

　　朱先生说："这是一个难题。我也曾经想写一块校牌，但至今没有想出一个好的名字，如何写得起来？老实说，古庙不是一个平常所谓之学校。如果是一个学校，那末拿起笔来一挥就成，又有什么困难？无奈我们在这里所办的虽是一个小学堂，但同时是一个小工场，又是一个小社会。学堂的主要意义是长进；工场的主要意义是生产；社会的主要意义是平等互助，自卫卫人。工场与工厂大不相同；凡露天的生产工作如种植、开矿、造路、筑桥都包括在内。所以我们这个集团是含有这三种意义。你可以简称它为三一主义。你还要知道这三种意义是贯彻我们整个的集团的生活。它与平常所谓工读学校是根本不同。工读学校是半天做工，半天读书，工自工，读自读，不相联串。我们这小小试验是将工场、学堂、社会打成一片。我要把它成一个学堂吧，便难免失掉生产与社会的意义。我想不称它为学校。古庙工学社和古庙工学团这两个名字行不行？"

我说："古庙工学团更合我意。团字含有团结或集团的意义。社字比较宽泛。中国社会之大病就是一盘散沙，惟独集团的生活可以纠正这个毛病并且可以发挥出众人的力量来。"

朱先生虽然赞成我的选择，但是他还不肯立刻把牌子写出来。我看他心里还有未决的问题。他说："我们仔细想想，过几天再写也不迟。"

七　十

这古庙工学团是占据了我全部的思想。我吃过晚饭一个人在院子里散步的时候，古庙工学团又从我的脑海中浮出来了。一忽儿，接二连三的来了许多疑问要求我解答："把一个工场呆板的当作一个工场办，有什么意思？把一个学校呆板的当作一个学校办，有什么意思？把一个社会呆板的当作一个社会办，有什么意思？"大家怕要以我为武断吧？我的答案是:"呆板的办工场,呆板的办学校,呆板的干社会工作都没有意思!因为这样的干是割裂人生,使活的细胞解体,所以办的人个个弄得焦头烂额,找不着出路。刽子手的生活有什么意义呀!你若是办一个工场,如果你同时注意到工人之长进的机会和平等互助的关系,便立刻变成一个有意义的工场了。你若是办一个学校,如果你同时注意到师生之生产的机会与平等互助的关系,便立刻变成一个有意义的学校了。你若是在改造一个社会,如果你同时注意到各分子之生产与长进的机会,便立刻变为一个有意义的社会了。"我最后似乎是更加觉悟了。名字之改变究属形式。如果办一种事业是含有这三种意义,那末就称它为学校也可,称它为工场也可,称它为社会也可。倘使没有把这三种意义打成一片,虽是挂着工学团的招牌,便不啻是挂了羊头卖狗肉。我想到兴高采烈的时候便一五一十地告诉了朱先生。他说:"你的推论果然不错。工学团的意义而不是工学团的名字,会叫一切较久的人生集团变成富有意义的集团。古时的家庭差不多就是一个小小工学团。中国有几支著名的军队是大规模的工学团。凡是较有永久性之集团,若没有工学团的意义包含在内,便变成了枯燥的生活而流于衰老。任何一种集团都不能呆板的办。比如监狱,如果呆板的办,便比地狱还不如。你想,如果全国的监狱都变成工学团,那是多么富有意义的一个事呀!你再想一想,如果全国的家庭、商店、工厂、学堂、军队、乡村,一个个都变成工学团!人人生产,人人长进,人人平等互助,人人自卫卫人,那末中华民国是变成何等庄严的一个国家呀!中华民族的新生命是在工学团的种子里潜伏着。园丁们，普遍的撒下去吧！"

<h2 style="text-align:center">七 十 一</h2>

中华民族之新生命是在工学团的种子里潜伏着，我有这种认识，我有这种信仰，我愿意做一个园丁将这种子遍撒人间。但是一粒种子必定要撒在适宜的土壤里才能发芽，抽条，开花，结果；若是撒在流沙上，岂不是浪费了种子，虚耗了生命？现在一般的学校是不是欢迎这粒新种子？这粒新种子在学校里能不能长成？一般的教师可能做工头？青年学生们可能做工人？师生若不能做工，则工学团根本不能成立。工学团的名字也许是多数觉悟的知识分子所赞同，可是真正要他们流汗的时候一到，长褂党，旗袍党，西装党，高跟皮鞋党，双料太太、老爷少爷小姐党，难免不群起而反对它。传统学校是否能够变成工学团在我心里却是一个大大的疑问。

一般的工厂是异途同归的令我悲观。平日工作时间是占据了十二小时以上。身体疲乏得像害病一样，还能有余暇去求长进吗？况且现在工人是做了机器的奴隶，卖尽劳动力而不得一饱，在极不平等待遇下，如何谈得到互助？工学团能在这种园地里发荣滋长吗？中国的兵大多数是农人，但是听了"当兵三年，不肯种田"的民谣，不由人也要悲观起来。今日之军队究竟有几处能把工学团的力量发挥出来？商店里一般的老板管事是不许伙计徒弟做学问。听说以前都市里推行平民教育之最大的阻碍便是这般不懂事的人。他们既反对平民教育，难道偏要欢迎工学团吗？

我想到这里，从乐观降到悲观，从喜玛拉雅山之最高峰沉到玛丽娜海之最深处。

工学团的种子有了；工学园的园地安在？

七 十 二

工学团的园地安在？我每逢想不通的时候，只有一个办法，便是请教朱先生。朱先生近来在乡下得了一个新封号，叫做路路通。当你走到山穷水尽的时候，只要和他谈一谈，自然会看见新的天地。我于是把实现工学团的困难和我考虑这个问题的过程一五一十告诉了他，并问他有什么出路。

朱先生说："你想古庙工学团会不会成功？"我答："古庙一个乡村里的工学团断然可以成功。不但可以成功而且可以发达。但是我们的问题是如何可以将工学团推广到全国？古庙一处的成功于大局没有多少影响。"朱先生说："在古庙一类的村庄里推行工学团会不会成功？"我答："教育没有普及。推广的人才没有，能否成功，怕无把握。"朱先生说："教育没有普及，倒是一件好事；如果普及了，工学团将更难推行。何以呢？因为中国传统的教育是养成四体不勤、五谷不分的士大夫。万一这种教育普及到每个村庄里去了，我们的工学团的种子便要弄得无处安身。中国的乡村是新教育之新大陆。它是工学团最好的育苗场。园丁就在苗圃里连带培养。我们开辟一个苗圃便培养一批园丁。这些园丁便可带着幼苗到处栽培，使它繁殖到天尽头。传统教育没有普及正是我们普及工学团的绝好机会。等到中国一百万个村庄，个个都变成了工学团，那末，依整个的中华民族算来，百人中是该有八十五人个个生产，个个长进，个个平等互助自卫卫人了。你还有什么悲观？"我问："照先生这样说来，在乡村里新创工学团，前途倒是不可限量。我的悲观也就减少了好多。但是那些已经开办的学校就让它们在那儿制造游民吗？监狱里的犯人就让他们在那儿过着地狱的生活，浪费掉他们宝贵的生命吗？军队里的官兵就让他们天天在那儿立正、举枪、开步走、向右转、向左转的拿着武八股混饭吃吗？工学团的种子是必得撒进这些地方去才赶得上救国救种，乡村工作似乎是嫌太慢。先生有何高见？"朱先生说："愚公移山的故事你是听我说过的，还有铁杵磨针也不要忘掉。沙漠造成良田在埃及可以看见这人工的奇迹。二十二年前我们中国这块土地叫做大清帝国，现在叫做中华民国。从大清帝国变成中华民国，这个奇迹是中国人的力量干出来的。你不要小看自己的力量。世界是人的决心与智慧所造成的。只要你有决心与智慧，你必定可以开辟出一个新的天地来。况且这工学团是一个有意义的东西。凡是有意义的东西都可以不翼而飞。它会自己飞进学校里去。它会自己飞进工厂里去。它会自己飞进监狱里去。它会自己飞入军队里去。它会自己飞入任何集团里去。"

七 十 三

我说："工学团可以不翼而飞，我有相当的信心。但是飞进传统的学校里去，有人要把它捉起来，关进笼里去，或者存心不良投它一弹，送它老命，也未可知。"朱先生说："这个我们当然是要顾虑到。你所说的这些不幸的事，有时是会发现。但是我们决不可因为或者要发现的事而心灰意懒。这工学团的传布大概不出两个方式：一是自然的传布；二是强制的传布。自然的传布是靠个人态度的改变。如果现在有人请你去办一个学校，或是开一个工厂，或是管一个监牢，或是带一支军队，你想预备怎样去干？"我说："我无疑的要把它办成一个工学团。""你在一个月前可有这个信念？""没有。""那末你的个人的态度的改变只是一个月来的功效。你既能在一个月内改变了你的态度，别的人有些是和你变得一样的快，我的年纪比你大些，变化也就来得慢些，可是我的教育上的主张的改变也不过是三五年的事。人是会变的。传统的教师会变成革命的教师。你不要以为你是一个维新的分子就以为别人都是守旧的分子。你更不可以为一个人现在守旧便永远守旧。谁愿走死路？走死路的人不外两种：一是如同老鼠钻进牛角筒，不知道自己走的路是死路；二是如同海船上失火急得跳下水去，以为烧死比溺死更可怕。如果你真能指示出牛角筒是死路，真能掷下一个救命圈，谁愿固执己见，自寻死路？假使我们在行动上、事实上，证明了工学团是中华民族救命圈，传统学校是中华民族的死路，谁还愿去办传统学校？谁不愿把传统学校改做有意义的工学团？一个学校的师生有此觉悟，便是一个工学团成功；一个工厂的职员、工人有此觉悟又是一个工学团成功；一个监狱的典狱官、犯人有此觉悟又是一个工学团成功；一个军队的带兵官、兵丁有此觉悟又是一个工学团成功；这事是简之至，易之至。只要每一集团的人，肯做工，肯长进，不肯把自己的脚踏在别人的头上，也不肯让别人的脚踏在自己的头上，就得了，这工学团便自然而然的成功了。"

七 十 四

我说："个人态度的改变固属可能；但是专靠个人的努力来推动工学团是靠不住的，并且是缓不济急。现在中国已经到了生死关头，时势决不许我们个人从从容容的去脱这传统的蛇壳。我不耐等候这工学团的自然的传布；我急愿听你说一说那强制的传布。"

朱先生说："强制的传布便是必然的传布。工学团的必然的传布是从两条路来：（一）现在全国一般的现象是要进小学而不得进的学龄儿童，超过小学新生容纳量数倍；要进中学而不得进的小学毕业生超过中学新生容纳量数倍；要进大学而不得进的中学毕业生超过大学新生容纳量数倍。新的大学、新的中学、新的小学是无力加开，那末不能考进大学、中学、小学的大多数的学生往哪里去？他们的求知欲已被启发，事实决不许他们进纯粹求知的学校，这工学团是恰合他们的需要。（二）传统的大学、中学、小学是会消费而不会生产。他们所造就出来的人也自然是会消费而不会生产。会消费而不会生产的人是没有人要的。从前南开大学曾有'轮回教育'之讨论。所谓'轮回教育'即是先生教学生，学生变先生，轮回不已，都在学校的围墙里兜圈子。现在连这轮回的圈子也靠不住了。大学毕业生要想做小学先生已是难事，那中学毕业生是更不必说了。一个小学教师出缺，候补的有时是多至数十人。这明明指示我们说，传统学校是到了山穷水尽。有用之物如果生产过剩，尚且卖不出去，何况废物！传统学校造出来的原是'废人'，不易出卖，幸有低级学校教师的位置，让他倾销，现在连这倾销之路已塞，还能再造废人吗？这些事实是必然的来到，必然的逼迫全民族觉悟，必然的强制全民族另找生路而不许他再在这三岔路口有片刻的徘徊。在这个生死关头上，全民族也许下个总动员的命令，要大家一齐过些工学团生活，那末，转危为安便易如反掌了。"

七 十 五

我问："工学团要想办成功该有几个条件？"朱先生说："一要有创办的决心；二要有工作的技术；三要有可用的原料；四要有劳动力；五要有资本。"

我问："在传统的学校里创办工学团，创办的决心在于态度的转变；工作的技术可以虚心学来；可用的原料当然是就地取材；劳动力是现成的，肯得用出来也在念头之一转；惟独那资本，当这民穷财尽之秋，是如何的得来？"

朱先生说："也是现成的！只要念头一转，这伟大的资本便近在眼前不必求人。你到教育部去把最近出版的教育统计概况找来，我们便可以算出究竟有多少资本可以供我们运用。"

七 十 六

我们在教育部和别方面的统计里得到了一些惊人的事实。"从民国十七年八月至十八年七月：全国公私立大学、专门学校，以已经立案的为限，有学校八六所，教职员六九八五人，学生五三四一〇人，支出经费是三千六百七十九万元；全国公私立中等学校，未立案的都算在内，有学校一三三九所，教职员三〇三四八人，学生二三四八一一人，支出经费二千四百六十万元。"大学生个人用费每年每人约三百元，总起来便是一千六百零二万元。中学生个人用费每年每人约一百五十元，总起来便是三千五百二十二万元。将个人费用加上办学费用，大学、专门学校八六所一年消费国力是五千二百八十二万元；中等学校一三三九所，一年消费国力五千九百八十二万元。中学以上学校一年的总消费是一万一千二百六十四万元。这种消费是年年开支出去，继续消费他十年便是十一万二千六百四十万元化为乌有。我们办这些不事生产的学校简直是教人坐吃山空。假使大家转个念头，学校变成工学团，这一年一万一千二百六十四万元的消耗，便一跃而变成生产的资本，三万七千教师和二十八万七千学生都从高等游民一跃而变为生产的工人。八十六所大学，每所有六十万资本，便是一个中等工厂。一千三百三十九所中学，每所有资本四万六千，是一个小工厂。资本既是用作生产，一年年的滚上去，到了十年，每个中等工厂是拥有六百万的资本而变为大工厂了，每个小工厂是拥有四十六万的资本而变为中等工厂了。这样自能把一个穷的中国变成一个富的中国。若是念头不转，必至人财两空，一起呜呼哀哉！中华民族！这念头要快快的转呀！

七 十 七

朱先生说："惊人的事实还多着咧。全国公私立小学的学生是有七百万光景；旧式的私塾里也至少有七百万学生。这一千四百万小学生的费用每年总计至少是十万万元。这每年十万万元在传统教育之下是完全消费掉了。小学生年纪太小，固然不能充分生产，但是养几只鸡，种几棵菜，栽几株树，总不能算是过分吧。再不然，扫扫地，抹抹桌，洗洗自己的衣服，便省掉成人许多力量，移到生产上去。每个小学生每年用自己的劳动力赚一元钱便是一千四百万元，赚十元钱便是一万四千万元。据我的观察，小孩子的力量如果引导适宜，是能造出意料之外的奇迹。小孩子能做一点小生产，小建设。中华民国之创造，少不了这些小工人。你再看一看民国十八年七月一日至十九年六月三十日之财政报告。这一年内之国库支出，为四万九千五百零七万元，其中百分之四九点六为军费，便是二万四千五百四十四万元。这二万四千五百四十四万元是年年花在军事上，继续花他十年便是二十四万五千四百四十四万元。这笔款不但是纯粹消费，而且是毁灭生产。照十九年九月份的统计看来，全国正式军队有二百五十九万九千二百人，非正式的军队还不在内。这二百五十九万多人多半是农人，原来可以生产，但是一入军队便立刻变为消费者。兵多不能御外侮，自必有内乱。内乱一来，则工人不能做工，农人不能种地，生产力又被毁灭了。国家养兵好一比是请人保镖。请人保镖只是富翁的勾当。穷人只能联合自保，哪里请得起保镖的。中国是个穷国，靠当兵吃饭的兵是决养不起。我们如果能把这二万四千五百万养兵费充作生产资本，把这二百六十万兵化为生产的工人，那又是多么伟大的一个建设的力量呀！"

七 十 八

我这几天的主张是愈弄愈激烈了。朱先生突然问我说："假使你拿了一省或全国的教育权，你预备怎样去干？"我毫不迟疑地回答说："停办学校，改设工厂！"朱先生问："为什么不办工学团？那工厂二字可怕！"我说："我要办的当然是工学团，不过我想要偏重生产之工以纠正传统的消费之学。我在城里听说几十年来农业学校、工业学校、实业学校、职业学校是几乎完全失败。我考虑他们失败的原因虽多，而主要的就害在这块学校的招牌。挂了学校的牌子，那些只会动嘴不会动手的先生学生都可以滥竽了。他们用学校的招牌做盾牌，可以暂时躲避时代的攻击。他们哄骗社会说：'我们是在提倡生产教育了。可是你们不要性急。你不能捉只老母鸡来立刻叫它生蛋。过几年，或者过几十年我自然会生大鸡蛋，你看。'现在我们已经知道这只老母鸡是只会拉屎不会生蛋了。我不愿书呆子再躲在工学团的盾牌后面做蛀书虫，所以直截了当的把学堂一齐改成工厂。"朱先生说："你的办法极痛快！可是你要留心，书呆子虽然不会做工种田，却会演说，登报，写文章，上条陈，发宣言。你的命运是会背着摧残教育之罪名下台。结果是你的工厂办不成，他们仍旧办他们的学校一直到亡国。亡国他们也不怕，因为殖民地也用得着不事生产的先生学生做麻醉的工具咧。还有一层你要留心。你只知道学校里有蛀书虫，不知道工厂里有拜金虫。只要你把工厂的招牌挂起来，那些拜金虫都蜂拥而来了。这里大家只顾赚钱。这里黄金贵于一切，比人命还贵重！所以即使你能把工厂办成，也不是你心目中的工厂了。一般办学校的是抱着书本而忘了人生；一般办工厂的是抱着黄金而忘了人生；一般社会运动者是抱着标语而忘了人生。从这样改到那样，从那样改到这样，若忽略了人生的大前提，都会使你失望。我们的工学团只是以人生为大前提，在我们心目中，人生是超过一切。因为要培养合理的人生所以反对学校，工厂，及一切忽略人生之组织，而要创造出一种富有人生意义的工学团。你把学校改为工厂是以一种缺乏人生意义的组织来替代另一种缺乏人生意义的组织。结果是赶了一群狼，来了一群虎，我不愿在你的热烈的火花上浇冷水。也许你的意见是含了一部分真理：要想打破根深蒂固的积习，难免要用些矫枉过正的手段。但是千万不可忘了'培养合理的人生'乃是我们真正的宗旨。"

（选自 1933 年《古庙敲钟录》）

〔注释〕

①《古庙敲钟录》 陶行知创作的唯一的一部长篇教育小说，共84 节，此处节选了 15 节。参见本书《陶行知生平年表》有关部分。

责任编辑→沈静明
书籍装帧→张金风

江苏凤凰教育出版社
旗舰店

ISBN 978-7-5343-8706-7

9 787534 387067 >

定价：88.00元（共两册）

陶行知文集 下

江苏凤凰教育出版社

给 国 英 的 信

国英同志：

关于西桥小学的三封信都收到了。头两封信到的时候正当家母弃养，所以来不及答复。我看见这些信，心中十分高兴。最好的办法是您自己做朱先生①，找几位小同志做钟儿②。乡村教育要不会办教育的人办，这样的教育才能不受传统的影响。你只需认定下列几项原则，就可以不致走入歧路：

一、社会即学校；

二、生活即教育；

三、劳动即生活；

四、教学做合一；

五、在劳力上劳心才是真正的做；

六、行是知之始；

七、教小孩子自己教自己；

八、教小孩子做小先生；

九、教劳苦大众自己教自己；

十、会的教人，不会的跟人学；

十一、不愿教人的人，不配受教育；

十二、工以养生，学以明生，团以保生。

　　我们除人力以外，都愿帮你的忙，要想教育普及，必须就地取材，您以为如何？祝您健康！

陶知行

二二、一二、一五

（原载 1934 年 4 月 16 日《生活教育》第 1 卷第 5 期）

〔注释〕

　　①② 朱先生、钟儿　都是《古庙敲钟录》中的人物。

小孩子有不可思议的力量

——致潘一尘

一尘吾兄鉴：

两函敬悉。健祥先生来信也说起百侯①办得有精神，这种消息才是新年最好礼物。你在百侯教中学生创办平民教育，我们也在这里教小学生创办儿童工学团，可谓不约而同。前月三十号，我请侣朋到常州漕桥去帮助承国英同志开创西桥工学团。你知道他是一位不满十三岁的小孩，新近他在山海工学团里领导小朋友工作，表示出超越的天才。我看他不但打倒了我，而且几乎打倒了你。后生可畏，我们要努力呀！

此外，晓庄的小朋友居然创造了一个自动学校②；淮安几个小光棍，居然在各大学大演其说③，几乎把一两位教授的饭碗所依赖的传统信仰打破；山海的张健不但能帮助他的哥哥创造了一个濮家宅工学团，而且与非战的马莱先生舌战一时，卒使马莱先生得一深刻之印象而去。从前六岁的小桃，曾教五十七岁的祖母，居然教完一册《千字课》。这些例子证明小孩子有不可思议的力量。小孩子能做先生，做先生不限定要师范毕业，小孩子是普及成人与儿童教育的生力军；等候师范生来普及教育，不啻如等候亡国。我们要创造新民族，必须对小孩子与没有腐化的青年总动员。

我说这些话，是证明你领导中学生干民众教育是一条不错的路。你并可以把这种工作定为必修科。不愿教人的人，不配费我们的心血。不愿教人的人不配受教育。你可以大胆从中学生跳到小学生，叫小学生每天在家里教爹爹妈妈、哥哥弟弟、姊姊妹妹或亲戚朋友和不能进学校的穷孩子半小时或一小时，也定为必修工作加以考成。小朋友不得已，可用自己读的书教人，一面温习，一面把学问传给他人，那是再好无比了。

　　总起来说：丢掉你现在的方针，把平民教育计划，给民众教育馆去办，是一条走不得的错路。社会即学校的原则，要求社会教育与学校教育打成一片。江苏发动的民众教育馆，系传统教育末路，劳民伤财，结果只好了一般游手好闲的中等浪人可以喝便宜茶，听免费书。因此我不赞成另设民众教育馆，只希望百侯中学的师生进民众、儿童的队伍去引导他们自己干起来。换句话说：我希望你维持你已定的方针，并把它充实的发挥出去。德昭④先生来沪，一定要和我讨论这个问题，我也就是这样答复他，我要请他加些经费干这工作。至少贫苦民众买书费总得补助。总之，社会与学校必须合一，你们现在走的路是对的。

　　敬祝

康健！

陶知行
二三年一月四日

〔注释〕

　　① 百侯　百侯中学。在广东省大埔县。当时潘一尘任该校校长。

潘一尘的复信见川版《陶行知全集》第 8 卷，第 365—367 页。

② 自动学校为晓庄小学的学生胡同炳等创造，校址在晓庄附近的佘儿岗。该校没有专任教师，教学方式为小孩子互教互学。

③ 淮安新安小学所组成的新安儿童旅行团的 7 个团员，旅沪时曾到各大学讲演，获得成功，反响强烈。

④ 德昭　即杨德昭。

普及什么教育

这些年来教育是给镇江醋浸透了。一提起教育两个字就觉得酸溜溜的，谁也不愿把它普及。的确，教育是成了少爷、小姐、政客、书呆子的专有品。他是少爷的手杖，小姐的钻戒，政客升官的梯子，书呆子的轮回麻醉的乌烟①。如果把这种教育普及出去，中华民国简直要成为一个中华少爷国，中华小姐国，中华政客国，中华书呆国，更加确切些，简直要成为一个中华少爷小姐政客书呆共和国，真要不打而自倒了。所以我们开始必得声明，我们所要普及的，不是少爷教育，不是小姐教育，不是政客教育，不是书呆子教育。我们所要普及的是：自动工学团。什么叫做自动？自动是大众自己干，小孩自己干。自动教育是教大众自己干，教小孩自己干，不是替代大众、小孩干。

什么叫做工学团？工是工作，学是科学，团是团体。说得清楚些是，工以养生，学以明生，团以保生。说得更清楚些是，以大众的工作，养活大众的生命；以大众的科学，明了大众的生命；以大众的团体的力量，保护大众的生命。工学团是一个小工场，一个小学校，一个小社会。在这里面是包含着生产的意义，长进的意义，平等互助、自卫卫人的意义。它是将工场、学校、社会打成一片，产生一个富有生活力的新细胞。

工学团可大可小，从几个人的家庭、店铺，几十个人的学校、庙宇，几百个人的村庄、监狱，几千人的工厂，几万人的军队都可以造成一个富有意义的工学团。

团不是一个机关，不是一个工学的机关。假使它只是一个工学的机关，那便成了一个半工半读的改良学校而不是工学团。团是团体，是力的凝结，力的组织，力的集中，力的共同发挥。

（原载 1934 年 2 月 16 日《生活教育》第 1 卷第 1 期）

〔注释〕

① 乌烟　即鸦片。

怎样培养普及教育的人才

工学团之指导员称为工师，不再称为教员。大县每县须有一个培养工师之机关。小县可由数县合立一所，以为培养工师之大本营。这种工师养成所的目的有下列四种：

（甲）培养新工师以创立新的工学团；

（乙）化固有之教员为工师，将学校改为工学团；

（丙）化固有之工人农人为工师，将一般社会组成工学团；

（丁）继续不断的培养在职之工师使与社会学术共进于无疆。

教师可以化为工师吗？工人农人也可以化为工师吗？山海工学团在开办的时候就下了一个决心——教小团员自己做凳自己坐。当初的教师多半是书呆子当然不会做凳子。木匠司务会做凳子，但是不会教人做凳子。我们便把教师与木匠联合起来，做一个木匠先生。木匠司务起初只是闷起头来自己做凳子，小孩会做不会做他不管。我们对他说："我们不是请您来做凳子，乃是请您来教人做凳子。您教了一个人会做凳子便得一份工钱，教了两个人会做凳子便得两份工钱；如果您对于别人一个也没有教会，纵然一切凳子都由你包办成功，也得不着工钱。"木匠司务听了这番话，转了一个念

头，加上教师的帮忙，两个星期之内就教会了好几位小朋
友。久而久之，木匠司务可以独立教人做凳子了；教师也能
教人做凳子了；甚而至于有几位小朋友也能教人做凳子了。
如再不信，请听我唱吧："他是木匠；我是先生。先生学木
匠；木匠学先生。哼，哼，哼：他哼成了先生木匠；我哼成
了木匠先生。"

　　这个工师养成所不像传统的师范学校，它不把学生关在
模范监狱里读死书。工师养成所之学生都称为艺友。大略得
了几个知识的钥匙之后，艺友立刻分散，每组两人同到一个
小社会里去，把它组成一个工学团。一到目的地，每组便要
开始和大众与小孩做朋友。他们要在大众与小孩的队伍里找
新同志，也用艺友制的方法把他们培养起来。一找到几位本
地的艺友与小艺友，就可以发动儿童工学团及青年工学团之
组织。这一步叫做个别指导，又叫做基本培养——以实际工
作做培养人才之中心。第二步是巡回指导，由工师养成所之
指导员或特约指导员，在一定期内轮流到各工学团帮助艺友
征服困难，解决问题。第三步为集合指导，每星期举行一
次，讨论共同方针，制定进行计划，补充应用学术，讨论困
难问题，指示必用图书，鼓励团体精神。在可能范围内须运
用无线电收音机及活动电影，俾在最短时间内收最大
之效果。

　　例如这个工师养成所有艺友二百名，指导员十名，依我
们的办法，是首先举行十天或至多一个月的集合指导。然后
立刻分成一百队散在一百个村庄里去。这一百个村庄，要前
后左右互相隔开四里光景，因此每队工作的区域大约是四里

见方即十六方里。人口稠密或稀少的地方，这限度就该酌量伸缩。一百队的工作总面积大约是一千六百方里，在没有公路的地方，这区域大概是四十里见方。集合指导处设在中心，最远的艺友两小时可以步行到会。有一条公路可通汽车的地方，可以把它沿着汽车路划成一个一百里长十六里宽的区域，汽车路两边各宽八里，若集合指导处设在汽车路中心，两端离中心各为五十里，连步行之八里，亦两小时可到。

假使每个村庄有十个或五个小村，合计有人口五百。一百个村庄约计是五万人。每两个艺友担任八十人之指导，比如是四十个小孩和四十个成人，这八十人每人又指导三人，总共便是三百二十人，五百人之村庄之教育便一举而普及了。

照平常师范的办法，这所十位教员二百位师范生之师范学校，只能造成二百位吃白饭不做事拿文凭的书呆子。若采用上述的办法，十位指导员便能指导二百位艺友，陪着四百位小艺友，四千位小先生，四千位土先生，去创办一百个工学团，普及一千六百万里五万人的生活教育。再运用细胞分裂的方法，全县的生活教育，少则二三年，多则五六年便可以普及了。以此类推，一省，全国的生活教育，少则三四年，多则六七年也就普及了。

（原载 1934 年 3 月 1 日《生活教育》第 1 卷第 2 期）

从守财奴想到守知奴

社会里有一种人叫做守财奴。这种人的唯一的嗜好是把金子银子弄到自己的腰包里来，腰包装满了，藏到皮箱里去；皮箱藏满了，埋到地下去。他唯一的遗憾是棺材太小。虽然小，还是要拼命的装。带得多少便带多少去，是他不得已的苦衷。当他活着的时候，肚子总是大大的。他的肚子比人大，固然是平日保养得好，其实另一原因是那腰包点水不漏，纵然看见一个人冻得要命，饿得要死，他是一个钱也不肯花。

这个大肚的怪物，只要提起他的名字，人都知道，而且看不起他，不屑跟他学。有志的青年谁愿做守财奴呀？只是要留神，还有大头鬼在那儿等着您呢！

这些大头鬼会用一种漆黑的东西灌在您的脑袋里去，不给他流出来，久而久之，您的头就渐渐的大了。这种漆黑的东西据说是乌金——一字值千金。灌头礼是在所谓之学校里举行。因此，您一进小学，头就觉得大了一些；进了中学，更大一些；进了大学，更大一些；如果您还嫌不够大，可以出洋，再给外洋大头鬼灌一会儿回来，那末您在中国的大头鬼中可算是一个大王了。那时，您看大家的头都比您小，好不开心！可是，您要知道，开心虽是开心，鬼终是一个鬼。

那漆黑的东西，只进不出，把您的心肝都染黑了。在小头人的群众中做一个黑心的大头鬼，是真的开心吗？

这种大头鬼，我给他取了一个新名字，叫做守知奴。守知奴的名词虽然出炉不久，但是守知奴这种怪物是从人类发现知识的第一天就出世了。他把知识占为私有。他把知识当做传家宝。他把知识当做古董藏着。他把知识当做商品卖。他把知识变成神秘的符而自做教主。他把知识变成愚民的工具而自做国王或军师。于是您要想得到知识，必得做他的儿子（女儿还不行），做他的信徒，做他的学生，做他的主顾，做他的王！做儿子不能由您作主，做王便要问您有没有这本领。做信徒、学生、主顾都得拿钱来！没有钱休想得知识！现在的留学生，是大众花钱给他出风头的，当他风头出得起劲的时候，劝他每天花几分钟教几个不能上学的大众的苦孩子，他会回您一个"没有工夫"！真的没有工夫吗？给他三百块钱的薪水，就会有工夫了。

守知奴是个怪物而大家不以为怪，那才是一件可怪的事咧。这种怪物本是害人的，大家不想收服他们，反而恭敬他们，羡慕他们，不惜费尽大众血汗钱，大批的一群一群的栽培他们，那是更加奇怪了。我们培养人才的经费，连家庭供给算在内，每年不下十万万。所造就的是什么？是一千多万不肯教人的守知奴！

我也曾经在守知奴的队伍里站过班。骂人是连自己一起骂。我既觉悟到做守知奴是一件可耻的事，便该老实不客气地说出来。中国人愚，大概是不能否认的事实。因为士大夫的新代表胡适之已经把这个"愚"字列为五鬼之一①，那大

概是没有人反对了。可是我要向大家建议：愚人便是守知奴
一手造成的，我们应该认清。所以要叫中国人聪明起来，非
收服守知奴不可。我有四条办法：

（一）大家要自取知识，一取得便立刻教人，不再借重
守知奴；

（二）凡有知识的都要教人，不做守知奴；

（三）学生要学教人，不再做守知奴；

（四）教师要教学生教人，不再做守知奴的妈妈。

（原载1934年3月16日《生活教育》第1卷第3期）

〔注释〕

① 胡适在《我们走那条路》一文中，将贫穷、疾病、愚昧、贪
污、扰乱归结为中国积弱不振的"五鬼"。

从救水想到小孩的力量

我们的黄河是时常有决堤的危险。每次决堤的时候是什么人的力量都要号召来救水。这时候连一个六岁小孩搬一块小石头来，也是用得着的。当这小孩起劲搬了一块小石头来到的时候，假使有人说："你这小孩没有在河海工程学校毕业，不配救水。"我们听了这番话，一定要讲那个人胡说。现在中国受着帝国主义的压迫，正是大难当头，好一比黄河之水天上来，已经把河堤冲了许多大洞。这时候是一刻也不能游移，对于一切的力量都要下总动员令，把他们号召来与帝国主义决一雌雄。办教育便是以教育的力量来参战。这时候教育是与亡国赛跑，连一个六岁的小孩搬一两个小字，一两样小知识，一两点小觉悟，一两斤小力量加在这个空前的教育战线上，也是用得着的。但是出人意料，这千千万万的小孩子是关在模范监牢里，只许他们做自私的守知奴，不许他们把知识传给人，也不许他们把力量发挥出来干一点小创造。大家是异口同声的说："小孩子没有用！愚民没有用！没有文凭，不配教人。"士大夫与教育官都在打算：中国教育要靠师范生普及；师范学校要官办！醒醒吧！不要再说梦话了。大水已经冲到你家门口。要立刻号召全村的小孩一齐出动才能堵住决口啊！

（原载 1934 年 3 月 1 日《生活教育》第 1 卷第 2 期）

怎样指导小先生

小先生是负着普及教育之使命。穷社会除了重用小先生之外，是没有别的办法可以使教育普及。但是小先生所遇着的阻碍实在是屈指难数。如何指导小先生扫除阻碍以完成他们的使命，是我们当前最迫切的大问题。

一、我们一提起先生就联想到班级。依着传统的路线是把一班小学生交给一个小先生去领导。那少数出类拔萃的小先生固然可以胜任愉快；但是大多数的小先生，如果接受一班小学生之领导重任，必致·败涂地。我们原来的意思，只要每个小先生担任两三人的教育，不要他们担任整个班级的教育。倘使自作聪明，勉强寻常小先生做起传统先生来，对着三四十个小学生指手画脚高谈阔论，那便是违反生活教育，摧残小先生。所以，第一条成功之路是镇压贪多的野心，把小先生所担任的人数减少到两三个。您看，一个六七岁的小先生，日里学得"青菜"两个字，和青菜煮黄了就不养人这一件事，晚上就把它一五一十的教给嫂嫂和姊姊，那是和踢毽子一样的有趣，拍皮球一般的容易！他教了一个字便有一个字的成功，教了一件事便有一件事的成功，又有什么失败呢？

二、小先生是很容易的关起门来教人。他们是在指导小同学。这只做到蓝卡斯突耳的班长制① ——大同学教小同学，英国人老早就干过了，与我们这次所发起的运动是毫不相干的。这样干法只是把一个个独身守知奴变做一群合作守知奴，没有一点普及的力量。我们的意思是要把整个学校的学生或整个工学团的团员都变成小先生。小先生所要找的学生是不能上学的人或不能常到团本部来工作的人，换句话说，他是要到传统学校外或团本部周围去找他的学生。很自然的，不识字的奶奶、妈妈、嫂嫂、姊姊、妹妹、爸爸、哥哥、弟弟，和隔壁邻居的守牛，砍柴，拾煤球，钯狗屎尿②的穷同胞都是他应当找的学生。一个识字的人教导两个不识字的人，一个会做的人教导两个不会做的人：这里面才包含着普及的力量。这样去干，一千万学生便可算是三千万学生；否则关起门来互相切磋，教来教去，还只是一千万人，毫无我们所说的意义。所以，我们必须指导小先生开起大门找学生。把一个不会的人教会了，便算是多生了一个人，这样才算是小先生真正的成绩，才算是表现了小先生真正的力量。

三、"即知即传人"的原则是要一贯的实行下去。因此，小先生的职务不但是教人，说得更切些，他的职务是教人去教人。等到他的学生也在教人了，他那小先生的封号才有丰富的意义咧。所以小先生之成绩，不在直接所教学生之多，而在间接所传代数之多。设有两位小先生，第一位自己教了四人，第二位教了两人，又教这两位去教两人。依我们的目光看来，第二位小先生的工作更有意义，因为他是有了两代学生，他至少有两位学生是能即知即传人，而第一位小先生的工作是缺乏这种更进一步的意义。因此，我们指导小先生是加了一条原则：指导小先生教人，不如指导小先生教人去教人。

四、文字只是生活的符号，要与生活连在一起教。例如丈夫来了一封信，妻子是急于要知道信里所写的话。倘使信到的时候，正在吃午饭，她可以立刻丢下饭碗要您读信给她听。我们这些笨人老是把大好机会错过，照例读它一遍。她只是听到消息，连一个字也没有学会。我们总是替人读信，替人读信，何如教人自己读？教人自己读，起初是要多费一些时间，但是照我的话干干看，您的学生会有出人意料的成绩。您想，一个女子第一次会读她的丈夫写来的信，那种趣味实不亚于初恋之一吻。又例如儿子害病，请医生开好药方，若有人将这药方教给他的妈妈知道，她是终身不会忘记的。山海工学团从四月一日起要实现电化教育。电影说明书、无线电播音节目都要重新编过，成为活动教科书。会读入场券的可以半价入座，那末入场券也就成了"教科书"。这种例子随手拈来都可证明符号与生活可以很自然的联系起来。我们并且要使小先生知道，他的使命不但是普及文字教育，凡是他所过的有意义的生活都是负了责任要传布出去。

五、普及教育运动应该做成学校规定的正课和工学团规定的工作。因此，小先生不是一种自由的职务。小先生不能随便的高兴就干，不高兴就停。他必得天天拿成绩来交给负责的导师考核。寻常学校有所谓家庭功课，往往是要学生在家里写一张大字，第二天带来给先生看。小先生所要交来的不是自己写的字，乃是他的学生所干的成绩。他若找不着学生，导师须指导他如何去找；他若碰了钉子，导师须辅助他求得一个解决；他若没有恒心，导师须鼓励他向前努力；他若不明了他的职务之重要，导师须将普及教育与中华民族生死存亡关系说给他听。第一天就须把守知奴不配受教育的大道理向大家开导。总之导师必须把普及教育运动当作规定的正课或工作，才有成功的希望。

六、小先生所遇到的最大的困难是大人对小孩不信任的心理。"小孩子懂得什么！怎么能做小先生！"社会上不懂事的人是异口同声的这样说。但这是毫无根据的侮辱。我们一开始便须化除这种障碍。普及教育发动的第一天便须开一个娱乐大会，把小先生的家属一起吸引了来。在这个大会里面，导师须将普及教育与中华民族存亡关系尽量发挥，并将小孩子的能力充分证明。他可以将别处老年好学的人和小先生的成绩作一个生动的报告。他并须让本地有能干的小孩在会场中表现出真的力量，使大家从会场里带回家去的礼物是：（一）人人必须求学，（二）小孩能做先生。

导师须是一个火把两头烧。他一方面要把小孩的热心烧滚，使个个小孩都愿做小先生，不再做守知奴。这件事是很容易成功，大概只需一次演讲就行。另一方面，他要把大人的热心烧滚，使个个大人都愿拜小孩子做先生，不再轻视小朋友。这是一件比较难办的事，但热心，智慧，与不断的努力总会使您成功。有一位小先生的妈妈不肯学，他请示于我，我告诉他说："你的妈妈不肯接受你奉送她的学问，你也不要吃她所烧出来的饭。你如果有挨饿一两餐的决心，我包你不致失望。"这一类的方略，遇必要时，可以一试。穷国普及教育最重要的钥匙是小先生。这把钥匙多半是操在导师（包括校长）手里。导师袖手旁观，则普及教育运动变成儿戏；导师以身作则，则儿戏变成普及教育运动。因此，导师必须加入小先生的队伍里一起去干，才有成功的希望。倘若导师自己目光不远，懒惰不长进，平日让小先生自生自灭，等到打了败仗，还说漂亮话："我早就预料到，小孩哪能做先生？"这种人是普及教育之罪人咧。老实说，在热心的导师的指导之下的小先生都会有相当的成绩；小先生一无成绩只是证明了导师冷血不努力。

（原载 1934 年 4 月 1 日《生活教育》第 1 卷第 4 期）

〔注释〕

① 蓝卡斯突耳班长制　通译兰卡斯特制，也称导生制，是英国牧师倍尔和兰卡斯特创立，故又称作倍尔—兰卡斯特制。

② 钯狗屎尿　拾粪的俗称。

从今年的儿童节到明年的儿童节

今年的儿童节①是在微风细雨中过去了。这微风细雨确是象征着现在中国的儿童运动。传统儿童运动之柔弱与今年四月四日的天气是相映成趣，而新兴儿童运动之种子也正好在它所润泽的土壤中发生嫩芽。但不久，这嫩芽需要太阳光来暖化，那笼罩天空的阴沉沉的密云是必须让开。

这几天报纸上是充满了都市儿童的消息：纪念会，招待会，免费游览，减价买物，童子军检阅，送儿童玩具，给儿童糖果面包吃。这些是多多益善，谁都高兴。但中国儿童现在最需要的东西是什么？是动的机会！是自动的机会！是联合自动的机会！这"联合自动"是一件最可宝贵的礼物，应该用红纸包起来，送给每一个小孩子。我们今年如果把这礼物忘了，还得补送，从今天补送起，送到每一个儿童都得到这个礼物，才算尽了前辈的责任。这笔账最迟是一年一结。我们期待着明年儿童节的清算。

今年上海市儿童节纪念会中可喜的一件事是劳工儿童代表、五区卷烟业工会伊明望的演说。他要求提倡劳工儿童教育。他说，儿童节要打破成人轻视儿童之心理。这不是一个小孩子的私见，他所说的是全国的苦孩子所想说而没得机会说的公意。这是我们亏欠苦孩子的一笔大债，到明年儿童节是预先还掉多少，我们应当通盘计划一下子。

但是在同一会场上另一小朋友的演说，却使我们有些失望。他要小朋友实行非礼勿视，非礼勿动。礼是什么？朱子注解说礼是天理之节文。天理又是什么？我是虚度了四十几岁，却没有把这个问题弄清楚，更不敢向大家宣传。因为我自己不懂的东西，拿来随嘴乱说，我不是变了一个喇叭吗？当时孔子提倡这种学问的时候，就拿不出证据来。他曾经说过：

"夏礼，吾能言之，杞不足征也。殷礼，吾能言之，宋不足征也。文献不足故也；足，则吾能征之矣。"

连孔子自己都拿不出证据来，何能取信于人呢？若说我们现在所提倡的不是古礼而是今礼。那么，今礼是哪几条？您若打破砂锅问（纹）到底，便知道"礼"这个字在现在是几乎等于代数学上的"X"——是一个未知数。礼既是一个X，小孩子便无所适从。弄到后来，非礼勿视会变成一个光棍的"勿视"，非礼勿动会变成一个光棍的"勿动"。勿视与勿动只是大人的乱命。小孩子不视便是瞎孩子。小孩子不动便是死孩子。非礼勿视，非礼勿言，非礼勿听，非礼勿动，是民族自杀的口号。我们要想创造新民族，只能提倡科学的看，科学的说，科学的听，科学的动！在这一方面的努力，明年的儿童节要看我们的成绩。

大人们异口同声地说："儿童是未来的主人翁。"这句话是反映着一个传统的态度。表面上看去好像是一种期望，真实是一种变形的抹煞，抹煞了儿童的现在的资格。儿童是现在的小主人！明年的儿童节，我希望大家都承认这小主人的封号，并且不阻挠儿童实行主人的职权。

这次新闻界是抹煞了乡村的儿童。除了《申报画报》有一张乡下小孩放风筝的图画外，简直找不着一点乡村消息。独有《时代》记者叶浅予先生冒雨下乡，采访乡下儿童节新闻。明年儿童节，我希望有几位新闻记者能蹈着浅予先生的脚步到乡下来，打听乡村儿童的苦况，使他们的啼声能达到国人的耳鼓。

最后我有一点小希望要向大家陈述。"小先生"、"儿童工学团"和"劳工幼儿团"②都是今年儿童节的新礼物。我希望：这些种子能遍撒人间，会和明年的黄金色的菜花一齐开放，开得一样的茂盛，到那时，儿童们当是多么的欢喜啊！

（原载 1934 年 4 月 16 日《生活教育》第 1 卷第 5 期）

〔注释〕

　　① 当时儿童节在 4 月 4 日。

　　② 劳工幼儿团　是陶行知指导创办的一所实验性的工厂区的幼儿园。由孙铭勋、戴自俺经办，专收工人子女。

从学军想到工学军

邹平县的小先生组织学军的消息传来了。这是多么可贺的一件大事啊！周文山君新从邹平来，对我说："邹平已经开始组织学军。每位小先生找到四位不能进学校的小孩做他的学生便成立一学排。这位小先生就被任为学排长。故一学排是五个人，五学排为一学连，是二五人。五学连为一学营，是一二五人。五学营为一学团，是六二五人。五学团为一学师，是三一二五人。五学师为一学军，是一五六二五人。全县拟组织两学军：梁漱溟先生为第一学军长，杨效春先生为第二学军长。这个办法预备先在县城试验，俟试验有效，再向乡村推行。"这是周君的口头报告，细节方面也许有遗漏或错误，但就我记忆所及，大体就是如此。这是普及教育的急先锋。学军下之小先生是成了学兵，必可以一当十地向前进攻。信仰武装起来自能冲锋陷敌，百战百胜，这是可以预祝的了。

邹平的办法已经是切实得很，但我希望大家还要作进一步的追求。我所要提出的几条修正的意见是：

（一）学军缺乏工的意义。没有工的意义只能扫除文盲。扫除文盲不能算是一件小事，但在扫除文盲之外同时再干一点工，这是更有意思了，因此我提议把"学军"改为"工学军"。工学军便是工学团之联合体。为着任何危急的工作而需要广大的组织的时候，工学团得联合而成工学军。平时仍回到工学团的本位，少一些陆军色彩，多一些自由创造。

（二）从工学军长一直到工学排长都由小孩或民众担任。知识分子只做顾问或参谋。这样，才能培养自动的民众与小孩。

（三）小先生能力大的固然能够教四个人，但是能力小的只能教两个人。我以为大多数的小先生只能教二人。因此，我提议最下层的组织是三个人，称它为工学排。力能教四人的小先生连自己算在内是五个人，称为一个工学队。工学队的普及力恰是工学排的两倍。工学队的队长教四个人，工学排的排长教两个人，就普及的力量说，两排是等于一队。队与排不相统属。排之上级是连，队之上级也是连。于是十排为连，五队为连，三队四排也为连……从总人数一方面说是不整齐，因为五队是二十五人为一连；十排就是三十人为一连。但是普及力是整齐的，五队是有二十个不能入校的学生，十排也是有二十个不能入校的学生。

（四）乡村组织仍当以工学团为基本组织。大村独立一团，小村可以数村联立一团。系统略示如下：

$$工学团—工学营—工学连—\begin{cases}工学队\\工学排\end{cases}$$

在乡村中每团的营数，每营的连数，等等，都应稍有变通，不可强同。

（五）小先生的学生不限定是小孩。社会里有许多成人是等候着小先生的教导。他的婆婆，他的妈妈，他的姊姊，他的嫂嫂，甚至于他的公公、他的爸爸都不是平常民众学校所能招得来的。只有小先生能把教育送到他们面前。小先生不但是普及儿童教育的生力军，而且是普及成人教育的急先锋。在小先生的手里，儿童教育与成人教育是打成一片，学校教育与社会教育是搓成了一团。

（六）普及教育是要城里与乡下同时并进。家常便饭的教育才值得普及。我们所要普及的既是家常便饭的教育，就不能叫乡下人等到城里人吃饱之后才去吃。我现在对于风行一时的试验是怀疑了。试验二字到了中国来是变成了延缓的口实。

我自从得了邹平的学军的消息，是快乐得连觉也睡不着。现在把我的意见写出来，请求邹平和全国普及教育同志的指教。我深信用工学团或工学团的联合体——工学军——来普及生活教育不但是可以两年之内把文盲一扫而空，并且可以继续不断地把一个合理的社会创造起来。

（原载 1934 年 5 月 1 日《生活教育》第 1 卷第 6 期）

暑期普及教育运动

大学生、

中学生，

抓住你们的机会，

负起你们的责任。

暑假差不多到了。想一想！有什么事是青年学生们能够干而又值得干的？

在普及教育运动旗帜之下，小学生是变了小先生了。连六岁的小孩都在那里教他的妈妈嫂子了。大学生和中学生对于普及教育运动有什么特殊的贡献？平时，你们是为功课所困，没有工夫参加。现在，暑假快来了，我们必得抓住这个机会，为我们那些站在学校外的不幸的同胞负起教育的责任。

沪江大学校长刘湛恩[①]先生在五月一日向全体师生建议运用整个的暑假来提倡普及教育，要将生活教育的种子遍撒全国。全体五百余人一致接受刘校长的建议，要成立一个沪江大学暑期普及教育急成会，作一个有计划有系统的进行。这是多么可贺的一件事啊！如果全国的大学校和中学校一致赞成这个办法，今年暑假中国便有二十五万人将普及教育的礼物送到大众的门上去，这力量是何等的伟大。倘若这二十五万人间接的又推动了一千万的小学生个个都做成教导两个人的小先生，那力量更是何等的伟大！文盲是可以一扫而空。两年之内，中国便可以宣布文字教育普及。文字教育既是已普及，大众是得了知识宝库的总钥匙。如果继续努力，从此对于那"工以养生，学以明生，团以保生"的生活教育便能取之无尽，用之无穷，以造成中华民族之新生命。

我想暑期普及教育急成会的会员回到本乡，有三件事可以做：

（一）您回到家里，就可以把本村的识字的成人和小孩联合起来，实行每人教二人的办法。如果进一步，引导成人组织青年工学团并引导小孩组织儿童工学团，那他们更可以继续不断地长进。即使您一旦离开，他们仍可自动地进行，您还可以通讯指导。您最好是带几十本小孩成人欢喜看的儿童画报、小小说、儿童科学丛书之类去创办一个小小流通图书馆，那末，小先生们一定会干得格外起劲了。

（二）将附近的教师约来，向他们陈述小先生之效能，请他们在秋季开学后一起引导小先生将生活教育普及出去。

（三）向县长、教育局长、教育会长及本县热心教育之领袖陈述普及教育与创造中华民族之关系和小先生之效能，请他们组织全县普及教育急成团以推动全县的普及教育。最低限度是他们承认小先生教人是学校规定工作之一种，由教师指导考核。

每个学校的普及教育急成会对于每个会员都要要求工作之书面报告，于秋季开学时交卷。这样，我们便能知道全体工作之总成绩。我还希望每个学校的普及教育急成会活动系从暑期开始，并不随暑假结束而止，到了寒假还要干，平时可以通信干。每个会员既经在本乡开始工作，便须继续不断地引导本乡的青年儿童干到底，要叫本乡的青年儿童随着您继续不断的长进，不，倘使您不长进了，他们还是长进着，那才是真正的普及教育咧。

（原载 1934 年 5 月 16 日《生活教育》第 1 卷第 7 期）

〔注释〕

① 刘湛恩（1895—1938）　教育家。湖北阳新人。先后任南京东南大学、光华大学、沪江大学教授、校长。九一八事变后，积极参加抗日救亡活动，被汉奸杀害。

杀人的会考与创造的考成

自从会考①的号令下了之后，中国传统教育界是展开了许多幕的滑稽的悲剧。

学生是学会考，教员是教人会考，学校是变成了会考筹备处。会考所要的必须教，会考所不要的就不必教，甚至于必不教。于是唱歌不教了，图画不教了，体操不教了，家事不教了，农艺不教了，工艺不教了，科学的实验不做了，所谓课内课外的活动都不教了。所教的只是书，只是考的书，只是《会考指南》！教育等于读书；读书等于赶考。好玩吧，中国之传统教育！

拼命地赶考啊！熄灯是从十时延到十一时了。你要想看压台戏还必须等到十一时以后。那时你可以在黄金世界里看到卓别麟的化身正在排演他们的拿手好戏。茅厕里开夜车是会把你的肚子笑痛，可是会考的呆子会告诉你说："不闻臭中臭，难为人上人。"

赶了一考又一考。毕业考过了，接着就是会考；会考过了，接着就是升学考。一连三个考赶下来，是会把肉儿赶跑了，把血色赶跑了，甚至有些是把性命赶掉了。

不但如此，在学生们赶考的时候，同时是把家里的老牛赶跑了，把所要收复的东北赶跑了，把有意义的人生赶跑了，把一千万民众的教育赶跑了（原注：中学生赶考旅费可供普及一千万民众教育之用）。换句话说，是把中华民族的前途赶跑了。

奇怪得很！这样大规模的消灭民族生存力的教育行政，不是出于信仰而是出于敷衍，不是出于理性而是出于武断。我所接谈过的主考官是没有一个相信会考。他们是不信会考而举行会考。

就表面的成绩看，广东会考几乎全体及格，广西会考是几乎全体不及格。广东对呢？广西对呢？谁知道？浙江会考，绍兴中学第一次是背榜②，到了第二次竟一跃而为第一。绍兴中学第一次的整个成绩果真坏吗？第二次的整个成绩果真好吗？真成绩之好坏是这样的容易调换吗？谁敢说？

这把会考的大刀是不可以糊里糊涂地乱舞了。考官们所自毁毁人的生活力已经太多了，我们现在要求的是：

停止那毁灭生活力之文字的会考；

发动那培养生活力之创造的考成。

创造的考成所要考的是生活的实质，不是纸上的空谈。在下面所举的几个例子当中，我们可以知道创造的考成是一个什么东西。

一、校内师生及周围人民的身体强健了多少？有何证据？

二、校内师生及周围人民对于手脑并用已经达到什么程度？有多少是获得了继续不断的求知欲？有何证据？

三、校内师生及周围人民对于改造物质及社会环境已经达到什么程度？有何证据？

甲、荒山栽了多少树？

乙、水井开了几口？

丙、公路造了几丈？

丁、种植改良了多少？

戊、副业增加了多少？

己、生活符号普及了多少？文盲扫除了多少？

庚、少爷小姐书呆子有多少是成了为大众服务的人？

辛、团结抵抗强暴的力量增加了多少？

（原载 1934 年 6 月 1 日《生活教育》第 1 卷第 8 期）

〔**注释**〕

① 会考于 1932 年开始。中学应届毕业生，先经学校毕业考试，然后参加各省市举行的会考，会考及格才算正式毕业。

② 背榜　即榜上最末一名。

行　知　行①

　　谢育华先生看了《古庙敲钟录》之后对我说："你的理论，我明白了，是'知行知'。知行底下这个知字是安得何等有力！很少的人能喊出这样生动的口号。"我向他表示钦佩之意之后，对他说："恰恰相反。我的理论是，'行知行'。"他说："有了电的知识，才去开电灯厂；开了电灯厂，电的知识更能进步。这不是知行知吗？"我说："那最初的电的知识是从哪里来的？是像雨一样从天上落下来的吗？不是。是法拉第②、爱迪生几个人从把戏中玩出来的。说得庄重些，电的知识是从实验中找出来的。其实，实验就是一种有目的、有计划、有组织、有步骤、有创意的把戏。把戏或实验都是一种行动。故最初的电的知识是由行动中得来。那么，它的进程是'行知行'，而不是'知行知'。"

　　"既是这样说，你就应该改名了。挂着'知行'的招牌，卖的是'行知'的货物，似乎有些不妥。"

　　改名！我久有此意了。在二十三年前，我开始研究王学③，信仰知行合一的道理，故取名"知行"。七年前，我提出"行是知之始，知是行之成"的理论，正与阳明先生的主张相反，那时以后，即有顽皮学生为我改名，常称我"行知吾师"。我很乐意接受。自去年以来，德国朋友卫中先生，即傅有任先生，每每欢喜喊我"行知"。他说："中国人如果懂得'行知'的道理而放弃'知行'的传统思想，才有希望。"近来有些人常用"知行"的笔名在报纸上发表文字，我不敢夺人之美，也不愿代人受过。本来，"知行"二字，不是我姓陶的所得据为私有。我现在所晓得的，在中国有黄知行先生、熊知行先生，在日本有雄滨知行先生，还有几位无姓的知行先生。知行队中，少我一个，也不见得寂寞，就恕我退出了吧。我对于二十三年来天天写、天天看、天天听的名字，难免有些恋恋不舍，但为求名实相符，我是不得不改了。

〔注释〕

　　① 本篇发表时，署名为陶行知，此后即改知行为行知。原载1934 年 7 月 16 日《生活教育》第 1 卷第 11 期"行知行闲谈"栏，这个栏目是从这一期开始的。

　　② 法拉第（1791—1867）　英国物理学家、化学家。

　　③ 王学　王阳明（守仁）的学说。

教 育 的 新 生 ①

　　宇宙是在动，世界是在动，人生是在动，教育怎能不动？并且是要动得不歇，一歇就灭！怎样动？向着哪儿动？

　　我们要想寻得教育之动向，首先就要认识传统教育与生活教育之对立。一方面是生活教育向传统教育进攻；又一方面是传统教育向生活教育应战。在这空前的战场上徘徊的、缓冲的、时左时右的是改良教育。教育的动向就在这战场的前线上去找。

　　传统教育者是为办教育而办教育，教育与生活分离。改良一下，我们就遇着"教育生活化"和"教育即生活"的口号。生活教育者承认"生活即教育"。好生活就是好教育，坏生活就是坏教育，前进的生活就是前进的教育，倒退的生活就是倒退的教育。生活里起了变化，才算是起了教育的变化。我们主张以生活改造生活，真正的教育作用是使生活与生活摩擦。

　　为教育而办教育，在组织方面便是为学校而办学校，学校与社会中间是造了一道高墙。改良者主张半开门，使"学校社会化"。他们把社会里的东西，拣选几样，缩小一下搬进学校里去，"学校即社会"就成了一句时髦的格言。这样，一只小鸟笼是扩大而成为兆丰花园里的大鸟笼。但它总归是一只鸟笼，不是鸟世界。生活教育者主张把墙拆去。我们承认"社会即学校"。这种学校是以青天为顶，大地为底，二十八宿为围墙，人人都是先生都是学生都是同学。不运用社会的力量，便是无能的教育；不了解社会的需求，便是盲目的教育。倘使我们认定社会就是一个伟大无比的学校，就会自然而然地去运用社会的力量，以应济社会的需求。

为学校而办学校，它的方法必是注重在教训。给教训的是先生，受教训的是学生。改良一下，便成为教学——教学生学。先生教而不做，学生学而不做，有何用处？于是"教学做合一"之理论乃应运而起。事该怎样做便该怎样学，该怎样学便该怎样教。教而不做，不能算是教；学而不做，不能算是学。教与学都以做为中心，在做上教的是先生，在做上学的是学生。

教训藏在书里，先生是教死书，死教书，教书死；学生是读死书，死读书，读书死。改良家觉得不对，提倡半工半读，做的工与读的书无关，又多了一个死：做死工，死做工，做工死。工学团乃被迫而兴。工是做工，学是科学，团是集团。它的目的是"工以养生"，"学以明生"，"团以保生"。团不是一个机关，是力之凝结，力之集中，力之组织，力之共同发挥。

教死书、读死书便不许发问，这时期是没有问题。改良派嫌它呆板，便有讨论问题之提议。课堂里因为有了高谈阔论，觉得有些生气。但是坐而言不能起而行，有何益处？问题到了生活教育者的手里是必须解决了才放手。问题是在生活里发现，问题是在生活里研究，问题是在生活里解决。

没有问题是心力都不劳。书呆子不但不劳力而且不劳心。进一步是：教人劳心。改良的生产教育者是在提倡教少爷小姐生产，他们挂的招牌是教劳心者劳力。费了许多工具玩了一会儿，得到一张文凭，少爷小姐们到底不去生产物品而去生产小孩。结果是加倍的消耗。生活教育者所主张的"在劳力上劳心"，是要贯彻到底，不得中途而废。

心力都不劳，是必须接受现成知识方可。先在学校里把现成的知识装满了，才进到社会里去行动。王阳明先生所说的"知是行之始，行是知之成"便是这种教育的写照。他说的"即知即行"和"知行合一"是代表进一步的思想。生活教育者根本推翻这个理论。我们所提出的是："行是知之始，知是行之成。"行动是老子，知识是儿子，创造是孙子。有行动之勇敢，才有真知的收获。

传授现成知识的结果是法古，黄金时代在已往。进一步是复兴的信念，可是要"复"则不能"兴"，要"兴"则不可"复"。比如地球运行是永远的前进，没有回头的可能。人只见春夏秋冬，周而复始，不知道它是跟着太阳以很大的速率向织女星飞跑，今年地球所走的路绝不是它去年所走的路。我们只能向前开辟创造，没有什么可复。时代的车轮是在我们手里，黄金时代是在前面，是在未来。努力创造啊！

现成的知识在最初是传家宝，连对女儿都要守秘密。后来，普通的知识是当作商品卖。有钱、有闲、有脸的乃能得到这知识。那有特殊利害的知识仍为有权者所独占。生活教育者就要打破这知识的私有，天下为公是要建筑在普及教育上。

知识既是传家宝，最初得到这些宝贝的必是世家，必是士大夫。所以士之子常为士，士之子问了一问为农的道理便被骂为小人。在这种情形之下，教育只是为少数人所享受。改良者不满意，要把教育献给平民，便从士大夫的观点干起多数人的教育。近年来所举办的平民教育、民众教育，很少能跳出这个圈套。生活教育者是要教大众依着大众自己的志愿去干，不给知识分子玩把戏。真正觉悟的知识分子也不应该再耍这套猴子戏，教大众联合起来自己干，才是真正的大众教育。

知识既是传家宝，那么最初传这法宝的必是长辈。大人教小人是天经地义。后来大孩子做了先生的助手，班长、导生都是大孩教小孩的例子。但小先生一出来，这些都天翻地覆了。我们亲眼看见：小孩不但教小孩，而且教大孩，教青年，教老人，教一切知识落伍的前辈。教小孩联合大众起来自己干，才是真正的儿童教育。小先生能解决普及女子初步教育的困难。小先生能叫中华民族返老还童。小先生实行"即知即传人"是粉碎了知识私有，以树起"天下为公"万古不拔的基础。

〔注释〕

① 本篇原载 1934 年 10 月 13 日《新生》第 1 卷第 36 期。《新生》周刊系杜重远主编。1933 年 2 月 10 日在上海创刊，至 1935 年 6 月 22 日第 2 卷第 22 期停刊。

贺 客 与 吊 客

中国现行之会考制度，是对自己所委任之校长、教职员表示总不信任，把活泼的青年一起变成书呆子，一群一群的赶进牛角筒里去。它的影响之坏是无以复加。几个月前，我曾写了一篇《杀人的会考与创造的考成》警告教育行政当局。但是积重难返，这自杀杀人的制度，还是普遍的在那儿毁灭中华民族的生活力。

我这次被邀到南开大学去讲演，中学部里几位朋友和我详谈河北会考故事。在会考的六十九个学校之中，南开中学男校是考列第十八名，女校是考列第三十七名。南开学校在一般学校中是办理得最认真而有精神。它之所以有这种精神，就是因为它在教课之外，还相当的注意到学生整个的生活，不肯把学生完全当作书呆子教。它这次会考成绩之低，也是因为牺牲学生们宝贵的生活以迁就这机械的毁灭生活力的会考制度不肯过分。更有趣的是育才学校只有三个学生来考，居然名列第七。还有四个学校的考卷内容完全相同。这些都证明会考之荒唐。既设学校就该废科举，既要推行变相的科举，又何必费钱办学校？我们对这个问题谈了好久。晚上，张伯苓①先生从华北运动会回来。我一见他的面，便向他道喜。他说：喜从何来？我说：贺南开会考成绩。他说：

成绩不好。我说：我所贺的就是因为不好。如果好，我倒要来吊香呢。正是：

> 什么学校最出色？
>
> 当推南开为巨擘。
>
> 会考几乎不及格，
>
> 三千里路来贺客。
>
> 请问贺客贺什么。
>
> 贺你几乎不及格。
>
> 倘使会考得第一，
>
> 贺客就要变吊客。

（原载 1934 年 11 月 16 日《生活教育》第 1 卷第 19 期）

〔注释〕

　　① 张伯苓（1876—1951）　近代著名教育家，先后创办了南开中学、南开大学等学校。

读书与用书

一　三种人的生活

中国有三种人：书呆子是读死书，死读书，读书死。工人、农人、苦力、伙计是做死工，死做工，做工死。少爷、小姐、太太、老爷是享死福，死享福，享福死。

二　三帖药

书呆子要动动手，把那呆头呆脑的样子改过来，你们要吃一帖"手化脑"才会好。我劝你们少读一点书，否则在脑里要长"痞块"咧。工人、农人、苦力、伙计要多读一点书，吃一帖"脑化手"，否则是一辈子要"劳而不获"。少爷、小姐、太太、老爷！你们是快乐死了。好，愿意死就快快的死掉吧。我代你们挖坟墓。倘使不愿意死，就得把手套解掉，把高跟鞋脱掉，把那享现成福的念头打断，把手儿、头脑儿拿出来服侍大众并为大众打算。药在你们自己的身上，我开不出别的药方来。

三　读书人与吃饭人

与读书联成一气的有"读书人"一个名词，假使书是应该读的，便应使人人有书读；决不能单使一部分的人有书读叫做读书人，又一部分的人无书读叫做不读书人。比如饭是必须吃的，便应使人人有饭吃，决不能使一部分的人有饭吃叫做吃饭人，又一部分的人无饭吃叫做不吃饭人。从另一面看，只知道吃饭，不成为饭桶了吗？只知道读书，别的事一点也不会做，不成为一个活书架了吗？

四　吃书与用书

有些人叫做蛀书虫。他们把书儿当作糖吃，甚至于当作大烟吃，吃糖是没有人反对，但是整天的吃糖，不要变成一个糖菩萨吗？何况是连日带夜的抽大烟，怪不得中国的文人，几乎个个黄皮骨瘦，好像鸦片烟鬼一样。我们不能否认，中国是吃书的人多，用书的人少。现在要换一换方针才行。

书只是一种工具，和锯子、锄头一样，都是给人用的。我们与其说"读书"，不如说"用书"。书里有真知识和假知识。读它一辈子不能分辨它的真假；可是用它一下，书的本来面目便显了出来，真的便用得出去，假的便用不出去。

农人要用书，工人要用书，商人要用书，兵士要用书，医生要用书，画家要用书，教师要用书，唱歌的要用书，做戏的要用书，三百六十行，行行要用书。行行都成了用书的人，真知识才愈益普及，愈易发现了。书是三百六十行之公物，不是读书人所能据为私有的。等到三百六十行都是用书人，读书的专利便完全打破，读书人除非改行，便不能混饭吃了。好，我们把我们所要用的书找出来用吧。

> 用书如用刀，
> 不快就要磨。
> 呆磨不切菜，
> 怎能见婆婆。

五　书不可尽信

孟子说："尽信书则不如无书。"在书里没有上过大当的人，决不能说出这一句话来。连字典有时也不可以太相信。第五十一期的《论语》①的《半月要闻》内有这样一条：

据二卷十二期《图书评论》载：《王云五大辞典》②将汤玉麟之承德归入察哈尔，张家口"收回"入河北，瀛台移入"故宫太液池"，雨花台移入南京"城内"，大明湖移出"历城县西北"。

我叫小孩子们查一查《王云五大辞典》，究竟是不是这样，小孩们的报告是，《王云五大辞典》真的弄错了。只有一条不能断定，南京有内城、外城，雨花台是在内城之外，但是否在外城之内，因家中无志书，回答不出。总之，书不可尽信，连字典也不可尽信。

六　戴东原③的故事

书既不可以全信，那末，应当怀疑的地方就得问。学非问不明。戴东原先生在这一点上是给了我们一个很好的引导。东原先生十岁才能开口讲话。《大学》有经一章，传十章。有一条注解说这一章经是孔子的话，由曾子④写的；那十章传是曾子之意，由他的门徒记下来的。东原先生问塾师怎样知道是如此。塾师说：朱文公⑤（夫子）是这样注的。他问朱文公是何时人。塾师说是宋朝人。他又问孔子和曾子是何时人。塾师说是周朝人。"周朝离宋朝有多少年代？""差不多是二千年了。""那末，朱文公怎样能知道呢？"塾师答不出，赞叹了一声说："这真是个非常的小孩子呀！"

七　王冕的故事

王冕十岁时，母亲叫他到面前说："儿啊！不是我有心耽误你，只因你父亲死后，我一个寡妇人家，年岁不好，柴火又贵，这几件旧衣服和些旧家伙都当卖了。只靠着我做些针线生活寻来的钱，如何供得你读书？如今没奈何，把你雇到隔壁人家放牛，每月可得几钱银子，你又有现成饭吃，只在明天就要去了。"王冕说："娘说的是。我在学堂里坐着，心里也闷，不如往他家放牛，倒快活些。假如我要读书，依旧可以带几本去读。"王冕自此只在秦家放牛。……每日点心钱也不用掉，聚到一两个月，偷空走到村学堂里，见那闯学堂的书客，就买几本旧书，逐日把牛拴了，坐在柳荫树下看。

　　现在学校教育是对穷孩子封锁，有钱、有闲、有面子才有书念。我们穷人就不要求学吗？不，社会就是我们的大学。关在门外的穷孩子，我们踏着王冕的脚迹来攀上知识的高塔吧。

　　　　　　　　　　（原载 1934 年 11 月 10 日《读书生活》第 1 卷第 1 期）

〔注释〕

　　①《论语》　文艺半月刊，1932 年 9 月 16 日创刊于上海，林语堂主编。

　　②《王云五大辞典》　即《四角号码辞典》。王云五（1888—1979）曾任商务印书馆总经理。

　　③ 戴东原（1723—1777）　名震，安徽休宁人。清代思想家。

　　④ 曾子　即曾参。

　　⑤ 朱文公　即朱熹。

传统教育与生活教育有什么区别^①

前星期日来晚了，听说大家在此地讨论一个很有趣的问题，叫"吃人教育与生活教育有什么区别?"我不能参加讨论，没有发表意见。今天，又来晚了，现在我发表我的一点意见。

吃人教育与生活教育有什么区别？我的意思，不如说"传统教育与生活教育有什么区别?"所谓吃人教育，就是指传统教育而言的。现在，我们可以这样说：传统教育，是吃人的教育；生活教育，是打倒吃人的教育。

传统教育怎样是吃人的教育呢？他有两种吃法：

（一）教学生自己吃自己　他教学生读死书，死读书；他消灭学生的生活力，创造力；他不教学生动手，用脑。在课堂里，只许听教师讲，不许问。好一点的，在课堂里允许问了，但他不许他出到大社会里、大自然界里去活动。从小学到大学，十六年的教育一受下来，便等于一个吸了鸦片烟的烟虫，肩不能挑，手不能提，面黄肌瘦，弱不禁风。再加以要经过那些月考、学期考、毕业考、会考、升学考等考试，到了一个大学毕业出来，足也瘫了，手也瘫了，脑子也用坏了，身体的健康也没有了，大学毕业，就进棺材。这叫做读书死。这就是教学生自己吃自己。

（二）教学生吃别人　　传统教育，他教人劳心而不劳力，他不教劳力者劳心。他更说："劳心者治人，劳力者治于人。"说得更明白一点，他就是教人升官发财。发谁的财呢？就是发农人、工人的财，因为只有农人、工人才是最大多数的生产者。他们吃农人、工人血汗，生产品使农人、工人自己不够吃，就叫做吃人的教育。

生活教育与传统教育则刚刚相反：

（一）他不教学生自己吃自己　　他要教人做人，他要教人生活。健康是生活的出发点，他第一就注重健康。他反对杀人的各种考试，他只要创造的考成，也就是他不教人赶考赶人死。简单的说来，他是教人读活书，活读书，读书活。

（二）他也不教学生吃别人　　他不教人升官发财，他只教中国的民众起来做主人，做自己的主人，做政府的主人，做机器的主人。他教人要在劳力上劳心。即使有人出来做官，他是要来服侍农人和工人，看看有吃农人或工人的人，他要帮助农人、工人把他干掉。做官并不坏，但只要能够服侍农人、工人就是好的。他更要教人做到"工以养生，学以明生，团以保生"。说得更清楚些是：教大众以大众的工作养活大众的生命；以大众的科学明了大众的生命；以大众的团体的力量保护大众的生命。

（原载 1934 年 12 月 1 日《生活教育》第 1 卷第 20 期）

〔注释〕

① 本篇是陶行知 1934 年 11 月 11 日在山海工学团讨论会上的发言。记录者：戴自俺、吴锦璋。摘自《山海工学团星期总集合讨论会记录》。

小先生与民众教育①

今天贵馆民众教育服务人员训练班举行开学典礼，行知能躬逢其盛，参与大典，心里觉到非常快活。刚才冯先生及两位来宾，已说了许多我心里所要说的意思，现在行知再简单的说几句。

近来我对"民教"两个字有点感想。教育在从前甚至现在是被少数有钱人把它当做私有财产占住了，就如同占取金钱一样，非但把它占有，而且还要存在银行的铁柜里牢牢保护，不轻易传给别人。我以为"民众教育"的根本意义，就是教人把知识广散给大众，不是像占取金钱一样，把它封锁在少数人的脑袋里，把头弄得大大的。干民众教育，便是要把教育、知识变成空气一样，弥漫于宇宙，洗荡于乾坤，普及众生，人人有得呼吸。空气是不要钱买的，人人可以自由呼吸，教育也就不能以金钱做买卖，人人可以自由享受。把教育当作商品做买卖，只被少数有钱人霸占，使大多数人像坐牢一般受限在一个"愚者之群"的圈子里，这绝对不行，我们极力要否认。有了空气人才活，没有空气人便活不成。空气是人人需要，人人不可少。教育也是人人需要，人人不可少。新鲜空气是有益于人的，教育也必不能仅是些泥灰污浊气，给人以害生。所以把教育、知识化做新鲜空气，普遍的广及于大众，人人可以按其需要，自由呼吸，因而增加大众以新的生命活力，我以为这便是民众教育最主要的意思。不过挂着民众教育的招牌，不见得就会把知识变成空气，必得要有办法才行。在我看来，这办法便只有运用小先生，小先生便能把知识变成空气。

小先生出世尚未到一年，而它的怀胎，却远在十数年以前。小先生最重要的几位接生婆，除我以外，你们的主任冯先生也是一个。今春"一·二八"宝山普及教育动员令，便是冯先生发的（《生活教育》第一期画报，很希望大家一看）。每村小先生发令旗一面。普及教育，把知识变做空气！

小先生为什么能把知识变成空气一样的容易普遍呢？因为小先生便是小学生，他早上学了两个字，晚上便可以把这两个字拿去教人，此刻学了一件知识或一种技能，彼时即可以把这一件知识或一种技能去教别人，他不像大先生一样要领薪水。所以我们可以不花经费把教育普及出去。

有人说，小先生要有相当程度才行。我敢保证说，六岁小孩便可以做小先生，这是有着铁打的事实。当然，小先生遇到的困难非常多，我现在正要写小先生的八十一难。《西游记》上唐僧取经，要经过九九八十一道难关，幸而有三个徒弟费了很大的力量把他一个个的解除了，有的是猪八戒帮助解除的，有的是沙僧帮助解除的，而帮唐僧解难关最多的要算孙悟空。现在小先生普及教育，正犹如唐僧向西天去取佛经一样，要经过八十一道难关。我们做个猪八戒也好，做个沙僧也好，做孙悟空更好，总动员去帮助小先生解除一难又一难，把教育变成新鲜空气普及出去，以增加大众的新兴力量。

用小先生普及教育，还有四点比大先生好的地方：

第一，中国最难普及的是女子教育。乡下十七八岁大姑娘，或是二十几岁的大嫂子，一位年青的男先生去教，乡下人是看不惯，不欢迎你去教的，即有较开通肯受教了，不多时，谣言来了，女学生不敢上学了，甚至把学堂封掉了，男先生失败了。女先生去教固然是很好，可是女先生太少了，而且女先生大都是些少奶奶、小姐，肯下乡的真是难得。有勇气下乡的怕蛇，怕鬼，怕小偷，又吓跑了。如果是男校长请女教员，那又有困难问题。夫妻学校最好，可是又太凤毛麟角，少之又少了。现在小先生来了，女子教育就如雪团见太阳，一见冰消，问题一笔解决。广东百侯中学有三百小先生，教二千多民众，其中女人就有一千五百人之多，由此可见小先生，对普及女子教育问题解决之一斑。

第二，有人说，中华民族现在是衰老了。我推究其原因虽多，但有一个原因，便是被人教老了。六岁小孩子，大人就教他要"少年老成"，而这小孩子也就无形中涂上两个八字胡须，做个小老夫子了。我有一个大学毕业的学生，他到一个女子中学去当教员，可是年纪太轻了，很不为人敬重。后来教员不当，找了一件别的事做，便养成一嘴胡子来，本来是个美少年，一变而为美髯公，因此很受人敬重而做了许多年的事。所以中华民族衰老，便是社会教人变老，教小孩子做小老翁。用小先生教人便不同了，大人跟小孩学，无形中得到一种少年精神，个个变为老少年。本来大人者，不失其赤子之心者也，这样一来，朝气必格外勃勃。前天在上海西区小学开小先生会，有一位小先生教一个八十三岁老太婆。又有一位孩子，教其德国母亲认中国字，写的故事均非常生动有趣。南京有一个丁广生小先生，教他父亲。他父亲有一天用笔画一个乌龟，画一角菱角。小先生不懂，问他父亲什么缘故。他父亲告诉他说："我画着玩的，这意思是说：菱角怕乌龟，乌龟爱菱角。"后来丁广生便把这几个字写出来教他，父亲读得非常有趣。前天下午两点半钟，我未吃午饭，正想出去买两块烧饼充饥时，忽接西桥小先生来的信，我便坐在门外一个竹椅上拆开来看：有一位小先生教他六十二岁的祖母。他的祖母能读能认不能写字，小先生便代祖母口里说的意思写信给我，精神非常好，我看得饭也忘记吃了。在这许多故事中，可以看出中华民族可以因小先生而转老还童，而得一种新兴的少年精神。

第三，刚才我已经说过，过去甚至现在，教育是被少数有钱人把它当为私有财产占有。小先生一出来，"即知即传人"，立即把这种观念撕得粉碎，要知识公有，不再私占。要把教育化为"春风风人，夏雨雨人"一样，人人有得到沾施的机会。"天下为公"的基础，第一步便要知识公有，这一点小先生是可以帮助我们，一个钱也不要花的做到。

第四，一般乡村小学要和学生家庭联络，很多困难，教师感觉孤立，学校感觉单调。利用小先生那便好了。小先生是一根根流动的电线，这一根根电线四方八面伸展到社会底层构成一幅生活教育网、文化网，把学校与家庭构成一体，彼此可以来往，可以交通。它把社会所发生的问题，所遇到的困难，带回学校，再把学校里的知识技能带回社会去。这样一来，如有一位教师，三十位小学生，而这三十位小学生便是三十位小同志，教师不再孤立，学校也不再和社会隔膜，而能真实地通出教育的电流，碰出教育的火花，发出教育的力量。训练班诸位同学，现在最要紧的一件事，便是"怎样把小先生的办法得到？""怎样把学校教育与社会教育打成一片？"将来到一处办民众教育馆，最要紧的，便是要和当地的小学校联络，私塾联络，店铺里的能看报的掌柜联络，要发动他们都负起教人责任，即知即传人，共同普及教育。还有一点，办民众夜校，开学后学生只见少而不见多。我们也得要教学生去做先生教人。譬如有四十位学生，我们教他们每人回去教二个人，这样便一共有一百二十位学生了。这样成人做先生，我们不叫他"小先生"，叫他做"连环先生"或"传递先生"。因为他是要继续不断地循环着，学后去教人。最后我还有几句话要向诸位贡献。

我们现在办民众教育必得要承认：

农人最好的先生，不是我，也不是你，是农人自己队伍里最进步的农人！

工人最好的先生，不是我，也不是你，是工人自己队伍里最进步的工人！

小孩子最好的先生，不是我，也不是你，是小孩子队伍里最进步的小孩子！

我们现在最要紧的工作便是：

帮助进步的农人格外进步，由他们"联合自动"，领导全体农人一同进步！

帮助进步的工人格外进步，由他们"联合自动"，领导全体工人一同进步!

帮助进步的小孩子格外进步,由他们"联合自动",领导全体小孩子及时代落伍的成人,一同进步!

(原载 1934 年 12 月 1 日《生活教育》第 1 卷第 20 期)

〔注释〕

① 本篇是陶行知 1934 年在宝山县民众教育馆主办的民众教育服务人员训练班开学典礼上的演讲记录。记录者:张新夫、朱学典。

普及教育运动小史

　　这十几年来，我有时提倡平民教育，有时提倡乡村教育，有时提倡劳苦大众的教育，不知道的人以为我见异思迁，欢喜翻新花样；其实我心中只有一个中心问题，这问题便是如何使教育普及，如何使没有机会受教育的人可以得到他们所需要的教育。民国十九年春天，我曾一度草成一个二十年内完成的普及教育计划。这计划曾由教育部提出全国教育会议通过。与这计划同时提出的有一个成人补习教育初步计划。成人补习教育初步计划之所以不能实行，是因为被一不懂事的官剪去一段重要的办法，成了一个残废的计划，所以失了效用。那二十年内完成的普及教育计划之所以失败，却是我自己的错误。我写那计划的时候，以为中国既系从农业文明渡到工业文明，便误认每年工业之进展，足以应济教育普及率逐渐增高之需要。我们的幼稚的工业在帝国主义高压未曾铲除以前决不许我们存这奢望。那时我对于儿童大众的力量还没有正确的估定，对于学校式的传统教育还没有彻底的看破，这些都是构成那个普及教育计划根本失败的重要因子。现在我们所发起的普及教育是建筑在极困难的农业经济的基础上；它是一个农业国的普及教育方案。假使工业文明暂时没有多大的进展，教育仍有普及的可能。在儿童大众的力量的新估计之下，如果大家把传统学校彻底的看破，则普及中国教育不但是有可能性，并且是可以一举而成，万世不灭。

（原载 1934 年 10 月《普及教育》）

从穷人教育想到穷国教育

假使一个农家有四个小孩，只能给长子上学，余下三个孩子，一个要看牛，一个要耙狗屎，一个要在家里打杂。那个读书的儿子，渐渐的手也懒了，脚也懒了，看不起务农了。种田的爸爸，养蚕的妈妈，打杂、看牛、耙狗屎的弟弟妹妹，都不放在眼睛里了。他把知识装满一脑袋，一点也不肯分给亲人。大家也不以为奇。因为做先生是要得了师范毕业文凭才有资格。他初小毕业，欠人的债已把老子的背脊骨压得驼起来了。等他高小毕业，老子又卖了一匹老牛。他从小学考进初中、高中、师范的时候，他的老子是从自耕农跌到佃农、雇农的队伍里去了。弟弟们有的短命死了，有的长得像茅草一样了。他自己是学了师范弄不到教员做，毕业不啻是失业，老起面皮做"守知奴"，吃着没知识的人的饭，还嫌不卫生，受栽培还骂人愚笨。这一家是难免family破人亡。

假使这个长子进的不是消费的传统学校，而是富有意义的工学团。日里从工学团里学了生活所需的知识技能，晚上便和盘托出献与父母，教导弟弟妹妹。他对于学问是贩来就卖，用不着的便不要。他认得一个字便有资格教这个字，便认定是他的责任把这个字教与别人知道。如果弟弟守牛没有回家，他便到草地上去施教。倘使父亲是个种棉花的农人，他一定想法子把种棉学术和他父亲沟通起来，他与其浪费时间学跳舞，宁可去请教人家如何选种条播。他学得几样不费钱的卫生法必定是当天传给家里的人。他是一个社会人，只是从家里出发。他其实是要把他做得到的学问立时贡献给社会。他是与社会、家庭共同长进。学问没有止境，他的进步，他的家庭的进步，社会的进步，都没有止境。他是活到老，做到老，学到老，教到老。一直到进了棺材才算毕业。一样的穷人，走的路线不同，结果是一个天一个地。

　　上面所说的是穷人所走的两条路，即是穷国所走的两条路。第一条是灭亡之路，以前的中国便是马上加鞭在这条路上飞跑。第二条是生命之路，从今以后，中国必须悬崖勒马朝着这条路上走来才能起死回生。其实说破不值半文钱，只要转过头来，即是康庄大道！

（原载 1934 年 3 月 1 日《生活教育》第 1 卷第 2 期）

经　费

　　已设的学校，改为工学团，如果以各地固有之校做根据，只需节省浪费已可发展。这种工学团要规定一条办法，即每人须拿自己的书在校外教两个人读写；并拿二人所写的回团报告，便可叫文字教育普及。这是不必费多少钱就能成功的。

　　没有学校的地方最好是由工师养成所的艺友来干他一个填空运动，创造新的工学团来补充。每个工学团充分运用空房屋及固有家具，只需五十元到一百元的开办费便能设立。而这种经费与工师养成所的经费打成一片，实为举一而得二。谁出三百元一年便能普及十六方里之教育，即以此名誉鼓励之。

　　这是过渡的办法。永久之计还在生产上做功夫。例如宝山一县种棉二十万亩。我们提议组织二百个棉花工学团以策进全县植棉之改良，使种棉农人团结起来，自谋幸福而除痛苦。只需改撒种为条播每年每亩收入已可增加三元，全县棉农遍用此法即可每年增加收入六十万元。倘若加以选种及合作出卖，每年全县增加一百多万收入并不甚难。预计六年内可以达到全县棉业整个的改进。那末，六年之后，只需棉花一项之增加收入已足维持我们所要普及的教育了。

（原载 1934 年 10 月《普及教育》）

连环的义务

我们留学生出洋的钱哪里来的？大众纳的税。有的回国多年，荷包快满，该是我们还债的日子到了！这笔债该是怎样的还啊？还给大众！还给大众的孩子！该还债的联合起来，三个五个跑到一县去，找一二十个受过特殊教育的青年作艺友，不收束脩①，只要他们一面求学，一面即负起教人的义务。于是这一县的工师养成所便可创立。这些艺友便是工师养成所之指导员。同样招收本县有志青年一二百人做第二代的艺友散在各村，各收农人小孩数人做第三代的艺友，领导全村农人与小孩创立工学团，使生活之普及得以急成而永存，这样大众尽义务教我，我尽义务教你，你又尽义务教他，他教他的孩子，教他的孩子又教别人，就是我所说的连环的义务。这连环的义务其实是交相利；各人有此认识，则教育普及只要一举手之劳便能成功。

（原载 1934 年 10 月《普及教育》）

〔注释〕

① 束脩　送给教师的报酬（古人称干肉为脩）。

山海与萧场之实验

山海与萧场工学团在所谓寒假期内开始了一个令人兴奋的普及教育的实验。构成山海工学团的分子是十四个村庄，构成萧场工学团的分子是十二个村庄。工学团是抱着"来者不拒，不能来送上门去"的信条进行。以前山海与萧场对于本地团员之加入只做到一个"来者不拒"。新近才开始做那"不来者送上门去"的工作。我们将已经加入儿童工学团之团员变做小先生分散在二十六个村庄里面要成立二十六个儿童自动工学团，并各自推举团长。这些小先生每天除自修外每人要教两个人。他们是拿着自己的书本教人。铅笔与抄写簿由新团员在消费合作社自购，无力自购者赠送。小先生的成绩是凭着他们的学生即新团员所写的字考核。他们是负着把教育送上门去的责任，这责任他们是勇敢而慷慨的尽了。他们已经把教育送到牧场，送到池塘，送到菜园，送到摇篮边，送到煤屑堆，送到祖母的膝前。每星期有指导员轮流到每个村庄指导两次，每月总集合一次，成绩以教会一个人读写一册书为一分，教会两个人读写一册书为两分，教会一个人读写两册书亦为两分，余可类推。每位小先生自开始之日起即是参加教人比赛，为着打破狭义家庭主义起见，每逢教会家外一人读写四册书可加一分。每团员均挂绿布团员证。

小先生的团员证上加一金星。如果小先生的学生又教了人，他便是小先生的小先生，团员证上加两个金星。仿此有三代学生的便加上三个金星，有四代学生的便加上四个金星，余可类推。此外各村还有团体比赛。每村团体比赛有八种标准：一、生产教育的普及标准；二、科学教育的普及标准；三、自卫教育的普及标准；四、交通教育的普及标准；五、艺术教育的普及标准；六、康健教育的普及标准；七、共济教育之普及标准；八、文字教育之普及标准。八项之中以文字教育最易普及，今年年底二十六个村庄里面六岁以上的人民百分之九十要达到读写四册老少通千字课本的标准，百分之九十五要达到能签写自己姓名的标准。生产教育标准最难透达，预计大概要六年才能达到最低限度之标准。任何一村达到任何一种普及标准时即得工学团联合会之普及旗。例如文字教育普及旗，今年年底即希望多数村庄可以领得，而宣告各该村文字教育之普及。他种教育普及程度当随时考核，一达普及标准即行授旗。

（原载 1934 年 10 月《普及教育》）

宝山县观澜义务教育急成方案

一、原则

（一）宝山人民认定为自己的义务去力谋普及的，不是少爷教育，不是小姐教育，不是书呆子教育，而是自动工学团。自动的意思是引导大众自己干，引导小孩子自己干。工学团的定义是做工、科学、团结三种生活打成一片，它的宗旨是"工以养生，学以明生，团以保生"。说得详细些，它是：用众人的工作养活众人的生命；用众人的科学明了众人的生命；用众人的团结力量保护众人的生命。

（二）认定社会即学校，将学校与社会打成一片。

（三）认定生活即教育，将生活与教育打成一片。

（四）认定教学做合一为最有效之生活法，亦即最有效之教育法，学与教都以做为中心。

（五）认定在劳力上劳心，才是真正的做。

（六）认定知者有教人的义务，不知者有求学的义务。"即知即传人"是受过教育者之责任，有知识而不愿教人者是"守知奴"，与"守财奴"是同等卑鄙。不愿教人的人不能受教育。

（七）认定中国是个穷国，宝山是个穷县。穷国中的穷县是要用穷的方法去普及穷人所需要的教育。不要用浪费的方法去普及穷人所不需要的教育。

（八）认定中国是到了生死关头，好比黄河将要决口，连小孩搬一块小石头来也是欢迎的。每一个人的力量都要号召来救命。每一个有知识技术的人都要号召来做先生与工师。每一个粗识字义或有一技之长的小孩都要号召来做小先生或小工师。

（九）承认真正的教育，使众人取得一种联合推进的力量。教育最重要的成就在使众人养成一种继续共同求进的决心。如果众人停止在一千字或四个月的学问上那便是失败。我们对众人所要养成的态度是：活到老，做到老，学到老，教到老，团到老。

二、办法　依据上述九项原则规定办法如下：

（一）设立义务教育学院以敷设义务教育实验网，从事义务教育之研究并为全县培养工师之总枢。

本学院之目的有五：

（甲）从事义务教育之实验；

（乙）培养新工师以创立新的工学团；

（丙）化固有之教师为工师，将学校改为工学团；

（丁）化固有之手艺人与农人为工师，将一般社会组成工学团；

（戊）继续不断培养在职之工师，使与社会学术共进。

本学院招收三级学生培养之：

（甲）第一级为高级小学毕业或同等程度学生；

（乙）第二级为初级中学毕业或同等程度学生；

（丙）第三级为高级中学毕业或同等程度学生。

本学院举行三种指导：

（甲）个别指导；

（乙）巡回指导；

（丙）集合指导。

本学院之集合指导处设在汽车路中心之刘行。

本学院聘请指导员十人，招收上项学生二百人，首先举行一个月之集合指导，然后每两人组成一队，共一百队散在一百个村庄里去工作。

每队工作区域十六方里即四里见方，每队既到工作区即物色当地农人及小孩至少各二人为艺友，共同进行工学团之创造。

这一百队学生在沿着本县汽车路散发出去，大约每四里安置一队，汽车路两边，每边各安置两队。这个区域是一百里长，十六里宽，总面积为一千六百方里。这一千六百方里便成为义务教育实验网，里面包含着一百个工学团。每个工学团五百人，共计是五万人之教育一举而普及。

本学院每队学生两人对于日常工作各任半天，其余半天自修本院指定必须阅览之书籍，由指导员巡回指导，星期日不放假，举行严格的集合指导六小时。学生所受之教育，时间不比同等师范减少，而内容较为切实。故第一级学生工作三年等于初中师范科毕业，第二级学生工作三年等于高中师范科毕业，第三级学生工作三四年等于专科师范或师范大学毕业，如所任工作成绩优良，应予以同等证书。

本学院之组织大纲、课程、简章另订。

（二）颁布成人工学团组织大纲，以便全县人民可以有所依据自动进行。因本县生产以棉花为大宗，故棉花工学团尤宜注重，其组织大纲亦应从速颁布。二十万亩之棉花应有二百个棉花工学团，其次则园艺工学团，亦属重要。

（三）颁布儿童工学团组织大纲，以便各地儿童可以自动进行。

（四）颁布原有学校改办工学团程序，以便有志改办之校长教师可以有所依据自动进行。

（五）通令全县学生有担任小先生之义务，各校校长教师负指导考核之责。现在入学学生每人放学后须在家中或家庭附近至少教导二人读书半小时以上。小先生须将所教之人的姓名简明履历报告校中负责人，并须将所教之人每天文字成绩交他考核。每校日常功课须加入"怎样做小先生"一项。查现有本县学生将近一万人，以每人教二人计算，立刻可以增加二万人，这二万人当中多是寻常民众学校所招不来，而小先生能将教育送上门去。

（六）通令棉花区之学校，每校必须辅助当地棉农成立一个棉花工学团，并继续负起辅导之责。

（七）通令全县识字人民，拿自己所识之字教二人。教人的义务与纳税的义务同重。教人便是纳知识税。宝山县第一第二第三第四第五区共有十六万二千人。识字的人除现有的小学生外约有三万人。这三万人散在各处，很难号召，但在全县总动员精神激励之下，必有许多人自告奋勇，若得一万人加入工作，每人教二人，又可得二万人。最好是由现有的学校与已经成立之工学团将各该村识字的人聚拢来，在高级民众夜校里一面修养一面回家教两个人。

（八）筹措最低限度的经费。宝山全县二十二年度教育经费预算总额为九五四五九二元。如果宝山是个新县，不受传统教育的障碍，则只需这九五四九三元，已可将教育普及而有余。但是宝山各项教育事业早已开始，这九五四九三元，都有指定的用途很少能够移动。我们要干这普及义务教育的工作，必须另行加筹最低限度之经费，才能成功。新创之工学团只要乡村原有之空房，故不要建筑费；只要小孩们把自己的桌凳带来，故家具是减到最少。教师只需在方法上指导一下，小孩便可以拿自己读的书去教人，买书费也可以省掉了许多。将来《老少通千字课》编成之后，那是更容易办了。小先生教人大概是不必支薪水。

现将那必不可少之经费列举如下：

甲、开办费

（1）活动电影放映机 三〇〇

（2）活动电影发电机 七〇〇

（3）活动电影摄影机 三〇〇

（4）扩大机 一二〇〇

（5）无线电收音机及留声机八架 四〇〇

（6）图书费 二〇〇〇

（7）木工具 二〇〇

（8）金工具 一〇〇〇

（9）医药设备 五〇〇

（10）办公家具费 二〇〇

（11）搬场大汽车两部（运人开会并代农人运货上市场）

四〇〇〇

（12）工学团一百个每个开办费五〇元　　五〇〇〇

　　共计　　　　　　　　　　　　　一五八〇〇

乙、经常费

（1）指导员十人每人每月车马费五〇元　六〇〇〇

（2）工资（汽车夫二人司机二人厨司一人）一〇〇〇

（3）工学团经费每所每月二〇元　　　二四〇〇〇

（4）印刷费　　　　　　　　　　　　　四〇〇

（5）通信费　　　　　　　　　　　　　一〇〇

（6）汽车费　　　　　　　　　　　　　五〇〇

（7）增加图书费　　　　　　　　　　　一〇〇〇

（8）增加工具费　　　　　　　　　　　一〇〇〇

（9）医药费　　　　　　　　　　　　　五〇〇

（10）预备费　　　　　　　　　　　　　一〇〇〇

　　共计　　　　　　　　　　　　　三五五〇〇

用了这一万五千八百元的开办费和三万五千五百元的经常费，则义务教育学院可以办成，还能培养二百位新教师，继续培养一九五位在职教师，同时创办了一百个新的工学团，敷设了一个五万人的义务教育实验网。再加上原有学校小先生和识字成人的努力，则宝山文字教育只消一年便可以宣告普及。

经常费一项以工学团总额所费为最多，其实每所每月二十元为数甚少，一部分可以就地酌收学费充之。倘暂时款项不易筹措，可以将需费较少或不需费者尽先试办。

倘全县教师农人一致努力将二十万亩之棉田组成二百个工学团，从事采用条播选种联合售卖，则每亩增加数元收入已达百万之巨，这几万元之普及教育费，农人可以自任了。

（九）文字教育应预令强迫。预令强迫之功用在提醒一般不识字的民众自动的去请人教，以往的民众教育好像是求人来学。预令既下，民众对于知识的消极的拒绝，可以转变而为积极的追求。

（甲）民国二十三年四月一日下令预告全县民众限二十四年三月三十一日前读毕本县指定之千字课，至六月一日下第二次预告令。预告令下后即令小学生与警察到处逢人宣传，劝其早些求学，不要临时抱佛脚；并说明二十四年四月一日即有识字警察，手持指定之千字课，站在城门口、车站、码头及交通孔道，临时抽验来往行人，检查他们的头脑如同检查行李一样。不会认字要罚愚民捐铜元一枚，再过半年仍不会认，须每半年递加铜元一枚处罚。

（乙）民国二十三年十二月一日起义务教育实验网所包括之区域实行强迫教育。

（丙）民国二十四年十二月底宣布全县教育普及。暂订普及标准为学龄以上之人民百分之九十会认一千字，百分之九十五会签自己的姓名。

（丁）强迫令下后，家内、店内、工厂内、机关内，如有无故不识字的人，按人数每月每人罚银一元，由家长、店主、工厂经理、机关主持人缴纳。

（戊）强迫令下后，识字成人或学生对其负责而不识字之亲友不肯施教者，罚守知奴捐银一角并公布之。

（十）除普及文字教育外并须普及生产教育、科学教育、自卫教育、交通教育、艺术教育、健康教育、共济教育等，其普及之标准、步骤，期限另订之。

（原载 1934 年 10 月《普及教育》）

普及现代生活教育之路

什么是生活教育？

生活教育这个名词是被误解了。它所以被误解的缘故，是因为有一种似是而非的理论混在里面，令人看不清楚。这理论告诉我们说：学校里的教育太枯燥了，必得把社会里的生活搬一些进来，才有意思。随着这个理论而来的几个口号是："学校社会化"、"教育生活化"、"学校即社会"、"教育即生活"。这好比一个笼子里面囚着几只小鸟，养鸟者顾念鸟儿寂寞，搬一两丫树枝进笼，以便鸟儿跳得好玩，或者再捉几只生物来，给鸟儿做陪伴。小鸟是比较的舒服了。然而鸟笼毕竟还是鸟笼，决不是鸟的世界。所可怪的是养鸟者偏偏爱说鸟笼是鸟世界，而对于真正的鸟世界的树林反而一概抹煞，不加承认。假使笼里的鸟，习惯成自然，也随声附和的说，这笼便是我的世界，又假使笼外的鸟都鄙弃树林，而羡慕笼中生活，甚至以不得其门而入为憾，那末，这些鸟才算是和人一样的荒唐了。

我们现在要肃清这种误解。生活教育是生活所原有，生活所自营，生活所必需的教育（Life education means an education of life，by life and for life）。教育的根本意义是生活之变化。生活无时不变，即生活无时不含有教育的意义。因此，我们可以说："生活即教育。"到处是生活，即到处是教育；整个的社会是生活的场所，亦即教育之场所。因此，我们又可以说："社会即学校。"在这个理论指导之下，我们承认过什么生活便是受什么教育；过好的生活，便是受好的教育；过坏的生活，便是受坏的教育；过有目的的生活，便是受有目的的教育；过糊里糊涂的生活，便是受糊里糊涂的教育；过有组织的生活，便是受有组织的教育；过有计划的生活，便是受有计划的教育；过乱七八糟的生活，就是受乱七八糟的教育。换个说法，过的是少爷生活，虽天天读劳动的书籍，不算是受着劳动教育；过的是迷信生活，虽天天听科学的演讲，不算是受着科学教育；过的是随地吐痰的生活，虽天天写卫生笔记，不算是受着卫生的教育；过的是开倒车的生活，虽天天谈革命的行动，不算是受着革命的教育：我们要想受什么教育，便须过什么生活。

生活教育与生俱来，与死同去。出世便是破蒙；进棺材才算毕业。在社会的伟大的学校里，人人可以做我们的先生，人人可以做我们的同学，人人可以做我们的学生。随手抓来都是活书，都是学问，都是本领。

自有人类以来，社会即是学校，生活即是教育。士大夫之所以不承认它，是因为他们有特殊的学校给他们的子弟受特殊的教育。从大众的立场上看，社会是大众惟一的学校，生活是大众惟一的教育。大众必须正式承认它，并且运用它来增加自己的知识，增加自己的力量，增加自己的信仰。

生活教育是下层建筑。何以呢？我们有吃饭的生活，便有吃饭的教育；有穿衣的生活，便有穿衣的教育；有男女的生活，便有男女的教育。它与装饰品之传统教育根本不同。它不是摩登女郎之金刚钻戒指，而是冰天雪地下的穷人之窝窝头和破棉袄。

生活与生活摩擦才能起教育的作用。我们把自己放在社会的生活里，即社会的磁力线里转动，便能通出教育的电流，射出光，放出热，发出力。

生活教育现代化

生活教育是早已普及了。自有人类以来，便是人人过生活，人人受教育，自然而然的，生活是普及在人间，即是教育普及在人间。但有些人是超时代者，有些人是时代落伍者。有些人到了现代还是过着几百年前的生活，便是受着几百年前的教育，教时代落伍的人一起赶上时代的前线来，是普及教育运动的目标。做一个现代人必须取得现代的知识，学会现代的技能，感觉现代的问题，并以现代的方法发挥我们的力量。时代是继续不断的前进，我们必得参加在现代生活里面，与时代俱进，才能做一个长久的现代人。否则，再过几年又要成为时代落伍者了。因此，我们必须拿着现代文明的钥匙才能继续不断的去开发现代文明的宝库，保证川流不息的现代化。这个钥匙便是活用的文字符号和求进步的科学方法。普及教育运动之最大使命，便是把这个钥匙从少数人的手里拿出来交给大众。

老法子的普及教育

白君动生[①]从杭州来，给我看了一两条最有趣味的教育报告。这报告说：依照最近四年来浙江所用的方法来扫除文盲，全省要四百年才能完成；依照最近六年来杭州所用的方法来扫除文盲，全市要一百五十年才能完成。这种自觉的教育报告我还是第一次看见。现在从一省一市推论到全国，呆板的守着老法，要多少年才能普及呢？依照教育部最近统计，各省市民众及职业补习学校学生数，民国十八年为一百零三万六千一百六十人。十九年为一百一十万四千一百八十七人。在这一年之中是增加了六万八千零二十七人。中国全国之失学成人估计有二万万人。假使中国人口不再增加，民众学校学生万岁，长生不死，学生增加率能年年不减，也要三百年才能将文盲扫除干净。再拿小学的统计来看。民国元年小学生数为二，七九五，四七五人，民国十九年为一〇一，九四八，九七九人，十九年之间小学生是增加了八，一五三，五〇四人，每年平均增加率为四十三万人，用四年义务教育估计，假定人口不再增加，小学生长生不死，学生数照平常比例增加，还要七十年才能普及。但是人口趋势，若无统制，必是有加无减。小学生总数每年要夭折三十万，每年平均所增加之四十三万人之中每年也要夭折一万三千人，学校增加率如无新创办法也得逐年减少。故依我估计，用传统办法，学龄儿童的教育要过一百年才能普及，失学成人之教育要再过四百年才能普及。

　　教育是必须普及。但是老法子决办不到，只好想新的法子来解决。老法子有什么困难？能解决那老法子所不能解决的困难的方法便是新方法。

攻 破 先 生 关

　　据教育部统计，全国学龄儿童总数为四千九百十一万。又据十九年统计全国有一千零九十四万小学生，共需五十六万八千教职员。平均每教师教导小学生二十人。四千九百十一万小孩子共需小学教师二百四十五万人。有些教育官主张普及教育要靠师范生，办师范学校要靠官办。好，我们只需看一看十九年度师范学校的毕业生数就知道这些教育官是在做梦。这一年的高中师范、乡村师范、短期师范的毕业生合起来算只有二万三千四百零二人。师范毕业生万岁，长生不死，要费一百年的培养才能够普及小学之用。即使每人担任小学生数增加到四十人，也要五十年才能培养得了，还要求求老天爷保佑他们一个不死才行。还有那二万万的失学成人怎么办？假使每位教师教四十个人，就得培养五百万位民众教师。每人每天教两组，也要二百五十万。这二百五十万乃至五百万人又要多少年去培养？培养师范生每人每年要费公家一百零一元，至少三年就要三百零三元，私人的费用还不在内。二百四十五万的小学教师和二百五十万的民众教师的培养费，就得要十五万万元。他们就职之后，就要领薪水。少说些，每人每年一百元，就要五万万元。如果中国的普及教育一定要这样办，那便是癞蛤蟆想吃天鹅肉。我们要冲破这个难关，必先对教师的观念起一个根本的改变。师范生乃至整个知识阶级不是教师惟一的源泉。小孩子最好的先生是前进的小孩。大众最好的先生是前进的大众。知识分了的使命在帮助前进的孩子和前进的大众取得现代知识以同化他们的伙伴。知识分子最多只可做小孩与大众的顾问。超过顾问的范围就要损害他们的自动精神。即使做个顾问，知识分子也得跳进小孩与大众的队伍里去与他们共患难同休戚，才够得上顾问的资格。这样一来，我们的先生就很够用了。全国小学里是有现成的一千一百万小孩可以做小先生。私塾改良一下，也有一千万合格的小先生。认字大众是有八千万，都有担任传递先生②的资格。这一万万小先生与传递先生总动员，每人教两人便是三万万。这些先生不要薪水又不必多花金钱培养，只需我们承认他们配做先生，那教师的难关，便可不冲而自破了。

攻 破 娘 子 关

全国成年女子中粗识字义者估计顶多只有一千万人，以女子总数算起来，一百位女子当中只有五位受过文字教育。学龄女孩二千四百五十五万多人当中只有一百六十五万在学校里上学，占初等学生总数百分之十五点二四。所以中国的普及教育问题大半是女子教育问题。如果不能解决女子教育问题，无论什么方法，都是枉费心血。女子教育是普及教育运动中最大的难关。男先生能解决女子教育问题吗？

二三十岁的男先生教几位十七八岁的大姑娘能顺利地进

行吗？过不得几天，意外的事情会教你干不下去，谣言闲话会从几十里外的婆家飞来。未婚夫会约几个顽皮的青年装鬼在路上吓得小姑娘们不敢来上学。男先生要解决女子教育问题难于上青天。女先生来，那是天字第一号。可是女先生根本就少。全国初等学校女先生只有三万四千一百三十九人。女师范生也不过二万人。那是差得太远咧。女先生下乡有三怕：怕蛇，怕鬼，怕贼。要来，是三个两个一起来。破产的乡村，哪里请得起！一个男校长请一个女教员也要引人说闲话。最好、最经济的是夫妻学校。但是好的东西偏偏少。经过七八年的提倡，还是寥寥无几。女先生也是难以解决女子教育问题。要想攻破娘子关还要把小将军请来。小先生脚迹所到的地方，男女教育机会立刻均等。广东百侯③小先生初教校外学生二千人，其中有一千五百人都是女子。在小先生面前，失学的女子是一点也不害羞，有什么不懂都大胆的问。小先生连新娘房里都能钻进去上一课。

攻 破 买 卖 关

知识是成了商品，非钱不卖，非钱买不来。当你劝一位留学生教教他的包车夫或老妈子的时候，他会回你："没有工夫。"但是如果一个大学给他三百元一月的薪水，请他去做少爷小姐的高等听差，他会连夜写飞机快信去应聘。他怎么又有工夫了？缘故是因为他的知识是用钱买来的，他的车夫老妈没有钱给他，所以没有工夫！那个大学有三百元薪水给他，就会有工夫了。在这个关口上把门的有两个妖怪：一个是大胆的守财奴；一个是大头的守知奴。他们两个把口守得密不通风，使得无钱的人一点知识也得不着。但是知识应当是社会所公有。把买卖的商品化的知识变做自由送人的礼物，是普及教育运动的一个大目标。能攻破买卖关，肃清守知奴、守财奴，以透达这个大目标的便是小先生。在小先生的手里，知识是变成空气，人人得而呼吸；知识是变成甘霖，处处得其润泽；知识是变成太阳，照得广大的群众向前进行。

攻 破 衰 老 关

中国人老了！这是我们时常听见的批评。不错，有两种重大原因使中国人容易衰老，其中的一种便是传统教育，传统教育是教人学老。六岁的小孩子跟着老头子学老规矩，就好像长了两撇胡子，变成一个小老翁。小先生一来可就不同了。六七十岁的老公公和老太婆加入在小孩的队伍里来追求现代知识，是必然沾染着赤子精神，变成了老少年。

攻 破 饭 碗 关

"吃饭不读书，像只老母猪！"这个口号有时是可以鼓励一些懒人发奋求学。但是，有些人是做得太过分了。他们居然诱惑甚而强迫人家丢掉饭碗去读书。结果是饭碗打破好几只，书还是读不成，造成许多悲剧。总之，传统民众教育是办得太呆板，使吃饭与读书往往不能两全。例如，晚上规定七点钟上课，夜饭没有吃完的不能来；饭虽吃完了而锅碗没有洗的不能来；小孩子哭着要奶吃不能来；婆婆正喊着要水烟袋儿抽烟不能来；丈夫辛苦挑菜上街才回家有许多事要侍候不能来；做生意的正有主顾光临不能来；守牛的，牛儿不适合不能来。因此，一般民众学校，开始的时候都是济济一堂。不久，便七零八落的少下去了，到最后，只剩了几个人。小先生的时间好像是橡皮做的，可以伸缩。"大嫂子！我来给你上课了。""阿毛！我正抱小孩吃奶，请你等我一忽儿。""我到门口去玩玩，小孩奶吃完，喊我一声。"……"阿毛！奶吃好了。快点来。"小先生便是这样从容不迫的攻破这些很难跳过的饭碗关。

攻 破 孤 鸦 关

一个乡下先生住在一个破庙里教死书，就好比是一只孤鸦。他无意也无暇与农人交接。他教他的书，对农人的一切是不能过问。他所办的学校是与社会隔离。学校不能运用社会的力量以谋进步。社会也没法吸收学校的力量以图改造。双方都失掉互济的效用。这种孤僻的学校，普及了也没有意思。现在假使一切都不改，只把小学生变做小先生，这没有意义的学校便变成一个很有意义的学校，这位孤零零的赘疣的寒酸先生，便立刻变成一位村庄中所不可少的有作为的先生了。比方这个学校原来有三十个学生都变成小先生，便好像是三十根电线接到各村去和他们通起电流来。在这些电线上所通的电流有来也有往。一个个小先生，可以把各村的问题、困难带来和先生讨论，又可以把学校里从外面得来的知识与力量带去和农人与不能进学校之小孩讨论。有时大家来个总集合，在各村的问题上求一个总解决。例如总动员救旱灾，除蝗虫，打倒土豪劣绅、贪官污吏、帝国主义。你仔细想想，这个学校是变了样子；他的围墙是拆掉了。那些村庄合起来是构成了整个的学校，不但是大了几倍几十倍几百倍，而且精神是根本不同了。

攻 破 瓜 分 关

中国教育官喜欢把教育切得一块一块的，每人给一块去办，不，每人给一块去吃。对，吃教，吃教育，最好的一个例子是所谓义务教育与民众教育的分家。不但是多费许多钱而且是一样也办不好。连吃也不好吃。教育就像一碗八宝饭，分开来吃，每人只能尝一两宝，你必须把它搅拌起来才好吃，我们的建议是把儿童的教育与成人的教育搅拌一下使它们打成一片。你有时要用小孩教成人，有时要用成人教小孩，有时要用小孩教小孩，有时要用成人教成人，若呆板地分起来，是一样也不会普及。冲破这关口的急先锋便是小先生。小先生一来，这瓜分关的守将必得插白旗投降。

攻 破 课 本 关

读书一定要一种课本，并且要从头一本头一课教起，这也是一种成见。新学究还一定要用教科书，没有教科书便坐在那儿等待教科书寄到，边远的地方一等就是几个月。先生是活的，书本到处有，只要活用他就有办法。《三字经》活用起来，也能做普及现代教育的工具。路路通长安，大路断了走小路。一张发票、一张签诗也可以当作教科书读。上海把旧的杂志旧的书报包东西揩屁股，真是作孽。这都是我们内地求之不得的教科书呀！来他一个新的惜字运动，我们可以得到几万万不费钱的教科书。如果大家一定要教科书，我还有一个法子介绍。教小学生抄教科书给不能进学校的学生读。利用习字的纸、习字的笔、习字的墨、习字的时间来抄。纸当然要改良一下，格子要适合抄书的需要。平常初级课本的字是写得比"多宝塔"还合用，学生照着临，也能进步，先生也用批字的时间审订，免去圈叉麻烦。先生只需看学生抄得对不对，好不好。不对不好须重抄，抄到对了好了为止。平常先生批字，真是无聊。用土羲之、颜鲁公④的标准批吗？要批死人。不批吧？校长要怪，家长要怪。不得已，闷起头来瞎批。骗人吗？是的。不骗，就得翘辫子。如果改习字为抄课本，一切都有意义了，不要看轻了这一个小改革。不久以前，日本小学生总动员拾取香烟盒里的锡包，积起来，买得一只飞机。小学私塾总动员改习字为抄课本，每年也可得一万万部不费钱的教科书。

攻 破 纸 笔 关

读书必得写字，写字必用笔墨纸，也是一种成见。顶少似乎要有铅笔和纸，我当然赞成。但是在乡下万一买不着纸笔，也有别的办法。椅子揩得干净些，用筷子沾水也能练字。柳条为笔，泥地为纸，也可写文。只是不易考核罢了。

攻 破 灯 油 关

四万万人，八千万家，家家读书，这可算是文字教育普及了。但是要怎样才无流弊，我们必须绞脑筋，打破砂锅问（纹）到底。这是每一位普及教育者的责任。我曾经拜托几位熟悉家务的穷朋友代我做了一些估计。点菜油灯，每天多点一小时，每盏灯每年要点一块钱的油。八千万盏灯每年就要多费八千万元。用洋油呢？每盏灯要四元一年。每年要费三万二千万元！美孚洋行⑤的买办要高兴了。煤油大王晓得这个消息，也要笑得说不出话来。他可以打算拔一根毛到中国南方来办一个协和医院。这票⑥买卖是被太阳夺去了。太阳老板也会到地球上来争夺市场的，奇怪！普及教育者主张日光下施教。还是"老少通"里的老调儿："起得早，睡得早，省油省灯草。"早点起床，稻草窠里少睡一刻，午饭少抽一袋烟，就省下这每年三万二千万元，好不好？

攻 破 调 查 关

传统的教育官还有一套偷懒的把戏。他说，做一件事必得预先调查清楚才能进行；要普及教育，先得调查学龄儿童和失学成人。谁能说他的话没道理？于是筹备调查，实行调查，调查后统计，统计后拟计划，计划拟定后呈报，等候批准，先试办几处。这样一来，官儿换了几任，新学校还没有开门。调查是已经成为一种延宕的手段。这个纸做的盾牌必得戳破。中国满地是失学的人，随手捞来都是。如果要调查一个大概，几天就够了。再要多费精力也不能更加正确。传统教育官没有熟练而靠得住的人代他调查，他的调查多是敷衍的官样文章。普及教育不是不要调查。我们要一面干一面调查，不是先调查完了再干。一面干，一面培养调查的人，再从事精密的调查，那调查的结果才靠得住。小先生才会干这种正确的调查咧。没有小先生，这种大调查，除非费大款，绝不可能。先把网儿撒下去，把鱼儿捞上了岸再去数罢。

攻 破 短 命 关

士大夫赐给大众的孩子的教育寿命只有四年，赐给大众自己的寿命只有四个月⑦。最近大学教授们有所谓学制改革案提出，其中的第一个特点便是把穷孩子的教育寿命从四年减短为一年。当然，现在穷孩子的教育寿命连一年都没有，给他一年使他跑进教育的王国里来玩玩，如果不是空头支票还可算很大的恩德，但是大学教授们办学校有寒假、暑假、星期假、星期六下午假，许许多多的这样假那样假，何不减少一些，把中学、大学毕业年限缩短一两年；倒在国民教育的空头支票上开刀，实在令人莫解。高等教育经费二十年当中已经从三百九十万增加到三千三百六十万，而学生数只从四万加到四万四千。高等教育不可节省一点钱来，延长国民教育的寿命吗？总之，这种短命的教育，在我们看来是不可思议，也不值得普及。我们所要求的是整个寿命的教育；活到老，干到老，学到老，团到老，教到老。有了小先生和传递先生，大众的教育寿命可以延到和个人身体寿命一样长；终身是一个继续不断的现代人。

攻 破 学 校 关

一提到普及教育，大家就联想到开学校：圈校址，造洋楼，请教员，买家具，招学生，考学生，收学费，行开学礼。这样的一个东西是不易普及，即使普及也是害多益少。这种办法，一起手便是蚀本交易。并且要把所有的学龄儿童和失学成人都关在学校里去，只有叫农人卖老牛，给洋人发财。我们找一个很简单的东西来替代学校。这个东西便是自动工学团。

什么叫做自动？自动是大众自己干，小孩自己干。自动教育，是教大众自己干，小孩自己干；不是替代大众小孩干。

什么叫做工学团？工是工作；学是科学；团是团体。说得清楚些是：工以养生，学以明生，团以保生。说得更清楚些是：以大众的工作养活大众的生命；以大众的科学明了大众的生命；以大众的团体的力量保护大众的生命。工学团是一个小工场，一个小学校，一个小社会。在这里面包含着生产的意义，长进的意义，平等互助自卫卫人的意义。它是将工场、学校、社会打成一片，产生一个富有生活力的新细胞。

工学团可大可小，从几个人的家庭、店铺，几十个人的学校、庙宇，几百个人的村庄、监狱，几千人的工厂，到几万人几十万人的军队、建设工程队（例如导淮、筑路的大队民夫），都可以造成一个富有意义的工学团。

团不是一个机关，不是一个工学的机关。假使它只是一个工学的机关，那便成了一个半工半读的改良学校，而不是工学团。团是团体，是力的凝结，力的集中，力的共同发挥。

攻 破 文 字 关

有两种极端的人：一是看重文字，把文字误看做教育的全体；二是藐视文字教育，如一般生产教育论者以为大众不需要文字，以为他们所需要的只是生计之改良。这两种观念都是错误的。人与禽兽的大分别，就在人有语言文字，禽兽没有。文明人与野蛮人的大分别，就在野蛮人只有语言，而文明人是语言文字都能灵便的运用。文字符号之妙，是妙在这个符字。道士画符未必灵。士大夫画的符才真灵。他不种田，只需把符一画，好米就有得吃了。他又想，拿一身汗去换一担米还是不上算，再画一张符，叫种米的人挑米来给我吃。农人不会画符，劳而不获，种的米都给人家画符画去了。他眼看这个把戏很便当，也想画一画，自己老了，让儿子去学罢。束脩加上吃饭，每年至少四十元，忍痛把儿子送入私塾学画符，私塾先生就靠着会画几张蹩脚符吃饭，轻轻的传给人，饭碗不要敲破吗？孔夫子是早已警告了他，"后生可畏"的遗嘱是常常背的，不会忘记。一时计上心来，只教学生念咒，不教学生画符。念了几年咒，一张符也不会画，农人知难而退，只得把儿子叫回去依旧赶着老牛种田。但是取得面包的符号，保护面包的符号，即等于面包，有谁能否认呢？但是文字虽然重要，不可离开生活去教。生活的符号要与生活打成一片去追求，否则便是书呆子的教育。文字在普及教育上的地位既是这样确定，那末是教汉字呢？教音符呢？还是二者都教呢？在这过渡时期，我主张汉字与音符和拼音文字三管齐下一起教。会教汉字的先生多至一万万，这是一个顶大的便利。如果根据大众语用活的方法教，汉字也不像一般人所说的那样难。但汉文最好是拼起音来同时学，这样，中国的拼音大众文会自然而然地脱壳而出。

攻 破 残 废 关

中国教育是教用脑的人不用手，不教用手的人用脑。用脑者因为不用手，脑也不能精细，变成个呆脑。用手者因为不用脑，手也不能精细，就成一双粗手。因此读书人是成了书呆子：读死书，死读书，读书死；劳苦大众是成了工呆子：做死工，死做工，做工死。这两种人之外，在教育圈里圈外，还有所谓之少爷小姐。他们是脑也不用，手也不用：享死福，死享福，享福死。这些人都是残废教育理论所造成的。我们换一条路走是要使手脑联盟：叫用脑的人用手，教用手的人用脑，教一切的人都把双手和脑拿出来用。"人生两个宝，双手与大脑。用脑不用手，快要被打倒。用手不用脑，饭也吃不饱。手脑都会用，才算是开天辟地的大好佬。"

攻 破 拉 夫 关

"听得督学先生到，先生拉我如拉夫。"这是传统教育最有趣的一幕。学生多就算成绩好，这是一件很可怀疑的事。我虽赞成强迫教育，但绝对反对拉夫教育。你若把牧童从牛背上拉来，把摘茶女从茶山上拉来，把采棉姑从棉场里拉来，把养蚕妇从蚕室里拉来，把织布娘从布机上拉来，把种菜的小二哥从菜园里拉来，所得能偿所失吗？减少经济力的强迫是不可施行。假使我是督学，到了采棉时节，看见校长把能采棉的孩子关在学校里，我一定要记他一大过。为什么不把帮助家人采棉当作正课？为什么要叫学校妨害农务？我个人做事是风雨无阻，但办乡村学校，下雨时节是不劝学生来。如果不信，请听我唱吧：

小宝宝！小宝宝！
今天天气不好，
你们回家要早。
雨来变成水鸡，
事情有些不妙。
明天下雨不要来，
不下雨好来。
破袜破布鞋，
弄坏没钱买。

受了潮湿，

还要把病害。

倒不如留在家里教奶奶，

没有奶奶教乖乖。

下雨就教小孩在家里教人，岂不很好？一定要把小孩变成水鸡，拉来上学，我真不懂这是什么教育！当然，我的主张对遇雨戴雨帽、穿雨衣、套雨鞋、没得事做的少爷小姐又当别论了。

攻 破 大 菜 关

假如你问一位老成的教育官说：为何不把教育普及出去？你有时会遇到这样的一个回答：我们只求质量的改进，不求数量之加多。这原来就是那"贵精不贵多"的滥调。我曾经写过一首小诗，想把他们的迷梦唤醒："只为阔佬烧大菜，那管穷人吃糟糠；说起理由他充足，声声重质不重量。"在这种冷酷的态度之下，大众的教育是被牺牲了。我们要求大众都能享受粗茶淡饭的教育权，质量与数量是分不开的。我们站在大众的立场上说话，是要在数量上谋质量之纯粹，不在数量外求质量之改进。我们在要求人人都能享受粗茶淡饭的教育的时候，立刻必得要求这粗茶淡饭里没有一粒的泥沙，而有丰富的糠精和维他命⑧。

攻 破 实 验 关

"实验"这两个字于今是时髦极了。实验县、实验乡、实验区都应时出现。普及教育是一个时髦的东西，一到了所谓的"科学的教育家"之手也来它一个实验。他们把普及教育分成两半：义务教育和民众教育。于是东来一个普及义务教育实验区，西来一个普通民众教育实验区。他们的意思是：教育不可轻易普及，你必得在一个小的地方先行实验，有了成效，才好推广。比如现在最时髦的营养学是研究"维他命"。这些教育家好像是对大众说："你们慢一点吃，连那粗茶淡饭都不可随便吃，必得让我把那里的'维他命'研究好了你们才好吃午饭，不然，肚子是会吃坏的。"如果大众听从这位卫生家的话，慢慢的等他把"青菜豆腐"里的"维他命"研究好才有勇气吃午饭，那末，午饭上桌，大众是早已进棺材了。实验、实验，我们如不戳破他，普及教育运动是必得被他耽误。"实验"即"迟延"，我们必得留心这个冒充的科学鬼。

攻 破 城 乡 关

一般热心普及教育的人们都不假思索地说，我们先从城里做起，渐渐地推广到乡下去。他们好像是说："乡下人！你们不要急。等我们城里人吃好了，渐渐的会送饭来给你们吃。"中国乡下人的教育便是这样耽误了几十年。我们不能再忍耐。戳穿这种空头支票，城里、乡下的普及教育运动要同时一齐干。

攻 破 划 一 关

中国教育官喜欢划一，因为划一很便当。但是事实上不许他这样办。不许他这样办而他偏要这样办，相持好久，渐渐觉悟过来，又悔当初白费心血，心血白费事小，民族的青春被他耽误了。当初连南方与北方的寒暑假都是划一的，岂不可笑。现在还有人在那里做梦：全国教育一定要用汉字去普及，甚而至于蒙古教育要用汉字去普及，西藏教育要用汉字去普及。这真是俟河之清，人寿几何。醒醒吧！运用各民族自有的大众语及文字符号去普及现代生活教育是最快的方法。因为教师现成的多，要省掉许多麻烦。这样一来，也能免除民族间的成见猜疑，更能鼓励各民族自动普及教育的兴趣，进步自可敏捷。

攻 破 会 考 关

自从会考的号令下了之后，中国传统教育界是展开了许多幕的滑稽的悲剧。

学生是学会考，教员是教人会考。学校是变了会考筹备处。会考所要的，必须教。会考所不要的，不必教，必不教。于是唱歌不教了，图画不教了，体操不教了，家事不教了，农艺不教了，工艺不教了，科学试验不教了，所谓课内课外的活动都不教了，所要教的只是书，只是考的书，只是会考指南！教育等于读书，读书等于赶考。

拼命的赶考啊！赶到茅厕里去开夜车。会考的书呆子会告诉你说："不闻臭中臭，难为人上人。"

赶了一考又一考。毕业考过了，接着就是会考。会考过了，接着就是升学考。一连三个考赶下来，是会把肉儿赶跑了，把血色赶跑了，有些是把性命赶跑了。最可痛恨的是把小先生赶跑了，把大众的教育赶跑了。

四川卢作孚⑨先生在北碚用八百青年天天干新知识广播。这是值得称赞的一件事。我说这八百青年有民生公司的工作，故可顺带干这教育工作。别处似乎难以普遍仿效，何不用小先生？卢先生告诉我，四川小学生要会考，想做小先生而不可能。如要提倡小先生，必得打倒会考。我们要停止这毁灭生活力之文字会考，发动一个培养生活力之创造的考成。创造的考成所要考的是生活的实质，不是纸上的空谈。荒山种了多少树？水井开了几口？公路造了几丈？种植改良了多少？副业增加了多少？病苦减少了多少？体力增加了多少？即知即传人的小先生、传递先生有多少？少爷、小姐、书呆子有多少是成了为大众服务的人？团结抵抗强暴的力量增加了多少？有多少人是得了追求现代知识的钥匙？

攻 破 偏 枯 关

有钱、有闲、有面子，才有书念。中国的教育雨，不落在劳苦人的田园里。中国的教育雨，专落在大都会的游泳池里给少爷小姐游水玩。中国的教育雨，不肯落到乡下去，灌溉农人所种的五谷。中国的教育雨，不肯落到边远的地带去滋长时代落伍的人民的文化。即使偶然顺着风势落它一阵，也是小雨，不能止渴。要救这偏枯是在损有余以补不足。中央要补助边疆及穷省；省要补助穷县，县要补助穷乡、穷村。遗产税与庚子赔款是这种补助最好的来源。补助也不限于金钱，人才与材料计划是要同时并进。

攻 破 多 生 关

中国人生得多死得多。根据乔启明君四省十一乡村二万余人之调查，平均人口生产为千分之四二·二，死亡率为千分之二七·九。依通俗之四万万总数计算，每年要生一千六百八十万，要死去一千一百五十万，两抵增加人口五百三十万。以全国论，灾荒淘汰、互相残杀是在大批的进行，实际的增加数怕是没有这许多。依照老法子，每年只增加几十万学生，而人口之增加倒超过十倍之数，那是一万年教育也不会普及。就是用我们提议的新法去普及教育，这过分的人口增加也得要统制。一、民族须有一永久人口升降委员会之组织，随时调查春耕地面积之消长，生产技术之效能，生活程度之高下，容纳人口出路之多少，以改定人口升降之比例公布全国，共同遵守。二、研究一个铜板的避妊法，使全民族都够得上实行。三、教男子满二十五岁女子满二十岁始可结婚，结婚后服务五年可生第一子，俟第一子入小学可生第二子，以二子为限（子为男子、女子之通称）。人口稀少之地带由人口升降委员会颁布特殊条例。

攻 破 守 旧 关

守旧的头脑是一切进步的大障碍。这旧的里面有许多是骗人的迷信，尤其害人。黑漆一团的头脑要用科学之光来轰动它，叫它起一种变化向进步方向去思想。电影、无线电话是两种最重要的工具。我们要普遍的运用它们来改造我们的头脑。

攻 破 自 由 关

我有我的自由，谁能干涉？我高兴就读书，不高兴就不读。我高兴就教教人，不高兴就不教。这种过分的个人自由是必得统制。中华民国要个个国民学成一个现代人，任何人拒绝现代化便是危害民国，必须受法律的处分。有知识的人必须纳知识税，拿自己已得的知识去教人。不肯教人的人不配受教育。既受教育而不肯教人的以抗税论罪。

攻 破 不 平 关

纳税的人得不到教育。拿穷人的血汗钱培养富人的少爷小姐，这是多么不平的一件事啊！婆婆不准许媳妇上学，老板不许伙计读书，司务不许徒弟看报，工厂经理不许工人求知识，这又是多么不平的现象啊！攻破这个难关要三路包围：一是用小先生把知识输送到不能进学校的穷孩子的队伍里去；二是立定妨害进步罪，使一切妨害别人求学的人都受法律的制裁；三是一致奋斗要求教育经费之确定与教育权利享受之普及，以实现教育机会之平等。

攻 破 天 命 关

中国人是听天由命的，算命先生是整个中华民国之军师。蝗虫飞来，都说是虫神，捕灭的人要受天罚。大水来到说是天公发洪收人，不想法子治河。因此，大难临头，是没有自信心与它抵抗，连抵抗的念头都不敢起。普及教育者必须攻破天命，唤起人工胜天的自信力。我们所要普及的是创造的人生观。教育界里的人是一样的信天命，他们说：这样穷的国家，教育怎能普及？大众也是只怪自己没有福气读书，命里注定是目不识丁。只要存着这样一个念头，教育就永远不会普及。我们也只需把念头一转，抱定一个人定胜天的人生观，向前创造，现代教育就自然而然地普及出去了。

小孩子能做小先生吗？

上面所说的二十七个关口之中至少有十二个重要关口都要靠小先生去攻破。小孩子能不能做小先生，是成了严重的问题。自古以来，小孩子是在教人。但正式承认小孩为小先生是一件最摩登的事。这正式的承认，到现在，还只是限于少数的实验学校。我们必须使大家承认小孩能做教师，然后教育才能普及。小孩的本领是无可怀疑。我们有铁打的证据保举他们做先生。

（一）小孩能教小孩之铁证

（甲）南京晓庄佘儿岗的农人自己办了一个农村小学。这个小学里面的校长、教师、工人都是小孩自己担任。因为他们是自己教自己，所以又称为自动学校，这是我为他们写的一幅小照：

> 有个学校真奇怪；
>
> 小孩自动教小孩。
>
> 七十二行皆先生；
>
> 先生不在学如在。

（乙）淮安有个新安小学，里面有七个小学生，组织了一个儿童旅行团，跑到上海来。他们没有教师领导，也没有父母照应，只是运用团体的力量制裁个人的行动，他们靠卖书卖讲过活，到上海的那一天袋里只有十块钱，告别上海的时候，却有六十块钱了。该校校长汪达之先生写信来，要我为这些小光棍的价值估一估，我便写了两首诗答复他：

> （一）
>
> 一群小光棍，（汪校长来信给他们的绰号）
>
> 数数是七根，
>
> 小的十二岁，
>
> 大的未结婚，（乡间十六七岁就结婚）
>
> （二）
>
> 没有父母带，
>
> 先生也不在。

谁说小孩小？

划分新时代！

在这些小孩子的铁证之下，时代是分成了两个。那个瞧不起穷光蛋和小孩子的时代是永远的过去了。这一边是开始了一个新时代，穷光蛋和小孩子是有不可轻视的力量。

（丙）无锡和宜兴交界处有个地方叫漕桥，漕桥有位青年叫做承国英。他要在西桥地方创办一个儿童工学团，要我代他找人帮忙。经验告诉我们：儿童工学团，只有儿童会办。我便找了一位不满十三岁的侣朋前去帮助他。侣朋到那儿的使命有二：一是发现当地有能力的儿童，把他们找出来领导全体儿童共同创造这个儿童工学团；二是对当地的农民表现儿童的力量，使他们相信小孩子有很大的本领。侣朋到西桥的第二天正是元旦，他被邀出席三百多人的一个农民大会，立时把儿童工学团成立。据国英来信说，侣朋是有惊人的成功。的确，他在我们当中，是表现了超越的天才。他教小孩子比我们任何大人教得好。

（丁）非战的马莱先生到山海工学团来参观的时候，随时找了一个孩子问了几十个问题。这孩子不但是对答如流，并且与马莱先生舌战一小时之久，卒使马莱先生得一个深刻之印象而去。这孩子便是社健①。他现在只有十三岁，在萧场帮助他的哥哥⑪创办儿童工学团。他正在领导四十几个能上学的小孩，把教育送到一百多位不能上学的小孩的门上去。他已经是个"人的小渔翁"，正撒下生活教育网儿要捞小孩子。他要一网打尽，不使一个逃掉。

（二）小孩能教大人之铁证

依传统的观念来说，只有大人教小孩，那有小孩教大人？传统的教育家没有一个不承认教育只是成人对于小孩之行动。这些洋八股的教育家是闭起眼睛胡说，他们忽略了一半的事实。事实告诉我们，大人能教小孩，小孩也能教大人。如不相信，请看我们的证据：

（甲）我们开始提倡平民教育的时候，家母是五十七岁。她当时就发了一个宏愿要读《平民千字课》。舍妹和我都忙于推广工作，没有空闲教她。那时小桃才六岁，读完第一册。我们就请他做小先生，教祖母读书。这大胆的尝试是成功了。祖孙二人一面玩一面读，兴高采烈，一个月就把第一册读完。读了十六天，我依据《千字课》上的生字写了一封信，从张家口寄给家母，她随口读起来，耳便听懂了。今天回想这件事很有意义，便在当年所拍的祖孙读书图上，题了八首诗如下：

（一）

吾母五十七，发愤读书籍；

十年到如今，工学无虚日。

（二）

小桃方六岁，略识的和之，

不曾进师范，已会为人师。

（三）

祖母做学生，孙儿做先生；

天翻地覆了，不复辨师生。

（四）

三桃凑热闹，两眼呆望着，
望得很高兴，祖孙竟同学。

（五）

十课十六天，儿子来一信，
老人看得懂，欢乐宁有尽。

（六）

匆匆六个月，毕业无文凭，
日新又日新，苦口作新民。

（七）

病发前一夜，母对高妈说：
你比我年青，求学要心决。

（八）

子孙须牢记，即知即传人！
若作守知奴，不算中国人。

（乙）中华教育改进社十年前在清华学校开年会，要教全体社员唱赵元任先生制的《尽力中华歌》。教导员是请了晏阳初先生担任。这首歌是用简谱写的，临时才知道晏先生不认识简谱，恰巧小桃是方才学会这首歌，我心急计生，便叫小桃把这首歌教晏先生唱了几遍，晏先生一学会就登台引导全体会众唱起来，会众只知道教导是晏先生，哪里晓得他们的太上先生是一个六岁的小孩呢！

（丙）我为自动学校所写的小诗，原稿的第二句是“大孩自动教小孩”。自动学校的小朋友接到这首诗就写了一封信来谢我，但是提议要把那个“大”字改为“小”字。他们反问我："大孩能自动，小孩就不能自动吗？大孩能教小孩，小孩就不能教大孩吗？"我是被他们问倒了。从此，这首诗的第二句便改成"小孩自动教小孩"。所以自动学校的小朋友，不是我的学生，乃是我的先生，我的一字师。

（丁）新安儿童旅行团来沪，不但在中小学演讲，而且在大夏、光华、沪江各大学演讲。我向一位大学教授问，小孩们讲得如何？他说："几乎把我们的饭碗打破！"小孩能教大学生，甚至于几乎把传统教授的饭碗弄得有些不稳，虽然是千古奇闻，但确是铁打的事实。

小先生之怀胎是在十一年前。难产啊！到了二十三年（一九三四年）一月二十八日才出世。奇怪得很，他一出世便是一个英勇的战士。在这十一个月当中他已经攻进了二十三省市。现在全县已经开始普遍采用小先生的有湖北的江陵、浙江的鄞县。安徽教育厅长首先承认小先生为全省普及教育之要图。大上海一带包括特别市、俞塘、高桥、公共租界、法租界，山海工学团已有小先生万余人。上海特别市教育局在二十四年春天要总动员从事普及教育运动。宜兴之西桥最进步，没有一个小学生不做小先生。别的地方，如晓庄之佘儿岗，无锡之河埒口，淮安之新安，歙县之王充，山东之邹平、泰山，河北之南开、定县，山西之舜帝庙，广东之百侯，河南之百泉、洛阳、开封，都已有了昭著的成效。现在是分三路进行：一、由人民自动组织全国普及教育助成会及普及教育五人团，辅助各地推动普及教育。二、起草全国普及生活教育方案，向中央政府建议以推进全国普及教育运动。三、起草妨害进步罪，向立法院建议列入刑法以扫除普及教育之障碍。若这三件事能于三个月内完成，则中国普及教育可以在二年之内树立一坚持的基础，以助成中华民国与大同世界之创造。

（1934—1935 年）

〔注释〕

　　① 自动生　即白启祥，当时任杭州翁家山小学校长。

　　② 传递先生　指成年人即知即传。

　　③ 百侯　指广东百侯中学。

　　④ 颜鲁公　颜真卿（709—785），唐代大书法家。

　　⑤ 美孚洋行　世界最大石油托拉斯美国洛克菲勒财团在中国设立的分支机构。总公司在纽约。1894 年在中国设分行，推销煤油、汽油、煤油灯和灯罩等产品。洋油，即煤油。

　　⑥ 票　上海方言，相当于"宗"、"件"之意。

　　⑦ 指当时教育部颁布的对儿童实施 4 年的普及教育，对大众施行 4 个月的民众教育。

　　⑧ 维他命　即维生素。

　　⑨ 卢作孚　（1893—1952）四川合川人，航运家。早年从事文化教育工作。1925 年创办民生实业股份有限公司，开辟川江航运，后发展成为长江航线最大的私营企业。1952 年并入国营长江航运管理局。毛泽东说，讲到交通运输不能忘记卢作孚。

　　⑩ 社健　即张健，山海工学团学生，小先生。

　　⑪ 指张劲夫。

中国普及教育方案商讨

一 原 则

（一）普及教育之要义：

（甲）整个民族现代化 不仅是学龄儿童及失学成人之普遍入学。

（乙）整个生活现代化 不仅是普遍识字，或文盲之普遍消除。

（丙）整个寿命现代化 不仅是四个月、一年、二年、四年之义务教育。教育最重要之成就在使众人养成一种继续不断的共同求进的决心。我们要对众人养成的态度是：活到老；做到老；学到老。

（二）普及什么教育？

普及工以养生、学以明生、团以保生之生活教育。工是做工，学是科学，团是集团，这三种生活缺少一样便是残废的教育。

（三）认定中国是个穷国，必得用穷的方法去普及穷人所需要的粗菜淡饭的教育，不用浪费的方法去普及穷人所不需要的少爷、小姐、书呆子教育。

（四）社会即学校　社会与学校打成一片，社会教育与学校教育打成一片。

（五）即知即传人　会的教人，不会的跟人学。不会教人的不配受教育。

（六）小孩的力量伟大　信仰小孩子能做小先生。信仰小孩最好的先生是前进的小孩。认定中国是到了生死关头，好比黄河将要决口，小孩搬一块小石头来也是欢迎的。每一个人的力量都要号召来救命，每一初识字义或有一技之长的小孩都要号召来做小先生。小先生经过十个月的试验有如下的优点：

（甲）能解决女子初步教育问题；

（乙）成人跟着小孩追求现代知识是变成老少年；

（丙）知识不再当作商品买卖；知识为公是成了实现天下为公之坚固基础；

（丁）小先生好比电线，将社会学校通起电流；又好比是血管，将学校与社会通起血脉，于是社会变成学校了；

（戊）小先生普及教育运动增加了大先生事业上不少的兴趣。

（七）大众的力量伟大　大众最好的先生是前进的大众。所谓传递先生便是大众自己队伍里跑出来的老师。

（八）来者不拒；不能来者送上门去。

（九）化无用为有用。

（十）损有余以补不足。

（十一）勉求缴纳教育税与享受教育权之接近。

（十二）城乡同进。

（十三）劝导与强迫并行。

（十四）劝人抓住饭碗求进；不逼人丢掉饭碗上学。

（十五）强迫兴学、强迫教人、强迫求知三管齐下。

（十六）不能同者不强其同。

（十七）抓住现成的集团生活，如家庭、店铺、工厂、机关、
　　　　寺庙、民团、军队、监狱及现有学校做下层之教育
　　　　场所。

（十八）运用最新的交通工具输送文化，使文化落后之地带
　　　　一齐赶上时代前线来。

二　办　法

（一）全国小学生总动员做小先生：

　　（甲）全国公私立小学校中之小学生据教育部最近统计
　　　　　有一千一百余万人。每位小学生在校外找到两位
　　　　　不能上学之小孩或成人做他的学生，向小学校长
　　　　　登记后即可称为小先生。在校外学生之所在地，
　　　　　负起他的"即知即传人"之使命。假使有三分之
　　　　　二之小学生做了小先生，我们便可增加一千五百
　　　　　万校外学生。

　　（乙）依据凡有私塾统计之市县推算，全国至少有一千
　　　　　万私塾学生。私塾改造后假使有二分之一之私塾
　　　　　学生都成了小先生，每人教导两位便可增加一千
　　　　　万校外学生。

（丙）店铺里之有知识的学徒估计至少有一千五百万人。假使有一半做了小先生，每人在店铺中教导两人，便可增加一千五百万位店铺学生。

（丁）依据"即知即传人"之原则，小先生的学生立刻又可教导至少一人。甲乙丙三项小先生的学生总数可以达到四千万。假使这四千万之一半立刻做了小先生，每人至少教导一人，又是增加了二千万。

故全国小先生普及教育总动员令一下，便有六千万人可以向着现代化开步走。

（二）全国识字成人总动员做传递先生：

（甲）全国民众学校学生总数为九四四，二八九人。假使民众学校学生都成了传递先生，每人再教两位不能上学之人，便可增加二百万人受教育。

（乙）家庭、店铺、工厂、工会、庙宇、教堂、会馆、公所、合作社、衙门、机关、民团、军队里的识字成人约计为八千万人。假使有半数每人教导二人，便有力量再去普及八千万人之教育。

（丙）再依据"即知即传人"之原则，甲乙两项八千二百万识字成人之半数，每人再去教导一人，又可增加四千一百万人。

故全国识字成人总动员令一下，便有一万万二千三百万人可以向着现代化开步走。

（三）全国知识分子总动员辅导普及现代生活教育之推进：

（甲）研究所研究员、专门大学教授、副教授七〇〇〇人，每人每年必须在假期中抽出至少十日出席全省普及教育辅导会议、全省教育行政人员讲习会及农村改造会议，并各就专长，依据普及现代生活教育之需要，准备最新材料向教育局长、督学及农村改造运动人员贡献。

（乙）专门大学学生及中学教师共十万人，每人每年必须在假期中抽出至少十日出席县市普及教育辅导会议，及小学教师讲习会，并各就专长，依据普及现代生活教育之需要，准备新材料向前进大众及教师贡献。

（丙）中学学生及小学教师共一百万人，每人每年必须在假期中抽出至少十日出席乡区普及教育辅导会议、私塾改造会，及小先生联合会，并各就特殊兴趣，依据普及现代生活教育之需要，准备材料向塾师及小先生贡献。

（丁）全国不在学界服务之留学生，每人每年必须抽出五日为普及现代生活教育努力。

（四）全国学校总改造：

（甲）全国学校采用工学团制。工是做工；学是科学；团是集团。工以养生，学以明生，团以保生。没有工做，没有科学，没有集团的力量以制裁个人的行动，都不能算是一个现代的学校。采取工学团制便能使全国学校现代化。

（乙）依据本地生产性质，学校负有扶助生产大众普及生产工学团之责任。

（丙）小学校改造，除采取工学团制外，全国小学应至少有下列之改革：

　　（子）每所小学将小学生教导校外学生之工作，列入正课，作为社会服务；

　　（丑）小学教师在各门功课中宜随时加入小先生应用材料，并以指导考核小先生为职务之一；

　　（寅）写字一课改为抄课本，发给校外学生读。中小学教师对于大字小字之批改，多半是敷衍了事，改为抄写普及教育所用之课本，则写者与批改者都觉得更有意义。同时是解决了缺少课本一部分之困难。

（丁）私塾改造：

　　（子）从前改造私塾，多半是招集塾师加以短期讲习会之训练，并加以偶然之视察。因为塾师旧习太深，很难改变，故单招塾师训练，不易见效。现在主张每塾师随带能力较大之私塾学生二人共同参加私塾改造讲习会，依据最近试验结果推测，收效谅能较大。

　　（丑）私塾最缺少者是公用之图书教具。若想从事改造必须在这些事上加以补助。

　　（寅）私塾改造讲习会或每星期一二小时，连续数年，或在假期中集中训练，或二法并用，可看各地情形决定。

（五）文化荒岛总开辟：

　（甲）中学校总动员下乡。中国中等学校大多数是挤在城里凑热闹。依据我们估计，全国五五四所中学，一三二〇所初级中学，至少有五分之四即大约一千四百所是应当移下乡去。把城里的地皮房子高价卖掉，在乡下买荒地（但不许圈农民生产之地），造房子，还有余钱干一区的普及教育运动。每中学可在乡下划一百方里为普及教育区。在区内每村办民众学校小学校各一所。各村民众学校小学校由中学生分组负责进行。每组若干人依需要而定。民众学校以每日一小时为标准。小学校或全日，或半日，或二小时，或一小时，依据各地情形而定，不拘一法。民众学校及小学校之学生仍依"即知即传人"之原则分布出去教导不能上学之人。

(乙) 全国有师范学校八四六所。十分之九，即七白五十所是应该迁移下乡。每所师范学校应划一千六百方里为普及教育区。这块区域是东西南北各四百方里，师范学校在中央，离最远工作地不过二十里余。依照师范生人数分成几十几百队。每队二人同到一个村庄里去创办一个民众学校和一个小学校。这叫做基本培养。另外还有集中指导、巡回指导，在培养师资一段中再详细说明。

(丙) 中学师范的脚迹所很少达到的地方，如西康、青海、宁夏、新疆、蒙古、西藏以及各省内文化落后民族所在地，都应以人民和政府之力量创办中学师范，并在每五百人聚居地创立小学民众学校

各一所，至少能容四十人，以工学团之组织，依
"即知即传人"之原则继续推进。

(六)师资培养：

(甲)每一所小学都成为小先生养成所。用传统的名词
来说，每一所小学便是一所小师范。全国二十五
万所小学便是二十五万所小先生养成所，共可造
就一千一百万小先生。

(乙)每一所私塾必须改造，使它也成为一所小先生养
成所。估计全国私塾有五十万所，平均每所培养
二十人，共可造就一千万小先生。

(丙)每一所民众学校都成为传递先生养成所。全国有
五万三千八百七十三所民众学校，共可造就一百
万传递先生。

(丁)每村或每街或每街之一段必须设一高级民众学校，
招收家中、铺中已有知识之成人，每天或每星期
加以一小时之培养，以广播新知识于大众。

(戊)师范学校之改造：

(子)师范学校采取培养工程师之办法，包括个
别、巡回、集合三种指导。比方招收艺友
(即通常之师范学生)二百人。首先举行一
个月之集合指导，大略得了几个追取知识之
钥匙以后，即立刻分散，每两个组成一队，
共一百队放在一百个村庄里去工作。每队工
作区域为十六方里即四里见方。这两人既到
工作区即物色当地农人及小孩至少二人为他

们的艺友，共同进行工学团之创造。这一百队的工作总面积是一千六百方里，成了一个普及教育网，里面包含着一百个工学团，每个工学团五百人，共计是五万人之教育一举而普及。每队学生二人对于日常工作各任半天，余半天自修必阅书籍，由指导员巡回指导。星期日不放假，举行严格之集合指导六小时。（详细办法请参看《宝山县观澜普及义务教育急成方案》）

（丑）师范学校应加小先生指导法一门功课。

（己）招集青年识字民众或农人开办短期农村改造讲习会，教以小先生指导法、工学团原理、合作社组织、国语、应用算术、乡村卫生、农艺新法、自然、社会等等，使其学成回乡，从事发动乡村改造工作，即为普及现代生活教育之工作。现在国内乡下不安，城里先生不敢下乡，倒不如多多培养本乡青年识字农人自己负起普及教育之使命。

（庚）每市县须举行小学教师讲习会，每年至少十日；私塾改造讲习会，每年至少四十小时。

（辛）每省须举行省普及教育辅导会议，教育行政人员讲习会，均每年一次。

（壬）教育部召集全国普及教育辅导会议，每年一次。

（癸）各专门大学研究所分工培养普及现代生活教

育所需之高等技术人才。

（七）材料工具之供给：

（甲）课本　课本用汉文和国语字母拼音文对照写。汉文和拼音文都以大众语为根据。但为适应各民族特殊需要及促进各民族普及教育起见，应编蒙藏苗瑶等等民族特用课本，这课本应以各该民族之大众语为根据。运用小学生写大字的纸和时间，抄写课本，以每生每年平均写十二册计算，一共可写三部；连私塾学生在内，二千一百万小学生便可写六千三百万部。小先生的学生也可以写，传递先生的学生也可以写，这样普遍的干起来，每年可得免费教科书一万万套，也不为奇。

（乙）报纸　报纸一律用大众语写，并且必须标点，违者邮局不许代寄。

（丙）电影　设立中央科学电影制造局，以巨资研究制造科学影片、发电机、放映机，免费分送全国各县乡村市镇放映。

（丁）无线电收音机　设立中央无线电收音机制造局，以巨资研究制造无线电收音机，免费分送全国各县乡村市镇教育场所使用。并在适当地点，分区建立大播音台，从事广播现代知识。

（八）现成设备之利用：

（甲）祠堂、庙宇、会馆、公所、散学后之学校，以及其他空闲房屋都运用来做教育场所。

（乙）桌椅板凳亦以运用人民自己所有的为原则。

（丙）天气温和晴朗的时候，应充分施行露天指导。

（丁）充分利用日光指导，不必要时应避免运用灯光。教育普及之后，是有八千万家，同时追求知识。八千万盏灯，每晚多点一小时，若用菜油，每年便要耗费八千万元。若用洋油每年要耗费三万二千万元。可以省的时候，还是省了为是。

（九）流动式的教育：

（甲）市集、茶馆、码头、车站、戏园、电影院里有流动的民众。在这些地方，每次我们都遇得着一大群的人，今天的一群不见得就是昨天的一群。也有茶迷戏迷是天天上同一的茶馆，进同一的戏园而且还有一定的时候。我们也要抓住这一些地方施以有意义的教育。车站上的展览，码头上的壁报，电影院的新知识的插片，茶馆里说书的革新，戏园里小丑说白的讽刺，市集上的公共演讲表演，都是流动教育的可以行的例子。

（乙）流通图书馆。流通图书馆应普遍设立在学校里，供大众公阅。小先生和传递先生，可以代他们的学生借书还书。这样，管理费可以减至最少，又可免除一般民众借书之害羞，而图书借还有人负责，亦不致失落。流通图书馆为大众自学之重要机关，必须努力普及。

（丙）修学旅行。旅行为增长知识、扩大眼界之教育方法。但现在之团体半价票仍使有志的工人农人小孩子望而生畏。有意义、有组织、有计划之修学

旅行应该特别提倡，再行设法将国有车船价目减
至最少，或竟酌免，以资鼓励。

（十）文化之特别快输送：

　　（甲）输送发电机抽水机及其他农村所需用之机器，火
　　　　车章程尚有许多不必需的麻烦，应该一扫而空。

　　（乙）边境所需新书，每每要过一年半载才能收到，要
　　　　人帮忙也非数月不可。我们应该发起购制普及教
　　　　育飞机数架，专为输送文化及推进普及教育运动
　　　　之用。

　　（丙）无线电广播新知识。

　　（丁）邮政局对于边疆视同外国，如西藏、新疆寄费之
　　　　贵，几使现代中国文化不能通过，外国反易与他
　　　　们接近，是急应革除此弊，使邮费一律，以谋内
　　　　地与边疆文化之沟通。

（十一）有效之补助：

　　（甲）中央对文化落后之穷省边疆，在人才经费材料上
　　　　应予以实质之补助。

　　（乙）各省对于文化落后之穷县，在人才经费材料上应
　　　　予以实质之补助。

　　（丙）各县对于文化落后之穷乡穷村，在人才经费材料
　　　　上应予以实质之补助。

　　（丁）省市县政府对于普及教育实验特别努力的机关，
　　　　在人才经费材料上应予以实质之补助。

　　（戊）政府应拨款补助劳苦大众智力较高之子女上进，
　　　　俾能学尽其才，免为贫穷所埋没。

（十二）人民自动之努力：

    （甲）设立中国普及教育助成会。（另订简章）

    （乙）设立省市县乡边疆华侨等普及教育促成会。（另订简章）

（十三）研究实验：

设立中央普及教育研究所。其宗旨在发现最经济、最迅速、最能持久、最能令人进步的方法，以谋普及大众儿童向上生活所需要之教育。（另订简章）本研究所应与卫生、农业、工业、交通、艺术、经济研究机关联合互助，探讨新知，培养最高学术人才，以统制全国智慧而为国计民生谋解决。

（十四）全国财力总动员以谋教育之普及：

    （甲）确定教育税务使足敷普及教育之用，在教育税未确定之前，各省财政当局不得藉口取消苛捐杂税以减少教育经费而陷国民教育于停顿，否则即科以摧残教育动摇国本之罪。在教育费不敷用以前，并须节省军政费以充普及教育之用。

    （乙）征收遗产税以资普及教育之用。后人对于先人之遗产，除教养费外，应将遗产余利公诸社会所有。先人对于子孙也只可负担教养费，若将巨产给后人不劳而获，自必养成他吃喝嫖赌，弄得家破人亡。纵使政府不征收遗产税，有钱者为爱护子孙起见，亦当在保留教养费条件之下，悉数捐为普及教育之用。

    （丙）指拨公有荒地为普及教育之用。

（丁）指拨美法比意英各国庚款之一半为普及教育之用。
其他一半为发展各研究所之用。

（戊）行政专员或县长领导教育局长或督学到各市乡劝
导各公所、会馆、祠堂、寺庙以原有财产兴学；
没有公产或公产不足之处则劝导出资兴学，坐候
到筹定确实办法才离开。十余年前浙江省有一县
长在半年之中兴办一百余校，即是用此办法。

（己）劝导人民以婚丧做寿节省之款在普及教育上建立
纪念。

（庚）劝导人民捐图书文具，或百份，或千份，或万份，
或十万份，或百万份。每份盖上捐者姓名以留
纪念。

（辛）扶助各种生产工学团之普遍的建立，每个生产工
学团发展到一个时期，便能以自己的力量担负一
部分的普及教育费。（参看《宝山县观澜普及义务
教育急成方案》中之棉花工学团）

（壬）减少中等以上学校假期，并从分量门类上减少向
上生活所不需要之功课，缩短中等以上毕业年限，
（医科除外）以节省之经费充普及教育增加研究所
之用。

（十五）妨害进步罪：

婆婆不许媳妇读书，老板不许伙计上学，司务不许徒弟
看报，工厂经理不许工人求知识，士大夫不许儿子教小
孩子：这是小先生碰到的五个大钉子，也是妨害中华民
国进步的大障碍。我们必定要扫除这种障碍，才能前

进。要想扫除障碍，下列数条法律，实属必要：

（甲）凡是中华国民及其子女，每人每天至少须有一小时上学或自修之权利。

（乙）凡以特殊地位侵犯人上学或自修权利者，处以一年以下有期徒刑或一千元以下罚金。

（丙）凡对自愿教人的人施以阻止者，处三个月以下有期徒刑或一百元罚金。

（十六）初步文字教育之预令强迫：

文字教育应预令强迫。预令强迫之作用在提醒一般不识字之民众自动的去请人教。以往的民众教育好像是求人来学。预令既下，民众对于知识的消极的拒绝，可以转变而为积极的追求。

民国二十四年一月一日下令预告全国民众限二十四年十二月三十一日前读毕教育部指定几种千字课之一种。至四月一日，七月一日，十月一日下第二、第三、第四次预告令。第一次预告令下后即令小学生、茶馆说书人、电影院广告与警察到处逢人宣传，劝其早些求学，不要临时抱佛脚；并说明二十五年一月一日即有识字警察，手指《千字课》，站在城门口、车站、码头及交通孔道，临时抽验来往行人，检查他们的头脑如同检查行李一样，不识字的要罚愚民捐铜元一枚。预令里还要说及二十五年一月一日以后，家里、店里、工厂里、任何机关里，如有无故不识字的人，按人数每人每月罚银一元。由家长、店主、工厂经理、机关主持人缴纳。识字成人或学生对其负责而不识字之亲友不肯施教者罚守知奴捐银一角并公布之。

（十七）考成：

（甲）初步文字教育之考成标准为学龄以上之人民百分之九十会读《千字课》，百分之九十五会用汉字签自己的姓名并会写。中华民国第二步之文字教育及普及其他教育之考成标准另订之。

（乙）每所小学私塾至少要有二分之一的小学生做小先生。超过四分之三的小学生做小先生者传令嘉奖其校长、负责之教师及最出力之小先生。不及二分之一者校长受警告，不及三分之一者校长撤职，负责之教师同。

（丙）民众学校之传递先生与学生总数比例之考成与小学同。

（丁）省教育厅长、县长、教育局长、乡长、教育委员之考成，亦以各管公私立小学校、私塾、民众学校之学生总数与小先生总数加传递先生总数之比例为根据，其算法亦与小学同。

（戊）各省、各特别市、各县各市各乡各校之开始考成日期由上级主管厅预令发布。但此项预令至迟不得延过民国二十四年六月一日。考核各省成绩之日期由教育部预令颁布。但此项预令须于民国二十四年四月一日前颁布。

（己）寻常教师所教学生，以及小先生、传递先生所教学生，均须依部颁表格登记由校长掌管，并作详明统计具报教育局，教育局转报教育厅，教育厅报告教育部；每学期一次，再由上级教育行政长官抽查以凭考核。

（十八）中央普及教育二十四年度预算：

  （甲）中央文化落后地带普及教育补助费

        二〇，〇〇〇，〇〇〇

  （乙）中央科学电影制造局经费 四，〇〇〇，〇〇〇

  （丙）中央无线电收音机研究制造局经费

        一，〇〇〇，〇〇〇

  （丁）中央普及教育研究所   五〇〇，〇〇〇

  （戊）中央普及教育辅导会议   一〇，〇〇〇

  总 计   二五，五一〇，〇〇〇

  （原载 1935 年 3 月 1 日《生活教育》第 2 卷第 1 期）

新 的 旅 行 法

——致山海儿童社会

儿童社会①全体小朋友：

我今天下午五时到九江。船是昨天早上九时从南京开的。一共走了几个钟点，请算一算。路上在芜湖停了两小时半，大通停了半小时，安庆停了一小时。除去停船的时间，净走几个钟头？在地图上看一看比例尺，从南京到九江约有多少里？共和船每小时走多少里？你们不是要旅行全国吗？算一算路程多少，可以得一点实际的知识。

昨晚，刘先生告诉我一个新的旅行法。他在美国访了一位新闻记者，名字叫做粉尼里（Finely）。粉先生说："我正在环游世界，现在已经游到长沙，不久就要到汉口。"刘先生以为他是说梦话，粉先生对他说："你不相信吗？跟我来看。"走到隔壁一间房里，壁上挂着一个世界地图，图上插了一面红旗。"这面旗子是代表我。你看，是不是到了长沙？"他再领刘先生看他所搜集的材料，丰富得很。长沙的人对于长沙的事，怕没有他知道得那样多，这面旗到了什么地方就是他到了什么地方，他就开始调查那地方的风俗、物产、名胜等等。未到之先，他要打听到这里来的路线；既到之后，他要打听从这里到别处去的路线。这是一个很经济的游历法，我不愿意拿它来代替旅行，但是旅行之先，照他这个法子继续的干，是于旅行有莫大的帮助。好，我们先来一个地图上的环球旅行吧！这一个月游历什么地方，请你们自己定，我回来的时候，要与你们在地图上之一点相见。

儿童社会不是关起门来干的，我们的使命，是要为劳苦大众的小孩取得教育上应得的权利。搜集穷孩子的照片、漫画，用艺术的方法贴起来，儿童社会要充满简单之美。儿童社会里到处要给人一个深刻的印象，别忘了穷孩子！你们在《良友》②、《大众》、《时代》、《文华》各种画报里去找吧。托曹建培先生打电话给蔡若虹先生，代你们找一些，到静安寺路卡尔登照相馆，向杨先生提倡：随时照了穷孩子生活小影，请他送我们一份。西区小学王省三及张景坤二先生有好的摄影机，请他们帮忙。我回来的时候，如果能看到这样一种环境之创造，那是多么的快乐啊！

陶行知
一九三五年三月四日

这信请你们抄一份，寄给上海安和寺路七八七号儿童科学通信学校的陶三桃、陶蜜桃③。谢谢！

〔注释〕

① 儿童社会 是山海工学团所属的各村儿童自动工学团的小朋友的自治组织。1935 年 1 月 24 日，由第一次儿童社会筹备委员会选举张健、沈增善、俞文华、马善业等组织临时执行委员会，有严密的组织和活动计划。

②《良友》 图画月刊。先后由伍联德、梁得所、马国亮等编。上海良友图书馆印刷公司发行。1926 年 2 月创刊，至第 90 期起改为半月刊。1945 年 10 月出至第 172 期停刊。

③ 陶三桃 陶蜜桃 即陶行知的三子陶晓光、四子陶城。

强迫教育新义

好教育是人生的必需品，如同饭一样。好饭人人愿吃，吃饭也要强迫吗？强迫教育是成了问题。什么要强迫？怎样强迫？强迫谁？我们必定要弄个明白，才能向前干去。否则一味蛮干，难免走入歧路。

求学是顶有趣的一件事，强迫人求学的时代是已经过去了。强迫教育的意义，到了现在，不再是强迫人受教育了。但有许多人拿的是强迫教育的题目，做的是强迫受教育的文章，而且一点也不怀疑，实在令人不解。

好饭人人愿吃，你说的不错，但是有人偏偏不许人吃饭，或许人吃一点点而不许人吃饱。好书人人愿看，但是有人偏偏不许人看书，或许人看一点点而不许人看饱。有些老夫子会驳我说："有人不愿看书。"但是你能点出一个人连图画书也不愿看吗？八岁的令弟①已经给了人家做童养媳。我送她一本图画书，好把它当作宝贝样藏在枕头底。一天，她滴着眼泪告诉我，图画书给婆婆撕掉了。大渡口一位小先生告诉我，他的学生是一个铁匠铺里的徒弟，被司务打得不敢再来了。徐家角有一家工厂里的工人要看书，好，凡看书的工人都辞退，教工人看书的先生都得回老家。安庆有几位小先生的头脑壳给老子敲得好痛啊！"小畜生！你要做小先生就不能做我的儿子！那些穷孩子不卫生，你好，把微生物带到家里来了。小畜生，你敢，老子收拾你！"看了这些例子，我们对于中国教育所以没有普及的原因，大概可以了解一些，对于强迫求学之迷梦大概可以清醒一些，对于强迫教育之真义也大概可以明白一些了。

我们要强迫有权者允许人求学。我们要强迫有知识者教人。凡阻碍别人求学、教人者都要罚得重，因为他们是妨害整个民族之进步。不识字者本身如不长进，亦当受点小罚，但是无论不识字者之为小孩或成人，强迫之重心要压在家长、店主、厂长、任何机关团体之负责人的身上，才算公平而有效力。铲除民众儿童上进之阻碍，使民众儿童有自动求学之可能，才是普及教育及教育采用强迫手段之真义。

（原载 1935 年 5 月 16 日《生活教育》第 2 卷第 6 期）

〔注释〕

① 令弟　女孩名。在《生活教育》发表时为"令妹"，收入本书时更改为令弟。

文 化 细 胞

一般人只要一提到教育便联想到学校，一提到普及教育便联想到普设学校。他们好像觉得学校是惟一的教育场所，如果要想普及教育便非普设学校不可。倘使没有钱普及四年的学校教育，他们便退一步主张普及一年的学校教育，甚至于退到四个月、两个月、一个月的学校教育。万一不能普及全天的教育，他们想半天、二小时、一小时也是好的，但必须在学校里办。仔细把它考虑一下，这种意见只是一种守旧的迷信。我们若不跳出学校的圈套，则普及现代教育在中国是不可能。我不说学校没有用，但学校之外我们必须创造一种下层文化的组织，适合大多数人的生活，便利大多数人继续不断的长进，才是有了永久的基础。

我建议要创造一种文化细胞。每一家，每一店铺，每一工厂，每一机关，每一集团组成一个文化细胞。这种细胞里的分子有两种：一是识字的；一是不识字的。我们叫每一个细胞里的识字分子教导不识字分子，说得正确些，我们要叫识字分子取得现代知识精神连文字一同教给不识字的分子，这样一来，每个文化细胞里的分子都能继续不断地长进。任何文化细胞里倘若识字分子过剩，可以分几个出去帮助缺少识字分子的细胞。这种文化细胞在山海工学团范围以内叫做工学队，为工学团最下层之组织单位。俞塘称它为生活教育团，安徽省会称它为普及教育团。有人建议称它为自学团，或共学团。名字不同，无关重要，但他们有一点相同，便是感到专靠学校来普及教育在中国是很勉强，不易做到，即使做到了，也是一种短命教育，没有久远的长进。所以要在学校之外创出一种较为自然之组织来救济，不但要谋教育之普及并要谋所普及之教育得以继长增高。他们用得着学校的地方不妨先开一个学校；铺中、家中连一个识字的人也没有的地方，不妨叫每家每铺先派一人每天来校学半小时或一小时，再依即知即传之原则，把各个文化细胞成立起来。

普及教育动员令一下，有暇进学校的尽可进学校；无暇进学校的在自己家里、店里、工厂里及任何集团里创起文化细胞来共谋长进。文化细胞成立后，必须向负责学校或教育行政机关注册，凡在文化细胞里自谋长进的，可以不进学校；凡在学校里求学的，必须常回到他的文化细胞里来尽义务教人。

学校是文化的旅馆，只能暂住而不可以久留；自学团，共学团，普及教育团，生活教育团，或工学团下之工学队才是文化之活细胞。

（原载 1935 年 5 月 1 日《生活教育》第 2 卷第 5 期）

跟 西 桥 学

村里没有钱，办不起学校，怎么办？

等等等，等到胡子白还没有地方求学，怎么办？

只有一个办法：跟西桥[①]学！

西桥是江南的一个穷苦的农村。去年春天漕桥有一位觉悟的苦学生，名叫承国英的，在这里邀集了几位农友，开办了一个西桥小学。承君除自己尽义务外，还以他的稿费供学校开支，农人也尽力担负。村外朋友看见他们干得起劲，也时常来一点小帮忙。他们干了两个月便加入普及教育运动，小朋友几乎每人都做了小先生，精神十分充足。

不久，旱灾来到，农村几乎破产。出版界的不景气又堵住了稿子的出路。承君忧劳过甚，不得不来沪暂事休养。大家都以为西桥要停顿了。奇怪得很！西桥不但没有停顿，并且干得更有精神。

现在西桥小学是在六位小先生手里，这六位是第一代小先生。他们已经把六十几位小学生统变成第二代小先生。西桥的小学生是没有一个人不做小先生，更有意义的是那六位主持的小先生轮流依时刻来校教人自修，余时仍在田园里或家庭里做工赚饭吃。这里我们所看见的是真正的儿童自动工学团了。它指示了中国普及教育一条正确的路线。

　　我最近收了西桥小先生几封信，大受感动，特在本期通讯栏介绍给大家一看，想大家也必受同样感动。

　　　　（原载 1935 年 9 月 1 日《生活教育》第 2 卷第 13 期）

〔注释〕

　　① 西桥　在江苏省宜兴市。1934 年 2 月，创办了西桥工学团。

通　不　通　？

张耀翔先生在《教育杂志》上发表了一篇短评，驳我们的"读死书、死读书、读书死"的言论。他拿了许多证据出来证明这三句话不通。还是我们不通呢？还是他不通呢？这个我们愿意等候读者裁判，用不着我们自辩。但是他的短评里是有好几点引起了我们讨论的兴趣。

一

当我们劝告青年不要"读死书、死读书、读书死"的时候，我们接着就劝告大家要：

"用活书、活用书、用书活。"

我们的指针是"过什么生活，用什么书"。不用功的青年固不能藉口而丢掉书本，蛀书虫也不能断章取义说我们把书本抹煞。

二

张先生说："近人提倡劳作，不惜毁谤读书。"我们所提倡的是"在劳力上劳心"，而不是寻常学校里"劳作"。在我

所写的论文里，从来没有"劳作"这个名词。我们是要大家
参加社会生活里的劳动，而参加这种劳动的时候是要手脑并
用。这种劳动，并不是在学校里设一门劳作功课点缀点缀就
算完事。有时这些装饰品的劳作，除了开展览会外，是别无
用处，甚至于这种功课是侮辱工具、糟蹋材料、加倍消耗。
我们之所以反对读死书、死读书、读书死的动机，绝不是为
了要提倡这种与当前社会生存需要无关的劳作。

三

字典、辞源、电话簿，我们只承认是用的书而不是读的
书。当张先生编《中国识字测验》和校对《善恶字汇》的时
候，恐怕也只是用字典而不是读字典。用字典是谁也赞成；
读字典便是死读书了。张先生还举了《推背图》、《烧饼歌》
来证明那句"开卷有益"的老话。按他的意思，世界上是没
有"死书"，只要是书，都是有用的。好，医学研究所的解
剖室里的死尸何尝没有用！你能教大家都来研究死尸吗？你
能因为医学家用得着死尸就说死尸是活人吗？

四

"死读书"，他是承认了一半。他说："一说反复诵读一
本不甚了解的书至烂熟为止，便是死读书。私塾里的儿童有
这样的事。"但他一转身，又把承认的话吞了下肚。他以为
不能责备这些儿童，"因为他们是被强迫使然的"。谁来责备

小孩呢？但强迫小孩这样死读书的人就能宣告无罪吗？

<h2 style="text-align:center">五</h2>

他又说："我以为如承认读书是件好事，正不妨多读。……书不像食物，吸收多了会停滞的；倒很像货财，多多益善。"这是多么精彩的一段读书发财论！我肥天下瘦，我智天下愚，本来是同一个人导演出来的两出悲剧。

<h2 style="text-align:center">六</h2>

张先生又说："假若有人无需为目前个人衣食而劳作，致全力于读书，不管他为求学或为消遣，我们都不应非议他。"请问这位致全力于读书的先生的衣从何来？食从何来？正当大众吃树皮草根的时候，读书人还以"致全力于读书"为消遣，还不许人非议。好，"农夫心内如汤煮，公子王孙把扇摇"，我们看到这两句诗，再看看张先生的言论，当作何感想？

只吃桑叶而不肯吐丝的蚕，谁愿养？

<h2 style="text-align:center">七</h2>

"书呆子是社会的名称，不是科学上的名称。"

他这样为书呆子辩护。但是我们能够因为科学里没有书呆子的名称，就能否认书呆子的病态吗？张先生赞成读经，好，引一句经来证明吧。孔子说："乡愿，德之贼也。"请问"德之贼"是个科学的名词吗？乡愿能用科学为盾牌而逃避"德之贼"的社会制裁吗？书呆子是个什么人？我就用张先生的话来答复：书呆子是一个致全力于读书的人。他除读书以外，不做别的工作：爸爸病了他不管；妈妈没有米下锅他不管；穷孩子不能上学他不管；邻居失火他不管；田里大旱他不管；逃荒的人吃树皮草根他不管；黄河决口他不管；甚至于日本夺了东四省，打到了上海都不管。管是管的：《本草纲目》、《孝经》、《齐民要术》、教育统计、水灾报告、"九·一八"和"一·二八"的历史，那一样不是读得熟透了吗？然而麻木不仁！这种麻木不仁的人，还不是和呆子差不多？还不要想个法子来为他们诊治诊治吗？

八

读书读得太多，把性命送掉，据张先生说，这就是所谓"读书死"。如果世间真有这种人，他倒愿意顶礼敬拜。现在信教自由，谁都让他去崇拜。但是我们对于"读书死"的认识，决不停止在个人的死活上。拼命读书，始而近视，继而驼背，终而吐血以至于夭折，这种狭义的死固然令人为他可惜。但是更可惜的是未死之前，整个生活之残废麻醉，失却人生、社会的正确意义。只管读书，不管父母死活而父母死；只管读书，不顾民族死活而民族死。这样，小己纵然读书成名，升官发财，而袖手坐看大己枯萎，我们要不称他为读书死也不行了。

九

张先生说："嗜书者好沉默，因为他时刻在思想；不爱参加其他活动，因为他已经得着最高等、最愉快之活动。"这几句话实在是一个有闲的书呆子的小影。除了思想宜改为呆想或空想之外，我想这幅小影是画得不错。书是当作鸦片烟吃上瘾了。躺在烟铺上大抽其烟，虽有南面王也不愿做了。

十

不错，"犁耕是劳动，笔耕也是劳动"。但是"只问耕耘不问收获"的时代是过去了。我们必须问为什么耕？种的是什么？不管是犁耕也好，笔耕也好，而种出来的东西都是麻醉人的大烟，那末，虽然愉快一时，前途怎样呢？

十一

最后，张先生误认读书与求知为一件事。用书只是追求已经发现的知识的一种方法。用书虽然重要，但是如果以书本为一切知识之泉源，那就难免坐井观天了。法拉第做订书徒弟的时候，对于书是订一本看一本。一次，他装订一部百科全书，看到电气一章，觉得不够味。他以后关于发电机的发明，与其说是从书中得来，不如说是从书不够味中得来。

（原载 1935 年 6 月 16 日《生活教育》第 2 卷第 8 期）

文　化　网

　　文化细胞虽是最下层的组织，但是光棍的细胞是没有多大用处，我们必须把一个个的"文化细胞"联合起来，结成一个文化网。

　　在都市里，每一铺户里的识字者与不识字者组织一个生活教育团，继续不断的共同教学做，便成了一个"文化细胞"。有了这个"文化细胞"的组织，这一铺户里的人便可以活到老做到老，教到老学到老。如果一条街上之"文化细胞"都联了起来成了　街的文化组织，再进一少一区的街文化组织都联了起来，成了一区的文化组织，以至全市的文化组织，那便是有了文化网的作用了。我们可以称它为街文化网，区文化网，市文化网。乡下的可以称为村文化网，乡文化网等等。

　　"文化网"的目的无论在乡下，或是在城里，都是要把单个的"文化细胞"联合一气，把它范围里面的人一齐捞到时代的岸上来，不使一个漏掉。

　　"文化网"对于"文化细胞"负有两种使命。一是培养新的"文化使者"去创造新的"文化细胞"。例如这一条街上或这一个村里，有一半的人家家里没有识字的人，我们就可以叫每一家派一个人来，一面学一面回到家里去创造新的

"文化细胞"。二是从外界吸收新血液，向着范围内的每一个"文化细胞"继续不断的灌注进去，使它们可以继续不断的生长。例如某街某村之"文化网"必得运用说书、滩簧[①]、留声机等等，把"文化细胞"的分子每星期号召来开一次会，以摩擦出来新的精神。范围较大的区域，更可运用演戏、电影、无线电话来号召。我们要寓教育于娱乐，才能发挥这"文化网"的作用。如果到会的人觉得是单单来受测验或是受训练，不久将要变成一桩枯燥无味的事情，大家都要望而生畏了。

文化细胞是基本的组织；文化网是提纲挈领的作用，从事普及教育者必须兼筹并顾，方能发生广大深刻的效力。

（原载 1935 年 5 月 16 日《生活教育》第 2 卷第 6 期）

〔注释〕

① 滩簧　一种地方曲艺。

1936—1946

十二月运动^①与五四运动

十二月九日和十六日的北平的学生运动，在两个星期内就普遍到十六省，有些人看见这个现象，就联想到五四学生运动，甚至于说它是五四学生运动的复演。这种联想是很自然的，但说它是五四运动的复演，那就是毫无根据了。说这种话的人，不但是对于十二月运动的意义没有了解，而且是对于五四运动的意义也没有弄清楚。拿十二月运动和五四运动比较一下，我们可以看出六个根本不同的特点。

一、五四运动是"德谟克拉西^②"向旧礼教斗争，现在是大众的真正的"德谟克拉西"和"反大众群"者的对垒。

二、五四运动是要打倒卖国贼，现在虽也要打倒卖国贼，但是进一步要对准帝国主义进攻。五四时代是连帝国主义这一名词也没有出现，而现在打倒帝国主义是成了中华民族解放之十分明确的目标。

三、参加五四运动的人是谁也不知道会发生什么危险；现在参加的人根据五卅、三·一八的经验，个个是看清楚了危险，在敌人的飞机之下，汉奸的刺刀之前，从从容容的尽他们救国的责任，他们的勇敢精神比起五四来是起了质的变化。

四、五四学生运动一起来，商人不久就罢市，做学生的后盾，所以五四运动是得了大商人的拥护。现在国家的危险比五四时代要严重一百倍，但是二三十天的时间过去了，商人还没有起来作有效的表示。因为现在中国的大商人是更加变成了帝国主义的买办，所以是和学生走上相反的路了。学生运动只是个整个民族解放运动里的先锋队，大商人既靠不住，那末现在学生运动的惟一后盾只是中国被压迫的大众了。不但学生要知道自己的使命是唤起大众，而且大众也知道自己的使命是民族解放的主力。

五、五四运动除了抬举"德谟克拉西先生"之外，还请出了一位"赛恩斯先生"。那时的赛恩斯③只是自然科学，现在的赛恩斯是社会科学与自然科学。说得正确些，从民族解放运动的目光看来，是社会科学重于自然科学。

六、五四运动产生了少数人的新文化运动，可以称为小众的新文化运动；十二月运动前后所酝酿的是绝大多数人的新文化运动，可以称它为大众的新文化运动。胡适之先生说五四新文化运动是一切价值的重估。这句话是未免过于夸张。五四时代新文化运动的学者连大众社会的价值都没有认识，如何谈得到重估？说得正确些，五四的新文化运动所发生的效果，是小众价值的重估，至于大众价值之重估，甚至于一切价值之重估，乃是大众新文化运动正要动手做的工作。

照以上所说的几点看来，五四运动复演一类的话，只是闭起眼睛说出来的。历史决不是照样画葫芦，也不是像朗德山那样左一次右一次的玩老把戏。新时代已经到来，每一种新的运动必是有它的新的意义。我们必须把十二月运动的新意义看清楚，才不至于跟人瞎说走错路。

（原载 1936 年 1 月 1 日《生活教育》第 2 卷第 21 期）

〔注释〕

　　① 指 1935 年"一二·九"学生运动。

　　② 德谟克拉西　英文"Democracy"译音，民主之意，五四运动时又称为"德谟克拉西先生"，简称"德先生"。

　　③ 赛恩斯　英文"Science"译音，科学之意，五四运动时又称为"赛恩斯先生"，简称"赛先生"。

答复庶谦先生①

一

"国难教育"的意思是解决国难，它本来是积极的。"救国教育"这个名词也很好，只需办法有效。我对于两个名词没有偏爱。

二

争取中华民族之自由平等和保卫中华民国领土与主权之完整，当然包括着铲除一切汉奸，打倒帝国主义。倘使要把"铲除一切汉奸"列在目标里面，那同时也要把"打倒帝国主义"列进去。为着要叫我们的目标更加明确起见，我很赞成把这两项一同提出来。

三

关于推进大众文化一项，原方案绝不偏重战时的技术。在"非常课程"上第一条就是政治、经济、军事之演讲与讨论。这种演讲讨论，当然是以中华民族解放为中心，凡是妨害中华民族解放之歪曲理论也当然要痛加驳斥，否则这种演讲讨论，便是毫无意义。我们再看方案里从事国难教育同志应有之几点认识，便知道本方案对于造成国难之几条歪曲理论是丝毫没有放松。不过要把"歪曲理论的驳斥"的口号特别提出来列在非常课程内，我也觉得格外醒目。

四

"有计划的非常生活，便是我们有计划的非常课程"，"在行动上取得解决国难的真知识，立刻把它传给大众，使它在解决国难上发生力量"。我觉得这两句理论所指示的并没有错。在这一点上，庶谦先生是有误解或有成见。

"五四"前后所流行的教育理论是"教育即生活"、"学校即社会"。现在我们所主张的"生活即教育"、"社会即学校"的理论在那时实在还没有出现，胡适先生一班人也无法拿这些东西去介绍给人。

"即知即行"是王阳明的格言，和我现在所奉行的"即行即知"、"行是知之始"是不同的。"行是知之始"和"即行即知"是一方面说明人类与个人的知识的起源，一方面叫行动取得主导的地位。行动产生理论，行动发展理论。行动所产生发展的理论，还是为着要指导行动。理论要通过行动才能发生它的力量，丰富它的内容。人类所遗留下来的积极的历史教训是从哪儿来的？是"数千年在生活斗争中"得来的。这历史的教训要通过大众的生活斗争，才算是大众意识了这个历史的教训。大众要在民族解放的实际行动上取得这历史的教训。这历史的教训便是解决国难最宝贵的真知识。因此，我们目前所需要的是：人众自己实施的救亡的生活教育。详细点说，争取中华民族劳苦大众之解放的生活，便是我们所要的教育。争取中华民族劳苦大众解放之有计划的行动过程，便是我们所要的课程。整个中华民国和整个世界，便是我们所要的大学校。

争取中华民族劳苦大众解放之教育，必然是生活的、大众的、前进的、战斗的、历史的。

民族解放是我们当前最急切的任务，武力抵抗才有生路是一个真理，用不着实验，也不容实验。本方案也没有一丝一毫拿它来试试看的态度，庶谦先生怎么会给它戴上一顶实验主义的帽子？我真不解。庶谦先生这样的误解，是给了谁的便利呢？

认定中华民族劳苦大众之解放的实践生活，是我们所要的教育，这是"生活教育"在国难时期必然要求的结论。庶谦先生把"有计划的非常生活就是我们有计划的非常课程"，简单化为"生活即课程"，这就等于我们说"白马"，而他偏偏咬定我们说的是"马"，这就等于我们说"救国的人"，而他偏偏咬定我们说的是"人"。这是不是也算做辩证法？

五

这个方案的重心在教育大众联合起来解决国难。有些人还误会它为一个大众救国教育方案。庶谦先生却说它在组织上太把工农轻描淡写了，缘故是因为原案只以大众救国会来概括各界。倘使照庶谦先生的提示，把工人救国会、农人救国会等等分列出来，那是更好了。

六

在"教育方法"那一节里不曾提到工厂和农村，其实戊项便是要在工厂、农村、市街开办识字学校，并且使这种学校与民族解放运动联系起来。工厂和农村，这几个字应该照庶谦先生的意思加上，同时还要加上市街。在宣传民族危机一点上，加入大众自动的集会是更加明显。但是全方案的精神就在大众自动。故教师一项首列前进的大众。所谓运用县市乡现有组织，也是希望大众能去运用的意思。大众救国会也是大众自动的集会。

七

庶谦先生所提关于方案次序的意见是很对的。不过这一方案是紧接着上海文化界救国会所发的两次宣言而来的。在这两个宣言里面，对于敌人的侵略和汉奸的出卖已经说得够具体了。

（原载 1936 年 2 月 15 日《大众生活》第 1 卷第 14 期）

〔注释〕

① 上海文化界救国会国难教育方案发表后，庶谦先生写了《对

于国难教育方案的意见》一文，发表在大众生活 1 卷 14 期上。庶谦先生提出了七点意见：（一）"国难教育"改为"救国教育"，因"救国"两个字里包括抗敌除奸的意义。（二）目标一项内应加上"铲除一切汉奸"。（三）推进大众文化不应该偏重战时的技术；再对于歪曲理论的驳斥也应该提到。（四）"生活即教育"、"行以求知"、"即知即行"的理论，在"五四"的前后，经过胡适一班人底介绍，动摇了中国的封建思想。……事到如今，已不是"五四"时代了；实验主义的理论，行为派的思想，杜威氏的教育，都已经很明显地替买办们服务了。……我们目前所需要的是：向大众实施的救亡教育；而不是向任何人实施的生活教育。我们所需要的是人类数千年在生活斗争中所遗留下来的积极的历史教训；而不是任何个人乃至任何团体临时在行动上取得的知识。自然，我们也应承认：在我们当前的死活斗争中必然地会使我们已有的理论更加丰富起来；然而，我们决然不应该把临时得来的一些经验单独地去应用。（五）对于学生和教师太强调一些，对工农太轻描淡写了。（六）教育方法一节里不曾提及工厂和农村。（七）方案前应该叙述敌人的侵略以及汉奸卖国的事实，再从事实上决定任务，由任务再决定方法、工具等等。

庶谦，即廖庶谦，上海文化界救国会会员。

民族解放大学

你一看见"大学校"三个字，或者要疑心我想谈一谈"中央大学"一类的学府。其实我心里所想说的并不是这样的学府，而是比这样学府要大二三十万倍的大学校。

这个大学校，自二十四年十二月九日①起，已经开学，还没有取名字，我姑且送他一块校牌，叫做"民族解放大学校"。

这个大学校没有围墙，万里长城还嫌太短，勉强的说，现在中华民国的国界就算是我们这个大学校的"四至"。

它也用不着花上几百万去建造武汉大学那皇宫一般的校舍。工厂、农村、店铺、家庭、戏台、茶馆、军营、学校、庙宇、监牢都成了这个大学校的数不清的分校。连坟墓都做了我们的课堂。谁能说庙行的无名英雄墓和古北口的"支那"②勇士墓不是我们最好的课堂啊？

并且它没有校长。的确，一直到现在，我们还没有找到这个校长。大概这校长怕不是一个人做得起来，照趋势看来恐怕是要由四万万人合做一个集体的校长，或是由大家的公意产生一个校长团。

它的教师多着咧！前进的大众，前进的小孩，前进的知识分子，都有资格做这大学校的导师。学生们学得一点真理，立刻就负了教人的义务，也立刻成了先生了。广义的说起来，是四万万人都是先生。

它的学生也是一样的多，顶少也有四万万。在这所大学校里，大家共同追求真理，活到老，学到老，教到老，干到老，团到老。

我说四万万人这句话是有毛病。（一）因全中国的人是没有正确的统计。（二）因少数汉奸卖国贼必得开除出去。（三）因我们不能关起国门来办教育，这个大学校的国外学生、同学、导师，谁能数得清呢？

学校虽大，功课只有一门，这门功课叫"民族解放教学做"，简单一点，它叫做"救国教学做"。先生教什么？教救国。学生学什么？学救国。教与学都以做为中心。先生要在救国的行动上教救国，学生要在救国的行动上学救国，这样才是真正的救国教学做，这样才是真正的民族解放教学做。这门伟大的功课当然有许多细目可以分出来。例如政治、经济、军事之演讲，作战防卫技术之操练，医药救护之操练，交通工具之操练，戏剧歌唱之演习，国防科学之研究，大众教育之推进，拼音新文字之普及等等，都是这门功课里所应当包括的细目。这些细目都是以民族解放之实际行动为中心，有计划有组织的各种实际行动的过程，便是这个大学校的课程。

照上面的观点看来，救国不忘读书的口号是站不住了。救国与读书是分不开的。我们只读可以救国的书，救国的行动要求什么书我们才读什么书，最近教育部通告里说"教育之生命即民族之生命"，这句话也要颠倒过来才是真理。民族之生命即教育之生命，不救民族之生命，哪能救教育之生命？这个大学校只救民族之生命，则教育自然有生命了。

这个大学校的教育法也特别。前进的生活法便是前进的教育法。前进的生活法是什么？一是批判，二是战斗。这个大学是要根据大众的利害来批评一切歪曲的理论，要为民族解放前途向汉奸卖国贼、封建势力、帝国主义拼命的战斗。

这个大学也要办毕业，它也有会考，等到一切失地收回，主权恢复，中华民族完全得到了自由平等，我们就算会考及格，定期举行毕业典礼。

这样的会考，当然不是写几篇文章就能及格。我们的民族解放的证书是用血写的，我们的民族解放毕业是打出来的。我们所纳的学费不是金子银子，乃是我们的生命。我们所需要得到的不是方块帽、漏斗袋，乃是万万年的整个中华民族之自由平等！

够了！你这个人是多么自私自利啊，单为你自己一个民族打算！对，你的话虽然骂得不错，但是你不要心急，民族解放大学只是一个初级大学（Junior College），在它上面，还有一个更大的人类的高级大学（Senior College）咧。

（原载 1936 年 2 月 16 日《生活教育》第 2 卷 24 期）

〔注释〕

① 指一二·九学生运动。

② 支那　古代印度、希腊、罗马等地人称中国为 China 的译音。近代日本等国也有人这样称呼中国。

生活教育之特质

你如果看过《狸猫换太子》那出戏，一定还记得那里面有一件最有趣的事情，就是出现了两个包龙图：一个是真的，还有一个是假的。我们仔细想想，是愈想愈觉得有趣味了。世界上无论什么事，都好像是有两个包龙图。就拿教育来说罢，你立刻可以看出两种不同的教育：一种叫做传统教育；另一种叫做生活教育。又拿生活教育来说吧，你又可以发现两种不同的说法：一种主张"教育即生活"；另一种是主张"生活即教育"。我现在想把生活教育的特质指出来，目的不但要使大家知道生活教育与传统教育之不同，并且要使大家知道把假的生活教育和真的生活教育分别出来。

（一）**生活的**　生活教育第一个特点是生活的。传统的学校要收学费，要有闲空工夫去学，要有名人阔佬介绍才能进去。有钱，有闲，有面子，才有书念，那末无钱、无闲、无面子的人又怎么办呢？听天由命吗？等待黄金时代从天空落下来吗？不！我们要从生活的斗争里钻出真理来。我们钻进去越深，越觉得生活的变化便是教育的变化。生活与生活一摩擦便立刻起教育的作用。摩擦者与被摩擦者都起了变化，便都受了教育。有人说：这是"生活"与"教育"的对立，便是"生活"与"教育"的摩擦。我以为教育只是生活反映出来的影子，不能有摩擦的作用。比如一块石头从山上滚下来，碰着一块石头，就立刻发出火花，倘若它只碰着一块石头的影子，那是不会发出火花的。说得正确些，是受过某种教育的生活与没有受过某种教育的生活，摩擦起来，便发出生活的火花；即教育的火花；发出生活的变化，即教育的变化。

（二）**行动的**　生活与生活摩擦，便包含了行动的主导地位。如果行动不在生活中取得主导的地位，那末，传统教育者就可以拿"读书的生活便是读书的教育"来做他们掩护的盾牌了。行动既是主导的生活，那末，只有"为行动而读书，在行动上读书"才可说得通。我们还得追本推源的问：书是从哪里来的？书里的真知识是从哪里来的？我们是毫不迟疑的回答说："行是知之始"，"即行即知"，书和书中的知识都是著书人从行动中得来的。我要声明著书人和注书人抄书人是有分别。人类和个人的知识的妈妈都是行动。行动产生理论，发展理论。行动所产生发展的理论，还是为的要指导行动，引着整个生活冲入更高的境界。为了争取生活之满足与存在，这行动必需是有理论、有组织、有计划的战斗的行动。

（三）**大众的**　少爷小姐有的是钱，大可以为读书而读书，这叫做小众教育。大众只可以在生活里找教育，为生活而教育。当大众没有解放之前，生活斗争是大众惟一的教育。并且孤立的去干生活教育是不可能的，大众要联合起来才有生命可过；即要联合起来，才有教育可受。从真正的生活教育看来，大众都是先生，大众都是同学，大众都是学生。教学做合一，即知即传是大众的生活法，即是大众的教育法。总说一句，生活教育是大众的教育，大众自己办的教育，大众为生活解放而办的教育。

（四）**前进的** 有人说，生活既是教育，那末，自古以来便有生活，即有教育，又何必要我们去办教育呢？他这句话，分析是对的，断语是错的。我们承认自古以来便有生活即有教育。但同在一社会里，有的人是过着前进的生活，有的人过着落后的生活。我们要用前进的生活来引导落后的生活，要大家一起来过前进的生活，受前进的教育。前进的意识要通过生活才算是教人真正的向前去。

（五）**世界的** 课堂里既不许生活进去，又收不下广大的大众，又不许人动一动，又只许人向后退不许人向前进，那末，我们只好承认社会是我们惟一的学校了。马路、弄堂、乡村、工厂、店铺、监牢、战场，凡是生活的场所，都是我们教育自己的场所。那末，我们所失掉的是鸟笼，而所得的倒是伟大无比的森林了。为着要过有意义的生活，我们的生活力是必然的冲开校门，冲开村门，冲开城门，冲开国门，冲开无论什么自私自利的人所造的铁门。所以，整个中华民国和整个世界，才是我们真正的学校咧。

（六）**有历史联系的** 这里应该从两方面来说。第一，人类从几千年生活斗争中所得到，而留下来的宝贵的历史教训，我们必须用选择的态度来接受。但是我们要留心，千万不可为读历史而读历史。我们必须把历史的教训，和个人或集团的生活联系起来。历史教训必须通过现生活，从现生活中滤下来，才有指导生活的作用。这样经生活滤过的历史教训，可以使我们的生活倍上加倍的丰富起来。倘使一个人停留在自我或少数同伴的生活上，而拒绝广大人类的历史教训，那便是懒惰不长进，跌在狭义的经验论的泥沟里，甘心情愿的做一只小泥鳅。第二，中国已经到了生死关头，争取大众解放的生活教育，自有它应负的历史的使命。为着要争取大众解放，它必须要争取中华民族的解放；为着要争取中华民族的解放，它必须教育大众联合起来解决国难。因此，推进大众文化以保卫中华民国领土主权之完整，而争取中华民族之自由平等，是成了每一个生活教育同志当前所不可推却的天职了。

（原载 1936 年 3 月 16 日《生活教育》第 3 卷第 2 期）

中国大众教育问题①

一　中国大众教育概论②

为什么要大众教育？ 中国是遇着空前的国难。这严重的国难，小众已经解决不了，大众必得起来担负救国的责任而中国才可以救。我们的"友邦"要取得辽宁的铁、山西的煤、吉林的森林、华北的棉田、福建的根据地，以及全国的富源，并不是安分守己的做一个富家翁享享福就算了事。他是要叫我们四万万五千万人做亡国奴——做他的奴隶。做奴隶当然是不会舒服的，除了为他种田做工之外还得为他当兵，做他进攻别人的肉炮弹。只需大众觉悟起来，不愿做亡国奴，与其拿生命来做敌人的肉炮弹，不如拿生命来争取整个民族的自由平等，我们的国难就必须的解决了。但是中国的大众受了小众的压迫剥削，从来没有时间、金钱、机会去把自己和民族的问题彻底的想通。加上了几千年的麻醉作用，他们遇到灾难，会武断的说是命该如此。我们要一种正确的教育来引导大众去冲破命定的迷信，揭开麻醉的面具，找出灾难的线索，感觉本身力量的伟大，以粉碎敌人之侵略阴谋，把一个垂危的祖国变成一个自由平等的乐土。

  大众教育是什么？ 大众教育是大众自己的教育，是大众自己办的教育，是为大众谋福利除痛苦的教育。这种教育和小众教育固然大不相同，即和小众代大众办的所谓民众教育、平民教育也是根本矛盾。大众教育是要教大众觉悟。只是教大众生产、生产、生产，长得肥一点，好叫小众多多宰割的教育不是大众教育。大众教育是对大众讲真话。专对大众说谎的教育是骗子教育，而不是大众教育。大众教育对着麻醉大众的歪曲理论是要迎头驳斥。始而装痴装聋，继而变成哑巴，终之而拜倒在当前势力下，这是帮凶教育而不是大众教育。大众教育是要教大众行动，教大众根据集体意识而行动。只教大众坐而听，不教大众起而行，或是依照小众的意思起而行，都是木头人教育而不是大众教育。大众教育是要教大众以生活为课程，以非常时期的有计划有组织的生活做他们的非常时期的有计划有组织的课程。这非常生活，便是当前的民族解放、大众解放的生活战斗。这是大众教育的中心功课。在这里我们要指出民族解放与大众解放是一个不可分解的运动。如果大众不起来，民族解放运动决不会成功。但是如果不拼命争取民族解放，中国大众自己也难得到解放。所以大众教育只有一门大功课，这门大功课便是争取中国民族大众之解放。若只教大众关起门来认字读书，那是逃避现实的逃走教育而不是真正的大众教育。

  大众教育怎样办？ 依据教育部的统计，每一个小学生每年要用八元九角钱的教育费，民众学生每年要用一元八角钱的教育费。现在中国有二万万失学成人，七千万失学儿童。这二万万七千万人当然是我们大众教育的对象。照上面的费用算起来就得要十万万元才能普及初步的大众教育。这个数目不但是大众自己办不到，就是教育部，去年费尽九牛二虎之力也只筹到三百多万元的义务教育经费，对于这十万万的大众教育经费也一定是筹不出来的。因此，大众教育在现阶段一定要突破金钱关才能大规模的干出来。下面的两条原则和一个新工具是一方面可以叫大众教育突破金钱关，一方面又叫大众教育进行得更有效力更有意义。

1. 社会即学校　大众教育用不着花几百万几千万来建造武汉大学那皇宫一般的校舍。工厂、农村、店铺、家庭、戏台、茶馆、军营、学校、庙宇、监牢都成了大众大学的数不清的分校。客堂、灶披、晒台、厕所、亭子间里都可以办起读书会、救国会、时事讨论会。连坟墓也可以做我们的课堂。谁能说庙行的无名英雄墓和古北口的"支那"勇士墓不是我们最好的课堂啊？

2. 即知即传　得到真理的人便负有传授真理的义务。不肯教人的人不配受教育。前进的知识分子当然是负着推动大众教育的使命。但是经过很短的时间，前进的大众和前进的小孩都同样的可以做起先生来，我们可以说大家都是学生，都是同学，都是不收学费的先生。在传递先生和小先生的手里，知识私有是被粉碎了，真理为公是成了我们共同的信条。

3. 拼音新文字　拼音新文字是大众的文字。有了新文字大众只须花一个月半个月的工夫，便能读书、看报、写文。初级新文字教育只需三分钱就能办成，连一个人力车夫也能出得起。大众教育可以不再等待慈善家的赈济。的确，文化赈济是和面包赈济一样悲惨，一样的靠不住。水灾和旱灾的地方是十个人饿死了九个人，剩下一个人才等着一块面包，而这块不易得的面包是差不多变成酸溜溜的糨糊了。新文字！新文字！新文字是大众的文字。它要讲大众的真心话。它要写大众的心中事。认也不费事，写也不费事，学也不费事。笔头上刺刀，向前刺刺刺，刺穿平仄声，刺破方块字，要教人人都识字，创造大众的文化，提高大众的位置，完成现代第一件大事。

依据社会即学校、即知即传两条原则，拿了新文字及其他有效工具，引导大众组织起来争取中华民族大众之解放：这便是中国所需的大众教育。

二　大众的国难教育方案③

1. 国难教育之目标

甲、推进大众文化。乙、争取中华民族之自由平等。丙、保卫中华民国领土与主权之完整。

2. 国难教育之对象

甲、教育大众联合起来解决国难。乙、教育知识分子将民族危机之知识向大众传播。

3. 国难教育之教师

甲、前进的大众。乙、前进的小孩。丙、前进的学生。丁、前进的教师。戊、前进的技术人员。

4. 国难教育之非常课程

有计划的非常生活便是我们有计划的非常课程。甲、政治经济专家之演讲讨论。乙、防卫作战技术之操练。丙、医药救护之实习。丁、交通工具运用之实习。戊、国防科学之研究。己、大众教育之研究推广。

5. 国难教育之组织

甲、成立学生救国会及学生救国联合会以实施学生之国难教育。乙、成立教师救国会及教师救国联合会，以实施教授教师之国难教育。丙、成立各界大众救国会及各界大众救国联合会，以实施大众之国难教育。

6. 国难教育之文字工具

甲、拼音新文字，易认易写易学，应立即采取作为大众普及教育之基本工具。乙、用汉字写作时也须将它写成大众易学之大众文。

7. 国难教育之方法

在行动上取得解决国难真知识，立刻把它传给大众，使它在解决国难上发生力量。甲、推动报纸、杂志、戏剧、电影、说书人、无线电播音积极针对民族解放之宣传。乙、变通各校功课内容，使适合于解决国难之需要。丙、运用县、市、乡现有组织及集会，宣传民族危机及解决国难的路线。丁、推动家庭、店铺组织国难讨论会、读书会。戊、开办或参加识字学校，使此种学校对解决国难发生效力。己、长途旅行，唤起民众组织起来救国。庚、必要时游行示威。

8. 从事国难教育同志应有之几点认识

甲、中国已到生死关头，我们要认识，只有民族解放的实际行动才是救国的教育。为读书而读书，为教书而教书，乃是亡国的教育。乙、中国已到生死关头，只有武力抵抗才是生路。丙、根据目前的阿比西尼亚④抵抗意大利及历史上被压迫民族独立解放运动的经验，中国不但可以抵抗，并且可以久战，获得最后胜利。丁、中国的国难不是少数人可以挽救，我们必须教育大众共同抵抗，中国才能起死回生。戊、我们应该知道孤立不足以图存，必须联合世界弱小民族及世界上以平等待我之民族共同奋斗，才能够翻身。己、我们应该知道东北问题、华北问题，都是整个中国的问题而不是一个地方的问题。庚、我们应该知道集会、结社、言论之自由，为表示民意、认清路线、共同行动之必要条件，我们必须拼命争取才能发挥国难教育。辛、我们应该知道，国难当头，大家都应该加倍努力以求国难之解决，故主张国难不止，决不放假，当然我们是坚决反对提前放假。壬、我们应该知道教师的责任，不仅是指导学生，而且要与学生参加救国运动，同过救国生活，共受救国教育，故我们主张教师要与学生大众共休戚，决不可袖手旁观。

三　大众的国难教育方案之特质⑤

现在是教育与国难赛跑。我们必须叫教育追上国难，把它解决掉。但是教育这个东西，能帮助解决国难也能加重国难，我们是不可以随便干的。要怎样才算是一个解决国难的教育方案？让我把它的特质指出来，你就可以知道它和别的教育方案是不同了。

1. 它是单一的　解决国难的教育方案只有一个目的。这个目的就是保卫中华民国领土主权之完整以争取中华民族之自由平等。一切教育设施都要以这个神圣的使命做中心。教育部新近宣布国难时期教育宗旨，说：教育之生命，即民族之生命。还有人甚而至于说：我们先要救教育之生命，才能救民族之生命。前一说是把生命的源头弄颠倒了。后一说是把一个生命分成两个：一是教育的生命，二是民族的生命。我要郑重的说：教育没有独立的生命，它是以民族的生命为生命。唯有以民族的生命为生命的教育，才算是我们的教育。国难教育是要教人救民族之命，则教育之命自然而然的得救了。

2. 它是大众的　民族之命非"小众"所能救。国难教育的任务，在唤醒大众组织起来救国。教育大众是当前的国难教育之第一件大事。《大公报》二月七日的社评乃把它降到第二义，可算是颠倒是非了。北平学联会所通过之非常时期教育草案是很好的，但是《大公报》披露该案的时候，任意的把民众教育三条删掉，也是因为《大公报》是采取了一种要不得的流行的态度，不许大众救国。我们应该知道，不许大众救国的教育，乃是亡国的教育，而不是救国的教育。

3. 它是联系的　解决国难的教育方案，应该注重三种联系。一是内容的联系。一切科目活动都以解决国难为中心而取得联系。二是组织的联系。各界各团体都以救亡工作为中心而取得联系。三是历史的联系。把现在中国民族解放运动与历史的教训密切的联系起来。这样整个的中华民国是成了我们的伟大的大学校。中山大学教育研究所所拟之战时教育工作计划，很详细具体，但是单以学校为组织之中心是不够的。至于有些人想把国难教育像只小鸟儿关在课堂的小笼里，那更是自欺欺人了。

4. 它是对流的　比如烧水，冷水重而往下沉，热水轻而往上浮，这叫做对流。经过一些时候的对流，水就自然的沸起来了。解决国难教育的方案是必须容许上层下层的对流。领导的人总想由上而下。但是纯粹由上而下的教育，只能造成被动的群众。被动的群众是发挥不出力量来担负救亡的责任。我们必须愿意被群众领导才能领导群众。故群众对于教育必须有由下而上的自动的机会，才能把自己和领导者造成救亡的战士，而完成救亡的使命。我们应当打通领导者与被领导者中间的隔板，使他们可以对流而互相教育。若把教育分成两部分，一部分专门培养领导者，另一部分专门培养被领导者，结果必定是教领导的人脱离群众的要求，致使国难教育变成一个麻木不仁的东西。

5. 它是行动的　高谈阔论不能救国。只有实际的救国的行动才能把将亡的国救回来，但不能盲行盲动。我们所需要的是有理论的行动、有组织的行动、有计划的行动、有纪律的行动。所谓理论、组织、计划、纪律，又不是校长、训育主任为行政便利弄出来的那一套，乃是民族解放运动所决定的必要条件。我们要在行动上接受民族解放的理论、组织、计划、纪律。为教育而教育，不许行动的教育，乃是加重国难的教育，而不是解决国难的教育。

四　新大学——大众的大学⑥

新大学是什么？新大学是大众的学府。

《大学》里面说："大学之道在明明德，在亲民，在止于至善。"这是从前的"大学之道"。新的"大学之道"就不同了。依照新的眼光看来，它是变成了"大学之道在明人德，在新大众，在止于大众之幸福"。

什么是"大德"？"大德"是大众之德。大众之德有三：一是觉悟；二是联合；三是争取解放。"明"即明白，要教大众自己明白大众之德是这样。

"新大众"是教大众自新，钻进大众的队伍里去跟大众学而后教大众自新。大众本来是可以明白"大众之德"，但为天命之说和别的迷信所麻醉，把自己弄得糊里糊涂。新大学之任务是要教大众在真理的大海里洗个澡，天天洗，一世洗到老，使得自己的头脑常常是清清楚楚的，认识痛苦之来源和克服痛苦之路线。

"止"是瞄准的意思。新大学的一切课程设施都要对着大众的幸福瞄准。为大众争取幸福所必需的就拿来教人，所不需的就不拿来教人。

从前大学里所造就出来的人才有两种。一种是不肯为大众做事，我曾经为这种人写了一幅小照：

　　滴大众的汗，

　　吃大众的饭，

　　大众的事不肯干，

　　架子摆成老爷样，

　　不算是好汉。

第二种人是代替大众做事，但野心勃勃，想要一手包办，甚至不许大众自己动手来干。这样的人我们也是反对的：

　　大众滴了汗，

　　大众得吃饭，

　　大众的事大众干，

　　若想一个人包办，

　　不算是好汉。

　　新大学所要培养的不是这种人。它要培养和大众共同做事的人才。如果它也免不了要培养领导人才的话，它是要培养愿意接受大众领导而又能领导大众的人才。说得正确些，它是要培养大众做大事。

　　还有一种时髦大学，好像是我所说的新大学，而实在是和我所说的正相反。它们的作风，一动手就是圈它几千亩地皮，花它几百万块钱，盖它几座皇宫式的学院。我参观了珞珈山武汉大学之后有人问我作何感想。我说如果我有这笔款，我用款的步骤是有一些不同。第一步，这笔款用来开办大众大学，足够培养五百万大众帮助收复东北；第二步，东北收回之后，假如还有这样多的款子，我想用来发展一些适合国民经济的工业；第三步，工业稍有发展，又积下这么多的款子，我还不能建造皇宫的学府，是必须盖些大众住宅，使无家可归的人可以进来避避风、躲躲雨；第四步，等到一切穷苦无告的人都可以安居乐业了，那时大众一定要勉强我盖几座皇宫式的学府，我大概是可以马马虎虎的答应了。

　　那末，新大学就不要校舍吗？要是要的，没有也无妨。茅草棚虽小，足够办大学。

　　新大学是大众大学，新大学是茅草棚大学，新大学是露天大学。

五 怎样做大众的教师①

现在中华民国已经到了生死关头，我们做大众教师的人应当怎样做才能帮助解决国难而不致加重国难？我常以这个问题问人，现在人也常以这个问题问我了。这里是我的答复：

第一，追求真理 大众是长进得很快，教师必须不断的长进，才能教大众。一个不长进的人是不配教人，不能教人，也不高兴教人。大众快赶上你了！你快要落伍了！"后生可畏"不是一句客气话，而是一位教师受了大众蓬蓬勃勃的长进的压迫之后，对于自己及一切教师所提出来的警告。只有不断的追求真理才能免掉这样的恐怖。也只有免掉这种恐怖才能教大众，否则便要因为怕大众而摧残大众了。我得声明，真理离开行动好一比是交际花手上的金刚钻戒指。我们所要追求的是行动的真理，真理的行动（Truth in Action）。这种真理不是坐在沙发上衔着雪茄烟所能喷得出来的。行动的真理必须在真理的行动中才能追求得到。你不钻进老虎洞，怎能捉得小老虎。

第二，讲真话 让真理赤裸裸的出来和大众见面。不要给他穿上天使的衣服，也不要给他戴上魔鬼的假面具。你不可以为着饭碗、为着美人、为着生命，而把"真理"监禁起来或者把他枪毙掉。教师只能说真话。说假话便是骗子，怎么能做教师呢？

第三，驳假话　说假话的人太多了。教师要有勇气站起来驳假话。真理是太阳，歪曲的理论是黑云。教师要吹一口气把这些黑云吹掉，那真理的太阳就自然而然的给人看见了。

第四，跟学生学　你要教你的学生教你怎样去教他。如果你不肯向你的学生虚心请教，你便不知道他的环境，不知道他的能力，不知道他的需要；那末，你就有天大的本事也不能教导他。他要吃白米饭，你倒老是弄些面条给他吃，事情是会两不讨好。不但为着学生而且为着你自己，你也得跟你的学生学。你只需承认小孩有教你的能力，你不久就会发现小孩能教你的事情多着啊。只需你心甘情愿跟你的学生做学生，他们便能把你的"思想的青春"留住；他们能为你保险，使你永远不落伍。

第五，教你的学生做先生　你跟学生学，是教学生做你的先生。如果停止在这里，结果怕要弄到师生合做守知奴，于大众毫无关系。你必得进一步教你的学生去教别人。你必须教你的学生把真理公开给大众。你得教你的学生拿着真理的火把指点大众前进。

第六，和学生、大众站在一条战线上　教师不和学生站在一条战线上便不成为教师。这是怎样说呢？因为他要到西方去，你却教他往东走；反过来，他要到东方去，你却教他往西走。这种牛头不对马嘴的教育怎能行得通呢？有些教师不恤使用强迫手段要学生朝着教师指定的路线走，结果是造成师生对垒，变成势不两立。在势不两立的局面下还能叫学生接受你的指导吗？不但如此，先生学生虽是打成一片，如果他们联合行动的目标与大众所希望的不符，还只是小众的勾结，将为时代所不容。因此做教师的人必须和学生、大众站在一条战线上为真理作战，才算是前进的教育。现在中国第一件大事是保障中华民国领土主权之完整，与争取中华民族劳苦大众之自由平等。教师和学生、大众都要针对着这个大目标，才能站在一条战线上来。教师和学生、大众站在这一条战线上来奋斗，才算是实行着真正解决国难的教育。你若把你的生命放在学生的生命里，把你和你的学生的生命放在大众的生命里，这才算是尽了教师的天职。

我们如果能把上面这六点做到，便不愧为现代的教师了。这样的教师，我相信，对于民族解放、大众解放、人类解放是有贡献了。

六、怎样才可以做一个前进的青年大众⑧

什么是前进？

我是今年五月十日到平南。平南是邕江旁边的一个小村庄。村里有一个女学校，学生个个是赤脚大仙。我对于她们的认识是：

> 一群野姑娘，
> 好像没规矩；
> 教她穿袜子，
> 嘴许心不许。

> 粉碎烂规矩，

创造新规矩；

无须人干涉，

万事自作主。

有弛也有张，

不是自由乡；

令人留恋处，

仿佛在晓庄。

这里的同学是天真烂漫，对于世界国家的大事是要打破砂锅问（纹）到底。他们围着我，盯着我问东问西，问个不歇。我说，找一个风凉的地方来畅谈一下更好。

那是现成的。门外就是六七株很大的榕树，像撑着大伞，排起队来，站在江边侍候着。好得很，还有几块古碑睡在地上让我们坐。这些树阴底下简直能坐好几百人。我们将近一百人在两棵树的中间坐了下来，已经是觉得够宽敞了。正是：

大树挡太阳，

清风来邕江；

坐在古碑上，

大事共商量。

这真是别有天地非人间。我们的有意义的讨论就这样的开幕了。

先是有人说了几句介绍词，接着就是我的简短的开场白，忽然间，一位同学像爆蚕豆样爆出一个问题来：

"怎样才可以做成一个前进的青年?"

"跟前进的人做朋友。"

"前进的朋友到哪儿去找呢？他又没有招牌挂在脸上。"

"听他讲的是什么话。看他干的是什么事。"

"在我们近边的人，固然可以这样办。不幸近边的前进的人不可多得又怎样办？幸而有，我们还想多得几位前进的朋友又怎么办？"

"像蚂蚁寻蜜糖一样去找。"

"我们又不是蚂蚁，怎么去找？"

"跟着气味去找，那气味是在前进的文章里。看前进的杂志，要不断的看。"

"这提起我想到一点，就是前进的书也要看。"

"对！前进的书是比较更有系统，更能帮助你前进，可是前进的杂志可以帮助你找到它们的线索。我素来不欢喜看广告，但前进的杂志上新书出版的广告不可不看。"

"前进的朋友也能把前进的书介绍给我们。他们还能介绍我们知道一些没有广告的书。除了找朋友、看杂志、读新书之外还有什么别的办法呢！"

"钻进大众的生活里去。"

"大众拜菩萨，先生也叫我们陪他们烧香读经吗？"

"那可不是呀。那样钻进去，是跟着他们落伍，何能帮助我们前进？你要钻进大众的生活里去免不了要穿上一套潜水衣。潜水衣能叫你钻进水里去感受水的压力并在水里做工作而不致给水淹死。你要钻到大众的生活里去感受大众的痛苦，了解大众的问题，明白大众的力量。你不但要避掉他们的迷信和落后思想，并且要帮助他们克服这一切。"

"那件潜水衣是什么?"

"前进的意识钻进大众的生活里去,等你钻出来的时候,你的意识是更前进了。大众的意识也跟着你所接触而一起前进了。"

"有些人从前是前进的,过不得多少时候就会落伍到几千里外去。这是什么道理?最明显的是五四时代所谓前进分子,到如今多数是反动颓废得太厉害,我们眼面前也有些人是如此。有什么法子可以叫我们继续不断的前进?"

"你的意思是要有个保险,要保你一世到老的前进吗?"

"是的。怎样可以为前进保险?这个保险公司哪里有?"

"办法就在'公司'两个字里面。公是公共;司是看管又有司理的意思,例如司机是开机器的人。前进的人联合起来过着前进的生活,大家彼此看管好了,不使一个人落伍,那末前进就得到保证了。个人的前进是最靠不住。他高兴就前进,灰心就落伍,谁也不能为他保险。唯有集体的前进行动才能帮助我们一世到老的前进。"

"这是很对的了。但是加入这个集体的分子是不是需要年龄的区别,是不是一定要整整齐齐的青年?我看有些小孩倒很前进的,似乎也能加入。"

"严格的限制是有害的。有些小孩是的确很前进。这些年来,不但是青年教我前进,小孩也教我前进。有时青年对老师说话要客气些,不便逼人过甚,而小孩倒天真烂漫,心里有什么说什么。我个人的经验是得着小孩的指教多于青年的指教。我并且亲眼看见前进的小孩督促几位落伍的青年简直如同赶驴子一样的认真。如果把小孩子开除,那是一个大损失。我们成年人应该跟青年学，青年人是无疑的应该跟小孩学。集体的行动里面倘若能够加入前进的小孩那是更能保险大家前进了。……我们怎样才可以做成一个前进的青年？我得加重的补说一句：最重要的方法是集体的前进行动，是前进的集体行动，它不但是为‘前进’保证，并且它本身便是培养‘前进’的主要方法。”

　　讨论到这里，我正想休息一会儿，忽然又来了一个大炮：

　　“什么是前进？”

　　“你们大家想想看。这是个根本问题，我们倘使不能明明白白的答复这个问题，前面的讨论就会落空。什么是前进？”

　　“反日是前进。”

　　“反封建是前进。”

　　“反个人主义是前进。”

　　“为大众谋幸福是前进。”

　　“教大众觉悟是前进。”

　　“教大众联合起来是前进。”

　　“和大众站在一条战线上争取解放是前进。”

　　“追求真理是前进；固执成见是落伍。”

　　“行动是前进；空谈是落伍。”

　　“斗争是前进；妥协是落伍。”

　　“创造是前进；改良是落伍。”

　　“把握现实是前进；幻想是落伍。”

　　“世界观的（?）是前进；狭隘的国家主义是落伍。”

"运用矛盾以发展的是前进；坐待高潮之来到的是落伍。"

"唱义勇军进行曲的是前进；唱妹妹我爱你是落伍。"

"你们所说的，我大致满意，有几条似应该归并，恐怕也还有遗漏，这个整理的工作，以后再干。今天我们至少对于'什么是前进'是有了一个比较清楚的系统的了解了。我却有两点意见贡献。比如，反帝这个口号在一年前是无论哪一个前进的人都认为无可怀疑。但最近这几个月来，情形是大变了。我们觉得危害中华民族生存的最大敌人是日本帝国主义。我们应当把我们的战线缩短。所以反抗日本帝国主义是成了当前最前进的口号。这口号是与把握现实一条更为符合了。其次，单单行动两个字不限定是前进。开倒车也是行动，反动也是行动。因此，我们是需要修改一下，有真理指导的行动才是前进。我高兴得很，自从经过这次讨论之后，我对于这个问题是更加明了了。我很感激诸位同学的指教。"

"你对于不前进的青年有何感想呢？"

"老了。病了。一个人老了是几乎没有药医。病了，如果他愿意医，还有办法。"

"一个十七八岁的青年会得老吗？"

"他会，他会变成一个十七八岁的老翁。她会，她会变成一个十七八岁的老太婆。"

"他们害什么病呢？"

"爱病！一个不前进的青年是会害爱病，病死在爱里，这些恋爱至上主义者是多么的可怜啊。"

"有什么药医呢？"

"只有一种药。用革命来指挥恋爱，用革命至上论来克服恋爱至上论。这样一来，他是变成了一个前进的青年了。他必须变成一个前进的青年才能医好这种青年病。"

"前进的青年就不会害病吗？"

"有些也害病。害的是幼稚病。他们把四周围的朋友都造成敌人。他们帮助敌人造成联合战线攻打他们自己，他们像蚕一样，造茧自缚。他们拼命的'前进'，结果是一步也不得进，甚而至于退到几千里外去。他们在敌人的面前张挂自己营盘的军用地图，他们把自己造成自己的敌人。前进的青年只怕害这种病。"

"有药可医吗？"

"自我批判，追求真理。"

"哈哈，有了药方，我们不怕生病了。"

"药方不能担保你们不生病。你们要依着药方去配药来打预防针，才不会害病，就是病了，也不致把老命送掉。这种预防针是像种牛痘一样，隔一些时候就要打一次才能保险的。"

"晓得了。"……

太阳下山了，天快黑了。赤脚大仙累了。我也坐着一只小船儿回来了。

七　文化解放⑨

1. 什么是文化？

文化是什么？初看起来是一个很容易答复的问题，但是仔细想一下，却有些困难。我们看到一本书，大家都可以承认它是属于文化方面的东西，但是遇着一把"石斧"的时候，我们的意见就要分歧了。有的人承认它是古代文化的遗产；有的人就不免要把它划进别的部门里面去。如果我们承认它是文化的遗产；那末一切生产工具都可以包括在文化的范围里面去了。石斧即是属于文化，那末，锄头，乃至机器都可以算为文化了。这样一来，文化范围可就广大了。除了大自然之外，凡是人类所创造的一切都是文化了。凡是可以用来生产、战斗、交通、享乐、治理、思想的工具以及这些工具所引起的变化都可以当作文化看待了。这是一个顶宽的看法，也是一种顶简单的看法。照这样看法，文化是与大自然相对起来。世界上的一切可以分成两大类：一类是没有加上人工的，叫做自然；另一类是人工所创造的，叫做文化。但是在这个广人的定义之下，研究讨论的工作是不易进行。因此我们要从这广大的事物里抽出一部分来，特别叫它为"文化"。这部分便是记录思想、传达思想、发展思想、改变思想的符号、工具和行动。照这样看法，在文化里面是包含了书籍、报纸、戏剧、电影、学校教育、社会教育、民众运动、高深学术研究等等。在本质方面看，文化工作是反映着人类经济政治的思想。这个定义是与一般人普通所想的接近。

2. 对谁解放？

大众是文化的创造者。最初连语言文字都是从劳动中产生出来的。从哼呀哼呀的呼声里发现了语言，这是不可否认的事实。在树皮上面游猎的路线是文字起源之一。石斧、石刀、种地、造房子不是什么圣人发明的，乃是许多劳苦大众一点一点的积起来的贡献。近代工人对于发明上千千万万的贡献都给科学家偷了去写在自己的账上。文化是大众所创造的。文化是被小众所独占。现在应该将文化从小众的手里解放出来。创造文化的大众应该享受创造的结果。文化是无疑的要对大众解放，使整个文化成为大众的文化。现在的文化解放运动可以说是大众文化运动。

3. 认识上的解放

文化有什么功用，我们必得把它认识清楚，才能谈它的解放。有些人把文化当作装饰品看待，以为大众用不着这个东西。我承认现在所谓"文化"当中有一部分是好比金钢钻戒指。但是有一部分是思想斗争的武器，这武器必定要解放出来，给大众抓住，然后民族大众的解放才有很快的发展。其次，有些人以为大众文化是要等到大众政治实现以后才有可能。我承认大众文化的普及是要等到整个政治变成大众的政治。但是，大众的政治决不是凭空从天上掉下来的，它是要靠着大众继续不断的奋斗才能实现。这奋斗是要运用文化的武器以转变大众的思想才能保证胜利。另外，特别从事文化工作的人，太夸大文化的工作者或把文化看作一个孤立的东西。他们相信文化万能，或者是为文化而文化。这样会叫文化工作脱离了现实而变成一个没有作用的东西。殊不知文化所要记录、传达、发展、改变的思想乃是人类生活中心的思想，即是政治经济的思想。文化脱离了政治经济便成了不可思议。我们认识了文化是政治经济斗争的武器就没有这个毛病了。最后，还有一种人以为文化的工作是纯粹的头脑工作。他们把它看成一个静的东西，可以静坐而得，静坐而传。他们忽略了行动与思想的关系。他们没有认识文化运动作用。我们如果认识文化是民族大众解放的斗争的武器，这个静止文化的错解也就消灭了。我们对于文化的功用至少要有这点认识，然后才能把它从错误歪曲的观念里解放出来。也唯有把文化从错误歪曲的观念里解放出来，文化才能发生真正的作用。

4. 工具的解放

中国的思想符号主要的是汉字。读书人要花一两千块钱，学它十年二十年，才可以读点古书，平常的人花它百把块钱一两年只是一撇一直的像稻草一样吃到肚里去不能消化，俗语叫做不通，读书没有读通。这难写难认的汉字只好留给那少数有钱有闲的少爷小姐去学，无钱无闲的大众和苦孩子必得另找出路。这出路就是近年提倡的易写易认的新文字，大众只需一个月每天费一小时就会写新文字的信，看新文字的报，读新文字的书，那是多么便利啊！大众文字的解放是大众文化的解放的钥匙。

5. 方法的解放

传达文化之方法，依我看来，有三点最要解放。第一点，灌注的教授法最要不得。他把接受文化的人当作天津鸭儿填。民族大众解放运动最需要的不是灌注的演讲而是对于时事之讨论。这种相互之自由讨论，如果有前进书籍杂志作参考最能启发人的思想。学生和大众应该普遍的从灌注的教授法里解放出来，跑到这种自由讨论的空场上呼吸些新鲜空气，晒一晒太阳光。第二点，是知识封锁也要不得。从前的观念是学问自己受用，学校变成守知奴的制造厂。我们应该把自己从这知识私有卑鄙习惯里解放出来，我们对于真理应该即知即传，不肯教人的人不配受教育。从前写文章的人，是写得愈深愈觉得得意。现在呢，连白话文都得解放成大众文，使得大众易于了解。这的确对于传播文化是有很大的作用。觉悟的知识分子都得把自己的作风解放出来使得大众易懂。第三点，要不得的是教而不做，学而不做。我们要在行动上来推进大众文化。我们要从静的方法解放出来，使大众加入真理的行动以追求行动的真理。

6. 组织上的解放

文化的组织是被小众捏得死死的。学校里的训育管理变成官僚化。学生只是被治而失去了自治。我们要把文化从模范监牢里解放出来，使它跑进大社会里去。社会即学校。文化的场所多着哩。茶馆、酒楼、戏院、破庙、茅棚、灶披、晒台，甚至于茅厕在今日都成了大众的课堂。整个民族解放运动成了大众的课程。平常的课程如果是和民族解放运动配合起来就不得不起质的变化，例如算学吧，那是看作一门纯粹的学科，然而把整个中国失掉的领土富源算一算，便立刻从平常的课程跳入非常的课程里面来了。在新的组织里教师学生和大众是站在一条民族自救的大路上，从前教师与学生间、学生与大众间的围墙都要打通，这样大众的文化才能充分传达发展。

7. 时间的解放

有些传统的学校，名为认真，实际是再坏无比。他们把无谓的功课排得满满的，把时间挤得滴水不漏，使得学生对于民族前途和别的大问题一点也不能想，并且周考、月考、学期考、毕业考、会考弄得大家忙个不了，再也没有一点空闲去传达文化、唤起大众。说得不客气些，这就是汉奸教育、奴化教育、亡国教育。另一方面，大众一天做十二小时工，甚至于有的要做十六小时的工。他们是没有空闲接受文化。时间是文化战的最大关键。我们必须争取时间来推进大众文化。时间解放是大众文化解放的焦点。

8. 新文化创造的解放

新文化之创造是社会进步之特征，同时，也是帮助社会更进一步的一种推动力。新兴的文化多少总是于大众有益的文化。所以新文化的创造是受着前进者之欢呼，同时是遭着落伍者之妒忌。前进的书籍、杂志、戏剧、电影种种是在热烈的欢迎里遇着最残酷的虐待。明明是一套最好的电影，他会给你东剪一条，西剪一条，剪得使你失去了原来的生命。好比人家生了一个小孩，假如管户口册的人要批评你这孩子那里生得对，那里生得不对，你一定是要觉得他做得太过分了；又假如他不但是随嘴乱说，并且手里还拿了一把剪子看到孩子耳朵长得太长便毫不客气的剪掉一点，看到孩子鼻子长得太高又毫不客气的剪掉一点，你该觉得这是个什么人啊！你能忍心的坐在旁边让他剪吗？这样的刽子手是等在文化界的门口一看见新的作品出来就给他几剪。从这把剪子的虎口里把新文化解放出来，是整个文化界不可推诿的责任。

9. 怎样取得文化解放？

中国从前有一样东西叫裹脚布，把姑娘们的脚紧紧的裹，裹得肉烂骨头断，裹成一只三寸金莲，好嫁一个好人家。我想和这裏脚布相配的还有一件东西，叫做裹头布，把中国的小孩、青年、大众的头脑壳，紧紧的裹，裹得呆头呆脑，裹成一个三寸金头，好做一个文化奴隶。这裹头布便是加在大众头上的一切文化的压迫。不愿做文化奴隶的人联合起来，争取大众文化之解放！前进的知识分子在推进大众文化上固然能起重要的作用，但是大众文化运动决不能由少数知识分子代办。大众文化是大众的文化，是大众为自己推动的文化，是大众为自己谋幸福除痛苦而推动的文化。大众文化的解放是要大众运用集体的力量来争取的。它决不是小众可以送来的礼物。并且民族解放、大众解放、文化解放是一个分不开的运动，必得要联起来看，联起来想，联起来干，才会看得清楚，想得透彻，干得成功。

八　大众歌曲与大众唱歌团⑩

1. 什么是大众歌曲？

大众的歌曲是大众的心灵的呼声。它是用深刻的节奏喊出大众最迫切之内心的要求。少数天才之创作必定是符合了这个条件，才为大众所欢迎而成为大众的音乐和大众的诗歌。大众的歌曲是要唱出大众的心中事，从大众的心里唱出来再唱进大众的心里去。它来，是从大众的心里来；它去，是到大众的心里去。

那少数的音乐和文学天才怎么会知道大众的心事呢？他们如果老是坐在沙发椅上享现成福，那是永久不会知道的。可是，他们也无须学孙悟空要钻进人家肚皮里才知道人家肚皮里的事。他们只需站在大众的战线上来做斗士，便能感觉大众的艰难，了解大众的需要，说大众要说的话语，唱大众要唱的歌曲。一个脱离了大众生活的天才绝写不出大众的歌曲来。因此，大众的歌曲可以说是大众运用天才写起来的。简直可以说，是大众共同创造起来的。

2. 民众歌咏团之伟大

刘良模先生所创的民众歌咏团是大众音乐以最正确的形式表现出来的。这种歌咏团现在在中国各大都会里都有了组织。最初在上海我曾经听过一次二三百人的合唱，他们是预备到高桥去唱给乡下人听。近来看《永生》又知道他们一团七百人，于六月七日在上海西门公共体育场合唱给五千人听。会场中曾有警察来干涉，但是听啊"中国人连中国歌都不能唱了吗？"这个五千人的吼声是使警察不好再说话。最近六月二十口夜里，香港民众歌咏团团员四百人在青年会体育场上对三千民众合唱，把民族自救的声浪打到每一个听众的心里去。我这次也是听众之一，亲自感觉到这个运动的前途的伟大。

3. 为什么在这个时候产生？

民众歌咏团为什么在这个时候出现？从前为什么没有这样活动？我可以说像民众歌咏团这种组织，不是偶然可以产生的。比如一种花，它是原来有生命，但是气候未到，它是开不出花来；气候已到，它便自然而然的开出美丽的花了。音乐是大众心灵的呼声。大众欢喜唱歌，那是无可怀疑的。每一个大众的心灵里都潜伏着音乐的种子。但是在那伟大的音乐气候未到以前，他们只能唱几套小调儿过过瘾，表现不出很大的力量。这好比是一粒种子在地下吸收一些潮湿时所发出的低微的声音。现在是伟大的时代的前夜，大众是预备开口了。春天到了，你能叫桃花不开吗？夏天到了，你能叫荷花不开吗？秋天到了，你能叫菊花不开吗？冬天到了，你能叫梅花不开吗？大众的时代到了，你能叫大众的口不开吗？

因为日本帝国主义不断的侵略，中国是遇了空前的大灾难。中国大众不肯亡国做奴隶。中国大众要追求自由，追求平等，追求生存。中国大众要为自由而战，为平等而战，为生存而战。

世界上最伟大的音乐是战斗的音乐，最伟大的文学是战斗的诗歌。中国是在发动一个空前的民族解放的伟大战斗，在这个时候，是自然而然的会跑出最伟大的战斗的音乐与战斗的诗歌。

战斗的音乐与战斗的诗歌之外，次有力而也含有普遍性的是恋爱的音乐与恋爱的诗歌。恋爱的音乐与恋爱的诗歌在古时与野蛮社会里也是大众的集体活动。在择配结婚的时候，一群一群的青年男女奏着恋爱的乐，唱着恋爱的歌，跳着恋爱的舞。但是在开化的国度里，这种集体的欢会是失掉了，恋爱变作个人的事，恋乐恋歌都变成靡靡之音而为大众集体生活所丢弃。但是仔细考察起来，恋爱是性之战斗也是战斗的一种。恋歌恋乐未尝不可以和战歌战乐相通。假使把革命与恋爱打成一片，使恋爱受着革命的领导，那末武装的恋歌恋乐也可以成为伟大的作品而为大众所欣赏。

其次就是工歌。工歌也是战歌的一种。它是与自然界和剥削者战斗之呼声。武装的工歌当然是有它的伟大，也当然是大众欢喜吃的家常便饭。

受着时代的伟大的感动，音乐的天才自然会创作大众高兴唱高兴听的音乐，文学的天才自然会写出大众高兴听高兴唱的歌词。从前有人写一首歌要找人做个谱很难，有人作一个谱要找人填一首词也很难，勉强配合起来，好比旧式结婚，总难中意。有时弄出绝大的笑话，开学歌配上出丧的音乐。其实，它们不但是不相配，而且是音乐不成音乐，歌词不成歌词。现在却不同了。一首前进的歌，要一位前进的音乐家做个谱，他的谱就恰到好处。一个前进的谱要一位文学家填一首词，他一填就填到天衣无缝。而且唱起来，大众都兴奋。这是因为什么缘故呢？因为制谱者、做歌者、唱者、听者都是遇着同一的大灾难，发生同一的大觉悟，参加同一的大战斗，是必须的唱出同一的大和声。

我所说的音乐天才和文学天才并不是超人的天才。有音乐的天才而实际上不是一个与大众站在一条战线上和大灾难拼命的斗士，他写不出感动大众的乐谱。有文学的天才而实际上不是与大众站在一条战线上和大灾难拼命的斗士，也写不出感动大众的歌词。现在能写大众的歌词的人是比较的多，能写大众的乐谱的人还很少。聂耳先生之死是中国大众音乐的一个最大的损失，几乎是等于音乐之国里失掉一个东北，东北可以收回，聂耳不能复活，这是一件令人伤心的事啊！中国有音乐天才的人数本来也有一些，多数到现在还是站在大众战线之外，享受个人的自由幸福。这些朋友到现在还写不出一件为大众欢迎的作品，这不是很可惜吗？但是我相信，只要他们一加入大众的队伍和民族的大灾难开始拼命，就不啻是聂耳先生一个又一个的复活了。

然而聂耳先生给我们的音乐遗产已经是很可宝贵了。我们的劳苦大众自己创造的山歌也不错。还有好些前进的文学家所写给大众的词也值得感谢：这些人都是把他自己的生命放在大众的战斗里，才把他们的天才发挥出来，写成大众的音乐，大众的诗歌，使大众有东西唱，兴高采烈的唱了又要唱。

4. 大众唱歌之前途

民众歌咏团已往的成绩是值得赞美，以后的前途是更加伟大。现在就我所想到的提出几点意见，供这运动的同志做参考，同时，希望大家指教：

（一）改个名字　名字要符合大众语。歌咏的咏字不很通俗。我提议把它改为大众唱歌团。

（二）越多越好　从前韩信用兵多多益善，大众唱歌团的团员和大众是越多越好。少则要做到一千人唱，一万人学；多也不妨一万人唱，十万人学。旧世界只有小巧之美。那大量之美是一个新的观念。我希望大众唱歌能给这"大量之美"或"集体之美"一个深刻而具体的印象。

（三）大众开口　大众到会场上来不是听，乃是学；不是学，乃是学唱。我们只有唱众，没有听众；起首虽是听众，当场变做唱众。这样才能更充分的发挥大众的力量。一群哑巴的大众有甚么精神呢？

（四）选歌标准　大众唱歌团所选的歌是要有标准。一要意识前进；二要歌谱有精神；三要歌词不违背大众语。香港民众歌咏团所选的歌曲里就有一两首用文言歌的，大众唱着调子而不懂得里面的意思，效用是未免要减少些。

（五）到源头上去找　有些不懂事的人把人家的歌曲乱改或是不小心的抄错印错。所以选歌要在源头上去找材料。比如《锄头歌》的第四段是"革命的成功靠锄头，锄头锄头要奋斗"。香港的选本是根据一个改错的本子成了"肩着了锄头要奋斗"。这歌的原意是以锄头代表农人，它是招呼农人要奋斗，并不是叫农人拿着锄头去奋斗。这个选本又把最重要的一首丢掉。这首歌末尾还有一段："光棍的锄头不中用，联合机器来革命。"《锄头歌》之所以赶得上时代的精神，最要紧的还是后头这一段。这如何可以把它丢掉呢？再末，香港唱 的调子是改得与原来的不一样。词不可乱改，谱是多年民众精神的结晶，更不可以乱改。百代公司出了一张小先生唱的锄头舞歌唱片，是根据原来的山歌的调子收音的，可以做参考。我的主要的意思只是希望人家要谨慎的去找材料，不要轻易的改人家的作品。如果要改，也得先和作者商量，倘若真正青出于蓝而胜于蓝，那是谁也愿意接受的。

（六）追求歌调的意义　在小组练习的时候，每首歌的意思都要讨论清楚。这种讨论会自然的联系到时事的讨论，并引起人家去看前进杂志报章之兴趣。

（七）引起识字的趣味　因为欢喜唱歌就对于歌里的文字发生趣味。我们如果抓住这种机会运用传递先生或小先生的法子教人识字读书，再使认字读书与民族解放联系起来，也是很有益处的。

（八）继续不断的办　照民众歌咏团的办法，每一工厂，每一店铺，每一家庭，每一学校或每一集团，只要有十人以上就可派人去教。这是一个顶好的办法。这种组织应当成为永久的自求长进的组织。因为新的歌曲是川流不息的出来，我们怎么可以中途而废呢？我们要继续的唱，唱到中国独立、平等、自由了才许它告一段落。

（九）军歌要换　我们二百万军队是需要前进的歌曲。不幸得很，他们还是唱着没有多大意思而很难听的老军歌。一个个的军队都应该成为一个大众唱歌团。至少要采用大众唱歌之集体合唱方法，去唱民族解放之战歌。

（十）大众唱歌团下乡　乡下人是欢喜唱歌。暑假、寒假、星期假，大众唱歌团团员应当下乡训练农民大众唱歌并组织乡村大众唱歌团。乡下的教师如有会音乐的，应当即刻着手提倡乡村大众唱歌团，随时来它一个联村大合唱。

（十一）告音乐天才　有音乐天才的朋友不要把自己的天才在靡靡之音上浪费掉。你们要站在民族的联合战线上来，替大众写乐谱。

（十二）告文学天才　有文学天才的朋友再不要为文学而写文学，也应该加入大众的队伍里来为大众写歌词。

（十三）别抄袭　不要梦想把欧、美现成的歌谱拿来填词。我们现在所需要的是半殖民地反抗日本帝国主义的调子，这个调子在欧、美的音谱里是没有的。它是要我们大众队伍里的天才在中国的土壤气候里扶养出来。

（十四）防止麻醉　唱歌是最能启发人的心灵也是最厉害的迷魂汤。从前的宗教家和现在的法西斯都用唱歌来麻醉人。那个德国的福井范格勒便是用音乐代替纳粹党去麻醉大众的所谓音乐家。美国大众上月听说他要到纽约来做乐队总指挥，大家都起来抵制，不听他所指挥的音乐，乐队里的队员也表示不愿接受他的指挥。一个麻醉人的音乐家是这样受大众的鄙弃，我们看了这件事，是格外明白大众音乐所应该走的路。在我们提倡用大众歌曲来唤起大众的时候，说不定有人也想用假的大众歌曲来叫大众再睡睡，睡到亡国再起来。我们要一致留心这种麻醉的策略，先给它打一支预防针。大众的时代快来到。小众的靡靡之音应该走开，麻醉大众的歌曲是格外应该走开。但空言是无济于事。只要真正的大众歌曲，继续不断的创造起来，便如白日中天，什么微生物都要消灭了，让我们努力创造吧！

九　大众的文字[①]

中国已经到了生死关头，我们必须教育大众组织起来解决国难。但是这教育大众的工作，一开始就遇着一个绝大的难关。这个难关，就是方块汉字。方块汉字难认难写难学。每一个人必得花费几年工夫几十几百块钱才能学得一点皮毛。一个每天做十二三点钟苦工的大众是没有这些空闲时间，也花不起这许多钱来玩这套把戏。手头字、简字是方块汉字的化身不是根本的解决。注音字母是为方块汉字注音的工具，不过是方块汉字的附属品。国语罗马字崇奉北平话为国语，名为提倡国语统一，实际上是来它一个北平话独裁。在有闲有钱的人看来，学了一口北平话再用罗马字读读写写，是不费什么事。但是叫一个上海的、福州的或广州的苦人同时学北平话又学罗马字，那几乎是和学外国话一样的难。国语罗马字又注重声调的符号，把初学的人弄得头昏脑黑。简单的说，中国大众所需要的新文字是拼音的新文字，是没有四声符号麻烦的新文字，是解脱一个地方言的独裁的新文字，这种新文字，现在是已经出现了。当初是在海参崴的华侨制造了拉丁化新文字，实验结果很好。他们的经验学理的结晶便是北方话新文字方案。但是我们不要误会，海参崴的华侨也是中国人。所以这个方案虽是在外国产生，但还是中国人的作品，是和别的中国留学生华侨的作品一样的不容歧视。现在上海话新文字方案也已经由上海的专家造成发表出来，征求大家批评。厦门和客话方案已经编成正在这儿审查。广州、福州、徽州各处方案也正在编制。这些工作是由中国新文字研究会主持进行。

根据上海话新文字方案实验结果，平常人每天费一小时只需半个月工夫，即可写新文字的信，看新文字的报，读新文字的书。聪明些的人两个星期就行；笨一点的人，只需一个月，成绩也不错了。每人所花的，只要三分钱。义务教育培养一个小孩每年平均要花八块九毛钱。民众教育培养一个成人要花一块八毛钱。上海一带运用小先生教汉字每人也要花三毛钱；三万万人的普及最粗浅的初步汉字教育至少就得九千万元。去年教育部筹款办义务教育，努尽了力只筹得三百多万，相差是太大了。倘若推行新文字，每人三分钱，连黄包车夫也出得起。所以就时间金钱两方面来看，新文字是普及大众教育的最经济的文字工具。

有人怕各地方言新文字起来之后会阻碍中国统一。我们详细的把它考察一下，知道这是一种过虑。第一，中国各地方言之不同，不像我们平常所想的那样厉害。因为国内各地方言是汉话与各处土话互相同化克服的结果。它们的不同是有规律的。我们只需把它们彼此不同的规律指出来，大部分是很容易相通的。第二，汉字在名义上是中国统一的文字，但是认得汉字的只是少数人，而多数人是没有文字的。多数人没有文字，除了谈话之外，便不能彼此相通也不能与认识汉字的小众相通。如果各区的方言新文字传给了各该区的大众，那末区以内的大众便可以彼此相通；该区的知识分子精通几区新文字甚至于几国文字的总能找出好几位来，搭一个桥，使各区的大众彼此相通并与全国的知识分子相通，与现代世界文化相通。各区的小事只用本区的新文字记载，至于关系国家的大事都可以由知识分子翻译广播出去。所谓知识分子并不限定是高等华人。大众得了新文字的培养，也必然的会在自己的队伍里产生出知识分子，并且运用各区新文字对照的读物也可以把自己造成沟通各区文化的铁桥。这样一来，新文字不但不至于阻碍中国的统一，而且有力量促进文化的沟通，帮助中国的统一。第三，我们所需要的统一不是抽象的统一，不是幻想的统一，不是制造的统一，而是从实际生活酝酿出来的统一。我们所要的是各区不同生活的血脉流通，而不是勉强各区过同一的生活，说同一的话语，写同一的文字。同一文字的范围是跟着同一生活需要而扩大，决不可以心急。提倡国语的先生们往往幻想出一个公共的需要来推进北平话。他们说："到了需要的公共场合就自然非学国语不可。"我们知道这个公共场合是幻想起来的。在上海大众的公共场合是要用上海话才来得有效。同样，福州大众的公共场合要用福州话，广州大众的公共场合要用广州话，否则，你就得请人翻译，或者是听众听不懂，等于没有说。可见这"公共场合"四个字只适用于少数的知识分子，只适用于有钱有闲学它几年北平话的小众。要想把小众的公共场合的需要当作大众的公共场合的需要，勉强的要把它们赶快统一起来，并且把这种统一看成天经地义，这只是提倡者的偏爱的幻想。拥护汉字统一的先生们对于这同样的幻想更是强烈得很。这种幻想，自然用不着新文字来阻碍它，就会叫他们失望。第四，现在中国是遇着空前的国难，只有大家一齐起来抵抗，才有生路。中国文化界现阶段最重要的工作是普及民族自救的教育，我们要动员一切工具来进行这个工作。但是在选择工具的时候，我们是必得指出新文字的特大效力。文字好比是交通媒介，汉字好比是独轮车，国语罗马字好比是火轮船，新文字好比是飞机。坐上新文字的飞机里传播民族自救的教育的时候，就可以知道新文字是不但不阻碍中国统一，而且确有力量帮助唤起大众挽救我们的垂危的祖国。

照以上观点看来，我们觉得这种新文字是值得向全国介绍了，我们深望大家一齐来研究它，推行它，使它成为大众文化和民族解放运动的重要工具。以下是我们所要建议的具体办法：

（一）每一个方言的新文字方案成立后，我们首先要根据这方案编辑最廉价的课文、指导书。

（二）课本编成后即着手运用各级学校：民众学校、识字学校、夜学校、补习学校、讲习会培养新文字教师，凡学会新文字的人都有教人的义务。

（三）为着要使学过新文字的人继续学习起见，我们要出版：高级课本、报纸、杂志、小说、诗歌、各科小丛书、新文字连环画、新文字字典、北方话与其他方言对照读物。

（四）根据新文字方案创制新文字速写并创制新文字打字机。

（五）对于用汉字编印的书报，我们主张：

1. 文字大众化。

2. 横排。

3. 采用新文字报头。

4. 新文字汉字对照的读物另开一栏。

（六）除了现在已经发表的北方话与上海话新文字方案之外，我们要继续进行其他各区及少数民族方言的调查，以着手其他各区及少数民族方案之建立。

十 怎样写大众文⑫

我们要知道怎样写大众文，先要知道白话文的毛病在哪儿。

> 白话文，
>
> 教人聋；
>
> 读起来，
>
> 听不懂。

谁听不懂？大众听不懂。它写的不是大众的事，所以听不懂。它写的语句不合大众说话的口气，所以听不懂。因为听不懂，也就看不懂。白话文不但大众听不懂，就是读书人也很难听得懂。

我们知道了白话文失败的原因，就可以明白大众文应该怎样的写法。大众文应该写大众需要知道的事。大众文应当照大众说话的口气写。

我们的眼睛看惯了古文、白话文，容易引我们走错路，比较起来，还是耳朵靠得住。我们的耳朵是和大众接近些。所以写大众文的一个好方法是请我们的耳朵出来指导我们。凡是耳朵听得懂、高兴听的才把它写下来。

> 根据大众语，
>
> 来写大众文。
>
> 文章和说话，
>
> 不能随便分。
>
> 一面动笔写，
>
> 一面用嘴哼。
>
> 好听不好听，
>
> 耳朵做先生。

这位先生，人人随身带着，很方便。只要我们肯虚心问它，它总是愿意指教我们的。大家还要记着，它是一个钱学费也不要。

从前有一个人家床上生臭虫，懒得捉，愈弄愈多，正愁着没得办法，看见报上广告说到一家药材铺有臭虫药出卖，他欢喜极了，连忙去买。花了三个铜板，得了一个白纸包。回家打开一看，没有药，只有一小块纸上面写着一个字："捉！"

有些人看见商务印书馆的《出版周刊》，说我编的《老少通千字课》是根据大众语写的，就来问我大众文是怎样写法。我也学那药材铺的榜样送他一个纸包，里面写的是："请你的耳朵教你。"

我们的耳朵虽是顶方便的先生，但不是顶靠得住的先生。因为我们听得懂的文章，大众有时听不懂，所以顶靠得住的先生是大众的耳朵。工人、农人、车夫、老妈子、小孩子的耳朵都靠得住。你做好一篇文章，读给他们听听，如果他们听不懂，你要努力的修改，改到他们听懂了，才能写成大众文。小众听得懂，而大众听不懂的文章，决不能冒充大众文。好的大众文还要大众高兴听。如果小众高兴听而大众不高兴听，决不能算为好的大众文。

> 文章好不好，
> 要问老妈子。
> 老妈高兴听，
> 可以卖稿子。
> 老妈听不懂，
> 就算是废纸。
> 废纸哪个要？
> 送给书呆子。

我们要想写大众文，把大众文写得好，必定要请大众的耳朵做我们的先生。上面的两首诗是一位工人学生张妹给我改的。在《耳朵先生》的一篇里，中间一段原来的稿子写的是：

> 语文要合一，
> 不能随便分；
> 笔儿没有动，

先用嘴儿哼。

我自己的耳朵是给他及格了，但是大众的耳朵听不懂。我得到张妹的帮助才改成：

文章和说话，

不能随便分；

一面动笔写，

一面用嘴哼。

《老妈子先生》一首的末尾两句，原来写的是：

废纸有谁要，

只有书呆子。

也是因为张妹的耳朵的帮助，我才改成：

废纸哪个要，

送给书呆子。

看了上面所举的两个例子，我们对于大众的耳朵纠正我们写文章的力量是无可怀疑了。

当然，一般大众对于新名词也是听不懂。这里我们是要解释明白，使他们能懂，才算是对大众的解释。有些知识分子是越解释越叫人糊涂。要教大众前进，新名词是不得不用，但是大众所需要的新名词，是必须努力在可能范围内根据大众语来创造或改造，例如科学上的"草履虫"为什么不改作草鞋虫呢？

十一　大众画报⑬

识字运动展开了，普及教育的呼声是得到全国的响应了，读完《千字课》的成人儿童是一天比一天多了，"我们再读什么？""我们有什么报可以看？"这是大众时常问的两个问题。第一个问题是比较容易答复，因为几家大书局里都出了高级民众用读本及民众用丛书，尽可选择介绍；但是第二个问题就把我们难倒了，有什么报可以给粗识字义的大众看？大报写的是文言，又无标点符号，依大众看来，真是漆黑一团，除了知识分子及中等以上的商人谁也不懂。小报、周刊、半月刊多数是用白话文写，也有标点符号，但因西化语法太多，大众也不能看得十分明白。画报是有资格受大众欢迎的，但是有些画报，编排复杂，说明难寻，有时也是文绉绉的，使得大众只是看画而不知道画中的意义，并且价钱太贵，一般大众决不能把两天的饭钱省下来买一份画报看。大家要看报，而中国现在是没有一个报能给大众看得懂。因此我想向作家及出版界提出一个建议：

"编辑出版一种真正的大众画报。"

这种大众画报性质采取日报、三日报、周报、半月报、月报，都有需要，但应当符合下列五种条件：

（一）灌输现代知识，培养前进思想；

（二）用大众语写，要趣味胜过正经；

（三）用连环图画写，要图画多于文字；

（四）编排清楚；

（五）价钱便宜。

如果能合上面所说的五种条件，这种画报必可成为普及教育的一种最重要的工具。大众得了它必是如同大旱得了大雨一样的快乐。我是天天望着这样有意义的画报出现啊！

十二 大众的流通图书馆⑭

流通图书馆的意义，只要看一看它的名字就能明白一个大概。从藏书到看书，从看书到借书出去看，这过程是代表了图书馆发展之三阶段，也就代表了普及教育发展之三步骤。让人借书出去看是流通图书馆的特性。但是借给谁看，怎么借法是成了问题。这些问题如果不弄明白，则流通图书馆不免要做成知识分子及有暇阶级的高等听差，负不起普及教育之使命。

（一）借给谁看？对于这个问题，我毫不迟疑的说："借给大众看。"识字的借深一点的给他们看。不识字的借图画书给他们看。图画书不够用，就赶紧的要求作者和书店赶紧的编。流通图书馆的对象是大众，它必须为劳苦大众充分的服务，才算是一个真正的流通图书馆。

（二）怎样借法？现在穷人借书最大的困难有两点：一是没有钱，一是空闲少。我们必须根据这两点来修改借书手续。平常流通图书馆要保证金，少则五毛，多则一元二元，只是这个条件，已经把穷光蛋赶到门外去了。我提议只要介绍人，不要保证金。有些图书馆还要借书人亲自来借，这在有闲的少爷小姐看来并没有多大困难，但一天忙到晚的大众就觉得为难，这当然要允许别人代借。干这件事最觉得便利的那是无过于小先生了。小先生代替学生借书是一件应当鼓励的事。

现在各省市提倡识字运动，成千成万的大众继续不断的加入到读书的队伍里来。"哪里找书看"是成了一个迫切的问题。若不赶紧提倡流通图书馆，这些人将因没有继续读书的机会而把从前读过的书都荒疏了。我心目中的流通图书馆是小规模的，它在拯救文化饥荒的地位看来是一个小饭馆。这种文化小饭馆要普遍的设起来：一镇一个，一村一个，一街一个，一弄堂一个！当然，一县、一市、一乡设一较大规模之流通图书馆，更能收指导、沟通之效。但我所怕的是有了高级的流通图书网，就忘了低级的流通图书馆，最合理的办法是敷设流通图书馆。但与其等待大规模的敷设，不如从小做起。花一二十块钱办一个弄堂或乡村流通图书馆是轻而易举。这是每一位热心提高大众文化水准的人都能做得到的一件事。这样的小小流通图书馆，大众自己就能约几个人凑几块钱办它一个。如果有这样的流通图书馆产生，那是更有意义了。

一九三六年

（原载 1943 年 4 月《行知教育论文选集》）

〔注释〕

① 本篇为《大众教育丛书》之一，由上海大众文化社 1936 年 8 月出版。书内 12 个部分，曾作为 12 篇文章先后在多种报刊上发表过，后编辑成为这一《中国大众教育问题》单行本，只在个别标题或字句上略有改动。单篇文章原发表期刊、标题、时间均于本篇之后，加以简注，可供参考。

② 此题在《大众教育》创刊号（1936 年 5 月 10 日）发表时为《大众教育与民族解放运动》。文字内容也略有不同。

③ 此题在《生活教育》第 2 卷第 22 期（1936 年 1 月 16 日）发表

时为《上海文化界救国会国难教育方案》。此方案于 1936 年 1 月 6 日获上海文化界救国会通过。

④ 阿比西尼亚　国名。即现今的埃塞俄比亚，在非洲东部。

⑤ 此题在《生活教育》第 3 卷第 7 期（1936 年 3 月 1 日）发表时为《国难教育方案之特质》。

⑥ 此题在《生活教育》第 3 卷第 7 期（1936 年 6 月 1 日）发表时为《新大学》。

⑦ 此题在《生活教育》第 3 卷第 3 期（1936 年 4 月 1 日）发表时为《儿童节对全国教师谈话》，文字内容略有不同。

⑧ 此题在《生活日报·星期增刊》第 1 卷第 5 期（1936 年 7 月 5 日）发表时为《树下谈话记——怎样才可以做一个前进的青年》。

⑨ 这部分曾以同一标题在《生活日报·星期增刊》第 1 卷第 2 期（1936 年 6 月 14 日）上发表过。

⑩ 此题在《生活教育·星期增刊》第 1 卷第 4 期（1936 年 6 月 28 日）上发表时为《从大众歌曲讲到民众歌咏团》。其内容只包括本篇的前半部分。

⑪ 此题在《生活教育》第 3 卷第 5 期（1936 年 5 月 1 日）发表时为《我们对于推行新文字的意见》。文末还附有蔡元培等 485 人的签名。

⑫ 这部分曾在《生活教育》第 2 卷第 18 期刊出，当时分成两篇：《怎样写大众文》和《再谈怎样写作大众文》。

⑬ 这部分在《生活教育》第 2 卷第 19 期（1935 年 12 月 1 日）上发表时，题为《大众画报——一个需要，一个建议》。

⑭ 这部分在《生活教育》第 2 卷第 19 期（1935 年 12 月 1 日）上发表时，题为《流通图书馆与普及教育》。

新中国与新教育①

现在所要说的是新中国与新教育。我们先说新中国的敌人和日本的大陆政策，再说民族解放运动，然后说中国的出路。中国如果没有出路，新中国就新不来。新教育就是以新中国为目标的教育。现在依着这四个要点向诸位说说。

中国的敌人和日本的大陆政策

中国的敌人是谁？中国的敌人是日本帝国主义。中国的敌人不是日本人，是日本帝国主义，日本的军阀。日本的军阀推行他们的大陆政策，他们说，满洲定华北就定，华北定支那②就定，支那定亚洲就定，亚洲定世界就大同。所以日本由沈阳而热河，而上海，而冀东，而福建，而汕头。九一八之后，中国土地在日本势力范围内的等于二十个江苏——这里有福建的同胞，何不算算看，究竟等于几个福建？这里有广东的同胞，何不算算看，究竟等于几个广东呢？中国究竟有多少个福建、多少个广东可供日本吞食？吞完了，我们要变成什么东西？吞完了，我们就要变成大家不肯变、不愿变的东西——亡国奴。所以，凡是不肯变不愿变的就该努力。

东北失陷后，东北的同胞究竟过的什么生活？东北的农人、学生、工人究竟过的什么生活？诸位也许完全知道，也许完全不知道，现在报告一下：

东北的农人，有的是田地，可是好的田地，日本人便要向他买，每亩值一百块钱的往往只给十元二十元，最多也不过二十元，就这样拿去了。有一个农夫，有些很好的田。日本人向他买，他说："不能卖，田是祖宗传下来的，不能卖，一亩一百块钱都不能卖。"日本人听了，不免大怒说："好，你这农夫，好厉害。"于是绑在马腿上——拖起来，农夫本来身体很好，拖了二十里，放起来，还是一个农夫。日本人看了，好不生气道："好，你这农夫，好厉害。"于是打、踢，踢了一腿，踢掉一只眼珠，农夫眼珠没有了，但站起来，还是一个农夫。这是东北农人的生活。

东北的工人，有个朋友写信说：抚顺的矿工是全国最强壮的，差不多全中国军队没有一支比他强壮。可是，每人最多活四年，因为死的死得快，伤的更伤得快。同时佣主希望他死，不希望他伤，死的固然要发抚恤金，可是工人都是山东人，路途这样远，谁的家属知道他死，知道领抚恤金。伤的呢，今天打针要钱，明日开刀又要钱，谁愿意付出这些钱？于是，凡是伤的，抬到了医院，让他摆下，血流光了，也就自己会死，什么都不要了。不说抚顺的矿工，且说上海日本工厂的工人。上海日本纱厂的工人生活，十二月运动之后，大家才知道得详细，简直是地狱的生活。上海日本纱厂的工人，二人不能说话。现在各处实行强迫教育，日本纱厂是不许的，甚至连一本《平民千字课》都不可以有，有就开除；如果有一本《大众生活》，那不得了，那就要打，打了一顿，通知工部局②，教他入狱去。上海工厂工作时间，大家是十二小时，日本纱厂的是十三小时，每礼拜还有一天是十八小时的。我们记得上海日本纱厂有个工人叫梅世钧的，给日本佣主活活打死，至今还无人肯给他报仇申冤。梅世钧给日本佣主打死的原因是这样：梅世钧曾做过十九路军的士兵，照了一张武装相片，放在衣袋里做纪念，并且时常要拿出来看，给日本雇主看到了，说他是捣乱分子，给他一个巴掌。梅世钧本来晓得拳术的，见他来了一掌，接了这掌，回过一拳，那日本人倒地了。另外一个日本人见了，给他一腿，梅世钧接了这腿，回过一拳，那日本人又照样倒地了。那两个日本人倒在地下，吹叫子，叫子一吹，来了五六个人，将梅世钧痛击一回。打完了，摔在门外，过了三四日，也就死了。这是九一八以后，上海日本纱厂工人的生活。

我们要知道梅世钧的死，并不是他一个人的死，他是我们四万万人的代表，他是为抵抗而死的。我们四万万个人，应该有梅世钧的精神，抵抗的精神。

现在来说学生的生活。九一八之后，东北学生，日语就是国语，国语自然是外国语了。天津图书馆，凡是谈到抵抗日本的书都被丢进水沟里去。如果有人在讲台上谈到抗日的问题，便有汉奸去报告，过了几天，这在讲台上讲抗日的就会失踪，永远不见了。到哪里去了谁也不知道。可是，有人看到日本军营，往往用汽车装载麻袋，麻袋装得满满的，究竟装的什么东西？谁也不能知道。汽车将麻袋运到海边，运进轮船里头，轮船载了麻袋向海洋去，不久，轮船回来了，麻袋也就不见了。失踪的人，至今不知多少。

日人实在是你退一步，他进两步的。所以说他得了东四省就会停止，这是书呆子的话。说得了华北就会停止，这也是书呆子的话。实在日本就取得中国的全部，也还是不会停止的。

民族解放运动

现在来说民族解放运动。民族解放运动，是去年十二月九号开始的。这种运动可以说是十二月运动。十二月运动和以前的五四运动不同，十二月运动是每一个人都看得清楚，都要牺牲的。当时敌人的飞机在上空翱翔，中国军队在长官命令下排着刺刀，十二月运动的学生就从飞机和刺刀的威吓中冲过去。十二月十六日那天，城内的学生和城外的学生约好到一个地方会合，中国长官知道了，马上派了军警将城门把住，城内的学生走不出城，于是冲锋，女学生做了冲锋队，四个一排，手拉着手冲出去。

这一天，军队在城门布置的防线共有四道：第一道防线，警察手里拿着木棍子；第二道防线是水龙；第三道防线是刺刀；第四道防线是机关枪。中国军队布置四道防线，不是抵抗侵略中国的敌人，却是抵抗举行民族解放运动的学生。

举行民族解放的学生，到了第一道防线，警察举起木棍子向前要打，大家叫口号，说："中国人应该救中国人，中国人不打中国人！"警察手里的木棍子不动了，变成棉花了。

到了第二道防线，因为水龙喳喳的冲，并且又冲得远，口号的声浪不能激动军警的天良，所以冲锋的尽冲锋，冲水的尽冲水，在天冰地冻的十二月，学生们都被冲得几乎变成冰人，跌的跌，挤的挤，一直冲到第三道防线。第三道防线因为是刺刀，所以流血的二百余人。

十二月民族解放运动胜利的地方，是将全国国民，一齐唤醒。中国人民的觉悟，是二百余学生的血换来的。

十二月十八日，学生运动的风气传到天津，日兵用刺刀挑学生，学生怒极了，签名组成敢死队的一百人。有些原来不愿加入敢死队的，看到那一百人冲去了，在后头叫着："不要跑，我们也要来！"于是，这里八百，那里三百，不到一刻，凑了四千，打算冲到日本租界去拼命。日租界当局知道了，铁门一拉，布了铁丝网，通了电流，教学生队伍冲不过去。学生在铁门前大叫："打倒日本帝国主义！有勇气的快出来！"叫了好久，终于没有人敢出应，所以，这一天无人流血。

再说上海学生运动。上海的学生由复旦学生率领赴京请愿抗日，南京方面说，有话可以写信来，不必派代表。学生说，南京是中国的地方，我们是中国人，为何不能去呢？南京方面无法，致电各校校长，竭力制止，但没有效果，又叫保安队防守北站。学生到北站，见了保安队，大呼口号，说："中国人不打中国人！"保安队手里的竹棍，也终于无用。学生在北站停了好久，车站中的人忽叫他们上车，说要送他们到南京去。学生有的欢喜，有的怀疑。可是，终于一齐上了火车，向前进发。火车进行中，两个学机械的学生，看着司机人开车，暗暗记好，车到半途，忽然停止，司机人下车后，一去不来。这时车站有人在旁讪笑着说："看你们学生，再厉害到哪里？"可是不久，火车动了，学机械的两个学生自己开车前进。当局无法，叫人拆去路轨，使火车不能前进。可是，另一部分学生，用铁钳把后面的铁轨拆来接在前面，继续将火车开动。当局迫得没有办法，即刻派了三千大兵到无锡去抵抗。他们不是抵抗外寇的侵略，是抵抗爱国的学生。

学生无法，又不愿使政府蒙屠杀学生的罪名，就折回上海。

农人本来是乡愚，可是，现在却自己成立救国会。华北各地，无不如此。在天津，土肥原可用两毛钱收买一个汉奸，教他穿起"要求自治"的衣服；可是，在乡下却不行，卖劣货的也要赶、打，不让进来。

不说小孩说老人。上海九七老人马相伯③，每天写信做文章，勉励爱国青年，鼓吹救国。有人说他给我包围了，其实是我给他包围了。因为他做了文章就打电话叫我去看，看了自然觉得非常好，好就要给他拿到报上发表。实在他是包围我，不是我包围他。

上海律师公会会长沈钧儒现年六十三岁，是个老少年。今年"一·二八"和我一齐去祭"一·二八"死难的无名英雄，走了三四十里，他一点都不觉到疲乏。今年五月三十日，看到一张照片，两个人在前头走，细看时，前有须的那一个就是沈先生，原来他又领着青年们祭烈士墓去了。沈先生自己做了一首诗，是问答体的。问的是："我问你，你这六十三岁的老人，你终日奔跑，你恐怕被包括在白色汉奸或红色汉奸的里头了！"答的是："不，因为我是中国人"；第二句还是"因为我是中国人"；第三句还是"因为我是中国人"。

照上面所报告的看，无论老、少、男、女，凡是不愿做亡国奴的，都要起来了！

中 国 的 出 路

中国的出路究竟在哪里？日人侵我不全吞中国不止。所以，有笔杆的人，就要用笔杆抵抗；有钱的人，要用钱来抵抗；有主义的人，要用他的主义来抵抗。无论是经济，是文化，是武力，都可抵抗，都应该抵抗。

人身好比国家，白血球好比军队。白血球杀灭病菌，碰到就杀，否则被杀。只有杀敌或被杀的两条路。无论是来了虎烈拉①病，或是重伤风病，他都不能停一下，说声："虎烈拉先生，或是重伤风先生，请你等一回，让我来预备一下。"如果白血球是这样的畏惧、妥协，那我今日就不会在这里说话，老早进了棺材了。军队也是这样，敌人一来，就要全体总动员，出来抵抗。能够这样，请问谁还敢来侵略呢？可见要保国唯有抵抗。可是，单靠一个人的抵抗不够。靠前进的青年么？请问有多少前进的青年？所以靠前进青年抵抗也还是不够；就是靠一党一派来抵抗也还是不够，如果由一党包办抵抗，另一党就不服。如此一来，一党力量原已单薄，如果还要分出一部分力量来压制敌党，自然不足以抗强寇了。并且如果这一党包办抗敌，那一党就要观望，有时不只观望，说不定还要抽他一腿。所以，一党包办抗日，实在不当。如果由一党包办抗日，到后来一定弄到我打你，你打我，自己打自己，给旁边的老虎吞去。如果老虎真的有了这一个机会，那他今日有得吃，明日有得吃，后日又有得吃，实在感激不尽。不过，我们能让老虎把自己吞去吗？所以我们不救国则已，如要救国，就该联合起来。联合不是联合志同道合的人。志同道合的人，他本来已经是合的，还需联么？所谓联合，是联合各党各派的人，各党各派的人如果以前是打架的，现在就该停手，把旧账搁在一边，以后再算，大家马上妥协携手！一齐来打共同的敌人。

譬如坐船，没有风浪，没有变故，我们就可起来辩论，起来谈天。好像我是倡用新文字的，你是反对新文字、保守旧文字的。我说新文字很好，你说新文字不好，旧文字更好。我说旧文字好像裹脚布，裹脚布把脚缠，缠，缠，缠得你的脚变成三寸金莲，旧文字把头缠，缠，缠，缠得你的头变成三寸金头。你说，新文字看来，一串那么长，长得非常难看，吃下肚子不消化。于是我不服你，你不服我，大家打了起来。如果这时船着了火，那么大家就该罢手，联合起来救火。火救完了，大家没有事了，或者你爱惜旧文字的人已经在抽大烟了，我这时候，没有事做，那么，我当然可以问你说："喂，你说新文字不好，究竟还有什么不好？"你当然也可同样的问我。又如船到中途，遇了强盗，那我们自然也需抗了强盗再来说话。

联合战线，就是这么说，大的敌人在前，小的冤仇应搁起，否则，大家都要做成亡国奴，不好过。我死不怕，怕做亡国奴。我们要明白，我们如果做了亡国奴，不只我们要做，世世代代，连我们的子孙小孩，都要做小亡国奴。

联合什么呢？第一要联合中国目前的四大力量。四大力量联合，才可以抗日。第一是中央政府统治下的二百万军队；第二是西南的兵力；第三是中国的红军；第四是老百姓——无论任何力量，撇开老百姓就不能抗日救国。

有人说主义不同，联合不来。其实不然。以前法国反苏联，现时苏法对德国有共同的戒心，就携手了。所以，无大敌在前，要他联合，恐不容易；大敌在前，要他联合，即有可能。有可能而偏咬定说不可能，那就混账！

联合要谈到开门主义，开门就是不要任何一党一派包办抗日。要大家联合战线，一齐抗日。然倡言联合的人，又不能成为联合战线派，同时指人家为非联合战线派、妥协派、改良派。如果这样，那就犯大错误，那简直是关上了门，教人家进不来了。开门又不是开我家的门，是开战场之门。战场之门一开，凡是能为中华民族战斗之士，都可进来。开门又不是国民党或共产党开门，给我们进国民党或共产党去。如果那样，那就大家都窘，大家都不好受。开门，是开战斗之门，对日抗战。

抗日固然要前进的青年，可是有些青年，自己看了几本书，或者几本《大众生活》，就自命为前进，骂人家不前进、落伍，连落伍者也变为敌人。这样的前进青年绝不是前进青年。前进青年是要领导落伍者一齐前进的；如果将落伍者变为敌人，那就打不胜打了。

新中国的新教育

四种力量联合了，不单可以打退日本，并且可以造成新中国。新中国的新教育就应该根据这一点。否则就有教育也不过是"教死书"，"死教书"，"教书死"；那读书的也不过是"读死书"，"死读书"，"读书死"。新中国的新教育，应是帮助中华民族争取自由的教育。新中国的新教育，应该启发中华民族的抵抗力量，应该促成联合战线，不惟要促成，并且要推动；应认明中华民族的敌人是日本帝国主义；应培养中国的斗士。

我们的目的既定，技术如何？我们技术方面，有四个办法：

第一、我们应该认社会做学校。破庙、亭子间、晒台、客厅、一片空地都是现成的学校，中国不需再造几千百万的学校，就有几千百万的学校。

第二、我们应该即知即传。我们今日所知的事，今日即传给别人，我传你，你传他，大家教来教去。同样，学生今日学的，今晚就可教给别人，一人可教十人八人，多至三四十人，少至一人二人。如果你不肯教人，我也就不必教你。中华民族小小的这一点事，你都不肯帮忙，我教了你，将来大了，也是一个败类，实在无须教你。

中国人求学，往往不在服务，在出风头。他们将学问往头颅里边装，学问一装，头颅就大，越装越大，再装再大，大得不可再大，就要出洋。出洋回来，头颅更大，从此就锁起来，不再开了。开必须金钥匙，否则永远不开。这种人无以名之，名之曰守知奴。今天的守知奴，是将来的亡国奴。我这回到星加坡⑤，听说星加坡的中国人，十人有八人不认得字。如果十人仅有八人不认得字，有二人认得字，那倒容易。认得字的二人，每人教四个人就得了。

第三、要有新文字。新文字有人赞成，有人反对。可是，大家都要抗日救国，枪杆对外，大家携手、妥协，等到共同的敌人打完了再说。

学新文字只要三四分钱，时间不过个把月，学会了，就可以看新文字印成的报。现在广东话的、客家话的、福建话的新文字都已出世，很便当了。文字写出来要可以听得懂，愿意听。不过学新文字，汉字也不能丢掉。（所谓新文字即最近风行海内之罗马字母拼音字）

第四、用汉字写文章，要写得人家听得懂。最好请教四位先生，这四位先生也是不要花钱的：

一、是耳朵——写了文章，要读给耳朵听，看看听得懂听不懂，听不懂就要改到听得懂。

二、是老妈子——写了文章最好读给家内的老妈子听，问她听得懂听不懂，听不懂就要改到使她听得懂。

三、是人力车夫——也是一样，读给他听，不懂改到懂。

四、是小孩子——还是一样，读给他听，从中改好。

这些先生，有时可以把我们的文章改得非常的好，好得自己想不到的好。记得有一回，南京小先生们成立一所"自动学校"，这名目已经来得可喜，所以我寄一首诗去送他们，道：

> 有个学校真奇怪，
>
> 大孩自动教小孩；
>
> 七十二行皆先生，
>
> 先生不在学如在。

不到三天，他们回信说，好是很好，可是里头有一个字要改，"大孩教小孩"，难道小孩不会教大孩吗？"大孩自动"，难道小孩不能自动吗？所以"大"字要改成"小"字，"大孩自动教小孩"一句，改为"小孩自动教小孩"。真佩服极了。

新教育和老教育不同之点，是老教育坐而听，不能起而行，新教育却是有行动的。譬如抗日救国，须有行动，可是，行动又不能错误，所以要有理论。"抗日救国"是目标，"联合战线"是步骤，新中国将从行动中生出来！

〔注释〕

① 本篇原载 1936 年 7 月 31 日香港《生活日报》，系 7 月 16 日下午陶行知应邀在新加坡青年励志社的演讲。主持者为义安会馆潘醒农，黄虹笔记。7 月 17 日《南洋商报》曾发消息云："听者约 300 余人，后来者未能占得一席，然皆环立远听，全无倦容。陶先生演讲精彩处，辄闻掌声四起，其得听众同情，足见一斑。"

据同年 7 月 16 日《总汇新报》报道，7 月 15 日下午陶往怡和轩俱乐部访晤陈嘉庚，商谈有关中央与西南军政大局。陶谓："国内民众向来都很重视华侨公意，希望此间华侨运用方法，极力电阻双方发生内战。"

② 工部局 美、英、日等帝国主义国家在旧中国上海、天津等

地的租界设立的行政机构。

　③ 马相伯（1840—1939）　原名建常，改名良，字相伯。江苏丹徒（今镇江）人。清末多次任外交使节，支持戊戌变法。在上海先后创办震旦学院、复旦公学。民国后，一度代理北京大学校长，反对袁世凯称帝。"九一八"事变后，积极参加救国会工作，被誉为爱国老人。

　④ 虎烈拉　即霍乱。

　⑤ 星加坡　今译新加坡。

代拟《杜威宣言》①

——致甘地②

印度中央省瓦尔达

圣雄甘地先生：

希望您参加我们下述宣言。

同样的请求已送交罗曼·罗兰③、阿尔伯特·爱因斯坦④、伯特兰·罗素⑤诸先生。

回电请寄纽约 72 号大街东区 320 号。

如赞同无意见请于五日内电复。

由于日本肆无忌惮地摧毁东方文化，为了人类安全、和平和民主，我们建议全世界人民自愿地组织起来，抵制日货，拒绝将战争物资出售和租给日本。停止在各方面与日本合作，不支持日本的侵略政策，尽可能支援中国自卫和救济的物资，直到日本从中国全部撤退其一切武装力量，放弃其侵略政策为止。

约翰·杜威

1937 年 12 月 6 日

〔注释〕

① 1937 年 12 月 6 日，陶行知代杜威草拟《杜威宣言》，经杜威同意发电给罗曼·罗兰、阿尔伯特·爱因斯坦、伯特兰·罗素及甘

地。罗曼·罗兰、爱因斯坦和罗素三人首先回电赞成《杜威宣言》，陶先生知道后极为高兴，称这份电报为"四学者之正义电"。同年 12 月 22 日，甘地回电同意加入这项宣言。《杜威宣言》在当时的知识界和上层人士中起了重大影响，并广泛向全世界宣传，受到爱好和平的各国人民的赞助和支持。

《杜威宣言》即《四学者之正义电》，系晓庄师范陶馆发现的英文资料，由刘大康译。最先于 1983 年 10 月发表在《行知研究》第 9 期，最近又作了校订。

② 甘地（Mohandas Karamchand Gandhi，1869—1948） 印度民族运动领袖。被尊称为"圣雄"甘地。

③ 罗曼·罗兰（Romain Rolland，1866—1944） 法国作家、社会活动家。1915 年获诺贝尔文学奖。

④ 阿尔伯特·爱因斯坦（Albert Einstein，1879—1955） 美国物理学家，生于德国，为相对论发明者。1921 年获诺贝尔物理学奖。

⑤ 伯特兰·罗素（Bertrand Russel，1872—1970） 英国哲学家、数学家、逻辑学家。1921 年曾来华讲学。反对侵略战争，主张和平主义。

美国的铁山

美国南方有一大州，名叫铁可撒死（Texas）[①]，境内有好些奇怪的铁山，这些铁山是忽然来的，忽然而去，有人或者要疑心他们是飞来山，带着无形的翅膀，飞来飞去。

民国二十六年我从墨西哥回到美国，路过好斯顿（Hauston）[②]，听说不远有这样的铁山，便想去看看，由海员工会书记客尼第（P. F. Kennedy）[③]先生自驾汽车陪我去，于九月三十日上午，离哥尔维斯敦（Galveston）[④]海口不远的地方看了这种铁山[⑤]，大概是四丈高、十丈宽、五里长的一座。这山是人搬来的，也是人把它搬去，我看他搬来，看他搬去，从哥尔维斯敦经过墨西哥湾，加勒比海，巴拿马运河，太平洋，而搬到日本，一车一车的搬来，一船一船的搬去，一月一月的搬，一年一年的搬，结果是美国富翁黄金满堂，中国同胞血花遍地。二十七年五月四日我将这事实报告给洛杉矶（Los Angeles）五千人的集会说：日本在中国杀死一百万人的时候，有五十四万四千人是美国的军火帮助杀死的，在座国会议员司各脱（Scott）先生对大众说："请大家记着，日本在中国杀死一百万人的时候，有五十四万四千人是美国帮凶而杀死的，凡不愿做帮凶的人请站起来。"全场一致站起，表示禁运决心。禁运是真是假，铁山的消长可以告诉我们。

（原载 1938 年《战时教育》）

〔**注释**〕

① 今译：德克萨斯，美国西南部之一州。

② 今译：休斯顿。

③ 今译：肯尼迪。

④ 今译：加尔维斯敦，美国东南部一海港。

⑤ 原注：民国二十六年美国输入日本废铁一项值美金四千四百七十五万二千五百四十六元。全世界输入日本废铁二千四百四十万七千零八十九美元，美国一国便占二千二百零六万一千二百一十二美元，占全世界输入日本废铁百分之九十点三九。

给甘地①的信

亲爱的甘地先生：

您的教导和牺牲精神永远鼓舞着中国人民。我长久以来渴望去访问你们伟大的国家。现在我非常高兴的终于有机会实现这个愿望。摩德尼先生在伦敦一定已写信告诉您，关于我这次旅行的计划以及我拜访您的时间。今晚我将离开苏伊士，预计在八月五日抵达科伦坡。在印度我可逗留两个星期，摩德尼先生在科伦坡和加尔各答的朋友们，会照顾和安排我这次旅行计划的，对我来说时间是太短促了，但是在您的指导下，我可以从新印度中学到很好的一课。转瞬间我将愉快地会见您。

带上我衷心的祝福！

尊敬您的

陶行知

一九三八年七月二十七日于埃及苏伊士米丝尔旅馆

（陶行知英文手稿）

〔注释〕

① 1938 年 7 月 27 日，陶行知于埃及苏伊士米丝尔旅馆，同时写了七封信给印度甘地、泰戈尔、博塞议长等友人。此系晓庄师范陶行

知纪念馆珍藏英文资料，由刘大康译。此信为其中之一。

1938 年 8 月 14 日陶行知访问甘地，甘地向陶先生了解中国人民教育运动情况。同年，陶先生从香港寄赠甘地《人民教育运动》讲稿，分别发表在印度《民族旗帜》杂志上，甘地并作了按语："陶行知博士不久前来印度访问我时，我曾邀请他能送一份中国人民教育运动进行情况的小册子给我。如今他已经送给我，这本小册子在印度对我们是非常有用的。"

给泰戈尔①的信

亲爱的泰戈尔博士：

　　自从我在北京荣幸地会见您以后，已近二十年了。您发表的光辉演说永远是我国人民宝贵的财富，将永远铭记在心。我很高兴地告诉您在我回国的途中，我将有机会对你们伟大的国家作短期的访问。我将于八月五日乘"爱拉米斯"号邮轮到达科伦坡，在印度我可以停留两个星期，然后乘"霞飞"号邮轮回国。我一到达加尔各答，我将立即再写信给您告诉您拜访您的日期。怀着欢乐的心情，期待着我们的重逢。

非常尊敬您的

陶行知

一九三八年七月二十七日于埃及苏伊士米丝尔旅馆

（陶行知英文手稿）

〔注释〕

　　① 泰戈尔（1861—1941）　印度著名诗人、作家和社会活动家；曾获 1913 年诺贝尔奖金。1924 年 4 月曾来华讲学，当时陶行知在北京任中华教育改进社主任干事。1938 年 8 月 11 日陶行知访问泰戈尔一小时，听孟加拉歌曲，饮茶而别。

日本帝国主义必败

——致吴树琴

亲爱的树琴：

我现在已从墨西哥回来。我在那里过得很愉快。墨西哥是个非常有趣和鼓舞人心的国家。我学到了许多东西，交了许多朋友。多数墨西哥印第安人看起来像中国人。他们当中有些人面貌像北方人，还有些人像广东人。他们待我很好，使我觉得就像在家里一样。确实，几千年前我们还是亲戚呢。

我于今晨抵达芝加哥。我将向这里的同胞们发表演说，然后于明晨前往印第安纳大学同该校学生谈话。七日，我将在首都华盛顿。只要知道哪里最需要我，我便可决定是留在这里还是回国。这一点，我一到首都华盛顿就会知道。

你这几个月生活得好吗？有三件事可以打败日本帝国主义：（1）中国的团结、持久抗战；（2）日本国内民主力量的兴起；（3）世界各国对日本进行道义上的谴责和经济上的封锁。我现在正尽力唤醒西方各国的朋友们。如果日本不能从这些国家获得战争物资，它就无法进行战争。

望常来信。我想知道你的计划和健康状况。你母亲身体好吗？你父亲呢？你的兄弟以及你们"三姐妹"①中的另外两位呢?

W. T.②

一九三七年十月五日

来信仍寄"纽约市第 90 号大街西 310 号"。

〔注释〕

①"三姐妹"指吴树琴和她的同学沈德华、黄彤麟。三人同时毕业于安徽隆阜第四女子中学。

② W. T. 即文濬，Wen Tsing 英文字母的缩写。

十二个字的理论

——致吴树琴

树琴同学：

我新近得到了十二个字的理论，写出来给你们看看：

学七十；

教八十；

让九十；

求一百。

怎样叫做学七十？我们无论学什么事，最少要学到七十分。但是学到了七十分，就不该自私自利的把知识藏在脑壳的冰箱里，立刻要拿它出来教人。平常人总以为，学到七十分只可教六十分。这是不对的。我们只要存了知识为公的念头，就可跳过七十分的限度。我们只需想到预备教人，便可从七十分跳到八十分，这叫做教八十。但是如果有人懂得九十分，我就应该让他领导，不应该挡路。同时我自己须精益求精，务必达到完全的境界，缺少一分也不甘心。

梧①

二七年一月四月

〔注释〕

① 梧　陶行知笔名"梧影"的简称。首见于 1931 年 7 月 1 日《乌鸦歌》（《儿童生活》第 3 期）。其后，在该刊发表作品时屡有使用。1937 年 4 月 3 日，陶行知第二次被通缉，写此信时就用此笔名。

国际形势与中国抗战

——在香港各界欢迎会席上演词

各位同胞：

幸喜回到香港来，兄弟觉得非常高兴。四万万五千万人站起来抵抗日本帝国主义了。二年前，此地唱歌也受到压迫，现在则可以听到救亡歌声了。

兄弟所讲的是《国际形势与中国抗战》。对于国际形势有两种看法。第一派以为中国跟日本打，那末第三国也会跟日本打，中国就得救了，这一派人可说是抱了买发财票的一种心理的。第二派则以为国际形势，如看天气，照客观形势推测一下，那就跟买发财票那种心理不同了。天气这个东西，风向哪里吹，雨从哪里来，都有一定的道理。各国的形势不能详说，先把几个重要的足以影响世界潮流的说一说。

现在先讲美国。美国对欧洲的事情向来不大理，但在世界大战时，威尔逊总统说是为民主而奋斗而参加进去了，不过还受了些损失，好比小孩子玩火弄痛了手指头，好啦，顶好不要打，要打就你们打好了。一年前，我们感觉到美国所抱的是"孤立政策"。美国在世界大战时，为口号标语所麻醉，说是什么为民主、为世界正义而战，美国人在战后知道上了军火商人的当。于是乎美国人对远东情形也就很冷淡。可是，自从我国抗战以来就把它转变了。这是因为：

（一）日本的侵略决没有停止；（二）日本的行为是惨无人道的，如巴纳号的被炸沉，南京的大屠杀^①等等，把美国的孤立政策渐渐转变了。广州的空袭一天几次，是美国舆论变化的最大原因。最明显的例子就是罗斯福的演说"侵略国如同虎烈拉"，必须隔离开来。这个演说引起了许多反对的反响。不过那是跟日本有来往的商人干的。可是，日本的残暴行为一天天增加，美国在远东的利益的损失日益巨大，便慢慢的觉醒了……在轰炸广州的时候，国务卿赫尔发一通知书说"不能卖军械给侵略人家的国家"。后来罗斯福及赫尔在加拿大的演讲，更加具体的说明"孤立政策"定要放弃，必须建立集体安全制度。美国便由"孤立政策"而变到"集体安全政策"了。这是放火的人联合起来，教会了救火的人也应联合起来啊。不仅演说言论是在变化，其行动也在变了。

现在我们看看英国的政策吧，它的政策是很聪明很巧妙的。东三省给日本人拿掉，国际联盟没什么反响，便是守旧派在那里玩的把戏，原来英日有盟约的关系，其条约虽失效，但守旧派在精神上还觉得恋恋不舍。

但日本的侵略由华北而华南……毫无止境。这给予英国的利益的危害实在太大了。当它的利益受到危害时，便的确对中国有点帮忙了。去年看英国的《泰晤士报》实在太不行，现在则对中国积极了一点，今年登载关于中国的新闻则更多了。中山先生的政策是"联合以平等待我之民族共同奋斗"。希望英国也会走上集体安全这条路。

说到法国呢，有许多人说法国是跟英国走，好像英国握了法国的辫子，英国要她怎么样就怎么样。而且英法两国爱情本来就很好，如情女情郎。对西班牙问题，法国跟着英国跑。但对捷克问题，则英国跟着法国走。好比妻与丈夫，见翁姑，则妻跟夫行；归宁，则丈夫依从妻子。对于远东问题，英法的态度则差不多。

苏联的态度对世界政局有举足轻重之影响，又是世界和平的巨大柱石，是反对侵略政策的首倡者及集体安全制度的发起人。张鼓峰事件，苏联把日本一师团军队完全毁灭了，有一派人很快活，好似中了发财票。但张鼓峰是苏联的领土，日本的军队侵占进来，当然要把它打退，打退了日本军队当然也就不打了。但它不能代中国打，这是对苏联及中国都有害的。要是爱好和平的国家联合起来制裁侵略者，苏联当然会加入。国联的会员国应尽量援助中国的议决案，苏联是遵守的。

国际形势对中国抗战很有影响。

英、美、法、苏，都向集体安全的路上走，虽然尚未达到其成熟的程度。这好比几个强盗联合起来，则不愿做奴隶的人们也应联合起来打击强盗。这是一定不移的道理。

国际形势由"各人自扫门前雪"而走到集体安全的道路。真能达到集体安全，则于我国极为有利，我们应促成之。这是我所说的第一点。

第二点为由看不起中国至看得起中国，由各个帮助中国而互相帮助中国。我们更应促其具体的有效的帮助中国。从前各国人民的舆论，多半轻视中国人。但自从"八一三"事变以来，我们有被几千日军包围而孤军奋斗的"八百壮士"②，有台儿庄的大胜，现在世界上没有一个人不敬佩这个光荣的中国了。

第八路军由锄头镰刀拜日人之赐，而变成机械化军队，这消息外国人知道，大为震惊。

在国外，中国人演讲上台下台，外国人都站起来致敬。这是对中国的恭敬。各国人民（跟日本人做买卖的除外）可说是都同情我国。

第三点是日本的战争材料从哪里来？他自己是一个穷光蛋，哪里来这许多飞机大炮？此问题不能不追究。

英美人士也常常问我们："我们愿意帮助你们，应如何帮助你们呢？"则可答复："日本所买的军火当中，美国运往日本的，一百块钱占了五十四块半钱，要是我们死掉一百万人，有五十四万五千给美国人的军火杀掉了。"一位美国国会议员在洛杉矶听了我这么说，便站起来对听众说道："应如何处置？"群众大呼："切不可再卖军火给日本！"其次，我们要是死掉一百万人，有十七万五千为英国的军火所杀掉。我们要使他们不要帮助侵略者。

第四点，日本打中国的钱从哪里来？一天要用一千多万，从哪里来？很简单，卖日本货赚了钱，那就买军火杀中国人。如各国不买日本货，则日本不能买军火，也就不能打仗，便要回家去了。可是日本货卖到哪里去？（一）中国；（二）美国；（三）印度。如果三个地方都抵制日货，日本便要回老家去了。不过香港的日本货也很多。美国的学生很多把日本货领带扯下，小姐把日本丝袜脱下来，都让火烧掉了。美国的杯葛③日货运动很有效。印度相信在不久的将来会有效力。

　　第五点说到"中日的宣传战"。日本的宣传好比一个很丑怪的女子，但涂脂抹粉，打扮得漂漂亮亮，穿了很好看的衣裳，但骨子里是很坏很坏的。印的宣传品也很漂亮。可是，中国的宣传，好比穿了粗布衣服的西施，不打扮，但人人欢迎。中国对于国外的天主教、基督教，工人团体、女子团体，书呆子——大学教授的地方，都有人去宣传了。但日本也去。结果呢？"宣传战"中国是打了胜仗的。这是因为中国说老实话，"理直气壮"的缘故。

　　日本人是知道全世界有三万万五千万回教徒的，于是造了一个回教塔，叫各国来礼拜。但在埃及的"爱资哈大学"的三十个我国回教留学生便播音说："一千年来，日本连现在这个只盖了两个回教堂。日本只有二十个回教徒。中国有五千万回教徒。当日本在东京建起一个回教礼拜堂的时候，在中国毁坏了几百间回教堂，杀死无数的回教徒。"埃及就没派代表到日本去。这是"宣传战"中国大胜的一个例子。还有一位自称日本工人代表去见美国码头工人会的总书记："请你们不要抵制日货，给日本工人一碗饭吧！"

　　"阁下代表日本工人还是代表日本政府？"

　　"代表工人，但政府也知道的。"

　　"日本侵略中国，阁下同意吗？"

　　"却不能反对。"

　　"你们反对政府的侵略政策，反对军阀买军火，你们便有饭吃了。"

　　这位日本人给美国人开会开不成功，便召集日本人来开会了，说他无脸回国，要求切腹自杀了。而且他不是工人，是工贼。日本工人是不赞成他来的。中国的宣传费很少，而且都是尽义务的。可是却没有中国人替日本宣传，但有替中国宣传的日本人。美国有一个很出名的日本女子说："我爱日本，所以我不喜欢日本侵略中国，中国没有出路，日本便没有出路，日本之侵华为日本之自杀，我始终反对日本侵略中国。"大为美国人士所赞同，这是因为我们为真理而战。

可是不能等待国际的转变，决定最后胜利的因素是我们团结到底，奋斗到底，抗战到底！日本人的政策是分开进攻，我们的政策是联合抵抗！日本还是在挑拨、离间，中国的唯一办法就是：中国人民联合起来，打倒日本帝国主义！

夏天很热，夏思春，春天更好。春风袅娜，鸟儿唱歌，花在跳舞，各人喜欢春天，我也愿意每天过春天。"春"字可知中国的命运。春字从三人日，三人者，上中下，右中左，老中少，苟联合起来，必能打倒日本帝国主义！

我们想实现自由平等的中华民国，唯一的方法便是三种人联合起来抗战！

（原载 1938 年 9 月 7 日香港《救亡日报》）

〔注释〕

① 指 1937 年 12 月 13 日，侵华日军占领南京后，持续了五个星期的大屠杀，有三十几万无辜平民与放下武器的军人遇难。

② 八百壮士　"八一三"上海抗战时，固守在上海四行仓库的八百名中国官兵，在孤立无援的情况下，多次击退敌人的进攻，最后奉命撤入英租界。

③ 怀葛　是英文 boycott 的译音，意义抵制。

人民教育运动[①]

印度甘地按语:"陶行知博士不久前来印度访问我时,我曾邀请他能送一份中国人民教育运动进行情况的小册子给我。如今他已经送给我,这本小册子对我们是非常有用的。"

人民教育运动开始于十二年前。当时,有一些师生深入农民生活,并且尝试一种真正为农民服务的教育方法,作为正规学校制度所不能做的补充。他们尝试发展一种本国的教育,而反对外来的洋化教育,这种洋化教育是有着不同的历史和物质的背景的。他们尝试发展一种为广大劳动人民服务的教育,反对为少数特权服务的教育。他们尝试发展一种与整个社会生活密切联系的教育,反对畸形的智力的教育。要达到这些目标,我们制定了四项实施保证:

1. 实验者必须生活在群众当中,并且要向群众学习;

2. 方法必须建立在客观的实际基础上,而不能是书生气的空想;

3. 教育所花费的金钱和时间都必须尽量地减少;

4. 要建立一个坚强的信念,必须从教育职业的偏见和成见中解放出来。

在试验乡村师范,即晓庄师范有许多事情已得到部分的证实。试验主要的成就，就是制定了生活即教育、社会即学校、教学做合一的理论。山海工学团及小先生制的出现，则回答了 1931 年和 1932 年的挑战和攻击。当日本侵略者扩张到华北时，北京的学生们奋起呼吁抵抗。我们便采取国难教育社②的形式，并且和中国全国救国会③亲密合作。自从 1935 年 12 月以来，我们运动的目标有以下几点：

　　1. 团结起来保卫中国的民主；

　　2. 加强国际合作，促进世界和平；

　　3. 振奋人民精神；

　　4. 实行全民义务教育。

　　这仅是最终的目的。为达到此目的，还要详细地讨论具体的方法。这里不仅是为农民争取有识字、阅读和写作的权力，而且也是为了培养农民具有从事政治和经济工作的能力。我们始终试图尽我们最大的努力，去发现简而易行的方法，使教育为人民所有，为人民所治，为人民所享，使得我们有更多更多的人民，有能力去参加自由国家的大家庭，为争取伟大中国的民主自由而斗争。

书　呆　子

　　几个世纪来，一个错误的传统教育的观念在阻挡我们前进的视线。旧的教育观念，一直认为求学就是死读书。一个学者总是被人叫做"读书人"，意思就是他只知道念书。当你问一个教授他的职业是什么？他自然而然地回答："我是在北京大学教书的。"同样你问一个学生在哪儿求学？他会回答："我在北大读书。"意思就是：他在北京大学念书。受教育就是求学，求学就是念书。我们当然要充分估计书本的价值，它能充实我们古今文化知识，能有启发作用，并且书本是一种重要的工具。但是，我们不能相信仅仅依靠念书就能引导我们获得自由，也不信单靠念书就能使我们正义的事业达到成功。一些比较进步的文化界人士，给死读书的人们取了个绰号叫"书蛀虫"。我的一个朋友 P. C. 张博士称他们为"书呆子"。这里有一首我写的小诗，为书呆子画个肖像：

> 我是书呆子，
> 家住太平洋，
> 读破万卷书，
> 要中状元郎，
> 农家供酒肉，
> 主人快饿死，
> 失业教蒙童，
> 尽变小呆子。

手 脑 相 长

中国的传统教育，制造了两种不同类型的人。学生在学校里天天接受老师灌输的知识，他们的头脑发胀，却很少使用他们的双手。佣人们为他们做很多的事情，这些事本来是应该由他们自己做的，像小孩玩耍时做的泥饼和打开表检查都同样要受到惩罚。从人类历史发展上看，我们知道是我们的双手帮助大脑发展的。当我们的双手获得自由时便开始工作。当我们工作时总是要发表意见的，经常要运用语言来交流彼此的思想。文字语言和生产工具等都是人的双手从事劳动创造出来的。旧学校是不鼓励运用双手的，结果是真正地挫伤了学生们大脑的发展。像这种不正常的训练学生的方法，学生得到的只能是头脑里贮藏一些未经消化的、不理解和不真实的知识而已。旧学校的方法是不可能让学生真正地得到实际知识的。这一类型的人，看起来有一个大的头，但是不能够准确地去思考和认识客观世界。所以，虽然他们有机会进学校，结果只得到一个大的头和一双小的手。演说时滔滔不绝，看起来有几分像大袋鼠，仅仅有拿起一支笔杆的力量去写文章而已。而另一方面，我们广大的人民群众，担负繁重的劳作，却不能受学校教育。但是，他们要为办学校缴付税款，而他们和他们的子女劳动之余享受文化教育的权利却被剥夺了。他们被迫得只存在一个很小的脑袋和一双巨大的手。生活教育运动的目的，在于使这两种陌生的人恢复正常的生活。我们要唤醒只用脑子的学者也用他们的双手去劳作；同时要唤醒广大人民群众去运用他们的脑，学会思索。使学者和农民们结合，便会产生令人惊奇的事迹。学者们和农民们同时重新发现有些他们早已忘却的事情。学者们见到农民们辛勤劳动创造的果实时，不得不惊讶地喊道："我们不是也有一双手吗？为什么我们不能劳动呢？"同样，农民们也重新发现他们的智慧："我们有头脑，真的，我们有头脑，让我们去思索。"真正的教育确实应该帮助造就手脑都会用的人。我们需要的一种教育，是造就脑子指挥双手、双手锻炼脑子的手脑健全的人。这个新的教育概念，我用一首诗描绘，题为《手脑相长》：

> 人生两个宝，
>
> 双手与大脑。
>
> 用脑不用手，
>
> 快要被打倒。
>
> 用手不用脑，
>
> 饭也吃不饱；
>
> 手脑都会用。
>
> 才算是开天辟地的大好佬！

工 学 团

从手脑相长原则，逐步发展形成了工学团的概念。它虽还不很成熟，但却包含了新教育的内容、方法和组织形式。工以养生，学以明生，团以保生，这就是整个教育的内容，工学团的教育方法则决定于教育的内容，这种教育方法不再是纯粹的书生气的方法。最终，它将是一种自然的组织形式。它比学校更丰富些，因为学校有传统的意识，在学科知识上学校可能略胜一筹，但是却很少为学生提供去工作的机会和合作的条件。工学团，它甚至比合作社还优越些。合作社除了直接的经济需要外，是不可能花更多的注意力去关怀人类生活方面的事务的。

工学团在实践中采取了三种形式：

第一、从严格的意义上讲，应用了新的原则并命名为

"工学团"。例如宝山棉农工学团、上海报童工学团等。前者，种植棉花生长便是工；寻找棉花生长较好的方法，较好地去了解棉花生长的整个过程便是学；组织农民生产棉花的劳动，并且去保护他们辛勤劳动所得的果实，进而保卫祖国和人类，反对侵略，这便是团的真义。通过精选种子来改进棉花的质量，可促使一个小团体增加收入二千元，平均每英亩增产六美元。一个儿童工学团组成后，在同样的乡村里可增加十分之一的收入，而其目的是使农民的孩子们能享受到较好的教育。

报童工学团在上海静安寺路，它的建立是非常有趣的。有一天发现这些报童不能读他们卖的报纸，我们便建议派一个青年人去教他们识字。这些孩子们非常高兴地采纳这个建议。他们为找一间教室遇到很多的困难。孩子们委派代表负责找一个地方。最后，一个卖报小孩吕公义的母亲，非常慷慨地将她仅有的一间房让孩子们自由地用作学习场所。在这里，每天有一个老师义务地给他们上一小时课。报纸变成他们的教科书。大标题便是他们的第一课。他们是免费受教育，但是他们回家时有责任要将学到的教给邻居。孩子们自给自足。卖报开始变成了同样受尊重的一种光荣的劳动。孩子们团结起来变得更有力量。他们已有能力去和报贩们打交道，甚至他们当中有些人还受到开明的警察的尊敬。

第二类工学团的形式是在学校的名义下组织学生劳动。学校在教学计划中增添了生产活动及社会活动的内容，但是仍然保持学校的名称。

第三类则是在各种合作社和文化团体内普及教育，增强成员间的团结，保卫他们的利益。他们实际上是工学团，但是仍保留合作社和文化团体的名字。这一运动将及时有效地为千百万难民提供维持生存的条件。

小　先　生

"小先生"是儿童向别人传授知识的一种形式。"小先生"制的出现有个过程。最初是学校里的小孩自愿地帮助他们家里的人和邻居去学自己刚学到的知识，随后街道上的小孩也将所学的传递给他们的朋友。"小先生"首次给人的启示，是在十四年前。当时我的母亲五十七岁，她突然产生学习的兴趣。她要求念我给家里写的信，并且想了解世界上发生的一些事情。那时唯一可能帮助她学习的老师，是只有六岁的我的第二个孩子，他已读完第一册课本。祖孙二人一块游戏和念书，一个月内，我的母亲学完了第一册。这件愉快的事情并未引起我们全家以外人的热情关注，但事实说明，一个六岁小男孩没有师范学校文凭，也没有高等院校毕业证书，居然成功地教一位五十七岁的老祖母读完了第一册课本。这给了我一个非常深刻的启示，也便萌生了"小先生"的念头。

当1931年东北三省被强占和1932年上海被进攻时，我们开始明白我们的国家民族要得救，必须唤起全体人民，必须促进民族大团结。教育工作者的责任，就是要在最短的时间，花最少的钱，实行免费全民教育。进步的青年男女像潮水般地涌进了农村，其目的是帮助农民们认识民族的危机，有些年轻人要我讲点指导的话，我的建议很简单：即知即传。当农民们逐渐认识到教育对他们及其子女的重要性时，农民和他们的子女大批地上小学了。不少的教师怀疑这"即知即传"的原则能坚持多久，坦率地说，有些教师考虑的是如何用收学费或入学考试来减少入学人数，如果允许这样做，那么整个人民教育运动的目的就将失败，这意味着教育又回到少数人中去了。我们大声疾呼：要面对现实，要想方设法寻求新路子来应付当前的处境，在需求文化知识的人越来越多的情况下，一些有能力的小学生自然地出来担任教学工作了。1932 年 11 月，有一天我访问了山海工学团，我很有兴趣地注意到一个十二岁的名叫侣朋的小男孩，他在给四十多个小朋友上课，四十多个幼小的心灵当时都掌握在他手掌中。刹那间，一个孙子教他祖母这件小事，从我下意识里出现。回来后，我立刻召开了全体教职员会议，宣布工农群众自己已经找到一条救学校、救国家的方法，这就是"小先生"。由于小先生的出现，我们不但能够坚持"即知即传"的原则，并且还提出了一个"免费送教上门"的口号。从此以后，我们证明小先生能够让家庭妇女、放牛娃和那些不能上正规学校的人受到教育，而又不影响他们的生活。这种传递教学和送教上门的情况，使得"小先生制"成为独特的、唯一无二的形式，并且区别于英国兰加斯特的小学生——小先生制④（The Lancastarian pupil-teacher）。另一个区别，是我们的这种"小先生"制建立在这样一个事实上，即不论早晚，只要放牛娃和家庭主妇什么时候有空，便什么时候给他们上课。

"小先生"，它适合中国的国情，它能帮助缺少文化知识的大姑娘和妇女们学到一些知识。由于旧的风俗在农村中盛行，男教师去教成年的大姑娘是有困难的，一个年轻的男人是不敢冒流言蜚语的风险去教大姑娘的，如果去教，姑娘们也被吓跑了，那么教师只能教长凳和椅子了。女教师又非常少，开展妇女教育早已是多年的难题。但是"小先生"一出现，这个问题就如雪团见太阳，一下子解决了。小先生，他们能跑进新媳妇的房间给她上课，小先生比正规的老师们有更多的方便。例如小先生可以在农民家里上课，如果家庭主妇还没有把碗洗完，她可以叫小朋友稍等一会。小朋友会很高兴这样去做，他可以在院子里去玩一会。用这种方法，就可以使女子教育蓬勃发展起来。1934年广东省有一个百侯村，有两百个小学生担任小先生，自愿教二千多农民，其中妇女和女孩就有一千五百多人。

小先生是非常聪明的，能说服老一辈人促使其进步。有一个故事可能使大家很感兴趣。靠近杭州西湖有一个烟霞洞，在洞子上边有一个小茶场，叫翁家山，山上小庙里有个小学，这个学校大约有一百个"小先生"。有一回，一个刚满十二岁的小先生告诉我一个非常有趣的故事，说他是怎样促使他的奶奶转变去认字的。他拿着一本漂亮的书对他奶奶说："奶奶，你要是喜欢念这本书，我会很高兴地帮助你。"这位老太太回答说："我的好孩子，你奶奶太老了，学不进去了，我都快上西天了，学这个还有什么用呢？"对这小男孩来说，这倒是个难题，很使他伤脑筋。隔了一会，他回答奶奶说："上西天，那你打算怎样去呢？""是的，我是个好老太,我要升到天堂去。"男孩说:"恭喜恭喜!但是假如天堂的门神,在你进门前叫你签个名字才让进,那你怎样办呢?"老奶奶终于信服了,马上要孙子教她写自己的名字。"给我一支铅笔,给我一张纸。"她开始练习写她自己的名字。另外,在深夜里发生一件更有趣的事。在我们国家,老奶奶通常是照管全家小孩的,这个小孩是和奶奶睡在一块的,半夜,孙子腿痒醒了,他怀疑有些小虫爬在他的腿上!当他伸手一摸,不禁惊奇起来,不是小虫,是他奶奶的手指头,正在画十字,画圆圈,一笔一画地在画呢!他问奶奶干嘛这样,老奶奶说:"好孩子,我在练习写我的名字呢!"

我们从许多事实看到,小先生是非常热心的。有一首歌较好地刻画了小先生的热情和积极性:

> 我是小先生,
>
> 热心好比火山喷。
>
> 生来不怕霜和雪,
>
> 踏破铁鞋化愚蒙。

小先生有时被称为"蚊子先生"。我想我们大多数人是不喜欢蚊子的。但是有一件事我可以为它们辩护,当你被一帮歹徒包围时,蚊子能使你整个夜晚保持清醒。实在地,小先生已远远超过他们教识字和写字的责任范围了。他们还经常地教人民唱歌,讲故事,读新闻,谈知识,并且讨论问题。新安小学的小先生甚至自己组织起来,成立"新安旅行团",带着无线电收音机、新闻片、唱片和戏剧道具,旅行了几乎所有的北方几个省,访问了沿公路的许多村庄和战地后方的军营。他们每到一处便演出、放电影和讲演,并且组织读报组或讨论小组，目的是使民族的斗争深入到亿万人民心中。

"小先生"原则的由来是很简单的。任何人只要有追求真理的精神，他便取得小先生的合格证明，并且有责任去教别人。

从我们"小先生运动"的经验来说，已经取得了如下的成绩：

1. 小孩教别人越多，他们自己学得也越多，把知识冷藏在脑子里的人学得最少。

2. 知识已不是当商品出售，教育变成人人可免费获得的一种礼物，它像空气一样，每个人都能呼吸，像水一样，每个人都可饮用，像阳光一样，每个人都可享受。

3. 老一代和年轻人共同进步，成年人和儿童们经常接触共同增长知识，可以使老年人年轻起来。

4. 它帮助解决了女子教育那不可克服的困难，使我们能够把基础教育扩展到全国一半人口，这在以前用其他方法是办不到的。

5. 学校的本身起了新的变化，它可和小先生同时存在。乡村学校以前在乡下是孤立的，现在小先生好像活电线一样把乡村学校和每一个家庭联系起来，使整个乡村变成了学校，教育的光芒照亮了每一个地方，反过来学校又可具体地为他们解决一连串的问题。住在一个破庙里孤独生活的老师，突然地和十几个小同志在一起，必然会看到他职业的新前景，为他应该完成的历史使命而振作起来。曹大江先生住在舜帝庙里，因为他在山西乡村学校的工资低，不能维持他全家的生活准备辞职，后来他在《生活教育》杂志上，偶然发现小先生教学法，他便进行试验，并写了一封信给我。信里说："小先生制已经鼓励了许多乡村教师坚守他们自己的岗位。同小先生和小工人在一起，就好像和我的同志在一起一样。我坚信我们在几年内就能重建农村的生活。我感到仿佛整个国家的命运就在教师的手中。"信的结尾他写道，即使给他高十倍的工资，他也不辞职了。

　　但是，小先生运动并不是没有缺点，我可举出两点：第一，小先生在过分热情的领导控制下，过分的繁重工作将会损害儿童的健康，并且影响"小先生运动"的发展。我没有劝告小先生每天教人不超过半小时，并作为一个制度加以规定；第二，有些政客和固执己见的官员，为了他们自身的利益，利用这些儿童、小宣传家做他们的工具。这是违反我们原则的。一个老师是叫人求真的，没有别的目的。只是为了追求真理，教人求真，自己便要寻求真理，自由的批评是绝对需要的。目的是防止滥用儿童们去做宣传工作，我们一定要注射自由批评的抗毒素。

传 递 先 生

　　另一种形式的"自愿教师"，按照小先生的同样的原则教人学文化知识，叫做传递先生。所不同的是年龄的区别，小先生是十六岁以下的儿童担任，而传递先生则是十六岁以上的成人。"传递先生"的名称是由传递赛跑、传递接力棒、最终胜利到达目的地的运动员而得来的。传递教学的最好方法，是邀请农民去上夜校，上课的人就像乡村教师一样讲解知识。夜校的老师不是教农民去当学生，而是帮助他们学会教人去当传递先生。这些传递先生并不需要四五年才毕业，而是一下课就能去教别人。下课后，每个学生便成为一个先生，每个家庭便成了学习的中心。我们十分惊奇地发现，我们十分之一的农民是有能力去独立地领导班级的，其余的至少可以教两个朋友，一个是左邻，一个是右舍。如果这两个朋友很穷买不起书，传递先生自己的书可供三人共同使用。传递先生从夜校学了新课，并且已经复习了。他在复习功课时，便已经教了他的两个朋友了。在教他的朋友时，他越学越多，越学越明白。这个时刻，他所希望的是将自己学到的知识分享给别人，这便是一个思想上的飞跃。"将真理传给你的邻居"变成传递先生的座右铭。它使我们如此众多的农民和工人，非常满意地去当传递先生，去为他们的同胞们服务。

女工的传递教学

朱冰如小姐，是上海杨树浦烟草公司的女工。她在女工中开展传递教学活动取得了卓越的成绩。她在上海工作，家住距离工厂十多里远的浦东。在浦东，靠她家附近有一个女工夜校专门训练传递先生，是在上海女青年会指导下开办的。朱小姐除了星期天外，每天晚上在这所夜校上一小时课。天亮前她渡过黄浦江要走两英里路按时赶到工厂上班。中午，工厂有一小时午休，让工人们上街去吃饭，工厂便将大门关上，直到下午一点钟前几分钟才开门。在街上吃顿简单的中饭要不了十分钟，朱小姐心中便计划去帮助女工姐妹们，利用这段的午休时间学文化。起初，她号召女工同志们在一个露天地方集合，男工也跟着前去看她们到底干什么。他们好奇地围观这些女工在露天集合，手里拿着书本，还有地图挂在那儿，这在以前是从没见过的事。男工同志们发现这些女工们念书、讨论，还唱歌，感到非常惊奇和有趣。男工前来观看女工的学习是有妨碍的。朱小姐最后被迫另找地方。通过一个小学校长的帮助，她借到一间教室。学校小学生要到下午一点才上课。这样她们可以利用这个时间安心上课学习。从此以后，入学的女工姐妹迅速地增加。后来，朱小姐便从她的班里挑选一个能干的学生，担任第二班的传递先生。一个月后，她便借用了所有的教室，安排好主要负责人，以满足女工们日益增长的学习文化的需要。所有的教室都成立了女工读书班。除了上班的女工，还有从家里来的姐妹们。有才能的传递先生都是从工人夜校培训挑选出来的。至此，由朱小姐创办的以及由她扩建的女工读书班，变成了杨树浦区培训女工传递先生的中心。它使教育的光芒从那里照耀到和她们接触的每一个家庭。随着时间的推移，别的地区的工人们也得到从这里传来的东风，他们中间有些人受到鼓舞，也办起了类似的教学中心。甚至连那些男工同志，曾在朱小姐初创时找过麻烦的人们，也认识到受教育的重要性，并且他们也运用了传递先生同样的原则开始办起了男工读书班。

新　文　字

　　人民教育运动，对中国新文字的发展会起重要的促进作用。七十多年前，便有人尝试为中国口头语言创造一种新的书面符号。这种新文字是普及教育最好和最有成效的工具。新文字不受北方话、上海话、广东话、厦门话和其他地方方言的限制，都适用。一个汉字就是一个词，一个词又是多音节构成的，新文字不仅考虑书写符号的简化，而且考虑消除各地音调语气的差别。这是一个重要的功绩，超过了以前所有的发明创造。用这种新文字教学，不管哪个地区的农民每天只要花一小时，在一二个月内，他们就能学会用本地语言读书写字，能节省多少时间啊！

　　今日中国，最重要和最迫切的需要，就是在全国人民团结起来抵御外侮的中心思想下，用行动抵抗日本的侵略。为了这个团结的目的，我们不能再犹豫，而要动员所有的工具。新文字是配备给我们的最好的工具。尽管在方法上有许多困难，但是一定要使用它产生最好的效果。

　　因为篇幅所限，我仅就新文字怎样应用于北方话方面的问题举例谈谈。六个元音字母：a 如 papa（爸爸）的 a 音，e 如 after（后来）的 e，i 如 is（是）的 i，o 如 home（家庭）的 o，u 如 food（食物）中的 oo 音，y 似德文中的 ü。十几个子音字母：b 如同 Berlin（柏林）的 be 音，c 如 Tsitsihar（齐齐哈尔）中的 ts，ch 如 child（小孩）的 ch，d 如 wonder（惊奇）中的 de，p 如 part（部分）中的 p，r

如 run（跑）中的 r，rh 如 r 音用舌头向后卷曲，压上颚发音，f 如 for（为）中的 f，g 如 girl（女孩）中 g，j 如 yes（是的）中 y，k 如 kind（仁慈的）中 k，l 如 let（让）中 le，m 如 men（男人）中 me，n 如 Brenne（布朗）中 ne，ng 如 king（国王）中 ng，s 如 see（看见）中 s，sh 如 she（她）中 sh，t 如 Terman（台尔曼）中 te，w 如 wood（树林）中 woo，x 如 Herman（赫尔曼）中 he，z 如 zine（锌）中 z，zh 如 ch 音，舌尖卷曲向后，压上颚发音。十五个复合元音字母是：ai 如 high（高）中的 i，ao 如 out（出来）中的 ou，ei 如 fate（命运）中的 a，ie 如 legitimate（合法的）中的第一个 i，ou 如 Pasteur（巴斯德）中的 eu，用下颚伸展发音，ia 如 yard（院子）中的 ya，iao 等于 i 加 ao 音，iou 等于 i 加 ou 音，iu 如 Europe（欧洲）中的 eu，uo 等于 u 加 o 音，ua 等于 ü 加 a，uai 等于 u 加 ai，ui 等于 u 加 i，ye 等于 u 加 e，yo 等于 u 加 o 音。十五个鼻音的元音字母是：an，ang，en，eng，ian，iang，in，ing，uan，uang，yan，yn，yng。三个可变的子音字母是：g，k，x，在 i 和 y 前读软音。这些就是北方话的全部新文字。全国人口的四分之三都懂北方话。如果北方话应用新文字，普遍地采用，那么二三年内就可将我们四分之三的文盲全部扫除掉。新文字运动蓬勃发展是从去年开始的。仅在一个城市里有三十万人学习新文字，他们不用多长时间就能读发行的刊物。我们希望政府至少要看到从速采用新文字的重要性，使用新文字是有价值的，并且对那些既没有时间，又没有钱去学习那几千个中国方块字的人来说，学习和传播新文字的影响是巨大的。如果这样做了，那么要不了多少年，这些人他们就会当家作主人。

社会即学校

另外一个概念是社会即学校。我们应利用一切可能的资源来提高人民的水平。有这种思想，便可利用庙宇、茶馆和每一个可能空的地方作为读书班、讨论组，等等。我们的原则是尽可能少占用房屋。那个地方没有房间可利用，就可以到树阴下去学习。较大集会可以在露天举行。这个天然的大礼堂，实在是非常宏伟壮丽的。青天当作我们的屋顶，祖国的大地当作我们的地板，灿烂的群星守护着的月亮，则是为我们服务的明灯。我们的农民在这里举行群众大会和讨论会。在这样一个大礼堂里，中国的农民高唱他们自己的歌曲，叙述他们自己的故事，学习他们朴素的道理，并且讨论着国家和世界大事。

新农民的诞生

农村在各种积极力量的领导与管理下，一代新农民必将在世界东方出现。《大地》⑤中那个竭力为自己的小家庭捞到越来越多的土地，以便成为比别的农民兄弟更富裕的农民，不再成为别人仿效的榜样。

目前，中国进步的农民为了成为土地的主人，使每个人能过上美好的生活而英勇地参加了反对日本帝国主义侵略的

斗争。我们有理由相信，他们和一切爱国人民的团结奋斗，
必将取得抗日的最后胜利。这里有一首诗刻画这些新农民：

锄头舞歌

手把个锄头锄野草呀！
锄去野草好长苗呀！

五千年古国要出头呀！
锄头底下有自由呀！

革命的成功靠锄头呀！
锄头锄头要奋斗呀！

光棍的锄头不中用呀！
联合机器来革命呀！

1938 年 9 月 9 日重写于
香港九龙王子大道 208 号

〔注释〕

①《人民教育运动》（*Peoples' Education Movement*）一文，系根
据晓庄师范陶行知纪念馆英文资料，由刘大康译，李苍霖、陈士奇
校，首先于 1983 年在北京《教育研究》第 4 期发表。现参照川版、
湘版译文由刘大康重新校订。

1938 年 8 月 14 日，陶行知出访 28 国和地区回国途中，访问了印
度圣雄甘地。席间甘地向陶行知了解中国人民教育运动情况，并索取

文字资料。陶行知也对印度教育情况作了调查了解。由于陶的资料、行李等于返国前已由英国伦敦直接寄香港。答应回国后寄赠甘地。8月22日，陶行知从印度赴越南途中，在"霞飞号"邮轮上用英文草拟了《中国人民教育大纲》（共60条，可参阅《金陵陶研》1996—3/4期译文），9月9日，陶行知在香港重新用英文写了《人民教育运动》一文寄甘地，在印度杂志 HARIJAN（《民族旗帜》）1938年10月29日，11月5日和11月9日分三期发表。这篇珍贵的资料，在陶行知遗物书箱中沉睡了37年。今特收入《陶行知文集》修订本。

② 国难教育社　成立于1936年2月23日。

③ 原名全国各界救国联合会，简称救国会。成立于1936年6月1日。1945年冬改名为中国人民救国会。

④ 又称为兰卡斯特导生制。参见《怎样指导小先生》一文注释①（本书第537页）。

⑤《大地》（《Good Earth》）　美国女作家赛珍珠所著的小说。有中译本。

谈战时民众教育①

生活为抗战，抗战即生活。

已知教不知，能者教不能。

办战时民众教育之原则，需认定五点：（一）社会与学校应打成一片，爰当此坚持长久抗战时期，应使全民皆具有抗战信念，须将社会与学校，彼此互相推动，以构成全民抗战之事实。（二）生活与教育联为一气。办战时民众教育应养成民众战时之生活，使各个民众一切生活动作，悉含有抗战之意味，而战时教育之实施，处处以抗战为对象。生活为抗战，抗战即生活。（三）节省时间以办战时民众教育，应以最短之时间，而收较大之效果，决不应使时间浪费。（四）节省经济。办战时民众教育，应以最少数之经费，办多数之学校，如目前课本发生困难，可由各个学生利用土纸抄写，供不识字民众之用。此即节省经费而收效较大之一端。（五）即知即传。任何民众，对于抗战一切问题，即其所知者，即传达别人，倘人人能即知即传，则抗战知识可普遍于各阶层，收效当然很大。至于实施办法：第一，从教学方面言之，不分老幼性别，使知识较高者，教知识较低者，已知者教不知者。虽儿童亦可教成年。第二，应训练民众，能用脑用手用机械。譬如开汽车、接电线之机械技能，亦可有助于抗战。台儿庄战役②期间，台儿庄孩子歌咏团用自己的言行，威胁小汉奸黄姓小儿转变为小战士的故事，殷盼各报代为披露，以表彰歌咏团对抗战宣传之伟大。

余目前着重于两件工作：一、拟办晓庄学校以推进抗战时期之民教，前次在汉时已向蒋委员长详细陈述，蒋委员长亦深表同情。地点将在湖南，现尚未完全决定。二、拟积极提倡组织普及教育会，希望有普及教育之志趣者，完全参加，共同推进民教。

〔注释〕

① 本篇系记者在国民参政会第一届第二次会议期间对参政员陶行知采访的记录，1938 年 11 月 5 日重庆《新华日报》发表时，原题为《陶行知谈战时民众教育》。

② 台儿庄　镇名，在山东省枣庄市东南部，大运河北岸。1938年 4 月，李宗仁指挥第五战区中国军队，抗击日本侵略者，歼敌一万余名，获得大捷。为抗战初期一次重大战役，故称台儿庄战役。

纵谈战时各种教育问题①

关于生活教育社原有十几年的历史，亦干过不少的工作；直到本月十五日才在桂林正式立案成立，重新展开工作。

生活教育社从事了好几个运动。最初，针对着广大乡村的落后，就掀起了乡村教育运动。到了都市，为了矫正教育的私有与独占，就展开普及教育运动。直到日人步步侵略，华北汉奸猖獗，处在国难当头的时候，就以国难教育配合着当时的需要。抗战开始了，一切都要服从抗战，国难教育就沿进为抗战教育。现阶段的抗战是全面抗战，所以现在要展开全面教育来配合全面抗战的需要。全面教育的主要任务，就是要把教育展开到我们的前方和日人的后方去。对象不仅是青年、壮丁，而且包括小孩与老太婆。……这几个运动的形式虽然不一，而其中心却只有一个，就是普及教育运动，不过它是随着客观形势的发展而发展罢了……

生活教育的宗旨是什么？扼要地说：

一、提高生活水准

二、启发警觉性

三、培养创造力

这，无疑地是我国今日当务之急。

新近在广西，我们发现山洞学校②。空袭的时候，广西的人民几乎一半是在山洞中，为了逃避飞机而钻进山洞里去空过几个钟头、或半日、或几天，没有事情干，实在是很可惜的。山洞教育的可能，第一是因为山洞是天然的安全教室，用不着一个铜板的建设。第二是老百姓钻进来，不愁没有学生。第三是在避难群中，什么类型的分子都有，亦不愁没有知识分子可以在山洞充当教师。山洞学校的课程内容是男女老少什么人都应该学习。可以学习抗战的知识和各种抗战应用的技能。现在广西省政府已积极在训练山洞学校的指导员。山洞学校亦就是生活教育的一部分，比方老太婆肩上压了一个担子，双手还要拉着小孩。这时，在进入山洞避难途中，青年人就应该帮同抱小孩，帮同挑东西，让老小好好地避难。这种"服务"，就是"生活教育"的精神。换句话说，生活教育应该"跟老百姓走"，跟到山洞去，跟到树林去，跟到……什么地方去。一切的道理与办法都由"跟老百姓走"五个字演绎出来。但是，亦不是跟老百姓逃难，而是从乱七八糟的逃难群中整理一个条理出来，使分散的力量集中起来，使难民成为斗士。

将在桂林成立晓庄研究所，在各处展开教育研究工作。凡是战时发生的教育问题，如军队教育问题、壮丁教育问题、伤兵教育问题、难民教育问题……都是目前急待研究的教育问题，很需要提供实施的方案贡献给政府与各方面的参考与施行。这次来港的任务，就是要来筹备一切。

这实在是可喜可慰的佳音。晓庄之再生，象征着教育之黎明，象征着民族的复兴。

〔注释〕

① 这是陶行知 1938 年 12 月 30 日在九龙儿童书院接受香港《申报》记者朱其焯采访时的谈话。原载 1939 年 1 月 1 日香港《申报》。记者当时还探询陶行知新近有无新诗，陶行知立即摸出笔来写了《生活教育小影》和《文化同化歌》。

② 山洞学校 1938 年 12 月，陶行知在《广西日报》上发表《岩洞教育》一文。新安旅行团响应陶先生的号召，利用岩洞（即山洞），进行抗日救国的宣传工作。因在山洞，故称山洞学校。1938 年 12 月 15 日，生活教育社在广西桂林正式成立。29 日，陶行知由桂林再到香港，30 日接受记者采访发表此谈话。陶称：山洞学校亦就是生活教育的一部分。

关于香港教育问题的谈话（节录）

记者：一座楼，一块招牌，学生缴着昂贵的学费，老师照书念书，交易而退，各得其所。什么人格感化，什么民族意识，就让它是教育学上的死名词。这样的教育，实在使我们感到头痛！

陶行知：我们不能苛责香港一般学校收费的昂贵，因为学校没有基金，教员饿着肚皮怎么办学？在资本主义社会之下，知识也变成商品，买与卖的形式亦是免不了的。问题的症结是学校除了收费之外，还应该有一个办学的宗旨。循着办学的宗旨努力苦干下去，这还是未可厚非。要是收了费，就万事俱休，糊里糊涂什么也不管，纯粹的以赚钱为目的，那就无可宽恕了。至于教育的实施，最低限度每周应该有一次时事解释。在明白时事之后，青年人一定会警觉到祖国对他们的希望，一定会觉悟到只是晓得英文还是不够用的。

记者：本港某中学有位女学生，在戏院看到银幕上映出英勇的八百将士①和飘扬的国旗的时候，就很敏感地站立致敬，可是全院只有她一个人站立着，使卑视与骇异的视线还集中在她的身上，她觉得非常难为情。她对于愚昧的一群是予以原谅的。可是悻悻然却不服同学亦如此糊涂。回到学校辩论的时候，同学们还用似是而非的话来浇她一把冷水。

陶行知：这是她的技术还不够。她应该简单的说明致敬的理由，喊大家一齐站立起来。那时候，必定有一部分受感动的亦响应起来。就是没有站立的亦不敢耻笑人家。是吗？她很热心爱国，可是，勇气还不够！……

（原载 1939 年 1 月 10 日香港《申报》）

〔注释〕

① 八百将士　即八百壮士，见本书第 737 页注②。

说　书

中国有三种呆子：书呆子，工呆子，钱呆子。书呆子是读死书，死读书，读书死。工呆子是做死工，死做工，做工死。钱呆子是赚死钱，死赚钱，赚钱死。对于书呆子我是劝他们少读点书，多干点有意义的事，免得呆头呆脑，因此，我从前在晓庄办了一个图书馆，叫做"书呆子莫来馆"。但是一方面叫书呆子不要来，一方面为什么又要图书馆呢？要叫工呆子钱呆子多看些书，把头脑弄得清楚一点，好把世界的事看个明白。但书是一种工具，只可看，只可用，看也是为着用，为着解决问题。断不可以呆读。认清这一点，书是最好的东西，有好书，我们就受用无穷了。正是：

> 用书如用刀，
> 不快自须磨，
> 呆磨不切菜，
> 何以见婆婆。

（原载 1939 年 1 月 14 日香港《立报》）

抗战的全面教育

今天是香港中华艺术协进会干部训练班开学的日子；兄弟得来参加这个盛会是觉得十二分高兴的，刚才看到你们所有探讨的许多重要问题，亦使得我非常欣慰。现在，我所要讲的题目，就是你们所约定的"战时教育"这一个问题。

抗战发生以后，还有人是不承认"战时教育"的。当兄弟在国外的时候，就听到某大学校长大发其高论，说什么战时教育没练过，不知怎样去办，接着就是拿"百年大计"的招牌出来掩护。

其实，这是浅而易见的。现在日本帝国主义已经将中国改成战时的中国了。我们一切的生活与活动都应该适战时的需要，谁亦不能躲避，教育亦当然不能例外。

某校长不办战时教育，不研究战时教育，就得辞职，否则坐吃国家的薪俸，实在是很笑话的。

兄弟很不赞成他的意思，所以写了一首诗来答复他：

遍地发瘟，

妈妈病倒在床，

叫他倒口开水，他说功课忙。

叫他去请医生，他说功课忙。

叫他去买一服药，他说功课忙。

等到妈妈死了，

他写讣文忙，

写祭文忙；

做孤哀子忙。

时到现在，还有人是这样为教育而教育。教员是教死书、死教书、教书死。学生是读死书、死读书、读书死。

他们干着平时教育，就是在百年大计的招牌之下过其超然的生活。我们大家的妈妈——中华民族是怎样的创痛危殆，他是不管的。直至妈妈死了，他倒亦会忙于做讣文，忙于做孤哀子。

第二期的抗战是全面抗战，对于教育的要求就是全面教育。全面教育的意思，就是说，要将教育展开到前方与日人的后方，以至于整个的世界，使全世界都觉悟起来扩大反侵略运动，这是就空间而论。就对象而言，教育并不是少数少爷小姐们，有钱、有闲、有面子者的专利品，而是应该把教育展开到全部的青年去，全部的儿童，全部的壮年，全部的老人，连全部的老太婆都在内。

亦许有人要说，小孩子与老太婆有什么用呢？其实，小孩子要是像台儿庄的孩子唱歌队，把那个姓黄的小汉奸变成小战士一样——那姓黄的小孩中了日人的欺骗，做了小汉奸之后，因为受儿童宣传队所感动，就举手忏悔做汉奸的经过，并向我军报告敌情，炸毁了敌人的火药库、枪械等等。从小汉奸而变成小战士了——老太太则能够像赵老太太一样，抗战的力量不知要增加多少倍呢？所以，教育要展开到小孩和老太婆的队伍里去，展开到整个民族去。

凡是战时所发生的集团，教育就要展开到那里去。

战时有了伤兵，教育就要到伤兵那里去，有了五百个伤兵病院，就要当作五百伤兵学校办。伤兵没得教育，恶劣的影响是不堪设想的。伤兵得到了教育，所发生的力量，是非常宏大的。他们在后方可以提高民气，在前方可以影响士气，这是浅而易见的道理。

战时有了难民，教育就要到难民那里去，使得消耗的赈济成为生产的力量。

战时要征兵，教育就要到壮丁的队伍里去，使所有的壮丁都踊跃服兵役，携孥从军，把我们的兵源变成取之不尽用之无穷，这亦是很重要的问题。

不仅如此，我们还要把教育开展到敌人的后方，使伪政权不得成立，日本的反战运动强化起来，展开到全世界去，使国际上的援助益为积极。

但是，我亦不反对同时在后方办教育。只是不要老八股与洋八股罢了。我们要把次要的课程搬出来，加上符合抗战的需要的课程。有一个很重要的原则应该遵守的：就是后方的组织与训练应该与前方的需要相配合。记得曾有一个时候，晤见了一位医学院的院长，当时我就敦促他赶紧训练医学人才，为抗战出点力量。那位院长很得意地说："老哥，医学不像别的东西啊，要能够服务，超码总得五年，并不是可以马虎的。"当时我的答复就是："现在前方将士死于疟疾，死于痢疾，死于流血流不住的占最多数。请问训练专门医治这种疾病的人才要不要五年？""那么，假如是培养这样的人才，是无须这样长久了！""那就对了！老哥！请你快快训练一大批这样的人才去医治我们前线的将士，去救救我们英勇的将士。至于要养成解剖与取出子弹的人才，我不反对你的五年训练。"后方的组织与训练要与前方的需要相融合，这就是一个具体的例子。

回忆几个月前广州未沦陷以前，中山大学有位朋友问我：你看中山大学要不要搬？我的答案是："快搬！快搬！快搬！"理由就是：仪器是要钱买来的，训练了一个大学生也不是容易的。可惜他们不搬，等到广州沦陷遭着莫大的损失。

最近，又是在广西晤见这位老朋友，他又是问我：你看中大要不要再从广西搬到云南去？我的答案是："不要搬！不要搬！不要搬！"理由是云南离广东太远了，在广西还可以参加保卫广东的工作，用搬迁费来构筑防空壕是绰有余裕的。第二个原因，是云南的大学太多了，实在再没有添加一个的必要。

可是我并不是机械的反对在云南办教育，倘使那里最高学府不太多，而又念念要把力量输送到前方去，那末，是没有人反对的。

因此在后方办教育，是不可在百年大计的盾牌下躲懒，要时时刻刻顾念到抗战的需要，即是顾念到建国的需要，倘使抗战不成，什么都完，所谓百年大计，都变成奴隶之计，所以最要紧的，在后方办教育首要在增加抗战的力量，否则躲在山洞里，仍旧为教育而教育，那便是逃走教育。

我们自身的教育在过去是片面的，现在亦应该全面起来，全面的自我教育。就是要：看、想、玩、谈、干。当然我们有两眼，就得看；有脑袋，就得想；有张嘴，就得谈；有疲劳，就得玩；有双手，就得干；我们要为干而看，为干而想，为干而谈，为干而玩，干是生活的中心，亦即教育的中心，干什么？抗战建国！

抗战建国是要

真干，不可假干；

穷干，不可浪费的干；

合干，不可分裂的干；

快干，不可慢慢的干；

大干，不可小小的干；

凡是假干、浪费的干、分裂的干、慢慢的干、或是小小的干，都是可疑，我们应当追求证据，分别奸庸，来他一个适当的处置。教育要通过生活才是有效的教育；抗战教育要通过抗战生活才是有效的抗战教育。

教育是民族解放的武器，人类解放的武器。不展开到整个民族、整个人类，不够称为全面教育。

（原载 1939 年 1 月 22、23 日香港《申报》）

推行生活教育之又一方式

一、在大都市里面我们需要一种适合于刻苦求进的旅客临时过生活的场所。

二、这种共同生活的场所，要办得省钱而有意义。它应该是一个四位一体的东西。它同时是一个旅社，一个学校，一个家庭，一个服务团。它要有旅社的便利，学校的长进机会，家庭的亲爱互助，服务团的各尽所能以贡献于当地的社会。我找不着更好的名字称它，姑且称为"第二家乡"。

三、为着要达到四位一体的境界，"第二家乡"要注意下列几点：

甲、每人出房租不比寻常房租贵；

乙、饭食不比寻常包饭贵；

丙、有浴室、操场、图书馆、表演台、疗养院；

丁、房间分三种：男子合居的房间；女子合居的房间；小家庭同居的房间。

戊、为共学服务便利起见应依职业性质，创立独立斋舍，例如戏剧斋舍，专供演员、导演、编剧者居住；歌咏斋舍，专供歌者、作曲者、作歌者居住；教师斋舍，专供先生、小先生居住；记者斋舍，专供新闻杂志记者居住；战术斋舍，专供军事学者及战士居住；政治斋舍，专供政治学者及政治运动者居住等等。外设普通斋舍，专供尚无专门兴趣之人士居住。每斋舍设男子合居房间若干间；女子合居房间若干间；小家庭同居房间若干间；个人居住单房若干间。

己、为着父母工作便利及儿童幸福起见，设托儿所，日间代养小孩，晚间由父母领回。哺乳小儿，由母亲按规定时刻亲来喂奶。

庚、各斋舍自行组织座谈会。

辛、每周举行全体演讲讨论会一次，敦请专家主讲，讲毕讨论，由全体参加。

四、图样如下：

说明

（甲）每方格代表一座独立斋舍，前面一线代表菜园或花园，每斋舍有厨房、会客室、卧室、浴室。

（乙）表演台为演讲、演剧、唱歌之用。

（丙）中内大空地为操场，同时是全体集合之所。

（丁）每房距离以燃烧弹不能波及为原则。

五、组织，由发起人组织董事会聘请总干事主持整个计划之实施。各斋舍在不违反公约条件下，得行斋舍自治，推举舍长，主持各该舍清洁卫生、饮食起居、教育互助及服务事。

六、总干事视事务之繁简得聘干事若干人助其管理。总干事之责任，不仅在给各人以饮食起居之便利，而且要使整个团体过合理向上之生活，尤其要注重互助、共学、服务之推进。

七、在新舍未造前，可租借民房或拨给公房先行试办。

八、费用：房租及饭费、医药费由各人自备，其余如建筑费、教育费则以捐资及补助费充之。小规模之"第二家乡"可租旧房办理，费用亦由合居人共同担负，不必捐款。

（原载 1939 年 1 月 25 日《战时教育》第 3 卷第 11 期）

生活教育目前的任务

这几天在桂林的同志们，得有机会，聚在一块，检讨生活教育之理论与实践，各人都有一些收获。我从前为一位朋友题过三句话：检讨过去，把握现在，创造将来。我们为什么要检讨，把握？一切都为创造。我们要常常检讨，紧紧把握，天天创造，积小创造而为大创造。

生活教育之定义在晓庄开校前九年，我已提出，包含三部分：一是生活之教育；二是以生活影响生活之教育；三是为着应济生活需要而办之教育。用英文译出来，比较简单：Life education means an education of life，by life and for life。关于第一部分和第三部分，洞若①同志说得很清楚，对于第二部分我想补充几句。"以生活影响生活"是怎样讲呢？我们要拿好的生活来改造坏的生活，拿前进的生活来引导落后的生活，针对着现在说，我们要拿抗战的生活来克服妥协的生活。

在抗战建国这一伟大的时代中，生活教育者有什么任务有什么贡献，我想简单的说一说。

我们有四种任务：一、力求长进，把自己的集团变成抗战建国的真力量；二、影响整个教育界共同求进，帮助整个教育界都变成抗战建国的真力量；三、参加在普及抗战建国的生活教育的大运动里面帮助全民族都变成抗战建国的真力量；四、参加在普及反侵略的生活教育的大运动里面帮助全人类都变成反侵略的真力量。

我们的理论，在战时，更显出它的优点。现在说它的可能的贡献：

一、我们认识教育只是民族大众人类解放之工具。当日本帝国主义危害我们生存的关头，生活教育者每上一课自必要问：这一课对于抗战能有多少帮助？为教育而办教育的人是不容易发出这样的疑问。

二、我们认识生活之变化才是教育之变化，便自然而然的要求真正的抗战教育，必须通过抗战生活。抗战讲演、宣传，若不通过抗战生活，我们不会承认它是真正的抗战教育。

三、我们认识社会即学校，便不会专在后方流连。我们立刻会联想到前方，联想到敌人的后方。即使在后方办学校也必然的要想，如何把教育的力量输送到前方和沦陷的区域里面去。

四、我们认识人民集中的地方便是教育应到的地方，便毫不迟疑的注意到伤兵医院、难民收容所、壮丁训练处、防空壕与山洞里的教育而想去解决它。

五、我们认识集团的生活的力量大于个人的生活的力量，即认识集团的教育力量大于个人的教育力量，便毫不迟疑的帮助我们的学生团结起来，让他们自己管自己，从前的工学团和战时的集体主义的自我教育都是要贯彻这个意思。

六、我们认识"生活影响生活"以及人人都能即知即传，故不但顾到成人青年而且顾到老年人与小孩子，整个民族不分男女老少都必然的要他们在炮火中发出力量来。义勇军之母赵洪文国老太太及台儿庄的小孩唱歌感化小汉奸为小战士，都是印证生活教育理论颠扑不灭的铁证。

七、我们认识教学做合一及在劳力上劳心为最有效之生活法亦即最有效之教育法，便自然以行动为中心而不致陷落在虚空里面。如果抗战建国是要真正的干出来，那末生活教育的理论便要求为干而看，为干而谈，为干而玩，为干而想。

八、我们认识到处可以生活即到处可以办教育。当平时学校被炸，先生散了，学生散了，学校也跟着散了。生活教育者的学校是炸不散的，如果可以炸散，除非是先生学生一起炸死。只要有几个存在，不久归起队又是一个学校了。孩子剧团、新安旅行团便是炸不散的学校。半常的学校只要采取生活教育这一点点办法，那千千万万倒闭的学校都可以复活了。这几次的集会使我们大家对于生活教育理论有了更亲切的了解，更热烈的信仰。这了解与信仰是会发生不可思议的力量。我相信生活教育必定能够发出伟大的力量帮助打倒日本帝国主义，帮助创造一个自由平等的新中国，并且帮助创造一个和平互助的新世界。

一九三九年一月

（原载 1943 年 4 月《行知教育论文选集》）

〔注释〕

① 洞若　王洞若（1909—1960）时任育才学校研究部主任。

桂林战时民众教育工作人员须知

一、什么是教育

好的教育是引人向上向前生活之力量。它是一种工具，它是民族解放的工具，也是人类解放的工具。教育为着要引人向上向前过生活，它的本身便必须是向上向前的生活。一切要通过生活才成为真正的教育。为教育而办教育，或是空嘴说白话，都不能算是真正的教育。

二、什么是民众教育

民众教育是民众的教育，民众自己办的教育，为民众的需要而办的教育。我们说民众的教育是要认定对象是民众而不是少爷小姐，便不可当他们为少爷小姐而教他们。中国是个穷国，要民众自己起来办教育，换句话说，政府要鼓励指导民众自己起来办教育，才有普及的希望。教育必定要变成民众的家常便饭才合民众的需要，也必定要适合民众的需要才能算是真正的民众教育。

三、什么是战时教育

有的人反对战时教育。但是有战时的生活便不得没有战时的教育。例如空袭时的生活便须要空袭时之教育。战时教育之重要可以从下面一首小诗看出来：

　　遍地发瘟，

妈妈病倒在床，

叫他倒口开水，他说功课忙。

叫他去请医生，他说功课忙。

叫他去买一服药，他说功课忙。

等到妈妈死了，

他写讣文忙，

写祭文忙；

做孤哀子忙。

中华民国是我们的妈妈，现在被瘟神危害，我们要救妈妈的教育，不要袖手旁观的教育。教育，如果值得干，必须培养民众增加抗战建国的力量以帮助争取最后之胜利。

四、为什么从岩洞教育入手

广西山洞甲天下，经过几次空袭之后，老百姓无论有警报无警报，都扶老携幼跑到山洞里去躲起来。这些山洞是天然的校舍。躲避空袭的老百姓有现成的时间求学。知识分子是现成的先生。三美具备，山洞教育是一种迫切的需要，也是最容易办起来的。平均十万人每天每人白费五小时避空袭，浪费掉的光阴是每天五十万小时，这是多么可惜的一种事啊！岩洞教育是把白费的五十万小时夺回来，教老百姓了解抗战的前途，增加抗战的力量。

五、岩洞战时民众教育之内容

广西省教育厅为了要普及成人教育便着手利用岩洞先干起来，然后再推行到城里，推行到全省。教育厅已经组织了一个广西省会战时民众教育指导委员会总其成。指导委员会规定内容如下：甲、抗战故事；乙、演戏；丙、战时常识；

丁、时事报告；戊、生活常识；己、唱歌。这个课程，没有把壮丁军事训练放进去，是因为这种训练在广西是已经另有办法推行了。

六、好学才能教人

愿意为民众教育服务的人必须好学。孔子说：学而不厌，诲人不倦。我们要学而不厌，才能诲人不倦。工作者必须用功求学。我们必须知道世界，知道日本，知道中国，知道广西，知道桂林，知道怎样可以得到最后胜利。知己知彼才能说服人。

七、即知即传

学了一肚子的学问，不肯拿出来教人，叫做守知奴，与守财奴一样的可鄙。我们要即知即传，平常老百姓因为忙，无法上学。现在是必须到山洞去，这是知识分子办教育绝好的机会，千万不可放过。

八、服务即教育

空口宣传是没多大效果。服务乃是真宣传、好教育。挤在洞口或过桥时看见一位老妇人抱一个小孩，牵一个小孩，你能帮忙她抱一个小孩过桥进洞口，那你便是教了别人同时是教了自己。

九、怎样教

山洞里适用的方法，大略提出几点。

甲、深入浅出。一个深的道理要浅浅的说出来。

乙、要运用实物说明。例如轰炸时，人要把嘴略开，可以用一张纸拉紧代表耳鼓膜，一手与两手打纸代表空气震来，做给民众看。口开时，空气从耳入也从口入夹住鼓膜不会破，若闭口则空气只从耳入，必然冲破鼓膜，以至于聋。又比如坐在岩石下，如岩石靠头太近，则炸弹下来，身体向上跳，头颅会碰得粉碎，也可用皮球回跳及物理学来说明。

丙、鼓励老百姓发问讲故事。

丁、鼓励老百姓互助，共同维持秩序。

戊、唱歌时挂起歌词使民众读而后唱，能写的人叫他们抄下。

己、知之为知之，不知为不知。自己不知道而为民众所需要，一时又不易学会，则请别人来帮忙。

庚、教民众即知即传，使教育易于普及。

辛、紧急警报后，用挂图及挂文，实行无声教育，无声活动教育。

壬、跟民众学才能教民众。

癸、一切教法根据抗战建国之需要。

十、团体生活

团体生活之必要条件如下：

甲、抗战到底之共同信仰

乙、号令统一

丙、分工合作

丁、检讨当天错误

戊、订定工作计划

己、经济公开

十一、怎样求进

甲、参考必要之书

1. 战时宣传资料　　　　　　　　新知

2. 宣传大纲　　　　　　　　　军委会政治部

3. 抗战中之国民党　　　　　　生活

4. 领袖抗战言论集

5. 论持久战　　　　　　　　　生活

6. 焦土抗战

7. 全面战术

8. 世界现实读本　　　　　　　生活

9. 日本论　　　　　　　　　　光明

10. 战时教育论集　　　　　　　生活

11. 生活教育论集　　　　　　　生活

12. 大众教育问题　　　　　　　北新

13. 街头剧创作集　　　　　　　新知

14. 抗战儿童剧选　　　　　　　黎明

15. 反侵略丛刊　　　　　　　　反侵略中国分会

16. 大众歌声　一集、二集　　　新知

17. 怎样做小先生　　　　　　　商务

18. 不要以看了这些为足

乙、宜看的杂志

1. 广西省政府公报

2. 动员　　　　　　　　　　　五路军政训处

3. 克敌周刊　　　　　　　　　省党部

4. 中国农村　　　　　　　　　新知

5. 战时教育　　　　　　　　　生活

6. 世界知识　　　　　　　　　生活

7. 国民公论　　　　　　　　　生活

8. 全民抗战　　　　　　　生活

9. 反侵略周刊　　　　　　中国分会

丙、要看的报

1. 广西日报

2. 中央日报

3. 扫荡报

4. 新华日报

5. 大公报

6. 十日文萃（救亡日报）

丁、座谈会、检讨会

戊、访问专家并与通信

己、请民众当场指教下次可以改良之处

庚、在抗战生活中继续不断的锻炼自己

辛、在民为贵及三民主义指导下与民众共甘苦，继续不断的教育自己。

（原载 1939 年 2 月 10 日《战时教育》第 3 卷第 12 期）

告生活教育社同志书

——为生活教育运动十二周年纪念而作

我所敬爱的同志们！

三月十五日①是一个值得纪念的日子。每年到了这个日子，大家都有许多意见想交换。我回国以来，忙于建立新事业，只有少数同志曾经通信，而且也因为时间关系，没有畅快的写。在这半年当中也曾走过不少的地方，但是会见的同志究竟不多。现在想乘这十二周年纪念的日子，把心里想说的话，尽量的说出来，希望大家指教；并希望大家也将别后的一切尽量告诉我，使我对于各人的工作有更深切的了解。让我们就在这种了解中建立我们共同的信念，以发挥我们的力量。

我们在这大时代中遇着了，而且是继续不断的共同奋斗，这是多么幸福啊！有些人却不是这样看法。去年八月中归船到印度，一位留学的女太太对我说："这次我们回到中国是和出国的时候大不同了。学校没有了，工厂没有了，家庭没有了，亲戚朋友都流离失所了，先生也不免有些伤感吧？"我说："在国内我们可能看见的也许比你所说的要惨十倍一百倍，但是我毫无伤感。它的确是一个大不同的中国了。有拳头了，站起来了。不错，它是在大量的流血。但是如同一位母亲生孩子一样，流血的结果是新生命之产生。我们在中国所看到的血，不再是自相残杀的血，而是和日本帝国主义拼命的血。在这伟大的血的洪流里将要浮出来一个伟大的自由平等的中华民国。"记得"五三"惨案纪念日在晓庄寅会②里我曾说过："晓庄所办教育如果不能帮助中国把日本帝国主义打出去，便算是失败。"我们自始就认定大时代之来到，而且这大时代是要靠中国人和一切反侵略的战友的血汗创造出来的。

从上海、江苏、浙江、安徽、湖北、湖南、广东、广西、福建、四川、陕西、山西、河南、河北、贵州、甘肃、香港、安南③、新加坡及欧美同志的来信，知道大家都在自己的岗位上把各人的力量贡献给中华民族。在后方，在前方，在海外，在敌人的后方，大家都是很努力很切实的尽你们的责任。我们的人数不多，但几乎是总动员了。大家毫不吝啬的贡献各人的汗、血或脑汁。我不能否认也有很少数的同志由认识不够而徘徊、落伍。但是大多数是在大时代的创造中，百折不回的发挥各人的小小的力量。有一封信，尤其使我不能忘记。它以"迎接困难"四个字作对我回国之勉励。我以为这四个字是不应该独自欣赏而应该送给全体同志做座右铭。我们对于困难，不可轻视，也不可害怕，这"迎接困难"四字恰恰把我们应该有的态度表现了出来。谁也不能否认，中国是在过难关。困难既是不断的来，那末，来一个，解决一个，来两个，解决一双。我们个个人都有了这"迎难"的精神，便更能负起我们的任务而发挥我们的贡献。

在这个值得纪念的日子，我的脑袋里浮出来一个最鲜明的印象是：一群青年丢掉了文凭的眷恋，从学府里跑到乡下去，和农人共生活。光阴过得很快。这已经是十二年前的"罗曼斯"④了。这一群青年所带去的不是文化的赈济品，而是一颗虚心要探寻真正适合中国向前进取的教育。

当这些青年和农人接触之后，双方都有了惊奇的发现，青年们在学府里受教已久，手无缚鸡之力，只拿得动一支笔儿写几行字，他们下乡不多时，便发现自己也有手，可以做工，可以种田，可以实验，可以使枪杆。农人呢，在"民可使由之，不可使知之"的空气中生活了几千百年，久已被裹头布⑤裹得不能思想。他们和青年知识分子接触之下，禁不住要喊出来："我们也有头脑啊！"青年发现了自己有双手，才是能坐而言也能起而行。农人发现自己有头脑，才能由了解革命信仰革命并发挥出力量以争取中国之自由平等。这种双手与头脑的重新发现是极重要的收获，应当在纪念的时候特别指出。

我们在这十二年当中干了些什么事？三件事，还没有做完。一是反洋化教育，二是反传统教育，三是在半殖民地半封建的国家建立争取自由平等之教育理论与方法。

（一）反洋化教育的用意并不是反对外来的知识 我们对于外洋输入的真知识是竭诚的欢迎。但是办学校一定要盖洋楼、说洋话、用洋书才算是真正的学校，那可不敢赞同。有些洋化教育家没有抽水的洋马桶是几乎拉不出屎。尤其是没有工业的生产而他们要工业的享受和花费。中国是个穷国，哪能禁得起这样的浪费，在这一方面浪费，在另一方面的教育便没有钱办了，结果是成了少数人的教育。

（二）**反传统教育也不是反对固有的优点**　我们对于中国固有之美德是竭诚的拥护。但是"满朝朱紫贵，尽是读书人"的升官教育，以及"为教书而教书，为读书而读书"的超然教育，我们都是反对的。至于一般老百姓"出钱给人读死书，自己一个大字也不识"的现象尤其不能缄默。

（三）**建立争取自由平等的教育原理方法**　我们之所以反对洋化教育和传统教育，是要开辟出一条大路，让这半殖民地争取自由平等的教育可以出来。从一个半殖民地半封建的国家变成一个自由、平等的民有、民治、民享的国家，是要军事、政治、经济、教育几方面配合得好才能达到目的。教育方面必定要具备几种条件才能负起这样伟大的使命。（1）教育必须是战斗的。教育不是玩具，不是装饰品，不是升官发财的媒介。教育是一种武器，是民族、人类解放的武器。（2）教育必须是生活的。一切教育必须通过生活才有效。抗战建国的生活才算是抗战建国的教育。（3）教育必须是科学的。这种教育是没有地方能抄袭得来的。我们必须运用科学的方法，根据客观情形继续不断的把它研究出来，而且，这种教育的内容也必须包含并着重自然科学与社会科学，否则不能前进。（4）教育必须是大众的。把一个半殖民地半封建的国家变成一个独立国，绝不是少数人所能办得成功。我们必须教育大众一同起来负担这个伟大的使命。但是希望老百姓都得到这教育必须有三个条件：一要省钱，使无钱的老百姓可以受到教育；二要省时间，使没有空闲的老百姓也能求学；三要通俗，使没有受过教育的老百姓也能了解而感兴趣。这样一来，若不运用"即知即传"的原则，便不能达到老百姓都受教育的目的。而且老百姓所受的教育是要集体的施行，集体才是力量；个别的教，还是一盘散沙，不能发挥出充分的力量。(5)教育必须是有计划的。我们要有一个动的计划，使人力、财力都有一个缓急轻重的总分配。从半殖民地半封建到自由平等之境要有一个继续展开的教育计划，逐步的引导我们前进。

在这十二年当中，应客观环境的需要，我们是发动了四个教育运动：即乡村教育、普及教育、国难教育、战时教育。这四个运动只是一个运动的四个阶段。这一个运动便是生活教育运动，也可以说是从半殖民地半封建渡到自由平等的国家的教育运动。

现在要问：我们今后应该做什么？怎样做？

(一)继续已往的工作 伟大的抗日战争已经把洋化教育、传统教育弄得站不住脚。新的教师在茅草棚和山洞里没有黑板粉笔也能办教育。这是多么可喜的现象啊！但是教死书、死教书、教书死的教书匠，和读死书、死读书、读书死的蛀书虫还是很多；守知奴也没有完全变化过来；文化买办还在恋栈；学校内外的洋八股、老八股、文八股、武八股、宣传八股还没有肃清；文化瘤块是长在都市；乡下是害了文化贫血症；缺课的要拼命的补，补课之后就得吃补药；穷苦的天才是被埋没；到现在还有人反对战时需要的战时教育，他们是藏在百年大计、基本学术的盾牌之下，时常发出违背民族生存之歪曲言论。我们要争取抗战的胜利、建国的成功是必须把这些毛病改正过来。我们对于这些病症是不应该消极的批评而是要积极的帮助改正。

（二）负起当前的任务 我们当前的任务是展开全面教育以配合全面抗战而争取全面的最后胜利。我们要把教育展开到前方，展开到边疆，展开到敌后方，展开到华侨的所在地，展开到全世界凡是有敌人有斗争的地方去。别人不愿意去而应该去的地方，我们都得分道扬镳的去。我们不应该把别人的力量小看了，连老太太、孩子们都是同阵的战士。我们也不应该把自己的力量小看了，当一个小学教员不仅是三四十个学生的导师，倘使培养的学生能即知即传，就很容易影响到三四百人。他的地位的重要是好比一个作战的连长或营长。当一个小学校长，不仅是一两百学生的导师，而是一两百户、一两千人的导师。他的地位的重要是好比一个作战的团长。当一个县教育局长，不仅是几百个学校，万把学生的导师，而是一个几十万民众的导师。他的地位是好比一个集团军总司令，甚至是一个战区的司令长官。但是倘使你小看了自己的岗位，小看了别人的力量，小看了生活教育的即知即传、工学团等等原理，你便成了一只孤鸦，一个光棍，由渺小而悲观、徘徊、妥协，敌人一来是不堪设想。有许多人是把大事小做了。最重要的是我们要认清我们任务之重大。此外随身要带的还有两样东西：一是针线，二是灯笼。一件衣服破过了，是可以越破越撕，越撕越破，到后来是可以撕成粉碎。唯一的办法是遇着破绽便立刻用针线把它缝好。当这民族的生死关头，是不容有丝毫的裂痕，一遇破裂就把我们的针线拿出来。灯笼是照着人认清路线向前走，不只是照着自己而且是照着同行的人向前走，走入自由平等之境。

（三）加强我们的力量　为着要继续已往的工作和负起当前的任务，我们必须增加自己的力量，否则是不能胜任的。第一，学术便是力量。我们要提高学术的研究。晓庄研究所⑥之建立便是希望对于抗战建国的重要而被忽略的问题，加以研究，以求解决而帮助增加抗战建国之力量。此外，我希望我们每一个同志都要抓着一个问题，继续不断、百折不回的去研究它，不得到解决不止；同时，对于中国，对于敌国，对于世界也要努力取得正确的认识。我们所教的小孩的集团也要时时刻刻的求进。第二，组织便是力量。生活教育社已经成立，这是一个喜讯。季平⑦同志说得好，生活教育社是一个教育界的大家庭。它是教育思想者的团体，又是教育运动者之团体，又是教育工作者之团体，又是培养教师的团体，又是一般人学习生活和智能的团体，又是一个共同生活体。他又说：它是应该大众化的，大家共同生活；它应该是工厂化的，大家分工合作；它应该是学校化的，大家互教共学。我对这些话都同意，只是培养教师的团体要改为教师进修的团体，并且互教共学之下要加即知即传。传统学校化是不够的，我们必须即知即传才能跑出自己的小篱笆。其实，整个生活教育社应该是一个大的工学团，办教育是我们的工；研究问题是我们的学；共同过有组织的生活是我们的团。我们自己的组织必须民主化。不但总社要民主化的组织，而且分社、共学服务团的组织都得民主化。第三，行动便是力量。我们要在抗战建国的行动上发挥我们的力量而且增加我们的力量。战时生活便是战时教育，我们要以行动的战时生活来增加我们的力量。

　　增加我们的力量是为着要争取最后之胜利。让我们大家把整个生命贡献出来，帮助打倒日本帝国主义并创造我们的独立平等幸福的中华民国。

二十八年三月十五日重庆
（原载 1943 年 4 月《行知教育论文选集》）

〔**注释**〕

　　① 3 月 15 日是晓庄学校的立校纪念日，也是生活教育运动的纪念日。

　　② 晓庄学校每天清晨举行集会，那时太阳还未露面，约在上午五时至六时间，故称寅会。寅会时师生轮流主持，轮流作简短讲话。会后举行体育操练。

　　③ 安南　今越南。

　　④ 罗曼斯（Romance）　意译浪漫，富有诗意、充满幻想等意思。

　　⑤ 裹头布　即包头布。

　　⑥ 晓庄研究所是陶行知先生回国三愿之一，因当局反对，未能正式办理。

　　⑦ 季平　刘季平。

工合与工学团

一年前，《中国之声》①记者夫妇和我在纽约见面，并把艾黎②先生的中国工业合作运动计划书草案给我看，我详细的读了一遍，觉得这是建设国防工业的根本大计，很是高兴。八月底到香港又读到了一本英文小册子，内容是比草案更精密，知道这个伟大的运动是将要展开了，心中非常高兴。我所高兴的，除了被难工友得有救济，国防工业得以建立之外，还有一件七年来不能忘记的心事，于今可以实现了。这件心事便是没有好好开展出来的工学团运动。现在有了工业合作社运动是可以同时并进了。虽然艾黎先生的草稿及印出来的小册子里面的工合只具备了"工"和一部分的"团"的作用，而没有提到"学"的作用，但是我相信这个运动开展的结果，必然的要把"学"包括进去而成为一个工学团运动。为着配合抗战建国的迫切需要，必定是要把"工"做得好，把"合"团得好，才能发生伟大的能力。如何把"工"做得好，如何把"合"团得好，都非大大的注重"学"不行。所以一个健全的"工合"必然是一个"工学团"。我对于"工合"是极其关心，而有更加亲切的兴趣。

最近刘广沛、沙千里③二先生给了一些印刷品，内中有一册《工合之友》。我读了之后是比以前还要高兴。工合运

动是走得那么快，而路线是那么正确！这里面是已经充满了
"学"的精神。让我来举几个例子吧。

刘广沛先生在发刊词里说："合作社的社友们，大多希
望上进，希望学习，更希望发表自己的意见，表现自己工作
成绩……现在有《工合之友》做你们的园地。"

沙千里先生在工业合作社的意义里面说："工业合作社
是一个有组织的集体，它将使参加的人们，学到组织和管理
众人事务的经验，同时获得民主精神的锻炼。"

陈洪进先生在工业指导员的任务里面说："在过去，生
产事业是与文化工作分离的，手工业中文化尤其落后；现在
要改进生产技术，提高为抗战而生产的热情，在合作社中必
须有经常的恰当的教育上生活上的指导。"他又说："要指导
社内的日常生活……以及分工办法，使得社员有增加生产的
各种便利，并实行新生活，破除打骂赌博等类的恶习惯；指
导社内的文化教育工作（如识字班、读书会、讨论会、壁
报、图书室、体育会、俱乐部等），在社内充满学习的精神
和抗战的情绪；指导社员在周围的民众中进行宣传工作（如
努力生产、改良技术、抗战时事、工合运动等），在工余的
时候有计划的进行，不但普及抗战宣传，并且使得社员的民
族意识更加提高。"

读了这几段话，看看工合的红三角，我是有了一个新印
象。这新印象是红三角里不只是工合二字；与"工""合"
鼎足而三，又是三位一体的还浮出来一个"学"字了。

说到这里，我应该把工学团的理论介绍出来请大家指
教。什么叫做工学团？工是工作；学是科学；团是团体。说

得清楚些是：工以养生，学以明生，团以保生。说得更清楚些，以大众的工作养活大众的生命；以大众的科学明了大众的生命；以大众的团体力量保护大众的生命。工学团是一个工场，一个学校，一个社会。在这里面包含着生产的意义，长进的意义，平等互助、自卫卫国的意义。它是将工厂学校社会打成一片，产生一个富有生活力的新细胞。工学团可大可小，从几个人的家庭、店铺，几十个人的学校、庙宇，几百个人的村庄、监狱，几千人的工厂，几万人的军队都可造成一个富有意义的工学团。团不是一个机关，不是一个工学的机构。假使它只是一个工学的机关，那便成了一个半工半读的改良学校，而不是工学团。团是团体，是力的凝结，力的组织，力的集中，力的共同发挥。后来这理论有了进一步的发展。当邹平提出学军的组织，我们是建议工学军的办法。工学军为工学团的联合体，为着任何危急的工作而需要广大的组织的时候，工学团得联合而成工学军。平时仍回到工学团的本位，少一些陆军色彩，多一些自由创造。因为篇幅关系，不好多说，关于工学团理论的运用，如果大家要多知道一些，可以参考《古庙敲钟录》和《普及教育》二书。现在关于工合运动的"学"的方面，我有几点意见提出来和大家商榷。

（一）**技术教育** 技术教育的目的在求所做的工能够继续不断的进步。我们要给工友以科学的训练，使他们在工作上可以精益求精。土法的工业要使它受科学的洗礼。新法的工业要使它随环境而变通。死守土法或死守新法的成见都要破除。破除之法只有真正的科学教育。工合所到的地方必定就是科学教育所到的地方，然后才能得到继续不断的进步。

（二）**政治教育** 抗战建国的政治教育要打到每一个社友的心里去。每一个社友都要在抗战建国的行动里去取得抗战建国的真知识。而且这种教育是要集体的举行。读书会、时事座谈会以及广泛的救亡运动是必须参加的。由爱国的行动，而了解、而信仰、而行动得更有力量，这是一定的道理。自发的讨论，虚心的批评，集体的行动，是最有效的政治教育。社友有了正确的抗战建国的政治教育，连做工作也会加倍的努力，即可以有创造的生产。为了增加生产，也不可忽略政治教育。

（三）**军事教育** 社友为着保卫生产，保卫国家，是必须有军事教育。人多的合作社可以单独训练；人少的可以参加在一般国民军训里面去受这项最重要的教育。但是，社友们花了宝贵的光阴，是应该学些真武艺。那浪费时间的"立正开步走"的武八股，可以少干些。总之，一个健全的工合的社员，是要三杆俱全，他要杠杆、笔杆、枪杆都拿得起来。

（四）**即知即传** 守知奴不但是出在知识分子的里面，工界里面的人也有许多人是守着不必要的秘密。自己得到一点秘诀，是死也不肯传人，这是很坏的。我希望工合的社友要看破这一点。如有新发现，不但是要对社内同工公开，而且要与同业之工合交换，并且对于有志创办新社的人的虚心请求，也必定是尽其所知告诉他们。关于政治教育和文字教育尤应即知即传，使每一个工合都成为当地的一个文化细胞。

（五）**加强工合之友**　工合之友是一个非常重要的刊物。它不但是一个教育社友的刊物，并且可以做成教育一般人民的刊物。我们读了崑曾先生所写的刘老板，胡子婴①先生所写的偷布的女工，和史赓先生所写的铁路工人陈老四，是没有不大受感动的。所以我希望这个应当给它一个大大发展的机会，使得全中国每一个角落都有这个刊物，每一个角落都有一个健全的工合。

（六）**培养指导员**　三万个工合需要三千位指导员。工合之成功失败大部分要看指导员之是否得人。因此，培养指导员，成为这个运动之最要紧的工作。

我对于整个工合运动是抱着无限的希望。在我的心目中，它是一个伟大的生产运动，是一个伟大的教育运动，而且是一个伟大的社会运动。我要在这里祝它的前途远大，并希望有志的专门学者、有为青年都献身在这一个运动里面，帮助它成功，即是帮助抗战成功，建国成功。

1939 年 4 月 21 日

（原载 1939 年 7 月《工合之友》半月刊第 1 卷第 4 期）

〔注释〕

①《中国之声》　美国友人梅兰尼奇夫妇抗日战争前在上海办的英文进步刊物。

② 艾黎（1897—1987）　即路易·艾黎。新西兰人。时为中国工业合作协会和中国工业合作社国际促进委员会的负责人。

③ 沙千里（1901—1982）　上海市人。政治活动家。"五四"运动后，曾主编《青年之友》，宣传反帝爱国思想。"九一八"事变后，先后参与与发起组织上海市职业界救国会、上海市各界救国联合会、

全国各界救国联合会等。主编《生活知识》。1936年11月，与史良、沈钧儒等救国会领袖被捕入狱，是闻名国内外的"七君子"之一。1938年，加入中国共产党。

④ 胡子婴（1907—1982）　浙江上虞人，章乃器夫人。"九一八"事变后，参加发起上海妇女救国会和民主建国会，积极支持经济事业协进会等团体。

育才学校教育纲要草案

一、育才学校之性质及其内容

（1）育才学校根据中华民国教育宗旨及抗战建国需要用生活教育之原理与方法，培养难童中之优秀儿童使成为抗战建国之人才。

（2）育才学校办的是建国教育，但同时是抗战教育。有人离开抗战教育而提出建国教育，挂建国教育之名，行平时教育之实。我们的看法不同，今天的建国教育必须是抗战教育，而今天真正把握中国抗战全面需要的抗战教育，必须是建国教育。育才学校从某些人的眼光看来，是"建国教育"（因为他们以为它只是培养未来的人才）；但我们认为这并不保证它就是建国教育。保证它是建国教育的是在于它同时就是抗战教育。今天育才学校的儿童必过战时生活，必须为抗战服务；必须在抗战洪炉中锻炼，否则我们便没有理由希望他们成为未来的建国人才。育才学校的教育，不是挂名的建国教育，而是抗战与建国的统一的教育，抗战建国教育。

（3）育才学校办的是人才教育，分音乐、戏剧、绘画、文学、社会、自然等组。但和传统的人才教育办法，有所不同。传统的人才教育，一般地是先准备普通的基本教育然后受专门的高等教育。我们的办法是不作这样严格的时间上的划分，我们选拔具有特殊才能的儿童，在开始时便同时注意其一般基础教育与特殊基础教育。前者所以使儿童获得一般知能及优良的生活习惯与态度；后者所以给予具特殊才能之儿童以特殊营养，以使其特殊才能得以发展而不致枯萎，并培养其获得专门智能之基础。表面上看来，这是一般基础教育与专科基础教育之过早的区分，但根据我们的办法，这是及早防止一般基础学习及专科基础学习之裂痕。我们要及早培养儿童对于世界和人生一元的看法。倘若幼年的达尔文对于生物浓厚的爱好是发展伟大的进化论者达尔文的条件之一，那末今天提早发展儿童之个别优异倾向，实在有其理由；倘若中国近年来文化工作之脱离广泛社会实际生活，和技术专家之缺少正确的认识可以作为殷鉴，那末今天便在一般基础教育与特殊教育中予以统一，防止那样的分裂倾向，实在有其必要。

（4）育才学校办的是知情意合一的教育。中国数十年的新教育是知识贩卖的教育，有心人曾慨然提倡感情教育、知情意并重的教育。这种主张，基本上是不错的，但遗憾的是没认清知识教育与感情教育并不对立，同时知情意三者并非从割裂的调练中可以获取。书本教育也许可以使儿童迅速获得许多知识，神经质的教师也许可以使儿童迅速地获得丰富的感情，专制的训练也许可以使一个人获得独断的意志，但我们何所取于这样的知识，何所取于这样的感情，何所取于这样的意志？知情意的教育是整个的，统一的。知的教育不是灌输儿童死的知识，而是同时引起儿童的社会兴趣与行动的意志。情育不是培养儿童脆弱的感情，而是调节并启发儿童应有的感情，主要的是追求真理的感情；在感情之调节与启发中使儿童了解其意义与方法，便同时是知的教育；使养成追求真理的感情并能努力与奉行，便同时是意志教育。意志教育不是发扬个人盲目的意志，而是培养合于社会及历史发展的意志。合理的意志之培养和正确的知识教育不能分开，坚强的意志之获得和一定情况下的情绪激发与冷淡无从割裂。现在我们要求在统一的教育中培养儿童的知情意，启发其自觉，使其人格获得完备的发展。

（5）育才学校办的是智仁勇合一的教育，智仁勇三者是中国重要的精神遗产，过去它被认为"天下之达德"；今天依然不失为个人完满发展之重要的指标。尤其是目前抗战建国时期，我们需要智仁勇兼修的个人，不智而仁是懦夫之仁；不智而勇是匹夫之勇；不仁而智是狡黠之智；不仁而勇是小器之勇；不勇而智是清谈之智；不勇而仁是口头之仁。中国童子军①以智仁勇为其训练之目标，是非常有意义的。育才学校不仅是以智仁勇为其局部训练之目标，而是通过全部生活与课程以达到智仁勇之鹄的。我们要求每一个学生个性上滋润着智慧的心，了解社会与大众的热诚，服务社会与大众自我牺牲的精神。

（6）育才学校是一个具有试验性质的学校。第一，抗战以来，中国破天荒产生了儿童公育的事业，而育才学校是其中特殊的一种。我们希望将具有特殊才能的儿童之公育，予以充分的试验。第二，育才学校以生活教育原理与方法作为一种指导方针，我很希望将这一指导方针予以充分试验，我们深信这种试验会给予生活教育理论一些新的发展。

（7）育才学校全盘教育基础建筑在集体生活上。这里不是一个旧的教育场所，而是一个新的生活场所。这里的问题，不仅在于给儿童以什么样的教育，同时更在于如何使儿童接受那样的教育；这里的问题，不仅在于我们应有一个教育理想与计划，而在于如何通过集体生活达到那样一个理想与计划。所谓集体生活是全盘教育的基础有三个意义：

第一，集体生活是儿童之自我向社会化道路发展的重要推动力；为儿童心理正常发展所必需。一个不能获得这种正常发展的儿童，可能终其身只是一个悲剧。第二，集体生活可以逐渐培养一个人的集体精神。这是克服个人主义、英雄主义及悲观懦性思想的有效药剂，中华民族正处于历史上空前未有的抗战建国关头，这种集体精神应溶化在每个人的血液里。第三，集体生活是用众人的力量集体地创造合理的生活、进步的生活和丰富的生活；以这种丰富、进步而又合理的生活之血液来滋养儿童，以集体生活之不断的自新创造的过程来教育儿童。具体言之，集体生活之作用是在使儿童团结起来做追求真理的小学生，团结起来做即知即传的小先生，团结起来做手脑并用的小工人，团结起来做反抗侵略的小战士。

（8）育才学校的集体生活必须保持合理、进步与丰富，而欲保持它的合理、进步与丰富，则有两个重要的条件：（一）与社会发展的联系，与整个世界的沟通。（二）在集体之下，发展民主，看重个性。

（9）育才学校的集体生活包含着如下几种生活：

（一）劳动生活；（二）健康生活；（三）政治生活；（四）文化生活。在传统教育中有所谓劳动教育而忽略劳动生活、有所谓健康教育而忽略健康生活、有所谓政治教育而忽略政治生活，在各种各样的课堂中，讲授文化生活而忽略真正的文化生活。育才学校的生活与教育是统一的，它认定劳动生活即是劳动教育，用劳动生活来教育，给劳动生活以教育；它认定健康生活即是健康教育，用健康生活来教育，给健康生活以教育；它认定政治生活即是政治教育，用政治生活来教育，给政治生活以教育；它认定文化生活即是文化教育，用文化生活来教育，给文化生活以教育。

（10）育才学校的集体生活虽然在性质上分为劳动生活、健康生活、政治生活和文化生活，但在生活之集体性这一点上，决定了我们的劳动生活、文化生活往往同时就是政治生活。质言之，劳动生活、健康生活、文化生活之解释、动员、组织的过程都是政治生活，也都是政治教育。因此育才学校的集体生活，在其总的意义上说来便是一种政治生活。也就是说育才学校的政治教育笼罩着整个集体生活。

（11）育才学校的生活是有计划的，此种有计划的集体生活之集体性决定了全部的集体生活，同时就是政治生活。同样地育才学校的集体之教育性决定了全部的集体生活，同时就是文化生活。质言之，劳动生活、健康生活、政治生活在集体讨论与检查中所有语言文字表达能力之锻炼以及思考推理之应用等等，便同时是文化生活。劳动生活、健康生活、政治生活对于学生精神和品格上之陶冶及锻炼，便同时是文化教育。因此，育才学校的集体生活在其总的意义说来，同时又是文化教育。

（12）育才学校之集体生活在其总的意义上说来，一方面是政治教育，另一方面又是文化教育。此二者与集体生活是互为影响的。集体生活愈丰富，则政治教育愈充实；政治教育愈充实，则集体生活之政治认识的水平愈提高。同样地，集体生活愈丰富，则文化教育愈充实；文化教育愈充实，则集体生活之文化水平愈提高。

（13）育才学校之政治教育、文化教育在集体生活有其总的意义，要求我们确定这两方面的指导方针：（一）今天吾人正处在历史上空前未有的民族解放战争中，纵贯在整个抗战中之最根本问题是全国精诚团结服从三民主义之领导，这是全国人民的共同要求，毫无疑义地育才学校之政治教育应以精诚团结、服从抗战、实行三民主义为最高原则。（二）人类历史上的文化遗产浩如瀚海，欲浩如瀚海之文化遗产全部为儿童所接受，匪特不可能，抑且与教育原理不相合。因此，育才学校今日而言文化教育，就其内容而言，必须确定以下诸点：（一）压缩地反应人类历史上重要而有代表性的文化遗产。（二）着眼哲学科学（社会与自然）与艺术之历史的发展及其在社会实践的意义。（三）着重人类进化史及中国历史的认识。

（14）最后，育才学校一般基础教育之是否可以获得成功，特种基础教育是否可以获得较多的学习时间，都要看儿童们是否能迅速地获得文化之工具来决定，这是一个教育上基本建设的问题。一个儿童不能够用适当语言文字清楚地表现他的思想，我们可以说，这个儿童所受的是不完备的教育。所谓文化的工具的教育，包含着这样几项：（一）语言，（二）文字，（三）图画，（四）数学，（五）逻辑。广义地说来，这五项东西同是表达思想的工具。只有这种工具获得了才可以求高深的学问，才可以治繁复的事。传统教育也是非常看重这种工具的，但它有两个根本缺点：第一，偏狭。将读、写、算看做最重要的工具。第二，错误。一味在读、写、算本身上来学习读、写、算。今天我们提出文化的工具教育，并且强调其重要，绝不是将它置于一般基础教育之上，终日来学习语言文字数学逻辑。倘若这样的话，这正是犯了三 R（The three R's)② 教育的错误。我们认为工具教育，应该从丰富的集体生活中来吸取培养它自己的血液，用语言文字图画来表达集体生活，用集体生活中统计的事项来作写计算的材料，用集体生活中之事实、论争发展儿童客观的逻辑，代替儿童之虚幻的逻辑。

然而，在另一方面也有一种错误的倾向：那就是设计教学法③者，根本忽视工具教育之特性。他们将语文和算术的学习不断联结于各个不甚关联的单元活动上，充满了牵强附会和人工造作。依照我们的办法，一方面是用这些工具来表达集体生活事项，一方面又将语文中之优秀作品以及计数活动之练习给组成一种文化生活，从事学习，儿童获得这种文化的生产工具以后，他便能自动地吸收广泛的知识。

二、育才学校生活、学习与工作制度

（1）育才学校的生活、学习、工作基本上是打成一片的，其中一般活动皆属于一骨干组织的集团生活之组织下。这一个组织统一了生活与学习的组织，统一了集体生活与日常社会服务组织。这一组织系统概略如下：（一）设育才学校儿童生活团；（二）音乐、戏剧、文学、社会、绘画、自然、工艺、农艺等组各编为一中队，中队下设若干分队；（三）各组同一般教育水准之儿童编为一学级，使共受普通教育；（四）各组之各不同分队的儿童按年龄大小与工作经验之配合，混合组成若干社会服务队，专司附近村落社会服务（详细情形，可参考育才学校公约草案）。

（2）学习活动中之一般学习包含在一般生活组织中。

（3）工作与服务之一般的组织亦包含在一般生活组织中，但育才学校为了在抗战洪炉中锻炼儿童，同时为了抗战工作之需要，得相机随时组织战时工作队；倘若在一般生活组织中，有较为固定的生活、工作与学习已经使儿童获得较为刻板的习惯，那末战时工作队便是有意打破这种刻板的习惯，予儿童以一种应有的训练。

（4）以上各项组织尽了纵横交错之作用，使全校儿童能彼此相接触，但在这各组织中，分队是平日生活、工作、学习的基本组织。

（5）育才学校主张教训合一，同时育才学校坚决地反对体罚。体罚是权威制度的残余，在时代的意义上说它已成为死去的东西；它非但不足以使儿童改善行为，相反地，它是将儿童挤下黑暗的深渊。育才教师最大的责任便是引起儿童对于纪律自觉地需要，自觉地遵守；引起儿童对于学习自觉地需要，自动地追求。

（6）育才学校集体生活之组织的原则是民主集中制。民主集中制的运用，一方面可以健全当前的集体生活，另一方面是要培养儿童参与未来民主政治之基础。

（7）育才学校着重分队晚会，凡集体生活中之问题、时事及当天指导员所教的东西务需予以充分的讨论，这除了增加儿童对于学科了解而外，同时更增进了儿童语言表达的能力。

（8）育才学校着重自我批评。自我批评是发展民主的有效手段，自我批评是促进自学性启发的利器。

（9）育才学校着重总结能力之培养。总结需要包含学习中各种问题，自我批评及讨论中不相同的意见等，这一方面是扩大了儿童的能力，一方面是练习了逻辑。

（10）育才学校要养成儿童之自我教育精神；除跟教师学外，还跟伙伴学，跟民众学，走向图书馆去学，走向社会与自然界去学。他可以热烈地参加集团生活，但同时又可以冷静地思考问题。

为了加强养成儿童之自我教育精神，育才学校每日给予儿童相当时间，作为自由思索与自由活动的机会。

（11）育才学校之总的教育过程为：（一）以儿童为行动的主体，在教师之知的领导下，所进行的行与知之不断联锁的过程；（二）以儿童为行动的主体，同时以儿童自身之知为领导，所发展之行与知不断联锁的过程；（三）育才教育目的之一便是从第一种过程慢慢地发展至第二种过程。

（12）育才学校之一般"教学做"的过程，有三种形式：（一）以工作或问题为中心的教学做过程；（二）以事物之历史发展为中心的教学做过程；（三）各学科各系统的学习与研究的教学做过程。这三个过程，育才学校参合互用。

（13）育才学校教师与学生基本上是在集体生活上共学，不但是学生受先生的教育，先生也在受学生的教育。这里我们要反对两种不正确的倾向：一种是将教与学的界限完全泯除，否定了教师领导作用的错误倾向；另一种是只管教，不问学生兴趣，不注意学生所提出的问题之错误倾向。前一种倾向必然是无计划随着生活打滚；后一种倾向必然是盲目地灌输学生给弄成填鸭。

优秀的教育工作者一方面是他根据客观情形订出教育计划，但另一方面是知道如何通过生活与实践，实现这个计划，并且在某种情形下知道修改他的计划，同时发展他的计划。

二八年六月

（原载 1943 年 4 月《行知教育论文选集》）

〔注释〕

① 中国童子军　1912 年武昌文华书院创办，南京国民政府成立后设中国童子军总会，并在小学和初中设童子军课程，推行童子军管理。

② 三 R 教育　三 R，英文 Read，Recite 和 Review 的缩写形式，意为阅读、背诵和温习。三 R 教育，即为通过阅读、背诵和温习这种死板的教学形式来进行的教育。

③ 设计教学法　实用主义教育的一种教学制度，为美国克伯屈所创，主张由学生自行决定学习目的和内容，从自行设计、实行的活动中获得有关的知识和能力。

育才学校①创办旨趣

　　我们在普及教育运动实践中，常常发现老百姓中有许多穷苦孩子有特殊才能，因为没有得到培养的机会而枯萎了。这是一件非常可惜的事情，这是民族的损失，人类的憾事，时时在我的心中，提醒我中国有这样一个缺陷要补足。

　　抗战后，从国外归来，路过长沙汉口时，看到难童中也有一些有特殊才能的小孩，尤其在汉口临时保育院所发现的使人更高兴，那时我正和音乐家任光②先生去参观：难童中有一位害癫痫的小朋友③，但他是一位有音乐才能的孩子，不但指挥唱歌有他与众不同的能力，而他也很聪敏，任光先生给他的指示，他便随即学会。

　　又有一次，我在重庆临时保育院参观，院长告诉我一件令人愤愤不平的事。他说近来有不少的阔人及教授们来挑选难童去做干儿子，麻子不要，癫痫不要，缺唇不要，不管有无才能，唯有面孔漂亮、身材秀美，才能中选。而且当着孩子的面说，使他们蒙上难堪的侮辱，以至在他们生命中，烙上一个不可磨灭的印象。

　　以上三个印象，在我的脑子里各各独立存在了很久，有一天，忽然这三个意思凝合起来了，几年来普及教育中的遗憾须求得补偿，选干儿子的做法，应变为培养国家民族人才幼苗的办法，不管他有什么缺憾，只要有特殊才能，我们都应该加以特殊之培养，于是我便发生创办育才学校的动机。当时就做了一个计划，由张仲仁（一麐）④先生领导创立董事会，并且得到赈委会许俊人（世英）⑤先生之同意而实现，这是去年一月间的事。

创办育才的主要意思在于培养人才之幼苗，使得有特殊才能者的幼苗不致枯萎，而且能够发展，就必须给予适当的阳光、空气、水分和养料，并扫除害虫。我们爱护和培养他们正如园丁一样，日夜辛勤的工作着，希望他们一天天的生长繁荣。我们拿爱迪生的幼年来说吧，他小时在学校求学，因为喜欢动手动脚，常常将毒药带到学校里来玩，先生不理解他，觉得厌恶，便以"坏蛋"之罪名，把仅学了三个月的爱迪生赶出学校。然而他的母亲却不以为然，她说她家的"蛋"没有坏，她便和她的儿子约好，历史地理由她教他，化学药品由他自己保管，将各种瓶子做记号，并且放在地下室里，他欣然的接受了母亲的意见，于是这里那里的找东西，高高兴兴的玩起来。结果，就由化学以至电学，成为世界有名的大发明家，虽然那三个月的学校教育是他一生仅有的形式教育，但是由于他母亲的深切的理解他，终能有此造就。像爱迪生母亲那样了解儿童的精神，是值得我们学习的。假如他的附近有化学家电学家的帮助，设备方面又有使用之便利，则可减少他许多困难。我们这里便想学做爱迪生的母亲，而又想给小朋友这些特殊的便利。

我们这里的教师们，要有爱迪生母亲那样了解儿童及帮助儿童从事特殊的修养，但在这民族解放战争中，单为帮助个人是不够也是不对的，必须要在集体生活中来学习，要为整个民族利益来造就人才。因此，我们要引导学生们团起来做追求真理的小学生；团起来做自觉觉人的小先生；团起来做手脑双挥的小工人；团起来做反抗侵略的小战士。

真的集体生活必须有共同目的、共同认识、共同参加，而这共同目的、共同认识和共同参加，不可由单个的团体孤立的建树起来。否则，又会变成孤立的生活、孤立的教育，而不能充分发挥集体的精神。孟子说："先立乎其大者，则其小者不能夺也。"我们中国现在最大的事是什么？团结整个的中华民族，以打倒日本帝国主义而创造一个自由平等幸福的中华民国。我们的小集体要成了这个人集体的单位才不孤立，才有效力，才有意义。与这个大集体配合起来，然后我们的共同立法，共同遵守，共同实行，才不致成为乌托邦的幻想。

我们的学生要过这样的集体生活，在集体生活中，按照他的特殊才能，给予某种特殊教育，如音乐、戏剧、文学、绘画、社会、自然等。以上均各设组以进行教育，但是小朋友确有聪明，而一时不能发现他的特长，或是各方面都有才能的，我们将来要设普通组以教育之。又若进了某一组，中途发现他并不适合那一组，而对另一组更适合，便可以转组。总之，我们要从活生生的可变动的法则来理解这一切。

但是，育才学校有三个不是，须得在此说明：

一、不是培养小专家。有人以为我们要揠苗助长，不顾他的年龄和接受力及其发展的规律，硬要把他养成小专家或小老头子。这种看法是片面的，因为那样的办法也是我们极反对的。我们只是要使他在幼年时期得到营养，让他健全而有效地向前发展。因此，在特殊功课以外，还须给予普通功课，使他获得一般知能，懂得一般做人的道理，同时培养他的特殊才能，根据他的兴趣能力引导他将来能成为专才。

二、不是培养他做人上人。有人误会以为我们要在这里造就一些人出来升官发财，跨在他人之上，这是不对的。我们的孩子们都从老百姓中来，他们还是要回到老百姓中去，以他们所学得的东西贡献给老百姓，为老百姓造福利；他们都是受着国家民族的教养，要以他们学得的东西贡献给整个国家民族，为整个国家民族谋幸福；他们是在世界中呼吸， 要以他们学得的东西帮助改造世界，为整个人类谋利益。

三、我们不是丢掉普及教育，而来干这特殊的教育。其实我们不但没有丢掉普及教育，而且正在帮助发展它。现在中国处在伟大的抗战建国中，必须用教育来动员全国民众觉悟起来，在抗战建国纲领之下，担当这重大的工作，所以普及教育，实为今天所亟需。是继续不断的要协助政府，研究普及教育之最有效之方法，以提高整个民族的意识及文化水准。育才学校之创立，只是生活教育运动中的一件新发展的工作，它是丰富了普及教育原定的计划，决不是专为这特殊教育而产生特殊教育，也不是丢掉普及教育而来做特殊教育。

（原载 1951 年 4 月《育才学校》）

〔注释〕

① 育才学校创办于 1939 年 7 月 20 日。

② 任光（1909—1941） 浙江嵊县人。中国现代作曲家。1938年8月与陶行知在国外相遇，10月同船回国。多次为陶行知的诗歌谱曲。任生活教育社理事，后参与创建育才学校音乐组。1940年参加新四军，次年在皖南事变中牺牲。主要作品有歌剧《洪波曲》，歌曲《打回老家去》、《渔光曲》、《大地行军曲》等，流传很广，影响很大。

③ 害癞痢头的小朋友 即育才音乐组的学生陈贻鑫。

④ 张仲仁 江苏吴县人。教育家，筹建育才学校，任董事会董事长。

⑤ 许世英（1872—1964） 字静仁，又号俊人，安徽贵池县人。曾任晓庄学校副董事长。1930年后任全国赈济委员会委员长兼财政委员会主席。1936至1938年任驻日本大使。1939年陶行知创办育才学校时，任校董会董事。多次帮助、支持陶行知办学。

填 鸭 教 育

厚德福是北碚最道地的北方馆子。我在这里第一次看见填鸭，听到填鸭的道理，自然而然的联想到久已闻名的填鸭教育。

我从厚德福里一位伙计所得到的填鸭的知识是如此：第一步是买鸭皮。先把那些皮儿可能长肥的鸭儿买来。皮儿不可能长肥的鸭就不要。这要靠选择。目光好，选择准确，那么喂它半个月、二十天就会长得很肥，这好像是传统学校的入学考试。

第二步是预备填料，此地用的填料是四分米六分黑面，搓成"食指"大小的小条，填入鸭儿的食道。每天填三餐，每餐填八条，费钱八分光景。这好比是预备现成教材，按照一定钟点上课，全体一律受教，不管个性如何。在教育界里面是有不少的办法和填鸭相仿佛。谁个要在学生需要之外悬立目的，超出学生自愿容量去灌注教材，一心一意指望学生们快快的照他主观的模样长成，使他和他的主顾可以享受，只须如此，他便是在办填鸭教育。

厚德福的朋友还告诉我，北方的填料跟这里有些不同。北方普通用的是面粉、高粱、麸子拌起来用，有时也用玉米。我说四川玉米价钱低，为什么不用玉米呢？他说，这儿鸭子喉咙小，用玉米填下去会把鸭儿胀死；因为填死几只鸭，我们才知道玉米对于四川鸭不合用。我愿意教育者有这样的周到，材料如果用得不对，填鸭可以填死，被人填死的学生有多少啊！

（原载 1939 年 11 月 25 日《战时教育》第 5 卷第 2 期）

我 们 的 校 徽

育才开学之后，将近两个月，大家觉得还缺少一个东西。一天有几位同志正式提出来要一个校徽。绘画组主任[①]要求我把主要的意思告诉他使他可以设计。我当时觉得很难，似乎比开创学校还要难些。何以呢？我们需要一个符号，可以代表学习，又可以代表工作，又不脱离现在的任务而可以代表战斗。我们学校的基础是集体生活，也必定要在这符号里表现出来。而且我们又不可关起门来干我们的集体生活。我们的集体生活，是必须与全世界以及整个人类的发展联系起来。我们如果用各种符号堆砌起来表现这许多重要的意义，那也不算很难的工作；但是这样的一个杂货铺的校徽，连自己也不容易看明白；别人见了它更要头昏了。我当时觉得校徽之难就难在简单而符合创校的意义。

一连好多天我是不能交卷。九月三十日，我从金刚碑坐船到白沙沱，在船上有点空闲，可以仔细的对这问题想想。忽然在我的脑海中浮出一个圆圈。这圆圈是求学的符号，因为求学要虚心而且要有相当的空闲。它又是工作的符号，因为工作要不断的努力才能成功。它也是战斗的符号，因为抗战要精诚团结才能得到最后的胜利。

但是这一圆圈虽然把学校生活本身的内容包括无遗，但是如何可以表现它与世界及历史发展之关系呢？我想了一下，觉得必定要三个圆圈连锁起来，才能充分发挥这一切的意义：第一个圆圈代表全校一体，第二个圆圈代表世界一体，第三个圆圈代表古今来一体。

我继续的想下去，愈想愈觉得这三圆圈校徽的意义之丰富。它们所表现出来的意义有：（一）智、仁、勇；（二）真、善、美；（三）工学团；（四）教学做合一；（五）自然、劳动、社会；（六）头脑、双手、机器；（七）迎接困难、分析困难、解决困难；（八）认识社会、适应社会、改造社会；（九）检讨过去、把握现实、创造未来；（十）肯定、否定、否定之否定。……我一时也数不完全。

三个环决定了之后，颜色又成了问题。当初是想采用黑色，因为它表现出钢铁一样的坚强。但是有机体的联系，需要有生命的颜色才能表现出真正的意义。我们的三个环是三个连锁的红血轮，代表着有生命的学校、有生命的世界、有生命的历史都联成一体。

（原载 1939 年 12 月 25 日《战时教育》第 5 卷第 4 期）

〔注释〕

　　① 绘画组主任　即陈烟桥。

我的民众教育观

民众教育是什么？民众教育是民众的教育，民众自己办的教育，为民众的最高利益而办的教育。换句话说：民众教育是给民众以教育，由民众来教育，为民众而教育。给民众以教育是用教育来动员民众。无论是征兵、征工、募捐、募寒衣，及一切需要民众做的事，强迫不如说服，命令不如志愿，被动不如自动。说服是教育的方法。志愿是教育的成果。自动是教育所启发的力量。所以教育是动员民众最可靠、最有效的武器。由民众来教育是用民众来动员教育。中国对教育是动员了四五十年，到如今中国教育还没有普遍地动起来。这是什么缘故呢？先生少，学生多。小众的力量不够大，推不动大众的教育。但是民众接受了知识即刻传递给别人，那就容易推动了。前进的民众来教育落后的民众，一起起来动员教育，那末教育就不能不普遍的动起来了。为民众而教育是为民众最高的利益而教育。民众最高的利益是什么呢？中国民众最高的利益，不消说得，是打倒日本帝国主义，建立一个自由平等幸福的中华民国，并和全世界反侵略之战友共同来创造一个合理公道互助的世界。所以由民众来动员教育，用教育来动员民众，以争取这最高之利益和最后之胜利，才可算是真正的民众教育。

民众教育之发展大概有三个阶段：第一阶段是要民众。第二阶段是要教育民众。第三阶段是民众要教育。要民众是民众教育之基本条件。否则民众且不要，何况乎民众教育。可是单凭我们的主观或是小众的利益而办的民众教育，民众不一定接受，一直等到我们发现民众所以不接受这样"教育"的缘故，并且改变我们的方针、内容、方法，使所办民众教育适合民众的口味，然后民众才要教育。也要等候它办到民众未得它之先是如饥如渴的想念，既得它之后是向前向上的奋发，那时候民众教育才算是办得有几分谱子了。

中国已往的民众教育是害了三种病。一是偏枯病。它或是由于有意的放弃，或是由于无意的忽略以致大部分的民众是不知、不能、不可、不敢跑进民众教育的圈里来。例如老年人、女人、工人、农人、流浪儿，绝大多数是被摈于民众教育之外。我没有篇幅给我一一举例，只谈一谈老年人吧。假使我国的老太太都能有机会受一点像岫岩县的赵老太太、修仁县的曾大娘、歇马乡的刘太太的教育，那末对于她们的从军的儿子是有多么大的鼓励啊！假使有一点真的教育配献给她们，那末，经过她们的广播，又是有何等扩大的影响啊！然而一般民众教育者则忽视老人之重要，而口口声声的说，我们要赶快培养青年民众，老人家快要进棺材了，有什么用呢？因此，民众教育对于老人则害了偏枯症；同样，它对于妇女、农人、工人、流浪儿都害了偏枯的症候。二是守株待兔病。民众教育者是坐在民众教育馆里等待民众来：来一个，教一个；来两个，教一双；很少自动的到老百姓的队伍里去找学生。那愿意把教育送上门去的更是凤毛麟角了。

民众教育还有一个特有的病，那就是尾巴病。民众教育在已往是成了教育之尾巴，排列是尾巴，经费是尾巴尖。社会既以尾巴看待民众教育，民众教育亦不知不觉的以尾巴自居。反过来说，民众教育抬头，也可见民众之抬头。

民众教育是一件大事不可小看，更不可小做。大县一二百万人，小县也一二十万人。一位民众教育馆长假使用民众动员教育并用教育来动员民众，他和他的同志便能影响而唤起少则一二十万多则一二百万民众，个个知道为中华民国奋斗，愿意为中华民国奋斗，能够为中华民国奋斗，则中华民国自然会活到万万年了。大家要想民众教育抬头，要想中华民国抬头，是必得认清民众教育是一件大事业并且要把它当做一件大事来实践。

民众教育舘的舘字引起了我的注意。舘字从官从舍；官舍是官住的地方，好像是一个衙门。民众教育舘有变成一个衙门的危险，但要想把民众教育当作一件大事做，切不可以在衙门里做老爷。官舍还有一个意思，就是看管房子。办民众教育倘使变成只看管民教馆的房子，那也嫌不够。我有意把舘字换个馆字。民众教育馆好比是一个民众餐馆，前者管民众的文化粮食，后者管民众的身体粮食。民众餐馆要想生意好必须价廉物美招待周到不需久候，民众教育馆要想做得开，在几方面都要跟民众餐馆学学才好。但是馆子也有毛病，官食可作老爷吃饭讲，倘使办民众教育的老爷们只顾着自己的饭碗，而不把精神粮食输送给老百姓，那便是大事小做了。

一九三九年十二月二十五日

（原载 1943 年 4 月《行知教育论文选集》）

谈 生 活 教 育

——答复一位朋友的信

××吾友：

接读十二月十二日手书，知道我们在重庆相左，不能见面谈一谈，那是很可惜的一件事。承你对于生活教育和生活教育者提出一些意见，我们很感谢。你所勉励我们的话多半是对的，我们是朝着你所指示的路向不断的努力。但是你批评生活教育有一些不正确。这不能怪你，因为如你所说，你不能把全部生活教育研究之后再提出意见。为着要答复你的好意，我想把我认为不正确的地方提出来和你谈谈。

第一，你说："生活教育者好像不懂得'真正生活教育的实现，只有在没有人剥削人的制度里存在'。"你仔细想想之后，便知道这样的看法是机械的看法而不是发展的看法；是静态的看法而不是动态的看法；是等待的看法而不是追求的看法。你心里的理想的社会不是从天上落下来的，而是人类依着历史发展的趋势努力创造出来的。真正的生活教育自古以来一直存在到今天，即发展到今天，而且还要一直存在下去，发展下去，而达到最高的生活即最高的教育。为着最高的目的而忘了发展的过程，和为了发展的过程而忘了最高的目的，都是错误。

第二，你说："生活教育者企图不经过突变而欲达到质变。"我们没有这样的企图。除非你所遇到的是没有常识的"生活教育者"。水热到摄氏一百度突变而为水蒸气。我们不能幻想着水蒸气而忽视了砍柴、挑水、烧锅的工作。

第三，你说："生活教育者之努力……即使能完成任务，那也只限于一部分被……提拔的'天才者'，群众是没有份的。"这"天才者"大概是指我们所选之具有特殊才能之儿童吧①。他们是从难童中选来，不能说他们与民众无关。我们当然不应该为"天才"而办"天才"教育，但是为着增加抗战建国的力量而培养特殊才能的幼苗，使他们不致枯萎夭折，也是值得做的工作。我们当然不应该教他们做人上人，但是为着社会进步，让他们依据各人的才能、志愿做一群人中人，而且把他们的贡献发挥出来以为民众服务，也是值得干的工作。若只注重"天才"教育而忽略一般教育那是不可以；但是生活教育者自始就发动普及教育运动，到近来才感觉到具有特殊才能之儿童之被忽视而开始唤起社会之注意。我们所希望的是"从民众那里来"的"回到民众那里去"。

第四，你说："生活教育者没有把革命与教育联系起来。"这要看你心中的革命是一件什么事，你心中的联系是如何联系法。在我们看来，现在的民族解放斗争是革命的行动，我们以一个民众学术团体②对于团结抗战建国，是用了全副精神参加，不敢有丝毫之懈怠。至于你所说，一个教育工作者同时应该是一个革命者，我很同意。但我希望补充一句：一个真正革命者必然是一个真正生活教育者。即使他不承认他是一个生活教育者，按着生活教育的理论说来，他也是一个道地的生活教育者。

第五，你说："你的很多朋友不知道生活教育是什么？"并且说："生活教育的受人忽视的主要原因是因为缺少革命的联系。"生活教育之被一部分人忽视，那的确是事实，但完全归咎于缺少革命的联系，从上面说明看来，也不见得完全对。我想除我们自己力量有限外，生活教育之被人忽视还有下述之原因：一、过生活而忽视教育的人必然忽视生活教育。二、受教育或施教育而忽视生活的人亦必然忽视生活教育。三、忽视民众生活而又忽视民众教育的人固然不要生活教育，而高谈革命理论而无革命实践的象牙塔里的"革命家"，也无由知道生活教育之宝贵。

末了，你希望我们能够出版一部生活教育大纲，我们正在着手编这样一部的集体创作。现在为你参考起见，我想把生活教育的理论提出几个要点和你谈谈。从定义上说：生活教育是给生活以教育，用生活来教育，为生活向前向上的需要而教育。从生活与教育的关系上说：是生活决定教育。从效力上说：教育要通过生活才能发出力量而成为真正的教育。"教学做合一"是生活法亦即教育法。为要避去瞎做、瞎学、瞎教所以提出在"劳力上劳心"以期理论与实践之统一。"社会即学校"这一原则要把教育从鸟笼里解放出来。"即知即传"这一原则要把学问从私人的荷包里解放出来。"行是知之始，知是行之成"是教人从源头上去追求真理。工学团或集体主义之自我教育是在团体生活里争取自觉之进步。"教育是民族解放、大众解放、人类解放之武器"，这种教育观是把教育从游戏场、陈列室解放出来输送到战场上去。时间不许我细说，总之，生活教育理论是半殖民地半封建的中国争取自由平等的教育理论。我希望你把研究之门大开起来。如果有机会，我想和你谈谈。千万不要因为一时之倒霉，少数人之不忠实，就误断一个运动的命运。

一九三九年十二月

（原载 1943 年 4 月《行知教育论文选集》）

〔注释〕

　　① 指育才学校招收有特殊才能的儿童来教育。

　　② 指生活教育社。

游 击 区 教 育

游击区教育之目的在用"教育"的手段，增加游击的力量，以粉碎敌人"以华制华"，"以战养战"①之阴谋。这"教育"的手段要跟着"游击"而千变万化，我们决不可以把正常的教育方式，刻板的搬到游击区去。"教育"要办成"非教育"，才能在游击区发挥出真正的力量。

所谓"非教育"并不是"非教育"，而是在教育呆子的眼光看来，教育不像教育，所以认为"非教育"，实实在在是千真万真的"真教育"。唯独好像"非教育"而的确是"真教育"，方能存在于游击区而所向无敌。

我不要说得神秘了。这种好像"非教育"而的确是"真教育"要怎样的干呢？

第一，游击教育要把教育变成生活，把生活变成教育，把生活与教育变成战斗，把战斗变成生活与教育。我们要把教育展开到生活所包含之领域，把生活提高到教育所瞄准的水平。

第二，我们不能用笼统的眼光来看游击区，即不能用笼统的方法来办游击教育。以地域论，敌伪据点、敌我交界地、游击队大本营、游击后方的生活情形不尽同，即教育之运用不能尽同。我们对于这不同的地域的教育进攻，一方面要有统盘的政策，而另一方面是必定要有特殊的战略与特殊的战术，以适合不同地域的需要而克服各个的困难。

让我们举几个例子来谈谈吧：教育在游击后方的主要作用，一方面是唤起老百姓输送力量帮助游击队，而另一方面是把力量向整个大后方输送，增加生产，增加建设，增加全面抗战的力量。游击大本营或游击根据地的教育的主要作用，则在促进老百姓与游击队的了解联系，使他们打成一片，成为一体，使敌伪据点连不起来，而受到致命的突击。敌我交界地的教育作用，主要的是使"两面人"变成"一心人"，永远向着我，使他们的人数不可能加多而渐渐缩小，使他们的地盘不可能扩大而渐渐缩小，终于完全成为进攻敌伪据点之根据与力量。敌伪据点里的教育作用，主要的在发生对敌不合作与对我通消息的作用，始而达到地失人在，终于成为收复失地时里应外合之力量。

依教育的方式而说，在这些不同的地域里也要灵活的运用。在游击后方的教育，宜以战时学校教育和民众集体教育并重。游击根据地的学校便不能像游击后方那样固定，而有些是要跟着游击队跑，而成为游击学校。民众的集体行动的教育，是要普遍的活跃起来，从这里一直通过敌我交界地而进入敌伪据点，是要把先生的长袍脱下，变成不像先生的样子，才能入虎穴探虎子。

游击后方与游击根据地的教育还不难办，难办的是怎样把教育的力量贯彻到敌我交界地和敌伪据点去。这是需要特殊的研究，特殊的训练，特殊的指导，特殊的组织，特殊的技术，才能有很好的效果。

这些都要靠着精深的探讨去发现正确的路线。而且这种探讨的工作是要在游击区里去体验出来，闭门造车怕是不合实际。我在这里所能提出的只是一点个人的意见。我以为要把教育的力量进攻到敌我交界地和敌伪据点去，干教育的人便是十足的老百姓——穿老百姓的衣服，说老百姓的话语，干老百姓的工作，把民族意识和抗战理论贯彻到老百姓的生活里去。有时文字通不过去，就得用私塾里背书的法子把文件背熟，由脑袋子带进去。宋江智取无为军，是运用一位飞针走线的裁缝。吴用智取生辰纲，是借重一位安乐村的闲汉。对，《水浒传》是一本游击师范的教科书，每一个游击先生都要看得透熟。

但是时代不同，抄袭《水浒》也不行，《水浒》暗示我们许多灵活的游击教育法，但要囫囵吞枣的把它呆板的运用，那是会失败的。一位游击教育者之有效训练，似乎要包含这样的内容：（一）三民主义；（二）抗战建国纲领，蒋委员长言论，近代政治组织原理，游击战术，游击武功纪，生活教育理论，再末，《水浒》是必须看。这样，始而学习梁山泊，终于超脱梁山泊，而梁山泊之灵活的教育原则，乃能以新的姿势出现而帮助争取最后胜利之来到。

（原载 1940 年 1 月 25 日《战时教育》第 5 卷第 6 期）

〔注释〕

① "以战养战"　　是日本帝国主义侵华战争中所采用的掠夺中国占领区内的物资，来支持其侵略战争的政策。

生活教育运动十三周年纪念告同志书

　　我所敬爱的同志们：从十二周年纪念到现在，有几件比较重要的事，想先向各位报告：（一）晓庄研究所已经建立起来，而且已有好几个研究报告，印成学术研究专刊以与教育及科学界人士交换意见。（二）育才学校已于去年七月二十日开学。现已成立音乐组、戏剧组、文学组、社会科学组、绘画组、自然科学组。工艺组及农艺组，希望于今年下半年成立。现在已选拔到校之学生有一百二十余名，要陆续增加到五百名。全校教育以集体生活为基础并努力使抗战教育与建国教育合一起来。（三）新安旅行团在伤兵难民及保卫大西南的工作上成绩都很好。他们也建立了适合儿童之集体主义之自我教育。这次敌人进攻西南，一部分团员应政治部之号召，组织了南路工作队。最近才从宾阳突围而出。（四）云和、英山及山西省之数县以县为范围试用生活教育理论进行战时教育，学生比平时增加数倍，可见生活教育理论对于战时有特殊之效用。（五）本社社友五百余人在江南一带工作，据最近报告，在过去一年中已经殉国者有四十余人。这些同志的壮烈牺牲是树立了我们的表率。我们应当踏着他们的脚迹，负起他们遗下来而未完成的任务。

　　在去年的告同志书里我曾提出三个口号：一，学术即力量；二，组织即力量；三，行动即力量。年年今日，我们每一个人，或每一个集体或整个的社，都得对这三种力量清算一下，并继续不断的在这三方面增长我们的力量以为民族与人类服务。

我提起笔来想写的真是千言万语，但时间不许可，今天特别想说的就是今日中国教育最需要而最忽略的一点——觉悟之启发。启发自觉是包含在我们立社的宗旨里面。社的宗旨是要"探讨最合理最有效之新教育原理与方法，促进自觉性之启发，创造力之培养，教育之普及，及生活之提高"。但是我们对于启发自觉性并没有充分讨论过，战时教育运动开始的时候，本社提出"集体主义的自我教育"。这自我二字若作自觉解是更正确。集体教育要通过"自觉"才成为有效的教育，即集体的自觉教育和自觉的集体教育。

中山先生讲三民主义首先就说这个道理。他讲"大凡人类对于一件事，研究当中的道理，最先发生思想；思想贯通以后，便起信仰；有了信仰，就生出力量"。这思想贯通便是觉悟。对于觉悟的本人说便是自觉。有了觉悟才起信仰而生出力量。但觉悟又从何而来？从研究而来。研究是追求真理即是求知之行。那末觉悟是从行而来，从"求知之行"而来。

中国古代教育是一贯的注重觉悟。"大学之道在明明德。"明德即真理。第一个明字便是明白和阐明。明白是自觉，阐明是觉他。这个道理和"先知觉后知"，"先觉觉后觉"是相通的。并且觉悟是智仁勇三达德之康庄大道。"仁者不忧，智者不惑，勇者不惧。"因为不惑，才能不忧、不惧，不惑便是思想贯通而觉悟了。《中庸》①说："不诚无物。"无论是"自诚明"，或是"自明诚"都离不了诚。不诚便没有觉悟。诚心追求真理才能自觉觉他。要负起自觉觉他的任务必定要忠实于真理。比如一个人必定要忠于追求抗战建国的真理才能在抗战建国上自觉觉他，才能对抗战建国生出信仰并发挥出力量来。

人人都可以觉悟而往往到老还不觉悟反而妨碍别人觉悟，除这是由于成见、武断、私心、偶像崇拜、公式主义、教条主义，或是由自己闭了觉悟之门，或是由外力封锁了觉悟之路，客观的真理反映不到头脑里去，或是能到头脑而不能正确的反映出来。以致自己不肯觉悟，不能觉悟甚至不愿别人觉悟。

当伽利略用风琴管自制望远镜发现了木星的四个月亮，他诚恳地去请佛罗棱萨大学教授来参观。这些教授不但是不愿来看，而且武断他们用不着看。他们说：人有七窍，天有七明（金、木、水、火、土、日、月），哪能再来四个月亮？他们不但拒绝伽利略的邀请参观并且设法陷害，说伽利略谣言惑众，违背教规大逆不道。伽利略于是饱受折磨。但真理毕竟不能埋没，伽利略之发现，实是千古不朽，那些不肯觉悟的教授当年固然威风十足，现在可有一点贡献遗留下来呢？所以一个教育者的重要任务是把自己和学生的成见、武断、私心、偶像心理、公式主义、教条主义从头脑里肃清出去，并把客观环境与头脑之间的门户开得好好的，使得真理可以清楚而正确的反映出来，这种反映的收成便是从大彻大悟中形成信仰而生出力量。

　　最近教育部颁布十六字的训育方针：自治治事，自信信道，自养养人，自卫卫国。我想倘使把自觉觉他的意思贯彻进去，则不但教育内容更加丰富而且更能发挥出管教养卫的力量。有自觉的纪律则自治治事更可严谨。有自觉的信心则自信信道更可坚定。自觉的做工是斯大汉诺夫运动的灵魂，不但生产激增而且做工的人个个兴高采烈，只觉做工之乐不觉做工之苦。自觉去当兵则知为中国死，愿为中国死，与敌人拼命时必可以一当十、以一当百的去打倒日本帝国主义而收复已失的河山。

　　现在要粉碎敌人"以华制华"的阴谋自必扩大反汪运动②，以毁灭这"以华制华"的工具。但是想把这个运动做得比以前更有效也得要把它变成自觉的反汪运动，使得民族正气，充塞天地，连跟他跑的人都反正过来，自必势穷力竭，终归消灭。

　　民主的宪政是保证精诚团结抗战建国的根本大计。我们必须把宪政运动和国民教育民众教育联起来，使大家对于制宪有共同了解、共同参加、共同信仰。这种共同的了解参加信仰必能发出伟大的力量来保证精诚团结和由精诚团结而来的最后胜利。换句话说：制宪也要启发人民的自觉。

　　生活决定教育。教育要通过自觉的生活才能踏进更高的境界。通过自觉的集体生活的教育更能发挥伟大的力量以从事于集体之创造。

　　这次所提出的这点关于"启发自觉"的意见，只是供大家讨论参考，关于启发自觉之方法，希望大家来一个集体探讨。

　　　　　　　　　　　一九四〇年三月十五日

　　　　　　（原载 1943 年 4 月《行知教育论文选集》）

〔**注释**〕

　　①《中庸》　儒家经典之一。原为《礼记》中的一篇，相传为战国时孔子的弟子子思所著。宋儒程颐、朱熹把它和《大学》、《论语》、《孟子》并列为"四书"。

　　② 反汪运动　声讨以汪精卫为代表的降日叛国运动。

校歌须表现学校立校方针与根本精神

——致西洛

西洛先生：

　　"复兴学校"及"平光小学"希望我能代他们各作一校歌。对于这件事，我有点意见。我认为校歌须表现学校之立校方针及根本精神，别人代做是不大容易写出好东西来的。因此我希望你能代达该二校之校长，并盼望他们自己或本校教师，甚至于优秀的小朋友动手试试，当有佳作，比别人写的要亲切动人。特此。并祝

撰安！

陶行知启

一九四〇年七月七日

儿童教育的任务

——致业勤

业勤先生：

来信复迟了，抱歉得很。

您任教五年，没有染上那些老于教书者的习气，并且对于《战时教育》感到兴趣，在理论与实施上又有所探讨，这一点使我非常高兴来回答您的问题。您所提出的一些原则，大体上是正确的，只是您对于小孩子的看法和估量，我认为是值得商量的。您说："小孩子根本不会有错误。"倘若您的意思只是企图导出一种结论，认为孩子们的错误，根本上是由于环境造成的，那倒没有什么不对。但是，倘若您要据此作为训导儿童的一个重要的指导原则，那就有问题了。儿童不但有错误，而且常常有着许多错误。由于儿童年龄上的限制，缺乏经验，因而本身便包含着错误的可能性，这是一；环境不良，养成了许多错误的习惯，从这些错误出发，必然再造错误，这是二。因此教育的任务除了积极发扬每个儿童固有的优点而外，正是要根据事实，肯定他们的错误，从而改正他们的错误。

您想到育才学校作艺友，我们应该是欢迎的，无奈学额有限，倘若以后情形变动时，我想您不是没有机会的。

此外，关于生活教育社，还有一点要奉告的，就是它欢迎教育工作者参加，但不是要他们离开原有的工作，入社和参加社自身所举办的事业中去工作，完全是两回事。特此奉复。

　　并祝

康健！

陶行知启

一九四〇年七月七日

艺友制是补师范教育之不足

——致潘畏三[1]

畏三吾弟：

接来信，知道您十年来工作情形，甚慰。

《师范学校与艺友制》一文，已读。某些地方想提出来与您商讨一下。艺友制是对于传统的徒弟制的一种改造，它是新教育方式之一。在学做合一的情况下，艺友是跟着师傅在做上学的徒弟或学生；在教学做合一的情况下，艺友是徒弟同时又是师傅，是学生同时又是先生。前一种情况可以尽一部分普通教育的作用，后一种情况可以尽一部分师范教育之作用，从这一点看，您想把现有师范教育停掉而代之以艺友制，便很值得商量了。过去我们之所以提出艺友制，不是用来代替普通学校，而是用来补职业教育或人才教育之不足。不是用来代替师范教育，而是用来补师范教育之不足。现在师范学校虽有缺点，我们的任务是改造不是取消。说得更正确点的话，我们应该就学校这种特殊机构予过去的师范教育以改造。过去我们办晓庄试验乡村师范便是这个意思。今天国家已经规定私人不能办师范学校，因而我们不可能来办正式师范教育。这一点不辨明，有些人又可以用作藉口来说我们是在企图取消学校教育了（这是带着一种挑拨性的话），而这绝非我们的本意。

上面所提出的是关于艺友制的基本问题，倘若在这个基本问题上您能同意我的意见的话，我希望还是在您所办的那个简易师范内，多多采用艺友制的办法。当有成效可目睹时，再呈请省教育当局推行。不知这种意见您以为如何？特此。并祝

体健！

陶行知
一九四〇年八月十日

〔注释〕

① 潘畏三（1908—?） 安徽马鞍山市当涂人。晓庄学校高中部师范科毕业生，当涂静仁小学任教。后曾办简易师范学校。

教育必须起推动作用

——致皎然

皎然同志：

九月十一日的信和国币三元五角均已收到。《战时教育》现已改为月刊，每年出特号四期，最近出了六卷一期，系育才学校专号。现在寄一册，请查收。以后按期寄给你。

你同意生活教育的主张，我很高兴。因为增加一个同志即是增加一份力量。你说教育必须跟前进的时代跑，自然不错，否则便开倒车。但是只跟着跑还不够，必须起着推动的作用才行。例如，今天我们在进行空前伟大的民族解放战争，教育不仅要适合抗战需要，跟着抗战跑，还须用教育的力量来推动抗战向胜利的方向前进，用教育的力量来动员人力物力以保证抗战的最后胜利。这样才能表现教育的积极的作用。

抗战已经三年多了，教育对于抗战的帮助还做得不够，甚至传统教育还起着削减抗战力量的作用，这是令人最痛心的事！生活教育社在抗战一开始便提出战时教育的主张，而且尽力推动战时教育运动，这不是我们好奇立异，而是彻底认清了依着传统的办法，教育负不起民族所付与他的任务。只有真正的战时教育，才能帮助民族获得光荣斗争的胜利。

　　浙江地临前线，想来战时教育推行较易。如能将战地教育实施情形，或如何克服敌伪奴化教育实施情形写成有系统而生动之文字投登《战时教育》，这是我们很欢迎的。

　　如有主张相同的朋友共同来努力进行战时教育之研究与推动，则集思广益更为有意义。此致

民族解放敬礼！

陶行知

二九年十月廿九日

追求真理做真人^①

——致陶晓光

晓光：

最近听说马肖生寄了一张证明书给你。他擅自作主，没有经我看过，我不放心，故即于当晚电你将该件寄回，以便审核有无错误，深信你已经遵电照办。现恐你急需文件证明，特由我亲自写了一张，附于信内寄你。你可根据这样证明，找尚达^②弟力保。我们必须坚持"宁为真白丁，不作假秀才"之主张进行。倘使这样真实的证明不合用，宁可自己出钱，不拿薪水，帮助国家工作，同时从尚达弟及各位学术专家学习。万一竟因证明不合传统，而连这样的工作学习亦被取消，那末，你还是回到重庆，这里有金大电机工程，也许可去，或与陈景唐兄商量，径考成都金大^③。总之，"追求真理做真人"，不可丝毫妥协。万一金大也不能进，我愿筹集专款，帮助你建立实验室，决不向虚伪的社会学习或妥协，你记得这七个字，终身受用无穷，望你必须努力朝这方面修养，方是真学问。

我近来为校经费困难所逼，驻渝筹款，而重庆天气易令人咳，这两天才愈，因此不能早日写信给你，至为歉然。

你给银行的信，误由银行转到学校去，故来不及和陈毅^④先生会面。我接信他已走了。你所要脚踏车，如能留蓉工作，当寄款来给你自买。此地自行车也不便宜，而路远难带，我们也非内行，怕买来不合用。

绍良先生代买东西之款已托涵真先生代还。

育才有戏剧、绘画两组驻渝见习，进步甚快。今吾⑤十七日动身，日内可望抵渝，大致担任指导部主任。来信寄重庆村十七号。

衢⑥

三〇年一月二十五日

〔注释〕

① 1940 年底陶晓光到成都一家无线电厂工作，厂方催索学历证明书。陶晓光没有正规的学历，只好写信给育才学校副校长马侣贤求助，很快要了一张晓庄学校的毕业证明书。陶行知在重庆闻讯后，即电告晓光将此证明书寄回，接着又寄出这封快信，同时又开了一张"宁为真白丁，不作假秀才"亲笔证明信，要求晓光"追求真理做真人"。

② 尚达弟　指倪尚达，当时在陶晓光工作的成都无线电厂任厂长。

③ 金大　指抗战期间迁往成都的金陵大学。当时陈景唐（即陈裕光）任校长。

④ 陈毅　当时为陶晓光所在的无线电厂的同事。

⑤ 今吾（1909—1970）　即程今吾，教育家，著有《程今吾教育文集》。

⑥ 衢　"衢"是陶行知自创的文字，由"行知"二字拆散重组而成，意即行和知不可分，常用于书信署名。首见于 1935 年 4 月 16 日《生活教育》封面题词的落款（2 卷 4 期）。

我是欢迎困难的一个人

——致陶晓光

晓光：

二月三日信收到了，知道你在成都工作学习都相当满意，甚慰。你到金大听课，万望不要超过体力之限度。依我看来，还是集中精神，先在研究室及厂中充分学习，等到告一段落，再到大学上课，这样便不致把身体弄坏。健康第一！你的身体并不甚强壮。学校工厂两处奔跑，颇感体力不济，务必慎重考虑。

学校经济自是非常困难。你知道我是欢迎困难的一个人。一切困难都以算学解决之。不但经济困难是如此解决，别的困难也如此解决。所以我没有忧愁，仍旧是吃得饱，睡得着。我的身体比你离碚时好了些。虽然没有从前胖，但瘦如梅花，骨子里有力量，有何不可？孔子说，仁者不忧，智者不惑，勇者不惧。惟其不惑所以不忧、不惧。我们追求真理，抱着真理为民族人类服务，有什么疑惑呢？所以我无论处境如何困难，心里是泰然自在，这是可以告慰的。

现托南高①同志赵吉士带上无线电零件数样。这些放在家里无用，你可拿去给倪厂长看看，如果他有用处，就放在研究室里用好了。

并托赵先生带上百元为你买书之用。内拨二十元，吴先

生托你买"成都出品可以送礼之银制心链、扁针及他项小巧
价廉物美之礼品数样，以便送其女友出嫁"，他物也可，请
你斟酌去买。祝你
康健！

衡
三○年二月五日

〔注释〕

　① 南高　指南京高等师范，现今南京大学的前身。

奋斗是万物之父

——致马侣贤

肖生同志：

闻校中有少数同事和同学精神不振，望你鼓励。在平时办学，一帆顺风，人人能办。在艰难困苦中不动摇而向前创造，才为难能可贵。奋斗是万物之父，请向大家代达。二月份请款书及领款书并研究所一二月份请款书及领款书，一并托人带下为盼，愈快为佳。房门钥匙请代保管。我不久即来，再进城赴会。敬祝

康健！

衡

三〇年二月十九日

育才二周岁前夜

育才是中国抗战中所产生的一所试验学校，应该是要在磨难里成长为一个英勇的文化作战集团。它的怀胎是在武汉快要失守之前，而诞生则在南岳会议以后，正当国内肃清巨奸之污血，国际唤起正义的声援，我们的整个民族是树立了必胜的信念，而在历史过程中酝酿着一个蓬蓬勃勃的大转机。这时抗战文化是开放着千紫万红的鲜花。那空前的难童公育运动也奠定了一个相当规模的初基。育才学校便是这难童公育运动之进一步的合乎客观需要的发展。这一切回想起来令人不胜黄金时代之感。

但是向前看啊！不可近视懈怠而被目前的磨难俘虏而去。前面有着更大的黄金时代。

说到目前的磨难可算是严重。但是也给了我们空前的机会来创造。敌人的扩大封锁与加紧进攻，要更大的团结力量去克服。世界战争，自从德军开始进攻苏联，把我们的友邦都卷入漩涡了。这也可使我们格外警觉，靠着更大的团结力量来自力更生，同时也可使我们与友邦发生更亲切之合作，并由于我们的努力使英美与苏联的关系加强，四国配合作战，以铲除人类之公敌而创造幸福之世界。目前的文化界无可讳言的是因烦闷而离开了一批工作者。文化之园里还存在着"无奈朝来寒雨晚来风"之慨。从张文白①部长第二次招待文化界的演说词里，我们知道他似乎有惜春之意。这春暮的气象，大家多少有些同感，但是夏天之莲，秋天之菊，冬天之梅、四季常青之松柏，只要园丁负责，不给茅草乱长，哪样不可以及时欣欣向荣呢？而且春，无论如何也会回到人间，向前看啊！前面有着更大的黄金时代待创造。

育才是在这样的气氛里生长着。它是抱着这样的态度过日子。它快两岁了，长成了一个什么样儿呢？

跟武训学。最近几个月我们是过着别有滋味的日子，每日与米赛跑，老是跑在米的后面。到了四月，草街子②米价涨到每老斗五十三元，比了开办的时候涨了二十五倍。这时所有的存款都垫到伙食上去了。向本地朋友借来的四十石谷也吃完了，向银行借来的三万元也花光了。怎么办？从前武训先生以一位"乞丐"而创办了三所学校，我们连一所学校也不能维持，岂不愧死？于是我们在四月六日下了决心要跟武训学，我们要做一个"集体的新武训"。我们相信只要我们所办的是民族与人类所需要的教育，总有一天得到"政府"社会之了解帮助，从磨难中生长起来。首先是育才学生们之响应。他们来信说："我们愿做新武训的学生，不愿做旧武训的学生。"他们的意思是说：我们自动求学，用不着武训向他们下跪才用功。同样，教师们也给了认真教课的保证。有了认真教课的教师与自动求学的学生，新武训是比较容易做了——只需讨饭兴学，对付经济问题。这经济问题固然严重得很——到我写这篇文章的时候，二百张嘴天天所吃的已是每老斗一百一十元的米了。超出开办时五十倍——但是本着立校颠扑不灭的教育理论，抱着武训先生牺牲自我之精神，并信赖着中华民族重视教育爱护真理之无可限量之热诚，我们知道就是比现在更困苦，也必定不是饥饿所能把我们拆散的。中华民族需要我们，世界人类需要我们。磨难只能给我们以锻炼，使我们更强壮的长起来。

初步人才教育之路，育才在过去两年中只是做了一点探路的工作。育才在两周岁之前夜，对于初步人才教育，探到了什么路？怎样在这路上试探？有限得很，只可约略的谈谈：

甲、集体生活。集体生活不仅仅是大家聚在一块过日常生活。我们要想丰富集体生活在教育上之意义，必须使它包含三种要素：（一）为集体自治；（二）为集体探讨；（三）为集体创造。

（一）集体自治的主要目的，是要使大家在集体自治上来学习集体自治。集体自治在育才是采用民主集中制。我们在民主与集中之间摇摆了一些时候，我们主观上是要实行民主集中，使全校的公意得以充分的发表，并使此发表之公意有效而迅速的实现起来。但是实际上，我们初期似乎过于民主，发生过平均、平行等毛病；后来，要想纠正这些毛病，权力过于集中，整齐严肃是其好处，被动呆板是其弱点。现在仍回到立校之愿意，要贯彻民主集中制之真精神，一方面培养自动的力量，一方面培养自觉的纪律，一方面树立宣导这力量及发挥这纪律有效而有条理的机构，使他们向着有目的生活奔赴，如百川之朝海。如果有一方面做得不够或有所偏，多少便会失去民主集中之效用。

（二）集体探讨之目的，在以集体之努力，追求真理。探讨之路有五，即行动、观察、看书、谈论、思考，称之为五路探讨，也可称之为五步探讨。这与中庸所说之博学、审问、慎思、明辨、笃行相仿佛，不过次序有些变动，博学相当于观察与看书。审问似乎属于思考又属于谈论。慎思明辨纯属于思考。笃行相当于行动。人类与个人最初都由行动而获得真知，故以行动始，以思考终，再以有思考之行动始，以更高一级融会贯通之思考终，再由此而跃入真理之高峰。说到应用，凡是不必按班级学习之功课都可采用集体探讨之方式，如社会科学、自然科学、艺术之一大部分，只需文化 钥匙略会运用，即可开始从事于集体探讨。例如集体探讨中国抗战或某一战役，教师可于一星期前公布探讨纲目，提示参考图书，并指点探讨之路。地图及数字须预为择要公布。首先我们要在参加抗战行动上来了解抗战。我们在慰问抗属、制寒衣、义卖、宣传兵役等行动上来理解它的性质及发展。敌机凌空，轰炸惨酷，汉奸挑拨，奸商囤积居奇，军民同赴国难以及种种战利品随时随地广为观察。有关中国抗战及该战区之地图、书籍、报章杂志须广为搜集，按程度分别陈列以备阅览。然后依规定日期，由教师或请专家主讲，由学生参加讨论，当时扼要记录，事后用心整理，并加以批评检讨，以期达到融会贯通之境界。等到融会贯通以后之抗战行动，是跃入更深的必胜信念，并能发出更大的参加力量。这整个过程，我们称之为集体探讨。牛顿养猫，猫养小猫，他在大猫洞旁边开一小洞使小猫可以自由出入。但小猫只是跟随大猫走大洞，小洞等于虚设。集体探讨只是开了一个文化大洞，小孩自然跟着大孩一同进出罢了。

（三）集体创造的目的，在运用有思考的行动来产生新价值。我们虽不能无中生有，但是变更物质的地位，配合组织使价值起质的变化而便利于我们的运用。这也构成普通功课之一部分，使学生在集体创造上学习创造。我们以前开辟操场、劳动路及普式庚林③，并改造课室已经有了些经验。这次从六月二十到七月二十定为集体创造月，开始作有计划之进行，分举如下：

1. 创造健康之堡垒；

2. 创造艺术之环境；

3. 创造生产之园地；

4. 创造学问之气候。

（子）创造健康之堡垒。我们的集体生活首重健康。创造健康之堡垒，目的在与疾病作战。善战者不战而退敌人之师，故一分预防胜于十个医生。健康之堡垒有三道防线：第一道防线，是制造扑灭病菌绝除病菌及携带病菌者之工具，如苍蝇拍、捕鼠器、纱罩、蚊帐、烧水锅炉、消毒器械，并采用其他科学方法与侵犯之病菌及病菌携带体作战。第二道防线，为实施环境卫生，如水井、厕所、厨房、饭厅、阴沟死水、仓库、家畜栏、垃圾堆，都要经常的施以适当的处理，使病菌无法孳生蔓延。第三道防线，是赤裸裸的靠着身体的力量与病菌肉搏。这道防线所包含的是营养、运动、防疫针、生理卫生之认识。至于治疗是三道防线都被攻破肉搏又告失败，只好抬入后方医院救治。故治疗不是作战之防线，乃是医伤之处所。最好是努力于三道防线上健康堡垒之创造，使治疗所等于虚设。我们是要朝这方向进行，很希望在集体创造月里立下一个基础。以后继续使它逐渐完成。但是既与病菌作战，无论如何周到，难免没有受伤官兵，故治疗所工作也不敢疏忽，而是要使它有效的执行它的任务。

（丑）创造艺术之环境。我们要教整个的环境表示出艺术的精神，使形式与内容一致起来。这不是要把古庙制成一座新屋，老太婆敷粉擦胭脂涂嘴唇是怪难看的。但是阵有阵容，校有校容，有其内必形诸外，我们首要重艺术化的校容。甲午④之前，中国海军也算是世界第四位，一度开到日本大示威。一位有见识的日本官在岸上看了一看说：这可取而代之。人问其故。他说：大炮为一舰之主，我看见他们在大炮上晒裤子，所以知道它的末路快到了。这种眼光多么锐利啊！他是从舰容——大炮上的裤子——看清逊清海军军纪了。我们所要的校容不是浪费的盛装，而是内心的艺术感所求的朴素的表现。我们的校容要井然有条，秩然有序，凛然有不可侵犯之威仪。什么东西应该摆在什么地方或只许摆在那个地方，应该怎样摆也只有那样摆，而不许它不得其所。无论什么东西，已经成群，就得排队：草鞋排队，斗笠排队，扫帚排队，畚箕排队，锄头排队，文具排队，手巾排队，脸盆排队，同桌排队，椅排队，凳排队，床排队，被排队，书排队——一切排起队伍来！物也排队；人也排队。静要排队；动要排队。排队而进；排队而出。排队之前，排队之时，排队之后，通身以朴素之艺术精神贯彻之，便成了抗战建国中应有之校容。捣乱这校容的有少爷、小姐、名士派、浪漫派、个人主义、自由主义之遗孽，我们是努力的感化而克服着。

（寅）创造生产之园地。我们要渡过经济难关，是要开源节流，标本兼治。治标的办法，是在节约捐款。根本之计，则在从事有效之生产，以十年树木之手段，贯彻百年树人之大计。现在正进行着"寸土运动"⑤，使大家知道"一寸黄土一寸金"之意，而后用集体的力量使地尽其力。进行这工作时候，有数件事颇令人兴奋。晚饭钟已经敲了，我们见一位小同学身边放着十根辣椒苗，左近实在没有空地了，只空下一个小水凹。他把水疏通流到别处去，拾了几块石头连泥做了个小堤，再拿好土把凹地填平，将辣椒苗栽完了才洗手回校吃晚饭。这时，又看见一位同学远远的还在工作，待我走去和他谈谈，他说我今天要挖好五百个凹，使山芋秧种完了才放手，他的技术虽然还有许多地方不能令人满意，但是我们有一些小农人精神，是足以完成我们小范围中的寸土运动的任务。在我们当中，也有一些人懒得动手，或把生产当作玩艺儿干。我希望在创造劳动的洪炉里，他们渐渐的会克服自己的弱点，把自己造成手脑双挥的小工人。

（卯）创造学问之气候。气候是生物生长之必要条件。我们要学问长进，必须创造追求真理所必需的气候。平常所谓气候是空气与热之变化所至，学问之气候也可说是追求真理之热忱与其所需之一定文化养料及其丰富之配合所构成，追求真理之热忱其限度固为先天所赋予，而各人是否得尽其限，则有赖于集体或彼此之鼓励。但所赖以追求真理之文化养料之配合则有待于创造。具体的说，我们除了培养求知之热忱以及大自然大社会之博观约取外，必须有自然科学馆、社会科学馆、艺术馆、图书馆之建立。对于文化养料搜集得愈丰富配合得愈适宜，则其有助于学问之长进亦愈大。这些，在我们这样的学校，除了集体创造外，便无法实现。从五月二十七日起，我们是分工合作的来采办这些文化食粮，首先是图书馆之彻底改造，简直是等于创造一个新的图书馆，竟以集体的力量而完成了奠基的任务。图书馆之改造证明了集体力量之雄厚，并为一切集体创造树立了一个可以达到的水准，而且于无意中起了模范作用。我们有两个肚，需要两种食粮、两个厨房、两个大司务。自从米价涨上天，精神食粮偏枯，大家好像变成一个大肚小头的动物，其实精神肚子吃不饱，饭桶肚子又何尝吃得饱？为了免掉这种偏枯，我们除了吃"点心"外还要吃"点脑"——还要吃"文化点心"。我们下决心规定"点心"⑥费或文化点心费，不得小于米价二十分之一，免得头脑长得太小，太不像样。

乙、文化钥匙。活的人才教育，不是灌输知识，而是将开发文化宝库的钥匙，尽我们知道的交给学生。文化钥匙主要的四把：即国文、数学、外国文、科学方法。国文、数学、外国文三样，在初期按程度分班级上课最经济。数学对于艺术部门之学生，只须达到足够处理日常生活程度以后，即可任其自由选择。知识之前哨丰富之学术多在外国，人才幼苗一经发现即须学外国文。至少一门，与国文同时并进，愈早愈好，风、雨、寒、暑不使间断，若中途发现其不堪深造，则外国文即须停止，以免浪费时间。科学方法不必全部采用班级上课，一部分要使其在行动上获得方为有效。这科学方法似宜包含治学、治事各方面。从前有一个故事提到有一位道人用手一指，点石为金，一位徒弟在旁呆看，道人说："你把金子搬去可以致富。"徒弟摇摇头。道人问他为何不要金子，徒弟说："我看中你那个指头。"世上有多少被金子迷惑而忘了点金的指头，文化钥匙虽可分班度人，但要在开锁上指点。如当作死书呆读，上起锈来，又失掉钥匙的效用了。

丙、特殊的学习。这是育才立校之一特点，我们设了音乐、戏剧、文学、社会、自然、绘画六组，依据智慧测验、特殊测验，选拔难童加入最适合其才能兴趣之一组学习，以期因材施教，务使各得其所。我们的目的，在使人才幼苗得到及时之培养而免于延误枯萎。特殊才干之幼苗，一经发现，即从小教起，不但是合于世界学问之幼年史实，即我们这短短两年的试验，也证明了路线之正确。将来，倘能照预定计划加设工艺组和农艺组，更为容易见效而适合需要。一位来校视察的朋友，看见这办法合理而主张普遍推行。这是需要慎重考虑的。我想每省先设一所以资试验，却是有益而无害。将来随办学人才之增加，则每一行政督察专员区设立一所，亦属可行。

丁、自动力之培养。生活、工作、学习倘使都能自动，则教育之收效定能事半功倍。所以我们特别注意自动力之培养，使它贯彻于全部的生活工作学习之中。自动是自觉的行动，而不是自发的行动。自发的行动是自然而然的原始行动，可以不学而能。自觉的行动，需要适当的培养而后可以实现。故自动不与培养对立，相反的自动有待于正确的培养。怎样才算是正确的培养呢？在自动上培养自动，才是正确的培养。若目的为了自动，而却用了被动的方法，那只能产生被动而不能产生自动。有人好像是无须培养便能自动，那是因他会自觉的锻炼了自己培养了自己，其实他是运用了更高的培养，即自我的培养。我们的音乐指导委员会⑦，委员都在重庆，每月有一位下乡指导数日。当他不在乡下的时候，学生竟能自动的完成每一个月的学习进程，这是很令人高兴的一件事。最近改造图书馆，一开始便着手培养十几位幼年管理员，在改造图书馆上培养他们管理图书馆。现在整个图书馆都由他们主持了，而且有了优越的成绩。二周年纪念要发出将近三百封信，我们把握住这个机会培养了二十几位幼年的秘书。写得不及格的摔进字纸篓里，顶多摔进去三次便及格了。这写信之及格不就等于一门书法考试及格了吗？所不同的是三百封信出去了，等于一位书记五十天的成绩。而且书法考试及格，写信未必适用；但是写信已经合用，书法必定及格。现在要完成幼年会计、幼年护士之培养，并开始幼年生产干事、幼年烹饪干事之培养。我们的根本方针，是要在自动上培养自动力。每人学治一事，不使重复而均劳逸。寻常治学之人与治事之人常常相轻，现在治学之人学治一事，则治事亦治学了。再则一般治事之人，为治事而治事，不免流于事务主义。倘从小即养成其为治学而治事之态度，则两受其益了。

两个问题之再考虑

(一) 普修课与特修课之关系　育才初办的时候，假定普修课与特修课之时间各占二分之一。普修课依部章所定内容进程实施。特修课则因无前例，则根据各组学术性质而定其课程。后来，因研究结果而改订时间，使普修课约占三分之二，特修课占三分之一，并给各组以伸缩机会，再依各组进程需要逐年酌量增加特修课之时间。我们时常遇到的问题是：你们学生几年毕业？我们回答问题不像普通学校那样简单。特修课我们是希望学生一直学上去，到学成了才告一段落；普修课则大约和别的学校同年限毕业。接着就是第二个问题：你们花费了三分之一的时间在特修课上面，又如何能同别的学校同年限毕业？因为有四个条件能使它成为可能：（一）我们这里几乎是个全年学校或四季学校。当寒假生活和暑假生活，名字虽是不同，但多少还得天天上些课。比较起来，我们全年上课是可能多十几个星期。（二）特修课之一部分，在学力上是可移转到普修课上面去。（三）如果集体探讨及集体创造，特别是学问气候之创造，有效的实现起来，学生潜修其中，自然而然的是随时随地的吸收很多，相当于普修课之内容。（四）为着要预防及纠正特修课教育之狭隘性格，我们多方引导学生在各组之立场与观点，尽量对于普修课各部门找出他们与本组学术之关联。担任普修课之导师，随时尽可能扼要指出他的功课与特修课之联系，同时，担任特修课之导师乃至比较深造的学生，提出各该组当前学习之精华，使之深入浅出，公诸全校，以丰富全校之普修课内容。这样，普修课与特修课之鸿沟打通，乃能达到一般的特殊与特殊的一般之境界。

（二）集体检讨可能之流弊 集体生活必须有自我检讨

而后能克服自身之弱点，发扬本身之优点。这种检讨晚会之原意，是教工作做得好些，学问求得正确些，生活过得丰富而合理些，进一步是要时常提醒我们所过的生活、所求的学问、所做的工作是否合乎抗战建国之需要及如何使我们的生活学习工作，更能配合抗战建国之大计。它要提醒我们是否为了近处而忘记远处，为着小我而忘了大我。这样，晚会才能开得有教育意义，才能教人有参加之乐而无参加之苦。但是检讨晚会有一个危险，就是一不小心，它往往会变成集体裁判，为着一点小事而浪费多数人之时间，久而久之，会在同学之间结下难解之私仇，被检讨人是弱者吞声屈服，强者怀恨报复，既伤团体和气，亦无益于个人，甚至乐园变成苦海，实误用集体检讨有以致之。古人说："杀鸡焉用牛刀。"何况拿牛刀杀虱？若是老用来杀鸡杀虱，则到了杀牛的时候，怕要杀不动了。集体检讨是一个团体最锋利的公器，不可小用，小用则钝。纠正之方在民主立法；有司执法，网开一面，庶有自新之路；十目所视，不容秽垢藏匿之所；而根本之图，是先立乎其大者，则其小者不能夺。改弦更张，为时不久，进一步可以达到同志同学均在友谊上合一起来之境界，是其有助于全校之精诚团结，可以预卜了。

迎接维系努（Vishnu）！婆罗门教⑧有三个大神：一是创造之神，名叫百乐妈；一是破坏之神，名叫洗伐；一是保存之神，名叫维系努。我们生活教育运动，包含育才学校，仔细检讨，便发觉我们缺少保存之神。让我们欢迎维系努加入我们的集团吧。我们不为保存而保存，是为着更高的创造而保存。正如印度故事所说，让更真、更善、更美的创造，从维系努手中之莲花里生出来吧。

一九四一年六月底于凤凰山

（1951 年 4 月《育才学校》）

〔注释〕

① 张文白　即张治中（1890—1969），字文白。安徽巢县人。时任军事委员会政治部部长兼三民主义青年团书记长。建国后任全国人大副委员长、国防委员会副主席、民革中央副主席。

② 草街子　地名，四川省合川县的一个小集镇，育才学校所在地古圣寺距此五里。

③ 普式庚林　今译普希金（1799—1837），俄国著名诗人，俄罗斯近代文学的奠基人。普式庚林，是育才文学组师生在古圣寺山坡上一个松林内学习的地方，以诗人普式庚命名。

④ 甲午　指 1894 年（即甲午年）满清政府和日本之间发生的甲午战争。

⑤ 寸土运动　为克服经济困难，陶行知校长号召育才师生在学校内外开荒生产粮食和蔬菜。

⑥ 在 1950 年 11 月出版的大众教育丛书《伪知识阶级》一书中，该处为"点脑"。

⑦ 音乐指导委员会　全称重庆育才学校音乐指导委员会。由于育才学校当时的师资奇缺，故由陶行知出面聘请在重庆的知名音乐家组成音乐指导委员会，专门对育才学校音乐组进行轮流指导。

⑧ 婆罗门教　印度古代宗教之一。后改称印度教。

办学如治国，眼光要远

——给肖生^①的信（四封）

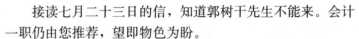

一

肖生同志：

接读七月二十三日的信，知道郭树干先生不能来。会计一职仍由您推荐，望即物色为盼。

厨师、会计、医生都是办学的重要角色。现在不称职的厨师已去，这是　个好消息。我们应该乘这个机会请一位好的厨师。

办学如治国，眼光要远，胸襟要大，否则事情会愈办愈局促。望大家留意。

易必光先生，您应该指导他，把账目一笔一笔的交好，收条一张一张的补足。耐心是重要的。赶场是四川乡下人的生活。多数是每场必赶，每赶必到晚上才回来。我们要用他的长处。不能用人的长处，便是自己的短处。我希望你们能用人的长处而又帮助人克服短处。

黄先生的长处我是看见了好多；他的短处我也正在帮助他克服。他在古圣寺曾不欢而散，在这里还是欢而未散。我希望您也以这个态度帮助古圣寺的同事。

您对人，对四川风俗的习惯，还不大明白，似宜以学习的态度来待人治事，胸中的城府是不可有。我们不能用江南的尺来量四川的人情。

学生由少而多，已到三十余人。做衣事请您明早九时到北碚商量。这三天有重要演讲，望你们也来。

敬祝

康健！

衔

二八年七月二十三日

（吃饭在外，望您将这款要匀作一二两月用）

育才学校款子十二月份已领得，谅已汇到，我再于前天汇出五千。务望本着"不冻不饿，省吃省用"八个字办理。伙食每天夹一餐玉米或可稍省。

二

肖生同志：

周恩来邓颖超二先生参观育才之后，觉得小孩们健康有欠，特捐助肆百元为小孩们购买运动器具之用。这是指定捐款，请开具正式收据，交下以便送去致谢。

敬祝

康健！

衔

二九年十月十一日

三

肖生同志：

驻渝见习团业已结束，陆续回校，现有数事奉告：

（一）竹因②、宁远③决定来校帮助小孩长进，他们稍留数日，助我写信筹款，即行来校。

（二）艺术各组减轻普通功课约至二分之一。

（三）早操由舞蹈指导员指导，不但艺术各组而且宜行之于全体。

（四）赈委会育才三四月份请款书直寄赈委会，领款书直寄新华银行。请分别封好用快信从北碚直寄各该处收。

（五）晓庄研究所三四月份请款书及领款书请盖董事长章及所长陶印并填明三月份为晓字贰拾号，四月份为晓字贰拾壹号。用途系补助费，金额捌百元，会计出纳员改王瑞符。所之图章，在王处请填好用信封封好，从北碚用快邮寄重庆村三号三楼刘正勋转我收。

（六）学校要实行传达室办法，有人来必须填明姓名住址、事由、所会之人，并须通报副校长。遇有便衣警察，必须要求其出示证章否则拒绝。便衣人检查亦必须由精明负责人陪同察看，以免有人栽诬。

（七）赈委会向行政院提案尚无着落。要等待审查，等待开会决定，等待通知请款，再等待一一核发，手续恐怕很慢，或要弄到远水不救近火。因此我必须再留一些日子在渝开源，点滴支持，否则一月之后便会断炊。当地开源节流之方亦希留意。

（八）我们必须认真办学以求对得住小朋友，对得住国家民族，毁誉之来，可不必计较。横逆之来，以慈爱智慧庄严无畏处之。我们追求真理，爱护真理，抱着真理为小孩，为国家，为人类服务，社会必有了解之一日。

除（四）（五）两点毋须讨论外，其余请与诸同志妥商进行。专此奉达。

敬祝

康健！

衍

三〇年二月二十九日

传达可由轮流办法行之，但必须像换岗位一样，后继者来则前任者去。

四

肖生同志：

转全体同志同学：

学校难关将渡，大家尚须齐心努力，争取最后胜利，以跃入创造之境。我们正在急水滩头挣扎，撑篙的、拉纤的、掌舵的都要随处留神，在扼要处着力自能安达彼岸。余由文华同志面达。

敬祝

康健！

衍

三〇年十月十四日
（以上均据陶行知手稿）

〔注释〕

① 肖生　即马侣贤。

② 竹因　即方与严，曾任育才学校校务主任，长期追随陶行知，先当学生，后当助手，对陶研作出可贵的贡献。

③ 宁远　即程今吾，见本书第 838 页注⑤。

每 天 四 问

这是陶校长在育才学校三周年纪念的晚会上的演讲词。我当时坐在台下听讲，把它默记着，第二天即把它默写下来，送给陶校长改正。他一直忙着，搁置了四年还没动笔修改。去年七月，七周年校庆后五日，陶校长在沪病逝的消息传来，全校震悼。我刚出医院不久，即奉派来上海，继续筹备迁校事宜。临行时，在陶校长房内看见这篇记录原稿，顺便带在手边。现在八周年校庆来到，不能再听到陶校长的殷勤致词了，这是一个难以形容的怆痛！但是温习遗教，发扬遗教，是我们大家的责任。"每天四问"，是我们每天做人做事的警钟，也是一切有血性有志气有正义感的人，做人做事的宝筏，能把我们的人生渡上更高境界的宝筏！将以此来纪念育才学校八周年的成长，以及将来之发扬光大，并以此来祝颂中华民族共同登上光辉灿烂的历史更高境界。

方与严记

一九四七年七月二十五日

今天①是本校三周纪念，我有一些意见提出来和大家谈谈，作为先生同学和工友们的参考。

本校从去年的二周纪念到今年的三周纪念，能在这样艰难困苦中支持了一年，几乎是一个奇迹。这一个奇迹，不是一个人的力量所能够做得出来的，而是全体先生同学工友共同坚持，共同进步，共同创造；以及社会关心我们人士的尽力赞助所得来的。

本校在这一年中，好像是我们先生同学工友二百人坐在一只船上，放在嘉陵江中漂流，大的漏洞危险虽然没有，但是小的漏洞是出了一些，这些小漏洞也可能变成大漏洞，使我们的船沉没下去的！然而我们的船没有因为这些小漏洞沉没，竟因为我们这些同船的人，一见有小漏洞，即想尽方法用力去堵塞，有时用手去堵，有时用脚去堵，甚至有时用头用全身的力量去堵，终于把这只船上这些小漏洞堵塞住，而平稳地度过这一年，而达到了目的地，这是一个奇迹，一个共同努力，共同创造的奇迹。

"一切为纪念"，刚才主席说的这一个口号，当然提出的意义是有他的作用的，大家用力对着这一个目的来创造，是很好的。但是我对于这一个口号有点骇怕，骇怕费钱太多，骇怕费力太多，以致筋疲力尽，恐怕得不偿失，所以我主张明年四周纪念，要改变方针，我们的成绩，要从明天起，即开始筹备，日积月累，"水到渠成"的成绩。不要再在短期内来多费钱和多费力量，只要到了明年七月一日，开始把平日的成绩装潢一下，便有很丰富的成绩，再不像今年和去年这样忙了。大家也可以很从容很清闲而有余裕的过着四周年纪念。

现在我提出四个问题，叫做"每天四问"：

第一问：我的身体有没有进步？

第二问：我的学问有没有进步？

第三问：我的工作有没有进步？

第四问：我的道德有没有进步？

第一问："我的身体有没有进步？"

首先，我们每天应该要问的，是"自己的身体有没有进步？有，进步了多少？"为什么要这样问？因为"健康第一"。没有了身体，一切都完了！不禁使我想到了去年二周纪念前九日邹秉权同学之死！与今年三周纪念前九日魏国光同学之死！二人之死的日子是恰恰一周年，不过时间上相差八九个钟点罢了。因这两位同学的死，使我联想到，我们必须继续建立"健康堡垒"。要建立健康堡垒，必须注意几点：（一）"科学的观察与诊断"。……科学是教我们仔细观察与分析，譬如邹秉权、魏国光两同学之死，尤其是魏国光同学这一次的死，不能不说是我们先生同学的科学的观察力不够。魏国光同学患的是"蛔虫"症候，他在学校寝室内吐过蛔虫，有同房的同学见到没有报告，先生也没有仔细查看，到了医院又在痰盂中吐过蛔虫，又没有留心注意到，这就是科学重证据的"敏感"，而成为一种不科学的"钝感"了！而医生又复大意，则在这种钝感之下据之而误断为"盲肠炎"。虽然他腹痛的部位是盲肠炎的部位，但既称为"炎"，就必得发"热"；今既无热，就可以断定不是盲肠炎了。何以需要开刀割治？！其实魏国光同学的病症是蛔虫积结在肠胃内作怪，不能下达，而向上冲吐了出来！如果，把这吐过蛔虫的证据提出来，医生一定不致遽断为盲肠炎，而开刀，而发炎，而致命！因为魏国光同学之死，我们必须提高"科学的警觉性"。以后遇病，必要拿出科学上铁一般的证据来，才不致有错误的诊断，而损害了身体。否则，都有追踪邹秉权、魏国光两同学之死的危险！所以提高科学的警觉性，是保卫生命的起码条件。最重要还是要用科学的卫生方法，好好的调节自己的身体，不使生病！科学能教我们好好的生活，生存！我们今后应该多提高科学的知能，向着科学努力，努力建立科学的健康堡垒，以保证我们大家的健康和生命。（二）"饮食的调节与改进"。……我这次去重庆，因事到南岸，会到杨耿光（杰）②先生，杨先生是我们这一年来，经济助力最多最出力的一位热心赞助者。顺便谈到儿童和青年的营养问题，杨先生提到德国对于儿童和青年的营养问题，是无微不至的。德国有一位大学教授，对于自己儿子的营养，说过这样一段话："我为什么有这样好的身体，可以担任这样繁重的事情？就是我的父母把我从小起的营养就调节配备得好，所以身休建筑得像钢骨水泥做的一样。身体建筑最好的材料是牛肉，所以我决定每天要给我的儿子吃半斤牛肉，一直到二十五岁，就能够把他的身体建筑成为钢骨水泥做成的一样，可以和我一样担任繁重的大事了。"纳粹德国政府，对于全国儿童及青年身体健康的营养，是无微不至，我们今天关于营养的问题提到德国，并不是要像纳粹德国一样，把儿童和青年的身体培养得坚实强健，然后逼送他们到前线上去当侵略者的炮灰！但是这种注重新生一代的儿童和青年营养问题的办法，是值得注意的。就是苏联是社会主义的国家，对于儿童和青年的营养问题，也是无微不至的，所以它在一切建设上，在抵抗侵略上，到处都表现着活跃的民族青春的活力。其他许多国家政令中亦多注意到儿童和青年的营养问题。我们在今天提出营养问题来，就是为着现在和将来人人能够出任艰巨。悬此为的，以备改进我们的膳食，为国家民族而珍重着每一个人的身体的健康。（三）"预防疲劳的休息"。……饱食终日，无所用心，固然不对，但是过分的用功，过分的紧张劳苦工作，也于一个人身体的健康有妨害。妨害着脑力的贫弱，妨害着体力的匮乏，甚至于大病，不但耽误了学习和工作，而且减损及于全生命的期限！所以我在去年早已提出"预防疲劳的休息"问题，今天重新提出，希望大家时时提示警觉，预防疲劳，不致使身体过分疲劳。天天能在兴致勃勃中工作学习，健康必然在愉快中进步了。至于已经有人过分疲劳了，要快快作"恢复疲劳的休息"。适当的休息，是健身的主要秘诀之一，万不可忽略。忽略健康的人，就是等于在与自己的生命开玩笑。（四）"用卫生教育代替医生"。……卫生的首要在预防疾病。卫生教育就在于教人预防疾病，减少疾病。卫生教育做得好，虽不能说可以做到百分之百不生病的效果，但至少是可以减少百分之九十的病痛。其余在预防意料之外而发生的只有百分之十的病痛，可是已经是占着很少成分，足以见出卫生教育效力之大了。以现在学校的经济状况说来，是难以支出两三千块钱来请一个医生。我们的学校是穷学校，中国的村庄是穷村庄。我们学校是二百人，若以五口之家计算，是等于一个四十户人家的村庄。若以这个比例来计算，全中国约有一百万个村庄，每村需要请一个医生，便需要有一百万个医生。现在中国的人力和经济力都不允许这样做，不能够这样做，所以我们学校也就决定不这样做，决定不请医生。我们要以决心推进卫生教育的效力来代替医生，以保证健康的胜利。以卫生教育代替医生，在两月前，我已有信来学校，提出十几条具体事实来，希望照行，现在想来，还是不够，需要补充。待补充之后，提交校务会议商决进行。但是今天在此先提出来告诉大家，希望大家多多准备意见，贡献意见。在建立"科学的健康堡垒"上多尽一份力量，便是在卫生教育施行上多一份力量，卫生教育胜利上多一份保证。大家都成为建立"科学的健康堡垒"的主要的成员之一，健将之一，共同来保证"健康第一"的胜利。

第二问："我的学问有没有进步？"

其次，我们每天应该问的，是"自己的学问有没有进步？有，进步了多少？"为什么要这样问？因为"学问是一切前进的活力的源泉"。学问怎样能够进步？重要在有方法研究。现在我想到有五个字，可以帮助我们学问易于进步。哪五个字呢？

第一个，是"一"字。一是"专一"的一。荀子说："好一则博"这句话是很有精义的。因为有了一个专一问题做中心，从事研究，便可旁搜广引，自然而然的广博起来了。我看世界名人学者对于治学的解释，尚少如此精约的，治学必须"专一"的"一"，这是天经地义的了。"专一"在英文为 Concentration，我们对于一件事物能够专心一意的研究下去，必然能够有一旦豁然贯通之时。所以我希望有能力研究的先生和同学，必须择定一个题目从事研究，即使是一个很小的问题，也可以研究出很深刻很渊博的大道理来。于人于己都可得到切实的益处，而且可能有大的贡献。

第二个，是"集"字。集是"搜集"的集。集照篆字的写法，是这样"**集**"好像许多钩钩一样。我们研究学问有了中心题目，便要多多搜集材料。我们便像"**集**"的篆写一样，用许多钩钩到处去钩，上下古今、左右中外的钩，前前后后、四面八方的钩，钩集在一起来，好细细研究。集字在英文为 Collection，我们有了丰富的材料，便可以源源本本的彻头彻尾的来研究它一个明明白白，才能够真正理解这个问题的症结所在，才能够"迎刃而解"，才能够收得"水到渠成"的效力。所以我希望大家对于每一个问题，都必须多多搜集材料，以便精深的精益求精的研究。在研究上发生力量，在研究上加强创造力量，集体创造，共同创造，在创造上建立起我们事业的新生命，树立起我们事业的新生机，稳定我们事业的新基础。

第三个，是"钻"字。钻是钻进去的钻，就是深入的意思。钻是要费很大的力量，才能够钻得进去，深入到里面去，看得清清楚楚，取得了最宝贵的宝贝。做学问虽不能像钻东西那么钻，但是能够用最好的方法，也可以很快钻进去。我在×国，参观一个金矿，他们开采的机器，是运用大气的压力来发生动力的。我见到他们开采的速度，是比现代所称的"电化"的电力，还不知要增加若干倍咧。我们做学问也是一样，如果我们能够在学术气氛中的大气压力下，发生动力去钻，一定能够深入到里面去，探获学问的根源奥妙与诀窍，而必有很好的收获。"钻"字在英文为 Penetration，所以我希望大家对于一个问题拿定了，便要尽力向里面钻，钻出一大套道理来，使我们学术气氛有着飞跃的进步。

第四个，是"剖"字。剖是"解剖"的剖，就是"分析"的意思。有些材料钻进去还不够，必须解剖出来看它的真伪，是有用的还是有毒素的？以便取舍，消化运用。"剖"字在英文为Analyzation，所以我希望大家对于每一个问题搜集得来的材料，除了钻进深入之外，必须更加着意做一番解剖的功夫，分析入微，如同在解剖刀下，在显微镜下，看得明明白白，分析得清清楚楚，真的有用的没有毒素的就拿来运用；如果是假的有毒素的就舍去抛掉不用。如此，鉴别材料，慎选材料，自然因应适宜了。

第五个，是"韧"字。韧是坚韧，即是鲁迅先生所主张的"韧性战斗"的韧。做学问是一种长期的战斗工作，所以必须有韧性战斗的精神，才能够在长期战斗中，战胜许许多多困难，化除种种障碍，开辟出一条新的道路，走入新的境界。"韧"字在英文中尚难找得一个适当的字来翻译，勉强可以译为Toughness，所以我希望大家在做学问上，要用韧性战斗的精神，历久不衰的，始终不懈的，坚持下去，终可达到"柳暗花明又一村"的境界。

我想我们每一个人，能把"一""集""钻""剖""韧"五个字做到了，在做学问上一定有豁然贯通之日，于己于人于社会都有贡献。

第三问："我的工作有没有进步？"

再次，我们每天要问，是"自己担任的工作有没有进步？有，进步了多少？"为什么要这样问？因为工作的好坏影响我们的生活学习都是很大的。我对于工作也提出几点意见，以供大家参考。

第一点最要紧的，是要"站岗位"。各人所负的责任不同，各人有各人的岗位，各人应该站在各人自己的岗位上，守牢自己的岗位，在本岗位上努力，把本岗位的职务做得好，这是尽责任的第一步。我最近在想，人人应该有"站岗位"的教育。站牢在自己的工作岗位上，教育自己知责任，明责任，负责任——教育着自己进步。

第二点最要紧的，是要"敏捷正确"。人常说，做事要"敏捷"，这是对的。但我觉得做事只是做到敏捷还不够，敏捷是敏捷了，因敏捷而做错了怎么办？所以敏捷之下必须加上"正确"二字，工作敏捷而正确才有效力。一件工作在别人做起来需要四小时，你只要二小时或三小时就做好了，而且做得很正确，这才算是工作的效力。工作怎样能够做得敏捷正确呢？这就是靠熟练与精细。粗心大意，是最易弄错弄坏事情的。做事要像做算术的演算草一样，要演得快演得正确。

第三点最要紧的，是要"做好为止"。有些人做事，有起头无煞尾，做东丢西，做西丢东，忙过不了，不是一事无成，就是半途而废。我们做事要按照计划，依限完成，就必须毅力坚持，一直到做好为止。

第四问："我的道德有没有进步？"

最后，我们每天要问的，是"自己的道德有没有进步？有，进步了多少？"为什么要这样问？因为道德是做人的根本。根本一坏，纵然使你有一些学问和本领，也无甚用处。

否则，没有道德的人，学问和本领愈大，就能为非作恶愈大，所以我在不久以前，就提出"人格防"来，要我们大家"建筑人格长城"。建筑人格长城的基础，就是道德。现在分"公德"和"私德"两方面来说。

先说"公德"。一个集体能不能稳固，是否可以兴盛起来？就要看每一个集体的组成分子，能不能顾到公德，卫护公德，来衡量它。如果一个集体的组成分子，人人以公德为前提，注意着每一个行动，则这一个集体，必然是日益稳固，日益兴盛起来。否则，多数人只顾个人私利，不顾集体利益，则这个集体的基础必然动摇，并且一定是要衰败下 去！要不然，就只有把这些不顾公德的分子清除出这个集体；这个集体才有转向新生机的希望。所以我们在每一个行动上，都要问一问是否妨碍了公德？是否有助于公德？妨碍公德的，没有做的即打定决心不做，已经开始做的，立刻停止不做。若是有助于公德的，大家齐心全力来助他成功。

再说"私德"。私德不讲究的人，每每就是成为妨害公德的人，所以一个人私德更是要紧，私德更是公德的根本，私德最重要的是"廉洁"。一切坏心术坏行为，都由不廉洁而起。所以我在讲"建筑人格长城"的时候，提到了杨震的"四知"③，甘地的漏夜"还金"，华盛顿的勇敢承认错误，和冯焕章④先生所讲的平老静⑤"还金镯"的故事，这些，都是我们大家私德上的好榜样。我们每一个人都可以效法这些榜样，把自己的私德建立起来，建筑起"人格长城"来。由私德的健全，而扩大公德的效用，来为集体谋利益，则我们的学校必然的到了四周年，是有一种高贵的品德成绩表现出来。

　　我今天所讲的"每天四问",提供大家作为进德修业的参考。如果灵活运用的行到做到,明年今日四周纪念的时候,必然可以见出每一个人身体健康上有着大的进步,学问进修上有着大的进步,工作效能上有着大的进步,道德品格上有着大的进步,显出"水到渠成"的进步,而有着大大的进步。

(原载 1951 年 4 月《育才学校》)

〔注释〕

　　① 今天　1942 年 7 月 20 日是育才学校三周年纪念日。

　　② 杨耿光(1889—1949)　名杰,字耿光,军事理论家,云南大理人。早年留学日本,参加同盟会。辛亥革命后,参加讨袁"护国运动"。北伐后曾任总司令部总参谋长、陆军大学校长等职。1938 年 5 月,任驻苏大使。曾给予陶行知所办教育事业极大资助。1949 年 9 月离昆明赴北平出席第一届中国人民政治协商会议途中,于 9 月 19 日在香港寓所遭国民党特务杀害。

　　③ "四知"　杨震当大官时,昌邑令王密黑夜怀金 10 斤送他。杨不受。王说:"暮夜无知者。"杨说:"天知,神知,我知,子知。何谓无知?"

　　④ 冯焕章　即冯玉祥(1882—1948),安徽巢县人。著名的军事家、"丘八诗人"、爱国将领。

　　⑤ 平老静　河北保定人,肉包铺老板。为人正直忠厚,拾金不昧,远近闻名。冯玉祥曾是他肉包铺的主顾。

致育才之友书

育才学校敬爱的朋友赐鉴：

育才学校承诸位朋友指导，加以厚助，才能在艰难中逐渐长大，高谊如云，最为铭感。现为发展起见，特将经过情形最近计划，扼要报告，尚希指正。育才学校之创办由五种动机结晶而成。

第一，是爱迪生幼年生活 他在十二岁的时候，就开始干科学的试验，他常把化学药品带到学校去，而且是欢喜动手，对于先生上的功课，觉得枯燥无味，不大注意，所注重的只是他自己愿意玩的化学把戏，那时美国的教师也像今日中国教师一样的古板，过不了三个月，便以"坏蛋"之罪名，把爱迪生开除了。爱迪生幸亏有一位好的母亲。她说我的"蛋"并不坏，指定家中之地下室给爱迪生做实验，只吩咐他不要把毒药放在厨房饭厅里去。她自己教他英文、历史、地理，化学实验则让爱迪生自习，爱迪生因为得到一位了解自己的贤母，所以仅仅受了三个月的学校教育，也能成为一位现代的大发明家。爱迪生幼年的故事，给了我两个深刻的印象：一是科学要从小孩学起，二是科学的幼苗要像爱迪生的母亲一样爱护才能保全。

第二，是法拉第之幼年生活 法拉第是发电机原理的发明者，他幼年是在一个书店里做徒弟，他订书订得慢，别的徒弟到利波老板那里去告状。利波对众徒弟说：你们有所不知，法拉第是一面订书，一面吃书。书订好了，头脑也吃饱了。你们当中如果有人像他这样用功，我也就马马虎虎。当法拉第装订一部百科全书，翻到电气一章，只有两面，他看完觉得不够味，说我将来要写一本《电气》。法拉第的科学生活虽得力于进了皇家学院以后，但当他做徒弟的时候，倘使遇不着利波老板的识拔、宽容，这根科学的幼苗早已会被人摧残了。没有法拉第，没有爱迪生，便没有普照世界的电光。我们感谢法拉第、爱迪生的时候，不能不想念利波啊。

第三，是法国邮船上之所见　一九三八年我从埃及坐了一只法国邮船回国，出了红海，看见一位四岁光景的外国小孩在甲板上跳舞，细看才知道他是配着所开放的留声机片跳舞，他是很快乐的在甲板上活跃，因为留声机是开放着一支快乐的曲。我异想天开，竟要求换一张悲哀的片子，看这孩子表情有何变动。当这悲哀的片子一响，孩子立刻变容，如泣如诉，好像是失掉亲爱的人一般的舞去。我再问有革命的片子否？开留声机的朋友说，"马赛曲"①如何？我说甚佳，马赛曲一开，小孩立即拿着拳头冲锋，作种种战斗表演，甚至做出向客人攻击之姿势。我看了之后，下一判断，小孩之音乐天才，四岁后可测验，测验确实，便应及时培养。

第四，是湖北临时保育院之所见　汉口沦陷前二十天光景，我们看见一位害癫痫的小朋友②在那儿指挥许多小朋友唱歌，我请了一位音乐家教给他音符和拍子，他三天竟能将一支不曾听过的歌用音符记录下来。一个没有音乐才干的人是三年也不见得能学会。

第五，是在重庆临时保育院所受之感触 一九三八年十一月参观临时保育院，院长告诉我常有达官贵人大学教授来院选择干儿子，当着难童说，这个秃子不要，这个麻子不要，这个嘴唇缺的不要，那个长得好我要。这些失掉父母的难童于今还要受这难受的刺激，听了令人愤慨。当时我表示我若来选，只问他有无才干。倘使有才干，虽是秃子、麻子、缺嘴都要。我不要他们做干儿子，只是为民族培养人才之幼苗。

这五个印象，当我第二次回到香港的时候，联合起来了，在一九三九年一月的一天晚上正一时，我就草拟育才学校创校计划与预算，次日即拿去和赈济委员会许静仁先生协商，承许先生批准由该会担任全部经费，我则用全部时间办学。三月入川，即物色教师，派遣测验团，用智力及特科测验分赴各地选择难童，为时四月，费钱五千元，用现在物价计算，几乎是用了一百万元来选拔学生，这开始的工作是认真的做了。

全校学生一百五十余人，系从十五省流亡之难童中选拔而来。教育方针除依部章指导其一般功课外，从小便注意发现其特殊才能与兴趣而加以适当之培养。在这四年半中普修课已从小学办到初中程度；特修科已建立自然、社会、文学、音乐、绘画、戏剧六组。但自一九四〇年春季以来，物价逐渐高涨，赈济委员会所担任经费虽有增加，但在总数之比例则从全数降至半数、三分之一，现在则降至十四分之一了。到一九四一年四月初已是山穷水尽，难以维持，朋友们劝我停办。并且说小学太小,缓不济急,如此成就困难,不如改行。但在四月六日早晨五时,我把这三个问题统统想通了。我第一个答案是小中有大。倘使我们能够保存一个爱迪生,则我们的心血就不算白花了。我第二个答案是虽缓而急。从秧苗看到黄金谷之收获虽是迂缓的过程,但秧苗已长,必得分栽,十天不雨,尽成枯槁,岂不是当今之急务么?我第三个答案是中华民族有的是钱,无论怎样穷,只要认清人才的幼苗,应该从小培养,总是有钱来维持这个学校。那时我脑中有山东武训先生画像出现,我对自己说武训先生以一个乞丐而创办柳林、临清、馆陶三个义塾。我和我的朋友的社会关系都比他好,连一个学校也不能维持,将何以对得起小朋友,又何以对得起中华民族。当时就下决心坚持到底,除非我自己、我的朋友、整个中华民族都没有饭吃了,那时也只有大家饿死,而没有自动停办。下了决心之后,就立刻写信给朋友说明这个道理,就有好多朋友热心赞助,连当初劝我停办的,也劝我再干了。特别是菲律宾的朋友,每月差不多接济我们一万元,学校不但能维持而且还有了一些小发展。我在这里想补说一句:一九四一年四月六日以后,育才学校是在朋友们博爱精神下长进着。

但是香港失守以后,继之以新加坡、马尼拉之沦陷,南洋接济完全断绝。经济断绝不是绝望。我们二十几个月以来是在造浮桥,要想渡过难关。现在为纪念这一可纪念的日子,就又下了决心要建立一个更稳固更进展的经济基础。

(甲)筹足学校基金　　　　　　一,〇〇〇,〇〇〇元
(乙)扩充音乐组增加钢琴二架　　三〇〇,〇〇〇元

（丙）建立自然科学馆　　　　　三〇〇，〇〇〇元
（丁）建立图书馆　　　　　　　四〇〇，〇〇〇元
　　总计　　　　　　　　　　二，〇〇〇，〇〇〇元

我们想从今年兴学节起，于最短期间内筹足这二百万元的款子，奠定育才学校经济基础。我们不预备向社会作广泛的募捐，只希望个人的少数朋友，而给育才学校以大力之赞助。我们所以提出这个请求，一半也是由于武训先生精神在后面推动，一半也是由于小孩们努力向上，可以造就，还有许多埋藏在一般小孩中之人才幼苗，急待培养，不忍不为他们请命。倘蒙慨允赐助，则我们可以用十年树木之方法，完成百年树人之大计。本校对于民族人类倘有少许之贡献，实在是诸位友好爱护之赐了。

育才学校校长　陶行知再拜
一九四二年八月十八日
（原载 1951 年 4 月《育才学校》）

〔注释〕

　　①《马赛曲》　法国资产阶级革命时期的歌曲。1879 年定为法国国歌。

　　② 指陈贻鑫。

育才三方针

(一) 迷 根据孩子们不断的迷在某种特殊活动的天性，透过特殊的环境、设备和方法，我们培养并引导他们成长，踏进未知之门。

(二) 悟 根据孩子们一般的智力，透过启发性的普通教育，我们培养和指导他们对特殊活动取得更深的了解，对人生各方面的关系和宇宙人类的历史的发展取得更广的认识。

(三) 爱 根据孩子们愿意帮助别人的倾向，透过集体生活我们培养和引导他们对民族人类发生更高的自觉的爱。

向着创造生活前进

（原载 1951 年 4 月《育才学校》）

育才十字诀

一次在报上看见一首木偶十字诀，把一个木头菩萨描写得惟妙惟肖，可算是民众或通俗文艺的杰作。记得第一个字写的是"一窍不通"，的确是精彩得很。当时我就想给育才学校之创学旨趣，披上一件"民族形式"之外套，几经修改，完成了这育才十字诀：

一个大脑。　　　　二只壮手。　　　三圈连环。

四把锁匙。　　　　五路探讨。　　　六组学习。

七（集）体创造。　八位顾问。　　　九九难关。

十（誓）必克服。

因为这个十字诀稍微有点新内容。又因为措辞不够通俗，还需要简单的解释才可以显出里面的精彩。

一个大脑　人类的头脑在动物中并不算最大，但他的脑髓与脊髓之比例是超过一切动物。这是思想之物质基础。孙中山先生说："大凡人类对于一件事，研究当中的道理，最先发生思想，思想贯通以后便起信仰，有了信仰就生出力量。"思想贯通是信仰与力量之泉源；研究又是思想贯通之泉源；都是要顺应这大脑之天然条理进行，才能奏效。

二只壮手　人类自脊梁骨硬了起来，前脚便被解放而成为一双可以自由活动的手。手执行头脑的命令，打猎、捉鱼、务农、做工、战斗而健壮起来，同时是改造着发展着那对他发号施令的头脑，我们要重生原始健壮的双手来向前创造。

三圈连环　这是我们的校徽。圈有三种德性：一是虚心，代表学习；二是不断，代表工作；三是精诚团结，代表最后胜利。第一个圈表示全校一体；第二个圈表示全国一体；第三个圈表示宇宙一体。而且学校、国家、宇宙是互相联系，息息相关，决不可能把它们彼此孤立起来意识。

四把钥匙　文化钥匙要使学生得到最重要的四把：一是国文；二是一个外国语；三是数学；四是科学方法——治学治事之科学方法。与其把学生当作天津鸭儿填入一些零碎知识，不如给他们几把钥匙，使他们可以自动的去开发文化的金库和宇宙之宝藏。

五路探讨　探讨真理，我们提出五条路：（一）体验；（二）看书；（三）求师；（四）访友；（五）思考。这与中庸上所讲的博学、审问、慎思、明辨、笃行可以比起来看。体验相当于笃行；看书、求师、访友相当于博学；思考相当于审问、慎思、明辨。我们的治学次序是依据"行是知之始"及自动的原则排列，可以说是把传统的道理颠倒过来。

六组学习　育才除普通功课依照通常进行外，用四分之一的时间让学生各依性之所近学习一门特修课。特修课分为下列六组：（一）文学组；（二）音乐组；

（三）戏剧组；（四）绘画组；（五）自然组；（六）社会组。

七 （集）体创造 我们希望以集体力量纠正个人主义，以创造的工作来纠正空话与幻想。在共同努力创造学校上来学习共同努力创造新中国新世界。

八位顾问 吉辅灵有一首小诗题为六个裁缝：即（一）什么事，（二）什么人，（三）什么缘故，（四）什么方法，（五）什么时间，（六）什么地方。我们为着要改造一般书生的笼统的静止的头脑，加了两位：（七）什么数目，（八）什么动向。这八贤是我们治学治事不用报酬的常年顾问。

九九难关 人生是患难与欢乐所织成。追求真理的人以与患难搏斗为乐，唐僧向西天取经，遭遇八十一难，不知者以为他是自寻苦吃，其实他是抱着一个宏愿要完成，看破生死，乐而忘苦。总之，人生与患难有不解之缘。患难给有志者以战斗之情绪与战胜之智慧。

十 （誓）必克服 有了战斗之情绪与战胜之智慧，还必须有战斗到底之意志，才能克服大难，以至于成。一个人到了"富贵不能淫，贫贱不能移，威武不能屈"的境界是永远不会被患难压倒，那他成亦成，败亦成，而不是世俗所谓之成败了。

一九四二年十二月四日

（原载 1951 年 4 月《育才学校》）

育才十二要

一、要诚实无欺；

二、要谦和有礼；

三、要自觉纪律；

四、要手脑并用；

五、要整洁卫生；

六、要正确敏捷；

七、要力求进步；

八、要负责做事；

九、要自助助人；

十、要勇于为公；

十一、要坚韧沉着；

十二、要有始有终。

（原载 1951 年 4 月《育才学校》）

育才二十三常能

初级十六常能

(一) **会当书记**：包括写小楷，管卷宗，写社交信，做会议记录等。(在国语课和社交活动时及集体活动中学习。)

(二) **会说国语**：包括会话，讲解，演说等。(在国语课，演说会、讨论会、早会、晚会、一切集会与人接谈时，随时留心细听，学习善国语的先生同学的发音、语调。如需要时，可请善国语者进行集体指导，或个别指导。)

(三) **会参加开会**：包括发言，提议，选举，做主席等。(在公民课或社会课及一切集会中学习。)

(四) **会应对进退**：包括招待宾客——谈话，引导参观，招待茶饭，——送信接洽事情等。(在平时须留心学校情形，熟悉学校行政组织大概，当会宾客时，才能应对合度，彬彬有礼。在任招待前有准备，在别人应对进退时可以观摩，在自己实践时，必须在慎重其事中学习。)

（五）**会做小先生**：包括帮助工友、同学以及学校附近
　　　农友等。（在"文化为公"、"知识为公"、"即知即
　　　传"的号召下，自动的以一技一艺之长去帮助人
　　　长进中学习。）

（六）**会管账目**：包括个人账目、集体账目，会记账，
　　　会报账，会管现金出纳等。（抱着有账即记、公私
　　　分明的原则，在记载个人日用账目及集体账目中
　　　学习。）

（七）**会管图书**：包括编目，晒书，修补，陈列，借书
　　　等。（在每个人自己桌屉中的图书，必须日常整
　　　理，不得散乱。在各小组的图书架上，在图书库
　　　里观摩和工作中学习。）

（八）**会查字典**：包括中文字典和外文字典等。（在小学
　　　四年级以上，在国语课、外语课的课前准备工作
　　　中学习。）

（九）**会烧饭菜**：包括小锅饭、小锅面、小锅菜十味以
　　　上。并会做泡菜、咸菜、糖果、果子酱、腊肉等。
　　　（在聚餐、野餐、助厨时学习。）

（十）**会洗补衣服**：包括洗衣补衣等。（在十二岁以上，
　　　必须学会洗补衣服、晒晾、折浆。规定每星期洗
　　　衣一次。衣服破了即须缝补，会者教不会者；不
　　　会者必须跟会者学。）

（十一）**会种园**：包括种菜，种花，种树等。（规定小学
　　　　生每人至少种菜半分；中学生至少种一分。在
　　　　生产活动中学习。）

（十二）**会布置**：包括装饰，陈列，粉刷，洒扫等。（在美术课、手工课，参加布置生活室、会客室、课室、寝室、会场中学习。）

（十三）**会修理**：包括简单木工、竹工、泥水工、油漆工工具等。（在修理中学习。）

（十四）**会游泳**：包括仰游俯游等。（在夏令必须参加游泳学习，在平时可定期去温泉学习。）

（十五）**会急救**：包括医治小毛病，救溺，救触电，救中煤毒等。（请卫生室及校外医工指导，在分配卫生工作及旅行、急救中学习。）

（十六）**会唱歌**：包括独唱，合唱等。（在唱歌课、参加合唱团中学习。）

高级七常能

（一）**会开汽车**：（检查目力及手腕灵敏，懂得汽车构造，请专家指教。）

（二）**会打字**：（学毕高中英文，请专家指教。）

（三）**会速记**：（文字通顺，并请专家指教。）

（四）**会接电**：（学毕电学，并请专家指教。）

（五）**会担任翻译**：（在实习外国语课，极力争取会话练习，外宾至时，及与外宾做朋友中学习，交谈中学习。）

（六）**会临时讲演**：（在平时各种演说会、欢迎会、送别会及指定代表出席参加各社团纪念会中学习。）

（七）**会领导工作**：（在指定集体工作中负责领导，在集
团选举出负责领导工作中学习，以完成上级或集
团付托之使命。）

（出自 1944 年 1 月时代印刷出版
社版《育才学校手册》）

写在《植物小世界》创刊号之后

　　《植物小世界》是七位小朋友合力编成，今天与大家初次见面，是值得称赞的一件事。不久以前，一位先生谈及本校缺少生物学教师，这个需要应待解决。我听见这话，觉得生物学教师未到校前，我们也应该充分运用自然环境来教育我们自己和小朋友。我于是非正式的和几位顶小的孩子闲谈，问问他们南瓜是怎样长出来的，绿叶对于南瓜之长大有什么关系，两种南瓜花有什么作用。这时南瓜的雌花特别少，有几位小朋友自动去找，居然找着了，找着讨论观察更觉得切实而有趣了。于是小同志就由一二人而增加到七位了。我对于植物学的根底最浅而且完全是书本的，对于实物认识很少。所以我和小朋友只可以说是共学而不能说是教导。我们立了几条共学的原则：

　　（一）从生物到书本；

　　（二）从实践到原理；

　　（三）从具体到抽象；

　　（四）从个体到系统；

　　（五）从近处到远处；

　　（六）从用手到用脑；

　　（七）从肉眼到显微镜；

（八）从好玩到学习；

（九）从不用钱到不得不用钱；

（十）从不轻采摘到不得不采摘。

上述原则，着重点虽分先后，但实际是分不清，大部分是交流，是相互发展。我现在要举两个例子来说明我们的方法。

一天我说要看看双子叶植物的发芽，请王治平去弄南瓜来培养。王治平问西瓜子是不是好替代？我说可以，他说西瓜子发芽是现成的。三周年纪念时吃西瓜摔的西瓜子正在发芽啊。他说着就走出去拔了一根来——最好的双子叶标本！

昨天我想到，既有双子叶标本，最好还得有单子叶标本来比较。谷子发芽要等好多天，如何可以快些办到？江贵和走来，我问他，我们要看谷子发芽，你有办法吗？他说：有，买点谷种来，摆在水里。我一个钟头之内就要看谷子发芽，你能想出办法来，就算你本事好。他想了一想，向门外一看，说：田里有，割稻时掉下的谷子都发芽了。我说，好，请你拿个碗去把大的小的拔十几根来。五分钟内，他拿了回来，我看了很高兴，因为这就是不花钱的不费时不用等待的单子叶植物发芽标本。这一碗里的谷芽是缺少顶小的一种，仇玉良自告奋勇再去采来补足，经郭富昌整理陈列构成谷子发芽的活动影片。

小孩们干得很高兴，有的提议要出壁报。野心真大，学了一个星期的植物学就要出壁报，我虽然觉得他们没有把握，但是相信出壁报发表可以增加他们努力学习的兴趣，所以也赞成。这就是《植物小世界》的发芽的小史，希望大家帮助指点，踊跃参加，使它长成一个植物大世界那就更庆幸了。

一九四二年八月十八日

（原载 1951 年 4 月《育才学校》）

人生最大的目的还是博爱

——致陶宏①

陶宏：

你给谢士柜信里附来之《圣母歌》已交陈贻鑫。昨晤胡然②先生，他说只有胡世珍的声音能唱，大概这次音乐会可以列入这一项节目。

我们在上月看了《安魂曲》，其实这可说是 Mozart 之小史，甚为感动，便动员了全体教师、学生、工友自费来看。假使你能找着 Mozart 之 Life③，请为《育才文库》写一册《莫扎特传》。伽利略之剧本，可以参考此剧。可惜你在峨嵋，若在重庆，则多看进步之话剧，对于你写这剧本，必有帮助。

你的信集，我拟好了一书名叫做《从峨嵋山到凤凰山》。不知可中意否？

近来我们深刻的了解，人生最大目的还是博爱，一切学术也都是要更有效的达到这个目的。一天谈及你，冯先生说你曾为着要帮助一位苦学生，而节省吃鸡蛋的钱来完成这任务。这种行动是高贵的，所以冯先生至今还记得。以后我们仍当向这个方向努力。

旧历新年小黑④来，我想出来一个法子教她写成一个难写的"黑"字。她居然能独立写成。我的法子是先画一个脸孔"〇"，再加上两个眼睛"☉"，再画一个鼻子"甲"，再画一张嘴"呈"，再画两只手"異"，再画两只脚"黑"。这样她一会儿便学会了。现在把她自己写给你的信寄给你看，便知道，小孩子是要用各种各样的妙法来教她，她才高兴学，才学得成。

育才要跃进一个新的阶段——建立工程师的苗圃。大纲已拟成草案。现寄一份给你，请给我一些意见。

陶刚⑤可以务农，来校不满一个月即开了五六块荒地，但他身体受了伤，这次病得厉害，送入武汉疗养院，业已脱险。

画展在三月二十、二十一举行，音乐会在三月二十八、二十九举行，话剧《小主人》⑥在四月四日起演一个星期。育才紧缩预算，现在收支相抵。明年呢？要靠这三个会来度过。祝你进步！

衔

卅二年二月廿一日

〔注释〕

① 陶宏（1915—1975）　陶行知长子。曾任育才学校自然组主任。中国科学院客籍研究员。

② 胡然（1912—1971）　别名曼伦。湖南益阳人。曾给育才学校音乐组讲授声乐知识。1943—1946年任国立音乐学院教授。在重庆创办抗战歌咏团，出版《音乐月刊》。后又创办湖南音乐专科学校。在上海曾录制他演唱的《长江东去》、《满江红》等唱片。

③ Mozart 之 life　《莫扎特生平》。

④ 小黑　陶宏女儿的乳名。

⑤ 陶刚（1919—1983）　陶行知的三子。曾在上海育才学校、行知中学工作。

⑥ 话剧《小主人》　四幕儿童剧，通过国民党统治区5个孩子在天灾人祸下的悲惨遭遇，暴露了社会的黑暗，提出了孩子是国家的小主人，表现了要挽救孩子的主题。由董林肯编剧，刘厚生导演，苏丹任舞台监督。

创 造 宣 言

创造主未完成之工作，让我们接过来，继续创造。

宗教家创造出神来供自己崇拜。最高的造出上帝，其次造出英雄之神，再其次造出财神、土地公、土地婆来供自己崇拜，省事者把别人创造现成之神来崇拜。

恋爱无上主义者造出爱人来崇拜。笨人借恋爱之名把爱人造成丑恶无耻的荡妇来糟踏，糟踏爱人者不是奉行恋爱无上主义，而是奉行万恶无底主义的魔鬼，因为他把爱人造成魔鬼婆。

美术家如罗丹，是一面造石像，一面崇拜自己的创造。

教育者不是造神，不是造石像，不是造爱人。他们所要创造的是真善美的活人。真善美的活人是我们的神，是我们的石像，是我们的爱人。教师的成功是创造出值得自己崇拜的人。先生之最大的快乐，是创造出值得自己崇拜的学生。说得正确些，先生创造学生，学生也创造先生，学生先生合作而创造出值得彼此崇拜之活人。倘若创造出丑恶的活人，不但是所塑之像失败，亦是合作塑像者之失败。倘若活人之塑像是由于集体的创造，而不是个人的创造，那末这成功失败也是属于集体而不是仅仅属于个人。在一个集体当中，每一个活人之塑像，是这个人来一刀，那个人来一刀，有时是万刀齐发。倘使刀法不合于交响曲之节奏，那便处处是伤痕，而难以成为真善美之活塑像。在刀法之交响中，投入一丝一毫的杂声，都是中伤整个的和谐。

教育者也要创造值得自己崇拜之创造理论和创造技术。活人的塑像和大理石的塑像有一点不同，刀法如果用得不对，可以万像同毁，刀法如果用得对，则一笔下去，万龙点睛。

有人说：环境太平凡了，不能创造。平凡无过于一张白纸，八大山人②挥毫画他几笔，便成为一幅名贵的杰作。平凡也无过于一块石头，到了飞帝亚斯、米开朗基罗③的手里可以成为不朽的塑像。

有人说：生活太单调了，不能创造。单调无过于坐监牢，但是就在监牢中，产生了正气歌④，产生了苏联的国歌⑤，产生了尼赫鲁自传⑥。单调又无过于沙漠了，而雷塞布（Lesseps）⑦竟能在沙漠中造成苏彝士运河，把地中海与红海贯通起来。单调又无过于开肉包铺子，而竟在这里面，产生了平凡而伟大的平老静。

可见平凡单调，只是懒惰者之遁辞。既已不平凡不单调了，又毋需乎创造。我们是要在平凡上造出不平凡；在单调上造出不单调。

有人说：年纪太小，不能创造，见着幼年研究生之名而哈哈大笑。但是当你把莫扎尔特⑧、爱迪生及冲破父亲数学层层封锁之帕斯加尔（Pascal）⑨的幼年研究生活翻给他看，他又只好哑口无言了。

有人说：我是太无能了，不能创造，但是鲁钝的曾参⑩传了孔子的道统。不识字的慧能⑪，传了黄梅⑫的教义。慧能说："下下人有上上智。"我们岂可以自暴自弃呀！可见无能也是借口。蚕吃桑叶，尚能吐丝，难道我们天天吃白米饭，除造粪之外，便一无贡献吗？

有人说：山穷水尽，走投无路，陷入绝境，等死而已，不能创造。但是遭遇八十一难之玄奘⑬，毕竟取得佛经；粮水断绝，众叛亲离之哥伦布，毕竟发现了美洲；冻饿病三重压迫下之莫扎尔特，毕竟写出了安魂曲。绝望是懦夫的幻想。歌德⑭说：没有勇气一切都完。是的，生路是要勇气探出来，走出来，造出来的。这只是一半真理；当英雄无用武之地，他除了大无畏之斧，还得有智慧之剑、金刚之信念与意志，才能开出一条生路。古语说，穷则变，变则通。要有智慧才知道怎样变得通，要有大无畏之精神及金刚之信念与意志才变得过来。

所以：处处是创造之地，天天是创造之时，人人是创造之人，让我们至少走两步退一步，向着创造之路迈进吧。

像屋檐水一样，一点一滴，滴穿阶沿石。点滴的创造固不如整体的创造，但不要轻视点滴的创造而不为，呆望着大创造从天而降。

东山的樵夫把东山的茅草割光了，上泰山割茅草，泰山给他的第一印象是：茅草没有东山多，泰山上的"经石峪"、"无字碑"，"六贤祠"、"玉皇顶"，大自然雕刻的奇峰、怪石、瀑布，豢养的飞禽、走兽、小虫，和几千年来农人为后代种植的大树，于他无用，都等于没有看见。至于那种登泰山而小天下之境界，也因急于割茅草看不出来。他每次上山拉一堆屎，下山撒一泡尿，挑一担茅草回家。尿与屎是他对泰山的贡献，茅草是他从泰山上得到的收获。茅草是平凡之草，而泰山所可给他的又只有这平凡之草，而且没有东山多，所以他断定泰山是一座平凡之山，而且从割草的观点看，比东山还平凡，便说了一声："泰山没有东山好。"被泰山树苗听见，想到自己老是站在寸土之中，终年被茅草包围着，徒然觉得平凡、单调、烦闷、动摇，幻想换换环境。一根树苗如此想，二根树苗如此想，三根树苗如此想，久而久之成趋向，便接二连三的，一天一天的，听到树苗对樵夫说："老人家，你愿意带我到东山去玩一玩么？"樵夫总是随手一拔，把它们一根一根的和茅草捆在一起，挑到东山给他的老太婆烧锅去了。我们只能在樵夫的茅草房的烟囱里偶尔看见冒出几缕黑烟，谁能分得出哪一缕是树苗的，哪一缕是茅草的化身？

割草的也可以一变而成为种树的老农，如果他肯迎接创造之神住在他的心里。我承认就是东山樵夫也有些微的创造作用——为泰山剃头理发，只是我们希望不要把我们的鼻子或眉毛剃掉。

创造之神！你回来呀！你所栽培的幼苗是有了幻想，樵夫拿着雪亮亮的镰刀天天来，甚至常常来到幼苗的美梦里。你不能放弃你责任。只要你肯回来，我们愿意把一切——我们的汗，我们的血，我们的心，我们的生命——都献给你，当你看见满山的幼苗在你监护之下，得到我们的汗、血、心、生命的灌溉，一根一根的都长成参天的大树，你不高兴吗？创造之神！你回来呀！只有你回来，才能保证参天大树之长成。

罗丹说："恶是枯干。"汗干了，血干了，热情干了，僵了，死了，死人才无意于创造。只要有一滴汗、一滴血、一滴热情，便是创造之神所爱住的行宫，就能开创造之花，结创造之果，繁殖创造之森林。

一九四三年十月十三日　写于凤凰山⑩

（原载 1951 年 4 月《育才学校》）

〔注释〕

　①罗丹（Anguste Rodin 1840—1917）　法国雕刻家。

　②八大山人　姓朱名耷，明之宗室。明亡为僧，工书善画。

　③飞帝亚斯（Phidias 前五世纪）　通译菲狄亚斯，古希腊雕塑家。

　　米开朗基罗（Buonarroti Michelangelo 1475—1564）　意大利的画家、雕刻家。

　④正气歌　宋文天祥所作。他被元军所执，拘狱三年，作《正气歌》以明志，不屈被杀。

　⑤1917 年苏联社会主义革命成功后，以《国际歌》为苏联国歌。《国际歌》是法国无产阶级诗人欧仁·鲍狄埃（1861—1887）在巴黎公社失败后匿居巴黎郊区所作。谱曲者是法国工人作曲家比尔·狄盖特（1848—1932）。苏联于 1944 年 1 月采用新国歌。此处指鲍狄埃作的歌。

　⑥尼赫鲁（1889—1964）　印度政治家、独立后的首任总理，著《印度的发现》、《尼赫鲁自传》。

　⑦雷塞布（Ferdinand Marie Lesseps 1805—1894）　通译雷赛，法国人。1854 年创议开凿苏伊士运河，得埃及政府之助，于 1859 年

开工，十年而成。

　　⑧ 莫扎尔特（Wolfgang Amadeus Mozart 1756—1791）　通译莫扎特，奥地利伟大作曲家。五岁开始作曲，六岁起在奥、德、英、法、荷等国学习、游历和演出。

　　⑨ 帕斯加尔（Pascal 1623—1662）　通译帕斯卡，法国人，幼敏慧，家人不许习数学，于游戏时学几何学，数周内发现三角形内角之和等于二直角。14 岁入法国几何学者组织之每周会。16 岁作圆锥曲线之论文，18 岁作算术器械。

　　⑩ 曾参　孔子弟子，悟圣道一贯之旨，以其学传子思。

　　⑪ 慧能　禅宗六世祖。姓卢。少孤贫，采薪贩卖养母。后入黄梅山学佛。

　　⑫ 黄梅　佛家禅宗五世祖弘忍，居黄梅山东禅院，人因以黄梅称之。

　　⑬ 玄奘　唐高僧，俗姓陈。唐贞观元年游西域各国，十八年回国。——《西游记》写唐僧遭八十一难。

　　⑭ 歌德（Goethe 1749—1832）　德国诗人，兼长小说戏曲。

　　⑮ 凤凰山　即育才学校校址所在地。

学习外国文 ①

　　学习外国文好比是配一副万里眼镜，这种眼镜每一位追求真理的青年都应该戴，而且应该自己磨。怎样磨呢？要风雨无阻，行住不停天天磨，月月磨，磨它五年十载，总会成功。倘一曝十寒，时学时辍到老无成。

一九四三年秋

（陶行知手稿）

〔注释〕

　　①"学习外国文"是陶行知手稿，现存晓庄师范陶馆。（1943 年陶行知曾以此书写条幅赠陈鸿韬（晓庄高中部师范科毕业生）。字幅上还有"敬赠育才之友鸿韬先生纪念"字样。1980 年 6 月，陈鸿韬从美国将原件复印寄赠陶绾。并作如下说明："1943 年余为育才学校募集基金一百万元，陶师欣慰之余，书赠此件墨宝为酬，并以育才之友——先生呼之，深愧不敢当。"

民主的儿童节

儿童的生活，是社会的一面镜子。

一个国家的政治经济，是否是民主，用不着争论，只须拿这一面镜子照一照，就明白了。因为儿童真是人微言轻，政治经济在儿童身上反映，是最彻底而难以隐藏的。如果"月到中秋分外明"这句话是正确的，那末您在儿童节的儿童生活的反映上更可以看得清清楚楚。幸运的儿童，是一年三百六十五天，天天过儿童节，四月四日不过是加强的儿童节罢了。不幸的儿童，就连四月四日也与他们无关，他们在儿童节仍旧是擦皮鞋、钯狗屎、做苦工，挨饿、挨冻、挨打。饿、冻、打，便是他们所受的礼物。听戏，看电影，吃糖果，参加游艺会，没有他们的份。

民主没有深奥的意思，通俗点说：就是"大家有份"。在倒霉的时候是"有祸同当"，在幸运的时候是"有福大家享"，在平常的时候是"大家的事大家做，大家谈，大家想"。儿童节是全国儿童的儿童节，决不是少数儿童的儿童节。我们对于儿童幸福要做到全体儿童人人有份，才算是民主的儿童节。所谓儿童的幸福究竟是些什么？这可以拿老百姓所爱好的"福禄寿喜"四个字来说明。

（一）福，有母爱，有书读，有东西玩，有六大解放。

有学当其材之培养，有小小创作的机会，有广大的爱护后代的同情。

（二）禄，吃得饱，穿得暖。

（三）寿，不受恐怖，不被剥削，不受伤，不害病，不夭折。

（四）喜，过年过节，皆大欢喜。

若想实现这四大幸福，我觉得要使小孩子们得到四种东西：

（一）玩具　团体娱乐之玩具。

（二）学具　进修学问之工具。

（三）用具　日常生活之用具。

（四）工具　手脑双挥之工具。

儿童节，是觉悟大人为全体儿童争取幸福的节日。我们不但是要为儿童争取一日之快乐，而且要为儿童争取长期之幸福。至少从今年儿童节起，要为不幸的儿童争取一年之学习材料，假使每一个学校或团体为其附近之不幸儿童，发动这样一种运动，使他们在儿童节能过一天快乐而有意义的生活，并得到一年之长进之资料，总是有益处的。但是要知道民主的儿童节之先决条件，是政治经济的民主。倘使政治经济不民主，小孩子的幸福是必然限于很少数的少爷小姐，但是如果政治经济一民主，那自由必定是立刻飞到他所关心的最不幸的小孩子当中，而把他们抱在温暖的怀抱。故真正爱护小孩子的朋友，必须是民主的战士，让我们促成民主的政治经济，以实现民主的儿童节吧。　　　　1944 年 4 月

（1947 年 3 月《陶行知教育论文选辑》）

实施民主教育的提纲

今天只是提出一些问题作为日后讨论的提纲，希望大家予以修正补充和指教。

一　旧民主与新民主

旧民主，是少数资产阶级作主，为少数人服务。新民主，是人民大众作主，为人民大众服务。

二　创造的民主与庸俗的民主

庸俗的民主是形式主义、平均主义，只是在形式上做到，如投票等等。创造的民主是动员全体的创造力，使每个人的创造力得到均等的机会，充分的发挥，并且发挥到最高峰，所以创造的民主必然与我以前所讲的民主的创造有关联。民主的创造，是要使多数人的创造力能够发挥。在专制时代，少数人也能创造，但多数人的创造的天才被埋没，或因穷困忙碌而不能发挥，即使发挥也会受千磨万折，受到极大的阻碍。民主的创造为大多数人的创造，承认每一个人都得到创造的机会，这是与专制的创造不同的地方。

三 民主运用到教育方面来

民主运用到教育方面，有双重意义：第一，民主的教育是民有、民治、民享的教育。"民有"的意义，是教育属于老百姓自己的。"民治"的意义，是教育由老百姓自己办的。例如从前山海工学团时代，宜兴有一个西桥工学团，是老百姓自己办的，农民自己的孩子把附近几个村子的教育办起来，校董是老百姓，校长也是老百姓。又如晓庄学校封闭后，晓庄学生不能回晓庄办教育，而老百姓又不要私塾，所以小孩子自己办了一个佘儿岗自动小学。又如陕北方面是提倡的民办教育，也都是这意思。"民享"的意义，是教育为老百姓的需要而办的，并非如统治者为了使老百姓能看布告，便于管理，就使老百姓认识几个字。由此可见有民有、民治、民享的政治，才有民有、民治、民享的教育。

第二，民主的教育必须办到各尽所能，各学所需，各教所知。各尽所能，就是使老百姓的能力都能发挥。各学所需，因为经济条件没有具备，所以办不到。但各教所知是可以做到的。在民主政治下：特别是中国有许多人民没有受教育，需要多少教员才能把各地教育办起来？如一人能教四十人，二百万教师才能教八千万小孩。这些教师是师范所不能训练出来的，所以还必须每人各教所知。各尽所能，各学所需，各教所知三点都办到了，民有、民治、民享的教育也就成功了。

四　教育的对象或教育的目的

"文化为公"、"教育为公"是教育的目的，但又不妨因材施教。国民教育，与人才教育略有不同。国民教育，是人人应当免费受教育，但如有特殊才能的，也应加以特殊的教育，使其才能能充分发挥，这就是人才教育。但人才教育并不是教他们升官发财，而是要他们将学得的东西贡献给大众，所以这也是"文化为公"。

男女也应有平等受教育的机会。目前有些地方，例如南充男女界限分得很严，男女学生不能互相说话，这种地方，女子教育一定不发达。

无论贫富，也应该有均等受教育的机会。前次社会组在草街乡调查失学儿童，占学龄的儿童百分之七十四。能来中心小学读书的儿童，大多是小地主的孩子，佃农恐怕很少。民主教育要使穷人也有受教育的机会。

无论老少，也应该受教育。生活教育很早就提出活到老，学到老。最近听说西北也是如此。生活教育运动中最老的学生为八十三岁之王老太太，她说："我也快进棺材了，还读什么书？"但经她的孙儿曾孙的鼓舞，她的热情也烧炽起来了。因为她的缘故，她的媳妇也得读书了。

还有资格的问题：现在是有资格就能上进，没有资格就该赶出大门外。但民主教育是只问能力，不问资格的。本来资格是有能力的证明，既有直接的证明，又何须资格。只要证明是有能力的就可上进。

民族教育现在也成一个问题。过去把少数民族取名为边民，不承认他们为民族。我们对于苗族等小民族的教育，强迫他们学汉文，还要用汉人教师去教他们。但民主教育是让他们学习他们自己的文字，没有文字的，就帮助他们制造文字，让他们自己办学训练各民族的人才来教育他们自己的人民。过去蒙古人受教育时，是雇人来上课的。这种教育又有什么用？

还有一点，无论什么阶级，都要有受教育的机会。受教育的机会被剥夺最多的是农工及子弟。农工阶级忙碌一天，还陷入吃不饱饿不死的状态，当然再谈不到受教育。民主教育是要力求农工劳苦阶级有机会受教育。

总结起来，"教育为公"就是机会均等：入学时求学的机会均等，长进的机会均等，离校时复学的机会均等，失学时补习机会均等，而且老百姓有办学管教育的机会。

五　民主教育的方法

民主的教育方法，要使学生自动，而且要启发学生使能自觉，要客观，要科学，不限于一种，要多种多样，因材施教，要生活与教育联系起来，并且在中国要会用穷办法，没钱买教科书，用尽种种办法来找代用品，招牌可以作课本，树枝可以作笔，桌面可以当纸张。八路军行军时，带着一套文化工具，即是一支木笔，行军停下来时，就在地面上画字认字。新民主主义既是农工领导，就必须用穷办法使老百姓受教育。单是草街子如每人买一支铅笔，就要花去四十万元，因此只有不用铅笔另想穷办法，才能做到教育为公。

另外还有一个办法，学生不能来上课的可以送去教，"来者不拒，不能来者送上门去"，看牛的送到牛背上去，这样"教育为公"才有办法。最后，我们必须重提要着重创造，让学生自动的时候，不是让他们乱动，而是要他们走上创造之路，手脑并用，劳力上劳心。这需要六大解放：（一）解放眼睛——不要带上封建的有色眼镜，使眼睛能看事实。（二）解放双手。（三）解放头脑——使头脑从迷信、成见、命定、法西斯细菌中解放出来。（四）解放嘴——儿童应当有言论自由，有话直接和先生说，并且心甘情愿和先生说。首先让先生知道儿童们一切的痛苦。（五）解放空间——不要把学生关在笼中，在民主教育中的学校应当大得多，要把大自然、大社会作他们的世界。空间放大了，才能各学所需；扩大了空间，才能各教所知；扩大了空间，才能各尽所能。（六）解放时间——不是以此标榜，然而并未完全做到。师生工友都应当有一点空闲的时间，可以从容消化所学，从容思考所学，并且干较有意义的工作。

六　民主的教师

民主的教师，必须要有：（一）虚心；（二）宽容；（三）与学生共甘苦；（四）跟民众学习；（五）跟小孩子学习——这听来是很奇怪的，其实先生必须跟小孩子共甘苦，并不是说完全跟小孩子学，而是说只有跟小孩子学，才能完成做民主教师的资格，否则即是专制教师。现在民主国家的领袖，都是跟老百

姓学，否则即成专制魔王；（六）消极方面：肃清形式、先生架
子、师生的严格界限。

七　民主教育的教材

民主教育的教材应从丰富中求精华，教科书以外求课外
的东西，并且要从学校以外到大自然、大社会中求得活
的教材。

八　民主教育的课程

（一）内容。现在人民所以大部分在贫穷中过生活，因
为贫富不均，所以了解社会是很重要的。另外科学不发达，
不能造富，所以应该有科学的生产，科学的劳动。抗战如不
能胜利，整个中国就完了！因此教育要拿出一切力量来争取
胜利，要启发民众，用一切力量来为抗战为反攻而努力。

（二）课程组织。组织应敷成多轨，即普及与提高并重，
使老百姓都能受教育，并且有特殊才干的也能发挥。

（三）课程要有系统，但也要有弹性，要在课程上争取
时间的解放。

九　民主教育的学制

民主教育的学制，包含三原则：单轨出发。学制在世界
上各国分成几种，如德国的学制是双轨制，穷苦的人民受国

民教育，再受职业教育。有钱的人，则由中学而直升大学。民主教育开始是单轨，不分贫富从单轨出发，以后依才能分成多轨，各人所走路线虽不同，但都将力量贡献给抗战，贡献给国家，这叫多轨同归。并且还要换轨便利，让他们在才干改变时有调换轨道的便利。

旧时的学校，学生忙于赶考。赶考是缩小学生时间的一原因，并且使学生没有时间思考。民主教育也是要考的，但不要赶考，而是考成。也不鼓励个人的等第，只注意集团的成绩。而成绩也不以分数定高下。

民主也不是绝对的自由。民主有民主的纪律，与专制纪律不同。专制纪律是盲从。民主纪律是自觉的集体的，不但要人服从纪律，还要人懂得为什么。

此外应当广泛的设立托儿所，农村的，工厂的，公务员的，可以将妇女从家庭中解放出来。在大学，要做到下列几点：（一）入学考试不应过分着重文凭，应增加同等学力的录取比例；（二）研究学术自由，读书自由，讨论自由；（三）增设补习大学及夜大学。这应该跟日本学，在日本夜大学很多。我们要帮助工厂里的技术工人，合作农场中的技术农人，得到受大学教育的机会。至于留学政策，凡是在中国可以学到的应在中国学，请外国教授来中国教。如设备不可能在中国设置的学科，才能派大学毕业有研究能力的研究生出外留学。

十　民主教育的行政

（一）鼓励人民办学校，当然人民自己所办的，并不能像美国私立学校那样宣传某种宗教的偏见，而是为民主服务。

（二）鼓励学生自己管自己的事。

（三）肃清官僚气的查案，以及资格的作风。视察员及督学有三个作用：（1）鼓励老百姓办学；（2）考察学校是否合乎民主道理；（3）不是去查案，是积极指导学校如何办得好。老百姓的学校，大概粗糙简陋，所以视察员到时，不是带来恐怖，而是带来春风。

民主的校长，也有四种任务：（1）培养在职的教师，教师是从各处来的，校长应负有责任使教师进步；（2）通过教员使学生进步并且丰富的进步；（3）在学校中提拔为老百姓服务的人，如小先生之类；（4）应当将校门打开，运用社会的力量，使学校进步，动员学校的力量，帮助社会进步。他应当有社会即学校的观点，整个社会是学校，学校不过是一个课堂，这样才能尽校长的责任。并且对于大的社会，才能有民主的贡献。而学校本身就可以成为民主的温床，培育出人才的幼苗。

十一　民主的民众教育

有人民的地方，就是民主教育到的地方。家庭、店铺、茶馆、轮船码头，都是课堂。甚至防空洞中，也可以进行教育。博物馆，电影院，图书馆，都是进行有系统的教育地方。应当请专家讲演，深入浅出。没有专家的地方，也应有好的办法，使老百姓无师自通。

十二　民主教育的文字

要老百姓认二千个字，好比要他们画二千幅画。有人说汉字太难，应当打倒，有人主张，不用拉丁化，而用注音字母。我主张汉字、新文字、注音字母三管齐下。（一）认得汉字的人，照估计有八千万人，假使最低估计有五百万人可能教汉字，这是一股很大的力量，我们不但不用推倒他，而要运用他。（二）运用新文字教老百姓，我们在上海试过，教起来非常方便。一个月就可以使老百姓看懂信件，学过英文的人，三个钟头就可以学会。（三）醉心注音字母也好，就用注音字母来帮助老百姓。我希望文字也像政党似的来一个民主联合，汉字好比是板车木车，注音字母好比是汽车，新文字好比是飞机。各种文字的提倡人联合起来，做到多样的统一。

（原载 1945 年 5 月《战时教育》第 9 卷第 2 期）

从五周年看五十周年

育才学校在千灾万难中居然活了五年，可以算是一个奇迹。这个奇迹是校董、育才之友、教师、工友、同学最可纪念之集体创造。

我们纪念这个奇迹之最好的方式，是爱护它，保护它，发展它，繁殖它，使它在新中国和新世界之创造中，发挥出它的力量与贡献。

让我们克服自己的弱点，抱着我们的优良传统向前进吧。明天就是六周年的第一天。开步走的一刹那，就决定了我们的前途。弱点是最重的担子，肃清弱点才走得动，否则会使我们半途而废。弱点是最大的敌人，肃清内奸才能无后顾之忧，否则，会使自己打败自己。远征的战士，首先要有勇气对着自己的弱点开刀。每一个人都要有这种勇气，才能展开光明的前途，走上十万八千里之长程。

什么是我们的优良传统？我们所带在身边的武装是什么？检查自己这武装配备得够不够。第一，奉头脑作总司令。人之高下，大致可以依他所奉的总司令为判断的标准，有的人奉肚子为总司令。也有人奉生殖器为总司令。我们育才则坚决的要推头脑作为总司令，指挥我们追求真理，贯通真理，为真理作战。这样说法，并不是叫我们把肚皮像个葫芦一样挂起来，也不是叫我们把生殖器像一个太监那样割掉去，只是不许把它们顶在头上走路，不许它们喧宾夺主来指挥我们行动。我们的统帅只有一个，就是我们的头脑。它永远不曾引导我们走错路，打败仗。

第二，止于大众幸福。我们求学，所为何事？为着升官发财吗？为着自己的小圈子的利益吗？不是！大学说："大学之道，在明明德，在亲民，在止于至善。"我们想说得更清楚些："大学之道：在明民德，在亲民，在止于人民的幸福。"大德不能小于"天下为公"。人民是我们的亲人，我们是人民的亲人，是必须亲近，打成一片，并肩作战。"止"是表示瞄准的意思，一切所教所学所做所探讨，为的都是人民的幸福。人说育才好比是一个"小大学"，即使育才长成了——一个十足大学，也是一贯的要根据这个道理去办。

第三，全校团结成一个巨人，开校后三个月，保育会院长来校参观，曾称本校师生为家人子弟。去年部视学①来校视察，也称本校雍雍穆穆，精诚团结。我们自问，是希望到而没有做到这个境界；虽然没有做到，但是大家自觉的都要同心协力，把这境界创造起来。因为有了这个团结的心理，虽然偶然发生小组小磨擦，只要一提醒，便能冰消云散，更形团结。大而言之，全世界民主团结才能战胜法西斯；全国团结才能战胜日本帝国主义；我们学校师生工友团结才能完成人才幼苗之培植之实验及参天大树之森林之繁殖。我们需要保持团结的优良传统，需要更高更坚固更自觉的团结，以保证进一步的创造之成功。

第四，虚心，虚心，虚心，承认一无所知，一无所能；学习，学习，学习，学到人所不知，人所不能。虚心学习这四个字，在文字上是我们的优良传统，在实际上是我们的最大弱点。许多人是犯了眼高手低的毛病，虚心的成了虚伪。我们今后的任务是要使文字宣传与实际生活统一起来，做到名副其实之"虚心"学习，将"骄"字从我们态度里拔掉，这"骄"字是阻碍我们进步的最大的敌人。我们要虚心的跟一切人学：跟先生学，跟大众学，跟小孩学，跟朋友学，也跟敌人学；跟大自然学，也跟大社会学；要学得专，也学得博。

第五，建立起健康之堡垒。这身体不属于自己，我们的生活是为整个民族乃至新人类所有，我们要以卫生教育与环境卫生来代替医生，造成健康的堡垒，使得一点一滴的生活力与创造力都不致浪费。尤其是每一个人自己要爱惜他的身体。这身体要留着、锻炼着，与民族和新人类的敌人拼。浪费自己的精力以至于夭折，便等于敌人之帮凶而成为民族与新人类之罪人。

大时代早已来到，我们除了特修科要继续探讨外，应该要加强几样大的学问，以应大时代之需要。

第一，在战时，每一个学校应该不止是一个学问的组织，而且是一个战斗体。因为中国在战时仍旧办平时教育，故有些学校，甚至于大学，一遇敌人来到，仓皇失措，弄得这个跳井，那个上吊。三百年前的甲申，有上吊的皇帝，[②]是他自作自受。现在的甲申，有上吊的学生，教育政策及教育当局却不能辞其责。每个学校和所在地的人民应当构成一个战斗体，能有拼死的学生，不能有上吊的学生。当月明星稀，铁鸟③西来，谁能说敌人的降落伞不会落在凤凰山上？如果降落下来，应该不是我们上吊的时候，而是敌人送上门来挨打的机会。为着要加重这目的，我们加重军训。军训不能武八股，军训要教真武艺。

　　第二，在平时，尤其在战时，每一个学校应该不止是一个消费的组织，而且是一个生产体。我们要伸出双手来做生产劳动。我们要学习自食其力。我们每一组，拿出力量来建立本组之经济基础，合起来建立全校的经济基础。在可能范围之内，我们要做到：吃菜自己种，穿衣自己纺、自己织、自己制。我们把青春送给了光铁坡①的荒野，光铁坡会把青春送回给我们。

　　第三，学习科学，帮助创造科学的新中国。现在的世界是一个科学的世界。整个中国必须受科学的洗礼，方能适于生存。抗战建国的大业，都要靠科学的力量完成。我们首先要把自然组充实起来，并以自然组为服务中心普及科学于全校——普及科学的生活，科学的学习。科学的意义应该包括社会科学，这要社会组负责任，引导全校以科学的眼光观察世界，观察人生；探讨它，分析它，以求得正确之了解，合理之处理。时机早已来到，刻不容缓，我们必须培养科学的幼苗，撒播科学的种子，使全中国遍开科学之花，丰收科学之果。

　　第四，学习民主，帮助创造民主的新中国。民主的洪流、浪头已经到来，没有力量可以抵抗它。我们必须在民主的生活中学习民主，并帮助老百姓在民主的组织中学习民主，学习管理众人的事，学习怎样做中华民国的主人。

（未完稿）

一九四四年六月

（原载 1951 年 4 月《育才学校》）

〔注释〕

① 部视学　指当时国民政府教育部的学官，专管视察所属学校和教育行政机构的工作。

② 上吊的皇帝　指明朝末代皇帝崇祯朱由检。

③ 铁鸟　指当时日本侵略者的轰炸机。

④ 光铁坡　当时育才师生进行开荒生产的荒山，离育才学校约 10 余里。

给育才全校同志的信

全校同志、同学、同工：

今次召开校务会议，我因要事留渝，不能出席，至感不安。依章请马副校长主持。现扼要贡献意见数则，以供参考。

（一）校务会议为校内最重要之会议，希望针对全校应兴应革，依所赋职权，充分发挥宏论议而决，决而能行，以为全校谋幸福求进步。

（二）校务会议是民主教育之组织，希望列席者不但是为会议而会议，而且是为民主的学习而会议。一切提案宜有整齐形式，兼提出理由及具体办法。

（三）凡检讨不是为检讨而检讨，乃是为更高的创造而检讨。

（四）我们要创造的民主，民主的创造；我们不要庸俗的、形式的、空谈的民主，也不要太看重个人的、英雄的、少数人的创造。一方面我们要用创造的生活来充实民主的内容，又一方面要用民主来解放大多数人的创造力，把创造力发挥到最高峰。

（五）会议前希望大家看校董会章程、校务会议规程及以前通过之重要章则与育才手册，使所议不致抵触，对于何者属于建议，何者属于决议，皆能顺性处理。

（六）关于机构之改革，有对内、对外两方面要顾到。名称勉与部章相符，精神须内外一致。例如训导部主任是部章所规定，我校则有训导委员会，若由训导委员会主席兼训育部主任便可做到内外一致。

（七）关于筹集经费、协导校友、增进福利三事以前组织系统表上未列，实际上是在重庆办，是否可组委员会或设处隶属校长室，请大家考虑。

（八）关于教育方针，扼要地说，约有五点：甲、已发现有特殊才能者采取即专即博之原则；乙、未发现有特殊才能者采取先博后专之原则；丙、中途发现所入之组不合性情，或发现另有更高之才能时，得以转组；丁、普修课依部章分阶段；戊、特修课依各本组之性质定进程，不做普修课之尾巴。上述方针，以往没有很好执行，原因是初选未尽正确，执行时未尽坚决，但尚未有客观事实与理由摇动创校者之信念。倘要修改方针，必须根据客观事实，提出数目字，来做考虑与讨论的参考。

（九）关于预算，以往是有两个预算，交互为用。一是紧缩预算，以量入为出为原则。二是较宽预算，以量出为入为原则。实际上，支款在寻常情况下是根据紧缩预算，筹款是根据较宽预算。每月超过紧缩预算之支付，皆以筹款新增实收之数行之。故讨论紧缩预算宜严格根据实际收入，讨论较宽预算可根据合理需要以示努力筹措之目标。

（十）希望大家相见以诚，各出心得。会议之前，充分准备；

会议之时，虚心交流；会议之后，一一实现，皆同大欢喜，共同创造新校风新人才，使能负起民主新世界民主新中国所赋予之大任。敬祝

会议成功！

一九四四年十月十三日

（原载 1951 年 4 月《育才学校》）

创造的儿童教育

创造的儿童教育，不是说教育可以创造儿童，儿童的创造力是千千万万祖先，至少经过五十万年与环境适应斗争所获得而传下来之才能之精华，发挥或阻碍，加强或削弱，培养或摧残这创造力的是环境。教育是要在儿童自身的基础上，过滤并运用环境的影响，以培养加强发挥这创造力，使他长得更有力量，以贡献于民族与人类。教育不能创造什么，但他能启发解放儿童创造力以从事于创造之工作。

我们晓得特别是中国小孩，是在苦海中成长。我们应该把儿童苦海创造成一个儿童乐园。这个乐园不是由成人创造出来交给小孩子，也不是要小孩子自己单身匹马去创造，我们造一个乐园交给小孩子，也许不久就会变为苦海，单由小孩子自己去创造，也许就创造出一个苦海，所以应该成人加入小孩子的队伍里去，陪着小孩子一起创造。

一、把我们摆在儿童队伍里，成为孩子当中的一员　我们加入到儿童队伍里去成为一员，不是敷衍的，不是假冒的，而是要真诚的，在情感方面和小孩子站在一条战线上。我曾经写过一首小诗，描写过我们在小孩队中应有和不应有的态度。

儿童园内无老翁，

老翁个个变儿童，

变儿童，

莫学孙悟空！

他在狮驼洞，

也曾变过小钻风，

小钻风，

脸儿模样般般像，

拖着一条尾巴两股红。

我们要加入儿童队伍里，第一步要做到不失其赤子之心。做成小孩子队伍里的一分子。

二、认识小孩子有力量　我们加入儿童生活中，便发现小孩子有力量；不但有力量，而且有创造力。我们要钻进小孩子队伍里才能有这个新认识与新发现。

从前当晓庄学校停办的时候，晓庄的教师和师范生不能回晓庄小学任职，私塾先生又被小孩拒绝，农人不好勉强聘请，不得已，小孩自己组织起来，推举同学做校长当教员，自己教，自己学，自己办，并自称自动学校。这是中国破天荒的创造。我听见了这个消息以后，就写了一首诗去恭贺他们：

有个学校真奇怪：

大孩自动教小孩。

七十二行皆先生，

先生不在学如在。

写好之后，交给几位大学生，请他们指教，他们说尽善尽美，于是用快信寄去。

　　第三天，他们回一封信，向我道谢之外，说这首诗有一个字要改。大孩教小孩，难道小孩不能教小孩吗？大孩能够自动，难道小孩不能自动吗？而且大孩教小孩有什么奇怪呀？这一串炸弹把个"大"字炸得粉碎，我马上把他改为"小孩自动教大孩"，这样一来，是更好了。黄泥腿的农村小孩改留学生的诗，又是破天荒的证明，证明小孩有创造力。

　　又有一次我到南通州去推广"小先生"，写了一篇一分钟演讲词，内中有一段："读了书，不教人，甚么人？不是人。"我讲过后有一个小孩子马上来说，陶先生，你的演讲最好把"不是人"改为"木头人"，"木头人"比"不是人"更好了。因为"不是人"三个字不具体，桌子不是人，椅子也不是人，而"木头人"是给了我们一个具体的印象。这也证明小孩子有创造力。我们要真正承认小孩子有创造力，才可以不被成见所蒙蔽。小孩子多少都有其创造的能力。

　　三、解放儿童的创造力　我们发现了儿童有创造力，认识了儿童有创造力，就须进一步把儿童的创造力解放出来。

　　（一）解放小孩子的头脑。儿童的创造力被固有的迷信、成见、曲解、幻想层层裹头布包缠了起来。我们要发展儿童的创造力，先要把儿童的头脑从迷信、成见、曲解、幻想中解放出来。迷信要不得，成见要不得，曲解要不得，幻想更要不得，幻想是反对现实的。这种种要不得的包头布，要把他一块一块撕下来，如同中国女子勇敢地撕下了裹脚布一样。

　　自从有了裹脚布，从前中国妇女是被人今天裹、明天裹，今年裹、明年裹，骨髓裹断，肉裹烂，裹成一双三寸金莲。

自从有了裹头布，中国的儿童、青年成人也是被人今天裹、明天裹，今年裹、明年裹，似乎非把个人都裹成一个三寸金头不可。如果中华民族不想以三寸金头出现于国际舞台，唱三花脸，就要把裹头布一齐解开，使中华民族的创造力可以突围而出。三民主义开宗明义就说：大凡人类对于一件事，研究其中的道理，首先发生思想，思想贯通，以后才生信仰，有了信仰，才生力量。思想贯通，便等于头脑解放。唯独从头脑里解放出来的创造力，才能打退日本鬼，建立新中国。

（二）解放小孩子的双手。人类自从腰骨竖起，前脚变成一双可以自由活动的手，进步便一天千里，超越一切动物。自从这个划时代的解放以后，人类乃能创造工具武器文字，并用以从事于更高之创造。假使人类把双手束缚起来，就不能执行头脑的命令。我们要在头脑指挥之下用手使用机器制造，使用武器打仗，使用仪器从事发明。中国对于小孩子一直是不许动手，动手要打手心，往往因此摧残了儿童的创造力。一个朋友的太太，因为小孩子把她的一个新买来的金表拆坏了，在大怒之下，把小孩子结结实实打了一顿。后来她到我家里来说："今天我做了一件极痛快的事，我的小孩子把金表拆坏了，我给了他一顿打。"我对她说恐怕中国的爱迪生被你枪毙掉了。我和她仔细一谈，她方恍然大悟，她的小孩子这种行动原是有出息的可能，就向我们请教补救的办法。我说："你可以把孩子和金表一块送到钟表铺，请钟表师傅修理，他要多少钱，你就给多少钱，但附带的条件是要你的小孩子在旁边看他如何修理。这样修表铺成了课堂，修表匠成了先生，令郎成了速成学生，修理费成了学费，你的孩子好奇心就可得到满足，或者他还可以学会修理咧。"小孩子的双手是要这样解放出来。中国在这方面最为落后，直到现在才开始讨论解放双手。在爱迪生时代，美国学校的先生也是非常的顽固，因为爱迪生喜欢玩化学药品，不到三个月就把他开除！幸而他有一位贤明的母亲，了解他，把家里的地下室让给他做实验。爱迪生得到了母亲的了解，才一步步的把自己造成发明之王。那时美国小学的先生不免也阻碍学生的创造力。我们希望保育员或先生跟爱迪生的母亲学，让小孩子有动手的机会。

（三）解放小孩子的嘴。小孩子有问题要准许他们问。从问题的解答里，可以增进他们的知识。孔子入太庙，每事问。我从前写过一首诗，是发挥这个道理："发明千千万，起点是一问。禽兽不如人，过在不会问。智者问得巧，愚者问得笨。人力胜天工，只在每事问。"但中国一般习惯是不许多说话，小孩子得到言论自由，特别是问的自由，才能充分发挥他的创造力。

（四）解放小孩子的空间。从前的学校完全是一只鸟笼，改良的学校是放大的鸟笼。要把小孩子从鸟笼中解放出来，放大的鸟笼比鸟笼大些，有一棵树，有假山，有猴子陪着玩，但仍然是个放大的模范鸟笼，不是鸟的家乡，不是鸟的世界。鸟的世界是森林，是海阔天空。现在鸟笼式的学校，培养小孩用的是干腌菜的教科书。我们小孩子的精神营养非常贫乏，这还不如填鸭，填鸭用的还是滋养料让鸭儿长得肥胖的。我们要解放小孩子的空间，让他们去接触大自然中的花草、树木、青山、绿水、日月、星辰以及大社会中之士、农、工、商、三教九流，自由的对宇宙发问，与万物为友，并且向中外古今三百六十行学习。创造需要广博的基础。解放了空间，才能搜集丰富的资料，扩大认识的眼界，以发挥其内在之创造力。

（五）解放儿童的时间。现在一般学校把儿童的时间排得太紧。一个茶杯要有空位方可盛水。现在中学校有月考、学期考、毕业考、会考、升学考，一连考几个学校。有的只好在鬼门关去看榜。连小学的儿童都要受着双重夹攻。日间由先生督课，晚上由家长督课，为的都是准备赶考，拼命赶考，还有多少时间去接受大自然和大社会的宝贵知识呢？赶考和赶路一样。赶路的人把路旁风景赶掉了，把一路应该做的有意义的事赶掉了。除非请医生、救人，路是不宜赶的。考试没有这样的重要，更不宜赶，赶考首先赶走了脸上的血色，赶走了健康，赶走了对父母之关怀，赶走了对民族人类的责任，甚至于连抗战之本身责任都赶走了。最要不得的，还是赶考把时间赶跑了。我个人反对过分的考试制度的存在。一般学校把儿童全部时间占据，使儿童失去学习人生的机会，养成无意创造的倾向，到成人时，即有时间，也不知道怎样下手去发挥他的创造力了。创造的儿童教育，首先要为儿童争取时间之解放。

四、培养创造力 把小孩子的头脑、双手、嘴、空间、时间都解放出来，我们就要对小孩子的创造力予以适当之培养。

（一）需要充分的营养。小孩的体力与心理都需要适当的营养。有了适当的营养，才能发生高度的创造力，否则创造力就会被削弱，甚而至于夭折。

（二）需要建立下层的良好习惯，以解放上层的性能，俾能从事于高级的思虑追求。否则必定要困于日用破碎，而不能够向上飞跃。

（三）需要因材施教。松树和牡丹花所需要的肥料不同，你用松树的肥料培养牡丹，牡丹会瘦死；反之，你用牡丹的肥料培养松树，松树受不了，会被烧死。培养儿童的创造力要同园丁一样，首先要认识他们，发现他们的特点，而予以适宜之肥料、水分、太阳光，并须除害虫，这样，他们才能欣欣向荣，否则不能免于枯萎。

最后，我要提醒大家注意创造力最能发挥的条件是民主。当然在不民主的环境下，创造力也有表现。那仅是限于少数，而且不能充分发挥其天才。但如果要大量开发创造力，大量开发人矿中之创造力，只有民主才能办到，只有民主的目的、民主的方法才能完成这样的大事。民主应用在教育上有三个最要点：

（一）教育机会均等，即是教育为公，文化为公。我们要求贫富的机会均等，男女的机会均等，老幼的机会均等，各民族各阶层的机会均等。

（二）宽容和了解。教育者要像爱迪生母亲那样宽容爱迪生，在爱迪生被开除回家的时候，把地下室让给他去做实验。我们要像利波老板宽容法拉第，法拉第在利波的铺子里作徒弟，订书订得最慢，但是利波了解他是一面订书一面读书，终于让法拉第在电学上造成辉煌的功绩。

（三）在民主生活中学民主。专制生活中可以培养奴才和奴隶，但不能培养人民做主人。民主生活并非乱杂得没有纪律。民主要有自觉的纪律，人民只可以在民主的自觉纪律中学习做主人翁。在民主动员号召之下，每一个人之创造力都得到机会出头，而且每一个人的创造力都能充分解放出来。只有民主才能解放最大多数人的创造力，而且使最大多数人之创造力发挥到最高峰。

（原载 1944 年 12 月 16 日《大公报》）

敲碎儿童的地狱，创造儿童的乐园

儿童是应该快乐的，而现在中国的儿童是非常痛苦。固然有许多人才是从痛苦中长大起来，但是成人的责任是应该把社会改造得好一点，使未成熟的儿童少吃点苦，多享点福。我们应该负起责任来，敲碎儿童的地狱，建立儿童的乐园。不够，我们应该引导儿童把地狱敲碎，让他们自己创造出乐园来。

要怎么样除苦造福

第一，我们应该承认儿童的人权。儿童的人权从怀胎的时候开始。打胎虽有法律禁止，但是社会上还是流行着。为着恐怕私生子为人轻视，便从源头上取消了他的生存权。也有因为贫穷而不能教养而出此残忍手段，使已得生命之胎儿不能见天日。我们只需读一读孔子、耶稣的故事，便知道剥削儿童生存权是何等的罪恶。每逢饥荒便听得见"易子而食"，这虽然说是被迫无法才出此下策，但也是把小孩的生命当作次一等所致。我们要解除儿童痛苦增进儿童福利，首先要尊重儿童的人权。

第二，我们应该了解儿童的能力需要。儿童有许多痛苦是由于父兄师长之不了解。不了解则有力无处用，有苦无处说。我们要知道儿童的能力需要，必须走进小孩的队伍里去体验而后才能为小孩除苦造福。我们必须重生为小孩，不失其赤子之心，才能为儿童谋福利。

第三，承认了儿童的人权并了解了儿童的能力需要，才有可能谈儿童福利，否则难免隔靴搔痒，劳而无功，我们在尊重儿童人权及了解儿童能力和需要两条原则下，来提出几件具体的建议。

提出十点具体建议

（一）解除儿童的恐怖。中国的儿童在心理上是处在一个恐怖的世界里。老婆婆、老妈子一到夜晚没有事便讲鬼说怪，小孩们连在梦里都要惊醒。我们应该使小孩与这些鬼怪故事隔绝，以保持精神之安宁。

（二）打破重男轻女之风尚。这重男轻女的风尚连在文化界还是难免。男的受过分栽培，女的受偏枯的待遇；表面虽然似乎是一乐一苦，但在长大的过程中两者都难免受伤。

（三）提倡儿童卫生。儿童卫生是民族健康之基础，这基础必须用水泥钢骨打得稳固。但是平常做父母的多不注意。儿童卫生有一百件具体的事要做，我只举一件，把食物嚼碎给小孩吃，是害了许多儿童，使家庭的肺病一代代地传下去。革除这一坏习惯，是使许多儿童得到终身的幸福，至于营养要充足，环境要卫生，那是不消说了。

（四）拯救文化饥荒。成千成万的孩子对于学校是不得其门而入，那些已经进学校的是在吃干腌菜的课文。我们一方面要求教育之普及，一方面还要改造学校教育，使教育与生活密切的联系起来，使每一个人都能享受文化的精华。并且要革除体罚，改良赶考，注意启发，使小孩接受教育的时候，有求学之乐趣，而无不必要之恐怖与烦恼。

（五）培养人才幼苗。人才的幼苗当从小培养，如果家庭里、学校里、铺子里的孩子，在小的时候，已被发现有特殊的才干，那末，立刻就应该给他以适当之肥料、水分、阳光，使他欣欣向荣。十二岁的爱迪生因为醉心于科学把戏，三个月便被冬烘先生开除了，那对于爱迪生的小心灵是多么大的打击。爱迪生的母亲却了解他，给他在地下室做实验。那对于爱迪生又是多么大的幸福啊。

（六）提倡儿童娱乐。现在流行的戏剧电影，有好些是给了儿童不好的影响。许多父母因为影响不好便因噎废食，绝对不许子女看书看电影。假使我们有好的儿童剧、儿童电影，可以寓教于娱乐，那儿童又是多么的高兴啊！

（七）开展托儿所运动。女工农妇及职业妇女要顾到工作便顾不得小孩，顾到小孩便顾不到工作！其实她们是必得双方兼顾，不顾工作便没有饭吃，小孩是自己的亲血肉，哪能不顾。于是她们为着两样都舍不下的工作和小孩，是一面牺牲了自己，又一面使小孩吃了许多苦。唯一的办法是多设工厂托儿所农村托儿所和一般的托儿所。

（八）建立儿童工学团。流浪儿、低能儿、聋盲儿、社会问题儿童等特殊儿童，一概用工学团方式培养，不冠以流浪儿教养院或低能儿训练所一类违反心理之名称。每种使小孩就其性之所近，依"工以养生，学以明生，团以保生"之原则，把他们培养成自助长进有用之人。

（九）培养合理之教师父母。儿童痛苦之完全消灭及儿童福利之完全实现，是有待于天下为公。在这过渡时代与儿童幸福痛苦息息相关的，是父母与教师（包括艺徒之师傅）。我们要培养新父母和新教师，以培养更有福的后一代。旧父母和旧教师，凭主观以责儿童之服从；新父母和新教师，客观的根据他们的需要能力以宣导他们的欲望而启发他们的自觉的活动。新父母与新教师，要跟儿童学，教儿童启示自己如何把儿童教得更合理。这种对儿童有了解有办法的新父母、新教师不是从天上落下来，我们需要新的普通学校、新的师范学校和新的父母学校，来培养后一代之新教师与新父母，这是过渡时代之儿童福利之泉源。

（十）抢救战区儿童。抢救难童，在武汉失守前后达到了最高峰。许多英勇青年投身抢救工作及保育事业，当我回国之初，到处所见的，几乎尽是救苦救难的观音大士。以后，随着团结之松懈，民主之退隐，战区难童就好像没有人管了。自湘桂战①起，全国儿童福利工作人员开代表大会于陪都②，提出紧急动议，组织急救战区儿童联合委员会，加紧抢救工作，这是值得庆幸的好消息，当千千万万难童伸出手来等待援助的时候，在陪都是举行着中国儿童福利协会之成立大会。我希望以后协会的任务是抢救抢教双管齐下，才对得起后一代之期望与整个民族之付托。我曾经听过两种被救的难童的经验谈：一种是官僚化的抢救，领队者刚愎自用，剥削难童，先难童之乐而乐，后难童之忧而忧，弄成乌合之众，害得许多小孩死于饿，死于冻，死于病，死于非命！一种是民主式的抢救，领队者虚心听取民意，与难童共休戚，共甘苦，有组织，有计划，有纪律，分工合作，一路学习玩耍奋斗而来，使得大家有远征之乐，没有逃难之苦。为难童服务的人们，是应当革除官僚的习气而采取民主的精神。

两种心理有害儿童

我们对于儿童有两种极端的心理，都于儿童有害。一是忽视；二是期望太切。忽视则任其像茅草样自生自灭，期望太切不免揠苗助长，反而促其夭折。所以合理的教导是解除儿童痛苦增进儿童幸福之正确路线。我们必须沿这路线进行，才能使儿童脱离苦海进入乐园。

（原载 1944 年 12 月 16 日《时事新报》）

〔注释〕

① 湘桂战　1944 年日本侵略军为打通从中国东北到越南的大陆交通线而发动的战争。4 月 7 日晚日军开始豫中会战，18 日日军从中牟渡过黄泛区，22 日占领郑州。接着又发动湘桂战役，于 6 月 18 日攻占长沙，8 月 7 日占领衡阳，沿湘桂线南下，继而攻占桂林、柳州、南宁。这是国民党军队第二次大溃败，丧失国土 20 余万平方公里，城市 146 座，给我国人民生命财产造成了巨大损失。

② 陪都　指重庆市。

全民教育①

一、新计划名称 为促进中国四万万五千万人民民主教育的初步计划。

二、主持单位 生活教育社及育才学校。

三、指导原则

1. 民主第一。 过民主生活以学习民主。遵照民主思想从根本上重建学校及学制，使民有、民治、民享的教育在中国蓬勃发展。民主不仅是医治中国疾病的盘尼西林②，并且是注入的鲜血给中国人民新的生命力，去创建一个更美好的国家。

2. 全民教育。 不论男孩和女孩，男人和妇女，成人和儿童，不分宗教信仰、种族、财产和属于哪一个阶级，都一律平等享有受教育的机会。

3. 全面教育。 手脑相长。政治、经济和文化相结合。卫生、科学、劳动、艺术和民主将组成一个和谐的生活。

4. 终生教育。 培养求知欲。学习为生活；生活为学习。活到老，学到老。一旦养成学习习惯，个人就能终生不断进步。

5. 民主教育的基础应从婴儿期开始，或者从现在起，最好和最经济的办法，是由父母兄弟姐妹去教育小孩，特别是通过母亲、姐妹和女佣人去教育婴儿。

6. 承认中国仍然是一个农业国，并且仍然很贫困。我们必须为人民花最少的钱去提供文化食粮。动员一千二百万普通小学生，利用上写字课时去抄写人民的课本，在一个月内我们便可以有一千二百万册课本，可供人民学习使用。白天上课可节省灯油。筷子蘸水可在桌子上练习写字。如果课本还未准备好，街道上的招牌也可当课本学习。花钱多的教育决不是教育，或者意味着是为少数人的教育。

7. 社会即学校。 动员社会上现有可能的力量、学校和其他机构和人员，为伟大的人民教育事业服务。庙宇、茶馆、监狱、兵营、商店、工厂、伤兵医院和普通学校的空闲时间和教室都要充分利用起来，作为学习场所或训练中心。八千万受过一段再教育的识字成年人可作为教师，帮助他们的家庭成员和邻居使他们进步。

8. 培养有责任感、荣誉感及发自内心的迫切要求传递知识给别人的人。学到一条真理，有责任和义务去传达真理。学到一个字，便有资格去教这个字，同时有义务去教这个字。当他获得了传递知识的强烈欲望，他便感到这样做是一种乐趣。

9. 在传递真理的普遍原则下，我们应用发现的小先生作为义务教育的先锋。二十三年前，自从我们意识到小先生的作用后，在像中国这样的国家里它已取得了显著的成绩，主要是传播了教育。

（a）"小先生"制是解决女子教育困难的最有效的武器。

（b）儿童不但能教成年人上课，并且能使成年人返老还童，富有朝气。

（c）小先生掌握了知识，便不再是出卖的商品，而是免费赠送给全民的礼物。

（d）小先生教别人越多，他们自己学得的东西也越明白、越彻底，并且能从教的人中学到许多重要的事情。

（e）招生的性质改变了。即知即传；来者不拒，不能来者可免费受传递教育。

（f）学校本身起了变化，扩大了许多倍。社会变成学校；所谓的"学校"变成一间教室，更确切地说，变成发电室，通过小先生像活电线一样，输送光、热和力，联系了社会所有的家庭，使所有的成员都能接受教育，享受一切。反过来，小先生又从每个家庭的小发电机带来了新的力量，使学校这个中心发电站产生更强大的动力，来为人民学习服务。

（g）乡村学校孤独的教师也变了。他不再孤单地教书、生活、做饭，孤零零地奋斗了。他一下子就成了50个或100个小同志的队长。这些小同志也不再是小书呆子，而是活跃的小先生、小工人、小战士，并且最重要的还是中国民主的小建设者。

10. 传递真理的普遍原则不仅产生了小先生，而且产生了传递先生。我所见到的最能干的人民教师，来自伟大的人民群众，来自农民、工人、手艺人和商店学徒。当他们自己仅学到几课书时，他们便开始用非正轨的方法传递知识帮助别人。另一方面他们都变成了传递先生。眼下，他们富有极大的热情，并且能很快地成为最优秀的人民传递先生。

11. 以最大的努力从事乡村教育，但也不能忽视城市。

12. 鼓励人民带着工作学习。决不要为了一张学校文凭而丢掉饭碗。

13. 随时随地应用拉丁化文字，这是必须的也是可能的。

14. 最充分地利用无线电、电影、飞机、铁路和轮船等工具，传播"民主教育"思想，并输送人员和物资给祖国最边远的角落，以便使国家最落后的地区，在最短期间能够民主化。

15. 鼓励人民自己的首创精神。并资助地方进行教育实验。

16. 从群众中发现和挑选天才儿童，推荐给育才学校或其他合适的学校，进行特殊的和高深的训练。

17. 本计划仅限于研究、试验、训练、出版、示范、提示、激发等活动，并向政府及其他机构提出建议，供他们参考并在全国范围内采用。

18. 与世界各国交流有关教育民主化进步的情报和经验。

四、实现的可能性

十二年前，应用上述原则，山海工学团获得了成效。半年内在二十五个村庄推广普及教育和义务教育。没有花政府的一分钱。在生活教育社领导下，普及教育运动继续发展。在九个月内，推广到全国二十三个省。由于民主低潮的来临，普及教育受到影响逐渐缩小减少。但是，在民主统治的十七个解放区，小先生却空前地得到发展，他们仍然能够为生活在解放区一万万人民服务。最近，由于民主潮流回升，仅仅一个学校——育才学校便有发展普及教育的机会，使育才学校附近的一千五百名成年人和儿童受到教育。如果全国一百一十三所大学，二千二百七十八所中学，二十一万八千七百五十八所小学和七万九千五百五十所社会教育组织，在教育部领导下，用同样的原则，做同样的事情，同样的速度，在大家共同的努力下，便能使三万万五千万人民继续学习和进步。当然，学校分布不平衡会使人数打个大折扣。但在民主的鼓舞下，有政府有力的支持，有现成的课本和材料，有自愿提倡教育、竞相办教育等活动在全国蓬勃开展，几乎不容置疑，三十万零六百九十九个用小先生和传递先生武装起来的学校，在一年内，普及教育的人数可达到一千万人。再加上受过再教育的八千万有文化的成年人的帮助，整个工作将可在四年内完成。即或在前进的道路上遇着各种意外的障碍和困难，最多十年内也可全部完成。那时，人民便会养成学习的习惯，养成传递知识给别人的习惯，人民将以排山倒海之势胜利前进，继续朝着民主的方向进步，并将得到充分的保证。

五、运动开始第一年的预算（1945 年 10 月 1 日—1946 年 9 月 30 日）

（一）研究所　　　　　　　　　　　　　　　十四万美元

在民主的光辉照耀下，研究所的工作主要是研究问题，解决困难和关于下述的教育方法。

（1）农民教育

（2）工人教育

（3）店员和艺徒教育

（4）伤兵教育

（5）女子教育

（6）适合于蒙古族的生活教育

（7）适合于藏族的生活教育

（8）适合于苗族的生活教育

（9）适合于中国土耳其斯坦③的生活教育

（10）畸形儿童教育

（11）犯人教育

（12）卫生教育

（13）科学教育

（14）手工业者教育

（15）戏剧作为人民教育的工具

（16）音乐作为人民教育的工具

（17）绘画作为人民教育的工具

（18）深入研究小先生制

（19）建设现存的教育制度和军队教育

（20）文化界及领导者的自我再教育

研究教授 40 人　每人 1,000 美元

共　40,000 美元

研究助教 80 人　每人 500 美元 共　40,000 美元

差旅费　　　　　　　　　10,000 美元

图书资料购置费　　　　　20,000 美元

建筑费　　　　　　　　　10,000 美元

设备费　　　　　　　　　16,000 美元

邮电费	2,000 美元
杂费	2,000 美元
总计	140,000 美元

（二）管理费用	60,000 美元

所长秘书处

秘书 20 人　每人 500 美元	共	10,000 美元
各所所长 30 人　每人 1,000 美元	共	30,000 美元
差旅费		5,000 美元
建筑费		1,000 美元
设备费		12,000 美元
邮电费		1,000 美元
杂费		1,000 美元
总计		60,000 美元

（三）10 个战略中心培训所

教授 100 人　每人 1,000 美元	共	100,000 美元

培训人员 25,000 人　三个月费用

（1）部分差旅费津贴	150,000 美元
（2）部分伙食费津贴	150,000 美元
（3）10 所建筑费	10,000 美元
（4）10 套设备费；广播、电影、戏剧、音乐及医疗全套器材 100 套	150,000 美元
（5）25,000 人所需印刷资料费	30,000 美元
（6）杂费	10,000 美元
总计	600,000 美元

（四）100 个示范中心   100，000 美元

主管人 100 名   每人 500 美元   共   50，000 美元

助教 100 名   每人 400 美元   共   40，000 美元

为 1，000，000 人提供阅读材料

    由印刷所免费供应

示范的设备由示范中心免费支付

杂费   共   10，000 美元

总计   100，000 美元

（五）根据地方财经情况及申请，对 5，000 个地方组织、地方学校及其他愿意参加为人民实施民主教育团体，可给予适当补助。可提供书籍、出版物、技术培训和示范。地方团体组织根据申请单位经济情况承担（从十分之一到二分之一）部分费用。

书籍和出版物在五百万套至九百万套之间，在追加预算的条件下，将由印刷所供应。

技术培训及示范，可由训练中心提供部分伙食及旅费津贴，过多花费不予补助。

（六）编辑部和印刷所要保证提供一千万人民文化食粮，并且要保证未来发展所需。第一年，我们希望出四册人民课本。每册发行一千万本，总共四千万本。人民图书馆第一层书架上有一百本一套的书，每十人的识字小组要一套，我们就需要一百万套，总共需一万万册各类书籍。

同时，要提供给十个训练所、二万五千名人员及示范中心二百多工作人员定期研究的专题著作和资料。此外，要为一百万名小先生提供指导书籍；最后还要为一百万个识字小

组每星期出一期周刊，每组一份。

管理费用	20，000 美元
编辑 20 人　每人 700 美元	共　14，000 美元
印刷工人 20 人　每人 700 美元	共　14，000 美元
印刷机及全部设备费	46，000 美元
油墨费	6，000 美元
纸张费	1，000，000 美元
总计	1，100，000 美元
全部费用总共	2，000，000 美元

（七）要求

我们计划要征集二百万美元基金。我们要向在中国的朋友们征募一百万美元基金，按一比六百的兑换比率，折合中国法币六万万元。同时，我们要向美国援华会（China Aid Council）和美国联合援华会（United China Relief）请求支援一百万美元基金。

"中国运动"从九月十八日就开始了。我们希望关心和支持这项事业的十万名中国朋友的捐款，能相当于美国的赠款数。

如果情况进行顺利，这项二百万美元的基金将在第一年内，用于六百万到一千万人民进行初步的民主文化教育，他们将充分享受民主，并将成为掌握民主的主人；这样将产生巨大的力量，将推动一个接一个的运动。希望在十年内使中国四万万五千万人民，不论是个人或集体都爱好学习和传递知识给别人，这并不是过高的奢望。中国人民必将成为中国与世界民主的不可摧毁的支柱和战无不胜的坚强的保卫者。

生活教育社理事长

育才学校校长

陶行知

一九四五年九月十八日

〔注释〕

①《全民教育》专著，系根据晓庄师范陶行知纪念馆所藏陶行知英文手稿，由刘大康译、李苍霖校。并参阅川版、湘版译文重新校订。

② 盘尼西林　即青霉素。

③ 中国土耳其斯坦　建国前指新疆维吾尔族居住地区，又称"天山南路"。

范旭东先生之死

追思死去的范先生
爱护活着的范先生

范旭东①先生死了。中国新兴工业的一颗光辉的巨星落下来了。

旭东先生是一位最优秀的企业家。他是新兴工业之创造的天才。他在千灾万难中百折不回的树起他的伟大的事业。真的民主来到时，假使我也有资格投一票，我会举他为中国工业五个五年计划的总司令。

现在他是死了。死者不可复生。他的死是整个中华民族的巨大的损失。我们要追问他死的原因。为什么他会这样忽然而死？

据医生说，他是死于"胆化脓"。但是根据"社会的医生"②的诊断，他是害了血压高——"精神的血压高"。在不合理的经济管制之高压下，他从美国带来的新计划被压得不能抬头。他还缺少他所需要的"甲种维他命"③。民主第一！整个中华民族需要民主来救命。他和他的伟业同样需要民主，需要这"政治的和经济的甲种维他命"来滋养，支持发挥他的生命。这个救命的万灵丹他没有得着，于是闷在肚里的天才燃烧自己，精神的血管破裂。于是胆化脓；生变死；一代的创业天才被迫着关进棺材。

当他被关进棺材之后，人们开始发现他，说他伟大。这证明中国人还是停留在轻生贵死的阶段。在今天，赞美他的人群中存在着昨天紧扼他的喉咙的人。猫哭老鼠狼哭人。假使中国还有多余的废铁，应该留几千斤铸几个铁像跪在范先生坟前。

可以放手了。扼死一个范先生足够了。对于无数的活着的范先生和他所爱的新兴工业放松一点吧。放下屠刀，立地成佛，老百姓当然不咎既往，会为你们造铜像，永垂不朽。

前天得有机会在青年馆看《清明前后》④。那剧里所说的话不是他心里要说的话吗？那是工业界的总起诉。那是大众天天为他开的追思会。假使他还在世，我会想到他，免不了要买张票请他来看这一出大戏，听一听工业界的吼声。可惜这是成了一个永远不能实现的遗憾了。

我写到这里，想起四年前，正当我们只剩了一个鼻孔浮现于水面上的时候，范先生派人送来了一笔捐款给我们的难童，要我开三张收条，给他的三位小朋友，一张发给幼幼，一张发给友幼，一张发给幼友。这三个名字给了我最深刻的影响：幼幼是幼吾幼以及人之幼；友幼是和小孩子做朋友；幼友是小孩真正把我们当作他们的真朋友。从这里我们知道他的家教，教小孩们跳出自己的小圈子而为广大的更不幸的小孩们服务；我们还知道他为小孩服务的路线，不能以单存幼幼之念为己足，而且要友幼以至于成为幼友，才算圆满；我们从这里更知道范先生是一位不失其赤子之心的大人。基督说小孩在天国中为最大，我们相信这样爱护下一代的范先生在人间也是最大的了。

（原载 1945 年 10 月 13 日《民主》第 3 期）

〔**注释**〕

① 范旭东（1883—1945）　名锐，实业家，湖南湘阴人。早年毕业于日本帝国大学化学系。1914 年在天津塘沽开办久大精盐公司。1917 年创办永利制碱公司。1934 年在南京创办永利化学工业公司，是我国化学工业的开创者之一。七七事变后，在四川办久大和永利分厂。曾资助陶行知办的育才学校。

② "社会的医生"　用来比喻当时的政治活动家。

③ 甲种维他命　即维生素 A。此处用来喻指"民主"。

④《清明前后》　茅盾 1945 年发表的著名剧本，当时正在重庆上演。

民　主

　　民主的意义还是在发展，因为它的内容还是在发展。照我看来，真正的民主必需包含：一、政治民主；二、经济民主；三、文化民主；四、社会民主；五、国际民主。林肯总统在葛梯斯堡①所说的"民有民治民享之政府不致从大地上消灭掉"一语，是指政治民主。中山先生所说之民生主义，罗斯福总统②所说之无不足之自由，是指经济民主。山海工学团所主张之教育为公，和陕甘宁边区所实行之民办学校，是指文化民主。中国五四运动在社会关系上所发动之种种改革，例如男女平等，是走向社会民主。威尔逊总统③所提出之民族自决，中山先生所倡导之民族主义，是走向国际民主；然而从英国对印度，对希腊，对安南，对南洋，和美国对日本管制，对原子弹管制的态度行动看来，我们离国际民主之实现简直是十万八千里之远。从总的方面说：古人所讲的话而现在还起引导作用的，莫过于"大道之行也，天下为公"；近人毛泽东先生写的新民主主义，和中国民主同盟临时全国代表大会所通过的纲领，都系实现真正民主的路线。民主是中国之起命仙丹。民主能叫四万万五千万老百姓团结成一个巨人。民主能给我们和平，永远消除内战之危机。民主好比是政治的盘尼西林，肃清一切中国病。民主又好比是精神的维他命，给我们新的力量，来创造一个自由独立进步的新中国和一个富足平等幸福的新世界。民主第一！人民万岁！

（原载 1945 年 11 月 1 日《民主教育》创刊号）

〔注释〕

① 葛梯斯堡　通译"葛底斯堡"。美国宾夕法尼亚南部的一个自治村镇，是美国南北战争中"葛底斯堡战役"（1863 年 7 月 1 日—3 日）的战场。当时美国总统林肯在该地发表具有历史意义的演说，提出"民有、民治、民享"的口号。

② 罗斯福（Franklin Roosevelt，1882—1945）　美国第 32 任总统。曾连任四届（1933—1945），在职 13 年。

③ 威尔逊（Thomas Woodrow Wilson，1856—1924）　美国第 28 任总统（1913—1921）。民主党人。

民 主 教 育

民主教育是教人做主人，做自己的主人，做国家的主人，做世界的主人。把林肯总统的话引伸到教育方面来说：民主教育是民有、民治、民享之教育。说得通俗些：民主教育是人民的教育，人民办的教育，为人民自己的幸福而办的教育。现在把这样教育的内容和方法，扼要的提出几点，供给从事举办民主教育的朋友参考。

（一）教育为公以达到天下为公。全民教育以实现全民政治。积极方面我们要求教育机会均等。对人说，无论男、女、老、少、贫、富、阶级、信仰，以地方说，无论远近城乡都应有同等机会享受教育之权利。消极方面我们反对党化教育^①，反对党有党办党享的教育，因为党化教育是把国家的公器变做一党一派的工具。

（二）教人民肃清法西斯细菌，以实现真正的民主。

（三）启发觉悟性。教人民进行自觉的学习，遵守自觉的纪律，从事自觉的工作与奋斗。

（四）培养创造力以实现创造的民主和民主的创造。解放眼睛，敲碎有色眼镜，教大家看事实。解放头脑，撕掉精神的裹头布，使大家想得通。解放双手，剪去指甲，摔掉无形的手套，使大家可以执行头脑的命令，动手向前开辟。解放嘴，使大家可以享受言论自由，摆龙门阵②，谈天，谈心，谈出真理来。解放空间，把人民与小孩从文化鸟笼里解放出来，飞进大自然、大社会去寻觅丰富的食粮。解放时间，把人民与小孩从劳碌中解放出来，使大家有点空闲，想想问题，谈谈国事，看看书，干点与老百姓有益的事，还要有空玩玩，才算是有点做人的味道。有了这六大解放，创造力才可以尽量发挥出来。

（五）各尽所能，各学所需，各教所知，使大家各得其所。

（六）在民主的生活中学习民主。在争取民主的生活中学习争取民主。在创造民主的新中国的生活中学习创造民主的新中国。

（七）尽量采用简笔汉字、拉丁字母，双管齐下，以减少识字困难，使人民特别是边民易于接受教育。

（八）充分运用无线电及其他近代交通工具，以缩短距离，使边远地方之人民、小孩，可以加速的享受教育。

（九）民主教育应该是整个生活的教育。他应该要工以养生，学以明生，团以保生。他应该是健康、科学、艺术、劳动与民主织成之和谐的生活，即和谐的教育。

（十）承认中国是从农业文明开始过渡到工业文明，经济是极端贫穷。我们必须发现穷办法，看重穷办法，运用穷办法，以办成丰富的教育。开始的时候，唯独这样办才能使绝大多数之劳苦大众及其小孩得以享受教育；否则只有少数少爷小姐享受教育，不能算是真正的民主教育。

（原载 1945 年 11 月 1 日《民主教育》创刊号）

〔**注释**〕

① 党化教育　指 1927 年"四一二"反革命事变后到解放前以蒋介石为首的国民政府，为培养替自己服务的"忠臣"和"顺民"而进行的封建法西斯教育。

② 摆龙门阵　四川方言，即谈心、交谈、聊天之意。

民主教育之普及

民主教育一方面是教人争取民主，一方面是教人发展民主。在反民主的时代或是民主不够的时代，民主教育的任务是教人争取民主；到了政治走上民主之路，民主教育的任务是配合整个国家之创造计划，教人依着民主的原则，发挥各人及集体的创造力，以为全民造幸福。

无论是争取民主或是发展民主，都要靠广大人民的群策群力才会成功。这广大人民在数量上是愈广大愈有力量，在认识上是认识得愈深刻愈有力量。因此民主教育需要普及。我们所要普及的是救命的民主教育，要全国老百姓无论男女老少贫富都能很快的得到救命的民主教育。

但是中国现在还是一个农业国，大家靠着一双手和锄头斧头生产，所以生活是穷苦得很；尤其是经过一百年的帝国主义侵略，三十多年的内战和八年的抗战弄得万分穷苦。我们要在穷社会里找出穷办法来教一切穷人都得到教育，得到丰富的教育，得到民主的教育，才算是达到了我们普及教育的目的。

大概是六年前，我在成渝公路上的来凤驿住了一晚。吃晚饭的时候，有一群苦孩子来到面前讨饭，我们就把吃不完的饭菜统统给了他们。他们高兴地吃完之后，还是站在门口玩耍闲谈。我乘这个机会，点着他们好学的火焰。我问"你们如果愿意读书，我很愿意帮你们的忙"。"愿意，我们没有书。"我指着对门一块招牌"中华餐馆"说"这就是书"；又指着另一块招牌"民国饭店"说："那也是书。"我便引导他们开始读书。

"中华餐馆，民国饭店；

中华民国，中华国民；

中国，国民；

（我是）中华国民。"

读完，我看见一个标语，"有力出力，有钱出钱"，于是又开始引导他们读第二课。

"有力出力，有钱出钱。"

"有力出力（又）出钱，有钱（不）出钱（又）（不）出力。"

读完了，我问："要不要学写字？"一个小孩子说："没有笔。"我拿出我的右手的第二个指头说："这就是笔。"又一个小孩子说："没有纸。"我拿出左手的手掌说："这就是纸。"于是我就教大家学写字。对着招牌和标语学写，写了四五次，我又叫他们围在一张八仙桌的周围，看我在桌上写字，然后让他们自己在桌上学写。每人都用指头，沾点清水在桌上写，读的字都会写了。后来，我想把这工作继续下去，就教他们组织起来，推举了一个聪明而能干的小孩做队长，带领着别的小孩每天在街上学习，并公请我住的旅馆老板做先生，这组织与推举也可算是一点民主教育。这办法算是顶穷的办法了。但是来凤驿的十几位苦孩子便因此而受了民主教育的洗礼，并因此而立下继续求学的原始组织。只要知识分子念头一转，肯帮助人好学，不须花费一个钱，便可以帮助老百姓识字受到民主的教育。如果全国八千万识字的人都肯这样做，都肯即知即传，而且跟他们学的人也即知即传，那四万万五千万人的普及民主教育不是有了办法吗？因此动员这八千万识字的人来进行普及民主教育是一件顶大的事，也是一件可能做到的事。教人，好学，都是传染的，等到大家都传染了教人、好学的习惯，便教人、好学成了瘾，整个中华民族便成了一个教人、好学的民族，万万年的进步是得到了保证。古人云：学然后知不足。一个人感到不足，他便要向高处追，向深处追，是不会有止境了。因此民主教育不但可能做到全面普及，并且可能做到立体的普及。

（原载 1945 年 12 月 1 日《民主教育》第 2 期）

把武训先生解放出来

——为武训先生诞辰一百零七周年纪念而写

武训先生已经被人画进小圈子了。让我们把他解放出来，把他从小圈子里解放出来。当心不要再蹈覆辙，把他关进"我们的小圈子"里去。他在别人的小圈子里和在我们的小圈子里是一样的不得其所。

张默生先生是武训先生的好朋友，为他写了一篇顶好的传。可惜张先生把武训传编入异行传，这就等于把武训先生送进异行的小圈子里面去了。人家在异行传里看见武训先生，不免要以为他是一个奇怪的人，说的是奇怪的话，做的是奇怪的事，于我们的日常生活难以发生关系。武训传成了今古奇观中之一篇，供人茶余酒后谈话之资料，最多不过是谈了之后赞叹几声罢了。

武训先生不是异人，不是异行人。他是一个平常的人。他是一个平常的老百姓。他一生只做了一件平常的事：兴学，兴学，兴学。在一个教育不发达的国家内，文盲竟占了人口百分之八十，兴学这件事是每一个平常人的责任。大家都忘了这个责任，而武训先生却将这责任负了起来。讨饭三十年，开办了三个学校，因此大家看看，有点奇怪。于是平常的责任变成异行，武训先生变成异行的人。我们要把武训先生从异行的小圈子里解放出来，还他一个老百姓尽其在我的本来面目。等到兴学的"异行"变为每个老百姓的日常生活，然后全民教育、教育为公才可实现。

有些进步的朋友觉得武训先生是一种刻苦修行的人，在这革命的大时代，刻苦修行是分散了革命的力量。他们认错了武训先生，画了一个"苦行"的圈子，让武训先生站在里面，使一切进步的青年望而生畏，连武训先生对于启蒙运动的宝贵贡献也一同封锁在"苦行"圈里，拒人于千里之外。

武训先生不是一个苦行者。他是抱着一件大事，高高兴兴的干，把一些私人的小小的痛苦都忘掉子。看他一面讨饭，一面做工，一面唱歌。朝朝暮暮，快快乐乐，三十年如一日，只是为着要完成他心目中的一件兴学的大事。他何曾是一个苦行者。现在革命教育最新而最有效的组织当推"民办学校"。武训先生实在可算是办学校之开山祖师。我不是说他办的学校有今天的民办学校内容的丰富而进步。内容是时代所决定，武训先生的时代和他的修养决不能办到这样丰富与进步。但是顾名思义他所办的三所学校实在是老百姓自己办的学校。我们要把武训先生从"苦行"的小圈子里解放出来，使大家知道武训先生是一个快乐的人，是一个以兴学为无上快乐的人。倘使大学都以兴学为大快乐，不是在兴学中追寻大快乐，而是以兴学本身为大快乐，以不能兴学、不敢兴学为大痛苦，我想民办学校——民有民办民享的学校，必定会如雨后春笋，千千万万的普遍全中国而办起来了。

最近有一位朋友为武训先生写纪念文，我一看标题"武训——现代的圣人"大吃一惊。这位朋友是把武训先生画进"圣人圈"了。圣人是五百年才产生一位，这位朋友虽是崇拜武训先生，但是他这一举动是不知不觉的把武训先生画入更小的圈子里去了。我苦口向我的朋友建议，换一个题目，想把武训先生从圣人圈里救出来，武训先生不是圣人。他做梦也没有想到他会得到这个封号，他只是一位老百姓，平凡而伟大的老百姓。他所想的，老百姓都想得到。他所说的，老百姓都说得出。他所干的，老百姓都干得了。只要肯学习武训先生的尽其在我，每一个老百姓都可以成为武训先生，四万万五千万老百姓都可以成为千千万万不同样的武训先生。中国需要一百万位武训先生来完成普及教育的任务，假使我们要等候五百年才出一位武训先生，那末要等候五万万年才能产生一百万位，不但是普及教育干不成功，一切的一切都没有希望了。假使四万万五千万人，人人都有成为武训先生之可能，那末不但是普及教育干得成功，而且在二三十年内创造出一个独立自由平等幸福进步的新中国也并不太难。

最后我听人说：武训诞辰是我们的纪念节；又听一种人说：纪念武训是陶派的把戏。这两种人，一种是我们自己把武训先生画入我们的小圈子；另一种是别人把武训先生推进我们的小圈子，好像和他们漠不相关。无论是主动的把武训先生画入我们的小圈子，或是被动的让大家把武训先生向我们的小圈子里推，都是因为我们有了小圈子所以连累了武训先生也被封锁。我要声明：武训先生不属于我们的小圈子。他不属于一党一派。他是属于各党各派，无党无派。他是属于整个中华民族。他是属于四万万五千万人中之每一个人。让我们把武训先生从我们的小圈子里解放出来吧。让武训先

生从我们的圈子里飞出去，飞到四万万五千万人每一个人的
头脑里去，使每一个人都自动的去兴学，都自动的去好学，
都自动的去帮助人好学，以造成一个好学的中华民族，保证
整个中华民族向前进，向上进，进步到万万年。

　　十二月五日为武训先生诞辰一百〇七周年纪念日。
是日在七星岗①江苏同乡会举行纪念会，有舞蹈音乐演
讲节目。上午九时至十二时欢迎小孩参加；下午二时至
五时欢迎成人参加。入场券请向和平路管家巷二八号生
活教育社索取，发完为止。

陶附记

（原载 1945 年 12 月《民主星期刊》第 10 期）

〔**注释**〕

　　① 七星岗　重庆市一地名。

我已写好了遗嘱

—— 给吴树琴的两封信

一

树琴：

我现在拿着昨晚编好的诗歌全集去交给冯亦代先生出版，然后再到长安寺去祭昆明反内战被害烈士。也许我们不能再见面。这样的去是不会有痛苦，望你不要悲伤。你有决心，有虚心，有热心，望你参加普及教育运动，完成四万万五千万人之启蒙大事以奠定天下为公之基础，再给我一个报告。再见！

衡

民国卅四年十二月九日

二

树琴：

一日来此，吃了桐油，吐到半夜止，但头痛倒肚好了。

九日追悼昆明死难师生到千余人，甚为悲壮。我于八日连夜将诗集九册整理完毕，交与冯亦代出版，深恐次日遇险，故于开会前交去，一月内可以出齐。十日十一日续开公祭。现已结束。此会对联数百副，中有极佳者如：凶手审凶手，自问自答；同胞哭同胞，流血流泪。我曾于九日写一遗嘱于你，另一遗嘱于生活教育社同志，放在桌上给你们，今已顺利过去，原稿我自带来。这次我预备死而不死，今后尚有为民族人类服务之机会而又能与你再见，真是幸福，我当加倍努力，以无负于此幸福也。

敬颂

康健！

衡

民国卅四年十二月十一日

〔注释〕

① 冯亦代　著名翻译家、编辑出版家。1913 年生。浙江杭州人。陶行知和冯亦代是忘年交，冯亦代访问过育才学校，陶行知曾邀请冯亦代做育才学校顾问。1941 年 2 月，冯亦代由香港抵重庆后，曾在中央印制厂工作，兼任重庆印刷厂的副厂长，又创办了古今出版社，印刷世界大战中的报告文学。1945 年底，冯由重庆飞抵上海，主编《世界晨报》，创办英文刊物《中国作家》。译有《千金之子》、《蝴蝶与坦克》，著有散文集《八方集》等。

领导者再教育

　　平常人对于教育有一种不够正确的了解，以为只有成人教育小孩，上司教育下属，老板教育徒弟，知识分子教育文盲。其实，反过来的教育的行动影响作用，不但是可能，而且是普遍习见的现象，不过很少的人承认它罢了；至于承认它而又能运用它来互相教育，使学问交流起来，以丰富彼此之经验，纠正彼此之看法，推动彼此之进步，那是更少了。但是一个民主的国家，实在是要看重这种互相教育之现象，并扩大学问交流的效果，加速度的走向共同创造之大道。

　　中国人受了二千年之专制政治之压迫，几乎每个人一当有了权便会仗权凌人。好像受了婆婆压迫的媳妇，一旦自己做了婆婆便会更加压迫她的媳妇。在中国，几乎每一个有权的人都是一个独裁。有大权的是大独裁。有小权的是小独裁。自主席以至于保甲长，都免不了有独裁的作风。就是我这个区区的校长，也不是例外，常常不知不觉的独断独行，违反了民主的精神。一经别人提醒，才豁然大悟。在一个民主国家里面，做一个独裁校长是千不该、万不该的事情。但江山易改，本性难移，过不了多少时候，病又复发了。那只有再接再厉的多方想法，以克服这与民主精神不相容的作风。

　　民主的时候已经来到。民主是一种新的生活方式。我们对于民主的生活还不习惯。但春天已来，我们必须脱去棉衣，穿上春装。我们必须在民主的新生活中学习民主。不但老百姓要学习民主，大大小小的领袖们都得学习民主。领袖们是已经毕过业了，还要学习吗？不错，还要学习，只有进了棺材才不要学习。他们虽然有些学问，但是他们从来没有学过民主，所以还要学习，还要学习民主。他们虽然受过教育，但是没有受过民主教育，所以还要再受教育，再受民主教育，把受过不合民主的教育从生活中肃清掉。

这种再教育应该怎样进行呢？

第一，自己觉得需要再教育　自己觉得既往的习惯不足以应付民主的要求。自己承认在民主的社会里做领袖和在专制的社会里做领袖是有了根本之不同，那末在本人的生活上也必须起根本的变化，才能适应客观之变化。从前，白健生先生有一次和我闲谈"以不变应万变"的道理。我提议在不字下面加一横，意思是"以丕变应万变"，丕变即是大变，我们要在生活上起大的变化，才能应付民主政治所起的大变化。民主政治所起的变化是很大的。例如承认个人之尊严，便不能随便侵犯别人的基本自由；采用协商批评之方法便须放弃"我即是"，"朕即真理"；要使人了解你，同时又要使你了解人便须放弃"民可使由之，不可使知之"，又必须虚心下问，集思广益；实行共同创造，便须放弃少数人包办之倾向。我们若深刻的感觉到旧习惯不足以应付这种大变化，而又不愿被淘汰，那就一定觉得有再受教育之必要了。

第二，多方学习　自己既已感觉到有再受教育之必要，那就好办了。地位无论大小，只要对于民主的生活感觉到如饥如渴之需要，那不啻是走了一半的路程了。学习方法虽多，总靠自己虚心。随时随地愿听逆耳之言，和颜悦色地欢迎干部和别人的批评，有事先商量而后行都很重要。民主先贤的传记著作如林肯、哲斐孙[①]、汤佩恩的都能给我们有力的指示。国外民主国之游历，国内民主政治比较进步的地方的参观，都能帮助我们进步。但是，最重要的是在"做"上学，在实行民主上，在发挥民主作风上，学习民主。

第三，我们最伟大的老师 我们最伟大的老师是老百姓，我们最要紧的是跟老百姓学习。我们要叫老百姓教导我们如何为他们服务。我们要钻进老百姓的队伍里去和老百姓共患难，彻底知道老百姓所要除的是什么痛苦，所要造的是什么幸福。

我前些日子写的一首小诗，可供领导人自我再教育之参考：

> 民之所好好之。
> 民之所恶恶之。
> 为人民领导者，
> 拜人民为老师。

领导者再教育之三部曲是：第一部跟老百姓学习；第二部教老百姓进步；第三部引导老百姓共同创造。也只有肯跟老百姓学习的人，才能做老百姓的真正领导者。

（原载 1946 年 3 月《民主》第 24 期）

〔注释〕

① 哲斐孙（1743—1826） 通译杰弗逊（Thomas Jefferson），美国政治家，第三任总统（1801—1809）。

社会大学运动

社会大学有两种：一是有形的社会大学；二是无形的社会大学。社会大学运动是要把有形的社会大学普及出去，并且要给无形的社会大学一个正式的承认，使每一个人都承认这无形的社会大学之存在，随事随地随时进行学习。

无形的社会人学，是只有社会而没有"人学"之名。它是以青天为顶，大地为底，二十八宿为围墙，人类都是同学，依"会的教人，不会的跟人学"之原则说来，人类都是先生，而且都是学生。新世界之创造，是我们的主要的功课。无形的社会大学，虽无社会大学之名，实实在在它是一个最伟大的大学，最自由的大学，最合乎穷人需要的大学。我们穷人一无所有，有则只有这样一个社会大学，这无形的社会大学既然是我们的，我们就应该承认它，认识它，把它当作我们自己的宝贝，运用它来教育我们自己，使自己和同伴近邻养成好学的习惯，活到老，学到老，进步到老。把这个意思打进每一个人的心里，是社会大学运动的第一个任务。

当黄齐生①先生参加中华职业教育社的一个会议的时候，他在名单上列为第一名。有些青年干部不服气质问主席说，黄先生是哪个大学毕业的？江问渔先生回答："黄先生

是社会大学毕业生。"大家才没有话说。江先生所说的社会
大学，便是我所指的无形的社会大学。黄齐生先生既因这无
形的社会大学而有所成就，让我们大家都紧紧地把握着这个
大学来进行学习，追求真理，以为老百姓服务。

有形的社会大学是夜大学、早晨大学、函授大学、新闻
大学、旅行大学、电播大学。

重庆开办的社会大学，是夜大学，纯粹由职业青年自动
创办的。有些地方的职业青年，早晨要到九点钟才上工。早
晨可以进行二三小时的学习，便可以开办早晨大学，以应这
种青年之需要。

可能进夜大学、早晨大学的青年，依我估计中国足足有
四百万人。每年高中毕业生有十一万人，能考取正式大学者
只有一万多人，那末每年就是九万多人不得其门而入。人生
从十六岁到四十岁，至少应该努力学习。这样算来便有二百
十六万人，除去死亡害病十六万，应有二百万高中毕业生，
要求社会大学予以进修的机会。

此外还有大学一年级、二年级、三年级删下来，而不得
不找工作养活自己的青年。还有受过大学四年级教育的人，
而觉得时代已经变动需要再学习。还有大群的自学青年，倘
使得到社会大学的便利，进步可能更为迅速。只要能听讲而
又能记笔记，便有入学资格。这样估计起来，至少再加二百
万人，因此，我估计中国全国有四百万职业青年需要社会大
学帮助他们进修。我们应该在全国展开社会大学运动，在各
大都市建立夜大学和早晨大学，来应济这广大的需要。正统
大学能附设夜大学、早晨大学固然可以，但是单独设立尤有

必要。它可以由职业青年、进步学者或热心社会人士分头或合力发起组织。一切要简而易行，不要让自己的幻想野心把办法弄得太困难，而阻碍了发展与普及。普及与发展夜大学、早晨大学，是社会大学运动的第二个任务。

至于函授大学、电播大学，是要集中地办。旅行大学，包括海陆空三方面。新闻大学，是以好报为中心，辅以好杂志，并助以经常的座谈会。把这几种事业有效地办起来，是社会大学运动的第三个任务。

社会大学，无论有形的无形的，要有一个共同的大学之道。孔子的大学之道是："在明明德，在亲民，在止于至善。"现在时代不同了，我们提议修改几个字，成为：

"大学之道：在明民德，在亲民，在止于人民之幸福。"

社会大学之道，首先要明白人民的大德。人民的大德有四：（一）是觉悟。人民要觉悟中华民国是一个大公司，个个国民都是老板：男的是男老板，女的是女老板，大的是大老板，小孩是小老板。（二）是联合。做老板要有力量，力量从联合而来。不联合没有力量，凶恶的伙计是不会理睬我们的！所以要联合，四万万五千万人要联合起来做老板才行。（三）是解放。有了力量便需进行解放。我们要联合起来在进行解放的斗争中增长我们的力量。我们要学习争取六大解放：（1）头脑解放，（2）双手解放，（3）眼睛解放，（4）嘴解放，（5）空间解放，（6）时间解放。（四）是创造。解放出来的力量要好好的用，用在创造上，创造新自己，创造新中国，创造新世界。

社会大学之道，要亲近老百姓。我们认为亲民的道理，比新民的道理来得切。我们要钻进老百姓的队伍里去和老百姓亲近，变成老百姓的亲人，并且要做到老百姓承认我们的确是他们的亲人。

社会大学之道，是要为人民造幸福。一切的学问，都要努力向着人民的幸福瞄准。所谓人民的幸福，用老百姓自己的话说便是福禄寿喜。照着人民所愿望的福禄寿喜四大幸福进行，我们的学习才于人民有益，才配称为社会大学。也只有社会大学与人民幸福打成一片，而后社会大学运动才为人人应该参加的富有意义的大运动。

1946 年 3 月

（原载 1947 年 3 月《陶行知教育论文选辑》）

〔注释〕

① 黄齐生（1879—1946）教育家，贵州人。清末在贵阳创办达德学校，曾参加辛亥革命。1921 年赴法国勤工俭学，回国后主办遵义中学。1929 年在南京晓庄师范任教。"九·一八"后积极投入抗日救亡运动。1945 年赴延安。1946 年 4 月 8 日与王若飞、叶挺等乘飞机去延安时，在山西兴县黑茶山遇难。

谈 社 会 大 学

　　根据国民政府三十二年年鉴的统计有六万大学生，八十四万中学生。再根据这个数目字，平均起来，十万高中毕业生就只有一万能进大学。其余十分之九的高中毕业生、至少九万人，是被摒弃在正规大学之外的。再以年龄计算，应受高等教育失学之人，由十六岁至四十岁这二十几年当中，失学青年以每年十万计，就该有二百万人。这二百万人，应当有高等教育给他们。他们需要，也有能力接受大学教育的。此外，在社会上还有很多的青年，他们也有同样的知识水准，有同样的接受能力，那么算少点罢，加上一倍罢，就该有四百万人，需要受大学教育。收复区还未列入。这么多人要受高等教育，但正规大学数量不多，无法容纳，且大多数都无力进正规大学。因此，解决他们的教育问题，的确是件大事。国家应对他们负责，社会也应对他们负起责任来。社会大学就是在这种客观要求之下产生的。

　　要真正把社会大学办起来，真正适应这八百多万人的需要，它的条件就必须"简单"，只有简单才易实行，普遍起来。所谓"简单"的办法，他又包含着三个因素：第一个是要有热心的教授，第二个是要有好学而有大学力的失学青年，第三个要有大学之道。房屋我们是不把它包括在内的，但若没有大学之道，两种人物（学生与教授）是不会联在一道儿的。

孔子是校长兼教授，他的学生有七十二贤，或者"冠者五六人，童子六七人"。他的大学之道"在明明德，在亲民，在止于至善"。有了这三种东西，简单的大学就办起来了。

苏格拉底，也做校长也做教授，他的学生是雅典青年（柏拉图①也是他的学生之一），街头市场就是课堂。他在市场上走来走去，与雅典青年辩问。他的大学之道是"自明"（know themselves）。他是虽有大学之实而不大喜欢承认他有门徒的。

因为他简单就容易行，有了学者做先生，有了学力够的好学的学生，有了大学之道，于是就构成了社会大学。特别是在中国，他是不需要弄一些不必要的东西来阻挠大学之发展的，什么洋房哪，基金哪，立案哪……有了这些就不可能顾到这么多的广大青年求学，惟其易行，就容易普遍。

我们这个大学（指社会大学）有热心教授、热情的学生，也有我们的新的大学之道："在明民德，在亲民，在止于人民之幸福"。我们没有洋房子，可以借，可以佃；书不够，整个重庆市的图书馆我们都可以去看，朋友的书，彼此间也可以交换着来读。现在没有基金，将来也不会有基金，一切弄来的款子都花在书籍工具上。开创虽简单，必然跟时间的发展而增长，而从社会科学发展到自然科学。

社会大学的创办是独特的，他可以有三种方式出现，都是很方便的。

第一种：重庆社会大学的方式：好学的青年团结起来，

自己发起，自己筹备、筹款，自己推董事，选校长，开出聘请教授名单。

第二种：这将在别的地方可被采用，热心的在野在朝的教授团结起来，找好学的学生，自己的朋友，合力创办。

第三种：是社会贤达②团结起来，找热心的教授，好学的学生，共同来创办。

三种办法都是可以的。

重庆社会大学，一月一日筹备，一月十五日就开学了。因为他简单，很快就办了起来。他是四个月一个学期，每天四堂课，每堂课四十五分钟，一年三个学期，二年零八个月就可以结业。重庆这里是会继续办下去，别的地方，我们很希望用这种简单的办法广泛办起来，以应这广大青年群的需要。

较场口的事件③二月十日发生，听说二月十六日教育部就训令教育局来视察社会大学。三月十九日，教育局来视察，要社大筹基金，履行立案手续，并且有"设备简陋"的批语。"简单"，社大学人是承认的，他的方法就要简单，简单才易行。"陋"就要有一种不同的看法了，《陋室铭》④的君子居之，"何陋之有？"是作了我们的辩护。有学问的人当教授，好学的青年做学生，又有新的大学之道来贯彻作指针，可以说得是"君子办之，何陋之有"？

究竟以后社会大学前途的估计怎么样呢？

假如政治民主了，政府就一定会顾虑到这一些青年，给他们以受大学教育的机会，办大学来普及这一类的高等教育的。将来还不止是一个社会大学，而遍地都会办起来的。这个计划是已经有了十年，从前未提出来，是因为在那么一个政治的环境里不可能。现在，政协会⑤成功了，而且这一计划也正符合了政协决议中的要求，才试办，其试办出来之方法及经验，可供给政府及社会人士参考，大规模的办起来的。

如果是法西斯政治，这一个学校是不可能存在。所以社会大学之前途，将来是决定于政治是否走上民主之路，或停留在法西斯主义，或真假不明的阶段。

（原载 1946 年 3 月 30 日《民主星期刊》第 27 期，

摘自郭方仑的访问记《陶行知谈社会大学》）

〔注释〕

① 柏拉图（Plato，公元前 427—前 347） 古希腊三大哲学家之一，和苏格拉底、亚里士多德共同奠定西方文化的哲学基础。

② 社会贤达 抗日战争时期，指社会上非党派的学者、民主人士。

③ 较场口事件 1946 年 2 月 10 日，重庆各界人民在较场口举行庆祝政治协商会议成功大会。陶行知、郭沫若、李公朴等 20 人为大会主席团。后郭、李被打伤，陶即带领育才师生上街游行，抗议示威。称之为"较场口惨案"，即"较场口事件"。

④《陋室铭》 唐代文学家、哲学家刘禹锡的作品。

⑤ 政协会 指 1946 年 1 月召开的旧政治协商会。

募集儿童节礼物信

我们的朋友，小孩们的朋友：

儿童节四月四日快到了，城里少数的小孩子不消说大概是很热闹的准备过节了。乡下的小孩从来没有人想到，也不知道什么是儿童节。我们去年把儿童节介绍给乡下的小孩，特别是抗战军人的小孩，看牛的，割柴的，钯狗屎的，挑煤炭的，做徒弟的，没有父母的，吃不饱穿不暖，受人歧视的小孩，使他们至少能享一天的快乐，和一年的学习工具。承各位朋友乐助代金二十三万四百六十二元和丰富的礼物，结果是举行了一千二百多人的盛会，七百多个苦孩得到了礼物，并且建立了三十八个识字班为一千余人进行经常的教育，今年我们预备继续这个运动：给乡下孩子一天的快乐，一年的教育，希望各位朋友踊跃捐助共成盛举。在几年前，我曾写过一首小诗：

乡下人送来的礼，

是麦是米；

城里人送来的礼，

是尿是屎。

我们城里人除了这两样礼物之外，似宜增加一点，最好乘着儿童节送一些好玩好吃好用的礼物给乡下的小孩子，使他们得到一点小小的幸福。我们的建议是：

（一）送一千五百位小孩子每人一包糖；（二）送一千五百位小孩每人一支笔；（三）送一千五百位小孩每人一本簿子；（四）送一千五百位小孩每人一本书；（五）送健康比赛优胜小孩三十名，衣帽十件；（六）送讲演比赛优胜小孩三十名，好书十本；（七）送三百名抗战军人子女和最努力的小先生手巾、肥皂、笔墨、纸张、书各一套；（八）送一千五百位小孩及其父母看一次电影；（九）为一千五百位小孩预备不可少的家常用药。

朋友们：这是很值得参加的一件事，让我们大家各尽所能来共同完成一件虽小而大的事——使乡下的小孩得到真正的快乐。倘蒙赞同，实物或代金多少都听尊便，敝校同仁同育才学校晓庄余儿岗小学山海工学团新安旅行团附近乡村儿童愿任送递分配报告之役。时间太迫促了，希望各位朋友将实物或代金于四月一日十二时前交到重庆和平路管家巷二十八号，我们才来得及把诸位的盛意达到乡下的小孩。外埠外省的朋友如能捐款各向附近乡村小孩送礼，以扩大区域，为全国小孩造福，尤为祷。敬颂

健康！

育才学校校长陶行知拜启

（原载 1946 年 3 月 15 日《民主》第 27 期）

小学教师与民主运动

我这次到上海，在一个小宴会上，听了几句令人深思的话。我的朋友说：抗战八年来，五位教师之中，有一位逃难去了，一位做生意去了，一位变节了，一位死了，只剩了一位仍旧还在这里做教师，我们是多么寂寞啊！我说剩下的这一位，头上是裹着裹头布，嘴上是上了封条，肚子是饿凶了，被迫得只有干腌菜喂后一代。我们接着谈论胜利后的他们：逃难的难得回乡；做生意的倒胜利霉；变节的无法戴罪立功；死者不可复生；站在岗位上的，头上的裹头布仍旧裹着，嘴上的封条仍旧封得很紧，肚子饿得更凶了，除了干腌菜还没有别的精神粮食给学生吃。这谈话指示我们，如果我们要为民主奋斗，我们得加强自己，改变自己，武装自己，而且要为教育招兵，为民主募马。

首先我们自己需要再教育，再受民主教育。中华民国虽然成立了三十五年，我们只上了很少的民主功课。细算起来，民国初立的几个月①，推翻袁世凯的几个月，五四运动后的一两年，推翻复辟后的几个月②，五卅惨案以及北伐前后的一二年③，一二·九到抗战开始后一年④，算是断断续续的上了几课，但是一曝十寒，胜不过二千年传下来的专制毒，和这十余年来的有系统的、反民主的、变相的法西斯蒂训政⑤。特别是我们做教师的人，需要再教育来肃清一切不民主，甚至反民主的习惯与态度，并且积极的树立真正的民主作风。校长对于我们，我们对于学生，多少都存在着一些要不得的独裁作风。中国现在，自主席以至于校长教师，有意无意的，难免是一个独裁，因为大家都是在专制的气氛中长大，为独裁作风所熏陶，没有学习过民主作风。我们所要学习的民主作风，至少应该包含这些：

（一）民为贵。人民第一。一切为人民。

（二）天下为公。文化为公。不存心包办，或征为私有。

（三）虚心学习，集思广益，以建立自己的主张。

（四）自己要说话，也让别人说话，最好是大家商量。自己要做事，也让别人做事，最好是大家合作。自己要吃饭，也让别人吃饭，最好是大家有饭吃。自己要安全，也让别人安全，最好是大家平安。自己要长进，也让别人长进，最好是大家共同长进。

（五）民主未得到之前，联合起来以争取民主为己任，人民基本自由得到之后，依据民主原则共同创造，创造新自己，创造新家庭、新学校、新中国、新世界。

这是一种全新的生活、方式，我们必须天天在实际的生活中学习，学习再学习，才能习惯成自然，造成民主的作风。

个人学习不如集体学习，偶尔学习不如经常学习。为着进行经常的集体学习，最好是联合起来组织社会大学、星期研究会以实施共同之进修。这些新的学习组织，在重庆已经施行有效，应该在各地举办起来；以应好学的教师与好学的青年的需要。孔子说："学而不厌，诲人不倦。"我看出这两句话有因果的关系。惟其学而不厌才能诲人不倦；如果天天卖旧货，索然无味，要想教师生活不感觉到疲倦是很困难了。所以我们做教师的人，必须天天学习，天天进行再教育，才能有教学之乐而无教学之苦。自己在民主作风上精进不已，才能以身作则，宏收教化流行之效。我们在民主作风之外，要学习的东西很多，应该按着自己的兴趣，才能和工作岗位的需要继续不断的学习，活到老，学到老。但是最重要的不能忘了社会科学。每一位现代的教师，必须把基本的政治问题、经济问题、世界大势、社会的历史的发展和正确思想方法弄清楚，最好是要参加教师进修的组织，如社会大学、星期研究会，凭着集体的力量督促自己长进，在没有社会大学或星期研究会的地方，小学教师们应该主动发起创办。这是如同吃饭一样的急不容缓，不可等待。

我们进行自我再教育，不能没有先生，我们要三顾茅庐请出第一流的教授来帮助我们进行各项学习。第一流的教授具有两种要素：一、有真知灼见；二、肯说真话，敢驳假话，不说谎话。我们必须拿着这两个尺度来衡量我们的先生。合于此者是吾师，立志求之，终身敬之。

在各位大师之中，我要介绍两位最伟大的老师。

一位就是老百姓。我们要跟老百姓学习，学习人民的语言，人民的情感，人民的美德，努力发现老百姓的问题、困苦，和他们心中所希望达到的目的，并认识他们就是中华民国真正的主人，要他们告诉我们怎样为他们服务才算满意。我愿把我写的一首小诗献给每一位小学教师，共同勉励：

民之所好好之。民之所恶恶之。

教人民进步者，拜人民为老师。

还有一位最伟大的先生要介绍，那就是小孩子——我们所教的小学生。我们要跟小孩子学习，不愿向小孩学习的人，不配做小孩的先生。一个人不懂小孩的心理，小孩的问题，小孩的困难，小孩的愿望，小孩的脾气，如何能教小孩？如何能知道小孩的力量，而让他们发挥出小小的创造力？

唯独肯拜人民与小孩为老师的人，才能把自己造成民主的教师，也只有肯拜人民与小孩为老师的，那民主作风才自然而然的获得了。

其次，就是运用民主作风教学生，并与同事共同过民主生活，以造成民主的学校。教育方法要采用自动的方法，启发的方法，手脑并用的方法，教学做合一的方法，并且要使学生注重全面教育以克服片面教育；注重养成终身好学之习惯以克服短命教育。在现状下，尤须进行六大解放，把学习的基本自由还给学生：一、解放他的头脑，使他能想；二、解放他的双手，使他能干；三、解放他的眼睛，使他能看；四、解放他的嘴，使他能谈；五、解放他的空间，使他能到大自然大社会里去取得更丰富的学问；六、解放他的时间，不把他的功课表填满，不逼迫他赶考，不和家长联合起来在功课上夹攻，要给他一些空闲时间消化所学，并且学一点他自己渴望要学的学问，干一点他自己高兴干的事情，还要把工友当做平等的人和他们平等合作。只有校长教师学生工友团结起来共同努力，才能造成一个民主的学校。

　　再其次，要教学生为民主的小先生。我们不把小孩单单当作学生教。最重要的教育是"给的教育"，教小孩拿出小小的力量来为社会服务。人生以服务为目的，不是毕业后才服务。在校时，就要在服务上学习服务。学生最好的服务是做小先生，拿学得的知识教给人。中华民国是一个公司，四万万五千万人联合起来做老板。男人是男老板，女人是女老板，大人是大老板，小孩是小老板，大家都是中华民国的老板，大家都是中华民国的主人。拿这种浅显而重要的意思由学生一面学，一面教给不能进学校的老百姓，他们变成了民主的小先生。一位先生教四十位学生，照老法子，他只是四十个学生的先生。如今把这四十个学生变成小先生，每位小先生平均帮助五个人，便能帮助二百人，连原来的四十人，便是一位二百四十人的先生，力量与贡献大得多了。这样，学校变成了发电机，学生变成了四十根电线，通到每一个家庭里去，使四十家，乃至二百四十家都发出民主的光辉来，这不能算是小学教师的重要任务吗？

　　再其次，要教民众自己成为民主的干部。小学教师应该是民主的酵母，使凡与他接触的人都发起酵来，发起民主的酵来。农人，工人，商人，军人，官吏，学生家属，只要一接触便或多或少，起一点变化，顶少要对民主运动减少一点阻碍，顶好是一经提醒便成了民主的斗士；乃至成为民主的干部，大家起来创造一个名副其实的中华民国。去年中秋，当我亲眼在四川看见一位老农拿出插在腰背后的旱烟管来，指挥他的七位学生，一连合唱了八个歌曲，我好像是看见了新中国的前途。这样可贵的，从人民中产生出来的民主干部，将来是要几十万几百万地产生出来。发现他们，培养他们，是小学教师不可放弃的天职。

最后争取民主以保障生存权利与教学自由。小学教师值得几文钱？是我这次到上海来看见从前乃英先生写的一首感动人的歌曲：

小学教师值几钱？五元钱一天，教一天，算一天。请假一天扣工钱。不管你喊哑喉咙，不管你绞尽脑汁，不管你坐弯背腰，不管你饿凶肚皮，预支不可以。小学教师值几钱？要求提高待遇，还没有这种福气。

这首歌的末一句，我提议修改为"争民主奋斗到底"。提高待遇，只有民主才有保障。现在的尊师运动，必须包含争取民主，才能将一时救急的办法，变成经常安定的办法。如不争取民主，使真正的民主政治、民主经济、民主文化全盘兑现，我们必定是一辈子陷在"吃不饱来饿不死"的地狱里。所以为着提高生活的待遇，我们必须参加在整个国家民主斗争里面去，实现天下为公，有我们自己的一份在内。

教师的职务是"千教万教，教人求真"。学生的职务是"千学万学，学做真人"。这教人求真和学做真人的教学自由，也只有真正的民主实现了才有可能。在不民主的政治下，说真话做真事的人是会打破饭碗，关进集中营，甚至于失掉生命。因此这教学自由，也是要在整个的人民基本自由中全盘解决。让我们和人民站在一条战线上，争取真正民主的实现，共同创造一个独立、自由、平等、进步、幸福的新中国。

1946 年

（原载 1947 年 3 月《陶行知教育论文选辑》）

〔注释〕

① 民国初立的几个月　指 1911 年 10 月 10 日武昌起义胜利后，17 省推选孙中山就任临时大总统，到 1912 年 2 月 13 日在军阀袁世凯的暴力压迫下，孙中山被迫辞职为止。

② 推翻复辟后的几个月　指 1917 年军阀张勋为清室复辟被击败后的几个月。

③ 五卅惨案以及北伐前后的一二年　指 1924 年初到 1927 年蒋介石发动四一二政变前这段时期内。

④ 一二·九到抗战开始后一年　指从 1935 年 12 月 9 日，由中共领导的一二·九运动掀起全国抗日救亡运动新高潮开始，到 1938 年 10 月武汉沦陷。

⑤ 训政　孙中山《建国大纲》一书，把建国程序分为军政、训政、宪政三个时期。训政（原意为教育人民运用民主）原定头两个时期很短，但蒋介石却把训政时期延长到 10 余年，并实行专制独裁。

生活教育的创立与成长①

一　晓庄师范之成长

"生活教育"第一次的发现，是民国七年在南京高等师范演讲。中国的教育太重书本，和生活没有联系。教育不通过生活是没有用的，需要生活的教育，用生活来教育，为生活而教育。为生活需要而办教育，教育与生活是分不开的。我们应以前进的生活改造落后的生活，以合理的生活改造不合理的生活，以有计划的生活，克服无秩序的生活。民国八年是生活教育思想上的萌芽。民国十五年，有五六个教师下了决心，丢掉了传统教育下乡去。民国十六年三月十五日在南京的一角，才出现生活教育的具体机构——晓庄师范，也就是生活教育从理论到实践开始的一天。

二　阳光下的诗意生活

民国十六年三月十四日晚上到乡下去筹备开学，一个狭小的房子，住五个人，还有第六个是一匹老牛，它却占了一半多地方。第二天早晨，江苏教育厅厅长江问渔来了，我们也在那屋子里欢迎他。后来，我们到会场上去布置了，没有人招待江厅长，以劳苦功高的老牛陪他。

开学礼是生活教育的开学礼。到的人数据陈鹤琴先生说有一千多。

没有房子而开学校，这是首创。我们以青天为顶，地球为地，日光照着工作，月光下休息和唱歌，过着富有诗意的生活。

学生男的以开荒挑粪、女的倒马桶作为考试，洗菜、烧饭、打杂都得学生自己动手。因此，有诗一首："书呆子烧饭，一锅烧四样：生、焦、硬、烂。"挑水挑粪的比赛作为运动。学校没有围墙，农民随时可到学校里去。每家农家住有一二个学生，帮着扫地抹桌等操作，跟农民生活在一起，相互学习。学习和农民熟悉交流后，学生重新发现自己也有一双手，农民发现自己还有一个头脑。

后来，晓庄被封，封条没处贴，贴在黑板上。

三 普及教育的小先锋

我从日本回国后，在大场孟家木桥建立了山海工学团。学生来一个收一个，来两个收一双……来者不拒。学生人数由二三十个，而七八十个，而一二百个，不断的迅速的增加着。四个先生教得累死了，还坚持做到不来读书的要送上门去。

在客观情势的要求下，发明了"小先生制"。读书的小学生回去后做小先生，去教自己的姊姊和母亲等读书。

宝山县教育局长冯国华先生，他也是生活教育社的社员，打算普及宝山县的教育，请我作了一个计划。呈到省政府里去，受了撤职查办的处分。山海工学团为了普及教育，也要查封？终于因查无实据而打消。

四　培养老百姓做主人

之后，成立了国难教育社，流浪儿童工学团、报童、女工工学团相继产生，运用生活教育的力量，号召全国人民起来抗日。

当前最大的任务，是普及民主教育，培养老百姓做主人，造成自由平等幸福的新中国。我们必须同心合力来展开，为推动普及民主教育的工作而努力。

〔注释〕

① 本篇系 1946 年 5 月初在生活教育社上海分社筹备会上的讲话。摘自 1946 年 8 月 2 日上海《文汇报》辉子的报道《永远留在人间的声音——陶先生讲〈生活教育创造史〉》。

怎样可以得到和平

怎样可以得到和平？让我来测一个字吧。和字从禾从口，要大家有饭吃，而又平等相待，才是和平之道。所以天下为公立刻可以得到和平；天下为私是永远得不到和平，一直到那个私字化为公字才行。

邱吉尔①批评苏联说他不懂西方的民主。就美国近来在中国的行动来说，我也难免要批评一句，美国到现在还不懂得中国的民主。如果懂得中国的民主，是不必费这样多的力气而中国的和平是久已实现了。

国民党当局在中国执政了十九年之久，到如今还不懂得中国的人民，不懂得中国人民的要求，从教育的眼光看来，实在是学习得太慢了。如果学习得稍微快一点，和平是早已来到了。

币原②实在可以算是一位有远见的人。当日本军阀要想并吞东三省的时候，只有他说他们是吞了一颗炸弹。中国和美国关于东北的策划者到如今还没有这样高的智慧。从今以后，企图独吞东北不是吞下一颗炸弹而是吞下一颗原子弹。如果东北战事之策动者协助者有这一点智慧，和平可以立刻降临。

华莱士③从苏联带来过斯大林的愿望：边界希望有了解

苏联的人。中苏边境三千多英里，两国官吏都互相了解总比互相反对要好些。

东方的和平乃至世界的和平，有赖于中苏边境军政人民之互相了解。

前次停战协定将东北划在停战之外是一个漏洞。这次停战条款只谈军事不谈政治也是一个大漏洞。我们所需要的是真的和平，是有内容的和平。和平与民主不可分。我们要有和平的民主，民主的和平。为什么只谈军事而不谈四项诺言和政治纲领之实现？只有基本自由之兑现，和平才有真价值。否则，在奴隶的和平下做和平的奴隶，有什么意义？因此我们需要和平同时需要民主。和平与民主都不是从天上落下来的，也不完全靠着代表商谈出来，要靠全国人民，万众一心，拼命争取，才能得到和平，同时得到民主。因此我们希望谈判公开，军事与政治、和平与民主的谈判都公开，使老百姓皆得与闻，而作最后之裁定。

（原载 1946 年 6 月《民主》第 39 期）

〔注释〕

① 邱吉尔（Winston Churchill，1874—1965） 英国首相（1940—1945，1951—1955），保守党领袖。著有《第二次世界大战回忆录》、《英国民族史》等。

② 币原（1872—1951） 即币原喜重郎。历任日本驻美大使、外务省政务次官、外相和首相。在中国问题上推行与英美协调的政策（即币原外交）。

③ 华莱士（Henry Wallace，1888—1965） 美国人，1941—1945年任副总统。1944 年 6 月访苏后来到中国，曾访问重庆、延安等地。

为新中国之新教育继续奋斗①

——致育才学校师生

诸位同志:

七月十三日的信刚才收到,至为感谢。下关事件发生后,也接到你们慰问的信,大家,尤其是我,从这些信里,得到了无上的鼓励,使我知道我努力的方向没有错,也不是孤军奋斗。从重庆来的报告都使我兴奋。由于各位同志、同学、工友的集体合作,育才是比我在渝时办得精神好,我在此向大家致敬。

公朴去了,昨今两天有两方面的朋友②向我报告不好的消息。如果消息确实,我会很快地结束我的生命。深信我的生命的结束不会是育才和生活教育社之结束。我提议为民主死了一个就要加紧感召一万个人来顶补,这死了一百个就是一百万个人,死了一千个就是一千万个人。我们现在第一要事是感召一万位民主战士来补偿李公朴先生之不可补偿之损失,只有这样才是真正的追悼。平时要以"仁者不忧,知者不惑,勇者不惧,达者不恋"的精神培养学生和我们自己。有事则以"富贵不能淫,贫贱不能移,威武不能屈,美人不能动"③相勉励。前几天女青年会在沪江大学约我演讲"新中国之新教育",我提出五项修养:一为博爱而学习,二为独立而学习，三为民主而学习，四为和平而学习，五为科学创造而学习。这些也希望大家共勉并指教。

我这封信是写给全体的。

敬颂

康健！

陶行知

卅五年七月十六日

（原载 1946 年 7 月 27 日《国民公报》）

〔注释〕

① 这是陶行知生前所写的最后一封亲笔信。

② 两方面的朋友。指共产党人和民主人士。

③ 前三句见《孟子·滕文公下》。后一句系陶行知加的。

附录

陶行知生平年表

1891 年

　　10 月 18 日（农历 9 月 16 日）生于安徽省歙县西乡黄潭源村。乳名和尚，学名文濬。

　　父，陶位朝。母，曹翠仍。

1897 年　6 岁

　　旸村蒙童馆方庶咸秀才，代为之开蒙。

1898 年　7 岁

　　入休宁万安镇中街吴尔宽家经馆伴读。

1905 年　14 岁

　　入歙县基督教内地会所办的崇一学堂，开始接受西方新学。英籍堂长唐进贤（Mr. Gibbs，吉布斯），为当时仅有的西学教员。

1908 年　17 岁

　　崇一学堂因堂长唐进贤返英而停办。赴杭州拟入广济医学堂学医，因不满学堂对非基督教徒的歧视，三天后愤而退学。

　　离杭州后暂居苏州表兄处，靠质当度日。

1909 年　18 岁

由崇一学堂堂长唐进贤介绍，考入南京美以美会所办的汇
　　文书院博习馆（即预科）。

1910 年　19 岁

汇文书院与基督教长老会所办的宏育书院合并，更名金陵
　　大学，即从汇文书院直接升入金陵大学文科。

1911 年　20 岁

辛亥革命爆发，思想发生变化，信仰孙中山，主张民主共
　　和、读书要与国家大事结合。中途曾返徽州，任徽州
　　议会秘书工作。半年后，又回金陵大学复学。

1912 年　21 岁

在金大，热心爱国社会活动。组织爱国演讲，举办爱国
　　捐，热心宣传民族、民主革命思想。

在金大《金陵光》学报英文版发表作品。研究明代哲学家
　　王阳明的"知行合一"学说，取笔名"知行"。

1913 年　22 岁

倡办《金陵光》中文版（第 4 卷第 1 期起），先后任编辑
　　和主笔。

夏，全校考试，总分名列第一，获江苏省教育司奖励。

在金大校长包文博士（Dr. Bowen）及亨克博士（Dr.
　　Henke）的指导下，又深受詹克教授（Prof. Jenke）
　　的《基督教的社会意义》一书的影响，成为一个信仰
　　基督教义的人。

1914 年　23 岁

毕业于金陵大学，毕业论文题为《共和精义》。代校长文
　　怀恩发给美国纽约大学承认的文科学士文凭，由江苏

　　省教育司司长黄炎培授中文文凭。

　　全家从歙县迁南京。与其妹陶文渼之同学汪纯宜结婚。

　　在金大校长及亲友帮助下，去美国留学。9 月 18 日抵旧
　　金山。入伊利诺大学攻读市政。

1915 年　24 岁

　　父亲陶位朝逝世。4 月，长子陶宏生。

　　夏，获伊利诺大学政治学硕士学位。在校后半年曾任学生
　　俱乐部干事。

　　秋，转入哥伦比亚大学师范学院专攻教育行政，修研领域
　　有教育行政、比较教育、教育哲学、教育史、教育社
　　会学等。指导教授有：孟禄、斯特雷耶、克伯屈、杜
　　威、斯列丁、康德尔等著名教授。不久，获得庚子赔
　　款的半费奖学金。

1916 年　25 岁

　　2 月，孟禄博士（Dr. Monroe）推荐，获得利文斯顿奖学
　　金（Livingston Scholarships）。致函当时的哥伦比亚大
　　学师范学院院长 J. E. 罗素（J. E. Russell）表示感
　　谢，并简介本人生活经历和今后打算。

1917 年　26 岁

　　哥伦比亚大学师范学院院长孟禄博士，致函学位审查委员
　　会主任，政治、哲学、科学部长伍德布里奇博士（Dr.
　　Frederick J. E. Woodbridge），建议为陶行知得博士学
　　位安排一场考试，待回国后搜集有关资料再完成博士
　　论文。因应南京高等师范学校郭秉文之聘，提前于 8
　　月回国。获哥伦比亚大学"都市学务总监"资格凭。

9月，应聘任南京高等师范学校教育学教授，主讲教育学、教育行政、教育史、教育心理等，介绍各科新观点、新成就。

1918 年　27 岁

3月，南京高师原教务主任郭秉文代理校长后，陶行知代理教务主任。

5月，南京高师成立教育专修科，被聘为该科主任。

南京高师学生组织教育研究会，被聘为指导员。

以中华职业教育社评议员和特约撰述员身份，发表《生利主义之职业教育》一文，率先指出生活与教育不能分离的相互关系。

次子陶晓光出生。

1919 年　28 岁

与刘伯明等组织南京学界联合会筹备会。

1月，参加由北京大学、南京高师、暨南学校、江苏省教育会、中华职业教育社共组的新教育改进社，并任该机关报《新教育》月刊的南京高师编辑代表。

2月，发表《教学合一》一文，提出对教学改革的思想。

3月，同蔡元培、胡适等商定，以江苏教育会、北京大学、南京高等师范等 5 个文教团体的名义，联合邀请杜威来华讲学。5月，与胡适、凌冰等陪同杜威到南京、上海等地讲演，分担口译。

4月21日，发表《第一流的教育家》一文，在中国最先提出创造精神的教育思想。蒋梦麟称作为"教育界的福音"。

"五四"运动后，在南京高等师范学校把全校各学科的"教授法"改为"教学法"，不久为全国教育界所采用。

5月9日，在南京小营演武厅6千人大会上发表演说，痛斥袁世凯"二十一条"卖国条约，13日，南京学界联合会成立，选举陶行知为会长。20日南京各校学生自行罢课。南京高师代校务的陈容反对罢课而离校，陶行知暂代理校务，支持学生的爱国运动。

6月，南京学生联合会成立，被聘为顾问。

10月4日，任南京高师教务主任。

三子陶刚出生。

1920年　29岁

4月，主持接待杜威到南京高师讲授"教育哲学"、"试验伦理学"、"哲学史"等课程。

夏，在南高师举办第一次暑期学校，各省选送学员1300多人，讲习1个多月，以提高全国教育行政人员及中小学教师、科研及工作水平。为全国高等学校开办暑期学校之始。

1921年　30岁

7月，欢送杜威回国。

与范源濂、蔡元培、张伯苓、严修、袁希涛等在北京组织"实际教育调查社"，推范为社长、蔡为副社长，决定聘请美国教育家孟禄来华调查科学教育实际情况，并讲学。

陪同孟禄在上海、南京、苏州、杭州、广州等地调查、讲演，并任口译。

11 月，被推为第七届全国教育联合会"中国新学制"起
　草委员之一。

12 月，新教育共进社、《新教育》杂志社、实际教育调查
　社合并，成立中华教育改进社。以"调查教育实况，
　研究教育学说，力谋教育改进"为宗旨。

1922 年　31 岁

1 月 3 日至 8 日　中华教育改进社第一届年会在济南举
　行。作社务报告：改进社办事有两种精神：（一）互助
　精神，（二）分析精神。学术部内又分研究、调查、编
　译、推广四科。研究方面：由张仲述博士任中学课程
　改造之研究，初等教育委员会任小学课程改造之研究，
　推士博士任科学教学之研究，麦柯尔博士任心理测验
　之研究。调查方面有全国教育的调查，地方教育调查
　等。此次年会，首倡科学教育。因在济南举行又称
　"济南年会"。

2 月，受聘为中华教育改进社主任干事。

4 月，与胡适、凌冰合作编译的《孟禄的中国教育讨论》
　出版。

5 月，与蔡元培、王宠惠、李大钊、胡适等 16 人联名发
　表《我们的政治主张》。

因蒋梦麟赴美，《新教育》第 4 卷第 2 期起接任主编。并
　定为中华教育改进社机关刊物。延聘中外教育家 42 人
　担任编辑，特约各国教育界代表报告最新教育消息。
　在"学制研究专号"上发表《我们对于新学制草案应
　持之态度》、《评学制草案标准》、《中国建设新学制的

历史》三文。

12 月 6 日，南京高等师范并入东南大学。任东南大学教授、教育科主任和教育系主任。

1923 年　32 岁

7 月 28 日，致函东南大学代理校长刘伯明，请辞教育科主任、教育系主任之职。8 月底，东南大学准其辞职。以后专任改进社总干事。

8 月 20 日至 25 日，中华教育改进社第二届年会在北京清华学校举行。与熊希龄联名致欢迎词，并报告社务以及该届年会筹备情形，提《地方教育行政机关应编教育概况统计案》。

与朱其慧、晏阳初、朱经农、黄炎培等发起成立中华平民教育促进会。与朱经农合编《平民千字课本》。到南京、安庆、南昌、上海、杭州、武汉等地推广平民教育运动。

秋，安徽旅宁同乡会、同学会设立南京安徽公学，校董会推陶行知任校长，姚文采为副校长。

是年，拒绝北洋政府任命为武昌高等师范学校（武汉大学前身）校长，又谢绝母校金陵大学聘为校长。专心致意于中华教育改进社工作及促进平民教育运动。

12 月 12 日晚，南京高师口字房失火。放在办公室内的博士论文《中国教育哲学与新教育》被焚毁。

1924 年　33 岁

北京平民读书处发展到 100 多个，又到张家口、开封、上海等地推动平民教育运动。

编辑出版《平民周刊》。改编《平民千字课本》。平民教育
　　促进会成立九个月，已推行到 20 省区，读《平民千字
　　课》的已有 50 万人。

应冯玉祥之请，与许士骐编《军人千字课》，推行士兵识
　　字教育。

7 月 3 日至 9 日　中华教育改进社第三届年会在南京东南
　　大学举行。作工作报告。

全国教育展览在年会期间正式展出。

在诗《自勉并勉同志》中提出"为一大事来，做一大事
　　去"。四子陶城出生。

1925 年　34 岁

在南开大学作题为《教学合一》的演讲，张伯苓校长建议
　　改为"学做合一"。陶行知受张伯苓启发，豁然贯通，
　　将"教学合一"发展为"教学做合一"。从此，"教学
　　做合一"之名正式出现。

8 月，负责中华教育改进社第四届年会。该会在太原召
　　开，汉、满、蒙、回、藏等族均有代表参加。在开幕
　　会上，发表《感言》道："中国要想得到国际上之平等
　　地位，非办教育不可。"在社务报告中特别强调："本
　　社现在所办理之事业，一为科学教育，二为乡村教
　　育。"邀请美国女教育"道尔顿制"创始人柏克赫司特
　　作学术演讲。

12 月 4 日，《新教育评论》创刊发行。为该刊写发刊词
　　《本刊之使命》。负责编辑。

为陈鹤琴的著作《家庭教育》发表书评。

1926 年　35 岁

春，被推为中华教育改进社"国家教育改革委员会委员"及"促成宪法中制定教育专章委员会"委员。

倡导乡村教育运动。以中华教育改进社名义发表《改进全国乡村教育宣言书》、《创设乡村幼稚园宣言书》。撰文《师范教育下乡运动》、《中国乡村教育之根本改造》。拟定推行乡村教育计划。发表《试验乡村师范学校第一院简章草案》，筹设试验乡村师范学校。

12 月 25 日，在南京尧化门小学召开中华教育改进社特约乡村教师第二次研究会，举行立志乡村教育的宣誓典礼。

12 月 31 日，江苏省教育厅赞助改进社设立试验乡村师范学校。

筹办改进社乡村教师同志会会刊《乡教丛讯》。

1927 年　36 岁

1 月 1 日，《乡教丛讯》创刊，任主编。中旬，决定试验乡村师范学校，校址在南京神策门外老山脚下的小庄。

2 月 5 日，主持乡村师范立础礼，同时举行城乡平民团拜，宣布改"小庄"为"晓庄"，取日出而作之意。

2 月 10 日，在上海召开试验乡村师范学校董事会，被推为董事会秘书兼学校校长，赵叔愚为第一院院长兼研究部主任。

3 月 15 日，南京试验乡村师范（即晓庄师范）正式开学。第一期学生 13 人。

6 月，晓庄开学后三个月，第一期学生 13 人，从燕子矶搬到黑墨营，陶行知谈到"晓庄精神——乐观精神、革命精神和团结精神"。最后指出：我们要办好乡村教育，要改造乡村社会，总须有宽阔的胸怀，奉献精神："捧着一颗心来，不带半根草去。"这就是这句名言最早的来历。

6月，参加建校劳动。开办晓庄小学、乡村医院。

在晓庄每天的寅会，发表演讲，逐步阐述"生活即教育"、"社会即学校"、"教学做合一"等理论。提出"行是知之始，知是行之成"、"在劳力上劳心"、"以教人者教己"等。

11月11日，与陈鹤琴、张宗麟等合力创办的中国第一所乡村幼稚园开学。并发起组织中国幼稚教育研究会，出版幼稚教育刊物。

1928年　37岁

4月，出版《中国教育改造》一书。

南京试验乡村师范学校改名为晓庄学校。先后派学生到附近农村创办中心小学、幼稚园、民众夜校、中心茶园、救火会等。成立联村自卫团，自任团长。冯玉祥到校参观。

10月1日，浙江省立乡村师范（湘湖师范）开学。先后推荐操震球、方与严为第一、二任校长，又介绍程本海、董纯才、王琳、李楚材等任指导员。

11月，亲自到湘湖师范指导师生讨论"教学做合一"和"生活教育"。

本年，被选为中华职业教育社评议员。

在中国科学社会生物研究所及秉志教授帮助下，晓庄科学
社及晓庄生物室成立。指定犁宫为生物馆，以作研究
及陈列标本之用。先后有秉志、方炳炎、张宗汉、曲
桂龄、姚文采诸先生指导生物室工作。

1929年　38岁

组织晓庄剧社，编写《乡姑的烦恼》、《最爱的命令》、《死
要赌》等独幕剧。在田汉的《苏州夜话》、《生之意志》
等剧中扮演角色。并带领剧团赴苏、锡、杭等地演出。

春，派晓庄学生李友梅、吴廷荣、蓝九盛等到江苏淮安创
办新安小学。6月6日，开学。陶行知兼任校长，后派
汪达之专任。妹文渼病逝。

7月，试行学园制。把原有的各小学改为学园，计有晓庄
学园、和平学园、三元学园、万寿学园、吉祥学园。
兼任和平学园园长，以艺术（包括文学、戏剧）为试
验中心。

7月29日　主持召开5园联席会议，决定将几个幼稚园
集合成蟠桃学园，专门试验乡村幼稚教育。并将劳山
中学，改名为劳山学园，专门试验乡村青少年教育。

10月15日，美国哥伦比亚大学师范学院教授克伯屈参观
晓庄学校，谈了感想，并拍了影片带回美国。

由于领导晓庄科学社，在生物研究方面取得了优异成绩，
12月14日，上海圣约翰大学授予陶行知科学博士荣誉
学位（现译为理科博士，或理学博士），以表彰他对科
学教育事业的贡献。

12月17日，乡村教育先锋团举行大会，决定出版《乡村

教师》周刊。24日，被推为《乡村教师》周刊编辑委员会主席。

1930年　39岁

1月26日、27日，在晓庄主持召开全国乡村教师讨论会，邀请各地乡村教师和地方教育行政人员130余人参加，研究乡村教育问题。讲《生活即教育》，系统阐述"生活即教育"、"社会即学校"、"教学做合一"的理论。

2月1日，《乡村教师》周刊创刊，发表宣言。

3月15—17日，主持晓庄学校成立三周年纪念活动，包括专家演讲、各项成绩展览、晓庄剧社演出、联村运动会、救火演习、植纪念树等。发表《晓庄三岁敬告同志书》，指出："晓庄是从爱里产生出来的。没有爱便没有晓庄。"

4月1日，支持晓庄各中心小学师生200余人的栖霞山旅游斗争，要求当局"拟定小学生免费旅行条例"为儿童考察、游览创造条件。

4月3日，针对南京英商和记洋行工人被殴事件，抗议日舰停留南京江面。同情和支持晓庄师生参加全市学生示威游行。

5日，支持晓庄师生参加全市学生反帝爱国游行。

7日，蒋介石密令停办晓庄学校。

8日，起草《护校宣言》。教育部派人接管晓庄学校。

12日，晓庄学校被国民党武装军警强行解散，当时及以后被捕者30余人。晓庄学生石俊、叶刚、谢维棨、袁咨桐、姚爱兰、汤藻、马名驹、沈云楼、胡尚志等先后在雨花台英勇就义，牺牲时年龄最大的只 23 岁，最小的才 16 岁。

蒋介石以国民政府名义通缉陶行知，强加以"勾结叛逆，阴谋不轨"等罪名。

5 月，隐居苏州河北里弄内，翻译世界名著，以所得稿费资助晓庄同志。"在极端困难的情况下，汇款给新安小学的同志，并勉励他们要'捧着一颗心来，不带半根草去'。"

10 月中旬，陶行知被迫到日本暂避。在日本常设法到文教机关参观。访问结识进步朋友，阅读大量书籍。

1931 年　40 岁

1 月 16 日，在日本上桃山谒明治陵，发现一工人对天皇的态度冷漠。

春，回国返沪，为商务印书馆译书。

3 月 15 日，晓庄校庆日，卧病多日，写诗《久病初愈》。

4 月，协助晓庄在沪同志，创办小朋友书店。出版《儿童生活》、《师范生》两刊，用时雨笔名撰稿。

夏，在史量才资助下，与丁柱中、高士其、戴伯韬等共创自然学园，提倡"科学下嫁"运动，请陈鹤琴出面，主编《儿童科学丛书》、《大众科学丛书》，共出版 100 多种（册）。

受史量才聘，为《申报》总管理处顾问，黄炎培、戈公振同时聘为设计正副主任。对革新《申报》，提出许多建议。

7 月，以何日平笔名在《中华教育界》上发表《中华民族之出路与中国教育之出路》。

8月，发表《教学做合一下之教科书》。

9月2日开始，以"不除庭草斋夫"笔名在《申报》副刊《自由谈》上辟《不除庭草斋夫谈荟》专栏，发表时评和杂感。

秋，作诗《三代》："行动是老子。知识是儿子。创造是孙子。"是其思想之精华。

1932年　41岁

2月22日，国民政府内政部宣布取消对陶行知的通缉令，开始公开活动。

创办儿童通讯学校，普及科学教育，任校长，约请高士其、丁柱中等各科专家作指导，有100多儿童参加。

5月，在《申报·教育消息》上发表《古庙敲钟录》，用小说体裁宣扬他的教育主张，把生活教育的理论与实践形象地反映出来，更易为人接受、理解。

9月4日，南京佘儿岗儿童自动学校成立，农民做校董，古庙做教室，胡同炳、陈银森等10人任"小先生"，教82名小学生。陶行知写诗祝贺："有个学校真奇怪，小孩自动教小孩。七十二行皆先生，先生不在学如在。"

主编《晓庄丛书》，其中有与陈鹤琴、张宗麟合编的《幼稚教育论文集》；自编《教学做合一，讨论集》由儿童书局出版。

10月1日，在上海市创办山海工学团、晨更工学团等，主张"工以养生，学以明生，团以保生"。开始推行普及教育运动。

1933 年 42 岁

1 月 28 日，中国教育学会在上海举行成立大会。被选为理事。会议讨论了中国教育改革方案。

3 月 14 日，马克思逝世 50 周年。与蔡元培、章乃器、李公朴等学术界 100 余人发起纪念会。

3 月 15 日，召开晓庄在沪校友座谈会，纪念晓庄 6 周年校庆。一致赞成将《锄头舞歌》加一节"光棍的锄头不中用呀，联合机器来革命呀"，以示工农联合。

春，《古庙敲钟录》出版。

9 月 28 日，组成中国普及教育助成会。与马相伯、沈钧儒等拟定普及教育研究大纲。

10 月 25 日，新安旅行团 7 个小朋友抵沪。热情关怀，具体指导。

11 月 26 日，陶母病故。

本年，推动江浙各地有条件的学校，创办儿童工学团，推行"小先生制"

主编《山海工学团丛书》。

1934 年 43 岁

1 月 28 日，山海工学团举行"一·二八"两周年纪念会；同时举行儿童自动工学团小先生普及教育队授旗及宣誓典礼，"小先生制"正式诞生。

2 月 16 日，主编的《生活教育》半月刊创刊。发表《生活教育》、《普及什么教育》、《小先生》三文。

7 月 16 日，在《生活教育》上发表《行知行》一文，正式改名为陶行知。

11 月 13 日，申报馆总经理史量才遭暗杀后，辞去总管理
处顾问，自然学园与自然科学通讯学校也因此停办。

主编《小先生丛书》。"小先生制"迅速推广到全国 19 个
省市。

1935 年　44 岁

1 月 21 日，将自著的童话寓言《乌鸦》一书赠送给日本
东京池袋儿童之村。向日本介绍生活教育、山海工学
团和小先生制。

1 月，发表《普及现代生活之路》及其方案，指出普及教
育不能靠老法子，必须攻破"先生关"、"娘子关"等
27 关，充分发挥小先生作用，才能实现普及教育任务。
为普及教育编写的《老少通千字课》（共 4 册）出版。

参加创立中国新文字研究会，起草中国新文字宣言。

10 月 10 日，资助电影器材，"新安旅行团"从江苏淮安
出发，赴全国各地宣传抗日救国。

12 月 9 日，"一二·九"运动爆发，与宋庆龄、何香凝、
马相伯、沈钧儒等 800 余人联合发表《上海文化界救
国运动宣言》。

12 月 27 日，上海文化界救国会成立，被推选为执行委员
兼教育委员会主任。编辑出版《普及教育续编》。

1936 年　45 岁

1 月 28 日，"上海各界救国联合会"组成，被选为理事。

2 月 23 日，国难教育社成立，被选为理事长。开展国难
教育运动。

本月，发表《民族解放大学》一文。率领国难教育社同志
　　到沪东、沪西和浦东开办工人夜校、训练班、识字
　　班等。

3月，发表《国难教育之特质》和《生活教育之特质》
　　两文。

4月22日，夫人汪纯宜在沪病逝。

4月23日，离上海去广州。

30日，在广州中山大学讲演《粉碎日本大陆政策》，听众
　　1000多人。

5月1日，在广州中山大学法学院讲演《大众教育问题》。

5月5日，应李宗仁邀请，一同离开广州前往广西观光和
　　讲演。

5月6—17日，在梧州、南宁等地讲演："《抗日救国》、
　　《中国的出路》、《中国民族的解放运动》以及有关小先
　　生问题等。宣传抗日救国及《京沪平津各地民众救国
　　运动情况及今后救国方针》。

5月20日，与李宗仁一道乘机由南宁飞广州。

5月31日，沈钧儒、宋庆龄、何香凝、邹韬奋等以及各
　　地救亡团体代表，在上海成立全国各界救国联合会。
　　陶行知被选为常务委员和执行委员。

6月6日，从广州到香港。

7月初，全国各界救国会决定委托陶行知乘出席世界教育
　　会议之便，前往欧美亚非各国宣传抗日救国，发动侨
　　胞共赴国难。

11日，《团结御侮文件》，由胡愈之起草，陶行知修改，

与邹韬奋在香港先行签字，再持至上海作最后修正，并由沈钧儒、章乃器加入签名，15 日正式发表。文件全名为《团结御侮的几个基本条件与最低要求》。

11 日，离港赴英，出席世界新教育会议。

8 月 7—14 日，在英国伦敦召开世界新教育会议第七届会议。有 50 余国代表参加。中国被邀请的代表共 3 人。陶行知、张彭春（南开大学教授）、崔载阳（中山大学教育研究所主任，因事未能出席）。会上，陶行知介绍了中国大众教育运动与救亡运动的实况及小先生制。

8 月底—9 月初，与钱俊瑞、陆璀去瑞士日内瓦出席世界青年大会。

9 月 3—7 日，和陆璀（全国学联代表）、钱俊瑞代表宋庆龄（国际反法西斯侵略委员会副主任）参加在比利时首都布鲁塞尔召开的世界和平大会。陶行知被推举为中国代表团主席和中国执行委员。中国代表团陶行知、王礼锡、陈铭枢、胡秋原 4 人参加大会主席团。

钱俊瑞带来国内口信说：全国救国会和全国学联决定委托陶行知和陆璀分别代表这两个组织，以"国民外交使节"的身份，出访 28 国和地区向华侨及国际友人宣传抗日救国的正义主张。

9 月 26 日，出席巴黎全欧抗日救国联合会成立大会，即席创作并朗诵《中华民族大团结》一诗。

10 月 30 日，在伦敦拜谒马克思墓，写诗赞颂道："光明照万世，宏论醒天下，二四七四八，小坟葬伟大。"

11 月 22 日，国内发生救国会"七君子之狱"，陶本人再次遭通缉。

1937 年　46 岁

"七七"事变，抗战全面爆发，"七君子"获释。国内
"战时教育运动"开始，出版《战时教育》。

7 月 30 日，在洛杉矶，下午会见杨虎城将军，晚，会见
诺尔曼·白求恩大夫。

8 月 30 日至 9 月 24 日，在墨西哥向南美国家代表介绍中
国政治形势和教育情况。会见墨西哥总统卡德拉斯和
教育家、华侨团体、侨胞领袖等，并发表演说。

10 月 22 日，在芝加哥再次会见白求恩大夫。

12 月 13 日，草拟《杜威宣言》即"四学者之正义电"
（指杜威、罗素、罗曼·罗兰、爱因斯坦），正式发表。
甘地于 22 日来电参加，谴责日本侵略中国。

在美国及加拿大多次演讲《禁运和抵制日货》，发动华侨
献金救国，得到广大人民的同情和支持。

1938 年　47 岁

2 月 10 日，在伦敦与中共代表吴玉章一起出席世界反侵
略大会，并再次拜谒马克思墓。

2 月下旬，在爱尔兰、荷兰、比利时、法国等演讲，并了
解法、意、英、荷、德、比 15 个团体组成的抗联。

5 月 4 日，在洛杉矶发表演说：日本在中国杀死 100 万人
时，有 54 万人是美国提供给日本军火帮助杀死的。引
起美国人的震惊，促进禁运和抵制日货。

5 月 30 日，会见日本反战同盟鹿地亘、池田幸子等人。

6 月，会见美国著名记者安娜·路易斯·斯特朗。

24 日，与李信慧第三次拜谒马克思墓。写诗祝贺《鲁迅全集》出版。

7 月 22 日，在希腊雅典，访苏格拉底石牢。写诗道："这位老人家，为何也坐牢？喜欢说真话，假人都烦恼。"

8 月，在开罗会见埃及爱资哈尔大学校长麦拉额及中国回民留学生。参观古代历史博物馆，游览了金字塔等名胜古迹。

8 月 11 日，访问印度大诗人泰戈尔。

8 月 14 日，访问印度圣雄甘地，介绍中国人民教育运动及小先生制。

9 月，出访 28 国和地区回国抵香港时，发表回国三愿：一是创办晓庄学院，二是创办一所难童学校，三是在港创办中华业余补习学校。

为甘地重写的《中国人民教育运动》英文稿，发表在印度《民族旗帜》杂志上。甘地作了按语："这本小册子在印度对我们是非常有用的。"

10 月，在汉口，谢绝李宗仁邀任安徽省教育厅长、宋美龄邀任三青团总干事之职。

11 月 1 日，香港"中华业余补习学校"开学。任董事长，吴涵真、方与严分任正副校长。

创立中国战时教育协会，起草战时教育方案。

12 月 15 日，在桂林正式成立生活教育社，当选为理事长。

本年，被选为第一届国民参政会参政员，国民参政会第一次会议在汉口举行，因 7 月间在国外未能参加。

1939年　48岁

2月，在重庆参加国民参政会第三、四次会议。

7月20日，育才学校借北碚温泉小学校舍开学。后迁至合川草街子古圣寺正式上课。分文学、音乐、戏剧、舞蹈、绘画、社会、自然科学6个组，学生百余人。

晓庄研究所成立。

12月31日，与吴树琴结婚，住一旧碉堡内。

1940年　49岁

4月，参加国民参政会第一届第五次会议。提出：政府应规定教育为人民之义务和权利。

9月24、25日，周恩来、邓颖超等参观育才学校，并捐款400元"为小孩子们购买运动器具之用"。

12月23日，连任国民参政会第二届参政员。

26日，在重庆主持育才学校音乐组演出的音乐晚会。周恩来、邓颖超、冯玉祥、张治中、何应钦、叶剑英及文化界人士出席。周恩来为音乐组题词："为新中国培养出一群新的音乐天才。"

1941年　50岁

1月21日，香港业余学校的工人将存放在那里的乡村教育运动、普及教育运动、国难教育运动、科学教育运动的资料当废纸卖了。陶行知认为："这是今天最伤心的事，真是值得我们哀悼的。"

"皖南事变"后，物价飞涨，育才学校经费十分困难。4月，提出"跟武训学"的口号，要求大家做"集体的武训"，艰苦办学。并定4月6日为"育才兴学节"。

6月，发表《育才二周岁前夜》。

8月，育才学校宣布"创造年"开始。

9月，试验"育才幼年研究生制"，选拔了27名少年研究生进行专门培养。使全校学习风气推向新的高潮。

1942年　51岁

1—2月，组织育才师生举行戏剧公演、绘画展览、音乐会，向社会汇报办学和创作成果。

3月15日，在生活教育社15周年纪念会上，阐述生活教育的特点。

7月20日，在育才学校建校三周年纪念会上，发表《每日四问》。

12月25日，在育才学校纪念牛顿诞生300周年、伽利略逝世300周年大会上，号召大家："学牛顿深思，学伽翁实做。"

1943年　52岁

2月11日，致函陶宏："人生最大目的还是博爱，一切学术也都是要更有效的达到这个目的。"

3月，生活教育社改选，连任理事长。接受周恩来所送南泥湾大生产图片一套和毛线衣一件。育才师生学习"南泥湾"精神，自力更生，战胜困难，开荒30亩，建立了育才第一个农场。

9月，广东百侯中学复校十周年祝词及百侯中学校歌中有"千教万教，教人求真；千学万学，学做真人"之句。

10月13日，作《创造宣言》。

10月，邀请《新华日报》记者陆诒到育才学校讲时事、

形势。并对陆讲：我们不是埋头苦干，我们是抬头
乐干。

11 月 28 日，作《育才学校校歌》。

1944 年　53 岁

致力于和平团结民主运动。

1 月，编著、出版《育才学校手册》。

9 月，派戴爱莲、庄严到八路军办事处学习《兄妹开荒》
等秧歌剧。亲自编写《朱大嫂送鸡蛋》歌词。

冬，鼓励并帮助育才戏剧组学生张本治创作四川方言剧
《啷格办》，并在重庆公演。

12 月 5 日，在育才学校武训先生诞辰纪念会上，阐述武
训精神。

是年，与沙千里、周竹安筹建大孚出版公司。

1945 年　54 岁

5 月，在《战时教育》上发表《实施民主教育的提纲》。

9 月 9 日，与冯亦代、倪斐君筹办的国际难童学校开学。
又称培才小学。由徐进、胡晓风任教。育才学校社会
组还与胡晓风、潘冷云等合办青年训练班。

9 月，多次会见来重庆谈判的毛泽东。

10 月 11 日，送毛泽东返延安并在机场合影留念。

10 月 18 日，发表英文论著《全民教育》，提出："民主第
一"、"全民教育"、"全面教育"、"终身教育"等指导
原则。

10 月，中国民主同盟第一次全国代表大会，当选为中央
执行委员、中央常务委员，任民主教育委员会主任。

主编《民主星期刊》。

11 月 1 日,《战时教育》改为《民主教育》。在创刊号上
　　发表《民主》、《民主教育》两文。

12 月 9 日, 参加重庆各界追悼昆明"一二·一"死难烈
　　士大会。临行前写下遗嘱, 愿为民主献身。

是年, 任大孚出版公司总编辑。

1946 年　55 岁

1 月, 创办重庆社会大学。陶行知、李公朴分任正、副
　　校长。

2 月 1 日, 民盟机关报《民主报》创刊。与郭沫若、邓民
　　初同为社论委员会委员。

10 日, 重庆各界近万人在较场口举行庆祝政治协商会议
　　成功大会。陶行知、郭沫若、李公朴等 20 人为大会主
　　席团。"较场口惨案"郭、李被打伤。陶即带领育才师
　　生上街游行, 抗议示威。

3 月 8 日, 请邓颖超给育才师生进行革命传统教育。

4 月 12 日, 由重庆飞南京, 筹备将育才学校迁沪及筹办
　　上海社会大学。是日住姚文采家。14 日, 到晓庄, 17
　　日到沪住许德臣宅。

5 月 8 日, 民盟在沪领导人黄炎培、马叙伦等宴请陶行知
　　和陆定一。从柳湜口中得知周恩来、董必武已由重庆
　　到南京住梅园新村 30 号。

5 月 10 日, 到南京梅园新村听周恩来介绍了当前形势和
　　发展前途, 汇报了育才迁校设想。

6 月 23 日, 在上海北站十万群众欢送赴京请愿代表大会

上，担任大会主席，发表著名演说，要求和平，反对内战。

7月，民主战士李公朴、闻一多先后被害。陶行知说："我等着第三枪！"12日，在沪江大学最后一次讲演：《新中国之新教育》。16日，给育才学校师生写了最后一封信。21日，又写下了最后一首诗《祭邹韬奋先生文》。他面对敌人威胁，无私无畏，视死如归。在上海最后三个月里作了百余次演讲，充分表达了广大人民反内战、反独裁、要民主、要和平的意志。

7月24日连夜整理历年诗稿。

7月25日突患脑溢血逝世，终年55岁。临终前，周恩来、邓颖超等赶来。周恩来握着陶的手说："朋友们都要学习你的精神，尽瘁民主事业直到最后一息。"

8月11日，延安各界代表二千余人，举行"陶行知先生追悼大会"。毛泽东亲笔题写悼词："痛悼伟大的人民教育家陶行知先生千古。"

9月23日，重庆各界在沧白堂举行追悼陶行知大会，到会的文化教育界代表及各界人士二千余人。

10月27日，上海各界追悼陶行知大会在震旦大学礼堂举行，到会有工人、农民、学生、文化界及外国友人五千余人。宋庆龄题词："万世师表。"何香凝题词："行知先生精神不死。"

12月9日，美国教育界名流和中国留美人士三百余人，在纽约举行追悼大会。杜威和冯玉祥担任大会名誉主席。杜威、克伯屈等介绍陶行知的生平。在国外，新加坡、菲律宾、马来西亚等地的华侨及香港同胞，也都举行了追悼会。世界著名教育家杜威、克伯屈、罗格等发来唁电："陶博士致力于中国大众教育建设的功勋与贡献是无与伦比的，我们后死者必定永远纪念他，并贯彻他的事业。"

12月1日，陶行知安葬在南京劳山下晓庄。全国53个人民团体代表及二千余人参加了葬礼。从此，陶行知和父母、前妻、妹妹一起长眠于晓庄劳山之麓。

（刘大康执笔）